徽学文库（第二辑）

主　编◎周晓光
副主编◎王振忠　胡中生

教育部人文社会科学重点研究基地
安徽大学徽学研究中心基金资助

传统职业变迁
与明清徽州人口流动研究

徐国利　胡中生　陈　瑞　徐道彬◎著

图书在版编目(CIP)数据

传统职业变迁与明清徽州人口流动研究/徐国利等著. —合肥:安徽大学出版社,2020.12

(徽学文库/周晓光主编. 第二辑)

ISBN 978-7-5664-2072-5

Ⅰ.①传… Ⅱ.①徐… Ⅲ.①职业—结构—研究—徽州地区—明清时代 ②人口流动—研究—徽州地区—明清时代 Ⅳ.①D691.92 ②C924.245.44

中国版本图书馆 CIP 数据核字(2020)第 135852 号

传统职业变迁与明清徽州人口流动研究

Chuantong Zhiye Bianqian Yu Mingqing Huizhou Renkou Liudong Yanjiu

徐国利 胡中生 陈 瑞 徐道彬 著

出版发行:	北京师范大学出版集团
	安 徽 大 学 出 版 社
	(安徽省合肥市肥西路 3 号 邮编 230039)
	www.bnupg.com.cn
	www.ahupress.com.cn
印　　刷:	安徽新华印刷股份有限公司
经　　销:	全国新华书店
开　　本:	170 mm×240 mm
印　　张:	30.25
字　　数:	436 千字
版　　次:	2020 年 12 月第 1 版
印　　次:	2020 年 12 月第 1 次印刷
定　　价:	89.00 元

ISBN 978-7-5664-2072-5

总　策　划:陈　来　齐宏亮　　　　　　装帧设计:李　军　孟献辉
执行策划编辑:李　君　汪　君　　　　　　美术编辑:李　军
责　任　编　辑:李　君　汪　君　　　　　　责任印制:陈　如　孟献辉
责　任　校　对:李　健

版权所有　侵权必究

反盗版、侵权举报电话:0551—65106311
外埠邮购电话:0551—65107716
本书如有印装质量问题,请与印制管理部联系调换。
印制管理部电话:0551—65106311

总 序

徽学是以徽州历史地理、徽州传统社会、徽州历史文化及其传承创新为研究对象的一门学问。尽管关于徽州自然与人文的记述与探究,历史上由来已久,但作为具有现代学科意义的徽学,则形成于20世纪80年代。已故徽学研究奠基人和开拓者张海鹏先生在《徽学漫议》一文中说:"在20世纪70年代末到80年代中期,随着'科学的春天'的到来,学术园地百花齐放,异彩纷呈。其中,'徽学'也在群芳争妍中绽开了蓓蕾,成为地域文化中的一枝新秀。"①已故著名徽学专家、原中国社会科学院历史研究所周绍泉先生在《徽州文书与徽学》一文中说:"徽学(又称徽州学)是80年代以后才出现的新学科。"②著名徽学研究大家叶显恩先生在胡益民先生编著的《徽州文献综录》一书写的序中说:"徽学在短暂的三十年间,从默默寡闻而勃然兴起,今已蔚然成大国,耸立于学界之林,成为与敦煌学、藏学相比肩的显学。"③回溯30年,正是20世纪80年代。中国社会科学院栾成显先生在《明清徽州宗族文书研究》中同样指出:"20世纪80年代徽学兴起以来,学者们利用谱牒、方志及其他文献资料,乃至进行社会调查,对徽州宗族作了较为深入的研究,成果

---

① 张海鹏:《徽学漫议》,载《光明日报》,2000年3月24日。
② 周绍泉:《徽州文书与徽学》,载《历史研究》,2000年第1期。
③ 叶显恩:《徽州文献综录序》,见胡益明:《徽州文献综录》卷首,合肥:安徽教育出版社,2014年。

显著。"①上述关于徽学形成于20世纪80年代的观点,已是学术界的基本共识。

徽学之所以在20世纪80年代以后勃然兴起,有其天时、地利、人和等多种因素。

从"天时"来看,20世纪80年代是学界处于中华人民共和国成立以来的一个学术研究重要转型期。就史学研究而言,著名史学理论与史学史研究专家、北京师范大学瞿林东先生认为:"中国史学上的第五次反思出现于20世纪八九十年代,其历史背景和学术背景是,20世纪七十年代末,中国的政治形势从'以阶级斗争为纲'转向实行改革开放、以经济建设为中心;在意识形态领域则是以拨乱反正、正本清源、解放思想、实事求是为其时代特征……中国的理论界、学术界从'万马齐喑'的状态一下子活跃起来,几乎每一个学科或学术领域都在思考自身的发展道路。"②中国史学"视野开阔了,研究领域拓展了,中外史学交流日益加强了,新问题、新材料、新成果不断涌现出来"。③ 在此转型期中,文化史、社会史和区域史的研究受到高度重视。徽州因其独特的地理与历史文化秉性,吸引了海内外学者的目光,有关徽州及其历史文化的各类研究成果纷纷问世。由此,徽州成为当时区域史研究的一个重要对象。正是基于学术研究转向的这一背景,徽学因时而生。中国社会科学院卜宪群先生在《新中国七十年的史学发展道路》一文中评述这一时期的史学研究时说:"与历史文献学有密切关系的甲骨学、简帛学、敦煌学、徽学等古文书学研究取得了重要成就。徽学成为国际性学科,敦煌在中国,敦煌学在国外的状况得以根本改变。"④1999年12月,中华人民共和国教育部设立首批15所人文社会科学重点研究基地,安徽大学徽学研究中心入选。它标志着经过20年的发展,徽学学科得到了国家层面的正式认可。

---

① 栾成显:《明清徽州宗族文书研究序》,见刘道胜:《明清徽州宗族文书研究》卷首,合肥:安徽人民出版社,2008年。
② 瞿林东:《史学理论史研究 中国史学上的五次反思》,载《史学史研究》,2015年第1期。
③ 瞿林东:《传播·反思·新的前景——新中国70年史学的三大跨越》,载《中国史研究动态》,2019年第4期。
④ 卜宪群:《新中国七十年的史学发展道路》,载《中国史研究》,2019年第3期。

从"地利"来看,它包含了多个方面的内容:

一是历史上关于徽州自然与人文的探究传统,为徽学形成奠定了基础。从南朝梁萧几《新安山水记》、王笃《新安记》,唐代《歙州图经》,北宋祥符年间《歙州图经》、黄山祥符寺僧行明《黄山图经》,南宋姚源《新安广录》、罗愿《新安志》、刘炳等《新安续志》,到元代朱霁《新安后续志》,明代程敏政《新安文献志》、程瞳《新安学系录》《新安文献补》、何东序等《徽州府志》、方信《新安志补》、蒋俊《祁阊图志》、戴廷明等《新安名族志》、张涛等《歙志》、傅岩《歙纪》,清代高晫《徽州府通志》、赵吉士《徽州府志》、施璜《紫阳书院志》《还古书院志》等,以及各历史时期其他大量有关徽州的府县志、专志、纪述,都是涉及徽州山川风物、疆域沿革、风俗变迁、宗族迁徙、文教兴衰、人物事迹等自然与人文历史的记述与考察。近代以来,学者又开始有意识地关注徽州历史与文化问题,把徽州视为一个既有特殊性、又具普遍性的区域加以关注、研究。其成果为20世纪80年代的徽学成为专门学问奠定了基础。

二是源远流长且内涵丰富的徽州历史文化,为徽学形成提供了研究对象。徽州文化具有丰富的内涵,其内容包括新安理学、徽派朴学、徽州教育、新安医学、徽商、徽州科技、徽派建筑、新安画派、徽派篆刻、徽派版画、徽剧、徽菜、徽派雕刻、徽派盆景、宗族、民俗、方言,以及文房四宝等。其文化秉性既是区域个性的标签,也展现了独特的文化风采。第一,徽州文化是连续不断的文化。宋徽宗宣和三年(1121)"徽州"得名,从此开始了徽州文化的时代。在其后的800年间,徽州文化有过盛衰变迁,但它从未中断过,长期保持了高位水平发展态势且始终具有个性特征。这在其他区域文化中是不多见的。徽州文化的"连续不断",主要表现在两个方面:一方面,宋代以降,各个时期徽州都是传统文化的发达之区,其生生不息的文化传承,构成了徽州文化的连续性;另一方面,徽州文化中的一些主要文化现象,宋代以来一直传承不息,源远流长。比如,徽州传统学术文化从新安理学到徽派朴学延续了600多年而未断层就是一个典型的事例。第二,徽州文化是兼容并包的文化。徽州文化虽有其独立的个性,但在其发展过程中,也吸收了大量的其他区域、其他学派的文化。因此,兼容并包成为徽州文化的重要特色之一。第三,徽州文化是引领潮流的文化。作为引领潮流的文化,徽州文化中的新安理学成为国家意志和国家"主流"意识;而徽州文化中的其他各种文化现象,不仅因其地域特色鲜明而在中国传统文化中独树一帜,而且能突破区域局限,引领各领域的文化潮流。第四,徽州文化是世俗生活的文化。徽州文化中无论是精神层面的文化,还是物质层面的文化和制度层面的文化,都与世俗生活息息相关。第五,徽州文化是体系完备的文化。在中国传统社会后期,随着传统文化的地域化发展,各具特色的区域文化纷纷出现,形成繁星满天的情景。这些区域文化,各擅其长,或以哲学思想影响当时及后世,或因文学流派享誉天下,或藉教育和科举形成特色,或由民风民俗传扬四方,但集各种文化现象于一身者,并不多见。徽州文化则因其具有丰富的内涵,成为别具一格的文化体系,形成鲜明的区域特色。这些文化现象,涉及徽州经济、社会、教育、文学、艺术、工艺、建筑、医学等学科,涉及中国传统文化的各个方面,也全面反映了中国传统社会后期经济、社会、生活及文学艺术等基本内容。无论是物质层面的文化、制度层面的文化,还是精神层面的文化,中国传统文化的特质在徽文化中均有典型体现。因此,徽州文化具有独特的研究价值,也成为徽学之所以形成的"地利"因素之一。

三是丰富的徽州历史文献和大量的文化遗存,尤其是20世纪80年代以来近百万件徽州文书的重新发现,为徽学的形成提供了坚实的资料支撑。徽学是以历史学为基础的综合性学科,史料是支撑学科成立的重要因素。历史上徽州向来以"文献之邦"著称,《新安歙北许氏东支世谱》说,江南诸郡中"以文献称者吾徽为最"。① 清乾隆年间编纂的《四库全书》,收录徽人著作254种(含存目类);而道光《徽州府志·艺文志》则著录徽人著述宋504种、元288种、明1245种、清(道光以前)1295种,总数达3332种,分经、史、子、集四大类,数十门类。胡益民编著的《徽州文献综录》著录的各类徽州典籍文献逾15000种。② 这些历史文献成为徽学研究的重要史料,并且在20世纪80年代以后包括《四库全书》在内的大型丛书陆续影印出版,为研究者提供了便

---

① 《新安歙北许氏东支世谱》卷五《寿昌许公八秩序》。
② 胡益民编著:《徽州文献综录》,合肥:安徽教育出版社,2014年。

利。徽州还是物质和非物质文化遗产保存较为丰富的地区,祠堂、牌坊、古民居、古村落、传统工艺、民间艺术等数量巨大,类型多样,它们既是徽学研究的重要内容,也是支撑徽学学科的资料类型之一。值得特别强调的是,20世纪80年代以来近百万件徽州文书的重新发现,在徽学形成过程中起到了极其重要的作用。甚至有学者认为,徽州文书具有"启发性、连续性、具体性、真实性和典型性的特点",这些特点"吸引了许多研究者全力以赴地研究它,以致出现了一门以徽州文书研究为中心、综合研究社会实态、探寻中国古代社会后期发展变化规律的新学科——徽学"。[①] 丰富的历史文献、大量的文化遗存和百万件的徽州文书,成为徽学形成的重要"地利"因素。

从"人和"来看,学术界致力于徽学学科的理论与方法研究,推动了徽学的形成。20世纪80年代以来,众多学者开始自觉为构建徽学学科体系而开展了一系列的讨论,涉及的问题包括徽学的名称、徽学的研究对象和研究范围、历史时段等。张立文、刘和惠、张海鹏、周绍泉、赵华富、黄德宽等学者分别撰文,探讨徽学学科建设的相关问题。安徽大学徽学研究中心在2004年还召开了"徽学的内涵与学科建构研讨会",40余位专家围绕徽学的内涵和学科体系建构等问题展开了深入讨论,会议成果被编成论文集《论徽学》,由安徽大学出版社出版。[②] 2000年,中国社会科学出版社出版的《徽州学概论》,也是一部探讨徽学理论与方法的著述。[③] 这些有意识地构建徽学学科的研究,成为20世纪80年代以后徽学形成的重要因素。

天时、地利、人和,三者共同促成了徽学在20世纪80年代后成为一门与藏学、敦煌学齐名的"显学"。在至今近40年的发展历程中,徽学研究取得了丰硕的成果。数千篇散见于报刊的徽学相关领域研究的论文,为我们展示了徽文化的博大精深和研究者的深度思考;数百部徽学专著,为我们解读和剖析了徽文化中诸种文化现象的前因后果,以及这些文化现象在中国历史和中国文化史上的地位与作用;数十种大型徽州文书与民间文献丛刊的影印出

---

① 周绍泉:《徽州文书与徽学》,载《历史研究》,2000年第1期。
② 朱万曙主编:《论徽学》,合肥:安徽大学出版社,2004年。
③ 姚邦藻主编:《徽州学概论》,北京:中国社会科学出版社,2000年。

版,为我们提供了徽学研究的重要珍稀资料。徽学成为一门"显学",正是立足于近40年徽学研究的成果之上。

为推动徽学研究的深入开展,集中展示最新的徽学研究成果,从2014年开始,安徽大学徽学研究中心与安徽大学出版社联手打造了《徽学文库》项目。该项目受到了国家出版基金的立项资助,第一辑共9种于2017年全部推出。《徽学文库(第一辑)》出版后,在学界产生了较大的影响。随后,我们策划了《徽学文库(第二辑)》出版项目,并再次得到国家出版基金的立项资助。《徽学文库(第二辑)》共收录徽学研究原创性著作10部,其中部分著作是省部级以上重点项目的结项成果,前后持续数年打磨而成;部分著作是学界新锐的博士学位论文,在导师指导下积数年之功形成的学术精品。作者分别来自安徽大学、复旦大学、上海财经大学、安徽师范大学、黄山学院和香港浸会大学等高校,均为长期关注徽州、从事中国史和徽学研究的学者。

《徽学文库(第二辑)》呈现了以下特色:

第一,聚焦徽学研究薄弱领域,填补学科发展空白之处。第二辑推出的10部著作,选题大多聚焦于徽学原先研究中相对薄弱的课题。比如,近年来随着徽州文书和民间文献的发现和整理,数量众多的徽州日记得以披露,但学界关于徽州日记的专题研究成果,尚未出现。第二辑中《明清以来徽州日记的整理与研究》一书,是作者20余年来深入村落田野进行调查,收集到大量散落民间的日记后,探幽发微、精心整理而成的著作,既有重要的学术价值,又填补了徽学相关研究领域的空白。徽州长期以来被视为儒学发达之区,有关徽州儒学的研究备受重视,而对徽州宗教的研究则相对薄弱。《徽州佛教历史地理研究》通过对大量徽州文书、佛教史籍、金石文字和考古资料的分析,从不同角度对徽州特定历史与地区的佛教传播、寺院分布、高僧籍贯等进行全面研究,对徽州各地区佛教发展的水平层次及其前后变化进行探讨,揭示了徽州佛教文化与其他文化的关系,以及佛教文化与徽州地理的相互作用。这一研究也是针对现有徽学研究的薄弱之处而进行的探索,具有填补空白的意义。《宋元明清徽州家谱的历史演进》《宋明间徽州社会和祭祀礼仪》等,均为徽学研究中独辟蹊径、创新领域的成果。

第二,重视徽州文书和民间文献等新资料的挖掘、整理与研究,推动徽学研究利用特色资料走向深入。大量徽州文书和民间文献存世,是 20 世纪 80 年代以来徽学得以形成的重要"地利"因素。本辑中的多部著作,非常注重利用徽州文书与民间文献开展研究。如《宋元明清徽州家谱的历史演进》立足于徽州地域社会,以时间为序,对宋元明清徽州家谱进行了细致的考察与分析,揭示其内在特质及发展规律。《明清以来徽州日记的整理与研究》分上、下两编。上编为研究编,收录作者研究明清徽州日记的最新成果,内容涉及徽州乡土社会、徽商人的活动和徽州名人的事迹等。下编为资料编,收录《曹应星日记》《复堂日记》《习登日记》等 10 部日记,或为稿本,或为抄本,极具学术研究价值。《晚清乡绅家庭的生活实态研究——以胡廷卿账簿为中心的考察》对晚清时期的徽州乡村社会及民众的日常生活图景作了总体性描绘,而其主要资料来源则是胡廷卿账簿前后 19 年的流水记录。通过对胡廷卿一家日常生活状况的研究,结合族谱资料,分析晚清时期徽州社会民众日常生活中的空间、生计及社会关系等问题。注重对徽州文书与民间文献的挖掘、整理与利用,成为本辑多数著作的共同特色。

第三,致力于以微见著,体现徽学作为区域史研究的典范价值和宏观意义。本辑著作从题目来看,多为关于徽学领域中的具体问题或某一现象的研究,但作者往往以小见大,着眼于相关问题的宏观意义,从而凸显徽学研究在解读中国历史、社会和文化发展中的样本价值。如《多元视角下的徽商与区域社会发展变迁研究——以清代民国的婺源为中心》围绕徽商中婺源商人与区域社会之间的互动、融合、发展与变迁这一核心问题展开讨论,希望揭示的是传统社会中商人群体兴起和形成的原因、商业经营网络及其主要经营行业、商人流动迁徙及其组织形态、同乡组织及其慈善事业、乡村的人口流动与商业移民、商业移民与侨寓地的社会变迁、商人和商业与市镇之间的关系等宏观问题。《历史社会地理视野下的徽商及徽州社会——以清民国时期的绩溪县为中心》较为系统地考察了绩溪本土社会的近代化表现,而作者的立意则是剖析近代商人、商业与地方社会变迁之间的内在联系。《晚清乡绅家庭的生活实态研究——以胡廷卿账簿为中心的考察》虽是关于胡廷卿一家日常生活状况的研究,但作者的目的在于阐释晚清时期国家、社会与个人之间的相互关系。《传统职业变迁与明清徽州人口流动研究》从明清徽州的自然与社会因素出发,较为系统地考察了明清徽州传统职业观的转换与建构,而作者的意图还在于解读"四民"间职业变迁、"四民"间人口流动及其对整个明清社会的作用和影响。本辑10部著作是关于徽州区域史研究的精微力著,但其学术价值和研究意义是远远超出徽州的。

第四,跨学科方法的运用,也是本辑著作的显著特色之一。如《民间历史文献与明清徽州社会研究》首先从文献学的角度对徽州档案文书史料进行了系统的考证和研究,再立足历史学、社会学等视角对徽州民间文书所反映的各种社会关系加以阐发,深入解读并阐释徽州民间文书的形式和内涵,从而探索基层社会诸侧面,以及开展徽州区域社会的研究。《徽州佛教历史地理研究》《多元视角下的徽商与区域社会发展变迁研究——以清代民国的婺源为中心》《历史社会地理视野下的徽商及徽州社会——以清民国时期的绩溪县为中心》等作品,则侧重于采用历史学、历史地理学、宗教学、社会学等多学科方法进行综合研究。《徽州文献探微》在研究中采用了文献学、方志学、谱牒学及史学研究的方法。跨学科的研究方法,有助于多角度、多层面探讨相关问题,从而得到更为可靠的结论。

徽学作为一门新兴的学科,只有近40年的历程,未来要发展为成熟的学科,仍需学界同仁作出持之以恒的努力。我们相信,久久为功,必有大成。这次推出《徽学文库(第二辑)》,是我们为发展繁荣徽学贡献的绵薄之力,期待有助于徽学研究水平的提升和徽学学科的建设。

是为序。

周晓光

2020年5月20日于
安徽大学徽学研究中心

目 录
MULU

导 论 ·· 1

第一编 明清徽州传统职业观的变迁

第一章 明清徽州传统职业观变迁的自然环境与社会环境的成因 ········ 36

 第一节 不利农耕的环境和以农治生问题的凸显 ················ 37

 第二节 明清徽人经商的有利经济因素 ···························· 62

 第三节 明清科举与徽州士人治生的艰难 ························ 88

第二章 宋明理学与明清徽州职业观的转换与建构 ···················· 104

 第一节 宋明理学世俗伦理观及其治生伦理的意义 ·············· 105

 第二节 宋明理学四民伦理的新阐释与明清新四民观的建构 ···· 112

 第三节 阳明学、朱子学与明清徽州职业观的转换与建构 ······ 120

 第四节 朱子的伦理观与徽商伦理价值观的全面确立 ············ 132

第三章 明清徽州职业观的多重内涵和基本内容 ························ 152

 第一节 明清徽州新四民观的多重内涵与儒家核心价值取向 ······ 152

第二节　明清徽州宗族的职业观及其特征 …………………… 175

第二编　明清徽州职业变迁引发的徽州人口流动

第四章　明清徽州人口在职业间的流动 ………………………… 194
第一节　明清徽州农商间的人口流动 …………………… 195
第二节　明清徽州士商间的人口流动 …………………… 207

第五章　明清徽州人口在区域间的流动 ………………………… 233
第一节　徽州区域内的人口流动 ………………………… 234
第二节　徽州人向外的迁徙 ……………………………… 246
第三节　徽州人向外迁徙的分析 ………………………… 265

第三编　明清徽州人口流动的社会影响和作用

第六章　商业人口流动与明清徽州经济、宗族和教育的发展 …… 274
第一节　徽商资本大量回流与徽州经济社会的发展 …… 274
第二节　徽商致力宗族建设与当地宗族制度的维持和强化 …… 287
第三节　徽商的教育投资与徽州教育科举的发达 ……… 303

第七章　人口流动与明清徽州阶层结构和社会发展走向 ……… 318
第一节　明清徽州人口流动与阶层结构的新变化 ……… 318
第二节　人口流动与明清徽州社会的发展走向 ………… 332

第八章　明清徽州外流人口对所在地社会发展的影响和作用 …… 361
第一节　明清徽商与所在地的经济与社会发展 ………… 362

第二节　明清徽商与所在地的文教发展与风习变迁 …………… 377

第三节　徽籍学者和明清学术变迁 ………………………………… 391

结　语 ……………………………………………………………………… 423

主要参考文献 …………………………………………………………… 436

后　记 ……………………………………………………………………… 467

导 论

一、研究价值和现实意义

学术界认为明清徽州社会是明清中国社会发展的一个标本。作为一个具有典型性的传统区域社会,明清徽州又存在着很多非传统性的因素,是一个融传统与新生为一体的社会。那么,为什么徽州社会形成了这样的发展模式?它对解释明清社会变迁及其近代转型具有什么启示?对这一重大学术问题的探讨可以从多种视角和层面展开,其中一些领域取得了相当丰硕的成果,如从明清徽商的形成发展、明清徽州宗族制的演变、明清徽州学术思想变迁等方面来考察明清徽州社会的发展模式和重要历史作用。而从传统四民观的演变和四民间职业变迁所导致的人口流动来考察明清徽州社会发展,进而探讨明清中国社会发展也是一个重要视角。因为,中国传统社会是以士、农、工、商四民为主体的社会,四民既是不同的职业,又分属不同的社会阶层,四民职业观的变迁及其引发的四民之间的人口流动必然会对整个社会经济、宗族组织、思想文化和风俗习惯等产生直接和重大的影响。

由于地理环境、社会经济和思想观念等领域的诸多变化,明清时期儒贵商贱、士尊商卑和农本商末等传统的四民职业观发生转化,重商成为一股重要思潮,商人的职业价值和社会地位得到很大提升,开始出现"四民异业而同道"、儒贾同道、"士商异术而同志"等新四民观。四民职业价值观和四民社会地位的变化,导致四民间的人口大流动,大批士人和农民经商事贾,向商人转变,儒贾合流,农商相混。明清社会出现的这种新职业观和人口在职业间的流迁,引发了明清社会经济、宗族制度和文化思想等诸多领域发生广泛和深刻的变革。明清徽州职业观的变迁及其引发的职业人口流动和社会影响更为广泛和深刻,在明清中国社会颇具典型性,并对明清社会产生了多方面的重要影响。因此,对明清徽州传统职业观变迁、职业间人口流动和社会影响加以全面深入的考察研究,无疑是一项具有重要学术价值的课题。本书着重研究了三个方面的重要问题:第一,阐释儒家的理念与商的职业融合与冲突及其解决途径,特别是徽州社会在这种融合与冲突中维持平衡和实现和谐的途径与方式。第二,深化对明清时中国人口流动、尤其是宗族性职业人口流动的认识。本书将人口流动与职业变迁、宗族生存结合起来,考察它们对徽州社会及所在区域社会变迁的影响。第三,结合人口社会史和经济社会史,深入阐释传统儒家伦理占支配地位的地域社会融入商业经济的内在动力或压力,融入的方式和特点。这些问题的研究不仅可以帮助人们更深入和系统地认识明清徽州职业观的变迁,宗族人口在职业间和地域间的流动,以及因这种人口流动给徽州社会和所在地社会变迁与近代转型所产生的影响,而且能够帮助人们更好地认识整个明清社会的变迁与近代转型。

当代中国的改革开放已走过40余年的历程,商品经济全面快速发展,中国市场经济体系基本建立,当今中国正处在职业大变迁和人口大流动的现代化进程中。市场经济的发展和城镇化的推进,导致农民工大规模进城,成为中国历史上规模最大的人口流动。商人的社会地位不断提高,经济作用愈益加强,重商既是强劲的社会思潮,也是政府倡导的政策。知识阶层和其他社会阶层大量下海,商人群体迅猛扩大,家族性企业不断增多和扩大。可以说,职业观念的转变、职业结构的变化、职业人口流动及其导致的经济变革和社会发展成为当代中国现代化最引人瞩目的方面之一。那么,中国社会的现代化如何为职业观的转换和重建提供职业伦理观和价值观,特别是如何正确看待传统职业观和现代职业观之间的伦理价值关系便具有重要意义。因为,只有这样才能建构起一种稳定、和谐而富有生命力的职业观,使当代中国各阶层和群体形成比较合理的职业结构,使职业间的人口流动形成良性循环,进而促进当代中国商品经济乃至中国当代社会的发展。这些重大问题的解决,不仅需要经济学、社会学和人口学等社会科学进行调查研究和理论探讨,还需要运用历史学的视角和方法,从中国古代社会,特别是明清社会的发展中寻求历史的经验教训和理论启示。本书所探讨的以下问题,如,明清社会转型期徽州人职业观的转换和重建、职业变迁带来的人口流动及对本地和所在地社会经济和文化思想发生的重大影响,徽州农民在面临生存困境时解决生计问题的途径,儒家家族伦理与商人职业伦理重建的关系,明清徽州在职业变迁导致的冲突与融合中维持平衡和实现和谐的方式与渠道等,都可以为中国当代社会上述诸问题的研究和解决提供有益的历史资鉴。

目前,徽学研究在总体上取得了丰硕成果,许多领域的研究相当深入,但在徽州社会史、人口史和观念史研究的纵深性和整体性方面仍有待拓展和深化。本书将明清徽州传统职业观的转换与建构、四民间的职业变迁、四民间的人口流动及对徽州本土社会和所在地社会的影响结合起来,将其放在当时的环境、经济、文化与社会的整体背景下进行系统深入的考察研究,以期深化和拓展明清徽州社会史和区域史的研究。本书研究的内容主要包括三大领域:

一是明清徽州传统职业观的转换与重建。对该问题的探讨从三个方面展开:第一,揭示明清徽州传统职业观变迁的社会历史背景(外因)和徽州社会的环境与历史根源(内因)。第二,探讨明清徽州传统职业观变迁的内容、方式和特点,重点考察士商间、农商间的职业转化。第三,分析徽州学者、士人和商人是在何种社会历史背景下重新解读传统职业观,提出左儒右贾、士商异术而同志、农贾交相重等新职业观的;进而梳理这些新职业观的内涵与外延,辩证分析其与儒家传统职业观的离合及社会影响。

二是明清徽州传统职业变迁引发的人口流动。本书所说的"人口流动"

是指因职业观的变迁引发的徽州人在职业选择上的人口流动,以及由此带来的人口在地域间的流动。从三个方面展开:第一,考察徽州传统职业的变迁引发的人口在士商和农商之间的流动。第二,考察因四民职业变迁引发的人口在徽州城乡间、县域间的流动,以及大量徽州人到外地经商等所形成的人口在地域间的流动。第三,分析徽州人口流动的突出特点。

三是徽州人口流动对徽州和所在地社会变迁的影响和作用。对该问题的探讨从两个方面展开:第一,深入考察和分析明清徽州人口流动对徽州社会阶级和阶层结构、经济社会发展、土地租佃制度、宗法和宗族制度强化、文化教育发展的影响和作用。第二,探讨徽州外流人口对所在地,如淮扬、苏淞杭和湖广等区域的社会经济、社会生活和文化学术的影响。

最后以徽州为中心,阐释明清时期四民职业观念转换与重建的路径和特点,揭示四民间的职业转换及职业人口流动的历史面貌,考察四民间的职业转换与人口流动是如何建构和影响不同区域间的关系,以及地方与国家之间的关系。本书力求通过上述问题的研究,深入探讨明清徽州传统社会变迁的深层原因,为认识中国传统社会长期延续和近代转型提供新的视角。

二、研究现状

20世纪80年代徽学研究开始大规模开展以来,有关明清徽州职业观、职业变迁、徽州职业人口流动及其社会影响和作用的研究,学术界从不同层面和角度作过不同程度的研究,一些明清史研究成果也涉及这些方面的内容,这些研究成果是本书研究开展的前提和基础。下面分四个方面对学术界的相关研究成果和观点作简要的介绍和述评。

(一)明清徽州职业及其观念变迁的原因

明清时期,四民的职业价值和社会地位发生变化,人们开始对士商关系、农商关系,特别是前者新的解释。商贾的职业价值和社会地位不断得到提升,甚至出现了士商(儒贾)并重、乃至"左儒右贾"的观念。明清徽州的传统职业及其观念变迁表现得尤其明显和突出。那么,明清徽州四民职业及其职业观变迁的原因是什么呢？下面结合本书的研究，扼要介绍代表性的论点。

第一，徽州人地关系紧张和治生问题的凸显。文献记载和学术界一般都认同古徽州的地质地貌、土地资源等自然环境不利于农耕生产，特别是粮食生产。明清时期，随着徽州人口的不断增加，地隘人稠的矛盾愈益突出，田地狭小的徽州承载愈来愈大的人口压力，由此导致人们大量经商。那么，明清徽州人口增长与人口压力的具体关系如何？一些经济史、人口史著述中有关田地和户口的统计包括徽州的数据，如梁方仲编制的相关著述对明清不同时期徽州府人口的统计有助于研究这一问题，但有些数据并不准确。① 栾成显对明初两个人口数值作了研究，即，洪武二十六年(1393)诸司职掌所载人口数60545821比洪武二十四年(1391)黄册所载人口数56774561多了3771260人，指出这种差异并非人口增长所致，而是由于明初存在两种不同的人口与田地统计系统，对于前者不应当轻易否定。② 曹树基在考察明代人口密度时，对以府计的洪武二十六年(1393)人口密度区作了区分，指出徽州府属于人口次密集区，每平方公里超过50人，成为全国人口密度较高的地区，由此导致徽州人不断向安庆和庐州府等周边地区移民。③ 曹树基还对洪武以后人口增长作了深入研究，指出从洪武二十四年(1391)至崇祯三年(1630)，明代人口年均增长率为4.14‰。江南诸府人口年均增长率可能只有3.4‰。④这些研究有助于研究明代徽州的人口增长、人口压力及其引发的社会问题。关于清代徽州人口增长和人口压力问题，何炳棣考察了清乾隆至道光年间人口增长高峰给社会带来的人口压力，指出全国人口从乾隆四十四年(1779)的2.75亿增长到道光三十年(1850)的4.3亿，年均增长6.3‰。而在清代技术

---

① 梁方仲编著：《中国历代户口、田地、田赋统计》，上海：上海人民出版社，1980年，第200页，第203～204页。
② 栾成显：《明初人口数值研究中的两个问题》，载《中国社会经济史研究》，2001年第4期，第33～40页。
③ 曹树基：《中国人口史》第四卷，上海：复旦大学出版社，2005年，第246～247页，第262页。
④ 曹树基：《中国人口史》第四卷，上海：复旦大学出版社，2005年，第235页，第281页。

水平下最佳状态人口大概在 2.5 亿上下,道光年间的人口数已经太庞大。①曹树基制作的"1776 年至 1953 年中国十八省分府人口"表中关于安徽和全国的数据对于认识这一时期徽州人口有帮助,从中可以得知徽州人口密度在乾嘉道三朝分属次密集区和密集区,仍是人口压力较大区域。② 上述研究有助于探讨徽州人口增长的压力及对徽州社会经济发展产生的危害。其次,考察徽州的人均耕地是研究明清徽州人口压力及其引发的职业人口流动的关键之一。史学界对明清徽州人均田地也有涉及。关于明代徽州人均耕地和全国人均田地的对比情况,梁方仲《中国历代户口、田地、田赋统计》中《甲表 65. 明代历朝户口、田地的总平均数》,特别是《乙表 32. 明洪武、弘治、万历三朝每户每口平均田地数》为认识明代徽州与后来隶属安徽的其他府州人均田地数的比较提供了重要数据。关于清代徽州人均田地及与全国和安徽其他府州的比较,梁方仲《中国历代户口、田地、田赋统计》中《甲表 74. 清顺治、康熙、雍正三朝的人丁及田地数》的相关数据为对比该时期徽州人均耕地与全国人均耕地提供了基础。叶显恩指出,正是由于明清徽州人口密度远高于各地,"因此出外营商便成为当地相对过剩人口的一个出路"③。陈杰对探讨了唐宋以来徽州地区人口过快增长、人口压力所导致的徽州的地域开发加速,指出明中叶以降徽州人借商品经济发展繁荣大量外出经商,成为明清时代具有全国影响力的"徽商"。④ 但该文对明清人口增长和压力增长与徽商发展的关系缺乏深入研究。胡中生认为,明清徽州的商业利润已支撑起徽州地方的伦理社会,重利轻义和重农抑商都无法适应徽州脆弱的生态环境,因此明

---

① [美]何炳棣著,葛剑雄译:《明初以降人口及其相关问题:1368—1953》,北京:生活·读书·新知三联书店,2000 年,第 75~76 页。
② 曹树基:《中国人口史》第五卷,上海:复旦大学出版社,2005 年,第 718~719 页。
③ 叶显恩:《明清徽州农村社会与佃仆制》,合肥:安徽人民出版社,1983 年,第 41 页。
④ 陈杰:《人口压力、地域开发与徽商兴起——一个长时段的考察(770-1600)》,载《沧桑》,2012 年第 1 期,第 106~110 页。

清徽州必然会形成重商的职业观。①

第二,明清商品经济发展与徽人经商的关系。学术界普遍认为,明至清中期社会经济总体上得到较快发展,全国区域间商品交换频繁,多层次的全国性市场形成。明清商品经济的发展与市场化为徽人经商提供了良好的社会环境。一些学者着力探讨了明清时期多层次、多区域和多功能的全国性大市场体系的构成问题。吴承明、范金民等探讨明清市场的层级划分问题,虽然观点不尽相同,但是都认为明清中国市场包括四个层级。② 张海英全面考察了明清全国性市场的形成问题,指出以集市为基本形式的初级市场进一步发展,商品经济发达地区和重要交通沿线出现大批商业集镇和城市,并与国内其他地区相联系,成为区域间商品交流的中转地或集散地,国内许多地区的商品交换突破了地方狭小市场限制,区域间商品流通有较大的发展。③ 吴承明等对清代商品市场的扩大作了深入研究,指出清代国内市场进一步扩展,东西和南北贸易均有发展。国内市场结构发生变化,整个市场以小生产者间的交换为主,传统产品与封建收入交易退居次要地位。④ 学术界指出,明清经济特别是商品经济的发展和全国性市场的形成,是促使徽州人大量经商的经济社会基础。同时,徽州又有较有利的经商地理环境,便于和全国市场联系。张海鹏等主编的《徽商研究》指出,徽州东接全国最重要的江南市场,南邻江西市场,与以湖广为主体的长江中游城市比较接近,这种地理优势为徽人从事商业活动提供了良好条件,徽商是明清国内五条主要商路"最为活跃的一个商帮"。⑤《徽商研究》的第三章《徽商在长江流域的经营活动》较

---

① 胡中生:《明清徽州生存伦理下的多元文化》,载《中国文化研究》,2004年第3期,第62~67页。
② 吴承明:《中国资本主义与国内市场》,北京:中国社会科学出版社,1985年,第12~16页;范金民:《明清江南商业的发展》,南京:南京大学出版社,1998年,第131页。
③ 张海英:《明清江南商品流通与市场体系》,上海:华东师范大学出版社,2002年,第173~175页。
④ 吴承明:《中国资本主义与国内市场》,北京:中国社会科学出版社,1985年,第263~264页。
⑤ 张海鹏、王廷元主编:《徽商研究》,合肥:安徽人民出版社,1995年,第36页。

全面地研究了明清时期长江水系和沿江市场对徽商的作用,指出徽商从事沿江贸易不仅享有地利之便,而且较少有强劲的竞争对手,因此长江流域一直是徽商称雄之地,沿江大小城市成为徽商辏集之处,并具体考察了徽商在上海、苏州、芜湖、武汉及其与吴楚贸易的关系。此外,王廷元、王世华和唐力行等人的相关专著中也多有论及。① 其他相关研究,此不详列。在明清商品经济和市场发展中,以苏浙为中心的江南市场最为发达和繁荣,徽人因地利之便成为诸多商帮中人数最多和势力最大者,相关研究成果亦有不少。如,范金民说:"徽商在江南的活动,构成了明清商业史的重要篇章……明清江南是徽商最为活跃的地区。"② 关于毗邻江南地区市场的优势对徽州人经商的影响,张海英说,在以苏州为中心的 12 条路线中,抵徽州的有 2 条;以杭州为中心的 17 条商路中,来往徽州的水陆路有 4 条。③

第三,徽州山林经济与徽商的形成发展。徽州有丰富的林业、茶叶等资源,为当地工商业发展提供了良好条件,造就了明清徽商四大支柱行业中茶业和木业经营。学术界对此有不同程度的研究。关于林业资源与明清徽州木商的兴衰,一些学者指出,木材是徽商经营的支柱行业。李伯重等说,徽州木材运销在宋代已知名,被贩运到邻近的地区以换取粮食等生活必需品;明清时向江南输出木材的地域扩大,其中仍包括徽州。④ 张海鹏等主编的《徽商研究》第五章第二目《徽商与木材贸易》有较丰富的研究,指出婺源木商是明清徽州木商经营的主要群体。明清徽州木商资本之雄厚,以致时人将"盐商"与"木客"并称,徽州有俗语说:"盐商木客,财大气粗。"木材贸易作为徽商

---

① 参见王廷元、王世华:《徽商》,合肥:安徽人民出版社,2005 年;唐力行:《商人与中国近世社会》,北京:商务印书馆,2006 年。
② 范金民:《明清时期徽商在江南的活动》,见《国计民生——明清社会经济研究》,福州:福建人民出版社,2008 年,第 551 页。
③ 张海英:《明清江南商品流通与市场体系》,上海:华东师范大学出版社,2002 年,第 77 页。
④ 李伯重:《明清时期江南地区的木材问题》,载《中国社会经济史研究》,1986 年第 1 期,第 86~96 页。

四大支柱行业之一,发展最早,衰落最迟,可见在徽州商业中的重要地位。徽州木商能长期生存和走向全国市场,与徽州林木经济对徽人从事木材经营的引领、带动和保障有关。关于茶叶资源与徽州茶商的兴衰,《徽商研究》第五章第一目《徽商与茶叶贸易》有较丰富的研究。书中指出徽州茶叶经营主要由小商贩收购茶叶卖给当地茶行,然后茶行批售给引商长途贩运到全国各地。徽商茶叶运输的重要路线有3条:第一条路线是徽州至京津;第二条路线是徽州至广州,这条运茶路线在清初到道光中叶最盛;第三条路线是徽州至上海,道光中叶"五口通商"后该路线的茶叶贸易重要地位愈加突出。从销售市场看,大约在道光初年,徽商的茶叶销售开始形成"内销"和"外销"两大体系。日本学者重田德指出,与盐商和典商等不同,徽州茶商在鸦片战争后并未衰落,五口通商导致外销茶数量激增,为徽商发展带来新的活力,"茶业成为当时商人的最富有魅力的经营种类",他们不仅撑起此后徽商大半壁江山,并使徽商出现起死回生的新局面。嘉庆以后徽商衰微从宏观方面确是无疑,可是从微观方面看却不尽然,徽州的茶业和木业,尤其是茶业经营趁五口通商之机得到新的成长和发展,徽商此后进入一个发展的新阶段。① 由于上海日渐成为中国茶叶输出的主要港口,贩茶赴粤的徽商大都改赴上海,徽州茶商开始成为上海商界最活跃的力量。②

第四,明清科举制与徽州士人治生问题。明清科举的发展既促成了士人阶层的扩大,又导致大批士人为治生而大量弃儒经商或务农。关于科举竞争的残酷性,商衍鎏指出,在科举第一关考试中,考中生员就很难,一个府县的区区学额对广大士子来说,可谓千军万马过独木桥。③ 何怀宏指出,明清举人的录取比例更低,中进士者凤毛麟角;明代至清代人口增长迅速,进士录取数却基本没有增长。进士录取人数与报考人数比例是1∶30,如果与全部人

---

① [日]重田德著,刘淼译:《徽州商人之一面》,见刘淼辑译,古籍整理办公室编:《徽州社会经济史研究译文集》,合肥:黄山书社,1987年,第417~456页。
② 张海鹏、王廷元主编:《徽商研究》,合肥:安徽人民出版社,1995年,第90页。
③ 商衍鎏:《清代科举考试述录及有关著作》,天津:百花文艺出版社,2004年,第24页。

口比较,比率更是小而又小,可见科举竞争之激烈。① 大量士人无法取得功名,必须自谋生路,其中经商成为最普遍的职业选择。一些学者搜集《三言两拍》《聊斋志异》和《儒林外史》等明清小说对书生"弃儒从商""士商合流"现象的大量描写,以小说证史,说明弃儒经商已成为一股强劲的社会风气。② 明清徽州是程朱理学之邦,崇文重教。有关明清徽州教育的研究指出,徽州重视教育的重要表征是各类各级教育组织和机构众多,这为徽州科举鼎盛提供了良好的基础,徽州科举鼎盛是徽州宗族鼎力支持的结果。唐力行说,徽州许多宗族往往以全族之力资助子弟走科举之路,"徽州望族要在政治上保持崇高的社会地位,强化族众的凝聚力,只有依靠其文化优势,大兴族学、书院,以猎取科举制下的功名"③。李琳琦概括了徽州宗族扶持和奖励子弟从事科举之业三个方面的措施。④ 不过,徽州到底有多少进士及在全国所占比重是多少,学者观点不一。李琳琦统计了徽州县志记载的进士(包括部分占籍或寄籍进士),称明清徽州文进士数占全国2.2%,其中明代占全国1.82%、清代占全国2.55%。明清徽州科举更显赫的成就是状元数,如不计2名满状元,清代共有状元112名,其中,徽州本籍和寄籍者就有19名。清代苏州府状元最多,有24人,如去掉其中6名徽州籍状元,则比徽州府少1人。⑤ 何炳棣对明清府一级进士数加以统计和排序,指出明清徽州一直是进士数最多的地区之一;而在那些名列前茅的府中,寄籍的徽州人对当地的科举鼎盛贡献

---

① 何怀宏:《选举社会及其终结:秦汉至晚清历史的一种社会学阐释》,北京:生活·读书·新知三联书店,1998年,第348页,第355页。
② 唐林轩:《明清小说中的弃儒从商现象》,载《湖南工程学院学报(社会科学版)》,2006年第3期,第63~69页;刘倩:《从明清通俗小说看皇权专制制度下中国商人及商业资本的命运》,载《明清小说研究》,2006年第2期,第45~58页。
③ 唐力行:《商人与文化的双重变奏——徽商与宗族社会的历史考察》,武汉:华中理工大学出版社,1997年,第11页。
④ 详见李琳琦的《徽州教育》第六章第一节"徽人对子弟科举的扶持及对中举者的褒奖",合肥:安徽人民出版社,2005年,第150~158页。
⑤ 李琳琦:《明清徽州进士数量、分布特点及其原因分析》,载《安徽师范大学学报》,2001年第1期,第32~36页。

很大。① 徽州文教发达和科举鼎盛的负面结果是大量无法登第的士子必须通过经商等来谋生。关于明清徽州"弃儒服贾"的程度,日本学者重田德对清代婺源儒士"弃儒就商"现象作了初步统计,指出民国《婺源县志·人物志》最具特色的是有大量的商人传记,尤有特色的是"弃儒就商"的场合频出。文中所列弃儒经商者有 20 多人。② 由此不难想象徽州其他地区弃儒经商的程度。

(二)明清徽州的四民观和职业价值观及其变迁

关于明清徽州的四民观和职业观及其变迁,除专门性的研究外,一些有关明清商业观或士商观的研究也有不同程度涉及,下面分三个方面加以介绍。

第一,宋明理学与明清徽州职业观的变迁。关于明清四民职业观的转换和商人职业伦理精神,代表作是余英时的《中国近世宗教伦理与商人精神》。该书从宋代以来,特别是明清时期的新儒家伦理世俗化角度出发,系统和深入地阐释了明清时期中国商人精神的形成和发展过程,内容涉及明清儒家的治生论、新四民论——士商关系的变化、商人与儒学、商从的伦理和"贾道"。他认为,士商关系和儒贾关系的转换与重建尤其突出,成为明清四民观及职业价值理念转换与重建的核心,"事实上,明清作者所谓'四民不分'或'四民相混',主要都是讲士与商的关系。明清社会结构的最大变化便发生在这两大阶层的升降分合上面"。③ 该书的许多内容论及明清徽州士商关系及其职业伦理问题。也有一些论文专门研讨了明清新四民观、商业观和商人伦理

---

① [美]何炳棣著,王振忠译:《科举与社会流动的地域差异》,见《历史地理》第十一辑,上海:上海人民出版社,1993 年,第 299~316 页。
② [日]重田德著,刘淼译:《徽州商人之一面》,见刘淼辑译,古籍整理办公室编:《徽州社会经济史研究译文集》,合肥:黄山书社,1987 年,第 420~421 页。
③ 余英时:《中国近世宗教伦理与商人精神》,合肥:安徽教育出版社,2001 年,第 202 页。

等,其中涉及明清徽州的内容,此不详述。① 史学界对明清徽州四民观和职业价值观探讨以唐力行的研究较为系统。他对宋明理学、特别是朱子学对明清徽州新职业观建立的作用作了诸多分析。他在论及徽商群体心理整合时说:"宗族观念和'理学第一'成为徽州社会的普遍心理特征。这就使徽商群体心理的整合具有不同于其他商人的准备心理状态,从而影响并决定了徽商心理的形成和趋势。"②又说:"朱熹的理学虽不是商人文化,但是他对'人欲'的两重解释,却为徽州商人将理学熔铸入商人文化提供了可能。"③他进而对徽商如何整合理学,使理欲相通、儒贾相通等作了阐释。梁德阔的博士论文探讨了儒家伦理如何建构徽商精神以及这种商人精神的性质问题,进而回应"韦伯式问题",认为余英时和韦伯都是在宗教教义中探究商人的资本主义精神,没有对商人精神进行经验研究。因此,该文爬梳了大量的徽商资料,从商人视角切入徽商精神研究,用徽商的经验研究来检验"韦伯式问题"。④ 关于阳明心学在明清四民职业观,特别是商人伦理中所发挥的作用。余英时说,阳明学的立教对象是四民,"'良知说'的'简易直接'使它极容易接受通俗化和社会化的处理,因而打破了朱子'读书明理'之教在新儒家伦理和农工商贾之间所造成的隔阂……表示儒家入世承当的伦理非复士阶层所独有,而已普及于社会大众"。"阳明的新四民论并不只是一个抽象的理论。通过泰州学派王艮的社会讲学,这个理论已实际传布到商贾农工的身上"。⑤ 叶显恩说,

---

① 陈学文:《明中叶以来"士农工商"四民观的演化——明清恤商厚商思潮探析》,载《天中学刊》,2011年第3期,第108~111页;张明富:《论明清商人商业观的二重性》,载《史学集刊》,1999年第3期,第21~26页;高建立:《明清之际士商观念的转变与商人伦理道德精神的塑造》,载《中州学刊》,1999年第5期,第127~130页;蒋文玲:《明清士商渗透现象探析》,载《江海学刊》,1995年第1期,第119~125页。

② 唐力行:《商人与文化的双重变奏——徽商与宗族社会的历史考察》,武汉:华中理工大学出版社,1997年,第18页。

③ 唐力行:《商人与中国近世社会》,北京:商务印书馆,2006年,第204页。

④ 梁德阔:《儒家伦理与徽商精神——"韦伯式问题"的经验研究》,上海大学2010年博士论文,"中国知网·博硕士论文"。

⑤ 余英时:《中国近世宗教伦理与商人精神》,合肥:安徽教育出版社,2001年,第175页,第201页。

陆王一派的心学,由于对儒学的修养简易直接,尤其是其抬高商人地位的经济伦理,亦为徽商所乐于接受。王学提出"四民异业而同道""百姓日用即道",徽州就有"士商异术而同志""以营商为第一生业""良贾何负闳儒"的风俗和说法。王学崇商的观念被渗透到家法、族规、乡约中。其经济伦理因而被广泛地推向社会,并变成规范人们自觉行动的条约。徽商在经济伦理上以王阳明为代表的新儒学为本,在政治伦理上却以程朱理学为依归。王学重商思想和程朱理学的以家族为本的宗族理念从两个方面驱策了徽人的营商热情。① 李琳琦说,阳明心学新的价值观已替代传统价值观成为徽商行为方式的指南,新的商业价值观的宣传和接受,减轻了徽人从商的心理压力,这是明清徽州商业社会形成的思想基础。② 可见,有关宋明理学对明清徽州四民观和职业观变迁所产生的影响一些学者已从不同角度作了研究,但还不够系统和深入,如,对于宋明理学的伦理观对明清徽商的公私、义利、诚信等缺乏系统考察和深入的理论辨析。

第二,明清徽州新四民观与职业价值观的内涵和特征。正如余英时所言,明清时期四民观转换的核心是人们对儒贾关系和士商关系及儒贾价值的重新认识。明清徽州四民观与职业价值观的转换与重建的核心也在于此。明清徽州提出了"儒贾事道相通""贾服儒行""儒名贾利""士商异术而同志""贾不负儒""良贾何负闳儒"和"贾何负于耕"等反映新士商观的诸多概念和命题。这些基本概念和命题往往有丰富或特定的内涵,反映了人们对当时四民关系,特别是士商观和儒贾观转换的多重认识。学术界对这些问题有一定的研究。唐力行对"儒贾相通"作了专门研究,指出,徽商认为贾儒是相通的,都是为了求取功名,旨在实现一个中心——宗族的最高利益。贾儒相通表现在六个方面:一是名与利的相通,二是义与利的相通,三是为贾为宦在事道上相通,四是士商求取功名与实现"大振家声"的目的相通,五是贾儒两种功名

---

① 叶显恩:《儒家传统文化与徽州商人》,载《安徽师大学报》,1998 年第 4 期,第435~448 页。
② 李琳琦:《传统文化与徽商心理变迁》,载《学术月刊》,1999 年第 10 期,第 79~85 页。

可以相互转化,六是贾儒相通还表现为徽商力求集两种功名于一身。① 他还对徽商如何整合理学,使理欲相通、儒贾相通等作了阐释。② 赵华富具体分析了明清徽州"儒贾并重"的内涵及其五个方面的表现:儒贾俱有文化;儒贾俱讲道德;儒贾俱能"亢宗";儒贾俱能"利国";儒贾俱能得到"表彰"。③ 张海鹏等对汪道昆的"左儒右贾"作了辨析,指出徽州的"右贾"从现象上看确是如此,成为徽州的一种风尚;然而,这只反映了徽州风俗的一个侧面,徽州另一侧面呈现的却是"右儒"和崇儒。"右儒"的表现之一反映在徽商的儒贾观上是"贾为厚利,儒为名高""进而为儒""退而为贾"等观念上,徽商十分重视子弟的儒业,积极投身兴办文教事业。"右儒"的表现之二,是不少商人致富后,或弃贾业儒或就仕。表现之三是,投靠密集,广交官僚。因此,明清徽州并非如汪道昆所说是左儒右贾,而是右贾不左儒,甚至是右贾更右儒。④ 胡中生说,在儒家眼中,利的概念并不是绝对的和僵化的。徽商对此非常了解,在平时的生活和经营中大多标榜重义轻利、不取非义之财。徽商还从职业目的上模糊儒贾的职业差别,坚持儒贾事道相通,儒贾职业并重。世俗社会对儒贾的看法是"儒为名高,贾为厚利",而徽州的儒贾别有理解。不仅如此,徽州人对重农抑商的传统思想也进行了重新诠释。徽州的生态环境本来就是非常不利于农业的,所以重农抑商的传统思想在徽州的各个阶层中间都受到质疑,商人在赋役上的作用直接冲击了重农抑商论;如此,徽州的商人、儒士和官员才有底气发出"贾何负于农"的呐喊,并且对传统的重农抑商思想注入新的内涵。⑤ 但是,明清徽州这种商业观是兴起于前近代的徽州社会,有着自身种种的局限性,因此,它没有把徽州社会带入近代社会,而是使徽州社会在

---

① 唐力行:《徽州宗族社会》,合肥:安徽人民出版社,2005年,第201~213页。
② 唐力行:《商人与中国近世社会》,北京:商务印书馆,2006年,第204页。
③ 赵华富:《明清时期徽州的儒贾观》,载《安徽大学学报》,2011年第6期,第125~131页。
④ 参见张海鹏、王廷元主编的《徽商研究》第七章第二目"'左儒右贾'辨",合肥:安徽人民出版社,1995年。
⑤ 胡中生:《理想与现实的调和:传统职业观的前近代嬗变——以明清徽州为例》,载《天津社会科学》,2004年第4期,第135~138页。

稳定和内向中走向衰落。① 陈其南认为,职业观的转变受到了家族伦理的深刻影响,徽州商人经历了弃儒从贾、贾服儒行和由贾入儒的循环过程,儒家伦理并不鼓励人们经商致富,但为了实现儒家伦理的价值观——即学文读圣书以举仕,经商致富又是一项最有效的手段,类似"光宗耀祖"的家族伦理是促使某些人经商致富的原动力,但是要实现这个目标最后却又非放弃经商致富的手段不可。其结论是:"从家族伦理到商人企业精神,再到儒家伦理,三者似乎可以形成一个循环关系。"② 明旭以经济演化取代长时段来分析明代徽商"贾而好儒",指出"贾而好儒"是明代嘉靖、万历间社会经济变迁中出现的独特社会文化现象,不是明代徽商的固有特征。其最终形成是在低水平供给公共品的政府、人格化交易、倭乱与海禁政策、等级化的商业网络等多种因素复杂作用下的结果,反映了明代徽州商人形成更大规模关系网络、节省人格化交易中交易成本的一种努力。③ 周致元认为,徽商"贾而好儒"的特色早在明中叶已为人们所确认,然而,仅用"好儒"概括徽商丰富的精神生活显然失之笼统。这里的"儒"不是指单纯的儒家思想学说,而是广义上的对文化生活的总体概括。徽商"好德"的前提是明清时期程朱理学和陆王心学占据了文化主流地位,程朱理学的特质是遵循传统,阳明心学则富于反传统意味。另一方面,又与资本主义萌芽状态相适应,带有一定的反封建的早期启蒙色彩。④ 陈瑞认为,明清时期徽州宗族通过宗族法的制定与执行等途径,对族人的职业规划和职业选择进行积极的干预和控制,要求族人从事士、农、工、商本业,反对族人游手好闲,不务正业,从事贱业或恶业的职业观具有较强的

---

① 胡中生:《明清徽州商业观的兴起及其局限》,载《中国社会历史评论》,2005年,第275～282页。
② 陈其南:《明清徽州商人的职业观与家族主义》,载《江淮论坛》,1992年第2期,第51～62页。
③ 明旭:《明代徽商"贾而好儒"现象的研究》,浙江大学2012年博士论文,"中国知网·博硕士论文"。
④ 周致元:《徽商"好儒"新解》,载《历史档案》,1997年第2期,第81～87页。

价值取向,反映了其对族人控制的日益强化。① 王昌宜认为,明清徽州能呈现出全面繁荣的景象,很大程度上得益于其成功的职业教育。徽州人破除重农抑商的陈腐观念,树立四民平等的意识,努力塑造子弟重义轻利、勤俭治生的职业道德精神。徽州人还通过著书方式将经商经验留给他人,通过合作与雇佣等关系帮教同族子弟,还用家训和家规等在两代人之间完成生产管理经验的传承。②

第三,明清徽州的商人精神和商业伦理。张海鹏等对徽商"贾而好儒"的特色和具体表现作了分析,指出明清徽州形成"贾而好儒"的特色,儒学对徽州商业产生了非常明显的"反作用",在徽商中业儒者出身居多,这是徽商异于其他商帮之处,也是徽商迅速发展的重要原因。徽商的儒行表现在"以诚待人""以信接物""以义为利"等方面。徽商"贾而好儒"的特色虽然对商业发展起到一定的促进作用,但是也将徽商的视野和活动禁锢在封建主义的栅栏里。徽商的经营之道主要包括五个方面:第一,讲求商业道德,争取广大顾客;第二,把握市场信息,采取灵活的经营策略;第三,广结各方良缘,创造良好的外部环境;第四,善于用人尽材,建立和谐的内部环境;第五,热心公益事业,提高知名度和美誉度。③ 王廷元对徽商的义利观作了分析,指出明清徽商崇尚儒家义利观主要是由徽商文化心理特质和商品经济发展的客观需要决定的。徽商崇尚儒家义利观主要表现在:徽人经商的目的不在于求利而在于谋生,谋生之意出自仁心;徽人经商坚守"先义后利""义中取利"的道德准则;徽商因义而用财,不惜耗费大量商业利润用于"义举"。儒家义利观促进徽商沿着封建商帮的轨迹发展,但对徽商向近代商人的演变是不利的。④ 周志斌、王传峰等也对明清徽商的职业伦理、商业信用观作了研究,但多流于叙

---

① 陈瑞:《明清时期徽州宗族对族人的职业控制》,载《安徽大学学报》,2008年第4期,第116~120页。

② 王昌宜:《明清徽州的职业教育》,载《安徽大学学报》,2006年第1期,第113~118页。

③ 参见张海鹏、王廷元主编的《徽商研究》第七章第三目"徽商的经营之道",合肥:安徽人民出版社,1995年。

④ 王廷元:《论徽州商人的义利观》,载《安徽师大学报》,1998年第4期,第455~462页。

述而较少深入的分析。①

(三)明清人口史与徽州的人口流动问题

关于明清徽州职业变迁引发的人口流动,学术界的研究取得一些成果,但缺乏系统性。由于明清徽州人口流动与明清中国人口史研究关系密切,因此,下面结合明清中国人口史研究介绍相关的研究观点。

第一,明清中国人口流动与社会发展。明清中国社会人口流动研究是探讨明清徽州人口流动的前提,也可以为本书的研究提供重要的方法论。学术界在明清人口流动与社会发展的研究上取得较丰硕的成果。由于中国是世界上人口最多的国家,人口流动的规模大,人口流动深受社会诸多因素的影响,因此,这个问题成为学术界研究的热点。一般认为,英国统计学家列文斯坦1885年发表的《人口迁移规律》一文是人口流动研究的肇端。钟水映《人口流动与社会经济发展》既从宽泛意义上研究了人口流动,又鉴于国内人口流动的实际情况,在狭义上研究人口流动。该书主要介绍了人口流动与社会经济发展的中外经验,中国不同体制下的人口流动,人口流动与社会经济发展的关系。②段成荣的《人口迁移研究:原理与方法》从迁移的基本概念开始,依次论述了迁移的原因、影响和度量方法。③李中清等人从历史和文化的角度探索中国人口变化的规律性,构建了一套有别于世界其他地方的人口发展体系,指出中国的人口体系存在四个特点:溺弃女婴、已婚生育率低、收养率高、婚姻市场性别失衡。中国人口的调控存在人为的因素,是主动的,而不是被动的。④曹树基与陈意新对如何看待清代人口增长提出与西方学者不同的观点:一是战争和饥荒对人口的影响,如清代中后期的太平天国运动、西北回民战争和光绪大灾都对当时中国的人口产生了巨大影响。二是在人

---

① 周志斌:《论徽商的商业伦理》,载《学海》,2002年第6期,第123~126页;王传峰:《论徽商的商业信用观》,载《东南大学学报》,2006年6月第8卷增刊,第114~115页。
② 钟水映:《人口流动与社会经济发展》,武汉:武汉大学出版社,2000年。
③ 段成荣编著:《人口迁移研究:原理与方法》,重庆:重庆出版社,1998年。
④ 李中清、王丰著,陈卫、姚远译:《人类的四分之一:马尔萨斯的神话与中国的现实(1700—2000)》,北京:生活·读书·新知三联书店,2000年。

口资料问题上,不能用区域性的数据来说明全国性问题,而且中国历史上的户口登记有不可信之处。三是溺婴应属于现实性抑制的一种,而非产后的流产,中国农民是在等待生育后通过溺婴来对家庭的人口数目和人口性别比进行决策。① 牛建强的《明代人口流动与社会变迁》主要研究了明代前期因移民而形成的人口流动,明代前期和中期因流民问题导致的人口流动,明代中后期的工商人口流动,并分析了这些不同类型的人口流动与明代社会变迁的关系。② 方志远的《明清湘鄂赣地区的人口流动与城乡商品经济》属于区域社会史与人口史的研究,主要研究了明清时期湘鄂赣的人口流动,该地区人口流动引发的社会变化和商品生产的发展,并探讨了湘鄂赣地区的商人与商品、该地区的城乡市场及其分布、商人组织与市场管理等。③ 刘翠溶的《明清时期家族人口与社会经济变迁》的研究说明,利用宗族来研究人口问题,族谱资料是关键。族谱中既有比较集中和相对可靠的人口资料,包括生育、死亡、婚姻、迁徙、家庭结构和家族功能,等等,还有丰富的社会经济史方面的信息。④ 这些研究多将人口史与社会史研究结合起来,重视社会问题的产生及其解决,强调社会控制,融合了人口学、历史学与社会学的理论与方法,为区域史和人口社会史研究带来了独特视野,有很高的学术价值。但这些研究所说的人口流动往往是指人口在地理区域间的流动,而非因职业变迁所引发的人口的社会性流动,对因人口流动带来的社会结构变化及社会经济影响研究不够。

第二,明清人口史的真实性与人口增长问题。史学界有关历史文献中明清人口数据真实性的探讨,有助于明清徽州人口问题的研究。一些学者认为,由于古代缺乏现代人口统计的技术与制度保障,历代统治者的人口统计

---

① 曹树基、陈意新:《马尔萨斯理论和清代以来的中国人口——评美国学者近年来的相关研究》,载《历史研究》,2002年第1期,第41～54页;曹树基、陈意新:《尊重中国人口史的真实——对〈摘掉人口决定论的光环〉一文之回应》,载《学术界》,2003年第3期,第116～132页。
② 牛建强:《明代人口流动与社会变迁》,开封:河南大学出版社,1997年。
③ 方志远:《明清湘鄂赣地区的人口流动与城乡商品经济》,北京:人民出版社,2001年。
④ 刘翠溶:《明清时期家族人口与社会经济变迁》,台北:中央研究院经济研究所,1992年。

主要着眼于赋役,加上基层政府和民间的漏登和隐匿等原因,历代人口统计数据不真实。梁方仲的《中国历代户口、田地、田赋统计》收集了官修正史、实录、政书等官方历史档案的人口数据,把这些数字进行条分缕析的整理,编成表格,为研究王朝时期中国社会经济和人口史提供了坚实的数据史料基础。同时,他深知这些数字是在一个官僚体系的运作过程中形成的,指出要理解这些数字背后的意义,需要更深入地探究这些数字产生出来的机制,以及这些数字所体现的事实。何炳棣的《明初以降人口及其相关问题:1368—1953》着重从制度和经济方面研究明清人口,尤其是对"丁"所作的科学阐释和对影响人口的社会经济意义的强调极具启发性,显示了他对中国历史人口的宏观把握和理解力。他指出,洪武时期全国和各地人口统计数字比较真实,而此后文献所记载洪武以后各朝人口均未超过洪武时的人口,显然是不真实的,"黄册都是以全部人口的统计为基础的……与现代人口调查具有某些相似之处"。但是,明太祖之后人口统计的重点和方法已发生重大变化,"结果是此后的人口上报数字实际上仅仅包括一部分人口,与真正的统计数字之间的差异越来越大。因而,明代后期某些地区和清代前期全国的所谓的人口统计数只能看作为纳税单位"。[①] 栾成显对明代黄册的人口登载事项作了深入探讨,指出从总体上看明代黄册的人口登载事项一直包括妇女在内,但这绝不等于说明代中叶以后黄册上登载的人口数字属实,实际上明中叶后,黄册中人口记载的弊病尤为突出。至明后期,黄册记载人口数字与当时实际人口数字相差甚远。[②] 栾成显还指出,明代人口统计数字失实,除了制度结构与政策实施等主观方面的原因之外,还在于随着社会经济的发展,人口与土地相比开始退居次要地位,土地货财所发挥的作用越来越大。对于统治者来说,掌握人口已变得不那么重要了,靠土地钱粮等税收已能满足需求和享受。[③]

---

① [美]何炳棣著,葛剑雄译:《明初以降人口及其相关问题:1368—1953》,北京:生活·读书·新知三联书店,2000年,第3~4页。
② 栾成显:《明代黄册人口登载事项考略》,载《历史研究》,1998年第2期,第39~54页。
③ 栾成显:《明代人口统计与黄册制度的几个问题》,载《明史研究论丛》,2007年,第25~40页。

关于清代的人口,何炳棣说,顺治八年(1651)至乾隆五年(1740)的丁数从来不代表人口数,"17世纪的最后二十五年和18世纪前半期是一个空前太平盛世、政府节樽开支的时代,当税收开支绰绰有余时自然没有必要增加丁额"①。曹树基试图在时空结构下重建明清时期分府人口数据,同时寻找关于社会变化的新解释;但是,地方史研究者还无法直接从该书中获得所需的数据。② 曹树基说:"清代前期册籍中所载'户''口''丁',本质上都是一种纳税单位。"清中期情况则发生了变化,"乾隆四十一年,中国的人口统计已经完成了从'人丁'向'人口'的转变,这一时点附近的户口数,较之以前已可靠得多"③。据此,他统计出乾隆至嘉庆年间安徽人口。上述研究对研究明清徽州人口问题有重要参考意义。

第三,明清徽州的人口增长与密度等问题。曹树基推测清代徽州人口年均增长3‰,以嘉庆二十五年(1820)的247.5万为基数上溯,得出乾隆四十一年(1776)为216.9万;咸丰元年(1851)约为271.5万,太平天国运动后徽州府人口约损失163万,为60%左右,其中的70%死于瘟疫;生存者中约35%外出,常住人口约为71万。徽州、江西与江南作为流动的商业性社会,"人们对于生育的控制是具有相当理性的""商业区域预防性人口控制的社会经济背景大体与现代西方相似"。④ 避孕、流产等婚内节育方式的使用,使商业区域人口总是保持低增长,而且不受内部资源的影响。外在性压力对人口行为的作用也不明显,人口比较稳定,不因年成或粮价而波动,溺婴的程度也比农业区域低得多。而农业区域集体性的人口行为则表现为一种非理性状态。⑤ 由于作者缺乏相关论述,因此徽州是否与这种划分相符,令人怀疑。与曹树基沿袭官方数字将明初徽州人口数确定为较低的59万多不同,叶显恩分析

---

① [美]何炳棣著,葛剑雄译:《明初以降人口及其相关问题:1368—1953》,北京:生活·读书·新知三联书店,2000年,第41页。
② 曹树基:《中国人口史》第四卷,上海:复旦大学出版社,2005年,第10~16页。
③ 曹树基:《中国人口史》第五卷,上海:复旦大学出版社,2005年,第51页,第70页。
④ 曹树基:《中国人口史》第五卷,上海:复旦大学出版社,2005年,第871~872页。
⑤ 曹树基:《中国人口史》第五卷,上海:复旦大学出版社,2005年,第883~884页。

了徽州人口的密度,估计明代徽州人口在极盛时在 120 万左右,清代太平天国运动前徽州人口应在 200 万左右,人口的隐漏和外流是造成在籍人口统计数据严重偏低的原因。① 卞利则从制度层面探讨人口问题,指出明清两代户籍法的调整是经济社会发展的结果,有利于赋役征收和社会稳定。② 明清时期的徽州社会是一个人口高度增长的社会,但从各种人口数据中难以窥见这种增长。于是一些学者展开了对徽州人口密度分布和村庄演变的探讨,唐力行和美国学者凯瑟·海泽顿以"都"为单位考察村庄的演变,并据此把徽州人口密度划分为核心区、过渡区和边缘区;人口密度的增加经历了从核心地带向过渡环状带和边缘环状带呈放射状发展的过程。他们认为,商人资金回流是徽州村庄大幅度增加的重要原因,而且人口密度的分布格局与名族密度的分布格局基本上是一致的。③ 他们的研究视角和方法的确是独特的,对于徽州来说也是非常必要的。徽州族谱多,根据族谱可以复原一部分有效的人口数据,并能在更微观的范围内探讨人口、资源和环境的关系,探讨人口、经济和社会的变迁。自然环境与生存空间对徽州家族人口的影响是巨大的。徽州社会必须在较恶劣的自然环境和有限的自然空间中采取必要的生计手段来维持人口的增长及家族的建设,如教育及人才的培养、科举入仕、经商致富和地方建设,等等。

第四,徽州宗族、商人与人口流动。在宗族社会中,宗族人口的探讨需要引起关注。国家对人口的控制需要宗族,人口也利用宗族来保护自己,防范来自国家权力的滥用,如赋役征派中的弊端,缓解来自社会中其他方面,如人口和生计压力所引起的危机。美国学者贺杰根据《徽州府志》和《新安名族志》,绘出了徽州歙县和休宁县移民进士分布示意图和移民进士数量的变化曲线,从而得出徽州宗族向外移民的现象基本上发生在 16 世纪末以后。这

---

① 叶显恩:《明清徽州农村社会与佃仆制》,合肥:安徽人民出版社,1983 年,第 20~41 页。
② 参见卞利:《国家与社会的冲突和整合——论明清民事法律规范的调整与农村基层社会的稳定》的第三章内容,北京:中国政法大学出版社,2008 年。
③ 唐力行、[美]凯瑟·海泽顿:《明清徽州地理、人口探微》,载《中国社会经济史研究》,1989 年第 1 期,第 31~38 页。

些在明清时期连续出进士的宗族,大多与在移居地获取功名的进士者有对应关系,由此说明移民、进士、商人之间存在着对应关系,是保障宗族地位最重要的因素。① 关于徽州宗族人口流动的一些个案研究非常有价值。唐力行对近两千年来徽州方氏之源流、移徙、分合、演变作了考证,并以此为基础,考察了方氏与地域社会的关系,以及地域社会与传统中国的关系。关于方氏人口流动,他指出,16世纪初商品经济的发展给徽州社会带来了前所未有的震荡,其深度和力度超过了历史上任何一次战乱和灾异。徽州方氏宗族迁徙和重建的方向转为以农村到城镇为主,方氏宗族形成大宗族小家庭的格局。方氏个案研究表明,徽州与其他区域社会都受社会整体的制约,但宗族聚居的格局使得徽州具有特殊的应变力,始终保持着区域的稳定性。② 荷兰学者宋汉理认为,范氏宗族不断以婚姻作为手段进行迁徙分支的主要原因就是人地矛盾,是为了减轻人口增长所带来的生存压力。明代弃农经商,因商致富,壮大了家族势力,进而培养族中子弟业儒,以求科举入仕,从而保证了家族的兴盛。③ 日本学者臼井佐知子利用汪氏宗谱的记载,探讨了汪氏族人迁徙与商业的关系。④ 覃华瑞博士论文《明清徽州的家族人口与生计变迁——以歙县许村与绩溪磡头村为中心》系统分析人口史资料,对明清徽州家族人口的发展与生计模式的变迁进行了探讨。其人口空间不只是狭义的人口生存的地表事象及其空间组织,它既包涵了广义的人口生存和空间分布的差异及人口迁徙的原因和结果,也包含了蕴含其中的社会、文化、教育和经济等因素。许

---

① [美]贺杰著,陈春声译:《明清徽州的宗族与社会流动性》,见刘森辑译,古籍整理办公室编:《徽州社会经济史研究译文集》,合肥:黄山书社,1987年,第76~95页。
② 唐力行:《徽州方氏与社会变迁——兼论地域社会与传统中国》,载《历史研究》,1995年第1期,第73~85页。
③ [荷]宋汉理著,谭棣华译:《徽州地区的发展与当地的宗族——徽州休宁范氏宗族的个案研究》,见刘森辑译,古籍整理办公室编:《徽州社会经济史研究译文集》,合肥:黄山书社,1987年,第19~75页。
④ [日]臼井佐知子:《徽州汪氏家族的迁徙与商业活动》,载《江淮论坛》,1995年第1期,第68~75页。

氏外迁的分支遍布大江南北,旅外族人则大多在年老时返乡。① 方光禄、陈爱中分别对婺源王姓、歙县方氏的族源、迁徙、分支、流布、遗迹以及精英人物作了详细的介绍。② 商人是徽州人口流动中的一个非常重要的群体,从商人的角度来推动徽州宗族人口研究也是一条路线。由于商人的流动性和扩散性,对宗族人口迁徙的关注也是自然的,而且宗族本身就有扩张的惯性。王振忠的两部著作从文化史的角度考察了徽商在外地的活动和影响,其中关于徽商的社会流动和土著化进程的研究,有助于徽州人口迁徙的研究和大徽州的探讨。③ 韩国学者朴元熽通过对歙县方氏的个案研究,说明在特定情况下乡村社会需要以同族结合来应付危机。④ 日本学者中岛乐章对此也有非常深入的研究。⑤ 同族结合并不是联宗,联宗是一种介于血缘与地缘之间的组织,但并不是形成一个新的大规模的宗族,而是一种同姓的地缘联合。⑥ 日本学者臼井佐知子探讨了徽商网络,认为徽商利用共同始祖,强化了各地经商族人的关系,徽商活动的网络是构筑在血缘与地缘关系基础上的。⑦ 徽商在外地也进行着积极的宗族建设,这有利于本土族人向外的迁徙。

(四)明清徽州人口流动的社会影响和作用

明清徽州人口流动对徽州本土社会、人口迁徙所在地以及中国社会的诸

---

① 覃华瑞:《明清徽州的家族人口与生计变迁——以歙县许村与绩溪磡头村为中心》,厦门大学 2009 年博士论文,"中国知网·博硕士论文"。

② 方光禄:《歙县方氏考》,载《徽州社会科学》,1993 年第 1 期,第 47~50 页;陈爱中:《婺源王氏聚落说略》,见黄山市社会科学界联合会编:《徽学研究论文集(一)》,1994 年,第 230~250 页。

③ 王振忠:《明清徽商与淮扬社会变迁》,北京:生活·读书·新知三联书店,1996 年;王振忠:《徽州社会文化史探微:新发现的 16-20 世纪民间档案文书研究》,上海:上海社会科学院出版社,2002 年。

④ [韩]朴元熽:《明清徽州宗族史研究:歙县方氏的个案研究》,北京:中国社会科学出版社,2009 年。

⑤ [日]中岛乐章:《明代乡村の纷争と秩序——徽州文书を史料として》,东京:汲古书院,2002 年。

⑥ 钱杭:《血缘与地缘之间——中国历史上的联宗与联宗组织》,上海:上海社会科学院出版,2001 年。

⑦ [日]臼井佐知子:《徽商及其网络》,载《安徽史学》,1991 年第 4 期,第 18~24 页。

多领域产生了重要和深远的影响。关于这一问题,学术界也有不同程度的研究。其中,不少研究并不是专门从职业性人口流动的角度进行的,但是,涉及人口流动,特别是徽商的流动和迁徙及其各种社会影响与作用。下面分四个部分简要加以介绍。

第一,明清徽州境内的人口流动与徽州阶级阶层结构的新变化。关于徽州的从商风气、从商人数和商人的社会地位,除了大量相关学术论文有论述外,徽商研究的代表性著作,如张海鹏、王廷元主编的《徽商研究》,张海鹏、张海瀛主编的《中国十大商帮》,王世华编的《富甲一方的徽商》,王廷元、王世华著的《徽商》,唐力行著的《商人与文化的双重变奏——徽商与宗教社会的历史考察》,周晓光、李琳琦著的《徽商与经营文化》等对上述问题都有较为深入和系统的研究。王振忠著的《明清徽商与淮扬社会变迁》则从一个侧面揭示了明清徽州人口外流经商对淮扬社会变迁的影响。上述著作指出,明代成化、弘治年间是徽州社会风气和人口外出经商规模开始发生显著变化的重要时期。此后,徽州外出经商人数日增,这些商人所拥有的资本雄厚,经济实力和社会地位日益提高,徽商日渐成为称雄商界、名闻海内外的商业集团。关于明清徽州的绅商阶层,叶显恩、唐力行、吴媛媛和梁仁志等作了专题研讨。其中,叶显恩对徽商的缙绅化进行了研究。[①] 唐力行对徽商从商人到绅商的转变、徽商与士绅的合流、徽商的绅士风度等问题作了探究。[②] 吴媛媛以"邻县遏籴"为切入点,以徽州文书《歙地少请通浙米案呈稿》和《祁米案牍》为主要资料,探讨了徽州绅商在晚清徽州地方事务中的作用以及官绅商之间的关系。[③] 梁仁志对明清徽州绅商身份及绅权的获得、绅商的地方公益参与等问

---

① 叶显恩的《明清徽州农村社会与佃仆制》第三章第四节"徽州商人的缙绅化",合肥:安徽人民出版社,1983年,第122~129页。
② 唐力行:《徽州商人的绅士风度》,载《史学月刊》,2003年第11期,第38~43页。
③ 吴媛媛:《从粮食事件看晚清徽州绅商的社会作用——以〈歙地少请通浙米案呈稿〉和〈祁米案牍〉为例》,载《安徽史学》,2004年第6期,第85~90页。

题进行了深入探讨。① 关于明清徽州的商人地主,学界研讨较多。叶显恩对徽商将部分商业利润转入购买土地的情况进行了研究。② 李琳琦探讨了明清徽商资本流向土地、徽商在家乡购置田地、徽州境内商人地主阶层的逐渐形成等问题。③ 周绍泉以徽州契约文书为主要资料,分析了明代徽州土地买卖的发展与变化,以及徽商与徽州土地买卖的关系。④ 汪庆元利用鱼鳞图册对明清徽州的土地占有、徽商资本与土地的关系进行了个案考察。⑤ 关于明清徽州佃仆的研究。邹怡系统回顾了20世纪60年代至2004年徽州佃仆制研究的主要成果,逐一介绍各论著的基本观点,同时进行相关的比较和评述,并以研究框架构建期、学术分歧讨论期和新式思路进入期概括了这个问题在40多年间的总体研究进程。⑥ 至于徽州佃仆因随主经商而获得自身社会地位的提升,只有叶显恩的《明清徽州农村社会与佃仆制》等少数论著有所涉及,但未展开研究。

第二,明清徽商的活动与明清社会经济与社会发展。关于明清徽商资本与徽州农业发展的问题,除上述李琳琦、周绍泉、汪庆元关于徽商在徽州本土买卖土地、从事农业经营的讨论外,王世华在论及明清徽商对"三农"的贡献时,对徽商在家乡修堤坝、筑塘堰、浚河道及有利于徽州农业发展等问题进行了讨论。⑦ 关于明清徽商在徽州本土的商业经营情况,学界主要集中于徽州

---

① 梁仁志:《明清徽州的绅商——兼谈明清绅商和近代绅商之不同》,载《安徽师范大学学报》,2011年第3期,第271~275页。
② 叶显恩:《明清徽州农村社会与佃仆制》,合肥:安徽人民出版社,1983年,第140~141页。
③ 参见李琳琦:《论徽商资本流向土地的特点及其规律》,载《安徽师大学报》,1988年第4期,第43~50页;张海鹏、王廷元主编的《徽商研究》第八章第二目"评'江南大贾不置田土'说",合肥:安徽人民出版社,1995年。
④ 周绍泉:《试论明代徽州土地买卖的发展趋势——兼论徽商与徽州土地买卖的关系》,载《中国经济史研究》,1990年第4期,第97~106页。
⑤ 汪庆元:《从鱼鳞图册看徽商故里的土地占有——以歙县〈顺治十年丈量鱼鳞清册〉为中心》,载《江淮论坛》,2010年第3期,第25~35页。
⑥ 邹怡:《徽州佃仆制研究综述》,载《安徽史学》,2006年第1期,第49~65页。
⑦ 王世华:《论徽商对"三农"的贡献》,载《学术界》,2008年第1期,第229~235页。

典商的讨论,如王裕明对徽州典商在徽州故里的商业经营活动进行了细致梳理①;陈瑞则利用《绩溪捐助宾兴盘费规条》对清道光年间绩溪县境内典商商号的分布与经营作了个案考察。② 关于明清徽商积极投身于徽州本土社会公益事业的建设,学界研讨较多,这些成果对徽商在徽州故里捐资筑道路、修桥梁、建茶亭、修城垣、修水利、设义渡、救灾赈济等改善故里的各项基础设施、便利家乡人民的日常生产生活、增进家乡民众的社会福利和社会保障活动及其原因进行了深入和系统的探讨。③ 关于明清时期徽商从事宗族建设的情况,学术界讨论较多,主要集中于徽商参与修谱、捐资或参与祠堂建设、捐助义田、学田等方面。其中,赵华富对徽州富商积极参与修谱活动进行了探讨。④ 徐彬对明清徽商参与修谱的动因进行了分析与归纳。⑤ 赵华富对徽商捐资修建祠堂的情况进行了系统讨论。⑥ 陈瑞研究了明清徽商重视修建祠堂、重视发挥祠堂的控制功能。⑦ 叶显恩、赵华富对徽商捐资购置义田和

---

① 王裕明:《明清徽州典商研究》,北京:人民出版社,2012年,第271~276页。
② 陈瑞:《制度设计与多维互动:清道光年间徽州振兴科考的一次尝试——以〈绩溪捐助宾兴盘费规条〉为中心的考察》,载《安徽史学》,2005年第5期,第88~98页。
③ 参见叶显恩的《明清徽州农村社会与佃仆制》第三章第五节"徽州商人商业利润的封建化",合肥:安徽人民出版社,1983年,第130~143页;张海鹏、王廷元主编的《徽商研究》第八章"徽商资本的出路",合肥:安徽人民出版社,1995年;卞利:《徽商与明清时期的社会公益事业》,载《中州学刊》,2004年第4期,第82~85页;孙华莹:《徽商与明清徽州荒政》,载《安徽师范大学学报》,2006年第6期,第68~71页;王世华:《论徽商对"三农"的贡献》,载《学术界》,2008年第1期,第229~235页;张小坡:《论晚清徽商对徽州社会救济事业的扶持——以光绪三十四年水灾赈捐为例》,载《安徽大学学报》,2009年第5期,第126~132页。
④ 赵华富:《徽州宗族研究》,合肥:安徽大学出版社,2004年,第248~249页。
⑤ 徐彬:《明清时期徽商参与家谱编修的动因》,载《安徽师范大学学报》,2011年第1期,第18~22页。
⑥ 赵华富的《徽州宗族研究》第三章第一节"徽州宗族祠堂兴起的时代背景"、第二节"徽州宗族祠堂的建设"、第五节"徽州宗族的女祠",合肥:安徽大学出版社,2004年。
⑦ 陈瑞:《明清时期徽州宗族祠堂的控制功能》,载《中国社会经济史研究》,2007年第1期,第54~63页。

学田有系统的研究。① 关于明清时期徽商在各地城乡,特别是城镇的经济活动,学术界讨论较多,如张海鹏、王廷元主编的《徽商研究》,张海鹏、张海瀛主编的《中国十大商帮》等著作对徽商在各地城乡的经济活动均有研究。王振忠对明清时期徽商与淮扬地区扬州、淮安、仪征、苏北滨海市镇及汉口等盐业城镇的发展作了系统考察。② 陈忠平、翟屯建、范金民对明清时期徽商在江南城乡的经济活动进行了系统研究。③ 曹觉生、林承园对明清以来武汉的徽商与徽帮进行了研究。④ 王廷元对明清时期的徽商与芜湖进行了研究。⑤ 陈瑞考察和分析了清代亳州境内的徽商。⑥ 周志斌、王振忠、赵力对明清时期南京的徽商进行了研究。⑦ 陈学文研究了明清徽商在杭州的活动。⑧ 祝碧衡、陈学文对明清徽商在浙江衢州和严州的活动进行了分析。⑨ 陈剑峰、陈

---

① 叶显恩的《明清徽州农村社会与佃仆制》第三章第五节"徽州商人商业利润的封建化",合肥:安徽人民出版社,1983年,第130～143页;赵华富的《徽州宗族研究》第五章第二节"徽州族田的种类",合肥:安徽大学出版社,2004年,第289～311页。
② 王振忠:《明清徽商与淮扬社会变迁》,北京:生活·读书·新知三联书店,1996年,第74～119页。
③ 陈忠平:《明清徽商在江南市镇的活动》,载《江淮论坛》,1985年第5期,第58～64页;翟屯建:《徽商与明清时期江南经济的发展》,载《东南文化》,1993年第3期,第63～78页;范金民:《明清江南商业的发展》,南京:南京大学出版社,1998年,第186～190页。
④ 曹觉生:《解放前武汉的徽商与徽帮》,见《江淮论坛》编辑部编:《徽商研究论文集》,合肥:安徽人民出版社,1985年,第125～130页;林承园:《清至民国时期徽商与汉口市镇的发展》,载《江汉大学学报》,2012年第4期,第79～85页。
⑤ 王廷元:《论明清时期的徽商与芜湖》,载《安徽史学》,1984年第4期,第36～43页。
⑥ 陈瑞:《清代淮河流域商业重镇亳州境内的徽商——以乾隆、光绪〈婺源县志〉为中心的考察》,载《中国地方志》,2008年第12期,第46～48页。
⑦ 周志斌:《明清时期南京的徽商》,载《江淮论坛》,1988年第4期,第32～36页;王振忠、赵力:《明清时代南京的徽商及其经营文化》,载《浙江社会科学》,2002年第4期,第150～152页。
⑧ 陈学文:《明清徽商在杭州的活动》,载《江淮论坛》,1990年第1期,第39～43页。
⑨ 祝碧衡:《论明清徽商在浙江衢、严二府的活动》,载《中国社会经济史研究》,2000年第3期,第10～19页;陈学文:《明清时期徽商在浙江衢州》,载《史林》,2008年第4期,第120～124页。

国灿对明清时期浙北杭嘉湖市镇的徽商作了研究。① 张雪慧考察和研究了明清徽商在西南民族地区的活动。② 刘文智、刘淼、冯尔康对徽商在扬州的活动及徽商促进扬州地方经济的繁荣进行了研究。③ 王廷元、吴仁安研究了徽商在上海的活动及对上海繁荣的促进问题。④ 王世华探讨了徽商对长三角地区经济、文化和社会变迁的影响,指出徽商是长三角兴起的重要力量。⑤ 唐力行对徽商"进入"上海市镇的特征及其在上海市镇的迁徙与定居活动进行了研究。⑥ 谢永平对明清徽商促进东南城镇经济的发展作了考察。⑦ 黄彩霞、王世华对徽商投资所在地城镇基础设施的建设作了研究。⑧ 曹国庆研究了明清时期徽商在江西的活动。⑨ 曹国庆、熊亚丹等对明清时期景德镇的徽州瓷商及其促进景德镇经济的发展进行了研究。⑩ 甘满堂对明清时期徽商

---

① 陈剑峰、陈国灿:《明清时期浙北杭嘉湖市镇的徽商》,载《安徽师范大学学报》,2003年第2期,第179~183页。
② 张雪慧:《论明清徽商与西南民族地区社会经济关系》,载《徽州社会科学》,1991年第3期,第49~58页。
③ 刘文智:《清代前期的扬州徽商》,载《江淮论坛》,1982年第5期,第42~48页;刘淼:《清代前期徽州盐商和扬州城市经济的发展》,载《安徽史学》,1987年第3期,第68~73页;冯尔康:《明清时期扬州的徽商及其后裔述略》,载《徽学》2000年卷,第166~198页。
④ 王廷元:《徽商与上海》,载《安徽史学》,1993年第1期,第12~17页;吴仁安:《论明清徽商在上海地区的经营活动与历史作用》,载《大连大学学报》,1999年第5期,第105~110页,吴仁安:《论明清徽商在上海地区的经营活动与历史作用(续)》,载《大连大学学报》,2000年第5期,第104~107页。
⑤ 王世华:《明清徽商是长三角兴起的重要力量》,载《学术界》,2009年第5期,第139~145页。
⑥ 唐力行:《徽商在上海市镇的迁徙与定居活动》,载《史林》,2002年第1期,第25~34页。
⑦ 谢永平:《明清徽商的兴起与东南城镇经济的发展》,载《南通大学学报》,2008年第2期,第80~85页。
⑧ 黄彩霞、王世华:《徽商对商品流通基础设施的投入及其社会影响》,载《甘肃社会科学》,2007年第1期,第138~141页。
⑨ 曹国庆:《明清时期江西的徽商》,载《江西师范大学学报》,1988年第1期,第22~27页。
⑩ 曹国庆:《明清时期景德镇的徽州瓷商》,载《江淮论坛》,1987年第2期,第58~63页;熊亚丹、陈雨前等:《徽州对景德镇瓷业经济发展的贡献》,载《中国陶瓷》,2008年第9期,第82~85页。

在福建的活动及其促进福建社会经济的发展进行了考察。① 王云考察了明清时期山东运河区域的徽商活动。② 胡欣对明清时期徽商在开封的活动进行了考察。③ 王瑞成对明清时期的徽商商业聚落与城镇社区作了分析。④ 卞利研究了明清时期徽商与城市的发展。⑤

第三，徽商与明清徽州教育发展。明清徽商不仅对徽州地区的经济和社会结构发生过巨大影响，也对徽州文化教育的发展变化有着重大的影响。徽商的研究成果颇丰，但就徽商与教育发展进行的专题研究相对薄弱。李琳琦开始把二者紧密结合起来，其代表作《徽商与明清徽州教育》把徽商与教育发展紧密联系起来进行研究，克服单纯从政治、人物考察的局限，跨入文化学、经济学的综合考察，是很有意义的视角。⑥ 还有一些学者通过对徽州的学校、社会教化网络以及专门个案的研究，探讨了商人的经济活动对传统教育产生的冲击，以揭示地域性商业经济发展对区域教育的影响。如，王昌宜、郭志俊等撰文，从明清徽州特殊的地理环境和人文环境探讨独特的徽文化形成的原因，以及徽州为何会形成重视教育和培育精英人才的教育理念。⑦ 上述著述和文章论述的角度基本涵盖以下几方面的内容，即：浓郁的文化氛围、传统的宗族家族意识、坚韧的徽商精神等，这是徽州独特教育和人才培养模式得以形成的因素。上述研究所提供的经验教育，可以为今天的人才培养提供借鉴和参考。

---

① 甘满堂：《明清时期的徽商与福建》，载《福州大学学报》，2002年第2期，第84～87页。
② 王云：《明清时期山东运河区域的徽商》，载《安徽史学》，2004年第3期，第12～19页。
③ 胡欣：《明清时期开封的徽商》，载《河南科技大学学报（社会科学版）》，2011年第2期，第18～21页。
④ 王瑞成：《明清商业聚落与城镇社区——以徽商为主的分析》，载《中州学刊》，2002年第1期，第125～128页。
⑤ 卞利：《无徽不成镇——明清时期的徽商与城市发展》，载《社会科学》，2011年第1期，第154～159页。
⑥ 李琳琦：《徽商与明清徽州教育》，武汉：湖北教育出版社，2003年。
⑦ 如李琳琦：《明清徽州宗族与徽州教育发展》，载《安徽师范大学学报》，2003年5期，第504～509页；王昌宜：《浅论明清徽州的宗族办学活动》，载《合肥学院学报》，2006年2期，第32～36页；郭志俊：《明清徽州教育和人才培养》，载《理论建设》，2010年第2期，第65～69页。

第四,徽籍学者和明清学术变迁。随着宋明理学的衰落和汉学的兴起,清代学术研究也从清初以求实切理为帜志,到清中期逐渐趋向于以名物训诂为特色,崇尚朴实无华的治学风格。皖派朴学是清代中期乾嘉学派的主力军,影响力非常广泛,其地位和影响在中国学术史上举足轻重。皖派朴学的代表人物江永、戴震在治学方法上注重从文字训诂和经史考证入手,"以词通道",渐次进入思想义理的探讨,善于归纳推理,审名实,重佐证,淹博识断,守正出新,形成了一种独具特色的"皖派"学术,成为清代学术的杰出代表。相关领域的研究有李开和徐道彬研究专著[1],杨应芹、周晓光、朱昌荣、林存阳、朱昌荣和张文等人的学术论文等[2]。这些学者的研究主要从地域文化史、社会经济史和学术传播诸方面进行交叉综合研究,贯穿着徽商经济与地域学术、传统文化衍变与时代学术转型的学术传播线索,描述了"皖派"学术对中国封建社会后期文化的影响,揭示了徽州学术由"小徽州"到"大徽州"的扩散轨迹,拓展和加深了徽学的研究视域。这些研究不仅立足于清代徽州学术人物及其著述,还涉及清代学术乃至传统文化的诸多方面,一定程度上带有学术史的普遍意义。李富侠指出,凌廷堪等人继承了戴震的治学思想与方法,用以考证上古礼学的本来面貌,进而探寻孔孟之道而恢复古礼的儒学本体地位,正本清源,回归汉学。[3] 这有助于理清礼学历经千年的衍变及其对戴震思想和方法的继承与发展,并借以发掘清代"以礼代理"学说的发展脉络。

总体看,上述研究虽不同程度涉及本书研究的一些内容,但多限于某一

---

[1] 李开:《戴震评传》,南京:南京大学出版社,1992年;徐道彬:《戴震考据学研究》,合肥:安徽大学出版社,2007年;徐道彬:《皖派学术与传承》,合肥:黄山书社,2012年。

[2] 杨应芹:《戴震与江永》,载《安徽大学学报》,1995年4期,第35~41页;周晓光:《试论朱熹在徽州的理学教育活动及其影响》,载《华东师范大学学报》,2004年3期,第75~80页;朱昌荣:《程瑶田朴学成就探析》,载《南都学坛》,2011年2期,第42~43页;林存阳:《汪绂与江永之书信往还》,载《徽学》2010年卷,第266~280页;朱昌荣:《清初程朱理学"复兴"原因刍议》,载《徽学》2010年卷,第243~258页;张文:《绩溪金紫胡氏家学考述》,载《徽学》2011年卷,第239~252页。

[3] 李富侠:《凌廷堪〈礼经释例〉对戴震学术的继承与发展》,载《洛阳师范学院学报》,2012年9期,第85~88页。

领域或某些方面,没有对徽州职业观和职业变迁的复杂原因、丰富内涵和重大影响,明清徽州社会职业变迁所引发的人口在徽州内外和职业之间的流动,以及这种人口流动给徽州本土社会、人口流动所在地的社会及明清中国社会发展所带来的影响和作用等问题进行系统和深入的考察和研究。本书把明清时期徽州的职业观的转换、四民职业变迁和人口社会流动放在自然与人文环境、经济与社会的整体背景下进行多角度的研究,以揭示明清徽州社会发展的独特模式及其现实意义。

三、研究方法和创新之处

(一)研究方法

本书以历史学的理论和方法为基础,辅以社会学、人口学和区域史的相关理论和方法,以拓展徽州区域史研究的新领域和新视野,丰富和推动明清区域社会史、人口史、经济史和观念史等领域的研究。

第一,以历史与逻辑相结合的史学方法作为基本方法。以各种史料为依据,历史地考察和呈现明清时期徽州社会经济发展,探讨自然与人文地理环境对徽州不同历史时期的传统职业观转换的原因,在理论上分析明清徽州职业观的主要内涵和特色,考察不同职业人口的变迁及其引发的人口流动对明清徽州和中国社会的影响,最终从理论上作分析和总结。总之,将历史叙述与逻辑思辨结合起来,历史实证与理论分析结合起来,做到史论结合,论从史出。

第二,重视区域史的理论方法和历史比较法的运用。明清徽州是自成系统、具有鲜明文化特色的区域社会,本书在分析明清徽州职业观的转换、职业变迁及其人口流动和社会影响时,注重研究其与徽州区域社会历史发展的关系,力求揭示其职业观的转换、不同职业间的变迁、职业人口流动和社会影响的系统性和区域性特征。

第三,综合运用社会学、人口学等学科的相关方法。徽州职业变迁和人口在职业与区域间流动对徽州社会职业和阶层结构变化的影响,对徽州和其他区域社会经济和文化教育发展的影响等,涉及社会学研究中的社会群体与组织、社会分层与流动和社会变迁,人口学研究中的人口流动及其规律、人口地理学和人口史等。因此,必须借鉴和运用这些学科的相关方法。

第四,将普遍性研究与个案研究相结合。如,在研究徽州人口在职业间和区域间的流动时,力求全面考察这种流动的总体数量,运用统计学的方法加以统计和归纳。然而,由于当时系统记载这类人口流动量的史料缺乏,因此,在无法进行普遍的规律性归纳时,则采用个案和典型事例分析法,以揭示明清徽州人口流动的历史面貌。

本书的研究在总结和吸收学术界相关研究成果的基础上,大量收集和阅读相关文献资料,特别是徽州文书档案资料,同时到徽州开展相关的田野调查研究。在此基础上,展开三个方面的研究,最后形成近 40 万字的学术专著。

(二)研究重点和创新之处

本书将重点探讨徽州不断增长的人口压力和日益严峻的生存困境是如何通过职业变迁和人口流动得到缓解,并最终在徽州形成一种相对和谐的社会发展模式,这为回答前近代中国社会发展的实际状态和可能的发展方向提供了有意义的参考答案。第一,明清徽州社会既面临着山多地少、灾害频仍的较脆弱生态环境,又面临着赋役不断加重和人口不断增长的社会现实。在这种背景下,徽州社会对传统四民观及其职业价值取向进行了转换和重建。为此,本书将先考察秉承儒家伦理和价值观的徽州人是如何根据明清徽州新的社会发展状况对生存伦理作出新的诠释,提出了能够维持和推动徽州社会发展的新生存伦理观和职业观。第二,以徽州为中心,探讨明清区域社会的人口与社会问题解决的途径、方式、内容和特点,特别是大量农业人口转变为商业性或附属于商业性人口的模式,以及对缓解徽州人口社会压力和社会发展困境所发挥的作用。第三,将系统考察和分析明清徽州人口流动对徽州本土社会阶级和阶层结构、经济社会发展、土地租佃制度、宗法和宗族制度强化、文化教育发展等方面的影响和作用;同时,考察和分析明清徽州外流人口对淮扬、苏淞杭、湖广、北京和大运河沿岸等所在地社会经济、学术文化及生活风习变迁的影响。

  本书的创新之处主要有三个方面：第一，力求对明清徽州因人口增长和流动导致的新职业观的建构与变迁作出系统和深入回答。本书将系统研究地域社会的职业变迁与人口流动的互动关系，传统社会的人口在面临危机时的调节机制以及它对徽州社会发展变迁的影响，进而探明明清徽州社会发展的独特模式。目前，学术界关于明清人口史和人口流动的研究成果不少，但将人口流动与职业变迁及其引发的社会变迁结合起来研究的还是空白。这种新视角可以为诠释中国传统社会近世发展提供另一种路径。第二，以跨学科的研究拓展徽学的学科发展方向。本书对徽州社会历史文化的探讨将从全面性转向整体性和系统性，力求体现区域社会史的研究特征；同时，由面的宽泛性研究转向点面结合的纵深性研究。第三，为当代中国一些社会问题的解决提供借鉴。现实是传统的延续和变迁，徽州在前近代社会转型过程中所发生的种种问题仍或显或隐地影响今天的历史。本书对其历史经验的探讨，对辩证看待今天中国向现代社会的转型仍具有借鉴意义。

第一编 明清徽州传统职业观的变迁

第一章　明清徽州传统职业观变迁的自然环境与社会环境的成因

中国传统社会以士农工商四民为主体,四民既是社会阶层,又是不同职业。中国传统社会以自然经济为本,农民是最主要的社会阶层,士人则是社会主导阶层,因此,士农在四民中的地位是位居前列的,社会上形成了以士(儒)为先、以农为本、以商(贾)为末、重农(本)抑商(末)的四民观及其职业价值取向。然而,明清社会的新发展,特别是商品经济的发展,使四民的社会地位和职业观发生重大变化,人们对士商关系、农商关系,特别是前者作出新的解释。商贾的社会地位不断提升,逐渐与士农平等,经商事贾逐步成为社会普遍认可的职业,不少地区经商事贾不仅超过力农事耕,而且出现士商(儒贾)并重,乃至"左儒右贾"的观念。其中,士商关系和儒贾关系的转换尤其突出,成为明清四民观及其职业价值理念转换的核心问题。余英时说:"事实上,明清作者所谓'四民不分'或'四民相混',主要都是讲士与商的关系。明清社会结构的最大变化便发生在这两大阶层的升降分合上面。"[①]明清徽州传统职业观的这种变迁尤其突出,并给明清徽州社会发展带来重大和广泛的影响。那么,是什么原因造成了明清徽州四民职业观发生这种重大变化呢?

---

① 余英时:《中国近世宗教伦理与商人精神》,合肥:安徽教育出版社,2001年,第202页。

下面,结合相关文献和研究成果,拟从徽州人地关系的紧张与以农治生问题的不断凸显、明清商品经济发展与徽州人经商的良好环境、明清科举制与徽州士人治生问题愈益突出的三个方面,对明清徽州传统四民职业观变迁的主要环境与社会因素进行历史的考察和理论的探讨。

第一节　不利农耕的环境和以农治生问题的凸显

一、不利农耕的自然环境与人地关系的紧张

古徽州位于今天安徽省南部,自然环境不利于农耕生产、特别是粮食生产。

首先,徽州山地众多,多数地区土瘠田硗。弘治《徽州府志》说:"郡在万山间,大山之所落,深谷之所穷,民之田其间者,层累而上数十级,不能为一亩。快牛刭耕不得旋其间。刀耕而火种之,十日不雨则仰天而呼;一遇雨泽,山水暴出,则粪壤与禾荡然一空,盖地之勤民力者如此。他郡之田弥望数百亩,民相与粳稌之岁,才一芸。时既至,禾稗相依以长,而其人亦终岁饱食,不待究其力。歙人之芸,岁以三四,方五六月,田水如荡,父子祖跣膝行其中,淈深泥。抵隆日,蚊蝇之所扑缘,虫蛭之所攻毒,虽数苦有不得避,其生勤矣。"①康熙《徽州府志》说:"郡之地隘,斗绝在其中。厥土骍刚而不化,高水湍悍少潴蓄。地寡泽而易枯,十日不雨则仰天而呼,一骤雨过,山涨暴出,其粪壤之苗又荡然空矣。大山之所落,多垦为田,层累而上指至十余级,不盈一亩。快牛利刭不得田其间,刀耕火种,其勤用地利矣。自休之西而上尤称斗,入岁收堇不给半饷,多仰取山谷,甚至采薇葛而食。暇日,火耕于山,旱种旅谷。早则俱出,扳峻壁,呼邪许之歌,一唱十和,庸次比耦而汗种以防虎狼。

---

① 弘治《徽州府志》卷二《食货·田地》。

夜则俱入,持薪樵,轻重相分。"①在徽州各县中,歙县、休宁的耕作条件相对较好,祁门、婺源和绩溪等则比较差。如,祁门,"厥田高亢,依山而垦,数级不盈一亩,快牛利耜不得用,入甚薄。岁侵,粉蕨葛佐食;即丰年,谷不能二之一"②。婺源,"农终岁勤劬,亩不获一口之入。土瘠而硗,犁仅一咫,与休接壤而有膏腴瘦薄之分……农之苦孰有如婺者?"③绩溪受多山之累,"而山压水冲,遍绩有难耕之确土"④。

徽州不利于农耕的自然环境是历史上的地质变化所致。徽州位于长江下游的江南丘陵,十分不利于农耕生产。徽州丘陵和山地是地面上升造成的,尤其是黄山至牯牛降和九华山一带,基岩为坚硬耐蚀的花岗岩,山体高度较大,多超过1000米。如黄山主峰莲花峰高达1864米,为安徽省最高的山峰。这些山地四周的基岩多易风化和侵蚀,成为低山和丘陵,其间形成了许多山间谷地和盆地。⑤徽州的城镇多位于这些较大盆地中,如,祁门盆地、黟县盆地、休宁盆地、屯溪盆地、歙县盆地、绩溪盆地等,串珠状绵延百余里。山多地少是徽州土地资源的基本特征,由此有"八分半山一分水,半分农田和庄园"之说。

其次,徽州的土壤和气候条件不利于农耕。徽州不仅山多地少,而且土地条件差。屯溪盆地是徽州最大的盆地,面积100多平方公里,包括休宁、歙县和绩溪的一部分。农业生产条件较优越,地面平坦,土层深厚,是徽州的主要粮食产区。其余地区的土壤条件则比较差。据现代地理学分析,徽州多黄壤和红壤,耕层浅,有机质含量较低,有明显的富铝化现象。由于地形高低、水分多寡及母质不同,一般丘陵岗地,以黄红壤为主,有发育在第四纪红色黏土层风化物上的黏质及黏质侵蚀黄红壤、砾石黄红壤,有发育在白垩纪红色

---

① 康熙《徽州府志》卷二《舆地志下·风俗》。
② 同治《祁门县志》卷五《舆地志·风俗》。
③ 光绪《婺源县志》卷三《风俗》。
④ 乾隆《绩溪县志》卷一《风俗》。
⑤ 参见《安徽经济年鉴》编辑委员会编:《安徽经济年鉴1984》,合肥:安徽人民出版社,1984年,第9页。

和紫红色砂岩风化物上的砂红壤。低山丘陵的母质多半是花岗岩、片麻岩、石英砂岩、千枚岩等残积坡积风化物，一般形成黄壤。这里的水稻土，属潴育性沙泥土，是山河冲积物发育的黏质土壤，面积较小，且大部分已发育为青浆泥，为潜育性水稻土。山区深冲垄田分布有冷水田与陷泥田。冷水田因处在深山，日照短，霜多雾大，受低温山水及冷泉灌溉影响，水冷浆寒，影响水稻发棵和生长。陷泥田除土性寒冷外，土壤物理性状不良，土体稀软，严重妨碍耕作及水稻生长。可见，徽州大多数耕地土质薄瘠，耕作较困难。① 现以当代安徽耕地分布情况加以说明。据统计，1987年全省耕地总面积6595.37万亩，其中，水田2595.42万亩，旱地3999.95万亩。全省耕地及水田、旱地分布情况是：淮北平原区，耕地占49.98%，水田占8.14%，旱地占77.12%；江淮丘陵区，耕地占24.11%，水田占39.01%，旱地占14.44%；沿江圩区，耕地占17.02%，水田占33.17%，旱地占6.54%；大别山区，耕地占3.32%，水田占7.24%，旱地占0.79%；皖南区山，耕地占5.57%，水田占12.44%，旱地占1.11%。② 可见，包括徽州在内的皖南地区耕地仅占全省耕地的5.57%，而皖南地区除徽州府，明清时期还有宁国府、太平府、池州府，不难想见，徽州实际的田地在全省所占比重是相当少的。

徽州的气候条件也不利于农耕。徽州属亚热带季风气候，年均温度15℃～16℃，1月平均温度2℃～4℃，极端最低温－16℃～－1℃，7月平均温度27℃～29℃，极端最高温度可达40℃～41℃，无霜期222至248天。安徽其他地区和毗邻的江西省，年日照时间基本超过2000小时，多者在2500小时以上。相较而言，徽州各县年日照时间均低于2000小时，如，屯溪1951小时，祁门1918小时，婺源1860小时。徽州年均降水量为1200～1700毫米，但是，降水季节分配很不平均，4月至7月的降水量占全年的50%～

---

① 安徽师范大学地理系编：《安徽农业地理》，合肥：安徽科学技术出版社，1980年，第19页。
② 参见安徽省地方志编纂委员会编：《安徽省志农业志》，北京：方志出版社，1998年，第18页。

60%,歙县、祁门部分地区甚至春雨大过夏雨。8月以后,降雨明显减少,易出现秋旱。① 总之,徽州大部分山区地面高程较大,气温较低,积温较少,多云雾,少日照。这种夏季无酷暑、冬季非严寒的气候特点不利于农作物生长。

再者,水旱灾害较频繁,易旱易涝,特别是水灾为害甚大。徽州春季降雨集中,秋季乃至夏季降雨少,使当地容易在春夏两季,尤其是春季形成洪涝灾害,夏秋两季则易形成旱灾。加上徽州山地陡峻,盆地和谷地众多,山间土层硗薄,不易蓄水,加剧了春夏洪水的危害。明末歙县知县傅岩说:"看得新安四境皆山,溪深岭峻,地无广衍,水难停蓄。或遇天时不若,人力难施,旱则灌溉无方,涝则倾湍若洗,故一受灾诊,倍于他属。"②他谈到崇祯十一年(1638)的旱灾时说:"看得歙居万山之中,地皆硗窄,水无停蓄以备旱涝。每遇雨旸不若,易被灾伤。且土宜早禾,立夏以后芒种以前,禾秧尽插。今岁雨泽愆期,土皆龟坼,苗已长者不能分种,至若豆菽杂粮枯槁荒芜……被灾重者,西南为甚,东北次之,总计通县伤歉十之三。人心惶急,望恩轸恤,哀鸣不已。"③清人赵吉士说:"新安地高而水迅,流无停蓄,建瓴竹箭之势,一泻千里。"④这种雨水不能停蓄的状况造成了当地易旱易涝。

据康熙《徽州府志》和道光《徽州府志》记载,清代顺治至乾隆年间徽州及属县水旱灾害,顺治年间合计9年,平均2年一次;康熙年间合计17年,平均3.5年一次;乾隆年间合计19年,平均3.1年一次。⑤此外,蝗、风、雪和雹等灾害也多有发生。如,乾隆二十八年(1763)三月二十二日,"歙大风,拔木偃屋,压死人畜无数"。嘉庆五年(1800),"正月,绩溪大雪,连四五日,平地三尺,山中高至丈余。麋鹿野豕毙者无数。九月,祁门蝗"。⑥有些水旱灾害特

---

① 高寿仙:《徽州文化》,沈阳:辽宁教育出版社,1998年,第12~14页。
② (明)傅岩撰:《歙纪》卷六《纪详议·申报旱荒》,合肥:黄山书社,2007年,第69页。
③ (明)傅岩撰:《歙纪》卷六《纪详议·请折南粮》,合肥:黄山书社,2007年,第71页。
④ 康熙《徽州府志》卷八《营建志下·水利》。
⑤ 统计数字据康熙《徽州府志》卷一八《杂志下·祥异》和道光《徽州府志》卷一六《杂记·祥异》资料得出。
⑥ 以上均见道光《徽州府志》卷一六《杂记·祥异》。

别严重。如,顺治五年(1648),"绩溪大水,冲圮桥梁数处及田千余亩"。康熙十一年(1672),"歙旱,荒民掘蕨根、地肤以食"。康熙三十五年(1696)五月,"六邑大水浸城……漂流庐舍坟墓无算"。①康熙四十八年(1709),"绩溪大旱,饥;大疫死者无数,且多举家疫死者"。康熙五十七年(1718)六月,"歙旱久,忽大雨,万蛟齐出西北两乡,损坏田庐,漂没人畜以万计。婺源、绩溪大雨,漂没民房、田亩、桥梁无数"。乾隆九年(1744),"七月,歙大水。婺源洪水骤发入城,浮舟于市,视天启甲子高三尺,坏田庐及溺死流棺无算……七月,蛟水陡发,漂没人口田园庐舍"。乾隆十六年(1751),"歙旱,大饥,斗米五钱,民粉稻藁为食"。夏秋冬,绩溪大旱,"二百余日民皆凿溪汲水;是岁,大饥,斗米三百文有零"。乾隆五十三年(1788)五月,"祁门大水,溺死六千余人……初七日,清晨东北诸乡蛟水齐发,城中洪水陡起,长三丈余,县署前水深二丈五尺余,学宫水深二丈八尺余,冲圮谯楼、仓廒、民田、庐舍、雉堞数处,乡间梁坝皆坏,为从来未有之灾;祁邑屡遭大水,是岁尤剧"。②

水旱灾害的频繁使得徽州水利兴修尤为重要,"本郡田少土瘠,全资水利"③。歙县知县傅岩说:"县境皆山,每遇雨旸愆期,田土立涸。原有良堨胡七、小满等塘堨,以储蓄泄,日久淤塞,行令堨首及时修理开浚,无失地利。仍禁豪右造碓,致妨灌溉,旱潦有备。"④道光《徽州府志》说得更详尽,"徽处万山之中,无水可灌,抑苦无田可耕,硗埆之土,仅资三月之食。而水利不可不亟讲者有二焉:其一,在塘堨也。地处陡峻,梯山而耕,河流之水不能激而使上。田在山谷,既远溪流,潴而为塘,乃资灌溉平坂之田。近溪流者,乃得治堤防,筑而为堨,此以人力为天功者……其一,在河流挽运也……又郡地势高峻,骤雨则苦涝,旬日不雨又苦旱。自皖民开种包芦以来,沙土倾泻,溪堨填塞,河流绝水利之源,为害甚大,六邑均之。言水利者,可勿规其永久乎"。⑤

---

① 以上均见康熙《徽州府志》卷一八《杂志下·祥异》。
② 以上均见道光《徽州府志》卷一六《杂记·祥异》。
③ 康熙《徽州府志》卷八《营建志下·水利》。
④ (明)傅岩撰:《歙纪》卷五《纪政绩·事迹》,合肥:黄山书社,2007年,第56页。
⑤ 道光《徽州府志》卷四《营建志·水利》。

因此,明清徽州重视水利的兴修。康熙时徽州各类水利设施的数量是:塘510所,堨633所,陂112所,堤2所,坝4所,渠2所。① 道光前期,虽然国力衰微,但徽州水利设施的数量却增加了,有塘708所,堨840所,陂124所,堤5所,坝5所,水射1所。② 其中,塘增加了198所,堨增加了207所。

徽州土地不利农耕,生产效率低,在人口不多时尚能维持生计。然而,随着明清时期人口不断增加,依靠事农维持生计便愈益困难,大量人口转而从事商业等非农业生产。如祁门,"农者十之三……即丰年,谷不能二之一。大抵东人资负载,南人善操舟,西人勤樵采,北人务山植。他则行贾四方,恃子钱为恒产"③。明末清初的顾炎武将徽州人大量经商视为当地农业生产条件差之"势"使然,说:"徽郡保界山谷,土田依原麓,田瘠确,所产至薄,独宜菽麦、红虾籼,不宜稻粱。壮夫健牛,田不过数亩,粪壅缛栉,视他郡农力过倍,而所入不当其半。又田皆仰高水,故丰年甚少,大都计一岁所入,不能支什之一。小民多执技艺,或贩负就食他郡者常十九。转他郡粟给老幼,自桐江,自饶河,自宣、池者,舰相接,肩相摩也。田少而直昂,又生齿日益,庐舍坟墓不毛之地日多。山峭水激,滨河被冲啮者,即废为沙碛,不复成田。以故中家而下,皆无田可业,徽人多商贾,盖其势然也。"④

明清时期随着人口增多,开垦山林和荒地成为扩大耕地的要径。傅岩曾说:"本县地土硗瘠,蓄植树艺,民力颇勤。间有水冲湮没或遗弃荒芜之地,听民开垦。"⑤在徽州,棚民是开荒的主要群体。棚民,是指外走他乡开垦荒地或租垦山场,种植苞谷和树木,搭棚而居的游民,多为贫农。清前中期,以川、陕、皖、赣、浙、闽等省边界山区为多。徽州棚民主要来自邻近的安庆、池州等地。如上所述,徽州山地十分不利开垦。直到20世纪90年代,徽州的垦殖

---

① 康熙《徽州府志》卷八《营建志下·水利》。
② 道光《徽州府志》卷四《营建志·水利》。
③ 同治《祁门县志》卷五《舆地志·风俗》。
④ (清)顾炎武:《天下郡国利病书》第九册《凤宁徽备录·徽州府》,上海:上海古籍出版社,2012年。
⑤ (明)傅岩撰:《歙纪》卷五《纪政绩·事迹》,合肥:黄山书社,2007年,第55页。

率与安徽、邻近的江西地区相比仍是最低的,大多数地区在10%以下。① 不过,即便是在贫瘠的山地开垦,对缓解徽州人地紧张关系,扩大粮食生产仍有吸引力,不少徽州宗族将山场租给棚民以获取更多粮食。嘉庆十二年(1807)二月,安徽道宪杨懋恬在《查禁棚民案稿》中说:"查徽属山多田少,棚民租垦山场,由来已久。大约始于前明,沿于国初,盛于乾隆年间。其初始于租山者之贪利,荒山百亩,所值无多,而棚民可出千金、数百金租种。棚户亦因垦地成熟后布种苞芦,获利倍蓰,是以趋之若鹜。"② 可见,由于垦荒种植苞谷等高产农作物既可缓解当地粮食压力,又能给外来棚民带来厚利,使得许多棚民进入徽州。据他的统计,到嘉庆十二年(1807),徽州棚民已达相当规模,共有棚户1563,丁数8681。各县依次为:祁门棚户579,丁数3465;休宁棚户395,丁数2522;歙县棚户334,丁数1415;绩溪棚户172,丁数915;婺源棚户74,丁数295;黟县有棚户9,丁数69。③ 叶显恩说:"以上是各县开报的数字。有的棚民'春去秋来无定',确数难以稽查。"④

嘉庆年间,包括家属在内的徽州棚民当有数万。清中叶曾为六安州牧的高廷瑶对徽州棚民数量的估计要高许多,他谈到徽州棚民为患地方和如何遣返时说:"念属邑棚民无虑二十万,若同时驱逐,将酿事生乱。请于大府,定为十二年递迁之法。"⑤ 大量棚民垦荒对当地粮食生产有利,但长期看却弊大于利。徽州山地以花岗岩、花岗闪长岩和石英砂岩为主,坡度陡峻,坡积较薄,长期在这种山地垦荒对生态的破坏十分严重。杨懋恬在《查禁棚民案稿》中说,棚民垦荒从十年到三十年不等,"迨山膏已竭,又复别租他山,以致沙土冲泻,淤塞河道农田;伐木搭棚,毁伤坟茔、薪木,本不利于地方,历来奉文查禁"⑥。近代歙县名人许承尧在《歙风俗礼教考》中谈到家乡开垦时仍说,北

---

① 高寿仙:《徽州文化》,沈阳:辽宁教育出版社,1998年,第12页。
② 道光《徽州府志》卷四《营建志·水利》。
③ 道光《徽州府志》卷四《营建志·水利》。
④ 叶显恩:《明清徽州农村社会与佃仆制》,合肥:安徽人民出版社,1983年,第84页。
⑤ (清)高廷瑶:《宦游纪略》,北京:中国书店,1990年,第3页。
⑥ 道光《徽州府志》卷四《营建志·水利》。

乡之山石多土薄,惟宜柴薪,"迩为外郡流民,赁以开垦,凿山刨石,兴种包芦。土人始惑于利,既则效尤。寝致山皮剥削,石防沙倾,霉月淫淋,乱石随水而下,淤塞溪流,磕撞途径,田庐涨没,其害与凿矿炼灰等。而且山木童然,柴薪亦为之踊贵,得不偿失"。① 可见,徽州新增人口无法将垦荒作为缓解人地关系紧张的重要途径。

二、人口压力不断加重与转寻经商等谋生

徽州不仅自然环境不利于农耕,而且明清时期人口不断增加,人口压力不断加剧。这成为徽州人大量经商的重要原因。

早在明嘉靖年间,徽州人便说:"吾郡在山谷,即富者无可耕之田,不贾何待?"②万历《歙志》则将此视为时、势和情之所然,说:"嗟夫! 吾邑之不能不贾者,时也,势也,亦情也……今邑之人众几于汉一大郡,所产谷粟不能供百分之一,安得不出而糊其口于四方也。谚语以贾为生意,不贾则无望,奈何不亟亟也。以贾为生,则何必子皮其人而后为贾哉。人人皆欲有生,人人不可无贾矣。"③明中叶以后,诸多学者论及徽州地隘人稠导致徽人多经商的现象,说明这种现象在全国是十分突出的。王世贞说:"新安僻居山溪中,土地小狭,民人众,世不中兵革,故其齿日益繁,地瘠薄,不给于耕,故其俗纤俭习事。大抵徽俗,人十三在邑,十七在天下,其所蓄聚则十一在内,十九在外。"④明后期的徽州人金声说:"郡邑处万山,如鼠在穴,土瘠田狭,能以生业着于地者,什不获一。苟无家食,则可立而视其死,其势不得不散而求衣食于四方。于是乎移民而出,非生而善贾也。"⑤到清代,状况依旧没有改变。赵吉士说:

---

① 许承尧:《歙事闲谭》,合肥:黄山书社,2001年,第604页。
② (明)汪道昆:《太函集》卷四五《明处士江次公墓志铭》,合肥:黄山书社,2004年,第952页。
③ 万历《歙志·货殖》。
④ (明)王世贞:《弇州山人四部稿》卷六一《赠程君五十叙》,台北:伟文出版公司,1976年,影印本。
⑤ 康熙《徽州府志》卷八《蠲赈·金声与徐按院书》。

"徽之山大抵居十之五,民鲜田畴,以货殖为恒产。"①土地资源的匮乏使世家大族往往也以经商治家。归有光说:"古者四民异业,至于后世,而士与农、商常相混。今新安多大族,而其地在山谷之间,无平原旷野可为耕田,故虽士大夫之家,皆以畜贾游于四方。"②唐顺之说:"新安土硗狭,田蓄少,人庶仰贾而食,即阀阅家不惮为贾。"③

那么,明清徽州人地关系紧张到何种程度?这种状况对人们弃农从事其他职业,特别是商业的影响有多大?下面将从明清徽州人口数、人口增长率、人口密度及与安徽其他府州和全国的比较等方面加以探讨。

首先,来看明代的情况。明代徽州人口不断增加,压力不断加剧,迫使徽州人大量经商。那么,其具体情况如何呢?下面先制表来说明。

表1-1 明洪武、弘治、万历三朝南直隶各府和全国户口数

	户数			口数		
	洪武二十六年(1393)	弘治四年(1491)	万历六年(1578)	洪武二十六年(1393)	弘治四年(1491)	万历六年(1578)
应天府	168915	144868	148597	1193620	711003	790513
苏州府	491514	585409	600755	2355030	2048097	2011985
松江府	249950	200620	218359	1219937	627313	484414
常州府	152164	50121	254460	775513	228363	1002779
镇江府	87364	68844	69039	522383	171508	165589
庐州府	48720	36548	47373	367200	486549	622698
凤阳府	79107	95010	111070	427303	931108	1203349
淮安府	80689	27978	109205	632541	237527	906033
扬州府	128097	104104	147216	736165	656547	817856

---

① 康熙《徽州府志》卷二《舆地志下·风俗》。
② (明)归有光:《震川先生集》卷一三《白庵程翁八十寿序》,上海:上海古籍出版社,2007年,第319页。
③ (明)唐顺之:《重刊荆川先生文集》卷一五《程少君行状》,上海:上海书店出版社,1989年影印本,第36页。

续表

	户数			口数		
	洪武二十六年(1393)	弘治四年(1491)	万历六年(1578)	洪武二十六年(1393)	弘治四年(1491)	万历六年(1578)
徽州府	125548	7251 96189 (弘治五年)	118943	592364	65861 557355 (弘治五年)	566948
宁国府	99732	60864	52148	532259	371543	387019
池州府	35826	14091	18377	198574	69478	84851
太平府	39290	29466	33262	259937	173699	176085
安庆府	55573	46050	46609	422804	606089	543476
广德州	44267	45043	45296	247979	127795	221053
徐州	22683	34886	37841	180821	354311	345766
滁州	3944	4840	6717	24797	49712	67277
和州	9531	7450	8800	66711	67016	104960
总计	1912914	1511843	2069067	10755938	7983519	10502651
全国总量	10652870	9113446	10621435	60545812	53281158	60692856

注:1.本表据梁方仲《中国历代户口、田地、田赋统计》的《甲表69.明洪武、弘治、万历三朝分区户口数和每户平均口数》中的相关数据制作(上海人民出版社1980年版,第203~204页)。2.该表中弘治四年徽州户数仅7251,口数仅65861,显然不真实。笔者查阅弘治《徽州府志》卷二《食货一·田地》,弘治五年徽州户数96189,口数557355。因此,笔者在表中补充了弘治五年徽州的户口数,文中涉及弘治四年徽州户口数将以弘治五年户口数替代。

上表中的户口统计数字并不准确,因为,从洪武年间到明中叶的弘治年间再到明后期的万历年间,不少府州不增反降。但是,通过表1-1可知,徽州在明代户口数中所占百分比,从而见其人口压力比较大。洪武二十六年(1393),徽州户数约占全国1.18%,这里权且以弘治五年(1492)徽州户数除以弘治四年全国户口数,则弘治四年(1491)约占1.06%;万历六年(1578),占1.12%;徽州口数占全国百分比,洪武二十六年(1393),为0.98%;弘治五年(1492),为1.05%;万历六年(1587),为0.93%。其次,在南直隶18个府州中,除弘治四年户口数有误外(见表注),洪武二十六年和万历六年,徽州人口分裂第7和第8,列长江下游平原的应天府、苏州府、松江府、常州府、扬州府和苏中平原的淮安府之后,比镇江府和长江中游的庐江府、安庆府等大府还要多。如以清代康熙六年(1667)设安徽省后的府州,即安庆府、徽州府、凤阳府、庐州府、宁国府、池州府、太平府、广德州、滁州、和州来比较,徽州人口数在各府州中位居前列。而徽州山多田少,可见明代徽州人口压力相当大。

下面再看徽州府六县的户口情况,见表1-2。

表1-2 洪武二十四年(1391)至弘治五年(1492)徽州府及六县户口数

府县名 \ 户数和口数	洪武二十四年(1391)	永乐十年(1412)	天顺六年(1462)	成化十八年(1482)	弘治五年(1492)
徽州府	131662 581012	128955 529001	96704 510415	96189 530850	96189 557355
歙县	40064 177304	43112 176891	30869 171939	31281 176581	31281 190352
休宁	36863 174114	39222 171975	34002 165957	33780 172816	33780 178102
婺源	28027 137701	26174 100160	17770 80902	17145 88727	17145 91855
祁门	6943 30749	7020 32916	6638 44271	6578 42336	6578 43809
黟县	6380 22001	4885 20664	3626 24587	3630 24741	3630 26117
绩溪	13385 39213	8442 24359	3799 21769	3775 25649	3775 27120

注:资料来源于(明)弘治《徽州府志》卷二《食货·田地》。

明洪武二十四年(1391),歙县和休宁人口分别为177304和174114,几乎相当于后来隶属安徽、地处长江中游的池州府人口198574;徽州人口最少的黟县为22001,几乎相当于后来属安徽、地处江北平原和丘陵的滁州人口24797,由此可见徽州在明初安徽各府州中人口压力之大。

那么,徽州各县人口密度与全国相比如何呢?据曹树基的研究,以府计,洪武二十六年(1393)中国人口极密集区为浙江嘉兴府、京师松江府、苏州府和应天府。其中,嘉兴府人口最密集,每平方公里高达506人,其他三府在200~300人之间。人口密集区每平方公里超过100人,如浙江的湖州、绍兴、杭州、金华、宁波五府,京师的镇江、常州两府,江西的抚州府等,构成中国东南地区人口密集区。人口最密集区和人口密集区共同形成洪武二十六年中国人口分布的"高地"。人口次密集区每平方公里超过50人,在人口密集区的南部,包括徽州府这类区域有着广泛分布。此外,是每平方公里30～50人的人口中等密度区、每平方公里10～30人的人口稀疏区和每平方公里不足10人的人口极稀疏区。① 对比全国人口密度区的划分,可以看到明代徽州人口密度在全国也是比较高的。

下面用更具体的数字进一步说明不同时期徽州人口密度在全国和南直隶的情况。明代有两京,即:京师(北直隶)、南京(南直隶),13布政使司,即:浙江、江西、湖广、福建、山东、山西、河南、陕西、四川、广东、广西、云南、贵州,面积3298462平方公里。洪武二十六年(1393),每平方公里19.07口。其中,徽州府所在南直隶224208平方公里,洪武二十六年,人口10755938,每平方公里约47.97口。② 这里根据表1-1的相关数据,并按洪武二十六年徽州府面积11500平方公里计算,这样徽州每平方公里人口约为51.51口。可见,明代初期徽州人口密度不仅远高于全国平均数,也高于南直隶平均数,可见徽州人地矛盾突出,人口压力很大。正因为如此,徽州人不断向周边地区移民,"在洪武二十六年的人口中,安庆、庐州两府的土著比例分别只占22%和30%,余皆为来自江西饶州府和本省徽州府的移民"③。

这里之所以选洪武二十六年徽州府与全国和南直隶及后来隶属安徽省府州的人口密度作比较,是由于该年的人口统计数较真实。从表1-1和表1-2看,明代总人口、南直隶、徽州府及六县洪武以后各朝人口不仅没有增长,有的甚至低了不少,这显然是不真实的。原因何在?有学者认为,缺乏现代人口统计的技术与制度保障、历代统治者的人口统计主要着眼于赋役、基层政府和民间的漏登和隐匿等原因,使古代人口统计数据缺乏真实性。明代除洪

---

① 曹树基:《中国人口史》第四卷,上海:复旦大学出版社,2005年,第246～247页。
② 梁方仲编著:《中国历代户口、田地、田赋统计》,上海:上海人民出版社,1980年,第207页。
③ 曹树基:《中国人口史》第四卷,上海:复旦大学出版社,2005年,第262页。

武朝外,其他朝的统计数据都不真实。洪武十四年(1381),建立起负责户口登记、征收赋税和平均劳役的黄册制。何炳棣说:"除了若干例外地区,黄册都是以全部人口的统计为基础的……与现代人口调查具有某些相似之处。而直到乾隆四十一年(1776)后,中国才再次进行足以与明太祖时期相提并论的人口调查和统计。"①他又说,由于洪武以后户口统计关注重心转为财政和赋役,地方豪绅对户口的隐漏、官员的营私舞弊和并户等原因,"明代的人口数据离事实越来越远是无足为奇的……格于明初功令,中央、省和地方官员不断照旧编审户口,但黄册越来越成为官样文章。只要一个地方能够或多或少承担同样的赋税和劳役总额,或者设法保证获得对原来定额的减免,户和口的数字就很少实际意义,变得可有可无了。户口登记纯属形式这一点可以从各种方志中找到证据"②。栾成显则说,明中叶以后黄册制度开始衰败,黄册中关于人口记载的弊病尤为突出;至明代后期,黄册记载的人口数字与当时实际人口数字相差甚远。③

那么,如何估算洪武以后的人口呢?曹树基说,明初北方人口稀少,多是外来移民密集分布区;而包括皖南在内的南方人口密集,土地资源少,是人口输出区。明代人口年均增长率大致是4‰~8‰,南方人口增长不及北方,只有3‰~4‰。综合计算,从洪武二十四年(1391)至崇祯三年(1630),人口年均增长率为4.14‰。④ 这里所说的人口统计和增长,一般是指编入府、州、县册籍的在籍人口。再看安徽省所在南直隶的人口增长。永乐迁都后,京师改称南京,原京师地区改为南直隶,辖区不变。其人口增长大致分为三个类型:一是凤阳、滁州、徐州的人口高增长,人口年均增长率可能达到7‰;二是庐州、安庆、淮安、扬州等地,人口年均增长率可能为4‰~5‰;三是江南诸府

---

① [美]何炳棣著,葛剑雄译:《明初以降人口及其相关问题:1368—1953》,北京:生活·读书·新知三联书店,2000年,第3页。
② [美]何炳棣著,葛剑雄译:《明初以降人口及其相关问题:1368—1953》,北京:生活·读书·新知三联书店,2000年,第19页。
③ 栾成显:《明代黄册人口登载事项考略》,载《历史研究》,1998年第2期,第39~54页。
④ 曹树基:《中国人口史》第四卷,上海:复旦大学出版社,2005年,第235页。

人口年均增长率可能只有 3.4‰。采用不同人口增长率测算各府人口,至崇祯三年,南直隶人口达 3100 万。① 徽州府属南直隶的江南诸府,以洪武二十六年(1393)徽州人口 592364 为基数,如采用 3.4‰ 增长率指标推算其人口增长,那么,徽州中后期人口分别为:弘治四年(1491)为 791754,万历六年(1578)为 964961,崇祯三年(1630)为 1069691。也就是说,到万历六年,徽州人口比洪武二十六年增长了 62.9%;到崇祯三年,则比洪武二十六年增长了 80.58%。② 在田地没有明显增长的情况下,明中期徽州人口增长过快,必然会使人地矛盾尖锐化。

清代中前期徽州人口压力持续加剧,直到后期因受太平天国战乱的摧残,人口急剧下降。首先,来看清代中前期安徽人口状况和人口统计政策给人口数据真实性带来的影响。③

顺治初年,安徽原额人丁 1486852,内除编审开除逃故无征人丁 383676 丁 7 分 4 厘,实为人丁 1103175 丁 2 分 6 厘。顺治十四年(1657)审增 46545 丁 5 分;康熙元年(1662)审增 39188 丁 7 分 5 厘,截至康熙五十年(1711),共新增人丁 275828 丁 7 分 5 厘,加上原额人丁,安徽共 1379004 丁 1 厘。雍正六年(1728),安徽所属丁银在各属田地内摊征,各卫所屯丁在各属田地内摊征。每亩摊征丁银 1 厘 1 毫至 6 分 2 厘 9 毫不等。雍正十三年(1735),实在人丁 1407285 丁 1 厘。道光四年(1824),常额当差人丁 1357660 丁 1 厘。滋

---

① 曹树基:《中国人口史》第四卷,上海:复旦大学出版社,2005 年,第 275 页。
② 关于明代徽州人口增长率,有学者估算为 2‰,认为从洪武二十六年(1393)至万历二十一年(1593)徽州人口增长到 90 万左右。(刘和惠、汪庆元:《徽州土地关系》,合肥:安徽人民出版社,2005 年,第 29 页。)笔者认为,《中国人口史》中的估算更科学和准确些,故采其说。
③ 关于江南省和安徽省。江南省原为明南京(南直隶)管辖地。清朝建立后,顺治二年(1645)设江南省,省会位于江宁府(今南京)。顺治十八年(1661),江南省一分为二,设江苏省,省会会驻苏州,称"江南右布政使司";安徽省,省会驻南京,称"江南左布政使司"。康熙六年(1667),江南省正式分为江苏省、安徽省,改江南右布政使为江苏布政使,江南左布政使为安徽布政使。乾隆二十五年(1760),江南右布政使司左迁至南京;江南左布政使司左迁至安庆,从此,安庆正式成为安徽省省会。(安徽省地方志编纂委员会编:《安徽省志总述》,北京:方志出版社,1999 年,第 8~9 页。)

生人丁 35708033 丁口。① 上述丁口并非人口数,因有丁、分、厘的单位,实为赋税征收编制的数字。顺治至乾隆年间编审人丁,旨在定赋役数额。方法沿明制,令县官通稽境内民数,凡男子 16 岁～59 岁为丁,造黄册;60 以上不登册。初始定三年一编审,后改为五年一次。康熙二十五年(1686),以五年期限太宽,地方官吏从中作弊,令地方按年上报人数,并与五年编审相辅进行。康熙五十二年(1713),下诏嗣后编审增益人丁止报滋生实数,征收办粮但据五十年丁册定为常额,永不加赋。雍正六年(1728),定摊丁入亩制,在各州县成熟田地内摊征丁银。乾隆三十七年(1772),停五年编审制,丁有常额,岁有常征,规定每年只调整滋生人口,依照保甲门牌登记,由户部令各直省督抚按年于十月内同谷数造报。

关于清中前期人丁编审及与清代人口的关系。何炳棣说,清初根据明末的原丁额并不代表真正的成年男子人口数,因此,五年一编的丁口总数也不能反映清初人口实际增长数,"根据当地人口的多寡和贫富程度每次上报三四百或一二百这样微小的增加,已经成为地方官的惯例"。"17 世纪的最后二十五年和 18 世纪前半期是一个空前太平盛世、政府节樽开支的时代,当税收开支绰绰有余时自然没有必要增加丁额……顺治八年至乾隆五年(1740)的丁数从来不代表人口"。② 那么,清代什么时候有人口统计意义的数据呢?他认为,乾隆三十二年(1767),五年一度的丁口编审废止,乾隆决定采取有力措施来确定全国实际的人口,乾隆四十年,户部明令地方统计人口,"直省民数,令各督抚统饬所属各州县查具实在民数,于每岁十一月内同谷数一并造册奏报,仍将奏明数目咨部汇奏。若造报不实,予以议处。凡州县造报每岁名(按:当为民)数,令各按现行保甲门牌底册核计汇总,无庸挨户细查花名"③。即规定由保甲机构独自负责地方人口登记。曹树基说:"乾隆四十一

---

① 光绪《安徽通志》卷七四《食货志·户口》。
② [美]何炳棣著,葛剑雄译:《明初以降人口及其相关问题:1368—1953》,北京:生活·读书·新知三联书店,2000 年,第 39 页,第 41 页。
③ 《钦定户部则例(乾隆朝)一》卷三《户口·直省户口上》,香港:蝠池书院出版有限公司,2008 年影印本,第 1 页。

年,中国的人口统计已经完成了从'人丁'向'人口'的转变,这一时点附近的户口数,较之以前已可靠得多。《嘉庆一统志》所载户口不仅因为其可靠而被广泛引用,而且因为其有一套以府为单位的完整数据。"[1]据此,他统计出乾隆至嘉庆年间安徽人口,并制作出《乾隆四十一年、嘉庆二十五年和1953年安徽分府人口》表,指出1776—1819年间安徽人口年均增长率为4.90‰,徽州府人口年均增长率为3‰。[2] 现根据其表数据并将各府州顺序加以调整,制作为表1-3。

表1-3 乾隆四十一年(1776)和嘉庆二十五年(1820)安徽省分府州人口

人口单位:万

府州名	乾隆四十一年(1776)		嘉庆二十五年(1820)	
	人口	比例%	人口	比例%
安庆府	445.8	17.3	546.3	17.0
徽州府	216.9	8.4	247.5	7.7
宁国府	265.6	10.3	343.3	10.7
池州府	214.5	8.3	275.5	8.6
太平府	118.1	4.6	147.9	4.6
庐州府	284.9	11.0	354.8	11.1
凤阳府	349.8	13.5	435.6	13.6
颍州府	319.4	12.3	397.8	12.4
滁州	48.1	1.9	60.0	1.9
和州	33.7	1.3	42.8	1.3
广德州	43.1	1.7	55.1	1.7
六安州	115.1	4.4	143.3	4.5
泗州	130.7	5.0	156.9	4.9
合计	2585.7	100.0	3206.8	100.0

注:原表将"太平府"写为"太平州",有误。

---

[1] 曹树基:《中国人口史》第五卷,上海:复旦大学出版社,2005年,第70页。
[2] 曹树基:《中国人口史》第五卷,上海:复旦大学出版社,2005年,第101页。

通过表1-3,可见徽州人口在全省府州排位比明代下降,从第1降到第6,位于安庆府、凤阳府、颍州府、庐州府、宁国府之后。在全省总人口中占8%左右。不过,人口压力却在不断增大。明末崇祯三年(1630),徽州府人口是132.4万,到乾隆四十一年(1776)已增长到216.9万,到嘉庆二十五年(1820)则增长到247.5万。①

表1-4 乾隆四十一年(1776)至咸丰元年(1851)安徽各府州人口密度

单位:人/平方公里

	面积（平方公里）	乾隆四十一年（1776）	嘉庆二十五年（1820）	咸丰元年（1851）
安庆府	14800	301.2	369.1	432.4
徽州府	11560	187.6	214.1	234.9
宁国府	11490	231.2	298.8	348.1
池州府	9767	219.6	282.1	329.7
太平府	3188	370.5	463.9	542.7
庐州府	14990	190.1	236.7	277.9
凤阳府	23760	147.2	183.8	215.2
颍州府	22550	141.6	176.4	207.1
滁州	4899	98.2	122.5	143.7
和州	2663	126.5	160.7	188.5
广德州	3239	133.1	170.1	198.5
六安州	9479	121.4	151.2	177.4
泗州	11090	117.9	141.5	166.1
安徽省	143475	180.2	233.5	260.6
全国(18行省)	4295480	71.2	87.4	99.3

注:1.本表据曹树基的《中国人口史》第五卷"表16-4 1776年至1953年中国十八省分府人口密度"中有关安徽和全国数据制作,调整了原表中安徽各府州顺序;2.原表将"太平府"写为"太平州",有误。3.最后一栏18行省面积,由"表16-4"中18行省面积相加得出。18行省指直隶、山东、山西、河南、陕西、湖南、湖北、安徽、江苏、浙江、江西、福建、广东、广西、甘肃、

---

① 叶显恩对明清两代人口高峰的数字估测要低一些,认为明代徽州人口在极盛时在120万左右,清代太平天国运动前徽州人口在200万左右。(叶显恩:《明清徽州农村社会与佃仆制》,合肥:安徽人民出版社,1983年,第20~41页。)

四川、云南、贵州。4. 表中 1776 年、1820 年和 1851 年的 18 行省人口密度由此三年人口数除以 18 行省面积得出。此三年 18 行省人口数分别为 30599.6 万、37538.3 万、42633.3 万。此人口数根据曹树基的《中国人口史》第五卷"表 16-2 清代中期至 1953 年中国分省人口"中的相关数据算出。

  关于乾隆四十一年(1776)全国人口密度。曹树基说,这年每平方公里人口超过 300 的人口最密集区有 17 个府、州、厅,主要分布在长江下游和钱塘江下游两岸。每平方公里人口 200～299 的为人口密集区;每平方公里人口 100～199 的为人口次密集区;每平方公里人口不足 100 的为人口稀疏区;每平方公里人口不足 30 的为人口极稀疏区。① 按照该标准,徽州人口密度在乾嘉道三朝,分属次密集区和密集区,是人口压力较大区域。徽州的人口密度大体与该时期安徽人口密度相当。在安徽各府州中,徽州人口密度排名和人口总量均居第 6。不过,远高于全国同期的数值,乾隆四十一年为 2.63 倍,嘉庆二十五年为 2.45 倍,咸丰元年为 2.37 倍,这说明徽州在全国各府州中人口密度是较高的。

  下面再看乾隆至道光年间人口增长高峰会给社会带来多大的人口压力。何炳棣说,我们视乾隆四十四年到道光三十年人口是平稳增长的,那么,全国人口从乾隆四十四年的 2.75 亿增加到道光三十年的 4.3 亿,增加了 56.3%,年均增长 6.3‰。② 在清代技术水平下,最佳状态("一个人口产生最大的经济效益"的点)似乎在乾隆十五年至四十年(1750—1775)间达到的,人口在 2.5 亿上下,"这样的数字作为适度人口已经过大,任何按比例的进一步增长都会使增加的总数大得可怕"。③ 清人汪士铎便惊呼:"人多之害,山顶已殖黍稷,江中已有洲田,川中已辟老林,苗洞已开深箐,犹不足养,天地之力穷

---

① 曹树基:《中国人口史》第五卷,上海:复旦大学出版社,2005 年,第 718～719 页。
② [美]何炳棣著,葛剑雄译:《明初以降人口及其相关问题:1368—1953》,北京:生活·读书·新知三联书店,2000 年,第 75～76 页。
③ [美]何炳棣著,葛剑雄译:《明初以降人口及其相关问题:1368—1953》,北京:生活·读书·新知三联书店,2000 年,第 317 页。

矣。"①徽州这一时期人口增长压力与全国几乎是同步的。根据表1-3徽州府人口数据,乾隆四十一年(1776)达216.9万,嘉庆二十五年(1820)达247.5万,比清初的百万增加了近150%。由此不难想见,徽州人口快速增长给徽州社会经济发展带来了强大压力。

自咸丰四年(1854)至同治三年(1864),太平军和清军在徽州展开长期拉锯战,战争带来的屠杀、饥荒和瘟疫使人口大量死亡,徽州人口由战前1851年的271.5万降至1865年的62.3万,损失了209.2万,高达77%。此后,徽州人口增长缓慢,1910年仅有82.3万,1953年仅有94.9万。②

通过上面两部分的数据分析和比较研究可以看出,从明初到清中前期,徽州人口呈现加速增长之势。在明代,徽州人口从洪武二十六年(1393)的59.2万,增至明中期弘治四年(1491)的82.6万,再增至明后期崇祯三年(1630)的132.4万,共增长了123.65%。明末农民战争和清军入关后的各种战乱对徽州影响不太大,人口没有多少损失。入清以后,徽州人口增长加速。据清中期乾隆年四十一年(1776)的人口统计,徽州人口达216.9万,到咸丰元年(1851)则达历史最高值的271.5万,比崇祯三年多了164.5万,增长了1.54倍;比洪武二十六年增长了212.3万,增加了近3.6倍。然而,这一时期徽州行政区划没有变化,田地面积亦无大的增加。徽州人口增长速度如此之快,人口体量如此之大,必然使人地矛盾尖锐化。

三、人均耕地减少与人多地稠的压力增大

明清徽州的人口压力不仅表现在人口的不断增长,更表现为人均耕地的不断减少。因为,单从人口密度看,明清徽州虽是人口压力较大的地区,但并非

---

① (清)汪士铎:《乙丙日记(选录)1855—1856》,见赵靖、易梦虹编:《中国近代经济思想资料选辑》上册,北京:中华书局,1982年,第308页。
② 曹树基:《中国人口史》第五卷,上海:复旦大学出版社,2005年,第504页。不过,作者对太平天国战争对徽州人口造成损失的估计前后不一。该书第500页说,这场战争使徽州人口损失60%左右(163万),由1851年的271.5万降至108.5万。除去离乡的商人户籍,1865年徽州府常住人口约71万。

人口最密集地区。问题在于,和地处平原而多耕地的府州不同,徽州山多田少,虽然明清时期徽州垦荒力度加大,新增了一部分土地,但不能解决不断加剧的人多地少的矛盾。下面,从人均耕地来考察徽州人地关系紧张的问题。

这里先通过表1-5和表1-6来了解明代徽州人均田地和全国人均田地的对比情况。

表1-5 明代徽州的人口、土田和人均田地

府县名 \ 人口与土地数	洪武二十四年（1391）	天顺六年（1462）	弘治五年（1492）	嘉靖四十一年（1562）
歙县	177304口；540408亩	172939口；550573亩	190352口；550633亩	204000口；550685亩
人均田地（亩）	3.048	3.184	2.892	2.700
休宁	174114口；516879亩	165957口；517093亩	178120口；517186亩	177849口；517466亩
人均田地（亩）	2.969	3.116	2.904	2.910
婺源	137710口；519279亩	80920口；534301亩	91855口；553571亩	82551口；569107亩
人均田地（亩）	3.772	6.602	6.026	6.894
祁门	30749口；158457亩	44271口；209951亩	43809口；217055亩	46467口；218265亩
人均田地（亩）	5.156	4.742	4.956	4.697
黟县	22010口；341642亩	24587口；344428亩	26117口；348803亩	24799口；348893亩
人均田地（亩）	15.224	14.010	13.356	14.072
绩溪	39213口；340382亩	21769口；340495亩	27120口；340495亩	30731口；340495亩
人均田地（亩）	8.682	15.646	12.558	11.080
徽州府总额	581100口；2417047亩	510443口；2496841亩	557355口；2527743亩	566397口；2544911亩
人均田地（亩）	4.159	4.892	4.536	4.493

注:1.数据采自康熙《徽州府志》卷一《舆地志上·厢隅乡都》。2.徽州府田地总额由各县田地数相加得出。田地指官民田地山塘折合后的亩数。户口总额由各县相加得出。3.户数总额由各县相加得出。

据梁方仲《中国历代户口、田地、田赋统计》中《甲表66.明代历朝每户平均口数及每户每口平均田地数》的统计数,洪武年间人均田地6.5亩;天顺年

间人均田地 7.8 亩;弘治年间人均田地 16.2 亩;嘉靖年间人均田地 6.9 亩。①表 1-5 记载明代徽州人均田地分别为:洪武二十四年,4.159 亩;天顺六年,4.892 亩;弘治五年,4.536 亩;嘉靖四十一年,4.493 亩。与之对应的洪武年间,全国人均田地 6.5 亩,比徽州多 56.28%;天顺朝 7.8 亩,比徽州多 59.44%;弘治朝 16.2 亩,比徽州多 257.14%;嘉靖朝 6.9 亩,比徽州多 53.57%。不过,由于洪武以后人口与田地统计多不真实,这种比较只有参考意义。如果以统计数字可靠的洪武时期来比较,徽州人均田地只有全国平均数的 63.98%。

下面再将明代徽州与后来隶属安徽的其他府州人均田地数列表 1-6 加以比较。

表 1-6 明洪武、弘治、万历三朝安徽府州和全国人均田地数

	洪武二十六年(1393)			弘治四年(1491)			万历六年(1578)		
	口数	田地(亩)	口均地	口数	田地(亩)	口均地	口数	田地(亩)	口均地
徽州府	592364	3534977	5.97	557355	2527752	4.54	566948	2547828	4.49
安庆府	422804	2102937	4.97	606089	2189066	3.61	543476	2190531	4.03
宁国府	532259	7751611	14.56	371543	6068297	16.33	387019	3033078	7.84
池州府	198574	2284445	11.51	69478	891963	12.84	84851	908923	10.71
太平府	259937	3621179	13.93	173699	1624383	9.35	176085	1287053	7.31
庐州府	367200	1622399	4.41	486549	2543046	5.23	622698	6838911	10.98
凤阳府	427303	41749390	97.71	931108	6126267	6.58	1203349	6019197	5.00
滁州	24797	315045	12.71	49712	291284	5.86	67277	280996	4.18
和州	66711	425228	6.37	67016	1189170	17.74	104960	621580	5.92
广德州	247979	3004784	12.11	127795	1540430	12.05	221053	2167245	9.80
全国总计	60545812	850762368	14.05	53281158	622805886	11.69	60692856	701397628	11.56

注:1.本表根据梁方仲《中国历代户口、田地、田赋统计》中《乙表 32.明洪武、弘治、万历三朝每户每口平均田地数》的相关数据制作。2.由于弘治四年徽州人口数 65861 严重失实,

---

① 梁方仲编著:《中国历代户口、田地、田赋统计》,上海:上海人民出版社,1980 年,第 201 页。

本表的徽州人口数和田地数取弘治《徽州府志》中弘治五年的数据(557355口)代替。3.全国人口、田地总数由《乙表32》中的北直隶、南直隶和十三布政使司的总数相加和运算得出。

　　虽然明代人口和田地统计不准确，但是，由于统计的标准大体相同，因此，同为南直隶、后在清代没安徽省时划入安徽的这些府州的统计数字还是有一定可比性的。通过表1-6可见，洪武二十六年(1393)，徽州人均田地在安徽10个府州中列倒数第3，排在庐州府、安庆府后，是安徽人均耕地最少的府之一，当时人均田地高于10亩的有6个府州。而全国人均田地为14.05亩，是徽州的2.36倍。弘治四年(1491)，徽州人均田地4.54亩，在安徽列倒数第2，仅比安庆府多0.93亩，安徽人均田地最多的和州，是徽州的3.91倍；全国人均田地11.69亩，是徽州的2.57倍。万历六年(1578)，徽州人均田地在各府州中列倒数第3，当时全国人均田地11.56，是徽州的2.57倍。可见，徽州人均田地在明代安徽府州中长期位列倒数，而且与全国人均占有田地相比一直在下降，由此可知徽州人地矛盾尖锐。

　　如果将徽州府与全国人均耕地最少的江南府州相比，也不相上下。明代江南指苏、松、常、杭、嘉、湖六府。据范金民的研究，洪武末年(1398)六府人均田地约5.2亩，依次为：嘉兴4.05亩，苏州4.18亩，松江4.21亩，杭州5.16亩，湖州6.44亩，常州10.28亩。[①] 洪武二十六年属洪武末期，具有可比性。如果就洪武末期江南地区人均田地5.2亩看，洪武二十六年徽州人均田地5.97亩，仅比江南地区多0.77亩。可见，徽州府的人口压力在全国也是相当大的。

　　下面再看清代徽州的人均田地及其与全国和安徽其他府州的比较。

---

① 范金民：《明清江南商业的发展》，南京：南京大学出版社，1998年，第201页。

表 1-7　清初至乾隆年间徽州人丁数和平均田地数

人丁数与田地数＼地域	原额人丁	顺治十四年至康熙五十年(1657—1711)年续增人丁	康熙五十年(1711)人丁额	康熙五十年(1711)优免等类当差人丁	康熙五十年(1711)实在当差人丁	乾隆五十六年(1791)田、地、山、塘共折实田	当差人丁平均田地
徽州府总额	205786	11703	217489	3374	214115	2055973	9.60
歙县	72647	2499	75146	767	74379	490618	6.60
休宁	63795	2136	65931	693	65238	480296	7.36
婺源	30718	2193	32911	673	32238	503099	15.60
祁门	17701	1871	19572	374	19198	214664	11.18
黟县	10656	2173	12829	443	12386	164049	13.24
绩溪	10269	831	10100	424	10676	203850	19.09

注：1.本表据道光《徽州府志》卷五《食货志·赋役》中的"户口"和"田土"数据制作。2.优免等当差人丁指优免、见在乡绅、进举贡监生员本身人丁和寄庄人丁,其中,婺源县还包括优免朱文公祠裔的人丁。3.田地山塘折实田额由原额实田、地、山、塘折成实田后相加而得。4.因康熙五十年(1711)定下滋生人生永不加赋,故道光《徽州府志》的人丁数只统计到此年。

表 1-8　清顺治至雍正朝全国人丁数、田地数和平均田地数

年度	丁数	田地（亩）	当差人丁平均田地数
顺治八年(1651)	10633326	290858451	27.35
顺治十四年(1657)	18611996	496039830	26.65
康熙元年(1662)	19203233	531135814	27.66
康熙二十年(1681)	17235368	531587560	30.84
康熙五十年(1711)	24621324	693034434	28.15
雍正元年(1723)	25734864	890187962	34.59
雍正十二年(1734)	27355462	890138724	32.54

注：1.本表据梁方仲的《中国历代户口、田地、田赋统计》中《甲表 74.清顺治、康熙、雍正三朝的人丁及田地数(顺治八年至雍正十二年,公元 1651—1734 年)》的数据制作。2.每丁占有平均田地数是据原表数据相除得出。

表 1-7 和表 1-8 统计的年代无法完全对应,但仍能看出徽州每丁占有平均亩数及与全国相比较的情况。通过表 1-8 可以看出,从顺治到雍正年间,全国丁均亩数在 30 亩上下浮动,总趋势是不断增长。雍正以后,全国耕地面

积还在扩大,而徽州耕地面积很少扩大。因此,乾隆时全国丁均田地不会少于30亩。这里姑且以丁均30亩与表1-7中徽州府的相关数据进行比较。乾隆五十六年,徽州丁均田地9.6亩,为全国总数的32%,不及1/3。徽州府中经商最盛的歙县和休宁,丁均田地更低,只有6.6亩、7.36亩,分别为全国总数的22%和24.5%,可见,清中前期徽州丁均田地远低于全国。另据梁方仲的统计,明代诸朝全国丁均田地在6.5~20.6亩间摆动;清代顺康雍年间全国丁均田地则在27.65~33.44亩间摆动。[①] 明代徽州丁均田地却在4.15~4.9亩间摆动,已有不小差距。清代康熙年间丁均田地虽升到9.47亩,但较全国丁均数却相距更远。

下面再看一张乾隆末休宁三都一图的农户土地占有表。

表1-9 康熙五十五年(1716)休宁三都十二图六甲各类农户占地表[②]

类别	户数	所占百分比	占有土地(亩)	所占百分比
无地	11	4.7	/	/
不足1亩	58	24.9	27.4	2.4
1亩~5亩	83	35.6	221.5	19.5
5亩~10亩	39	16.7	273.1	24.1
10亩~15亩	29	12.4	351.8	31.0
15亩~20亩	7	3.0	117.6	10.4
20亩~25亩	4	1.7	85.3	7.5
25亩~30亩	2	0.9	57.5	5.1
合计	233	100	1134.3	100.0

---

① 见梁方仲:《中国历代户口、田地、田赋统计》《甲表66.明代历朝每户平均口数及每户每口平均田地数》《甲表75.清顺治、康熙、雍正三朝每朝及每十年平均人丁数、田地数及每丁平均亩数》,上海:上海人民出版社,1980年,第201页。

② 引自江太新:《清初垦荒政策及地权分配情况的考察》,载《历史研究》,1982年第5期,第167~182页。原据中国社会科学院经济研究所藏《休宁县三都十二图(上)编审红册》编。按:原表中第三列所占百分比合计数当为99.9,占有土地合计数当为1134.2。两数字原表统计均有小的误差。特此说明。

吴承明根据此表分析了休宁农户及其土地占有情况,指出清中叶南方一夫占有耕地约 10~20 亩,休宁县占地 10~20 亩的可视为独立自耕农,他们占有全甲耕地的 41%;占 10 亩以下的也是自耕农,不过多需依靠副业或租进一些土地才能维持生活。① 实际上,占地 10 亩以下的要作具体分析,如有 5 亩以上的,大体可谓自耕农;5 亩以下则要从事其他副业或租进土地才能生存,很难说是自耕农了。而且,即使是 10 亩以下也要靠从事他业才能维持生存。这三部分人口占该图总户数的 82%;而不足 1 亩或无地户数占 29.6%,几乎占 1/3。由此可见,徽州田地资源紧张给人们的生存带来巨大压力。

徽州许多文献资料也说明,清代徽州人口增长使得徽州人地关系愈益紧张,生存资源匮乏,人们大量以经商为生。如,"(黟县)往者户口少,地足食,读书力田,无出商贾者(本正德陈志)。《徽郡六邑评》所谓'黟县男耕女绩麻',盖纪实也"。"国朝生齿日盛,始学远游,权低昂,时取予(本窦志)。为商为贾,所在有之"。② 可见,明代黟县人地关系不紧张,因此人们以读书和力农为本。到清代,"生齿日盛",人们开始经商,但只是"所在有之";然而,随着越来越多的人经商,经商开始成为黟县的习俗。民国时期胡庆存便说:"(黟县)俗重贸易,男子成童,即服贾四方,视农工为残业,劳力而不可谋蓄积。"③ 这时,黟县已是"俗重贸易"和"视农工为残业"了。这有力地说明徽商在清代隆盛,与徽州各地人口猛增导致生活和生产资源贫乏有直接关系,黟县就是一个典型。直到近代,胡适谈到家乡绩溪人大批经商时还说,"正因为我乡山区粮食产量不足,我们徽州人一般都靠在城市里经商的家人,按时接济。接济的项目并不限于金钱;有时也兼及食物"。"所以离乡撇井,四出经商,对我

---

① 许涤新、吴承明主编:《中国资本主义发展史》第一卷《中国资本主义的萌芽》,北京:社会科学文献出版社,2007 年,第 164~165 页。按,此书引用江太新论文数据作分析时,将其标题误写为《从清初的垦荒政策看清代前期的地权分配》,特此说明。再按,正文所说"南方一夫",应当是当差人丁为代表的户。一夫占有的田地,即每户占有的田地,而非每户人口占有的田地。

② 嘉庆《黟县志》卷三《地理·风俗》。

③ (民国)胡存庆《黟县乡土地理·风俗》。

们徽州人来说,实是经济上的必需。家人父子夫妇数年不见也是常事。同时家人的日用衣食以至于造房屋、置田产,也都靠远在外乡的父兄子弟汇款接济"。①

当然,由于徽州商业人口占很大比重,人口压力得以缓解。大量徽州文献说,徽州经商的人十居七八,这个数字在一些村落和宗族是可能的,但在整个徽州未必具有普遍性。徽州经商者不少是亦商亦农,完全脱离农业的商业人口未必有高达十居七八的比例。徽人经商十居七八,一方面缓解了徽州人地关系的紧张形势,另一方面也说明了徽州人地关系的紧张。

第二节　明清徽人经商的有利经济因素

一、明清商品经济发展有利于徽人经商事贾

明至清中期,社会经济发展较迅速。除明末清初的战乱,社会相对安定,农业生产有很大发展,各地生产分工加强,全国区域间商品交换频繁,商业线路增多,全国性市场形成,这为徽人经商提供了良机。

明代商品经济发展和全国性市场形成有一过程。明初统治者对农商问题的认识存在两面性。明太祖朱元璋一方面批评历史上的贱商,说:"昔汉制:商贾、技艺毋得衣锦绣、乘马。朕审之久矣,未识汉君之本意如何?《中庸》曰:'来百工也。'又,古者日中而市。是皆不可无也。况商贾之士,皆人民也,而乃贱之。汉君之制意,朕所不知也。诸生详而细对。"②但是,他讲得较多的还是"重本抑末",说:"人皆言农桑衣食之本,然弃本逐末,鲜有救其弊者。先王之世,野无不耕之民,室无不蚕之女,水旱无虞,饥寒不至。自什一之途开,奇巧之技作而后农桑之业废。一农执末而百家待食,一女事织而百

---

① 胡适口述,唐德刚译注:《胡适口述自传》,桂林:广西师范大学出版社,2005年,第4页。
② (明)朱元璋撰,胡士萼点校:《明太祖集》,合肥:黄山书社,1991年,第206页。

夫待衣,欲人无贫得乎？朕思足食在于禁末作,足衣在于禁华靡。尔宜申明天下四民,各守其业,不许游食；庶民之家,不许衣锦绣,庶几可以绝其弊也。"①又说,善理财者在于,"减省徭役,使农不废耕,女不废织。厚本抑末,使游惰皆尽力田亩。则为者疾而食者寡,自然家给人足,积蓄富盛"②。他对商人服饰器用采取歧视性政策。明初规定："农家许着绸纱绢布,商贾之家止许着绢布。如农民之家但有一人为商贾者,亦不许着细纱。"③洪武二十六年(1393)又规定："商贾、技艺家器皿不许用银。"④这种政策虽对明初农恢复和发展有利,却不利于商品经济发展。

明前中期,采取轻徭薄赋的政策,建立起记载户口、土地的黄册与绘制田丘状的鱼鳞册相配合的户籍地籍制。明中叶以后,赋役不断加重,苛捐杂派纷出,农民无力承担,大量逃亡。洪武二十六年(1393)的户数1065万,口数6054万；弘治四年(1491),户数911余万,口数5328余万,两相比较,弘治时户数比洪武减少154万多,口数减少726万多。⑤ 其后果是政府税源减少。洪武至隆庆年间,历朝年均征收夏秋两税的米麦数不断减少,分别为：洪武32278983石,永乐31824023石,洪熙31390243石,宣德30182233石,正统26871152石,景泰25665311石,天顺26363318石,成化26469200石,弘治27707885石,正德26794024石,嘉靖22850535石,隆庆24074189石。⑥ 同时,由于官员队伍和军队急剧膨胀、朝廷和官府的开支猛增,导致严重的财政危机。为解决这些问题,明中期特别是正统年间开始了各种赋役制度的改革。这些改革有一个趋势和特点,就是在商品货币经济的推动下使以米麦、布帛为基本形式的实物税和力役之征的货币化,而赋役货币税的出现反过来

---

① 李国祥、杨昶主编：《明实录类纂(经济史料卷)》,武汉：武汉出版社,1993年,第41页。
② 李国祥、杨昶主编：《明实录类纂(经济史料卷)》,武汉：武汉出版社,1993年,第655页。
③ (明)田艺蘅：《留青日札》卷二二《我朝服制》,上海：上海古籍出版社,1985年,第746页。
④ (清)张廷玉：《明史》卷六八《舆服四》,北京：中华书局,2000年。
⑤ (清)张廷玉：《明史》卷七七《食货一》,北京：中华书局,2000年。
⑥ 资料源于梁方仲的《中国历代户口、田地、田赋统计》的甲表51至62,上海：上海人民出版社,1980年。

推动了明代商品经济的发展。

在赋役征收上,正统时开始实行"金花银"(又名"折色银")货币税,即解京粮米折银交纳。它改变了中国封建社会田赋征收以米麦等实物为主的状况,使货币税在田赋中的比重大大增加。田主为用白银交税,必须出卖粮食和手工产品等。赋税货币化把农民的农业和家庭副业推入商品市场,有利于商品经济的发展。在劳役方面,明代徭役原由里甲制执行,"国朝役法:以编民壹拾壹户为一甲,每甲推择丁田多者一人为长,是为田甲。甲领中产拾户为甲首,其丁产不任役者,带管甲后,是为畸零。十甲为一里,每年轮一田甲应役,谓之里长。管摄十甲,催办钱粮,勾摄公务"①。在这种制度下,杂役编佥由里长根据里甲户等临时量户点差,上户派重差,下户派轻差。一些里长为中饱私囊,往往"放富差贫",使下户当重差甚至一户数差。为了克服这种弊端,正统年间开始推行均徭法。弘治元年(1488)四月诏令:"布按二司分巡分守官、直隶巡按御史,严督府、州、县掌印正官,审编均徭,从公查照岁额差使,于该年均徭人户丁粮有力之家,止编本等差役,不许分外加增余剩银两。贫难下户并逃亡之数,听其空闲,不许征银及额外滥设听差等项科差。违者,听巡抚、巡按等官纠察问罪,奏请改调。若各官容情不举,各治以罪。镇守衙门不许干预均徭。"②均徭的杂役项目主要包括力差、银差和听差。这一改革有利于商品经济的发展,并催生了"一条鞭法"改革。唐文基说,成化以来里甲正役和均徭法等改革有一共同趋势,"那就是将户丁役和人头税摊入田亩,即所谓'摊丁入地',并折银征收,使劳役赋税货币化。改革一方面使农民减轻了徭役负担,所谓'甲首终岁不到衙',从而削弱了农民和封建官府的人身依附关系,为里甲的消亡创造了条件……另一方面,改革有利于商品经济的发展。因为,摊丁入地不利于丁少田多的地主,却有利于无田或少田的商人"③。"一条鞭法"在嘉靖年间开始实行,在万历年间得到普遍推行。"一条

---

① 谢国桢选编:《明代社会经济史料选编(下)》,福州:福建人民出版社,2004年,第261页。
② (明)雷梦麟:《读律琐言》卷四《问刑条例》,北京:法律出版社,2000年,第126页。
③ 唐文基:《明代赋役制度史》,北京:中国社会科学出版社,1991年,第289页。

鞭法者,总括一州县之赋役,量地计丁,丁粮毕输于官。一岁之役,官为佥募。力差,则计其工食之费,量为增减;银差,则计其交纳之费,加以增耗。凡额办、派办、京库岁需与存留、供亿诸费,以及土贡方物,悉并为一条,皆计亩征银,折办于官,故谓之一条鞭。立法颇为简便"①。可见,此法将赋役合并后征银,田赋除漕粮仍征实物外一律征银;银差、力差也征银,并摊入田赋银内征收。

上述赋役制度改革不断强化赋役的折银征收,极大促进了商品经济的发展。赋税折银迫使生产者出售更多产品换取货币,使商品在当地难以全部销售,必须长途贩运寻求外地市场。而且,生产者为纳赋税往往被迫将产品低价出售,这为商人压价收货和囤积居奇牟取暴利提供了良机。在这种形势下,长途贩运贸易迅速发展,贩运规模和距离不断扩大,许多城市和市镇成为商品集散地和长途贩运贸易地,极大促进了全国市场体系的形成。

明中叶以后,以集市为基本形式的初级市场获得进一步发展,商品经济发达地区和重要交通沿线出现大批商业集镇和城市,并与其他地区相联系,成为区域间商品交流的中转地或集散地。国内许多地区的商品交换突破了地方狭小的市场限制,区域间商品流通有较大发展。农业结构发生重大变化,农业品种和数量的增长促进了农产品加工和手工业的繁荣。随着经济作物种植的扩大,全国各地形成不同程度和类别的经济作物种植区。全国还形成了众多手工业品生产中心,产品远销全国各地乃至海外。② 在以上诸多因素的共同作用下,最终促成了全国性市场的形成,"燕、赵、秦、晋、齐、梁、江、淮之货,日夜商贩而南;蛮海、闽广、豫章、楚、瓯越、新安之货,日夜商贩而北"③。全国性市场的形成反过来又推动长途贸易的发展,需要有大量商业路线为市场网络提供支撑。为适应在全国各地经商和贩运的需要,人们编纂了各种商业性路程引图,著名的有明隆庆和万历年间徽商黄汴编的《天下水

---

① (清)张廷玉:《明史》卷七八《食货二》,北京:中华书局,2000年。
② 参见张海英:《明清江南商品流通与市场体系》,上海:华东师范大学出版社,2002年,第173~175页。
③ 谢国桢编:《明代社会经济史料选编(中)》,福州:福建人民出版社,1980年,第88页。

陆路程》,列出全国水陆路程143条;明天启年间,徽州人儋漪子编的《天下路程图引》,列出江南和江北水路100条。① 明中叶以来,全国性商品经济的发展和市场的繁荣,使社会出现"弃本事末"风潮,一些地区甚至以商为重,如,徽州便出现了"土田不重"的现象。

清朝建立后,统治者采取了一些有利于社会经济和商品生产发展的政策和措施。

首先,鉴于明代"病商"弊政,采取了一些有利于商业发展的政策。如,顺治八年(1651),下诏减定关差员数,说,"朕灼知今日商民之苦",希望官员实心遵守,"毋负朕通商爱民之意"。② 如,康熙也主张"恤商",康熙四年(1665),提出"罢抽税溢额议叙之例"以减商民之苦,谕旨:"各省设立关税,向例将抽税溢额者加级记录,遂致各差冀邀恩典,困苦商民。嗣后,税课俱照定额征收。缺额者处分,溢额者加级,记录之例永行停止。"③雍正对"重本抑末"作出新解释,说:"朕观四民之业,士之外,农为最贵。凡士工商贾,皆赖食于农,以故农为天下之本务,而工贾皆其末也……是逐末之人多,不但有害于农,而并有害于工也。小民舍轻利而趋重利,故逐末易,而务本难。苟为官者遽然绳之以法,必非其情之所愿,而势有所难行。惟在平日留心,时刻为之劝导,使民知本业之为贵。又复训饬闾阎崇尚朴实,工作之间不为华巧。如此日积月累,遂成风俗,虽不必使为工者尽归于农,然可免为农者相率而趋于工矣。"④虽然他仍强调以农为本,但意识到工商业发展之"势"使强行"抑末"难于施行,故主张采取"劝导"之法。而且,康熙、乾隆与许多巨商大贾,特别是

---

① 参见杨正泰校注:《天下水陆路程 天下路程图引 客商一览醒迷》,太原:山西人民出版社,1992年。
② 《清朝通考》卷二六,见宋寿昌主编:《中国财政历史资料选编》第九辑"清代前期部分",北京:中国财政经济出版社,1990年,第778页。
③ 《清朝通考》卷二六,见宋寿昌主编:《中国财政历史资料选编》第九辑"清代前期部分",北京:中国财政经济出版社,1990年,第779页。
④ 《世宗实录》卷五七,见陈振汉、熊正文等编:《清实录经济史资料(顺治—嘉庆朝)》"农业编第二分册",北京:北京大学出版社,1989年,第7页。

盐商来往密切,这也说明他们意识到了商人和商业的重要性。清廷对工商业的态度基本是既不提倡,也不严禁,甚至在一定程度上允许其发展。

其次,赋役征收普遍折银。明万历实行一条鞭法后,各州县赋役大多以银折纳,但在中央会计总册中仍沿袭明初习惯,以本色为主。到清代,无论是朝廷各部属,还是地方府州县,赋税会计都转以折色白银为主。顺治八年(1651),是清代第一次有全国赋税会计额的年份,其中开载地丁总额为征银2100余万两,征粮仅500余万石。这一折银和实物比例大体上实行于有清一代,改变了明末中央会计仍以本色为准的传统习惯。[①] 清代赋税普遍征银后,往往是田赋开征之际,"遇穷民小户,有谷帛而无售主,有鸡豚而待市贩。或代为设法,或曲示变交,田父村叟感而流涕,因之相劝全完矣"[②]。这一方面使农民要受商人和高利贷的盘剥,另一方面却有利于货币的大量使用,刺激了商品经济的发展。

再者,以保甲制取代里甲制。雍乾时期,由于地丁制的实行,以保甲取代里甲的条件成熟。雍正四年(1726)五月,直隶总督李绂上奏:"臣因思编审之法五年一举,虽意在清查户口,尚未能稽察游民,不如保甲之法更为详密,既可稽察游民,且不必另查户口。自后请严饬奉行州县,于编排保甲时,逐户清查实在人丁。自十五岁以上,毋许一名遗漏。岁底造册,申送布政司,汇齐另造总册,具题进呈御览。册内止开里户人丁实数,免列花户,则簿籍不烦而丁数大备。其向来编审之例,在直隶永行停止,则户口既清,扰累亦省,诚为两便。"[③] 七月,户部议定保甲条例,经雍正批准颁行全国,这样户籍编审制度事实已停止。乾隆三十七年(1772),正式下令停止户籍编审。至此,沿袭了二千余年的封建政府对农民人身的支配权被取消。保甲制取代里甲制是中国封建社会乡村基层组织的重大变革,大大削弱了国家对农民人身支配权的控

---

① 郑学檬主编:《中国赋役制度史》,上海:上海人民出版社,2000年,第589~590页。
② (清)赵廷臣:《请定催征之法疏》,见(清)魏源:《魏源全集》第十四册《皇朝经世文编》卷二九《户政四·赋役一》,长沙:岳麓书社,2004年,第661页。
③ (清)李绂:《请改编审行保甲疏》,见(清)魏源:《魏源全集》第十四册《皇朝经世文编》卷三〇《户政五·赋役二》,长沙:岳麓书社,2004年,第732页。

制力度,农民从此可以自由变换职业、离乡外出和出卖劳动力。

清代统治者的上述政策和重大经济变革极大地推动了清代社会经济,特别是商品经济的发展,使国内市场得到扩大。一是商品经济获得大的发展。有学者对清代18个省118个府中126个县方志记载的商品作了抽样统计,种类达155种,基本反映了清代全国商品的种类。除矿冶类外,基本是农产品、农家手工业品(布)、农村手工业品(草纸、陶器)、城市手工业品(铁银铜诸器)。其中主要产品分布面占50％以上的有棉花、棉布、靛蓝、蜂蜜、麻类、蜡;占25％以上的有丝、食油、茶、纸、丝织品、烟草、木炭、糖。分布面最广的主要是棉、麻、靛等农产品及农民手工业产品如棉布、丝织品等。① 二是国内市场进一步扩展,东西和南北贸易均有发展。东西贸易一线以长江水系为主,成为清代贸易主干线;南方珠江水系也成为东西贸易的重要线路。在南北贸易上,除以运河为主的南北贸易外,由江西赣江到广州的商路继续发展;此外,沿海北洋航线开通。三是国内市场结构发生了三个方面的变化,主要表现为:(1)商运路线增长,水运已具近代规模;商业城镇增多,出现汉口、广州等大埠及若干大米市;大商人资本量增大,由五十万两级增至百万两级、千万两级。(2)长距离贩运贸易品种增多,贸易量增大,以粮、布而论约为明代的两三倍;经营逐渐专业化,并开辟了东北市场和西南市场。(3)布代替盐成为市场上占主导地位的工业品,市场上工业品总值超过农产品。整个市场已以小生产者间的交换为主,传统劳动产品与封建收入的交易退居不重要地位。② 可见,明清时期全国已形成由多层次、多区域、多功能市场构成的全国性的庞大市场体系。有学者将明清市场划分为乡村小市场(即小市镇初级市场)、地方专业市场、区域中心市场和全国中心市场四个层级,此外还包括特殊市场庙会及集市。③

---

① 董书城:《中国商品经济史》,合肥:安徽教育出版社,1990年,第268~270页。
② 吴承明:《中国资本主义与国内市场》,北京:中国社会科学出版社,1985年,第263~264页。
③ 范金民:《明清江南商业的发展》,南京:南京大学出版社,1998年,第131页。

明清商品经济的发展和全国性大市场的形成为商业发展提供了巨大良机。徽州东接全国最重要的江南市场,南邻江西市场,又与以湖广为主体的长江中游市场接近,这种地理优势为徽人经商提供了极大的便利。徽人在明清时期国内五条主要的商路上都十分活跃。一是当时重要的商运路线——纵贯南北大运河沿线的许多城镇是徽商辐辏之地。二是横贯东西的长江沿岸大小商镇多为徽商称雄。三是在东南地区通向中原和西北各地的重要商路,即淮河溯流西上至开封的路线上徽商也十分活跃。四是由赣江溯流而上,越大庾岭南入广东的路线是内地通向岭南的主要商路,也是徽商辏集之地。五是近海北洋航线和南洋航线是沿海数省的重要商运路线,徽商也经常来往。总之,徽商是"上述五路上最为活跃的一个商帮"①。全国性市场的形成既是长途贸易发展的结果,又推动了长途贸易的发展。由于长途贩运能赚取两地间巨大物价差,获利丰厚,因此成为商人求富的捷径和要道。徽商深明此道,明万历《歙志·货殖》称徽人的经商方式依次分为五种:走贩、囤积、开张、质剂、回易。其中,"走贩"位列首位。徽人也十分热衷于这种经商模式,文献对此多有记载。如,"邑中土不给食,大都以货殖为恒产,因地有无以通贸易,视时丰歉以计屈伸。居贾则息微,于是走吴、越、楚、蜀、闽、粤、燕、齐之郊,甚则逖而边陲,险而海岛,足迹几遍宇内"②。有些徽商甚至非此不为,徽商潘侃便说:"良贾急趋利而善趋时,非转毂四方不可。"③正是由于徽州人重视到全国各地贩运,因此,徽人营商遍天下,"徽之富民尽家于仪、扬、苏、松、淮安、芜湖、杭、湖诸郡,以及江西之南昌,湖广之汉口,远如北京,亦复挈其家属而去"④。可见,明清商品经济的发展和全国性市场的形成,是造就徽州人大量经商的经济基础。

---

① 张海鹏、王廷元主编:《徽商研究》,合肥:安徽人民出版社,1995年,第36页。
② 康熙《休宁县志》卷一《风俗》。
③ (明)汪道昆:《太函集》卷一四《潘次公夫妇九十寿序》,合肥:黄山书社,2004年,第299页。
④ 康熙《徽州府志》卷二《风俗》。

在明清商品经济和市场发展中,江南市场是最重要的。明清时期作为经济区域的"江南地区",是指今天苏南浙北的八府一州,即明清时期的苏、松、常、镇、宁、杭、嘉、湖八府和后来由苏州府划出的仓州。① 明中叶以后,随着全国性市场的形成,江南市场被纳入全国性贸易体系,商业十分繁荣。据正德《江宁县志》等文献记载,明中期南京工商铺行多达104种,大多从事商品生产。据崇祯《吴县志》记载,苏州生产的商品有21大类210余种。可以说,"明清时期的江南是全国最为重要的棉布、丝绸等衣着品生产基地、书籍等文化用品生产基地,是粮食、食用油等粮食加工业的重要基地,是陶窑器、铜铁器、小木器等日用生活必需品和玉石等贵重商品或锡箔等特殊商品的重要生产基地。江南商业的发达,是直接建立在当地发达的商品生产的基础上的"②。在江南市场中,苏州和杭州是中心城市。其中,苏州更为重要,在明后期取代南京成为全国性中心市场,号称"江南首郡"。

繁华的江南市场吸引了全国各地的商人前来淘金,徽州人则因地利之便成为各商帮中人数最多、势力最大者,"徽商在江南的活动,构成了明清商业史的重要篇章"。"明清江南是徽商最为活跃的地区。无论苏、杭、宁等称为都会之地的大城市,还是镇江、无锡、松江、嘉兴、湖州等中等城市,以及星罗棋布的广大城镇,乃至穷乡僻壤,无不留下了他们奔走经营的足迹"③。关于徽州人在苏杭等江南市镇经商的资料和研究不胜枚举,此不胪列,本书其他部分有介绍和分析。

在江南诸市镇中,苏州和杭州对徽商的吸引力是最大的。苏州作为江南市场的中心,成为明清徽商聚集之地,"新安六邑多懋迁他省,吴门尤夥"④。

---

① 李伯重:《简论"江南地区"的界定》,载《中国社会经济史研究》,1991年第1期,第100~105页。

② 范金民:《明清江南商业的发展》,南京:南京大学出版社,1998年,第26页,第46页。

③ 范金民:《明清时期徽商在江南的活动》,见《国计民生——明清社会经济研究》,福州:福建人民出版社,2008年,第551页。

④ (清)朱珔:《小万卷斋文稿》卷一八《徽郡新立吴中诚善局碑记》,见《清代诗文集汇编》编纂委员会编:《清代诗文集汇编(四九四)》,上海:上海古籍出版社,2010年。

徽商在该地米、布、茶、木、丝绸、颜料等行商业中占有极重要地位。明中叶以后，徽人"商于阊门""贾于吴市""商游姑苏""贸迁于吴越"者史不绝书。有学者说，明清苏州的丝绸、棉布和其他手工业品运销全国各地，当地的粮食、棉花、木材等生产和生活资料则大部分仰给于全国。徽商的长途贩运往往以苏州为起落点，他们利用长江、运河之便，或贸贩于吴楚间，或往来于吴、越、齐、鲁、燕、赵，或东走吴越，或西涉淮汴，进而涉足西北。① 杭州也吸引了众多徽商。木材经营是徽商四大行业之一，杭州的木材贸易多为徽人经营，他们把皖南、闽、浙山区的木材运来后转运北方。清代徽州木商在杭州候潮门外徽国文公祠建立起同业组织——徽商公所。他们在杭州候潮门外购得上至闸口、下至秋涛宫的江岸沙地3690多亩，作为堆放木材的场地。② 徽州丝绸商人则把杭州府的蚕丝绸缎运销全国。由于徽商人数较多，竟使杭州某些地名打上了徽人印记。杭州钱塘江畔的徽人弃舟登岸处被称作"徽州塘"，徽州盐商的居住地被称为"徽州弄"，歙县江村人聚居地号称"小江村"。③ 江南其他市镇也吸引了大量徽人前往经商，明清徽州和江南文献多有记载，此不详引。

二、便于联系全国市场的经商地理环境

明清时期，徽州人经商遍及海内外，"虽滇、黔、闽、粤、秦、燕、晋、豫，贸迁无不至焉。淮、浙、楚、汉又其迩焉者矣。沿江区域向有'无徽不成镇'之谚"④。他们不仅在商业都会和市镇经商，也到孤村僻壤做生意；不仅集中于经济发达的江南、两湖和运河沿岸，还远及西北漠地和海外，"故（歙）邑之贾，岂惟如上所称大都会皆有之，即山陬海堧，孤村僻壤，亦不无吾邑之人，但云

---

① 张海鹏、王廷元主编：《徽商研究》，合肥：安徽人民出版社，1995年，第95页。
② 《徽商公所征信录·序》，见张海鹏、王廷元主编：《明清徽商资料选编》，合肥：黄山书社，1985年，第183页。
③ 张海鹏、王廷元主编：《徽商研究》，合肥：安徽人民出版社，1995年，第32页。
④ 民国《歙县志》卷一《风土》。

大贾则必据都会耳"①。"(徽商)藉怀轻赍遍游都会,因地有无以通贸易,视时丰歉以计屈伸。诡而海岛,罕而沙漠,足迹几半禹内"②。明清徽州人经商遍及海内外是其他地区商人无法比拟的,已成为一种独特的商业现象和社会现象,以致民间谚语说:"钻天洞庭(指洞庭商)遍地徽(指徽商)。"徽州人之所以成为"遍地商",一个重要原因是明清徽州拥有独特的地理环境,这种地理环境对徽州人外出经商有两面性:一方面,在自然地理环境上,徽州地势陡绝,山川雄深,不易与外界交通和贸易;另一方面,从人文地理环境看,徽州又毗邻中国经济发达区域,便于徽州人外出经商和从事贩运活动。

从自然地理环境看,徽州处于江南丘陵的万山丛中,没有发达的水路和陆路,与外界交通不便。清人赵吉士说:"徽之为郡,在山岭川谷崎岖之中。东有大鄣山之固,西有浙岭之塞,南有江滩之险,北有黄山之阨。即山为城,因溪为隍。百城襟带,三面距江。地势斗绝,山川雄深。自睦至歙,皆鸟道萦纡。两旁峭壁,仅通单车……水之东入浙江者,三百六十滩;水之西入鄱阳者,亦三百六十滩。"③文中所说两条水路,即东入浙江的徽杭水道和南入鄱阳湖的徽饶水道。徽杭水道由新安江和钱塘江组成,东西两端分别是杭州与徽州,被誉为"水上商业之路",是明清徽商东出进入江南市场最重要的水上通道。徽饶水道,由北道阊江和南道婺江组成,是明清徽州与江西饶州商业往来及南下广州经商的重要通道,与徽杭水道齐名。此外,徽州通往外界的水道还有向西的徽池水道和向北的徽宣水道。徽池水道是指由徽州府通往长江南岸池州府的水道,是徽商经祁门县岭北顺流进入长江的必经之途。徽宣水道是指沟通徽州与宣州的清溪河、徽水河、舒溪河等河流,均流入青弋江,是徽商向北到芜湖进入长江经商的要道。上述水道多险滩,赵吉士称徽杭水道、徽饶水道各有三百六十滩未必真确,但说明徽州水道水运艰难则是

---

① 万历《歙志·货殖》。
② 万历《休宁县志·舆地志·风俗》,见张海鹏、王廷元主编:《明清徽商资料选编》,合肥:黄山书社,1985年,第215页。
③ 康熙《徽州府志》卷二《舆地志下·形胜》。

不争的事实。这样的自然地理环境无疑给徽人经商带来诸多困难,如,祁门和饶州间水运,"溪流无常,三日雨则溢,五日不雨则涸。盈则由天而下,飞鸿怒马,一日千里;竭则日行不能六七滩,虽曰舟行,艰同负贩"①。婺源人经商也很艰难,"以其杉桐之入,易鱼稻于饶,易诸货于休。走饶则水路险峻,仅鼓一叶之舟;走休则陆路崎岖,大费肩负之力"②。可见,与长江中下游平原、华北平原、运河沿岸和东南沿海等水陆便捷的许多地区相比,徽人并无经商贩运的地理优势。

不过,徽州又有其综合地理区位优势。徽州地接以苏杭为中心的江南地区,紧邻以南京、扬州为中心的淮扬地区,与芜湖和以汉口为中心的长江中游地区距离也很近。上述三个地区都是明清经济发达地区,徽州与这些地区的近距离优势是江南其他同类地区无法同时具备的,"徽之富民尽家于仪、扬、苏、松、淮安、芜湖、杭、湖诸郡,以及江西之南昌,湖广之汉口,远如北京,亦复挈其家属而去"③。文中所说徽州富商集中于江南的苏、松、杭、湖,运河两岸的仪、扬、淮安,以汉口和南昌为中心的长江中游地区、最大消费城市北京和徽州北部的芜湖,正是由于徽州所具有的自然地理和经济地理优势造成的。

毗邻江南市场的优势使江南地区成为徽人经商的中心地,徽州人为此开辟出水路和陆路相结合的商路,这在明清商书中有诸多翔实记载。张海英说,在以苏州为中心的12条路线中,抵徽州的有2条;以杭州为中心的17条商路中,来往徽州的水陆路有4条。④ 下面介绍徽州与苏杭两地间的3条主要水路和陆路路线,以窥一斑。

1. 苏州府至徽州府的水路和陆路。从苏州府沿京杭运河南下50里至吴江县,40里至平望,沿迪塘西南行40里至震泽,10里至南浔,西行10里至东迁,20里至旧馆,30里至湖州府,西行10里至杨家庄,10里至严家坟,西行

---

① 同治《祁门县志》卷一二《水利志·溪河》。
② 光绪《婺源县志》卷三《风俗》。
③ 康熙《徽州府志》卷二《风俗》。
④ 张海英:《明清江南商品流通与市场体系》,上海:华东师范大学出版社,2002年,第77页。

10里至思安塘,西行30里至红心桥,继续西行约56里至四安,陆路25里至界牌(浙皖交界处),25里至广德州,南下30里至汪家桥,30里至柏店,15里至前冲铺,15里至杨滩,20里至长洪,20里至河沥溪,7里至宁国县,20里至竹下铺,20里至桥头铺,20里至甲路,30里至胡乐司,10里至沙岭,20里至黄上堪,10里至丛山关,10里至杨溪,10里至岩下铺,10里至绩溪县,10里至雄路,10里至临溪,40里至徽州府。① 这条水路和陆路组成的路线共723公里。

2.徽州到杭州的水路。从徽州府梁下搭船,沿新安江东下10里至浦口,7里至梅口,3里至狼源口,15里至薛坑口,5里至庄潭,5里至绵潭,15里至深渡,10里至白石岭,5里至境口,对河至大川口,5里至小沟,5里至山茶坪,5里至结坞头,5里至横石,5里至牵畎滩,5里至米滩,5里至八郎庙,5里至街口巡司(皖浙交界处),5里至淳安县,3里至东溪源口,17里至遂安港口,10里至塔行,10里至藻河,10里至罗山墩,10里至茶园,30里至白沙埠,南去为寿昌县。从白沙埠沿新安江北上10里至杨溪,10里至下衙,10里至马没滩,30里至严州府建德县,5里至东馆富春驿,20里至胥口,20里至冷水铺,7里至钓台,28里至桐庐县桐江驿,20里至柴埠,10里至窄溪,对河新城港口,15里至桐梓关,15里至程坟,30里至富阳县会江驿,7里至大岭头,3里至赤松铺,10里至庙山铺,10里至大安浦,10里至渡船埠,20里至王家斗,5里至半边山,对江,朱桥10里至范村,20里至杭州江头。陆路,过万松岭,进凤山门,10里至杭州府。② 这条水路共535里。

3.休宁县至杭州府的水路。休宁县10里至万安街,20里至梅林,15里至屯溪,上船沿新安江东下,经溪东、溪南、草市、黄墩、烟村,共60里至梅口,陆路10里至上昧滩、下昧滩、箬潭、薛坑口、绵潭,共30里,至深渡,至府50

---

① 张海英:《明清江南商品流通与市场体系》,上海:华东师范大学出版社,2002年,第56～57页。
② (明)程春宇:《士商类要》,见杨正泰:《明代驿站考》,上海:上海古籍出版社,1994年,第248页。

里。过长滩、大沟、三栈枰、横石滩(俗呼天进)、牵畎滩、汝滩(俗呼米滩),共50里至街口巡司。竹节矶、上锡滩、下锡滩,上、下慈滩、向山潭,共80里。至淳安县、遂安县河口,共60里至茶园、小溪岩、试金滩、上杨溪、下杨溪,共90里至严州府,50里至钓鱼台,30里至桐庐县,沿富春江北上至柴埠(可泊)、程坟,共90里至富阳县,继续沿富春江北行共90里,至杭州府钱塘江口。① 这条路线共735里。

徽州与苏杭之间还有其他一些路线或支线,为徽人提供了比当时国内其他商帮到江南更便捷的商路。根据上述路线可大体推算出,从徽州到苏杭的水路、陆路交通大致是500里到700多里。如以旱路日行80里、水路日行100里计算,那么,苏州到徽州700多里路程,陆路400多里,水路300多里,花费8日便可到达。若从徽州走水路,沿新安江顺流而下,经严州、杭州到达苏州,全程900余里,所费时间也差不多。婺源人詹元相康熙三十八年、四十一年赴江宁应试,都是从屯溪上船,经杭州、苏州抵江宁。从屯溪至苏州,每次用9天。② 据张海鹏等的研究,当时雇船费不高,詹氏第一次搭船自屯溪至丹阳用银5.6钱;第二次自屯溪搭船至苏州用银3.34钱。当时徽州米价每石为银8钱上下,由此可知自徽州至苏州所用船费约值5斗米价,这笔费用徽州小商贩都能承受。可见,徽人赴苏州经商的这种便利是山陕等地区的商人无法比拟的。所以山陕富商在苏州尽管势力很强,但他们的中小商人显然难与徽人竞争。③ 正因为徽州人前往江南地区经商有"近水楼台先得月"的地理优势,使江南地区成为徽州人前往经商最集中的地区。廖腾煃说:"休宁巨族大姓,今多挈家藏匿各省,如上元、淮安、维扬、松江、浙江杭州、绍兴、江

---

① (明)黄汴:《一统路程图记》卷七《江南水路》,见杨正泰:《明代驿站考》,上海:上海古籍出版社,1994年,第215~216页。
② 参见(清)詹元相:《畏斋日记》,中国社会科学院历史研究所清史研究室编:《清史资料》第四辑,北京:中华书局,1983年。
③ 张海鹏、王廷元主编:《徽商研究》,合肥:安徽人民出版社,1995年,第98~99页。

西饶州、浒湾等处。"①清乾隆年间,黟县宏村名望族"为贾于浙之杭绍间者尤多"②。"(婺源)东北乡人多服贾于长江一带,输入苏杭"③。近人胡适在谈到《绩溪县志》的编修与当地人经商路线时说:"如金华、兰溪为一路,孝丰、湖州为一路,杭州为一路,上海为一路,自绩溪至长江为一路。"④胡适谈及绩溪人经商的路线有两条是到江南的,一条为北上长江的。蜂拥而来的徽州人,把江南许多城镇变成了徽州人的天下,故有"无徽不成镇"之说。

横贯中国东西的长江沿线是明清时期中国最重要的经济贸易区,而徽州人利用其地理便利在长江沿线的商业经营中长期占据优势。张海鹏等指出,明清时期,"徽商沿运河北上从事商品贩运活动,固然可获厚利,但却难免在远离故土的北方遇到势力强大的山陕商人与之竞争。而从事沿江贸易,则徽商不但享有地利之便,而且也较少强劲的竞争对手。因之明清时期的长江流域一直是徽商称雄的地方,沿江区域的大小城市几无不是徽商辏集之处,沿江一线几项重要的商品贸易也大部分操于徽商之手"。⑤为什么说徽商能享地利之便控制长江一线的大部分贸易呢?除上述所说与江南市场的水陆交通优势外,它与当时长江中游地区市场的交通也颇为便利。徽州府向北和向西分别紧邻长江南岸的安徽太平府和池州府等,陆路与水路均可通达。通过徽宣水道,能抵达长江中下游交汇处的商业重镇芜湖,进而向东进入南京、扬州和江南地区。通过徽池水道能抵达池州,然后溯江西上,可抵达商业重镇九江和汉口。这种地理优势成为徽商在长江沿线经商的地利之便。

在此地利之便中,芜湖的位置十分重要。芜湖是徽商向北出入长江的首要商业都市,与徽州府城相距 400 里左右。两地间虽有崇山峻岭之隔,但自

---

① (清)廖腾煃:《海阳纪略》卷下,见谢国桢编:《明代社会经济史料选编(下)》,福州:福建人民出版社,1981 年,第 57 页。
② 道光《黟县续志》卷一五《艺文·汪文学传》。
③ 光绪《婺源乡土志》第六章《婺源风俗》。
④ 《绩溪县志馆第一次报告书·胡适之先生致胡编纂函》,见安徽省地方志编纂委员会编:《安徽省志》,北京:方志出版社,1998 年,第 20 页。
⑤ 张海鹏、王廷元主编:《徽商研究》,合肥:安徽人民出版社,1995 年,第 83 页。

古就有道路相连。除徽宣水道外,两地间还有陆路和水路相结合的通道。民初歙人吴日法的《徽商便览》介绍了芜湖至徽州的两条道路:一是从芜湖乘小轮船至宣城,然后登岸南行,越崇山关,入绩溪抵歙县。二是从芜湖乘小轮至南陵,然后登岸南行,经旌德,越新岭关,入绩溪达歙县。由于上述道路交通均有平行的青弋江可行船,因此陆路交通大体只有100余里,相当便捷。明中叶在芜湖经商成功的休宁商人查杰深有感触地说:"湖阴善邸也,去吾郡五百里而近,信使日夕相闻。"因此,他隐退后将在芜湖的生意交付侄子,"命提经理,凡百东西远役,一切自肩"。①

芜湖的商业地理优势还在于它地处长江中下游之交的南岸,长江和皖南的青弋江在此汇合,过江有裕溪河与巢湖相通,四通八达。从这里沿长江而下可抵南京,再向东经镇江往东南,便可抵达江南地区;向北抵扬州,然后沿运河北上可直达北京。从芜湖往西可至长江中游的九江和武汉等地,再向西和向南可进入湘、黔、川、滇等西南地区。过江经巢湖可抵达淮河流域,尔后向西北能进入河南和陕西等中原和西北地区。徽州人北上经芜湖到全国各地经商与徽州人外出经商的其他路线相比有其独到优势。有学者指出,徽人出外经商,可以东走杭州,西走饶州,且北路有崇山关、新岭关之险,东西两路却有新安江、昌江、婺江可供舟楫之便,而徽人赴芜经商并不因此稍减,原因就是处在万山丛中的徽州,北上固不免翻山越岭,但东西两路交通也不算方便。徽州地势颇高,向东向西的河道水量甚小,水流湍急,都不大便于行船。单就旅途难易说,东西两路并不比北路优越。何况两淮的盐利,长江的水运,北方发展商业的广阔天地,都吸引着徽州商人。他们要想利用这些条件来经商,就非北走芜湖不可。② 更重要的是,明清时期的芜湖已是长江沿线贸易的商业都会。咸丰三年(1853),安徽巡抚李嘉端说:"查芜关税课,全赖川楚

---

① 《休宁西门查氏祠记·查灵川公暨配汪孺人行状》,见张海鹏、王廷元主编:《明清徽商资料选编》,合肥:黄山书社,1985年,第92页。
② 张海鹏、王廷元主编:《徽商研究》,合肥:安徽人民出版社,1995年,第114页。

江西货物,前赴浙江江苏仪征、扬州、清江浦等处,转行北五省销售。"①明代,芜湖已吸引大量外人经商,"舟车之多,货殖之富,殆与州郡埒。今城中外,市廛鳞次,百物翔集,文彩、布帛、鱼、盐襁至而辐辏,市声若潮,至夕不得休。其居厚实,操缓急以权利成富者,多旁郡县人,土著者谨小小兴贩"②。至清中期芜湖繁荣更甚,"四方水陆商贾日经其地,阛阓之内百货杂陈,繁华满目,市声若潮""阛阓之盛甲于江左"③。得地利之便的徽州人自然希望到此商业都会谋利,徽商成为在芜湖经商的外地商人中人数最多和资本最雄厚者。张海鹏初步统计了安徽省博物馆所藏明清徽州族谱和其他文献收载的芜湖徽商,共有38名,"他们或为行商,或为坐贾,或列肆于通衢,或营运于作坊"④。

明万历婺源人李古溪曾说:"吾徽之人不讳贾,以故豪长者多游于吴越荆襄间。"⑤可见徽商虽"足迹遍天下",但主要经营区域还是以苏浙为中心的江南地区和以湖广为中心的长江中游地区。从芜湖向东为徽人经商提供了进入江南的重要通道,向西为徽人进入湖广提供了重要通道。其中,武汉是徽商到长江上游的必经之地,故成为明清徽人经商的一大中心。有学者认为,武汉的商业发展似乎和徽州商帮的发展是同时的,"徽州商人之所以把远离家乡的武汉,作为'射利'的聚集点,乃是因为武汉处于东西的水上商业路线和南北陆上商业路线的交叉点上,是全国东西南北贸易的枢纽,地位极为重要"。明清时期武汉的商业繁荣徽商自是"与有力焉",反过来,"武汉三镇又以其优越的地理位置和新兴商业都市的条件,使徽商能够得以长足发展。就整个徽州商帮的衰落情况来看,可以说是武汉的徽州帮纵横于商界的时间最长,退出贸易大舞台最晚"⑥。可见,徽商能长期称雄武汉商界,进而驰骋长

---

① 彭泽益编:《中国近代手工业史资料》第一卷,北京:生活·读书·新知三联书店,1957年,第594页。
② 《芜湖县志》卷八《地理志·风俗》,民国八年(1919)石印本。
③ 姚逢年:《芜湖县志·序》,见《芜湖县志》,民国三年(1914)重印本。
④ 张海鹏、王廷元主编:《徽商研究》,合肥:安徽人民出版社,1995年,第112页。
⑤ 婺源《三田李氏统宗谱·万椿古溪李公六旬叙》。
⑥ 张海鹏、王廷元主编:《徽商研究》,合肥:安徽人民出版社,1995年,第122页,129页。

江中上游地区,与徽州自然和经济地理优势有密切关系。

此外,徽州与浙江、江西接壤的地理位置,又为徽商南下江西市场和广东市场提供了便利,也使徽州成为连接江南市场与江西、广东等中国南方市场的重要桥梁。张海英说,明清江南市场的商品输入江西的主要商路有三条,其中一条是由杭州府出发,沿富春江南下经富阳县、桐庐县、严州府、淳安县,沿新安江过街口巡司至安徽屯溪、休宁、祁门县,从祁门出发进入江西境内,过浮梁县抵景德镇,沿昌江西南行至饶州府(今鄱阳或曰波阳市),入鄱阳湖抵南昌府转赣江水系南下。① 从赣江水系南下,过南岭的大庾岭便进入广东,最后抵达广州。这条商路也是徽州人到与江西、广东经商的重要通道。

由上可知,徽州的自然地理环境并不构成徽人经商的天然优势。然而,由于其与明清经济最发达的江南和湖广或相接,或有水道通达,或有陆路交通,因此,伴随着明清商品经济的发达,市场贸易的繁荣,这种地利和天时又使徽州人获得了比其他地区更多和更好的经商空间和良机。

三、丰富的山林资源与徽商的形成和发展

徽州有着利于山林经济发展的自然环境。徽州众山环绕,山多地少,粮食生产发展受到极大限制。然而,徽州大量山地却蕴藏着丰富的林业、茶叶、漆等山林资源,这为当地人提供了重要的生活资源。赵吉士说:"吾乡歉于田而丰于山……其山林材木、茗、栗、桐、漆之属,食利亦无算。"②祁门县,"向来田少山多,居人之日用饮食取给于田者不敌取给于山"③。休宁县,"自休以西尤称斗入,岁收仅仅不给半饷,多仰取山谷"④。婺源县,"县境山多田少,民多植杉木为林,以供赋税"⑤。

---

① 张海英:《明清江南商品流通与市场体系》,上海:华东师范大学出版社,2002年,第246页。
② 康熙《徽州府志》卷六《食货志·物产》。
③ 祁门《环溪王履和堂养山会簿》,清嘉庆十九年(1814)本。
④ 道光《徽州府志》卷二《舆地志·风俗》。
⑤ 臧励龢等编:《中国古今地名大辞典》,香港:商务印书馆香港分馆,1931年,第888页。

丰富的山林资源为当地工商业发展提供了良好的条件。早在唐宋时,徽州已有木、茶、竹、瓷土和生漆等外销,尤以木、茶为盛。这些产品的贩运为徽商的兴起和发展提供了资源和动力,盐、茶、木、粮、布、丝绸、瓷器等成为明清徽人经营的主要商品。其中,茶、木经营占据了半壁江山,"徽郡商业,盐、茶、木、质铺四者为大宗。茶叶六县皆产,木则婺源为盛"①;"邑中商业,以盐、典、茶、木为最著"②。在徽商四大支柱行业中,盐业为"龙头",茶业、典业、木业相继其后。如,婺源山林资源极其丰富,"山林之利,我婺独擅"③。杉木和茶叶成为重要商业行业,"婺人岁联成筏,下婺江以达浙江。亦产茶,绿茶颇著"④。

在徽州山林资源中,林业资源对徽人从事木材经营起到重要作用,木业成为徽商经营的支柱行业。徽州森林覆盖率很高。直到20世纪末,祁门、休宁、歙县等县用材林仍在100万亩以上。休宁、祁门的森林蓄积量在500万立方米以上,其他各县亦超过100万立方米。杉树、松树和毛竹等最重要,阔叶树以栎类为主。此外,还有许多珍贵树种和特用经济林,如楠木、樟树、青檀、杜仲、棕榈等。⑤徽州杉木质佳,明清时已相当出名,"徽州婺源者质最坚,自栋梁以至器用小物,无不需之"⑥。休宁,"山出美材,岁联为桴,下浙河,往者多取富"⑦。在大工业化时代前,木材是建造房屋和制作车船、工具、家具的基本材料,以致西方经济史学家把大工业前的时代称为"木材时代"⑧。

---

① 陈去病:《五石脂》,见殷安如、刘颖白编:《陈去病诗文集(下)》,北京:社会科学文献出版社,2009年,第613页。
② 民国《歙县志》卷一《舆地志·风土》。
③ 光绪《婺源县志》卷三《风俗》。
④ 臧励龢等编:《中国古今地名大辞典》,香港:商务印书馆香港分馆,第888页。
⑤ 高寿仙:《徽州文化》,沈阳:辽宁教育出版社,1998年,第14~15页。
⑥ (明)陈继儒:《增补陶朱公致富全书》卷一,见傅衣凌:《明清社会经济史论文集》卷三《明清时代徽州婺商资料类辑》,北京:商务印书馆,2010年,第258页。
⑦ 淳熙《新安志》卷一《州郡·风俗》。
⑧ 李伯重:《明清时期江南地区的木材问题》,载《中国社会经济史研究》,1986年第1期,第86~96页。

徽州人贩运木材在宋代已知名,木材被贩运到邻近的江西、浙江、江南产粮区以换取粮食等生活必需品。如,"祁门水入鄱,民以茗、漆、纸、木行江西,仰其米自给"①。婺源,"以其杉桐之入,易鱼稻于饶,易诸货于休"②。南宋时,徽州木材贩运已有相当规模,"(严州)浮桥之禁甚严,歙浦杉排毕集桥下,要而重征之,商旅大困,有濡滞数月不得过者……休宁山中宜杉,土人稀作田,多以种杉为业。杉又易生之物,故取之难穷。出山时价极贱,抵郡城已抽解不赀。比及严,则所征数百倍。严之官吏方曰'吾州无利孔,微歙杉不为州矣'"③。当时,徽州木材主要由新安江、青弋江和阊江等运往周边地区,特别是江南地区。李伯重说,宋元时的宣、歙等州是江南木材的重要的输出地;明清时向江南输出木材的地域扩大,有浙西南的衢、严,皖南的徽、宁,闽、赣、湘、川、黔等地。④ 可见,徽州仍是江南的重要木材输出地。

明中叶以后,徽人经营木业者迅速增多。不过,徽州原始森林经宋元以来的长期砍伐,到明代已大为减少。弘治时,徽州已遍植人工林,"大抵新安之木,松杉为多,必栽植始成材,而婺源、祁门之民尤勤于栽植"⑤。清代,有的县木材进一步减少,如"旧志所载,如枫香、苎麻、株板、松板之类,今绝少。贩木筏者,皆取杉材于江右。而婺山多童,培植艰孔,戕害甚易,亦几无杉筏矣"⑥。因此,种植林成为重要的外输商品。徽州木商每年定期到山中运贩木材,"每年木商于冬时砍倒,候至五六月梅水泛涨,出浙江者由严州,出江南者由绩溪,顺流而下,为力甚易"⑦。在徽州,婺源经营林业者最多,"婺源贾

---

① 淳熙《新安志》卷一《州郡·风俗》。
② 光绪《婺源县志》卷三《风俗》。
③ (宋)范大成:《骖鸾录》,见张海鹏、王廷元主编:《明清徽商资料选编》,合肥:黄山书社,1985年,第180页。
④ 李伯重:《明清时期江南地区的木材问题》,载《中国社会经济史研究》,1986年第1期,第86~96页。
⑤ 弘治《徽州府志》卷二《土产》。
⑥ 民国《重修婺源县志》卷一一《食货五·物产》。
⑦ (清)赵吉士辑撰:《寄园寄所寄》,合肥:黄山书社,2008年,第877页。

者率贩木,木商以其资寄一线于洪涛巨浪中"①。张海鹏、王廷元主编的《明清徽商资料选编》第三章《木材业》所收载的徽州木商传记资料 43 条,有 29 条是介绍婺源木商的。

明代以前,徽人主要是将当地木材贩运到外地,换取粮食满足徽州当地人口需要。明中叶以后,徽州木商开始进入国内木材大市场,足迹遍及东南、西南各重要产区;贸易的重点是外购外销,经营目的是获取买卖差价。徽州木商在西南和东南各省十分活跃,徽商贩木于"吴头楚尾""业木姑苏"和"运木于苏汇"的记载不绝于书。如,江南地区缺少木材,大量建筑、生产工具和木器制造等所需木材要靠外地输入,徽商在江南大力经营木业,"江南木业几为徽商垄断"②。可见,明清徽州木商已走向全国,活动地域远较前代广阔,运输规模较前代更大,人数远超前代。木商经营需要雄厚资本,许承尧说:"又徽多木商,贩自川广,集于江宁之上河,资本非巨万不可。因有移家上河者,服食华侈,仿佛淮扬,居然巨室,然皆婺人。近惟歙北乡村,偶有托业者,不若婺之盛也。"③明清徽州木商资本雄厚,以致时人将"盐商""木客"并称,徽州有俗语说:"盐商木客,财大气粗。"

清末,徽州盐商、典商相继衰落,木商仍有相当势力,直至 20 世纪 40 年代。如,杭州徽州木行最盛时多达百余家,到抗日战争前后尚有"乾吉""永安""三三""永丰""中孚""益生""三哈""东南"等数十家。④ 木材贸易作为徽商四大支柱行业之一,发展最早,衰落却最迟,由此可见它在徽州商业经营中的重要地位。徽州木商之所以能长期生存,与徽人对徽州林木经济深耕有关。徽州人在与森林长期打交道的过程中积累了采伐、栽培和管理天然林和人工林的丰富经验,一些成功的经验甚至载入《农政全书》等农学著作。在木材贩运中,徽州木商不断总结经验,创造了以竹制缆捆扎木排的新方法。如,

---

① 乾隆《婺源县志》卷四。
② 范金民:《明清时期徽商在江南的活动》,见《国计民生——明清社会经济研究》,福州:福建人民出版社,2008 年,第 564 页。
③ 许承尧:《歙事闲谭》,合肥:黄山书社,2001 年,第 603~604 页。
④ 李琳琦:《经营之道》,芜湖:安徽师范大学出版社,2016 年,第 58 页

婺源商人程文昂,"业木造簰,以竹制缆,创自巧思,牢固异常,人利赖之"①。这些有关木材砍伐、保管、运输的经验,为明清徽州木商走向国内木材大市场提供了前提条件。②

丰富的茶叶资源为徽州人经商提供了又一重要资源。在唐代,徽州已广种茶树,茶市兴盛,唐懿宗时歙州司马张途描述说:"山且植茗,高下无遗土。千里之内,业于茶者七八矣。由是给衣食、供赋役,悉恃此。祁之茗,色黄而香,贾客咸议,逾于诸方。每岁二三月,赍银缯素求市,将货他郡者,摩肩接迹而至。"③晚唐人杨华的《膳夫经手录》说:"歙州、祁门、婺源方茶,制置精好,不杂木叶,自梁、宋、幽、并间,人皆尚之。赋税所入,商贾所赍,数千里不绝于道路。"④此后,徽州茶叶一直负有盛名。据《宋史》卷一八四《食货志下》记载,宋代徽州的"谢源茶"已经成为全国六大名茶之一。

明清徽州更是种茶发达地区,茶叶是徽民赖以生存的重要经济作物,"山郡贫瘠,恃此灌输,茶叶兴衰,实为全郡所系"⑤。"徽属山多田少,居民恒藉养茶为生"⑥。当时,"松萝茶"十分出名,明袁宏道称,松萝茶者"味在龙井之上"⑦。松萝几乎成为徽州茶的代名词,价格昂贵。清代叶梦珠说:"徽茶之托名松萝者,于诸茶中犹称佳品。顺治初,每斤价一两。"⑧歙县绿茶也很有名,品名依制法,分珍眉、凤眉、蕊眉、熙春、付熙等十四品。清中晚期,又出现"屯绿"与"祁红"等名茶,"祁门与屯溪为红绿茶荟萃之区"⑨。到清末,在新

---

① 光绪《婺源县志》卷三四《人物志·义行》。
② 张海鹏、王廷元主编:《徽商研究》,合肥:安徽人民出版社,1995年,第259~260页。
③ (唐)张途:《祁门县新修阊门溪记》,见周绍良主编:《全唐文新编》卷八〇二,长春:吉林文史出版社,2000年,第9760页。
④ 转见(唐)陆羽著,沈冬梅编著:《茶经》,北京:中华书局,2010年,第169页。
⑤ 《治事丛谈》,见张海鹏、王廷元主编:《明清徽商资料选编》,合肥:黄山书社,1985年,第171~172页。
⑥ 同治《祁门县志》卷一五《食货志》。
⑦ (明)袁宏道:《龙井》,见《袁中郎游记全稿》,上海:中央书店,1935年,第24页。
⑧ (清)叶梦珠撰,来新夏点校:《阅世》,上海:上海古籍出版社,1981年,第159页。
⑨ 《治事丛谈》,见张海鹏、王廷元主编:《明清徽商资料选编》,合肥:黄山书社,1985年,第172页。

茶产地中,"徽州依然显示其特色,占输出茶叶之大半的红茶,产地在于祁门一县,其他婺源、休宁、歙县等皆产绿茶,其中婺源的绿茶最胜,亦有'婺绿祁红'之称"①。如此优越的条件为茶商供给了大量的优质茶源,加之明清饮茶之风兴盛,为徽州茶叶销售提供了广阔的市场。在这些良机促成下,明清徽人通过贩运本地名茶,不断积累资本,扩大经营,使之成为徽商经营的四大支柱之一。在歙商经营中,茶叶是仅次于盐业的第二大行业,许承尧称:"歙之巨商,业盐而外,惟茶北达燕京,南极广粤,获利颇赊。"②

徽州茶叶经营主要由小商贩收购茶叶卖给当地茶行,然后茶行成批售给引商,引商长途贩运到全国。从销售市场看,大约在道光初年徽商的茶叶销售开始形成"内销"和"外销"两大体系。经营内销,俗称"京庄",是在徽商传统的茶叶经销基础上发展来的,以京、津及北方地区为主要销售市场,兼及长江流域和东南沿海地区。内销茶叶在徽州出山,无须纳落地税,唯于屯溪街口、浙之威坪、严东馆以及杭、嘉所属各关抽取数目不等的厘捐。内销茶大多通过遍布全国的徽州茶庄、茶叶店零售。光绪年间,内销茶所占比例为10%～20%。经营外销,俗称"洋庄",是随中外贸易发展起来的。光绪年间,外销茶所占比例为80%～90%。③ 外销茶前期主要运往广东,基本是徽州绿茶,"业此项绿茶生意者,系徽州婺源人居多,其茶亦俱由其本山所出,且多属合股而做"④。从事外销的茶商,以婺源商人为主。张海鹏等主编的《明清徽商资料选编》收载的光绪《婺源县志》卷三三至三五《人物志·义行》中,婺源茶商高达23人,其中多是在广东做茶叶生意。⑤ 五口通商后,茶叶贸易为徽商发展带来新活力,外销茶数量激增,"茶业成为当时商人的最富有魅力的经

---

① [日]重田德著,刘淼译:《徽州商人之一面》,见刘淼辑译,古籍整理办公室编:《徽州社会经济史研究译文集》,合肥:黄山书社,1987年,第430页。
② 许承尧:《歙事闲谭》,合肥:黄山书社,2001年,第603页。
③ 张海鹏、王廷元主编:《徽商研究》,合肥:安徽人民出版社,1995年,第244～245页。
④ 《光绪十七年九江口华洋贸易情形论略》,见彭泽益编:《中国近代手工业史资料》第二卷,北京:生活·读书·新知三联书店,1957年,第325页。
⑤ 张海鹏、王廷元主编:《明清徽商资料选编》,合肥:黄山书社,1985年,第173～179页。

营种类。'业茶起家'这句话,取代了曾经于《人物志》中常见的'弃儒就商'这句常套话"①。后来,随着上海成为中国茶叶输出的主要港口,贩茶赴粤的徽商大都改赴上海,开始成为上海商界活跃的力量。在上海经营介绍茶叶出口的交易场所"茶栈"有徽州帮、平水帮(绍兴帮)、广东帮与土庄帮(上海帮),而徽州帮势力最强,如谦泰昌、万和隆、源丰润、洪源永、公兴隆、汪裕泰、老嘉泰等著名茶栈均为徽商开设。② 光绪二年(1876),祁门胡元龙、陈烈清相继在祁门西南乡创设茶厂,招工授以焙制方法开始制作祁红。③ 祁门红茶出现后,深受欧美消费者欢迎。

  徽州林木和茶叶,尤其是茶叶对徽商影响久远,一直延续到近代。总体上说,清代中叶以后徽商开始衰败了,但就木商和茶商而言则非如此。他们不仅撑起此后徽商大半壁江山,并使徽商出现起死回生的新局面,特别是徽州茶商至近代仍兴盛不衰。日本学者重田德说,在民国《婺源县志·人物志》中,"反映商人的事实恰是于清代晚期最为显著。最初是有关木商、茶商的记述。光绪志以降,特别是民国志,却以大量的茶商登场为特色"④。所以,由于徽商经营盐业的衰败,嘉庆以后徽商的衰微从宏观方面说确是无疑的;可是,从微观方面看却不尽然,"假如将徽商构成分子之一的婺源商人作为焦点,则是以盐业、典当业之外的茶、木业作为经商的业种,尤其在茶业方面,则乘五口通商之机,得到新的成长和发展,这可以说是徽商的营业活动进入新阶段的标志。换言之,则徽商的代表性行业——盐、典当业,在尚未完全衰败之前,便向新兴的以茶、木业为代表的新阶段转移。因此,这并不是单纯的衰

---

  ① [日]重田德著,刘淼译:《徽州商人之一面》,见刘淼辑译,古籍整理办公室编:《徽州社会经济史研究译文集》,合肥:黄山书社,1987年,第433页。
  ② 参见张海鹏、王廷元主编:《徽商研究》,合肥:安徽人民出版社,1995年,第90~92页。
  ③ 《杂记》,见张海鹏、王廷元主编:《明清徽商资料选编》,合肥:黄山书社,1985年,第172页。
  ④ [日]重田德著,刘淼译:《徽州商人之一面》,见刘淼辑译,古籍整理办公室编:《徽州社会经济史研究译文集》,合肥:黄山书社,1987年,第418页。

败过程,而是一个新阶段的展开过程"①。这充分说明了徽州当地林业和茶叶等资源对明清以来徽州商业经济乃至整个社会经济发展所起的作用是最为持久和广泛的。

四、丰富多样的手工业品强化了徽商的影响力

除了上述两大商业行业,徽州人利用当地自然资源制作的许多手工业品也相当有名,同样为徽人经商提供了有利条件。宋代以来,歙砚、徽墨、徽纸等相继出现,远负盛名,推动了徽州商业的发展。明清时期,徽州手工业产品更加丰富,"百工之作皆备,而歙为巧"②。其中,最有影响的有下面三种行业。

第一,徽州的雕刻和印刷业相当发达。明人谢肇淛说:"宋时刻本以杭州为上,蜀本次之,福建最下。今杭刻不足称焉,金陵、新安、吴兴三地,剞劂之精者不下宋版,楚、蜀之刻皆寻常耳。"③到清代,"雕工随处有之,宁国、徽州、苏州最盛亦,最巧。"④其中,歙县黄氏刻工最为著名,"歙邑刻工盛于明季,而虬村黄氏尤多良工"⑤。以黄氏为代表的徽州刻书商人在徽商群体中颇具特色。如,黄利中,康熙乾隆间虬村人,"力田之暇,稍习为书贾,习为镌工。出其童蒙书售于邑。及久,镌益工、售益广,凡经史古文诗赋试艺无所不镌,邑中缙绅人皆乐与交,业隆隆渐起"⑥。徽州其他刻书商也多能牟利。歙县吴勉学,"广刻医书,因而获利。乃搜古今典籍,并为梓之,刻资费及十万"⑦。

---

① [日]重田德著,刘淼译:《徽州商人之一面》,见刘淼辑译,古籍整理办公室编:《徽州社会经济史研究译文集》,合肥:黄山书社,1987年,第447页。
② 康熙《徽州府志》卷二《舆地志下·风俗》。
③ (明)谢肇淛:《五杂俎》卷一二《物部四》,上海:上海书店出版社,2001年,第266页。
④ (清)钱泳撰:《履园丛话(上册)》,上海:上海古籍出版社,2012年,第218页。
⑤ 《杂记》,见张海鹏、王廷元主编:《明清徽商资料选编》,合肥:黄山书社,1985年,第206页。
⑥ 歙县《虬川黄氏宗谱·黄义先老人传》,见张海鹏、王廷元主编:《明清徽商资料选编》,合肥:黄山书社,1985年,第206页。
⑦ (清)赵吉士辑撰:《寄园寄所寄》,合肥:黄山书社,2008年,第909页。

第二，丰富的徽墨资源造就了徽州许多著名的墨商。他们制作的墨质量相当高，广受欢迎。史书记载："神宗(万历)游情翰藻，访及罗氏墨，中涓重资争购，等于圭璧焉。厥后织造内臣孙隆制清谨堂墨，款式精巧，剂料极一时之选。曾进上方，神宗爱重之。新安方于鲁、程君房，以治墨互相角胜。所汇墨谱倩名手为图，刻画妍精，细入毫发。程作《墨苑》以矫之。两家遗编，至今传为清玩。"①清代婺源墨商詹若鲁，"自幼讲易水制法，业墨姑苏，名驰京省"②。休宁以墨名家者，"无论数十百种。其善者，行之四方，宝若球琅……近日吴叔大氏后起而洗之，法准古，范准今，膏采之桐，胶采之广，潦以金屑，芬以冰麝。因以为一螺，为万杵，试之砚；则翁然有光，映于日，则云霞交起。其最上者，颜曰'天琛'，曰'同文'"③。

第三，徽州的陶瓷经营也很有名。中国瓷都江西景德镇所用瓷土产于婺源和祁门，"凡白土曰垩土，为陶家精美器用。中国出惟五六处……徽郡婺源祁门(他处白土陶范不黏，或以扫壁为墁)"④。所以，徽州从事陶瓷业经营者以这两县为多。如，婺源燉煌的洪氏多经营陶瓷业。洪宗旷在明清鼎革后，"侨居景镇，理陶业。尝舟载瓷器往外江"⑤。洪宗烈，业儒而贫，"后往浮邑、景德镇治陶业，利获赢余，家计稍殷阜"⑥。祁门倪炳经，少承父业，产业颇丰，"窑栈云连，畎亩鳞接"⑦。徽州的窑业相当有名。如，吴明官以窑名家起家，"而其人且与缙绅先生列坐抗礼焉"⑧。足见此窑商位高名重。

---

① 《韵石斋笔谈》卷下，见张海鹏、王廷元主编：《明清徽商资料选编》，合肥：黄山书社，1985年，第207页。
② 光绪《婺源县志》卷三三《人物志·义行》。
③ (清)徐贞菊：《休宁碎事两洲集》，见谢国桢编：《明代社会经济史料选编(上)》，福州：福建人民出版社，1980年，第341～342页。
④ (明)宋应星：《天工开物》，广州：广东人民出版社，1976年，第195页。
⑤ 《婺源燉煌郡洪氏通宗谱》卷五八《儒侠永旦洪公传》。
⑥ 《婺源燉煌郡洪氏通宗谱》卷五八《塔雁月塘公传》。
⑦ 《祁门倪氏族谱》续卷《少辉公行状》。
⑧ (明)张岱：《陶庵梦忆》，上海：上海远东出版社，1996年，第140页。

此外,徽州的歙砚和徽纸等自宋代以来,特别是明清时期也相当有名,亦是徽商经营的重要领域。在生活器具上,木器、竹器和漆器等也是徽州重要的特产,这些也为徽商经营提供了重要资源。

第三节 明清科举与徽州士人治生的艰难

一、明清科举与士人治生问题

明清时期中国士人的弃儒经商与科举取士制度和士人阶层的不断扩大有直接关系。士人阶层的不断扩大,又与唐宋以来社会的重大变革有关。徽州重文教,造就了大批读书人。但是,当地人多地少,大量士人难以靠力农来谋求生计,故经商成为他们可以选择的重要治生手段和途径。

宋以来科举考试及官员选拔制对中国封建社会后期发展产生重大影响,宋代以来的传统社会甚至被称为"科举社会"①。而与科举制有直接利害关系的阶层就是读书人(士人)。明清时期中国科举制由鼎盛走向衰败,士人的社会地位与职业生活也受到影响。明清科举考试分为童试、乡试、会试和殿试,相应的科举晋身之途分生员(俗称秀才)、举人、进士三个阶层。中国传统儒士的人生目标是修身、齐家、治国、平天下,宋明理学特别强调这一点。但是,现实生活中的大多数儒士是以博取功名为目标,世俗的考量远重于理想的追求。因为,博取科举功名后便可迅速提升士人和家族的政治、经济和社会地位。士作为四民之首,生计基本由国家承担。做了秀才,便有了功名,虽无做官资格,但已进入士大夫阶层,"免其丁粮,厚以廪膳"。"各衙门官以礼相待"。② 如能成为举人就可做官,地位和财富会大幅提升。若考取进士则

---

① 郑若玲:《"考试社会"之解析——兼论科举社会的形成与影响》,见刘海峰主编:《科举学的形成与发展》,武汉:华中师范大学出版社,2009年,第104页。
② (清)昆冈等纂:《钦定大清会典事例》卷三八五《礼部·学校》。

会成为统治阶级的上层,荣华富贵随之而来。士人阶层虽然在政治、经济和社会地位上分属不同层面,却是中国封建社会的特权阶层。有学者说:"在'士'这一阶层中可以分出'高级的士'(进士、举人、贡生),他们是已经获得了任官资格的'士',已经可以归入官员或候补官员的范围('士大夫'),而'低级的士'(生员)则可以说还是'士民',他们虽然享有一些特殊的声望和待遇,但若不能再上升,他们就还是民籍,甚至在物质生活水平上也并不高出其他平民多少。然而,不管是'士民'还是'士大夫',他们又都属于同一个系列——科举功名的系列。"①

钱穆称宋以来的社会为士人社会。社会平民化的形成,土地私有化的普及,庶民地主的涌现,为社会低层向高层流动,即从农民等变为士人提供了社会经济基础。而宋元明清科举取士不问家世,则为大量平民以科举取功名提供了机会和途径。宋代以来,只要不是卑贱的社会阶层,其子弟都被允许读书和参加科举考试,读书的经济成本不是很高。有人说:"中国之民素贫,而其识字之人所以尚不至绝无仅有者,则以读书之值之廉也。考试之法,人蓄四书,合讲诗韵并房行墨卷等数种即可,终身以之,由是而作状元、宰相不难,计其本,十金而已。以至少之数而挟至奢之望,故读书者多也。"②此言不尽确切,因为贫寒之家要扶持子弟读书肯定有经济困难,除非子弟特别聪颖俊秀,能有亲友或族人的资助,但是,平民子弟只要能得到一定扶持,读书业举还是大有希望的。故而,读书业儒和走科举之路成为宋代以后,尤其是明清时期大量平民子弟首选的职业道路。其结果是导致明清科举竞争极其残酷,绝大多数士子的十年寒窗苦读并不能换来功名,许多读书人困顿场屋至老死,还有许多读书人最终只有放弃举业而另谋生路。

首先,在科举第一关考试中,能考取生员就很难。如,清代每次考试录取

---

① 何怀宏:《选举社会及其终结:秦汉至晚清历史的一种社会学阐释》,北京:生活·读书·新知三联书店,1998年,第142页。
② 《论废科举后补救之法》,见杨学为、朱仇美、张海鹏主编:《中国考试制度史资料选编》,合肥:黄山书社,1992年,第432页。

的府县生员名额相当有限。清代每县学额按文风高下、钱粮丁口多寡,分为大、中、小学。顺治四年(1647),定大县 40 名,中县 30 名,小县 20 名。顺治十五年(1658),又定大府 20 名,大州县 15 名,小州县 4 或 5 名。康熙九年(1670),大府、州、县仍旧额,更定中学 12 名,小学 7 或 8 名。① 明清大县人口几十万,小县十几万或几万,区区十几名到四十名学额对于众多读书人来说,可谓千军万马过独木桥。晚清思想家薛福成谈及江苏无锡、金匮两县的童试时说:"锡、金两县,于承平时童生应学院试者一千数百人,而学额仅三十人。世俗之视秀才也颇重,而得之者亦颇难。往往有文学均优,写作俱佳,而俛得俛失,年至斑白犹溷迹于童子军中者。"② 秀才功名虽低,也不能根本上改变读书人的生活和家境,但是,能中秀才仍被许多人视为人生的大幸。清代科举多承明制,由此不难想见明代的情形。其次,举人的录取比例更低。举人名额各省不等,在清代,"顺治乙酉正月,定直省额中举人一名,取应试诸生三十名。康熙庚午,覆准江南、浙江每举人一名,送应试诸生六十名。辛未,加至百名。乾隆甲子,议定直隶、江南、浙江、江西、湖广、福建为大省,八十名;山东、河南、山西、广东、陕西、四川为中省,六十名;广西、云南、贵州为小省,五十名。丁卯,议定直隶改照山东例取六十名。又敕加恩,每副榜一名,应试诸生,大省加取四十名,中省加取三十名,小省加取二十名"③。中举如此不易,中进士更是凤毛麟角。明代 276 年,共录取进士 24480 人,年均录取进士约 89 人;清代 267 年,共录取进士 26747 人,年均录取进士 100 人。④ 从明代至清代,人口增长迅速,进士录取数却增长得很缓慢。可见,在激烈的科举竞争中,成功的机会是越来越少。何怀宏说,进士录取人数与全部人口比较,比

---

① 商衍鎏:《清代科举考试述录及有关著作》,天津:百花文艺出版社,2004 年,第 24 页。
② (清)薛福成著,南山点校:《立誓减寿游庠》,见《庸盦笔记》,南京:江苏古籍出版社,2000 年,第 163 页。
③ (清)徐珂:《清稗类钞》第五册《考试类·额定诸生乡试之名数》,上海:商务印书馆,1928 年,影印本,第 64 页。
④ 何怀宏:《选举社会及其终结:秦汉至晚清历史的一种社会学阐释》,北京:生活·读书·新知三联书店,1998 年,第 348 页。

率是小之又小,如嘉庆二十五年(1820)录取进士256人,但当时人口是2.64亿,进士录取率连百万分之一也达不到。①

由于大量士人无法在科举上取得功名,自然就享受不到朝廷给予的生活优待,只能自谋生路。而且,生员享受的待遇也不相同。有学者说,明中期以后,生员仕途受堵,经济状况每况愈下。廪膳生因有廪膳支取,勉强可维持生计,而增广生、附学生,尤其是上有父母、下有妻儿者,家境更显窘迫。② 同时,由于长期埋头苦读,不事生计,生员也多穷困潦倒。明清小说"三言两拍"、《儒林外史》和《聊斋志异》等描绘儒士生活窘迫者比比皆是。这些穷困潦倒之士除极少数坚持"饿死不如读死"和"文通即是运通"的信念而坚持走业举之路外,大多数不得不另谋出路,把治生作为首要问题。明末清初的陈确在《学者以治生为本论》一文中深刻阐述了"读书"与"治生"的内涵和辩证关系,指出,真正的"学"应当包括治生和读书,"学问之道,无他奇异,有国者守其国,有家者守其家,士守其身,如是而已。所谓身,非一身也。凡父母妻子之事,皆身以内事,仰事俯育,决不可责之他人,则勤俭治生洵是学人本事"。又说:"确尝以读书治生为对,谓二者真学人之本事,而治生尤切于读书。然第如世俗之读书治生而已,则读书非读书也,务博而已矣,口耳而已矣,苟求荣利而已矣;治生非治生也,知有己,不知有人而已矣,知有妻子,不知有父母兄弟而已矣,而又何学之云乎?故不能读书、不能治生者,必不可谓之学;而但能读书、但能治生者,亦必不可谓之学。唯真志于学者,则必能读书,必能治生。天下岂有白丁圣贤、败子圣贤哉!岂有学为圣贤之人而父母妻子弗能养,而待养于人者哉!"③清人沈垚在谈到学者是否要治生时说:"宋儒先生口不言利,而许鲁斋乃有治生之论。盖宋时不言治生,元时不可不言治生。论不同而意同。所谓治生者,人己皆给之谓,非瘠人肥己之谓也。明

---

① 何怀宏:《选举社会及其终结:秦汉至晚清历史的一种社会学阐释》,北京:生活·读书·新知三联书店,1998年,第349页。
② 戴继芹:《明清时期的"考后分流"》,载《中国教育报》,2007年6月29日。
③ (清)陈确:《陈确集(上)》,北京:中华书局,1979年,第158页,第158~159页。

人读书却不多费钱,今人读书断不能不多费钱。"①"人己皆给"表明不是自给自足的农业生产,而是商业经营;同时,清代与明代不同,读书花费不菲,所以不可不言治生。沈尧还对宋代以来士人必须从事农桑和货殖之业作了深入阐述,说宋代以前士不与民争利,故四民各事其业,此后情况发生重要变化,"宋太宗乃尽收天下之利权归于官,于是士大夫始必兼农桑之业,方得赡家,一切与古异矣。仕者既与小民争利,未仕者又必先有农桑之业,方得给朝夕以专事进取,于是货殖之事益急,商贾之势益重,非父兄先营事业于前,子弟即无由读书以致身通显。是故,古者四民分,后世四民不分;古者士之子恒为士,后世商之子方能为士,此宋元明以来变迁之大较也"②。

  那么,明清士人和读书人主要从事什么职业来谋生呢? 宋代以来,人们对儒业的理解不再限于功名。如,南宋袁采对儒业的理解就十分宽泛,说:"士大夫之子弟,苟无世禄可守,无常产可依,而欲为仰事俯育之计,莫如为儒。其才质之美,能习进士业者,上可以取科第致富贵,次可以开门教授,以受束脩之奉。其不能习进士业者,上可以事笔札,代笺简之役。次可以习点读,为童蒙之师。如不能为儒,则巫医、僧道、农圃、商贾、技术,凡可以养生而不至于辱先者,皆可为也。"③当然,这种儒业观在南宋甚至明清都未必具有普遍性,特别是从事巫医、僧道、技术等职业,直到明清时期仍被大多数家族视为贱业。检视相关文献,特别是族规和家训,可以知道,依靠识文断字,士人主要从事知识性和教育性的职业。一是开馆设学或外出处馆充当塾师(亦称蒙师)最为普遍。明清时期,不仅勋戚、官宦家中设有家馆私塾,一些富商大户也设家馆招聘塾师。但是,除少数学识高、善教育的塾师外,大多数塾师待遇差、地位低。清人唐彪说:"人仅知尊敬经师,而不知尊敬蒙师。经师束脩犹有加厚者,蒙师则甚薄,更有薄之又薄者。经师犹乐供膳,而蒙师多令自

---

① (清)沈尧:《落帆楼文集》卷九《与许海樵》,北京:文物出版社,1987年木板印刷。
② (清)沈尧:《落帆楼文集》卷二四《费席山先生七十寿序》,北京:文物出版社,1987年木板印刷。
③ (宋)袁采:《袁氏世范》卷中《子弟当习儒业》,天津:天津古籍出版社,1995年,第105页。

餐,纵膳亦亵慢而已矣。"①他们基本属下层读书人,"在中国文学、戏剧舞台上,他们一向是板脸说教,又满腹凄凉的穷儒、迂儒的代表,不可笑却常为人笑。就整体而论,塾师正是封建时代一群命运不佳、仕途无望的没落文人。在广大的基层村镇,塾师们的基本身份是低级生员和终生功名无缘的白首童生"②。二是给官员做幕僚。明初幕府制已存在,许多幕僚来自科举落第者。清代幕府制兴盛,幕僚社会地位大大提高,游幕成为士人谋生的要道。他们的生活待遇和社会地位比较好,但能够成为高官勋贵的幕僚只有少数士人。

士人能够从事的其他正当职业只有农、工和商。然而,从事手工业需要长期拜师求艺,社会地位也不高,对读书人来说并非最佳选择。中国传统社会是农耕社会,耕读传家是许多家族的信条,对许多士人来说,力农至少是体面的职业。不过,明中叶以来,商品经济的发展给经商提供了广阔空间,经商很快成为他们治生的重要选择。明代归有光说:"古者四民异业,至于后世,而士与农、商常相混。"③在事农与经商间,读书人更乐意经商。因为,种田务农极其辛苦,许多文弱书生难以胜任。而经商需要一定的知识,这恰恰是读书人较擅长的,且不需要付出艰苦的体力劳动。早在宋代,读书人经商已不鲜见。如,陆王心学开创者陆九渊出身药商家庭,"家素贫,无田业,自先世为药肆以养生"④。朱子回答家贫者能否经商时说:"止经营衣食亦无甚害,陆家亦作铺买卖。"⑤明中叶以后,读书人经商愈益普遍。日本学者寺田隆信在《山西商人》中指出明代山西有大量因举业不成或家贫不能继续读书转而经商者。方志远统计的1700多位明清江西商人,约有350位,即20.59%属弃

---

① (清)唐彪:《父师善诱法》,见夏家善编著:《家训粹语》,天津:南开大学出版社,2001年,第196页。
② 田建荣:《试论古代蒙养教育与科举》,见刘海峰主编:《科举学的形成与发展》,武汉:华中师范大学出版社,2009年,第147页。
③ (明)归有光:《震川先生集》卷一三《白庵程翁八十寿序》,上海:上海古籍出版社,2007年,第319页。
④ (宋)陆九渊:《陆九渊集》卷二八《宋故陆公墓志》,北京:中华书局,1980年,第322页。
⑤ (宋)黎靖德编:《朱子语类》卷一一三《朱子十》,长沙:岳麓书社,1997年。

学经商或弃教经商。① 明清小说对此也有许多描述。如,《喻世明言·杨八老越国奇逢》中的杨复便是在"读书不就,家事日渐消乏"的困境下弃儒从商,"图几分利息,以为赡家之资"。

越来越多的明清读书人经商的另一重要原因是,随着明清商品经济不断发展,传统的贱商观念被突破,人们能比较平等地看待士商的地位和关系。商品经济的繁荣也使经商的空间和机遇更多,经商成为积累财富的捷径。《史记·货殖列传》便说:"夫用贫求富,农不如工,工不如商。"在商品经济不够发达的汉代尚且如此,明清商品经济繁荣,用贫求富,农更不如商了。如,成化至嘉靖间,山西平阳府商人席铭习举业失败后,比较务农和经商的得失后说:"君幼时学举子业不成,又不喜农耕,曰:丈夫苟不能立功名于世,抑岂为汗粒之偶不能树基业于家哉。"②嘉靖时,有人比较了科举和经商的成功概率,得出了"士而成功也十之一,贾而成功也十之九"的结论。③ 因此,读书人弃儒经商成为一股社会风气,《三言两拍》《聊斋志异》《儒林外史》等明清小说便有大量对书生"弃儒从商""士商合流"现象的描写。④ 不仅如此,弃儒从商现象在明清方志、家谱、文人笔记等中也有大量记述。

二、明清徽州崇文重教与科举鼎盛

徽州是程朱理学的故里,形成了崇文重教的风气和传统。明清徽州各种类型的教育机构和组织的兴起,为人们参与科举提供了良好的教育环境。而宗族制的社会化则使许多宗族举全族之力扶持有才能的子弟投身于举业。

---

① 戴继芹:《明清时期的"考后分流"》,载《中国教育报》,2007 年 6 月 29 日。
② (明)韩邦奇:《苑洛集》卷六《席君墓志铭》,见张正明主编:《明清晋商商业资料选编(上)》,太原:山西经济出版社,2016 年,第 352 页。
③ 《丰南志》第五册《百岁翁状》。
④ 唐林轩的《明清小说中的弃儒从商现象》(载《湖南工程学院学报(社会科学版)》,2006 年第 3 期,第 63~69 页),刘倩的《从明清通俗小说看皇权专制制度下中国商人及商业资本的命运》(载《明清小说研究》,2006 年第 2 期,第 45~48 页)等对此有较多的介绍和分析,可以参看。

由于崇文重教的理念深入人心,徽州由此成为明清中国文教最发达的地区之一,被誉为"东南邹鲁","宋元以来,彬彬称为东南邹鲁。道系相传如世次可缀而数,海内诸郡有不能及,至今士人讲学益广云"①。程朱理学倡导儒家士人的理想是耕读传家,以文教为本。"自井邑田野以至于远山深谷,民居之处,莫不有学有师,有书史之藏。其学所本,则一以郡先师子朱子为归"②。即使是较偏僻和闭塞的婺源、祁门和黟县,文教亦盛。如,婺源,"十家之村,不废诵读。士多食贫,不得已为里塾师,资束脩以自给,至馆百里之外不惮劳。其山峻而水清,以故贤才间出,士大夫多尚高行奇节,在朝在外,多所建树。其潜心性命之学,代不乏人"③。祁门,"士习蒸蒸礼让,讲学不辍,诵说诗书,比户声名文物,盖东南屈指焉"④。

徽州重视教育的突出表征是教育机构和组织众多。我们先来看最低层的蒙学。据康熙《徽州府志》记载,徽州府社学462所,其中,歙县112所,休宁县140所,婺源县140所,祁门县27所,黟县13所,绩溪县30所。⑤ 不过,明中叶以后,蒙学性质的社学处于衰落之中,被徽州迅速发展的民间私塾和义塾等蒙学机构所取代。义塾,又称"义学""义馆",是为宗族中孤寒子弟设立的教育组织,不收束脩,并提供膏火费。明清徽州办义塾蔚然成风,方志和家谱中"义行""尚义"的传主有大量开设义塾的记载。私塾,也称"塾学""塾馆""书塾"等,是民间创办的蒙学,有村塾和家塾之分,在明清徽州更为兴盛。首先,遍及城乡的私塾和义塾使大批贫寒子弟能够有机会读书。其次,是教

---

① 康熙《徽州府志》卷二《舆地志下·风俗》。
② (明)赵汸:《商山书院学田记》,见李修生主编:《全元文》卷一六六九,南京:凤凰出版社,2004年,第515页。
③ 光绪《婺源县志》卷三《风俗》。
④ 万历《祁门志》卷四《风俗》,见张海鹏、王廷元主编:《明清徽商资料选编》,合肥:黄山书社,1985年,第27页。
⑤ 康熙《徽州府志》卷七《营建志上·学校》。社学,是元明清三代的地方小学。元制50家为一社,每社设学校1所。明承元制,各府州县皆立社学,以教化为主要任务,教育15岁以下的儿童。清初令各府、州、县的每乡置社学1所。近乡子弟年12岁~20岁、有志学文者皆可入学,得免差役。明清社学成为乡村儿童的启蒙学校,带有义学性质,多设在当地文庙。

育生员和士子的府、州、县的学校。徽州重视学校教育,学校教育为徽州文化教育鼎盛和人才培养作出了重要贡献。赵吉士说:"从来士行兴于学校。明人伦,正风俗,崇孝弟,励廉耻,皆本于此。学者,觉也;校者,教也……有明以来,士尚礼义,言规而行矩,而讲学明道之儒,吾乡为尤盛。"①再次,是书院。据康熙《徽州府志》卷七《营建志上·学校》记载,徽州有书院54所,其中,歙县14所,休宁县11所,婺源县12所,祁门县4所,黟县5所,绩溪县8所。李琳琦通过对各类徽州方志的爬梳,统计出清代徽州书院有93所。② 明清徽州书院的数量在全国名列前茅,"天下书院最盛者,无过东林、江右、关中、徽州"③。康熙《徽州府志·凡例》则说:"新安讲学书院较他郡为多。"这些书院大多是民办的,在徽州教育和人才培养中发挥了积极作用。书院在宋代原是研讨和传播学术而聚众讲学的机构。明代出现科举化趋势,书院为适应科举要求而从事八股试贴的教学。到清代,许多书院更是成为科举教育的附庸。徽州书院亦不例外,如,歙县古紫阳书院实行"会艺制","以月之初五、二十为大课,大课之外又于初六日考试诗古为小课,命题评定甲乙"④。

徽州宗法制发达且多士家大族,崇文重教。明清徽州的士家大族均是历史上从中原等地区迁移来的。据明代《新安名族志》所列有84个姓氏⑤,主要有号称"徽州八大姓"的程、汪、吴、黄、胡、王、李、方。加上洪、余、鲍、戴、曹、江、孙,则构成"新安十五姓"。这些姓氏的先祖迁居徽州后聚族而居,成为徽州的大姓与望族。他们崇儒重教,走读书仕进和科甲兴族之路,极大地推动了徽州文化教育的发展和繁荣。宋代以后徽州已是"名臣辈出"。明清时期,徽州宗族往往以全族之力通过各种方式扶持族中才俊读书,"徽州望族要在政治上保持崇高的社会地位,强化族众的凝聚力,只有依靠其文化优势,大兴

---

① 康熙《徽州府志》卷七《营建志上·学校》。
② 李琳琦:《徽州教育》,合肥:安徽人民出版社,2005年,第61页。
③ 道光《徽州府志》卷三《营建志·学校》。
④ 道光《徽州府志》卷三《营建志·学校》。
⑤ 不同文献记载不同,《新安大族志》共列81个姓氏,《休宁名族志》共列53个姓氏。

族学、书院,以猎取科举制下的功名"①。清代休宁茗洲吴氏的《家规八十条》中规定:"族中子弟有器宇不凡、资禀聪慧而无力从师者,当收而教之,或附之家塾,或助以膏火。培植得一个两个好人,作将来模楷,此是族党之望,实祖宗之光,其关系匪小。"②绩溪冯氏祖训《兴文教》条说:"子孙才,族将大。族中果有可期造就之子弟,其父兄即须课之读书。倘彼家甚贫,便需加意妥筹培植。昔郑左丞设里塾以教族中子弟,极为良法。一族之中文教大兴,便是兴旺气象。"③李琳琦将明清徽州宗族扶持宗族子弟走科举之路的措施和方法概括为三个方面:一是竭力兴办文会,为士子应考前研讨、切磋制艺提供条件。二是积极捐建考棚、试院和试馆、会馆,为应考士子提供舒适的考场和寓所。三是对中举者进行隆重褒奖,以表达家乡人对他们的崇敬之情,并激励后学。④ 其中,徽商特别是歙县、休宁等发达地区的商人为乡里或族人子弟捐献科举经费尤巨,为当地科举之盛作出重要贡献。清代绩溪学者胡培翚说:"宾兴之岁,大江南北两省之士皆试于金陵,而水陆兼程、道里之远,徽州为最。徽属如歙县、休宁富甲通省,又有公捐乡试经费,赴举者最多,科名亦最盛。"⑤

徽州社会和宗族对文教和科举的重视和支持,使明清徽州大批宗族子弟投身科场,有关科举的盛况在文献中比比皆是。如,休宁是徽州科举的鼎盛之地,明清中进士者最多,今天被誉为中国的"状元之乡","四方谓新安为东南邹鲁,休宁之学特盛,岁大比与贡者至千人"⑥。婺源是朱子故里,"婺人喜读书,虽十家村落,亦有讽诵之声。向科举未停,应童子试者,常至千数百

---

① 唐力行:《商人与文化的双重变奏——徽商与宗族社会的历史考察》,武汉:华中理工大学出版社,1997年,第11页。
② (清)吴翟辑撰,刘梦芙点校:《茗洲吴氏家典》,合肥:黄山书社,2006年,第18页。
③ 《绩溪东关冯氏家谱》卷首上《冯氏祖训十条》,清光绪二十三年(1897)本。
④ 详见李琳琦的《徽州教育》第六章第一节"徽人对子弟科举的扶持及对中举者的褒奖",合肥:安徽人民出版社,2005年,第150~158页。
⑤ 道光《徽州府志》卷三《营建志·学校·新增绩溪知县王日新记》。
⑥ 康熙《休宁县志》卷一《风俗》。

人"①。明清徽州在科举方面取得了突出成就,"自胜朝重科目之选,而吾乡之以甲乙科显著,比肩接翼而起,一时立朝至有数尚书。呜呼,可谓盛矣"②! 那么,明清徽州科举之盛到什么程度呢? 有学者据朱保炯、谢沛霖《明清进士题名碑录索引》作了统计,自明洪武四年(1371)首科到清光绪三十年(1904)末科,共举行文科殿试201科,外加博学鸿词科,不计翻译科、满洲进士科,录取进士51681人,其中明代24866人、清代26815人。③ 歙县、休宁更是科举之翘楚。北京歙县会馆观光堂《题名榜》列有清代歙县本籍、寄籍的京官和科场及第名单,计有状元5人、榜眼2人、探花8人、传胪5人、会元3人、解元13人、进士296人,举人近千。④

关于明清徽州进士数和在全国的位置。李琳琦说,明代徽州文进士452人,武进士56人;清代徽州文进士684人,武进士111人;明清两代,徽州文进士数占全国2.2%,其中明代占全国1.82%、清代占全国2.55%。⑤ 明清徽州进士数不仅在全国各府中名列前茅,而且,徽州寄籍他乡的士子对当地科举也作出了重要贡献。何炳棣对明清时期府一级的进士科举数作过统计,明代依次是:江西吉安府,1020人;浙江绍兴府,977人;江苏苏州府,970人;江西南昌府,713人;江苏常州府,661人;福建福州府,654人;福建泉州府,627人;浙江宁波府,598人;浙江嘉兴府,528人;福建兴化府,524人;浙江杭州府,520人;江苏松江府,466人;广东广州府,437人。清代依次是:浙江杭州府,1004人;江苏苏州府,785人;福建福州府,723人;江苏常州府,618人;广东广州府,597人;浙江绍兴府,505人;浙江嘉兴府,476人;浙江湖州府,421人;江西南昌府,413人。那么,徽州府为何未列入其中呢? 他认为,主要

---

① 光绪《婺源乡土志》第六章《婺源风俗》。
② 康熙《徽州府志》卷九《选举志上·科举》。
③ 范金民:《明清江南进士数量、地域分布及其特色分析》,载《南京大学学报》,1997年第2期,第171~178页。
④ 许承尧:《歙事闲谭》,合肥:黄山书社,2001年,第348~353页。
⑤ 李琳琦:《明清徽州进士数量、分布特点及其原因分析》,载《安徽师范大学学报》,2001年第1期,第32~36页。

是由于徽州进士中包括许多入籍外府者及其后裔。实际上,明清徽州一直是进士数较多的地区之一。明代除所列 13 个进士超过 400 名的府外,徽州府出了 445 名进士,包括入籍外府获得功名的本地人及其后裔。清代从 1644 年到 1826 年,徽州府以 519 名进士而自豪,不过本府注籍的仅有 142 人。倘若将所有本地中试子弟包括在内,无疑将名列五到六名。再者,在这些名列前茅的府中,寄籍这些府的徽州人对当地的科举鼎盛贡献很大。① 根据何氏的统计,明清两次入选统计名单的只有江苏的苏州府、常州府;浙江的杭州府、绍兴府;福建的福州府;江西的南昌府;广东的广州府,此外便是安徽徽州府,共 8 个府。他又说,在科第鼎盛的苏南和浙北,徽州人贡献巨大。根据自己对徽商的研究及胡适对此的谙悉,"汪氏、鲍氏、程氏和江氏,如果不是全部,至少有大部分,无论官方注籍何处,很可能都是来自徽州地区"②。

明清徽州科举上显赫的成就是状元多。清代共举行 112 科,除顺治九年(1652)、十二年(1655)满汉分榜会试,各得状元 2 人,余皆满汉合榜,共取状元 114 人。如果不计 2 名满状元,清代共有状元 112 人,其中,徽州本籍和寄籍者 19 人,占 17%。以府计,清代苏州府状元最多(不包括太仓州),有 24 人,如果去掉 6 名徽州籍状元,则比徽州府少 1 人。③ 如果以明清时期进士数最多的苏州府与徽州府作比较,考虑到苏州府的人口数远远超过徽州府,如,晚明万历六年(1578),苏州府 2011985 口,徽州府 566948 口;清中期嘉庆二十五年(1820),苏州府 5473348 口,徽州府 2474839 口。④ 通过计算可知,在这两个时期苏州府的人口分别是徽州府的 3.55 倍和 2.21 倍。那么,徽州府

---

① [美]何炳棣著,王振忠译:《科举和社会流动的地域差异》,见《历史地理》第十一辑,上海:上海人民出版社,1993 年,第 312 页。
② [美]何炳棣著,王振忠译:《科举和社会流动的地域差异》,见《历史地理》第十一辑,上海:上海人民出版社,1993 年,第 305 页。
③ 李琳琦:《明清徽州进士数量、分布特点及其原因分析》,载《安徽师范大学学报》,2001 年第 1 期,第 32~36 页。
④ 明清两府人口数据分别采自梁方仲的《中国历代户口、田地、田赋统计》的《甲表 69. 明洪武、弘治、万历三朝分区户口数和每户平均口数》和《甲表 88. 清嘉庆二十五年各府州人口密度》,上海:上海人民出版社,1980 年,第 203~204 页,第 273 页。

人均拥有进士数和状元数要远超苏州府,清代徽州府人均状元数几乎是苏州府的 2 倍。

明清徽州在科举功名方面留下许多佳话。如,清代徽州出现"连科三殿撰,十里四翰林","连科三殿撰"是指接连三科状元为徽人所得,他们分别是,乾隆三十六年(1771)辛卯状元休宁人黄轩、乾隆三十七年(1772)壬辰状元歙县人金榜、乾隆四十年(1775)乙未状元休宁人吴锡龄;"四翰林者"分别是指同治十年(1871)歙县岩镇的洪镔、郑村的郑成章、谭渡的黄崇惺、西溪的汪运铨。以同科得庶吉士,四人所居村镇相距不出十里。[①] 歙县唐模村许氏在康熙朝出了"同胞翰林"的佳话,即,许承宣、许承家兄弟二人均考中进士,一授庶吉士,一授编修,均属翰林院。即使是一些穷乡僻壤的乡村,科举成绩也引人注目,"亦有兄弟九进士、四尚书者,一榜十九进士者"[②]。其中,"一门九进士,六部四尚书"的佳话出在明代婺源的坑头潘村。该村四面环山,出村得顺着山麓转 18 个弯才能看到较开阔的天地,村里聚居着潘氏宗族。"一门九进士"是指潘珏一门,"九者"是多的意思,其实潘珏一门出了 11 个进士。从明成化到崇祯末的两百多年间,潘村中进士者 40 余人,平均每四户出一个进士。这个数字是相当罕见的。"四尚书"指潘氏家族中当过尚书的潘珍、潘旦、潘鉴和潘潢四人。[③]

三、举士难、治生难迫使徽州士人大量经商

如上所述,明清时期能取得科举功名的概率很低,而徽州的文教发达和科举鼎盛的同时也必然会带来当地科举的残酷竞争,加上徽州人多地少的矛盾十分突出,能为士人提供谋生的土地相当有限。因此,从事其他职业,特别是商业成为他们的重要选择。

---

① 许承尧:《歙事闲谭》,合肥:黄山书社,2001 年,第 355~356 页。
② (清)赵吉士辑撰:《寄园寄所寄》,合肥:黄山书社,2008 年,第 864 页。
③ 唐力行:《商人与文化的双重变奏——徽商与宗族社会的历史考察》,武汉:华中理工大学出版社,1997 年,第 34~35 页。

在残酷的科举竞争中，大批无法取得功名的读书人只有被迫暂时或永远放弃举业，许多人开始经商谋生，其中不乏成为富商大贾者。程维宗，明初休宁人，"积善存仁，学书习礼，受业郑赵三先生之门。连举未第，退事于商，获利倍万，增创田粮三百余石，屋宇火毁，革故鼎新，数倍过旧"①。明人张光祖，少习进士业，"从学于先乡进士方君直门下，授春秋三传，领会奥旨。逮壮，屡试主司，弗克展底蕴。寻业商，时或值大利害事，每引经义自断，受益于圣贤心法最多"②。明末休宁人吴天衢，"初业制举，屡试郡邑弗售，乃弃儒而商。周流湖海数载，未克展志，遂远游百粤，寓于昭潭，以信义交易，运筹数载，贾业大振，遂称素封"③。绩溪人章献邦，"家世业儒，少承家学，两试不偶，遂隐于贾"④。祁门人倪起虬，"幼习举子业，未遂厥志。因挟赀出游，操奇赢于淮泗间"⑤。歙县人汪德昌，"习举业，屡试不售。游淮扬，佐办南巡大差，诸商人咸赖之"⑥。这类记载在明清徽州方志和家谱中十分多。当然，能载入方志、族谱等文献的自然是极少数成功之士。面对激烈的科举竞争和子弟可能难以成功的现实，不少徽州家族也明确规定，子弟若没有能力或机会获取科举功名，就必须从事商贾之业或其他职业。如《茗洲吴氏家典》就规定，族人如在科举上无所成就，便"令习治生理财"；族中子弟不能读书，又无田可耕，被迫从事商贾者，"族众或提携之，或从它亲友处推荐之，令有恒业，可以糊口"。

还有许多读书人为生计所迫，还未有机会到科场一显身手，在年少时便被迫步入了经商之路。明代婺源人李大祈，"公莹立当户，百端丛脞，窘不能支。公惧堕其先世业，遂愤然曰：'丈夫志四方，何者非吾所当为？即不能拾

---

① 《休宁率东程氏家谱》，见张海鹏、王廷元主编：《明清徽商资料选编》，合肥：黄山书社，1985年，第379页。
② 《张氏统宗世谱》卷八《毅斋翁传》，明嘉靖十四年（1535）刻本。
③ （明）曹嗣轩编撰，胡中生、王翚点校：《休宁名族志》，合肥：黄山书社，2007年，第412页。
④ 《绩溪西关章氏族谱》卷二四《家传》。
⑤ 《祁门倪氏族谱》卷下《易参公三世传略》，清光绪二年（1876）刻本。
⑥ 民国《歙县志》卷九《人物志·义行》。

朱紫以显父母,创业立家亦足以垂裕后昆。'于是弃儒服,挟策从诸父昆弟为四方游,遍历天下大都会"①。婺源人詹腾,"性孝友纯明,少业儒。因家贫就贾,偕兄经营瓷业,所余悉以奉亲"②。祁门人倪思喜,"少习举子业,缘家计维艰,弃而就贾,以木殖起家"③。清代婺源人毕周通,"少攻举子业,以家贫弃而商"④。清婺源人金起凤,"少习举业,通经史。以父奔走四方,欲代其劳,遂弃儒服贾"⑤。婺源人洪辑五,"幼习举子业,志在观光利用,旋以家贫亲老,遂弃而就商"⑥。休宁人程洁,少时聪敏,"从其族博士先生受《易》,垂就,父欲夺之贾,曰:'吾非不爱儒,第食指众,胡不佐而兄谋什一之息以宽我乎?季长或可儒也。'"⑦于是,程洁遵父命随兄往淮扬业盐。

那么,明清徽州"弃儒服贾"的现象达到什么程度了呢?日本学者重田德对清代婺源儒士"弃儒就商"现象作了研究,认为民国《婺源县志·人物志》最具特色的就是编撰了大量的商人传记,"而尤具特征的,乃是'弃儒就商'的场合频出(这个动机,反映了儒士为了经商,荒废了为科举应试的学习,士大夫的道路从而中断)"⑧。作者文中所列弃儒经商者有20多人。⑨ 与歙县和休宁相比,婺源在徽州是商业较落后地区。婺源在清代尚且如此,那么,歙县、休宁等商业发达的县在明清时弃儒经商的现象自然会更加普遍。

---

① 婺源《三田李氏统宗谱·环田明处士松峰李公行状》。
② 《婺源县采辑》,见张海鹏、王廷元主编:《明清徽商资料选编》,合肥:黄山书社,1985年,第210页。
③ 《祁门倪氏族谱》卷下《慕斋公实录》,清光绪二年(1876)刻本。
④ 光绪《婺源县志》卷三三《人物志·义行》。
⑤ 《婺源县采辑·义行》,见张海鹏、王廷元主编:《明清徽商资料选编》,合肥:黄山书社,1985年,第223页。
⑥ 《婺源燉煌郡洪氏通宗谱》卷五九《辑五先生传》。
⑦ (明)王世贞:《弇州山人续稿》卷一二二《程处士惟清墓志铭》。
⑧ [日]重田德著,刘淼译:《徽州商人之一面》,见刘淼辑译,古籍整理办公室编:《徽州社会经济史研究译文集》,合肥:黄山书社,1987年,第420~421页。
⑨ 戴继芹说:"据重田德研究,仅以江西婺源一县而言,清代'弃儒就商'的实例不下四五十个。"(《明清时期的"考后分流"》,载《中国教育报》,2007年6月29日。)该统计有误,误将重田德其他有关商人传记的条文也统计进去了。

当然,徽州社会经济发展水平不同,文教风习也有差异,因此,各县甚至每个县不同地区的士人及其家族对待经商事贾的态度也会有差异。如,黟县是徽州经济和文化相对落后的县,清以前许多宗族和士人不屑经商事贾。到清代,情况发生了变化。康熙《黟县志》说,"旧志云:山限壤隔,民尚朴实,读书力田,不事商贾,勤于山伐"。"习向重离土,一闻挟薄赀,游都会,相戒摇手。近始学远游,亦知权低昂时取予,岁收贾息,然其家居务俭啬,与贫瘠者等"。① 嘉庆《黟县志》又说,"(黟县)往者户口少,地足食,读书力图,无出商贾者(本正德陈志)……国朝生齿日盛,始学远游,权低昂,时取予"②。可见,因生齿日盛,使得这些"一闻挟薄赀,游都会,相戒摇手"的读书力田者也只得远游经商了。

---

① 康熙《黟县志》卷一《风俗》。
② 嘉庆《黟县志》卷七《地理风俗》。

第二章　宋明理学与明清徽州职业观的转换与建构

第一章考察了明清徽州环境与社会发展对徽州四民观和职业价值理念变迁所产生的影响。不过,要深入认识明清徽州职业观变迁,还需进一步考察明清社会主流意识形态——宋明理学及其所发挥的重要影响。宋明理学亦称"宋明新儒学",主要包括程朱理学和陆王心学,既是明清政治意识形态,也是社会意识形态。它是适应宋代以后君主专制、商品经济和社会平民化等发展需要,以儒学为主,兼容释道思想形成的儒家新思想。其重要取向之一是伦理观的世俗化,主张为社会各阶层提供安身立命的伦理准则。明清四民职业观发生很大变化,这就需要主流意识形态对此作出新的解释。中国传统社会以伦理为本位,所以就需要宋明理学为四民职业观的转化提供儒家伦理正当性和价值合理性的解释,并以之规范人们的职业行为和操守。徽州号称"朱子阙里",在宋明理学中,朱子学对徽州社会的影响持久而广泛。阳明心学在明中晚期风靡一时,对当时的徽州社会和徽商产生了很大影响。不过,随着明末心学的极盛而衰,它对徽州的影响到清初基本式微,朱子学重新控制了徽州社会意识形态领域。两者对徽州四民职业观的转换和建构都产生了重要影响,但影响时间和具体作用却不同。阳明心学在意识形态和人生伦理上极具解放性,极大冲击了传统四民观,为新职业价值观的树立产生了重要影响。朱子学的伦理观则相对保守和持中,它在为新四民观的转换提供理论依据时,又强调"天理"的绝对性和儒家的家族本位主义,对心学极具解放性的职业观作了调适,使明清徽州职业观最终得以建构。

第一节 宋明理学世俗伦理观及其治生伦理的意义

一、理欲之辨的新阐释与治生伦理的新论证

中国古人所说的"治生",即经营家业以谋生计,这是人最基本的需要和行为。在中国传统社会,士、农、工、商实际就是从事各自不同的职业来"治生"。宋代以来,伴随着社会各领域的新发展,四民的实际社会地位和所从事职业的经济意义开始发生变化,这就需要统治阶层和主流意识形态对此作出新的理论回应和解释。

程朱理学初创于北宋二程,完成于南宋的朱子。面对当时的社会变化和四民"治生"出现的新问题,程朱理学的主要思想家,特别是理学集大成者的朱子通过对"理欲"关系的解释对此作出了回应。天理是程朱理学的最高伦理范畴,天理,即是以仁为本的儒家纲常伦理,由此形成的理欲之辨成为宋明理学的核心问题。朱子高度重视理欲之辨,主张"明(存)天理,灭人欲",将其作为伦理观和道德修养的根本。他说,"圣贤千言万语,只是教人明天理,灭人欲"[1]。"人之一心,天理存,则人欲亡;人欲胜,则天理灭,未有天理人欲夹杂者。学者须要于此体认省察之"[2]。"盖修德之实,在乎去人欲,存天理"[3]。他进而提出,理欲之分即是非之分,"同是事,是者便是天理,非者便是人欲"[4]。朱子强调伦理道德在个人和社会发展中的根本地位和决定作用,重

---

[1] (宋)黎靖德编:《朱子语类》卷一二《学六》,长沙:岳麓书社,1997年。
[2] (宋)黎靖德编:《朱子语类》卷一三《学七》,长沙:岳麓书社,1997年。
[3] (宋)朱熹:《晦庵先生朱文公文集》卷三七《与刘共父》,《四部丛刊》景明嘉靖本。
[4] (宋)黎靖德编:《朱子语类》卷四〇《论语二十二》,长沙:岳麓书社,1997年。

视道德主体的自觉修养,体现了道德理性的精神。然而,将天理视为绝对、先验的伦理大法,不仅忽视了伦理的社会历史性,而且对人的生活需要(欲)是一种压制。朱子意识到禁欲主义压抑了人的正常生活需要,难以在现实中持久实行,因此,修正了二程将理欲对立的思想。首先,指出理欲同一,人欲出于性,为天理所固有,否定人欲就是恶。他说:"饮食男女,固出于性。"①"天理本多,人欲便也是天理里面做出来。虽是人欲,人欲中自有天理。""有个天理,便有个人欲。盖缘这个天理须有个安顿处。才安顿得不恰好,便有人欲出来。"②又说:"盖钟鼓、苑囿、游观之乐,与夫好勇、好货、好色之心,皆天理之所有,而人情之所不能无者。然天理人欲,同行异情。循理而公于天下者,圣贤之所以尽其性也;纵欲而私于一己者,众人之所以灭其天也。"③其次,将欲分为正当和不正当的、好底或不好底,认为正当的或好的欲望即是天理。他说:"饮食者,天理也;要求美味,人欲也。"④又说:"欲是情发出来底。心如水,性犹水之静,情则水之流,欲则水之波澜。但波澜有好底,有不好底。欲之好底,如'我欲仁'之类;不好底,则一向奔驰出去,若波涛翻浪;大段不好底欲则灭却天理,如水之壅决,无所不害。"⑤在他看来,人欲只要循天理或明理欲之辨即可,"夫外物之诱人,莫甚于饮食男女之欲,然推其本,则固亦莫非人之所当有而不能无者也。但于其间自有天理人欲之辨,而不可以毫厘差耳"⑥。朱子指出理欲同一,人欲中自有天理,肯定人的正当欲望,摒弃二程的绝对禁欲主义理欲观。在理论上并不完善,甚至存在诸多矛盾之处,但为人们追求正当的生活欲望和财富提供了伦理依据。

朱子之所以要肯定人的正当欲求,是为了适应南宋商品经济发展和普遍出现的经商"治生"现象。余英时说:"宋代商业已经相当发达,士商之间的界

---

① (宋)朱熹:《四书或问》卷三六《孟子》,清文渊阁《四库全书》本。
② (宋)黎靖德编:《朱子语类》卷一三《学七》,长沙:岳麓书社,1997年。
③ (宋)朱熹:《孟子集注》卷二《梁惠王章句下》,清文渊阁《四库全书》本。
④ (宋)黎靖德编:《朱子语类》卷一三《学七》,长沙:岳麓书社,1997年。
⑤ (宋)黎靖德编:《朱子语类》卷五《性理二》,长沙:岳麓书社,1997年。
⑥ (宋)朱熹:《四书或问》卷二《大学》,清文渊阁《四库全书》本。

限有时已不能划分得太严格。因此,新儒家也不得不有条件地承认'经营衣食'的合法性了……早在南宋时代,新儒家的伦理已避不开商人问题的困扰了。"①朱子自然免不了这种困扰,需要对这个问题作出理论回应。一方面,他依然强调国家要以农为本,只有这样才能建立理想的道德社会,说:"契勘生民之本,足食为先。是以国家务农重谷,使凡州县守皆以劝农为职……盖欲吾民衣食足而知荣辱,仓廪实而知礼节,以共趋于富庶仁寿之域,德至渥也。"②另一方面,他又认为只要符合天理,包括经商在内的谋利行为是合理的,"夫营为谋虑,非皆不善也。便谓之私欲者,只一毫发不从天理上自然发出,便是私欲"③。可见,从事"营为谋虑"一类的商业以治生,只要谨守天理,使之不成私欲,亦是"善"。因此,他主张维护商人的正当利益,任提举浙东常平盐公事时,"凡丁钱、和买、役法、榷酤之政,有不便于民者,悉厘而革之"④。他还指出,为"治生"需要可以经商。有一次,朱子的学生问贫穷而不能学的子弟能否经商,他以同时代的心学家陆九渊亦开药肆为例,予以肯定回答:"止经营衣食亦无甚害,陆家亦作铺买卖。"⑤事实上,他也开过书肆做生意。不过,朱子"理欲之辨"的新解释对"治生"伦理的论证还是不够充分和有力的。

明代中叶以来,随着苛捐杂税的增加和地主剥削的加重,越来越多的农民无法依靠土地和农业生产来维持生计。同时,教育及科举的平民化形成了大量读书业儒的群体,除极少数业儒者外,绝大多数儒生无法依靠读书和科举来生存。同时,随着商品经济的迅速发展,全国性市场初步形成并不断完善,却给大量的农民和士人等提供了"治生"的土壤。为适应这种需要,明代中叶兴起的心学,特别是阳明心学对儒学世俗化伦理作了进一步发展,为人们从事耕读以外的"治生"提供了更充分和有力的伦理支持。

---

① 余英时:《中国近世宗教伦理与商人精神》,合肥:安徽教育出版社,2001年,第173页。
② (宋)朱熹:《晦庵先生朱文公文集》卷一〇〇《劝农文》,《四部丛刊》景明嘉靖本。
③ (宋)朱熹:《晦庵先生朱文公文集》卷三二《问张敬夫》,《四部丛刊》景明嘉靖本。
④ (元)脱脱等撰:《宋史》卷四二九列传一八八《朱熹》,北京:中华书局,1985年。
⑤ (宋)黎靖德编:《朱子语类》卷一一三《朱子十》,长沙:岳麓书社,1997年。

王阳明与朱子一样强烈主张"存天理,灭人欲",说,"去得人欲,便识天理"①。"吾辈用功只求日减,不求日增。减得一分人欲,便是复得分人理,何等轻快脱洒,何等简易!"②他认为人欲是对天理的遮蔽,一切私心杂念都源于人欲,因此,"须是平日好色、好利、好名等项一应私心扫除荡涤,无复纤毫留滞,而此心全体廓然,纯是天理"③。不过,他的理欲观又与朱子存在很大差异,他是从心学的立场来讨论理欲之辨的。他以心之本体为天理(良知),以心之所发为意,认为意有正与不正之分,意之正者为天理(良知),反之,为人欲,即人欲在人心之中而不在心外,因此要通过"正心诚意",从一念发动处去克服人欲。这就与朱子通过格物致知来"存天理、灭人欲"的方法不同,它更加强调了道德主体意识的决定作用,简易可行,故王阳明称其"何等轻快脱洒,何等简易!"相比于朱子的存理去欲而言,这种存理灭欲的方法很符合那些没有时间大量读书以穷理去欲的普通民众,特别是那些忙于逐利而无暇读书的商人的需要。

在理欲观上对包括商人在内的普通民众产生更大影响的还是王阳明弟子王畿的人性"天则"论。王畿直接从自然与物质方面解释人欲,提出以欲为性、欲为自然法则的重要观点。他说,"天地间,一气而已……其气之灵,谓之良知"④,肯定了良知的自然物质性。他又从身心的生理、心理基础来说明良知(心)是自然生机之理,"性是心之生机,命是心之天则。口之欲味,耳之欲声,目之欲色,鼻之欲臭,四肢之欲安逸,五者,性之不容已者也"⑤。"人之所欲是性,却有个自然之则在"⑥。在阳明心学中,心即性,性即理,理即良知。因此,上述之言即是说,灵明的良知(心)不能离开血肉之躯而存在,两者是"一也",良知作为天理(天则)的凝聚而成为身,显示出其自然生机;而人性具

---

① (明)王守仁撰:《王阳明全集》卷一《传习录上》,上海:上海古籍出版社,1992年,第23页。
② (明)王守仁撰:《王阳明全集》卷一《传习录上》,上海:上海古籍出版社,1992年,第28页。
③ (明)王守仁撰:《王阳明全集》卷一《传习录上》,上海:上海古籍出版社,1992年,第22页。
④ (明)王畿:《王畿集》卷八《易与天地准一章大旨》,南京:凤凰出版社,2007年,第182页。
⑤ (明)王畿:《王畿集》卷三《书累语简端录》,南京:凤凰出版社,2007年,第77页。
⑥ (明)王畿:《王畿集》卷八《性命合一说》,南京:凤凰出版社,2007年,第187页。

有之欲望是"不容已者",则说明了人的感性欲望与天理是合而为一、密不可分的,所以,"真性流行,自见天则"①。可见,王畿力图把理和欲统一起来,以人之所欲为天理存在的基础,充分肯定欲的合理性,这便彻底否定了理欲对立观。它所蕴含的生活伦理意义尤其能为商人等阶层追求物质财富和生活欲求等活动和行为提供理论合法性的支持。

二、"体用一源""百姓日用即道"与儒家治生伦理

宋明理学家不仅从理欲之辨的新阐释为百姓经商等提供理论支持,而且阳明心学"体用一源"和"百姓日用即道"的思想更是对此作了进一步论证。

宋明理学主张"体用一源",王阳明对此极为推崇,说:"即体而言用在体,即用而言体在用,是谓体用一源。"②他认为心(良知)与物无间,是不可分割的统一体,即良知本体是通过发用流行所做之事来体现的,良知存在于事功之中,必须即事求取和实现良知。故而,"心外无物""心外无理"。王阳明的"体用一源"说对道德修养与追求事功的统一是有力的理论证明。他说:"致知必在于格物。物者,事也,凡意之所发必有其事,意所在之事谓之物。格者,正也,正其不正以归于正之谓也。正其不正者,去恶之谓也;归于正者,为善谓也。"③又说:"大抵学问功夫只要主意头脑是当,若主意头脑专以致良知为事,则凡多闻多见,莫非致良知之功。盖日用之间,见闻酬酢,虽千头万绪,莫非良知之发用流行,除却见闻酬酢,亦无良知可致矣。故只是一事。"④所以,良知"不离日用常行内"⑤。在他看来,不能空谈天理和性命,将致知与行事分为二橛,而应当在日用见闻酬酢中致良知,以实现儒家的理想道德人格,

---

① (清)黄宗羲:《明儒学案》卷一二《浙中王门学案二》,北京:中华书局,1985年,第240页。
② (明)王守仁撰:《王阳明全集》卷一《传习录上》,上海:上海古籍出版社,1992年,第31页。
③ (明)王守仁撰:《王阳明全集》卷二六《续编一·大学问》,上海:上海古籍出版社,1992年,第927页。
④ (明)王守仁撰:《王阳明全集》卷二《传习录中》,上海:上海古籍出版社,1992年,第71页。
⑤ (明)王守仁撰:《王阳明全集》卷二〇《外集二·别诸生》,上海:上海古籍出版社,1992年,第791页。

这就避免了程朱理学将致知与事功相对立的观点。有学者指出,修养和践履的统一本来是中国儒家伦理思想的传统,"至宋代程朱理学兴起,通过王霸义利之辨,把事功和道义对立起来了,把事功统统归之于'人欲'而加以排斥。这样,程朱理学虽然也讲修养和践履的统一,事实上却把事功排斥在外。于是形成了'自道德性命之说一兴',理学家终日空谈性命,'相蒙相欺以尽废天下之实,则亦终于百事不理而已'"①。阳明心学的这种思想对于普通百姓而言,便是人人都能从自己每日的行事来尽心养性进而获得天理,以此不断实现自我的道德理想和人生价值。

王阳明的"体用一源"论对于士人之外的阶层,特别是商人具有的伦理意义是,经商以治生同样可以成为实现儒家人伦的手段和途径。王阳明在与弟子讨论如何处理业儒与治生的关系时,提出了"学何贰于治生"的命题。他说:"但言学者治生上,尽有工夫则可。若以治生为首务,使学者汲汲营利,断不可也。且天下首务,孰有急于讲学耶？虽治生亦是讲学中事,但不可以之为首务,徒启营利之心。果能于此处调停得心体无累,虽终日做买卖,不害其为圣为贤。何妨于学？学何贰于治生？"②"治生"包括各种谋生方式,然而,王阳明此处所言的"汲汲营利"和"徒启营利之心"显然是将"治生"的重心放在了经商上。在他看来,学者应当以治学为首务,但若能调停得"心体无累",那么虽"终日做买卖",也"不害其为圣为贤"。王阳明此言意在说明要正确处理业儒与事贾的关系,其实质则指出了要正确看待致良知与以贾治生的关系。余英时评论说:"阳明教人致吾心之良知于事事物物。'做买卖'既是百姓日用中之一事,它自然也是'良知'所当'致'的领域。阳明的说法实际是合乎他的'致良知'之教的。"③关于经商治生与致良知的同一关系,王阳明还说过更具有思想解放性的话,他说:"良知只在声色货利上用功,能致得良知,精

---

① 沈善洪、王凤贤:《中国伦理思想史(中)》,北京:人民出版社,2005年,第545页。
② (明)王守仁撰:《王阳明全集》卷三二《补录·传习录拾遗》,上海:上海古籍出版社,1992年,第1171页。
③ 余英时:《中国近世宗教伦理与商人精神》,合肥:安徽教育出版社,2001年,第178页。

精明明,毫发无蔽,则声色货利之交,无非天则流行矣。"①可见,针对当时大量士人经商的现象,王阳明指出经商如能尽心修身"致良知",那么与业儒为仕并无本质区别,这种思想无疑为人们从事长期被鄙视的商业提供了正当和充分的伦理依据。

如果说王阳明的上述思想为治生伦理提供了正当和充分的伦理依据,那么,弟子王艮"百姓日用即道"②的思想则是彻头彻尾的治生伦理观。王艮说:"良知天性,往古来今人人具足,人伦日用之间举措之耳。"③也就是说,良知(道)的流行发用即是人们的日常生活,良知(道)仅存于日用之间,故"即事是学,即事是道。人有困于贫而冻馁其身者,则亦失其本而非学也"④。可见,人们应以治生为本,以治学为次,这和王阳明以治学为本、治生为次的思想大相径庭。在王艮看来,圣人之道即在普通百姓的日常生活中,"圣人经世,只是家常事"。"圣人之道,无异于'百姓日用'。凡有异者,皆谓之'异端'"⑤。这实际是否定了程朱理学先验的"理"或"道"外在于经验的"事"的理(道)事观。这样,王艮便把有关性命义理之"道"等同于日用衣食之"道",使"道"的内涵发生了根本变化,满足生活欲望成了"道"的本质和内容。这一思想具有极大的颠覆性,无怪乎王艮及其泰州学派在当时被视为"异端"!余英时说:"新儒家伦理在向社会下层渗透的过程中,首先碰到的便是商人阶层,因为十六世纪已是商人非常活跃的时代了。'士'可不可以从事商业活动?……到了明代,'治生'问题在士阶层中已成了一严重问题。"⑥可以说,王艮的"百姓日用即道"蕴含的治生伦理精神无疑会受到农工商阶层,特别是

---

① (明)王守仁撰:《王阳明全集》卷一《传习录下》,上海:上海古籍出版社,1992年,第122页。
② (清)黄宗羲:《明儒学案》卷三二《泰州学案一》,北京:中华书局,1985年,第710页。
③ (明)王艮撰:《王心斋全集·明儒王心斋先生遗集卷二·答朱思斋明府》,南京:江苏教育出版社,2001年,第47页。
④ (明)王艮撰:《王心斋全集·明儒王心斋先生遗集卷一·语录》,南京:江苏教育出版社,2001年,第13页。
⑤ (明)王艮撰:《王心斋全集·明儒王心斋先生遗集卷一·语录》,南京:江苏教育出版社,2001年,第5页,第10页。
⑥ 余英时:《中国近世宗教伦理与商人精神》,合肥:安徽教育出版社,2001年,第177页。

商人的欢迎,为无法以儒为生的士人和其他阶层经商治生提供了更有力和更充分的伦理论证;经商不仅不是末业和贱业,而且是道之所存和光明正大的职业,商人的社会地位因此有了儒家伦理的有力支撑。

第二节　宋明理学四民伦理的新阐释与明清新四民观的建构

一、天理、良知的新阐释与新四民观的建构

朱子理欲观认为天理是最高的伦理范畴,天理,即是以仁为本的儒家纲常伦理,是绝对的和先验的伦理大法;同时,理和欲又具有同一性,人欲出于性,为天理所固有;人欲只要循天理,即是正当的。

正是基于这种认识,朱子提出人们从事"营为谋虑"和"经营衣食"的营生经商活动只要符合天理,便具有儒家伦理的合法性;商人如果在经商中谨守天理的道德规范,也应当得到肯定甚至是称颂,这实际上提升了商人的社会职业地位,改善了商人的社会职业形象。在朱子的眼中,商人也确实与士人和农民一样成为人们可以选择的基本职业。他对外家祝氏的经商成就和品德予以称赞。祝氏是新安名族,宋代有二人中进士。祝氏善于经商,朱子在《祝外大父祝公遗事》中说,"外家新安祝氏,世以资力顺善闻于乡州。其邸肆生业,几有郡城之半,因号'半州祝家'"。又称外大父(外祖父)"特淳厚孝谨","乡人高其行,学试又多占上列,君博士请录其学事"。[①] 通过朱子的描绘,他的外祖父俨然是一位谨行天理的亦商亦儒者。他本人开过书肆,并教导自己的子孙无论从事何种四民之业,只要各尽其职,即可以"于身不弃,于人无愧祖父",说:"士其业者,必至于登名;农其业者,必至于积粟;工其业者,

---

① (宋)朱熹:《晦庵先生朱文公文集》卷九八《祝外大父祝公遗事》,《四部丛刊》景明嘉靖本。

必至于作巧；商其业者，必至于盈赀。若是则于身不弃，于人无愧祖父，不失其贻谋。"①可见，在他看来"四民"只是职业不同，并无道德高下之分。但是，这并不意味着他已完全平等看待"四民"的地位了。宋明理学倡导"人伦日用"的世俗化儒学，以求最终建立一个以儒家伦理为本位的理想社会。那么，通过什么途径才能做到这点呢？朱子明确主张只有读书才能穷理，"盖为学之道莫先于穷理，穷理之要必在于读书"②。这表明他将士视为建立儒家理想社会最重要的职业和阶层。再者，他对士、商的职业职责所作的规定是"士其业者必至于登名"和"商其业者必至于盈赀"。即是说，士求名，商求利，求名自然要高于求利。朱子记叙其外祖父的主要事迹，并不在于颂扬他的经商成就，而是记载了其作为儒士在处理家庭内外事务方面表现出来的"淳厚孝谨"和在科举（学试）为士方面取得的成就，"时三舍法行，士无不由庠序以进，公从容其间，若无所为。而后生得所矜式，咸敬服焉"③。

宋明儒学倡导"人伦日用"的儒学，目标是使儒家伦理世俗化，力求在世俗人间提供一个可超越的世界，是"内在超越"型的伦理文化。朱子学为儒学世俗化开辟了道路，但是做得并不彻底。朱子讲天理存于日常生活，通过办书院和宗教教育等社会化教育给人读书明"理"提供良好的环境，并制定《朱子家礼》，使儒家伦理成为宗族伦理生活的准则，以求儒学的世俗化和生活化。但是，朱子主张通过格物致知、读书明理来实现人生道德理想，实际上只能为或者说主要是为读书人实现儒家道德理想提供了可能，却难以适应和满足包括商人在内的普通阶层的需要。因为，从理论上说，普通百姓虽然也可以读书明理，然而在现实社会中，农民和工商阶层是难以像读书人（士人）那样有大量的时间来读书明理以实现自己的道德理想。那么，农民和工商阶层也就难以真正获得与士人平等的社会地位。

---

① （宋）朱熹：《不弃自文》，见（清）石成金撰集：《传家宝全集》，北京：北京师范大学出版社，1992年，第353页。

② （宋）朱熹：《晦庵先生朱文公文集》卷一四《行宫便殿奏札二》，《四部丛刊》景明嘉靖本。

③ （宋）朱熹：《晦庵先生朱文公文集》卷九八《祝外大父祝公遗事》，《四部丛刊》景明嘉靖本。

阳明心学为宋明儒学世俗化作出了更大的贡献,在如何教化民众和看待四民的职业伦理价值方面比朱子学更为解放。余英时说,朱子是专以士为施教对象,直接听众是从士到大臣、皇帝的上层社会,阳明学的立教对象却是整个"四民","'良知说'的'简易直接'使它极容易接受通俗化和社会化的处理,因而打破了朱子'读书明理'之教在新儒家伦理和农工商贾之间所造成的隔阂……表示儒家入世承当的伦理非复士阶层所独有,而已普及于社会大众"①。

"良知说"是阳明心学及其伦理思想的根本,它所蕴含的思想更有利于四民平等社会地位的确立。王阳明指出,良知即心,而"心即性,性即理"②。"夫心之本体,即天理也。天理之昭明灵觉,所谓良知也"③。"夫在物为理,处物为义,在性为善,因所指而异其名,实皆吾之心也。心外无物,心外无事,心外无理,心外无义,心外无善"④。良知即心,心即性,性即理,将四者说成是一个东西,是阳明心学伦理观的核心,是其与朱子学的根本区别所在。由于良知(天理)存在于每个人心中,是人与生俱来的,所以圣贤与普通人同具此心,王阳明说,"是非之心,不虑而知,不学而能,所谓良知也。良知之在人心,无间于圣愚,天下古今之所同也"⑤。"良知良能,愚夫愚妇与圣人同"⑥。既然良知存在于每个人心中,村夫村妇、商人市井等都具有良知,不待外求,只要人能除却私欲,便可以为贤为圣,故可谓"满街人都是圣人"⑦。王阳明的弟子王畿和王艮继承和发展这一思想。王畿说:"良知在人,不学不虑,爽然由于固有,神感神应,盎然出于天成,本来真头面,固不待修证而后全。"⑧

---

① 余英时:《中国近世宗教伦理与商人精神》,合肥:安徽教育出版社,2001年,第175页。
② (明)王守仁撰:《王阳明全集》卷一《传习录上》,上海:上海古籍出版社,1992年,第15页。
③ (明)王守仁撰:《王阳明全集》卷五《文录二》,上海:上海古籍出版社,1992年,第190页。
④ (明)王守仁撰:《王阳明全集》卷四《文录一》,上海:上海古籍出版社,1992年,第156页。
⑤ (明)王守仁撰:《王阳明全集》卷二《传习录中》,上海:上海古籍出版社,1992年,第79页。
⑥ (明)王守仁撰:《王阳明全集》卷二《传习录中》,上海:上海古籍出版社,1992年,第49页。
⑦ (明)王守仁撰:《王阳明全集》卷三《传习录下》,上海:上海古籍出版社,1992年,第116页。
⑧ (明)王畿:《王畿集》卷五《书同心册卷》,南京:凤凰出版社,2007年,第121页。

由此出发,他将先儒"人人皆可为尧舜"改造为人人与圣人在道德上同一的思想,说:"良知不学不虑,本来具足,众人之心与尧舜同。"①泰州学派创始人王艮则说:"'天理'者,天然自有之理也,'良知'者,不虑而知、不学而能也。惟其不虑而知、不学而能,所以为天然自有之理;惟其天然自有之理,所以不虑而知、不学而能也。"②很显然,阳明心学的"良知说"为农工商贾等普通民众获得与士人平等的地位提供了更充分的理论依据。因为,既然良知(天理)是天然自有之理,是人与生俱来的,人人皆与圣贤有同样的良知,普通人与圣人在道德人格上天生是平等的,无高低贵贱之分。那么,在政治伦理一体化的中国传统社会,农工商贾等普通社会阶层有什么理由不能与儒士拥有平等的社会地位与政治地位呢?

不仅如此,阳明心学还为普通民众实现理想道德人格提供了"简易便捷"之法,极大推进了儒家伦理的世俗化和社会化。天理是新儒学最高的伦理道德准则,在现实社会中即为"三纲五常"。阳明心学主张良知即天理,而良知即心,那么人心就是三纲五常,人的伦理行为只是人心中道德本体的外显,"心之体,性也,性即理也……是理也,发之于亲则为孝,发之于君则为忠,发之于朋友则为信"③。所以,阳明心学主张良知"不假外求",王阳明说:"夫良知即是道,良知之在人心,不但圣贤,虽常人亦无不如此。若无有物欲牵蔽,但循着良知发用流行将去,即无不是道。"④王阳明反对用朱子的格物读书"致良知","后世不知作圣之本是纯乎天理,却专去知识才能上求圣人……故不务去天理上着工夫,徒弊精竭力,从册子上钻研,名物上考索,形迹上比拟"⑤。在王阳明看来,致良知只需每个人实现其道德主体的自觉就可以了,

---

① (明)王畿:《王畿集》卷五《与阳和张子问答》,南京:凤凰出版社,2007年,第127页。
② (明)王艮撰:《王心斋全集·明儒王心斋先生遗集·卷一语录》,南京:江苏教育出版社,2001年,第31页。
③ (明)王守仁撰:《王阳明全集》卷八《文录五·书诸阳伯卷》,上海:上海古籍出版社,1992年,第277页。
④ (明)王守仁撰:《王阳明全集》卷二《传习录中》,上海:上海古籍出版社,1992年,第69页。
⑤ (明)王守仁撰:《王阳明全集》卷一《传习录上》,上海:上海古籍出版社,1992年,第28页。

简易便捷。因此,致知成圣是上自圣贤、下至农夫、商贾、百工、樵夫等都能完成的。这样一来,便把"致良知"的圣贤功夫从庙堂书斋推向市井村落,从儒家士人推向平民大众,使民众也能实现道德理想的超越以成圣贤,这当然乐于为普通民众所接受。其结果是"唯阳明先生从游者最众。然阳明之学自足耸动人"①。在阳明心学的从游者中,原为传统四民论所轻视、却最具开拓精神和拥有一定文化的商贾阶层尤其欢迎这种伦理,因为这种世俗化伦理观可以为自己的经商行为提供合法化证明。

二、"四民异业而同道"与"贾服儒行"的新四民观

阳明心学的世俗化伦理观还力求对传统的四民观进行转换和新建构,其中最重要的是对士商关系的新阐释,王阳明等为商人经商和商人的儒家伦理行为作过深入论证和颂扬。这种新四民观不仅为四民关系的新认识提供了伦理说明,而且直接或间接地促进了商人伦理观的转换和构建。

王阳明从心学立场出发,提出了"四民异业而同道"的重要思想,对传统四民职业等级观作了新诠释,充分肯定了商人及其职业伦理价值。嘉靖四年(1525),王阳明为苏州商人方麟所写的《节庵方公墓表》一文,叙述了苏州昆山的方麟为士、经商、力农和授子的事迹。方麟开始为士业举子,后弃士业和妻家朱氏一起居住。朱氏原本业贾,方麟的朋友问:"子乃去士而从商乎?"他笑着回答:"子乌知士之不为商,而商之不为士乎?"遂去经商。朋友又问:"子又去士而从从事乎?"他又笑着回答:"子又乌知士之不为从事,而从事之不为士乎?"后来,他终不屑于碌碌为刀锥利禄之业。有一次,适逢乡里灾歉,他尽出其财产赈饥。朝廷嘉奖其义行,遥授建宁州吏目,他淡然视之,未去任职,而是与妻朱氏竭力农耕。他又以士业传授二子,使他们皆中进士为官。方麟的行谊得到乡里的称颂。王阳明不胜感慨地说:"古者四民异业而同道,其尽心焉,一也。士以修治,农以具养,工以利器,商以通货,各就其资之所

---

① (明)何良俊撰:《四友斋丛说》卷四《经四》,北京:中华书局,1959 年,第 32 页。

近,力之所及者而业焉,以求尽其心。其归要在于有益于生人之道,则一而已。士农以其尽心于修治具养者,而利器通货,犹其士与农也;工商以其尽心于利器通货者,而修治具养,犹其工与商也。故曰:四民异业而同道。……自王道熄而学术乖,人失其心,交骛于利,以相驱轶,于是始有歆士而卑农,荣宦游而耻工贾。夷考其实,射时罔利有甚焉,特异其名耳……吾观方翁'士商从事'之喻,隐然有当于古四民之义,若有激而云者。呜呼!斯义之亡也久矣!翁殆有所闻欤?抑其天质之美,而默然有契也?吾于是而重有所感焉。"①

王阳明在文中明确提出士农工商"其归要在于有益于生人之道,则一而已",并以托古的方式提出了"古者四民异业而同道,其尽心焉一也"的新命题,把传统观念中视为贱业的工商提升到与士同"道"的高度,认为工商与士农是完全平等的。因为,既然经商为工也能尽心(致良知)以实现人生道德的自我完善,那么就不存在职业的高低贵贱,故曰"古者四民异业而同道"。后来,社会上出现"歆士而卑农,荣宦游而耻工贾"的现象完全是由"王道熄而学术乖,人失其心"造成的。王阳明用托古的方式为其新观念提供历史依据。再者,王阳明虽然说"四民异业而同道",然而,他是在给亦商亦儒亦农的方麟树碑立传,对方麟高度评价,他的真实意图是要说明为商、为士、为农只要"尽心"致良知,那么,人们从事不同的职业一样能够实现儒家的道德理想。至此,王阳明为商人所做的伦理正名显露无遗。对于王阳明的如此言论和举动,余英时这样评价:"王阳明以儒学宗师的身份对商人的社会价值给予明确的肯定,这真不能不说是新儒家伦理史上一件大事了。"②需要特别指出的是,王阳明是反对商人一味求利为本的,认为商人的本分和职责是"通货",这样才能求尽其心,即符合儒家伦理精神,其进步思想在此又显示出保守的色彩。这也是明清商人伦理建构面临的一个难题,即如何正确处理理欲关系、义利关系及其蕴含的公私关系。王阳明以托古的方式对这个难题予以新的回答,但是,这一新的回答又不离儒家伦理的正道。

---

① (明)王守仁撰:《王阳明全集》卷二五《外集七》,上海:上海古籍出版社,1992年,第941页。
② 余英时:《中国近世宗教伦理与商人精神》,合肥:安徽教育出版社,2001年,第200页。

王畿以贾服儒行之文为徽商扬名显世,则从另一角度证明了儒贾同道,贾若能儒行,那么与真儒无异。他在赠徽商黄君的序文中说:"世有沾沾挟策,猥云经史之儒,而中无特操,甚或窃饾饤以媒青紫,及践朊华,辄干没于铢两,举生平而弁髦之,谓经术何率使士人以此相诋訾?耻吾儒之无当于实用,而却走不前矣。夫其人之不敢步趾儒也,岂诚儒足耻哉!亦谓心不纯夫儒耳,乃若迹,与射赢牟息者伍,而其心矖然。不淄于出入,不悖于人伦,若南山黄君,斯非赤帜夫儒林者耶!"他接着叙述了黄君以儒业贾的行谊,说,黄君祖辈世业儒,其少时业儒未成,遂行游江淮为贾,然不操利权,"听收责者握筭,未尝责奇羡,即负之不大较。辞貌整雅,时挟书出游。……尝闻法施财施之说,击节称善,曰:'此吾志哉!'用是仗义周贫,虽倾床头阿睹,弗惜也。"他不仅抚恤兄长的儿子使其各有所立,还捐金筑邑城,应采木役。他业贾却不忘以经史课子弟,说:"若辈毋以贾故,废世业也!"王畿最后赞叹道:"若黄君者,宁可与射赢牟息者例耶!噫嘻,此诚伪之辨也。昔有儒而隐于屠者、渔者、耕牧者,要其质行,较然与古为徒,其骨迄于今不朽。黄君盖辨此矣。慕义植伦,咸儒者之实蹈也。然则君之托迹称质,安知不犹夫屠耶、渔耶、耕牧耶?彼沾沾以儒自名,媒青紫而干没铢两者,黄君且臣虏之矣。计今束装归新安,是将并融其贾之迹。后有传黄君者,即谓其以儒终始焉,可也。"[①]王畿一方面批评当时许多儒士无儒家操守、心术不正的伪劣行径,另一方面极力赞扬黄君虽用刀布起,却遍行义举的儒士风范。在他看来,区分贾与儒的标准并非他们的职业区别和社会名分,而要看他们能否以儒家伦理作为行事准则,即,"慕义植伦,咸儒者之实蹈也"。像黄君这样的商人能以儒行事,实际上胜过那些所谓的儒者,可谓是真正的儒者,王畿已经旗帜鲜明地为徽商义行唱赞歌了!总之,在他看来,这种儒商已超越了俗儒之上,俨然成为社会的道德楷模。那么,这样的儒商与儒士又有何区别呢?

王阳明的其他弟子或追随者也对传统四民观发出挑战。阳明学传人、晚

---

① (明)王畿:《王畿集》卷一三《赠南山黄君归休序》,南京:凤凰出版社,2007年,第372~373页。

明思想家李贽猛烈批判了传统的重农抑商论,为商人辛劳经商、受到的不公正待遇和被公卿大夫盘剥鸣冤喊屈,"且商贾亦何可鄙之有? 挟数万之赀,经风涛之险,受辱于关吏,忍诟于市易,辛勤万状,所挟者重,所得者末。然必交结于卿大夫之门,然后可以收其利而远其害,安能傲然而坐于公卿大夫之上哉!"①他将商贾刻画为了不起的人物,认为那些能够经商致富的商人是上天赋予其才,是无与伦比的天才,"今子但见世人挟其诈力者,唾手即可立致,便谓富贵可求,不知天与之以致富之才,又借以致富之势,畀以强忍之力,赋以趋时之识,如陶朱、猗顿辈,程郑、卓王孙辈,亦天与之以富厚之资也。是亦天也,非人也。若非天之所与,则一邑之内,谁是不欲求富贵者? 而独此一两人也耶?"②李贽的主张极大提升了商人的社会地位。阳明学传人、明末清初思想家黄宗羲否定工商为末的传统观念,提出"工商皆本"的重要思想。他在谈到统治者如何去除民间因崇佛喜巫而花费大量钱财,以及因喜好倡优、酒肆等奢侈花销而浪费钱财的陋俗恶习时,提出治本之法是通过学校来教育民众明礼,"故治之以本,使小民吉凶一循于礼,投巫驱佛,吾所谓学校之教明而后可也。治之以末,倡优有禁,酒食有禁,除布帛外皆有禁。今夫通都之市肆,十室而九,有为佛而货者,有为巫而货者,有为优倡而货者,有为奇技淫巧而货者,皆不切民用,一概痛绝之,亦庶几乎救弊之一端也。此古圣王崇本抑末之道,世儒不察,以工商为末,妄议抑之。夫工固圣王之所欲来,商又使其愿出于途者,盖皆本也"③。黄宗羲对"崇本抑末"作了新的解释,认为古代圣王"抑末"实为禁止人们将财货浪费在投巫驱佛这种无用花费和倡优酒肆的奢侈消费上,并非抑工商之业,工商皆为圣王所倡导的本业。黄宗羲借所谓的古圣先王之言来论证"工商皆本",在理论上是否合理暂且不论,但是,他明确反对社会上的"崇本抑末",倡导"工商皆本"的新思想无疑具有重要意义。阳

---

① (明)李贽:《焚书·续焚书》卷二《书答·又与焦弱侯》,长沙:岳麓书社,1990年,第48页。
② (明)李贽:《李贽文集》第七卷《道古录》卷上,北京:社会科学文献出版社,2000年,第357页。
③ (清)黄宗羲:《明夷待访录·财计三》,北京:中华书局,2011年,第161页。

明心学的推崇者、明末清初思想家唐甄晚年卖田经商,认为事贾并非贱业,说:"苟非仕而得禄,及公卿敬礼而周之,其下耕贾而得之,则财无可求之道。求之,必为小人之为矣。我之以贾为生者,人以为辱其身,而不知所以不辱其身也。"①

王阳明及其弟子和追随者对传统四民观的新解读和对商人的肯定,乃至颂扬产生了广泛的社会影响。这种新四民伦理观固然是适应16—17世纪商品经济迅猛发展、经商事贾愈多的社会风气而形成的,它反过来又对扭转重农轻商和重儒轻商的陈腐传统观念起到推波助澜的作用,吸引了包括农工商贾在内的社会各阶层民众。如,泰州学派的韩贞"以化俗为任,随机指点农工商贾从之游者千余。秋成农隙,则聚徒谈学,一村既毕,又之一村,前歌后答,弦诵之声,洋洋然也"②。余英时便说:"阳明的新四民论并不只是一个抽象的理论。通过泰州学派王艮的社会讲学,这个理论已实际传布到商贾农工的身上。"③

第三节 阳明学、朱子学与明清徽州职业观的转换与建构

一、阳明学世俗伦理思想与明清徽州职业观的转换与建构

朱子学和阳明心学的世俗化伦理思想为传统四民职业观的转换和建构提供了思想资源和理论支持。而传统四民职业观的转换与建构,主要是对士商关系、农商关系,特别是对前者作出新解释,以提高商贾的社会地位,使之与士农平等。那么,朱子学和阳明心学分别对明清徽州职业变迁和职业观转

---

① (清)唐甄:《潜书》上篇下《养重》,北京:中华书局,1955年,第91页。
② (清)黄宗羲:《明儒学案》卷三二《泰州学案一》,北京:中华书局,1985年,第720页。
③ 余英时:《中国近世宗教伦理与商人精神》,合肥:安徽教育出版社,2001年,第201页。

化产生了何种影响呢？

明清社会发展所导致的职业流动与观念转换,主要是从明中叶以后开始的。因此,对明清职业变迁和职业观转换与建构直接作出理论回应和阐释的首先是阳明心学,从明中叶到明末对整个社会观念影响最直接和最大的也是阳明心学。所以,下面先考察阳明心学对明清徽州职业变迁及其观念转换与建构的影响。从传播人群和渠道上看,阳明心学的世俗伦理观对此产生的影响主要有两个方面：

一是对徽州以外的徽州商贾和仕宦等群体的影响,特别是徽商的影响。明中叶以来,由于自然、经济、宗法和科举制等多重因素的影响,徽州人经商"治生"成为愈益普遍的现象,"新都业贾者什七八,族为贾而隽为儒"①。"大抵徽俗,人十三在邑,十七在天下"②。他们成为徽州人中受阳明心学影响最直接和最广泛的群体。因为,在追随阳明心学的各社会阶层中商人占有相当比重,徽商又是明中叶以来商业舞台的生力军,阳明心学的重要传播地长江中下游地区,特别是江浙地区则是徽商云集之地,由此不难想见阳明心学的追随者中不乏众多的徽商。如,何良俊谈到明中叶心学之盛时曾说："唯阳明先生从游者最众。然阳明之学自足耸动人……阳明同时如湛甘泉,在南太时讲学,其门生甚多。后为南宗伯,扬州、仪真(征)大盐商亦皆从学,甘泉呼为行窝中门生。"③何氏此言说扬州和仪真(征)大盐商是湛氏心学的重要追随者,而徽州盐商是当时扬州和仪征大盐商的主体。湛若水(甘泉)的心学虽与阳明有别,但并无本质不同,两者同属明代心学的阵营。因此,追随阳明心学同样会有很多人,如,上文所述王阳明弟子王畿所写《赠南山黄君归休序》,便说明了徽商与阳明心学家的交往之深。

---

① (明)汪道昆：《太函集》卷一七《阜成篇》,合肥：黄山书社,2004年,第372页。
② (明)王世贞：《弇州山人四部稿》卷六一《赠程君五十叙》,台北：伟文出版公司,1976年,影印本。
③ (明)何良俊撰：《四友斋丛说》卷四《经四》,北京：中华书局,1959年,第32页。

二是直接到徽州传播心学。王阳明的弟子和传人为了彻底冲击程朱理学,将号称"程朱阙里"及"东南邹鲁"的徽州作为传播心学的重要阵地,他们在徽州广纳弟子和从事声势浩大的传教活动,一度主宰了徽州的学术思潮和社会思潮,当时六邑大会讲习,"宗尚《传习录》,群目朱子为支离,为逐外"①。清初休宁学者汪星溪说:"自阳明树帜宇内,其徒驱煽熏炙,侈为心学,狭小宋儒。嗣后,新安大会多聘王氏高第阐教,如心斋、绪山、龙溪、东廓、师泉、复所、近溪诸公迭主齐盟。自此新安多王氏之学,有非复朱子之旧者矣。"②施璜则说:"故其时人人口说紫阳,而足迹不践紫阳之堂……自嘉靖以讫于明末,皆是也。地非紫阳之地,学背紫阳之学。"③在徽州推崇和鼓动阳明心学的各社会阶层中,徽商是重要力量。因为,当时的徽州业贾者什七八,且经商者多世家大族和仕宦之家,"阀阅家不惮为贾"④。"虽士大夫之家,皆以畜贾游于四方"⑤。王阳明的高足在徽州传教时,常受到当地经商大族的欢迎。如,邹守益前往徽州传教时,经商大族鲍氏、程氏、潘氏、胡氏、戴氏、谢氏、李氏、吴氏、方氏、洪氏、余氏和王氏十分欢迎,被邹守益称为"徽之同志"而与之"切磋者"⑥。

那么,阳明心学的世俗伦理观对当时徽州社会职业变迁及观念转换与建构到底产生了多大程度的影响呢?这里以明代文学家汪道昆(1525—1593)《太函集》中所记述和反映的徽商伦理观的相关文献为主加以说明。汪道昆

---

① (清)施璜编,陈联、胡中生点校:《紫阳书院志》卷一六《会记》,合肥:黄山书社,2010年,第294页。

② (清)施璜编,陈联、胡中生点校:《紫阳书院志》卷一六《会记》,合肥:黄山书社,2010年,第292页。

③ (清)施璜编,陈联、胡中生点校:《紫阳书院志》卷一六《会记》,合肥:黄山书社,2010年,第292~293页。

④ (明)唐顺之:《重刊荆川先生文集》卷一五《程少君行状》,上海:上海书店出版社,1989年,影印本,第36页。

⑤ (明)归有光著:《震川先生集》卷一三《白庵程翁八十寿序》,上海:上海古籍出版社,1981年,第319页。

⑥ (明)邹守益:《邹守益集》卷二《赠郑景明归徽》,南京:凤凰出版社,2007年,第70页。

是歙县人,与王阳明的弟子王畿、王艮等生活于同一时代。他家祖父辈以上世代力农,祖父辈开始以经商富家,可谓亦儒亦商的家族。汪道昆23岁中进士,与当时文坛领袖王世贞并称"南北两司马",可谓亦宦亦士。他对王阳明极为推崇,称其学为"绝学",说:"王文成公崛起东越,倬为吾党少林。"①"有明宏儒崛起,宇宙中兴。明道则王文成,修辞则李献吉。"②他与阳明弟子王畿、焦竑等交往颇密,亲历阳明心学在徽州的广泛传播。晚年乡居18年,完成《太函集》120卷,书中收有71篇徽商传记。③ 这部文集被明清史学界公认为研究徽商的经典史料,日本明清史专家藤井宏称此书"乃是有关徽州商人史料之宝藏"④。所以,用此书的相关文献来揭示和说明问题是有典型性和说服力的。

　　汪道昆对当时徽州重商观念的勃兴和徽人普遍经商的现象作了生动记载和深刻分析,鲜明表达了他对商人、儒商关系及其伦理价值的新看法。他说:"大江以南,新都以文物著。其俗不儒则贾,相代若践更。要之,良贾何负闳儒,则其躬行彰彰矣。"⑤又说:"新都三贾一儒,要之文献国也。夫贾为厚利,儒为名高。夫人毕事儒不效,则弛儒而张贾。既则身飨其利矣,及为子孙计,宁弛贾而张儒。一弛一张,迭相为用,不万钟则千驷,犹之转毂相巡,岂其单厚计然乎哉,择术审矣。"⑥"古者右儒而左贾,吾郡或右贾而左儒,盖诎者力不足于贾,去而为儒;赢者才不足于儒,则反而归贾,此其大氏(按:疑为抵)

---

① (明)汪道昆:《太函集》卷九七《(致)王子中》,合肥:黄山书社,2004年,第2001页。
② (明)汪道昆:《太函集》卷一六《鄣语》,合肥:黄山书社,2004年,第330页。
③ 耿传友:《汪道昆商人传记研究》,见"中国知网·中国优秀硕士学位论文全文数据库"。
④ [日]藤井宏:《新安商人的研究》,见《江淮论坛》编辑部编:《徽商研究论文集》,合肥:安徽人民出版社,1985年,第132页。
⑤ (明)汪道昆:《太函集》卷五五《诰赠奉直大夫户部员外郎程公暨赠宜人闵氏合葬墓志铭》,合肥:黄山书社,2004年,第1146页。
⑥ (明)汪道昆:《太函集》卷五二《海阳处士金仲翁配戴氏合葬墓志铭》,合肥:黄山书社,2004年,第1099页。

也。"①在他看来,徽州文化发达,"以文物著"和为"文献国",然而,徽州又打破了"右儒左贾"的传统观念,奉行"右贾左儒"的新观念,儒贾并重和迭相为用;倡导儒贾各有其用,"贾为厚利,儒为名高"。那么,汪道昆对这种新的社会观念和行为持什么态度呢?他称这种儒贾并重、迭相为用是"择术审矣",高喊"良贾何负闳儒"。可见,在他的眼中,商人只要以儒家伦理为原则,并不负于儒士。汪道昆也是以此为标准来评价商人的。他在给休宁商人程长公立传时说:"余别有志,余惟乡俗不儒则贾,卑议率左贾而右儒,与其为贾儒,宁为儒贾。贾儒则狸德也,以儒饰贾,不亦蝉蜕乎哉,长公是已。弱而当室,唾手而致素封,则良贾也。乃若焚券以高父义,偿故负以完父名,时而抗节,则伐谋于其邻;时而折节,则受命于其弟。授之兵,则如宿将;召之役,则辇千金。此非节侠之所优为,盖庶几乎俶傥士也。季年释贾归隐,拓近地为菟裘,上奉母欢,下授诸子业。暇日,乃召宾客称诗书……迄今遗风具在,在亦翩翩乎儒哉!"②

上述看法也是当时许多徽州商人、士人和普通民众的看法,这在《太函集》的徽商传记中多有反映。如,歙商程澧谈到弃儒经商的经历时说:"澧少孤,不能事六籍。母在,不能事四方。乃今幸席故饶,宁讵坐食旧德!歙岁入不足以当什一,其民什三本业,什七化居,吾其为远游乎?"遂以经商致富。他热心宗族事业,叹言:"澧故非薄为儒,亲在,儒无及矣。藉能贾名而儒行,贾何负于儒!"③在他看来,能贾名而儒行,贾又何负于儒呢?这与"良贾何负闳儒"论如出一辙,同样是在高扬商人的伦理精神。再如,歙商吴长公自幼习儒,父亲客死异乡后,母亲坚持要他弃儒以承父业。他考虑再三后说:"儒者直孳孳为名高,名亦利也;藉令承亲之志,无庸显亲扬名,利亦名也。不顺不

---

① (明)汪道昆:《太函集》卷五四《明故处士溪阳吴长公墓志铭》,合肥:黄山书社,2004年,第1142页。

② (明)汪道昆:《太函集》卷六一《明处士休宁程长公墓表》,合肥:黄山书社,2004年,第1268页。

③ (明)汪道昆:《太函集》卷五二《明故明威将军新安卫指挥佥事衡山程季公墓志铭》,合肥:黄山书社,2004年,第1101页,第1102页。

可以为子,尚安事儒?乃今自母主计而财择之,敢不惟命。"①在实现了儒贾名利观的转化后,他欣然弃儒业贾,求利以逐名,并取得成功。吴长公的儒贾名利观及其伦理价值观,比"贾为厚利,儒为名高"更进一步,即儒名与贾利实质上相同的,儒名亦利,以业贾富家亦是儒名。在徽州,甚至连一些妇女也认同儒贾相通相用。如,程长公的夫人为家庭生济考虑,劝丈夫说:"君方屈首受经,岁入浸损,有如傥来者不可命,君其如寡母弱弟何!夫养者非贾不饶,学者非饶不给。君其力贾以为养,而资叔力学以显亲,俱济矣。"②在她看来,要养家非经商不饶,要读书致仕又必须经商致富为基础。她把儒贾相通和迭相为用的道理说得何等透彻!这种新儒贾观还被一些宗族奉为宗族生活准则。如,《汪氏统宗谱》说:"古者四分不分,故傅岩鱼盐中,良弼师保寓焉。贾何后于士哉!世远制殊,不特士贾分也,然士而贾其行,士哉而修好其行,安知贾之不为士也。故业儒服贾各随其矩,而事道亦相为通。"③在汪氏看来,业儒和服贾如果能各守其规矩,那么,两者本质上是相通的,并无职业贵贱和地位尊卑之别。

明中叶以来,一些徽州人还对"重农抑商"论予以否定,认为商不负农,以去除商人卑贱的形象,使之能获得与农民同等的地位。如汪道昆谈到传统的重农抑商论时说:"窃闻先王重本抑末,故薄农税而重征商。余则以为不然,直一视而平施之耳。日中为市,肇自神农,盖与耒耕并兴,交相重矣。耕者什一,文王不以农故而毕蠲……及夫垄断作俑,则以其贱丈夫也者而征之。然而关市之征,不逾十一,要之各得其所,商何负于农?"④在他看来,先王重本抑末是错误的,因为,商人和农民对国家的税收贡献是相同的,"商何负于

---

① (明)汪道昆:《太函集》卷五四《明故处士溪阳吴长公墓志铭》,合肥:黄山书社,2004年,第1143页。
② (明)汪道昆:《太函集》卷四二《明故程母汪孺人行状》,合肥:黄山书社,2004年,第895页。
③ 张海鹏、王廷元主编:《明清徽商资料选编》,合肥:黄山书社,1985年,第439页。
④ (明)汪道昆:《太函集》卷六五《虞部陈使君榷政碑》,合肥:黄山书社,2004年,第1352页。

农"？婺源士人江次公的看法更进一步。"(江次公)孝悌力田,且复好古。居常挟策读史,其持论往往称古人",这样一位颂古的士人却说:"予闻本富为上,末富次之,谓贾不若耕也。吾郡在山谷,即富者无可耕之田,不贾何待？且耕者十一,贾之廉者亦十一,贾何负于耕,古人病不廉,非病贾也。若弟为廉贾。"①他认为"贾不负于耕"不仅在于农与商都向国家交纳"十一"税,还在于古人病贾只是病其不廉。就是说,只要为廉贾,那么,商便不负于农。

综上所论,不难看出阳明心学世俗化伦理观蕴含着有助于新四民职业观伦理建构的因素,特别是其新四民论和对儒贾(士商)关系伦理价值的新解读,对当时徽州职业变迁,尤其是儒贾职业的变迁及其职业价值观的转换与建构产生了重要作用和影响。这种作用和影响既包括治生层面的个人与家族的生存伦理,也包括道德层面的修身养性的德性伦理。叶显恩说:"陆王一派的心学,由于对儒学的修养简易直接,尤其是其抬高商人地位的经济伦理,亦为徽商所乐于接受……王学提出'四民异业而同道''百姓日用即道',徽州就有'士商异术而同志''以营商为第一生业''良贾何负闳儒'的风俗和说法。王学崇商的观念被渗透到家法、族规、乡约中。其经济伦理因而被广泛地推向社会,并变成规范人们的自觉行动。"②此言大体是符合历史事实的。

二、朱子学世俗伦理思想与明清徽州职业观的转换与建构

如果从更深层次和整个明清时期来看,朱子的世俗化伦理观对明清徽州新职业观的建立则产生了更为根本和深远的影响。唐力行论及徽商群体心理整合时说:"宗族观念和'理学第一'成为徽州社会的普遍心理特征。这就使徽商群体心理的整合具有不同于其他商人的准备心理状态,从而影响并决

---

① (明)汪道昆:《太函集》卷四五《明处士江次公墓志铭》,合肥:黄山书社,2004年,第952页。

② 叶显恩:《儒家传统文化与徽州商人》,载《安徽师大学报》,1998年第4期,第435~448页。

定了徽商心理的形成和趋势。"①唐力行所说的徽商心理整合即是指明清徽州社会提出的"儒贾相通""士商异术而同志""良贾何负闳儒""贾何负于耕"等新四民观和职业观实现了商人心理价值的转换,而"理学第一"则是指程朱理学,特别是朱子学对这种新儒贾和士商观的转换产生了根本性的影响。

如上所述,明代中后期徽州社会对四民职业地位和价值的认识有了很大变化,不仅形成了儒贾相通、士商同道、士商合一和商不负农的新观念,甚至还出现了左儒右贾、薄名喜利的社会观念和风气,如,"休、歙右贾左儒,直以九章当六籍"②。"吾乡左儒右贾,喜厚利而薄名高"③。"古者右儒而左贾,吾郡或右贾而左儒"④。显然,这种职业观的转向已完全突破了朱子的儒贾观及其职业伦理思想。但是,我们也不难发现明清徽州又大量存在着"贾服儒行""儒贾事道相通"一类的言行。如,"大江以南,新都以文物著。其俗不儒则贾,相代若践更,要之,良贾何负闳儒,则其躬行彰彰矣"⑤。"借令服贾而仁义存焉,贾何负也"⑥。吴良儒丧父家贫,母劝其弃儒继承父业,"儒固善,缓急奚赖耶"?他退而三思后告诉母亲:"儒者直孳孳为名高,名亦利也;藉令承亲之志,无庸显亲扬名,利亦名也。不顺不可以为子,尚安事儒?乃今自母主计而财择之,敢不惟命!"⑦可见,在许多徽州人看来,事贾同样能守孝悌和行仁义,贾利同样能博得儒名和"亢宗显族"。故,徽人说,"故业儒服贾各随

---

① 唐力行:《商人与文化的双重变奏——徽商与宗族社会的历史考察》,武汉:华中理工大学出版社,1997年,第18页。
② (明)汪道昆:《太函集》卷七七《荆园记》,合肥:黄山书社,2004年,第1578页。
③ (明)汪道昆:《太函集》卷一八《蒲江黄公七十寿序》,合肥:黄山书社,2004年,第381页。
④ (明)汪道昆:《太函集》卷五四《明故处士溪阳吴长公墓志铭》,合肥:黄山书社,2004年,第1142页。
⑤ (明)汪道昆:《太函集》卷五五《诰赠奉直大夫户部员外郎程公暨赠宜人闵氏合葬志铭》,合肥:黄山书社,2004年,第1146页。
⑥ (明)汪道昆:《太函集》卷二九《范长君传》,合肥:黄山书社,2004年,第638页。
⑦ (明)汪道昆:《太函集》卷五四《明故处士溪阳吴长公墓志铭》,合肥:黄山书社,2004年,第1143页。

其矩,而事道亦相为通"①。"士商异术而同志"②。显然,这种士商观、儒贾观及其伦理价值取向超越了朱子的职业伦理观,吸收了明中叶以来新的职业伦理思想。然而,需要指出的是,这种职业伦理观并不是对朱子职业伦理观的否定,而是一种继承和转换,即理(或天理)仍是事贾或经商应当恪守的首要和根本的道德准则,或者说是徽商应当恪守的商道。这种观念与朱子从理欲之辨来论证经商营生只要恪守天理亦可为之的思想并无本质区别。两相比较,只能说朱子对此问题的理论回答比较消极和保守,而阳明心学的"四民异业而同道"和"贾服儒行"的理论阐释和论证则更为积极和激进。

更为重要的是,由于朱子学在徽州有着深远和广泛的影响,所以,它对明清徽州传统四民观的转换和新四民观的最终确立发挥了重要的作用。在徽州,"自宋元以来,理学阐明,道系相传,如世次可缀"③。许承尧则说:"于以见文公道学之邦,有不为歧路迷惑者,其教泽入人深哉。"④所以,即使是明中叶以来心学对徽州社会发起了猛烈进攻,朱子的思想依然在发挥影响,明中后期的徽州持守朱子的职业观和儒贾观者大有人在。在许多徽人看来,事贾是为生计所迫,业儒仍是最优先和最理想的职业选择,许多人在经商致富后弛贾张儒,或弃商从儒,或让子弟读书入仕。汪道昆说得很清楚,"新都业贾者什七八,族为贾而隽为儒"⑤。许多徽州家族和商人致富后,立志重振儒业,要求子孙读书业儒。明景泰、弘治间许孟洁富而好礼,作"云山书屋"命子孙业儒,"又恶夫世之人多守财虏也,常语子曰:'仆役役于利是用深愧。'"⑥在许孟洁的眼中,即使成为富商仍低儒士一等,故执意要子孙业儒。明代歙

---

① 《汪氏统宗谱》卷一六八,见张海鹏、王廷元主编:《明清徽商资料选编》,合肥:黄山书社,1985年,第439页。
② 《江氏统宗谱》卷一一六《弘号南山行状》,见张海鹏、王廷元主编:《明清徽商资料选编》,合肥:黄山书社,1985年,第440页。
③ 康熙《祁门县志》卷一《风俗》。
④ 许承尧:《歙事闲谭》,合肥:黄山书社,2001年,第607页。
⑤ (明)汪道昆:《太函集》卷一七《阜成篇》,合肥:黄山书社,2004年,第372页。
⑥ 《许氏统宗世谱·处士孟洁公行状》,见张海鹏、王廷元主编:《明清徽商资料选编》,合肥:黄山书社,1985年,第242~243页。

商王廷宾好吟咏,乐与士人交结,有人对其母说:"业不两成,汝子耽于吟咏,恐将不利于商也。"王母叹言:"吾家世承商贾,吾子能以读起家,得从士游幸矣,商之不利何足道耶!"①在她看来,商之利不足道,更高的职业选择和价值追求仍是儿子能"以读书起家"。歙商吴佩有大志,以服贾起家,常对夫人说:"吾家仲、季守明经,他日必大我家门,顾我方事锥刀末,何以亢宗?诚愿操奇赢,为吾门治祠事,所不卒事者非夫也。"②所谓"治祠事",就是以已经商所得"奇赢"为子弟业儒创造条件,以实现光宗耀祖的"亢宗"目标。明末唐模村汪凤龄则明确以朱子思想作为持家营生的准则,说:"吾新安非徽国文公父母之邦乎?今紫阳书院先圣之微言、诸儒之解诂具在,奈何而不悦学乎?且吾汪氏仕而显、贾而赢者,世有其人矣。"他晚年教育8个颇有儒商之名的儿子说:"吾以隐居废治生,诸子有志于四方甚善。但能礼义自将,不愧于儒术,吾愿足矣。"③在他看来,只要事贾能奉守朱子之道,能礼义自将,那么,儒贾便只是一种职业差别,而无伦理价值的先后和名利的差别了。

  进入清代,统治者大力倡导程朱理学,知识界和思想界也在反思和清算阳明心学的祸害。在这种形势下,阳明心学迅速衰微,朱子学全面复兴。程朱理学故里的徽州更是如此,许多徽州士人,特别是新安理学家全力清算阳明心学,倡扬朱子学。汪德元、杨泗祥、汪知默、陈二典、吴曰慎、施璜等学者利用讲会和书院,通过制定严密的讲会制度来宣扬朱子学。康熙八年(1669),杨泗祥、施璜等人制定了《紫阳讲堂会约》,其核心是"崇正学",文中规定:"务经明行修,宗尚周、程、张、朱之学。讲论悉符于践履,著述必本乎躬行。德孚闾闬,望重学林者,会长敦请贲院,阐印圣宗,以为后学标准。如侈谈二氏家言,为三教归一之说及阳儒阴佛者,不得入会。"④结果,徽州教育

---

① 歙县《泽富王氏宗谱》卷四,见张海鹏、王廷元主编:《明清徽商资料选编》,合肥:黄山书社,1985年,第456~457页。
② 《丰南志》第八册《溪南吴氏祠堂记》。
③ (清)吴伟业撰:《梅村家藏稿》卷五二《汪处士传》,台北:学生书局,1975年,影印本。
④ (清)施璜编,陈联、胡中生点校:《紫阳书院志》卷一五《会规》,合肥:黄山书社,2010年,第276页。

和思想风气为之一变,当时的徽州书院重新尊孔宗朱。由于朱子学重新占领了徽州社会,朱子的伦理思想自然会主导徽州人的职业选择和职业价值观。如,休宁《茗洲吴氏家典》明文规定要以全族之力培养读书致仕之人,"培植得一个两个好人,作将来模楷,此是族党之望,实祖宗之光,其关系匪小"①。清歙人江羲龄家贫,人劝其经商,他说:"吾家中丞公、待御公以来,世守一经,策名清时,苟不事诗书,而徒工货殖,非所以承先志也。"②类似事例在清代徽州文献中不胜枚举。徽州家族重读书和业儒的职业取向与明清其他一些重商地区人们观念有着很大不同。如,明清山西形成了仅次于徽商势力的晋商。山西人却看不起读书和为士。雍正二年(1724)五月九日,山西巡抚刘于义上奏说:"山右积习,重利之念,甚于重名。子弟之俊秀者,多入贸易一途,其次宁为胥吏。至中材以下,方使之读书应试。"五月十二日朱批回复说:"山右大约商贾居首,其次者犹肯力农,再次者谋入营伍,最下者方令读书。"③可见,山西人择业的次序依次为经商、事农、从军,最后才是读书业儒,这种职业价值观与徽州人是不同的。④

综上所述,朱子倡导的职业观及其伦理价值追求在明清徽州职业伦理转型中虽被突破和转换,但其基本的职业价值取向并没有被颠覆。在看待儒贾(士商)关系及其职业伦理价值时,明清徽州在充分肯定经商正当性的前提下,大多持守朱子士优于商的职业价值观,或对朱子的士商观进行转换,提出儒贾事道相通、士商异术而同志。事实在,在王阳明那里,读书讲学致天理仍是首务,营利治生只在其次,"若以治生为首务,使学者汲汲营利,断不可也。且天下首务,孰有急于讲学耶"?⑤从这个意义上说,朱子学与阳明心学是同

---

① (清)吴翟辑撰,刘梦芙点校:《茗洲吴氏家典》,合肥:黄山书社,2006年,第18页。
② 歙县《济阳江氏族谱》卷九《清故处士羲龄公传》。
③ 《雍正朱批谕旨》第四十七册,见张正明、薛慧林:《明清晋商资料选编》,太原:山西人民出版社,1989年,第24页,25页。
④ 关于徽州宗族及社会的职业选择的具体情况,本书第三章将专门加以探讨。
⑤ (明)王守仁撰:《王阳明全集》卷三二《补录·传习录拾遗》,上海:上海古籍出版社,1992年,第1171页。

道相通的。

目前,学术界对于朱子学和阳明心学在明清徽州儒贾观和士商观,特别是商人伦理观的转换与建构中作用和影响的看法不尽一致。有学者认为:"徽商在经济伦理上以王阳明为代表的新儒学为本,在政治伦理上却以程朱理学为依归。王学重商思想和程朱理学的以家族为本的宗族理念从两个方面驱策了徽人的营商热情。"①这种观点虽然看到了徽州商人伦理观是程朱理学和阳明心学共同建构起来的,但是,对两者在徽州商人伦理建构中作用的认识不够具体。事实上,朱子学对徽州人伦理观的影响是全方位的,对徽商活动也有直接影响。有些观点对阳明心学、对明清徽州商人职业伦理观的转换认识不够。有学者考察明清徽商职业观与宗族伦理关系时说:"我们在商人身上看到一般儒家伦理和传统家族伦理的矛盾与妥协。简言之,儒家伦理并不鼓励人们经商致富,但为了实现儒家伦理的价值观——即学文读圣书以举仕,经商致富又是一项最有效的手段,类似'光宗耀祖'的家族伦理是促使某些人经商致富的原动力,但是要实现这个目标最后却又非放弃经商致富的手段不可。"其结论是:"从家族伦理到商人企业精神,再到儒家伦理,三者似乎可以形成一个循环关系。"②有的观点认为,利用阳明心学对以朱子学为代表的四民职业观的转换和改造虽然并未完全摆脱传统思想的藩篱,却又说:"新的价值观念已替代传统的价值观念成为徽州人行为方式的指南。新的商业价值观的宣传和接受,减轻了徽人从商的心理压力,这是明清徽州商业社会形成的思想基础。"③我认为,这些观点均可商榷。

事实上,明清徽州所建构的商人伦理观主要是以朱子的伦理观为本位和旨归,同时充分吸收了阳明心学等明清思想家重视个人主体性、治生伦理及"新四民观"等思想。但是,其伦理价值追求基本没有突破宋明以来以朱子学

---

① 叶显恩:《儒家传统文化与徽州商人》,载《安徽师大学报》,1998年第4期,第435~448页。
② 陈其南:《明清徽州商人的职业观与家族主义》,载《江淮论坛》,1992年第2期,第51~62页。
③ 李琳琦:《传统文化与徽商心理变迁》,载《学术月刊》,1999年第10期,第79~85页。

为代表的儒学传统。况且,朱子学与阳明心学的儒家核心价值理念是一致的,即,"天理人欲四字,是朱、王印合处"①。下文将对朱子的伦理观在各层面为徽州商人职业伦理观的最终确立的影响和作用加以较全面的考察,因为,只有当明清徽州建立起新的商人和商业伦理观,才能真正完成明清徽州四民职业转换的中心问题——儒贾观和士商观的转换和构建。

第四节　朱子的伦理观与徽商伦理价值观的全面确立

一、朱子的理欲之辨与徽州商业治生伦理的建构

理欲之辨是宋明理学的核心问题,"'理欲'是理学家使用得最多最广泛的一对范畴。按照理学心性论的逻辑结构,许多范畴都和'理欲'有关。从某种意义上说,它们是理学人性论、人生论的最后总结"②。朱子正是以理欲之辨为核心,对公私、义利、诚信及四民职业伦理问题作了系统阐发,既承继了传统儒家伦理的核心价值,又有诸多新发展。为了适应商品经济的发展和人们大量事贾的需要,明清徽州以朱子伦理价值观为基础,同时吸取阳明心学等明清思想家重视个人主体精神、个人治生及"新四民观"等职业伦理思想,建构起一种以家族或宗族利益为出发点和归宿点,以服膺天理及其函括的仁义、奉公、诚信等为经营理念和职业伦理价值追求的新商业伦理观。

天理是程朱理学的最高伦理范畴,作为理学集大成者的朱子高度重视理欲之辨,主张"存天理,灭人欲",将其作为伦理观和道德修养的根本。同时,他也意识到禁欲主义无法满足人的正常需要,难以真正持久实施,因此,修改了那种将理和欲截然对立的禁欲主义理欲观,承认理欲有同一性,肯定了人的正当欲望。朱子的理欲观对明清徽州商业和商人伦理观的转换和建构产

---

① (清)黄宗羲:《明儒学案》卷十《姚江学案》,北京:中华书局,1985年,第198页。
② 蒙培元:《理学范畴系统》,北京:人民出版社,1989年,第299页。

生了直接影响。唐力行说:"朱熹的理学虽不是商人文化,但是他对'人欲'的两重解释,却为徽州商人将理学熔铸入商人文化提供了可能。"①明清徽州对朱子理欲观的诠释和转换包括公私、义利、诚信等诸多层面的丰富内容。这里,先考察其最直接的两个方面。

一方面,天理及理学成为明清徽州建构商业伦理的根本,徽商大多以天理作为安身立命的准则和人生的终极追求。徽州著名商书、明天启年间程春宇编辑的《士商类要》卷四专辟《养心穷理》篇,说:"夫君子存心皆天理,天理存则心平而气和,心平而气和则人有过自能容之矣……然则学量之功何先?曰穷理。穷理则明,明则宽,宽则恕,恕则仁矣。"②许多徽商服膺理学,甚至精研理学。休宁商人汪铋,"居尝精研理学,欲希圣超凡"③。明代歙县商人胡山对子孙耳提面命:"吾有生以来惟膺天理二字,五常万善莫不由之。仰不愧天,俯不怍人,南面而王天下,乐何逾此。因名其堂为'居理'。"④一些徽商对性理之学还颇有研究。如,清歙县商人许明贤,"深究性命之学,以诚敬为宗。教子读书,取友尤有法。一日渡江,取诸子所辑时文投江中曰:'此无益之学,命编辑历代史论及名臣事略为二书。'"⑤休宁商人汪应浩精研理学为一般儒士望尘莫及,"虽游于贾人乎,好读书,其天性雅善诗书,治《通鉴纲目》《家言》《性理大全》诸书,莫不综究其要,小暇披阅辄竟日。每遇小试,有宿士才人茫不知论题始末者,质之,公出某书某卷某行,百无一谬"⑥。有些徽商在古稀之年对性理之书仍爱不释手,如,清代徽商汪扬烈,"年七十余,旦夕诵四子书不倦"⑦。理学对徽商的修身养性也确实发挥了重要作用。绩溪商人章策积

---

① 唐力行:《商人与中国近世社会》,北京:商务印书馆,2006年,第204页。
② (明)程春宇《士商类要》,见杨正泰:《明代驿站考》,上海:上海古籍出版社,1994年,第358页。
③ 康熙《休宁县志》卷六《人物·孝友》。
④ (明)李维桢:《大泌山房集》卷七三《胡仁之家传》,济南:齐鲁书社,1997年,影印本。
⑤ 道光《徽州府志》卷一二《人物志五·义行》。
⑥ 《休宁西门汪氏宗谱》卷六《光禄应诰以七秩寿序》。
⑦ 道光《徽州府志》卷一二《人物志五·义行》。

书万卷,"暇辄手一编,尤喜先儒语录,取其有益身心以自励,故其识量有大过人者"①。

另一方面,徽商大多奉行"勤俭起家""崇俭黜奢"等为齐家治业的准则,可谓是对朱子理欲观的践行。《士商类要》卷二中的《贸易赋》篇说:"贸易之道,勤俭为先,谨言为本……守成不易,创业尤难。祖若念孙,切莫欢娱轻易费;孙当念祖,许多辛苦换将来。"卷四中的《立身持己》篇又说:"勤俭为治家之本,斯言信矣。夫人一勤则天下无难事,其功名富贵无不自勤中来也。一俭则胜于求人,其布帛粟麦未尝不是俭中事也。"②徽州家规也多立有此类信条。休宁《茗洲吴氏家典》规定:"子孙以理财为务者,若沉迷酒色,妄肆费用,以致亏陷,父兄当核实罪之。"③绩溪仁里的《鱼川耿氏宗谱》"家族规则"的"曰崇俭"条批评当时族人趋于奢侈的风气,倡导"俭以养廉"的古训,指出:"嗣后务嘱其族人,称家之有无,量财为出入,举凡时世上一切争相效仿之新装在所必禁,人事上牢不可破之繁文在于必革。久之,将各以俭约相矜,而以奢侈为戒。庶家给人足,日企敦庞矣。故终之以崇俭。"④徽商勤俭起家和崇俭黜奢在其他文献中也多有记载。顾炎武说:"新都勤俭甲天下,故富亦甲天下……青衿士在家闲,走长途而赴京试,则裋褐至骭,芒鞋跣足,以一伞自携,而奇舆马之费。问之则皆千万金家也。徽人四民咸朴茂,其起家以资雄闾里,非数十百万不称富也,有自来矣。"⑤徽商妇更是崇俭黜奢的楷模,"女人尤称能俭,居乡者数月,不占(沾)鱼肉,日挫针治缝纫绽……徽欲能蓄积,不至匮漏者,盖亦由内德矣"⑥。徽商尚俭的重要原因即在于他们秉持和践履朱子理欲观,下面这条史料充分说明了这点。歙县大盐商鲍志道(字诚一),

---

① 绩溪《西关章氏族谱》卷二六《例授儒林郎候选布政司理问绩溪章君策墓志铭》。
② (明)程春宇:《士商类要》,见杨正泰:《明代驿站考》,上海:上海古籍出版社,1994年,第300~301页,第357页。
③ (清)吴翟辑撰,刘梦芙点校:《茗洲吴氏家典》,合肥:黄山书社,2006年,第19页。
④ 绩溪《鱼川耿氏宗谱》卷五,民国八年(1919)本。
⑤ (清)顾炎武撰:《肇域志·江南十一·徽州府》,上海:上海古籍出版社,2004年。
⑥ 康熙《徽州府志》卷二《风俗》。

"业鹾淮南,遂家扬州。初扬州盐务竞尚奢丽,一婚嫁丧葬,堂室饮食,衣服舆马,动辄费数十万……自诚一来扬,以俭相戒,值郑鉴元好朱程性理之学,互相倡率,而侈靡之风,至是大变。诚一拥资巨万,然其妻妇子女,尚勤中馈箕帚之事。门不容车马,不演剧,淫巧之客,不留于宅"①。

二、朱子的公私之辨与徽商各层次公私观的建立

正确看待公私关系,即集体利益、个人利益及其关系,是儒家伦理的基本问题之一。朱子十分重视公私之辨,说:"人只有一个公私,天下只有一个邪正。"②他将公私之辨与理欲之辨密切结合起来,认为理欲关系本质上是公私关系,公私便是区分理欲的标准,"心之所主,又有天理人欲之异,二者一分,而公私邪正之涂判矣"③。"而今须要天理人欲,义利公私,分别得明白"④。朱子将理欲与公私之辨联系起来,旨在阐明个人利益要服从集体利益,当两者发生冲突时,要牺牲前者来维护后者,即"存天理,灭人欲"。有学者认为,"天理人欲之分便是公私之分,这是朱子和理学家的共同看法"。"'存天理,灭人欲'就其实质而言,反映了群体利益和个体利益的冲突"。⑤ 在朱子看来,为什么公私之辨如此重要呢?首先,公即是公理,仁即天下之公,两者本质上是相同的,"盖公只是一个公理,仁是人心本仁。人而不公,则害夫仁"⑥。"仁者,天下之公,私欲不萌,而天下之公在我,何忧之有"⑦。可见,公即是仁,仁即是公。其次,公与仁又是体用关系,公是仁的道理,是实现仁的方法,只有实现公,才能达到仁。"仁是爱底道理,公是仁底道理。故公则仁,

---

① (清)李斗撰:《扬州画舫录·城北录第六》,北京:中华书局,1960年,第148~150页。
② (宋)黎靖德编:《朱子语类》卷一三《学七》,长沙:岳麓书社,1997年。
③ (宋)朱熹:《晦庵先生朱文公文集》卷一三《延和奏札二》,《四部丛刊》景明嘉靖本。
④ (宋)黎靖德编:《朱子语类》卷一三《学七》,长沙:岳麓书社,1997年。
⑤ 蒙培元:《理学范畴系统》,北京:人民出版社,1989年,第305页,第310页。
⑥ (宋)黎靖德编:《朱子语类》卷九五《程子之书一》,长沙:岳麓书社,1997年。
⑦ (宋)黎靖德编:《朱子语类》卷三七《论语十九》,长沙:岳麓书社,1997年。

仁则爱"。"公是仁的方法"。"公却是仁发处。无公,则仁行不得"①。再者,公私之分也就是君子与小人之分,"君子公,小人私"②。"君子之心公而恕,小人之心私而刻,天理人欲之间,每相反而已"③。

朱子将理欲之辨与公私之辨联系起来,实际上是要对个人生活伦理与集体生活伦理的关系加以厘定和规范。朱子的公私观旨在使个人利益服从群体利益,当两者发生冲突时,则要牺牲个人利益来维护群体利益,即"存天理,灭人欲"。朱子的公私观得失并存,"理学把主体意识归结为群体意识,以此为人的最高的内在价值,一方面表现了社会历史的责任感和使命感,但同时又是以牺牲个体意识为其代价……但是到理学后期,普遍出现了对个体意识的重视,这当然同资本主义商品经济的出现有密切关系"④。在阳明心学中,王艮的"安身立本"和"尊身即尊道"的唯我论否定了朱子的公私观。王艮提出"安身"即是立本,安身即是"保国"和"保天下",说:"是故身也者,天地万物之本也,天地万物,末也。知身之为本,是以'明明德'而'亲民'也。身未安,本不立也。'本乱而末治者否矣'。本先乱,治末愈乱也。故《易》曰:'身安而天下国家可保也。'"⑤又说:"安身以安家而'家齐',安身以安国而'国治',安身以安天下而'天下平'也。""不知身不能保,又何以保天下国家哉?"⑥他还从"尊身"即"尊道"的角度论证了唯我论,说:"身与道原是一件,至尊者此道,至尊者此身。尊身不尊道不谓之尊身,尊道不尊身不谓之尊道。须道尊身尊,才是'至善'。"⑦王艮从安身与保国、保天下的同一性,即个人利益与家国

---

① (宋)黎靖德编:《朱子语类》卷六《性理三》,长沙:岳麓书社,1997年。
② (宋)黎靖德编:《朱子语类》卷二四《论语六》,长沙:岳麓书社,1997年。
③ (宋)朱熹:《论语集注》卷七《子路第十三》,清文渊阁《四库全书》本。
④ 蒙培元:《理学范畴系统》,北京:人民出版社,1989年,第177～178页。
⑤ (明)王艮撰:《王心斋全集·明儒王心斋先生遗集卷一·语录》,南京:江苏教育出版社,2001年,第33页。
⑥ (明)王艮撰:《王心斋全集·明儒王心斋先生遗集卷一·语录》,南京:江苏教育出版社,2001年,第34页。
⑦ (明)王艮撰:《王心斋全集·明儒王心斋先生遗集卷一·语录》,南京:江苏教育出版社,2001年,第37页。

集体利益同一性(一物)的角度论证了安身即立本和尊身即尊道(良知),这种观点虽未否定维护集体利益,然而,它将个人利益(私)视为集体利益(公)的基础,充分肯定了维护私利的合理性,一反朱子将集体利益凌驾于个人利益之上,以致牺牲个人利益的主张。这种唯我论的伦理观虽是指向社会各阶层的,但是,更主要的是有利于明中叶以来不断扩大的商人阶层,旨在为人们经商治生和追求财富作出伦理合法性的证明。既然安身、保身与保国、保天下是一物,那么经商治生就与儒士修身、齐家、治国、平天下一样是"善",尊身便是实现至善的"尊道"之路。

明清徽州在建立新的商业伦理观时,无疑吸取了阳明心学,特别是阳明左学重视个体意识和权利的思想,即私与私利的思想,这从明清徽州诸多文献中挺立商人主体价值和强调商人社会地位的记述中能够得到许多反映。不过,明清徽州商业主流价值观并不否定朱子重视群体利益的思想,徽商实际上仍将奉公和守公作为处理公私关系的前提和根本,私(利)必须服从和服务于公(利)。《士商类要》卷二《经营说》指出:"凡人作事,先须克己无私。为客经营,勿以贪小失大……财何损身,只为私贪而致害。利终养己,盖因公取以成家。"①具体而言,徽商公私观主要表现在处理与宗族、乡里、社会和国家等不同层面的公私关系等方面,用个人经商所获得的财富来服务和造福宗族、乡里、社会和国家。

徽商十分重视维护宗族利益,利用朱子伦理建立起发达的宗族制度。清初休宁名士赵吉士说:"新安各姓,聚族而居,绝无一杂姓搀入者,其风最为近古。出入齿让,姓各有宗祠统之,岁时伏腊,一姓村中千丁皆集,祭用文公家礼,彬彬合度。父老尝谓新安有数种风俗,胜于他邑,千年之冢,不动一抔,千丁之族,未尝散处,千载谱系,丝毫不紊。"②又说:"一姓也而千丁聚居,一抔也而千年永守,一世系也而千派莫紊,率皆通都名郡所不能有,此岂非谈道讲

---

① (明)程春宇:《士商类要》,见杨正泰:《明代驿站考》,上海:上海古籍出版社,1994年,第301页。
② (清)赵吉士辑撰:《寄园寄所寄》,合肥:黄山书社,2008年,第872页。

学,沐浴紫阳之所留遗欤?"①为南宋以后家族制度作了具体设计的《朱子家礼》被徽州人奉为圭臬,几乎是家家奉读,户户践行。《朱子家礼》成为徽州人制定族规、家典和家训的依据和蓝本。《茗洲吴氏家典·序言》说:"吴氏族规乃推本紫阳家礼,而新其名家典。"《家礼序》指出《朱子家礼》的宗旨在于:"大抵谨名分、崇敬爱以为之本……诚愿得与同志之士熟讲而勉行之,庶几古人所以修身齐家之道、谨终追远之心犹可以复见,而于国家所以崇化导民之意,亦或有小补云。"②可见,朱子希望通过家族伦理及其制度来教导人们(私)正确处理包括家族在内的不同层面"公"的关系。这一思想和期望在明清徽州社会得到了充分的落实。

徽商的经营一般是宗族性的。傅衣凌说:"徽商的活动和其乡族利益是相连带着的。所以他们的外出,常是全乡经商,集团移徙。"③这种宗族性的经营造就了许多徽商世家大族,如清代中叶,"宏村(属黟县)名望族,为贾于浙之杭绍间者尤多"④。为了宗族等群体利益,徽商在竞争中往往利用朱子伦理"以合济争"。他们在全国各地设立徽州会馆和公所等,其中多供奉和祭祀朱子(徽国文公),会馆房舍兼为"朱子堂""文公祠",《朱子家礼》亦被用于维持会馆的内部关系上,以凝聚同族和同乡力量共同对外竞争。如吴江县盛泽镇徽宁会馆,"殿之东,建造行馆,供奉紫阳徽国朱文公"。"正殿三间,正供威显仁勇协天大帝神座;东供忠烈王汪公大帝神座;西供东平王张公大帝神座"。⑤朱子和汪氏祖先汪华(因汪氏商人在盛泽镇势力最大)同时受到祀奉,"这充分说明了徽商的群体归属感是与宗族归属感紧紧黏合在一起

---

① 康熙《休宁县志》卷一《风俗》。
② (宋)朱熹:《朱子全书》第七册《朱子家礼·家礼序》,上海:上海古籍出版社,合肥:安徽教育出版社,2005年,第873页。
③ 傅衣凌:《明代徽州商人》,见《江淮论坛》编辑部编:《徽商研究论文集》,合肥:安徽人民出版社,1985年,第30页。
④ 道光《黟县续志》卷一五《艺文·汪文学传》。
⑤ 《合建徽宁会馆缘始碑》(道光十二年十二月),见彭泽益选编:《清代工商行业碑文集粹》,郑州:中州古籍出版社,1997年,第152页。

的"①。当然,这种宗族经营在带来一荣俱荣的同时,往往也会导致一损俱损。金声说:"歙休两邑民皆无田,而业贾遍于天下。自寇乱,破家荡产者大半。夫两邑人以业贾故,挈其亲戚知交而与共事,以故一家得业,不独一家食焉而已。其大者能活千家百家,下亦至数十家数家。且其人亦皆终岁客居于外,而家居者亦无几焉。今不幸而一家破则遂连及多家与俱破。"②

许多徽商致富后,热心宗族之事,建义仓、兴赈会、置祀田、设义塾、立文社、建学宫、施棺木、修会馆、造桥和砥道等。《士商类要》卷四《和睦宗族》篇说:"凡处宗族,当以义为重。盖枝派虽远,根蒂则同。仁人之恩。由亲以及疏,笃近而举远,岂可视之如路人邪。昔范文正公为参知政事,所得俸禄必与宗族人共享之。尝曰:'吾不如此,将何面目见祖宗于地下。'又立义田以周宗族之贫乏者,是岂不可以为万世亲亲者法哉。"③明代歙县商人李天祥,"读书好义,宗族贫乏者恒周之。又置义田,凡丧葬嫁娶饥寒无资及有志读书者,皆取给焉"④。明代祁门商人胡天禄,"幼贫而孝。后操奇赢,家遂丰。先是族人失火焚居,天禄概为新之。又捐金定址建第宅于城中,与其同祖者居焉。又输田三百亩为义田,使蒸尝无缺。塾教有赖,学成有资,族之婚嫁丧葬与娶妇无依穷而无告者,一一赈给"⑤。在扬州经商的清代歙商鲍光甸,对族中贫困者均以救济,"置祠产,刊谱牒,兴义塾,恤孤寡,族人之无告者周之,散处他郡者收之,尝曰:'我家世传忠厚,视力之能为者,必亟为之,不敢以薄德忝先绪也。'"⑥

徽商还十分热心地方和社会公益事业。乾隆时期的两淮总商鲍志道生平好施,"敦本好义,捐银八千两,增置城南紫阳书院膏火。偕曹敏公倡复此

---

① 唐力行:《商人与中国近世社会》,北京:商务印书馆,2006年,第39页。
② (明)金声:《金太史集》卷四《书·与歙令君》,海口:海南出版社,2000年,第82页。
③ (明)程春宇:《士商类要》,见杨正泰:《明代驿站考》,上海:上海古籍出版社,1994年,第359页。
④ 康熙《徽州府志》卷一五《人物志四·尚义传》。
⑤ 康熙《徽州府志》卷一五《人物志四·尚义传》。
⑥ 道光《徽州府志》卷一二《人物志五·义行》。

阳书院,出三千金落成之"①。清代著名徽商程光国的义行声名更是显赫,史载其幼倜傥,善读书,"输军饷,奉旨议叙以主事即用。庚子南巡,恩赐御书。甲辰南巡,赐燕、赐福字。篁墩程朱阙里祠奉旨敕建,年久就圮。光国独力修葺,增置祀产,以垂永久。言于邑令,张公佩芳倡问政书院,襄办城南紫阳书院,捐资添助膏火,复偕曹文敏公经理古紫阳书院……念里人客死江浙,柩不得归,买舟载归。子孙力能葬者,听葬;不能者,于南乡深渡买地为广……歙北箬岭倾圮难行,重修之,以便行人。阳湖洪亮吉为之记。他如设义学,置东郊义冢,修两城大路,施棺施药,收养遗弃婴孩,赈恤孤贫诸义事,不可枚举。里人感其德,义捐祀两紫阳书院卫道斋。嘉庆十年,奉旨崇祀乡贤祠"②。助赈是徽商从事社会公益事业的重要内容。清初婺源商人戴公选,"少习举子业,长贾湘汉间。顺治丁亥岁大祲,输资运米以赈,全活甚众。逋券盈匦,贫不能偿者,悉焚之"③。有些徽商的捐赈力度特别大。史载:"乾隆三年十月盐政三保奏:据众商以扬郡被旱,愿设八厂煮粥,自本年十一月起至次年二月止,共捐银十二万七千一百六十六两有奇;又商人汪应庚独捐银四万七千三百一十两有奇,请给议叙嗣子。"④鲍志道之子鲍漱芳,在嘉庆十年(1805)夏洪泽湖涨决时,集议公捐米 6 万石助赈,"于各邑设厂,并赴泰州躬亲督视。是年,淮黄大水,漫溢邵伯镇之荷花塘。漱芳倡议仍设厂赈济,并力请公捐麦四万石,展赈两月,所存活者不下数十万人"⑤。

徽商的奉公还体现在报效国家上。有学者说:"自古以来,中国的'家'与'国'是相通的,而不是对峙的。虽然在物质利益方面,中央政府与地方个人之间可能存在冲突矛盾,但是在文化价值的深层意识中,忠心报国一直是主流价值。"⑥商书和许多徽商的族规、家训明文规定要及时向国家缴纳税粮。

---

① 民国《歙县志》卷九《人物志·义行》。
② 道光《徽州府志》卷一二《人物志五·义行》。
③ 康熙《徽州府志》卷一五《人物志四·尚义传》。
④ 《清盐法志》卷一五四(两淮五五)《杂记门二·捐输二·助赈》。
⑤ 民国《歙县志》卷九《人物志·义行》。
⑥ 陆益龙编著:《中国历代家礼》,北京:北京图书馆出版社,1998 年,第 50 页。

《士商类要》卷四中的《立身持己》篇说:"税粮乃国家重务,迟速必不可免者,每年宜早办完纳,毋得延挨,自取罪辱。"①《璜蔚志·训族歌》说:"三训忠,要急公。饱食暖衣歌帝德,尊君亲上见仁风。粮早纳,役早供,官吏何当来累汝,还有奖赏到乡农。士子读书思报国,陇亩臣庶乐年丰。安分守法家室庆,长在光天化日中。要急公,教以忠。"②明初休宁商人程宾赐,"少有志。略年十三,率丁夫于池州伐海船木,起赴郡。又奉例改造戊戌自实田,一秉至公。尝捐己币,倡诸父、昆弟以赎石灰山之役。又自婺源伐巨木五千余送安庆,以应和买之令。太祖命光禄赐膳内府给价以嘉之"③。清代歙县盐商江登云曾对人说:"丈夫志功名为国家作梁栋材,否亦宜效毫末用,宁郁郁侪偶中相征逐以终老耶!"④助饷是徽商报国的重要形式,清代尤巨,"或遇军需,各(盐)商报效之例,肇于雍正年,芦商捐银十万两。嗣乾隆中金川两次用兵,西域荡平,伊犁屯田,平定台匪,后藏用兵,及嘉庆初川、楚之乱,淮、浙、芦、东各商所捐,自数十万、百万以至八百万,通计不下三千万。其因他事捐输,迄于光绪、宣统间,不可胜举"⑤。徽商为两淮、浙江盐商的中坚,因此清代商人捐饷多出自徽商。有的徽商甚至毁家纾难报国。顺治二年(1645),清兵逼江阴城,徽商程壁散家资充饷,"而身乞师于吴淞总兵官吴志蔡。志蔡至,壁遂不返"⑥。

---

① (明)程春宇:《士商类要》,见杨正泰:《明代驿站考》,上海:上海古籍出版社,1994年,第357页。
② 《璜蔚志》编纂组编:《徽州古村落——璜蔚志》,黄山:黄山市委机关印刷厂,2007年,第156页。
③ 康熙《徽州府志》卷一五《人物志四·尚义传》。
④ 歙县《济阳江氏族谱》卷九《清覃恩累晋武功大夫袁临时将署南赣总兵官登云公原传》。
⑤ 赵尔巽等撰:《清史稿》卷一二三志九八《食货四·盐法》,北京:中华书局,1977年。
⑥ 《徽志补遗》,张海鹏、王廷元主编:《明清徽商资料选编》,合肥:黄山书社,1985年,第401页。

三、朱子的义利观与徽商的伦理价值追求

义和利是一对标志道德原则和物质利益、个人价值和群体价值、动机和效果的价值范畴。义和利的伦理内涵包含两层意思：一是道德行为和物质利益的关系，义是指道德行为之当然，利是指物质利益。利又有公利与私利之分，凡是追求个人利益，并损害民族和国家利益的，称为私利；凡是谋求国家和民族利益的，称为公利。二是动机和效果的关系。凡是强调义，主张以之作为道德评判标准，只讲动机，不问效果的，属于动机论；反之，以利作为评价标准，只管行为效果，不问道德动机的，属于效果论。①

朱子十分重视义利之辨，说："义利之说，乃儒者第一义。"②他继承儒家重义轻利的传统，并把义(有时亦称仁义)纳入天理范畴，属天理之公；把利与人欲相联系，属人欲之私；主张重义轻利，循义而利无不在。他说："义者，天理之所宜；利者，人情之所欲。"③又说："仁义根于人心之固有，天理之公也。利心生于物我之相形，人欲之私也。循天理，则不求利而自无不利，殉人欲，则求利未得而害己随之。"④义在社会生活中便是天理所规定的当然行为，为人之正道，"义者，宜也。乃天理之当行，无人欲之邪曲，故曰正路"⑤。圣贤以仁义为本，"圣人之心，浑然天理……其视不义之富贵，如浮云之无有，漠然无所动于其中也"⑥。义利之别即君子与小人之别，"君子只理会义，下一截利处更不理会。小人只理会下一截利，更不理会上一截义"。"小人则只计较利害，如此则利，如此则害。君子则不顾利害，只看天理当如何"⑦。他主张

---

① 葛荣晋：《中国哲学范畴通论》，北京：首都师范大学出版社，2001年，第532页。
② (宋)朱熹：《晦庵先生朱文公文集》卷二四《与延平李先生书》，《四部丛刊》景明嘉靖本。
③ (宋)朱熹：《论语集注》卷二《里仁第四》，清文渊阁《四库全书》本。
④ (宋)朱熹：《孟子集注》卷一《梁惠王章句上》，清文渊阁《四库全书》本。
⑤ (宋)朱熹：《孟子集注》卷七《离娄章句上》，清文渊阁《四库全书》本。
⑥ (宋)朱熹：《论语集注》卷四《述而第七》，清文渊阁《四库全书》本。
⑦ (宋)黎靖德编：《朱子语类》卷二七《论语九》，长沙：岳麓书社，1997年。

"见不义之财勿取"①。

朱子生活在商品经济不断发展的南宋社会,仕宦之家经商愈来愈多,他本人及其家族中的成员也从事过商业活动。因此,他根据社会发展和现实需要,对义利对立的思想作了修正,主张义利结合,在遵循天理,即义的基础上来讲利和求利。一是肯定追求正当之利符合人性,是合理的,只是反对专求利和讲利。他同意二程的"君子未尝不欲利,但专以利为心则有害"②的观点,更提出:"圣人岂不言利?"③但是,反对一味趋利,说:"若说全不要利,又不成特地去利而就害。""利不是不好。但圣人方要言,恐人一向去趋利。"④又说:"然义未尝不利,但不可先说道利,不可先存求利之心。"⑤二是指出利与义具有同一性,说:"利是那义里面生出来底,凡事处得合宜,利便随之。所以云'利者,义之和',盖是义便兼得利。"⑥循义天理便能得利,"正其谊,则利自在;明其道,则功自在"⑦。又说:"'罕言利'者,盖凡做事,只循这道理做去,利自在其中矣。"⑧朱子还身体力行,在经商中以义取利。如,针对建阳许多书坊专为赢利,滥印劣质书籍的情况,他自开书坊编制高质量书籍,生意日盛。此举引起同道的非议乃至反对,可是他坚持自己的行为。⑨ 朱子的义利观及其经商言行打破了禁欲主义义利观的闸门,有利于商人新职业伦理观的转换与建立。

---

① (宋)朱熹:《朱子家训》,见(清)石成金编:《传家宝集》,北京:北京师范大学出版社,1992年,第350页。
② (宋)朱熹:《孟子集注》卷一《梁惠王章句上》,清文渊阁《四库全书》本。
③ (宋)黎靖德编:《朱子语类》卷三六《论语十八》,长沙:岳麓书社,1997年。
④ (宋)黎靖德编:《朱子语类》卷三六《论语十八》,长沙:岳麓书社,1997年。
⑤ (宋)黎靖德编:《朱子语类》卷五一《孟子一》,长沙:岳麓书社,1997年。
⑥ (宋)黎靖德编:《朱子语类》卷六八《易四》,长沙:岳麓书社,1997年。
⑦ (宋)黎靖德编:《朱子语类》卷三七《论语十九》,长沙:岳麓书社,1997年。
⑧ (宋)黎靖德编:《朱子语类》卷三六《论语十八》,长沙:岳麓书社,1997年。
⑨ 周茶仙:《简论朱熹的商业思想》,载《朱子学刊》2004年卷,第168~178页。

义利之辨是商人职业伦理观的核心，如何看待义利关系反映了商人的不同商业操守和伦理价值追求。明清徽州在构建新商业伦理时，秉承和践行了朱子以义取利、以义制利的道德准则。《士商类要》卷四中的《立身持己》篇谆谆告诫不能为富不仁和重利忘义，"富以能施为德""惟知有己，好议人之差错，不责己之过失，嫉贤妒能，重利忘义，尤善于拒谏怖非，难逃乎。口评众论，一日时衰运去，祸起萧墙，盖为不仁之所召也"①。一些商人结合自身经验对以义为利进行阐发，指出只有持义和重义才能真正求利和获利。明代婺源商人李大嵩对继承者传授心得："财自道生，利缘义取。"②清黟县商人舒遵刚引经据典对以义为利的阐发尤为深刻，他曾训诲后辈说："圣人言，生财有大道，以义为利，不以利为利。国且如此，况身家乎！人皆读四子书，及长习为商贾，置不复问，有暇辄观演义说部，不惟玩物丧志，且阴坏其心术，施之贸易，遂多狡诈。不知财之大小，视乎生财之大小也，狡诈何裨焉。吾有少暇，必观《四书》《五经》，每夜必熟诵之，漏三下始已。句解字释，恨不能专习儒业，其中义蕴深厚，恐终身索之不尽也，何暇观书哉！"又说："钱，泉也，如流泉然。有源斯有流，今之以狡诈求生财者，自塞其源也……圣人言，以义为利，又言见义不为无勇。则因义而用财，岂徒不竭其流而已，抑且有以裕其源，即所谓大道也。"③

徽商致富后往往重义轻利，化利为义。赵吉士的这段话很有代表性。他说："吾乡之人俭而好礼，吝啬而负气。其丰厚之夫家资累万，尝垂老不御绢帛，敝衣结鹑，出门千里，履草屦，襆被自携焉。乡党有称贷，锱铢升斗见于面。岁时伏腊必燕饮酬酢，一介不取与，干糇必报。呜呼，何其细也。然急公趋义，或输边储，或建官廨，或筑城隍，或赈饥恤难，或学田、道路、山桥、水堰之属，且输金千万而不惜。甚至赤贫之士，黾勉积蓄十数年，而一旦倾囊为

---

① （明）程春宇：《士商类要》，见杨正泰：《明代驿站考》，上海：上海古籍出版社，1994年，第356页，第357页。
② 婺源《三田李氏统宗谱·环田明处士松峰李公行状》。
③ 同治《黟县三志》卷一五《艺文·人物类·舒君遵刚传》。

之。呜呼,又何其慷慨好义也!"①外人对此也颇有称颂:"往新都(徽州)土,数为余称,郡中多贤豪为名高第,于所传之非萤萤于财役,要以利为德于当世,富而仁义附焉。"②有些徽商甚至舍利取义。清初婺源人汪拱乾,"赋性慷慨,人有缓急有求悉应。积券凡八千余金。一日,召当偿者来,合券遍归之。总督于成龙给冠带,旌其间"③。清歙县商人叶良茂,"尝客常熟。值岁饥,以粟出贷,粟尽。继之以钱,以什器,囊橐一空。及秋获,人谋欲偿之,良茂焚其券,颂声载路"④。祁门商人汪文德在扬州经商。顺治二年(1645),清军南下,"文德率弟健诣豫王军前,以金三十万犒师,且请勿杀无辜。王义其言,欲官之。不受。曰:'愿为农夫。'王笑,从之"⑤。黟县商人叶万生甚至舍生取义。顺治五年(1648)三月,江西王之贞破黟县城,掳掠四乡,村民逃到吴家坞,几日无食。他潜回村中取粮和侦探时被抓,被问村人所藏处不说,"挟之以刃,又置积薪上,环之以火。公骂公贼不绝,终不言村人藏匿所,遂被害"⑥。

四、朱子的诚信观与徽商经商之道

诚信是商业伦理的基本信条。儒家伦理将诚信作为其基本范畴,视其为立身处世的根本准则,提出了"以诚为本""人无信不立"的伦理规范。朱子秉承儒家诚信观,并将诚信纳入天理的范畴。

关于诚。朱子将"诚"上升到宇宙和人生本体论的高度,视"诚"为天理,"天地之道,可一言而尽,不过曰诚而已"⑦。那么,何谓诚?他说:"诚者,真

---

① 康熙《徽州府志》卷一五《人物志四·尚义传》。
② 《休宁四门汪氏大公房挥金公支谱》卷四《明威将军南昌卫指挥金事新公墓表》,见张海鹏、王廷元主编:《明清徽商资料选编》,合肥:黄山书社,1985年,第331~332页。
③ 康熙《徽州府志》卷一五《人物志四·尚义传》。
④ 道光《徽州府志》卷一二《人物志五·义行》。
⑤ 康熙《徽州府志》卷一五《人物志四·尚义传》。
⑥ 《黟县南屏叶氏族谱》卷一《质行》。
⑦ (宋)朱熹:《中庸章句集注》第二十六章,清文渊阁《四库全书》本。

实无妄之谓,天理之本然也。诚之者,未能真实无妄而欲其真实无妄之谓,人事之当然也。"①又说:"诚者,合内外之道,便是表里如一,内实如此,外也实如此。"②因此,诚是认识和实践的最高准则,"天下之物,皆实理之所为,故必得是理,然后有是物。所得之理既尽,则是物亦尽而无有矣。故人之心一有不实,则虽有所为亦如无有。而君子必以诚为贵也"③。诚是"五常"之基础,"理一也。以其实有,故谓之诚。以其体言,则有仁义礼智之实,以其用言,则有恻隐、羞恶、恭敬、是非之实。故曰:'五常百行非诚,非也。'"④因此,朱子视诚为做人做事的根本,"凡人所以立身行己,应事接物,莫大乎诚敬"⑤。"凡应接事物之来,皆当尽吾诚心以应之,方始是有这个物事"⑥。又说:"道之浩浩,何处下手?惟立诚才有可居之处,有可居之处才可修业。"⑦关于信。朱子说,信是指人在交往中应当信守承诺和诚实无欺,"信是信实,表里如一"⑧。"信是言行相顾之谓"⑨。他认为,信是人先天固有的道德品质,"仁之恻隐,义之羞恶,信之诚实,皆发于性之自然"⑩。信作为伦理规范十分重要,是实践仁义礼智的基础,"信是诚实此四者,实有是仁,实有是义,礼智皆然。如五行之有土,非土不足以载四者"⑪。所以,信为立人之本,"若人无信,则语言无实,何处行得。处家则不可行于家,处乡党则不可行于乡党"⑫。信还是交往的根本,"言行不相副,无以取信于人如此,使人皇恐,无地自容"⑬。

---

① (宋)朱熹:《中庸章句集注》第二十章,清文渊阁《四库全书》本。
② (宋)黎靖德编:《朱子语类》卷二三《论语五》,长沙:岳麓书社,1997年。
③ (宋)朱熹:《中庸章句集注》第二十五章,清文渊阁《四库全书》本。
④ (宋)黎靖德编:《朱子语类》卷六《性理三》,长沙:岳麓书社,1997年。
⑤ (宋)黎靖德编:《朱子语类》卷一一九《朱子十六》,长沙:岳麓书社,1997年。
⑥ (宋)黎靖德编:《朱子语类》卷二一《论语三》,长沙:岳麓书社,1997年。
⑦ (宋)黎靖德编:《朱子语类》卷九五《程子之书一》,长沙:岳麓书社,1997年。
⑧ (宋)黎靖德编:《朱子语类》卷三五《论语十七》,长沙:岳麓书社,1997年。
⑨ (宋)黎靖德编:《朱子语类》卷二一《论语三》,长沙:岳麓书社,1997年。
⑩ (宋)朱熹:《晦庵续集》卷十《答李孝述继善问目》,《四部丛刊》景明嘉靖本,第89页。
⑪ (宋)黎靖德编:《朱子语类》卷六《性理三》,长沙:岳麓书社,1997年。
⑫ (宋)黎靖德编:《朱子语类》卷二四《论语六》,长沙:岳麓书社,1997年。
⑬ (宋)朱熹:《晦庵先生朱文公文集》卷二五《与吕伯恭书》,《四部丛刊》景明嘉靖本。

关于诚与信的关系。朱子认为，两者是体用关系，"诚者实有之理，自然如此。忠信以人言之，须是人体出来方见"①。即是说，诚与信都是真实无妄的，只是诚为天道本体（天理），信根据诚成为立身行事的准则，是诚在社会生活中的运用，诚是体，信是用。

朱子的诚信观被徽商奉为经商之道。《士商类要》卷二中的《买卖机关》篇说："交易之时，即要讲明价钱银水，若含糊图成，齿下不明，至会账必然混赖。允与不允，决于当时，既已成交，转身嗟怨，此非君子道义之交也。"又说："至诚忠厚，虽无能干，其信实正大可取，总有妙才转环之智。若丧心丧德，设诡设诈，此不可交。"②徽商日常家书也教育子弟以诚为本的经商之道，如，《日平常》言及经商规范时说："看志诚，又名气，狡猾凶顽休与契，凭中立约两无违，协力同心莫疑忌。出入账，无侵弊，银两程色公道记，财上分明大丈夫，不可欺瞒怀诈异……疑莫用，用莫疑，效我真诚人不欺，接物待人存厚道，将本求利分所宜。"③徽商以诚经营者屡见不鲜。如，明歙商黄玑芳，"少读朱子小学，至温公训刘无城以诚；读《尚书》至'有忍乃济'，即有颖悟，谓诚与忍乃二字符也，当佩之终身。平生自无妄话，与人交悃愊忠信"④。清代歙商许明贤，"深究性命之学，以诚敬为宗……及老犹命其子力行，无少怠"⑤。歙商吴南坡说："人宁贸诈，吾宁贸信，终不以五尺童子而伤价为欺。"久之，"四方争趣坡公。每入市，视封识为坡公氏字，辄持去，不视精恶长短"。⑥清代黟商胡荣命在江西吴城经商五十余年，名重吴城，"晚罢归，人以重价赁其肆名"，

---

① （宋）黎靖德编：《朱子语类》卷六《性理三》，长沙：岳麓书社，1997年。
② （明）程春宇：《士商类要》，见杨正泰：《明代驿站考》，上海：上海古籍出版社，1994年，第296页，第300页。
③ 王振忠：《徽州人编纂的一部商业启蒙书——〈日平常〉抄本》，载《史学月刊》，2002年第2期，第103～108页。
④ 歙县《竦塘黄氏宗谱》卷六《黄公玑芳传》。
⑤ 道光《徽州府志》卷一二《人物志五·义行》。
⑥ 《古歙岩镇镇东磡头吴氏族谱·吴南坡公行状》，见张海鹏、王廷元主编：《明清徽商资料选编》，合肥：黄山书社，1985年，第279页。

他不同意,说:"彼果诚实,何藉吾名?欲藉吾名,彼先不诚,终必累吾名也。"①歙商江氏以信用为家族立命根基,传至承封公客居扬州业盐,"惧祖德湮没不传,倩名流作《信录》,令以传世"②。一代名商胡雪岩在胡庆余堂药店大厅朝里悬挂一块自己手书的"戒欺"牌匾,正对药店坐堂经理的案桌。他告诫店员:"凡是贸易均着不得欺字,药业关系人的性命,尤为万不可欺。余存心济世,誓不以劣品巧取厚利,惟愿诸君心余之心,采办务真,修制务精,不致欺余以欺世人。是则造福冥冥,谓诸君之善为余谋也可,谓诸君之善自为谋亦可。"③

明清徽州重视契约理性精神,可谓是一个契约社会,留存至今的大量徽州契约文书充分证明了这点。徽商讲求信用,重视用契约来规范商业经营,是徽商吸收朱子诚信观并对之加以整合的体现。如,有这样一份商业契约,"立合约人　窃见财从伴生,事在人为。是以两同商议,合本求利,凭中见,各出本银若干,同心揭胆,营谋生意。所得利钱,每年面算明白,量分家用。仍留资本,以为源源不竭之计。至于私己用度,各人自备,不得支用店银,混乱账目。故特歃血定盟,务宜苦乐均受,不得匿私肥己。如犯此议者,神人共殛。今欲有凭,立此合约一样两纸,存后照用"。④再如,有份订立于光绪十九年(1893)正月的徽州商业合同《歙县程振之等伙开粮行合同》,主体内容是:"立合同议据人程振之、程耀庭、陈傅之、吴紫封、程润宏等志投意合,信义鸿猷,商成合开溪西码头上永聚泰记粮食行业生意,每股各出资本英[鹰]洋贰佰元,五股共成坐本英[鹰]洋壹仟元。所有官利每年议以捌厘提付,各股毋得抽动,本银亦不得丝毫宕欠。每年得有盈余,言定第二年提出照股均分。亏则坐照股镶足,如有不镶公照盘账折出无辞。自议之后,各怀同心同德,行见兴隆,源远流长,胜有厚望焉。恐口无凭,立此合同议据壹样五纸,各执壹

---

① 同治《黟县三志》卷七《人物·尚义》。
② 歙县《济阳江氏族谱》卷九《清诰封奉直大夫公传》。
③ (清)胡雪岩原典,东野君译著:《胡雪岩灵活变通官商之道》,哈尔滨:黑龙江人民出版社,2002年,第352页。
④ 《新刻徽郡补释士民便读通考》,见张海鹏、王廷元主编:《明清徽商资料选编》,合肥:黄山书社,1985年,第270～271页。

纸,永远存照,大发。"①由这份合同不难看出徽商对诚信、信义的重视及与商业经营成功关系的深刻认识。

综上所述,朱子以理欲之辨为核心,对公私、义利、诚信等伦理思想作了系统阐发,要求每个人践行儒家伦理道德,正确处理各层面的公私关系,实现儒家理想人格,建立一个道德理想的社会。朱子的这种伦理观及其蕴含的商业伦理思想为明清徽州建构商人职业伦理体系提供了理论依据。明清徽商以天理为旨归和价值目标,奉行"勤俭治家"和"崇俭黜奢"的原则。在处理与家族、乡里、社会和国家等不同层面的公私关系时,践行朱子的公私观,以奉公和利公为原则和理想追求。他们秉承朱子义利观,将以义取利、以义制利和化利为义落实到经营和生活的诸多方面。徽商在经营中恪守朱子诚信观,以契约理性来规范商业经营。

在明清徽州构建的新商人职业伦理体系中,服膺天理是根本,个体利益服从和服务于集体利益(公),以家族或宗族利益为出发点和归宿点,践行仁义,以义获利和以义制利等是其经营理念和商贾之道,诚实守信经营是其奉行的职业操守,实现儒家的道德理想和人生价值是其终极目标。在这一商人职业伦理体系中,既有生存和世俗伦理的考量,也有超越性的价值关怀与追求。余英时论及包括明清徽商在内的商人的终极理想与道德追求时说:"商人对于宗教和道德问题确有积极追寻的兴趣,不仅是被动地接受而已。"②那么,如何来认识和评价明清徽商的职业伦理层次和价值追求呢?美国著名心理学家马斯洛的层次需求理论指出,人必须通过"自我实现"来满足多层次的需要,进而达到高峰体验,实现完美人格。个体成长发展的内在力量是动机,而动机是由不同性质和层次的需要组成的,从高到低分为生理需求、安全需求、社交需求、尊重需求和自我实现需求,每一层次的需求与满足将决定个体人格发展的境界或程度。在高层次需要充分出现之前,低层次的需要必须得

---

① 安徽省博物馆编:《明清徽州社会经济资料丛编》第一集,北京:中国社会科学出版社,1988年,第580页。
② 余英时:《中国近世宗教伦理与商人精神》,合肥:安徽教育出版社,2001年,第220页。

到适当满足。① 明清徽商的生活伦理需求层次与马斯洛的生存发展需要层次未必能一致,但明清徽人经商必定有其不同层面的心理需要,特别尊重需求、自我实现需求这类超越性的高层次需求作为职业和人生发展的动力。一些徽商认为经商不仅能治生事亲,实现个人富贵、家族荣耀和遗福子孙的世俗伦理,还具有更远大的功业追求和伦理目标。如,歙商许秩说:"男子生而桑弧蓬矢以射四方,明远志也。吾虽贾人,岂无端木所至国君分庭抗礼志哉?"②有人甚至认为业贾成功者的事业可比帝王之业。明末休宁程廷周,贾居江西武宁乡镇,带着哥哥和弟弟白手创业,"遂致殷裕,为建昌当,为南昌盐,创业垂统,和乐一堂"③。对此,余英时说:"此处所用'创业垂统'四字实在非同小可。这四个字从来是开国帝王的专利品,现在竟用来形容商人的事业了。"④商人的贾业竟然能够与帝王之业相提并论,真可谓"良贾何负闳儒"了!

　　最后需要指出的是,虽然朱子等宋明理学家倡导"修齐治平"的人生理想被许多徽商和徽州人认同,但这只是一种主流的理想价值观,在现实社会中不乏诸多与此职业价值观相悖的言行与现象。许多徽人经商只是为了个人和家族的世俗名利,穷欲违理、崇奢黜俭、私而忘公、重利轻义、见利忘义、不守诚信者并不少见,明清小说和文人笔记对此多有记载。徽商助饷也非纯然出于报国之心,往往是为了结交官府乃至天子,为经商谋取政治资本。不过,

---

① 详见[美]亚伯拉罕·马斯洛著,许金声等译:《动机与人格》,北京:中国人民大学出版社,2007年。
② 歙县《许氏世谱》第五册《平山许公行状》,见张海鹏、王廷元主编:《明清徽商资料选编》,合肥:黄山书社,1985年,第216页。
③ (明)曹嗣轩编撰,胡中生、王夔点校:《休宁名族志》,合肥:黄山书社,2007年,第155页。
④ 余英时:《中国近世宗教伦理与商人精神》,合肥:安徽教育出版社,2001年,第245页。

正如德国社会学家马克斯·韦伯提出的"理想型"研究(ideal-type analysis)①一样,这里的研究也可视为舍弃杂多而抽取本质的"理想型"研究,因为,在明清徽州不仅出现了"左儒右贾"这种鲜明的反传统职业观,而且在不断变化的明清徽州社会,定然也能找出与朱子伦理思想不尽相符的商业言行。

---

① "理想型"研究是韦伯提出的理解社会科学对象因果关系的方法论,"理想型是依据客观的可能性与适合的因果连关的原则,从杂多的社会现象中舍弃偶有的因素而抽象出本质的因素所构成的理想化的类型概念。理想型构成的意义是在提供因果关系的认识手段,将现实的对象与理想型相比较,由此测定现实诸现象的性质及其发展情况……于是可见理想与现实之间尚有一段的距离。"(曾霄容:《哲学体系重建论(下)》,台北:青文出版社,1981年,第399页。)

第三章　明清徽州职业观的多重内涵和基本内容

明清徽州由此建构起一种新的四民职业观。不过明清徽州新四民观的诸多基本概念和命题有着丰富的或特定的内涵，反映了人们对当时四民关系，特别是士商观和儒贾观转换的多重认识。明清徽州是一个宗族社会，族规、家训是宗族制定的规范宗族成员生活和言行的准则，表达宗族的价值取向。教育和规范族人的择业和敬业言行是许多族规家训的基本内容，而族规、家训大都收载于各宗族族谱或家谱中。所以，通过明清徽州家谱中族规家训有关职业观的文献记录，有助于我们更加全面和具体地认识明清徽州职业观及其变化。

第一节　明清徽州新四民观的多重内涵与儒家核心价值取向

一、"贾服儒行""儒贾事道相通"与"贾不负儒"

明清徽州提出了"儒贾事道相通""贾服儒行""儒名贾利""士商异术而同志""贾不负儒""良贾何负闳儒"和"贾何负于耕"等反映新四民观的诸多概念

和命题。这些基本概念和命题往往有丰富或特定的内涵，反映了人们对当时四民关系，特别是士商观和儒贾观转换的多重认识。对这些基本概念和命题的丰富内涵和具体内容进行深入考察和辨析，可以更好地说明徽州新四民观，尤其是儒贾和士商关系的转换与重构。学术界对此问题虽作过不同程度的研究①，但仍有必要进一步展开研究。

"儒贾事道相通"和"贾服儒行"是徽州新四民观的重要思想，也是明清徽州新儒贾观和士商观转换和重构的根本依据之一。儒和贾在传统职业观看来相差悬殊，儒为四民之首，商居四民之末。然而，在明清徽州人看来，商贾只要能遵循儒家道德规范，即"贾服而儒行"，那么，贾与儒事道是相通的，商贾与儒士在职业上并无贵贱之分，在社会地位上也应当是平等的。

明中叶刊刻的休宁《汪氏统宗谱》说："古者四民不分，故傅岩鱼盐中，良弼师保寓焉。贾何后于士哉！世远制殊，不特士贾分也，然士而贾其行，士哉而修好其行，安知贾之不为士也。故业儒服贾各随其矩，而事道亦相为通，人之自律其身亦何艰于业哉？"此文接着叙述了明中叶汪远的行谊，说："公贾而儒行者也，其裕父之志，启诸子以儒，精勤心思在焉。又让所丰于昆季，而自居其瘠者，诸细行不悉数。儒者所谓躬行率先宜乎。"②为何说"业儒服贾各

---

① 学术界对"儒贾相通"作过不同程度的研究，其中，唐力行的研究最为系统和深入。他说，徽商认为贾儒是相通的，都是为了求取功名，都是为了实现一个中心——宗族的最高利益。贾儒相通表现在六个方面：一、名与利的相通。二、义与利的相通。三、为贾为宦在事道上相通。四、士商求取功名与实现"大振家声"的目的相通。五、贾儒两种功名可以相互转化。六、贾儒相通还表现为徽商力求集两种功名于一身。（唐力行：《徽州宗族社会》，合肥：安徽人民出版社，2005年，第201～213页）此外，唐力行对徽州商人文化整合的研究也涉及这方面的一些内容，如，他阐述了理学与商人文化的关系，指出朱子对"人欲"的二重解释为徽州商人将理学熔铸商人文化提供了可能；并对徽商如何整合理学，使理欲相通、儒贾相通等作了阐释。（唐力行：《论徽州商人文化的整合》，载《安徽史学》，1993年第1期，第6～11页。）此外，赵华富对明清徽州"儒贾并重"的分析某种程度上也是对"儒贾相通"的论证，他认为明清徽州社会"儒贾并重"的原因有五个方面：儒贾俱有文化；儒贾俱讲道德；儒贾俱能"亢宗"；儒贾俱能"利国"；儒贾俱能得到"表彰"。（赵华富：《明清时期徽州的儒贾观》，载《安徽大学学报》，2011年第6期，第125～131页。）

② 休宁《汪氏统宗谱》卷一六八。

随其矩,而事道亦相为通"呢? 通过该文可以看出,所谓儒与贾之"事道",是指儒与贾的从业和行事都应当遵循儒家伦理之道。由于汪远"贾而儒行",能以儒家伦理道德规范来行贾,所以,他为贾与业儒便没有职业的贵贱和地位的高低之分了。这种"贾服儒行"为许多徽商所奉行。如,黄长寿,歙县人,"少业儒,以独子当户,父老,去之贾。以儒术饬贾事,远近慕悦,不数年赀大起……嘉靖庚寅,秦地旱蝗,边陲饥馑,流离载道,翁旅寓榆林,输粟五百石助赈,副都御史萧公奏闻,赐爵四品,授绥德卫指挥佥事,旌异之。翁云:'缘阿堵而我爵,非初心也。'谢弗受。翁虽游于贾人,实贾服而儒行,尝挟资流览未尝置。性喜吟咏,所交皆海内名公,如徐正卿,叶司徒等,相与往来赓和,积诗成帙,题曰《江湖览胜》并《壬辰集》,前太史景公赐为之引,梓成藏为家宝"①。黄长寿"以儒术饬贾事",结果,"远近慕悦,不数年赀大起"。他急公好义,被朝廷赐爵授绥德卫指挥佥事,却婉言谢绝。在人们看来,作为贾人,他"实贾服而儒行",故无异于儒士。再如,明嘉靖年间歙商黄玑芳,"少读朱子小学,至温公训刘无城以诚;读《尚书》至'有忍乃济',即有颖悟,谓诚与忍乃二字符也,当佩之终身。平生自无妄话,与人交悃愊忠信。商游清源,清源齐鲁之墟,犹有周公遗风,俗好儒备礼。然其俗又宽缓阔达,而足智好议论,公一以诚御之。故足智好议论者服其诚,而好儒备礼者亦钦其德。若公者,商名儒行,非耶"?② 黄玑芳谨守儒家道德要求,奉诚与忍为经商之道,以诚德为众望所孚,被人称誉为"商名儒行"。

正是由于能"贾服儒行",使明清徽商产生了"贾何负于儒"的观念。明中叶歙商程澧,少孤,后被迫远游经商,贾业有成,为里中楷模。他回忆自己的人生历程,感叹道:"澧故非薄为儒,亲在,儒无及矣。藉能贾名而儒行,贾何负于儒!"③吴肖甫,明末歙县人,父亲希望他致力举业,他却说:"岂必儒冠说

---

① 歙县《潭渡黄氏族谱》卷九《望云翁传》。
② 歙县《竦塘黄氏宗谱》卷六《黄公玑芳传》。
③ (明)汪道昆:《太函集》卷五二《明故明威将军新安卫指挥佥事衡山程季公墓志铭》,合肥:黄山书社,2004年,第1102页。

书乃称儒耶!"其父"善权万货重轻",然而,肖甫为贾,"间划一筹,巧出若翁上"。① 在他看来,儒者并非以外在的"儒冠说书"为标准,行贾只要遵守儒道亦是儒者。汪道昆更是喊出"良贾何负闳儒"! 他说:"大江以南,新都以文物著。其俗不儒则贾,相代若践更。要之,良贾何负闳儒,则其躬行彰彰矣。"② 在汪道昆的眼中,良贾在道德行为上"躬行彰彰",有什么比闳儒差呢? 与"贾何负于儒"相比,"良贾何负闳儒"所体现的新儒贾观更具思想解放意义。

既然贾服儒行,便可儒贾相通,贾不负儒,甚至是良贾不负闳儒。那么,对于商贾来说,"儒行"的本质要求是什么呢? 这就是为商为贾必须正确处理义利关系。义和利是一对伦理价值范畴,义是指道德行为之当然,利是指物质利益。儒家特别是宋明新儒家特别重视义利之辨,朱子便说:"义利之说,乃儒者第一义。"③儒家主流价值观是重义轻利,强调以义为本,利从属于义,因为义是人之为人的本质特征,利只是人生活的物质基础。义是仁、性善、天理或良知等人性的主要表现,其具体表现就是人在社会生活中应当遵守儒家所说的各种伦理道德规范。朱子说,为人之正道,"义者,宜也。乃天理之当行,无人欲之邪曲,故曰正路"④。义利之辨是商人职业伦理的核心。因为,商贾之业是要求利,传统四民观所以视商为四民之末,就在于其认为商人重利轻义。

明清徽商为了转变儒贵贾贱的传统观念,使商人取得社会的认同,获得与儒士同等的地位,便以义为本,对义利关系作出了新的阐释,强调在商业经营中要以义为利,以义致利,以义取利;经商获利后,则要以利践义,以利化义。其中,清代黟商舒遵刚引经据典对商贾应当如何正确处理义利关系所作的阐发尤其深刻。他在江西饶州经商时仅14岁,"精权算,善权衡,年未三十即能创业。然与市阓狡诈之习不类。尝语人曰:'圣人言,生财有大道,以义

---

① 《丰南志》第五册《光裕公行状》。
② (明)汪道昆:《太函集》卷五五《诰赠奉直大夫户部员外郎程公暨赠宜人闵氏合葬墓志铭》,合肥:黄山书社,2004年,第1146页。
③ (宋)朱熹:《晦庵先生朱文公文集》卷二四《与延平李先生书》,《四部丛刊》景明嘉靖本。
④ (宋)朱熹:《孟子集注》卷七《离娄章句上》,清文渊阁《四库全书》本。

为利,不以利为利。国且如此,况身家乎!'……其平日训诲后进,均用此语……君之言又曰:'钱,泉也,如流泉然。有源斯有流,今之以狡诈求生财者,自塞其源也。今之吝惜而不肯用财者,与夫奢侈而滥于用财者,皆自竭其流也。人但知奢侈者之过,而不知吝惜者之为过,皆不明于源流之说也。圣人言,以义为利,又言见义不为无勇。则因义而用财,岂徒不竭其流而已,抑且有以裕其源,即所谓大道也。'闻者多窃窃然疑之,予即其生平行事默默参焉,则有确不可易者。疏财仗义之事,指不胜屈"。① 舒遵刚借圣人之言,认为经商的"大道"是以义为利,如果因义生财,不仅不会竭其利源,还能以裕其财源;否则,以不义获利便会自塞其财源。其经商成功后,疏财仗义之事,不胜枚举。

事实上,以义制利、以义取利、以利践义和以利化义在明清徽州是一种风尚。清人赵吉士说:"吾乡之人俭而好礼,吝啬而负气。其丰厚之夫,家资累万,尝垂老不御绢帛。敝衣结鹑,出门千里,履草屩,襆被自携焉。乡党有称贷,锱铢升斗见于面。岁时伏腊,必燕饮酬酢,一介不取与,干糇必报。呜呼,何其细也!然急公趋义,或输边储,或建官廨,或筑城隍,或赈饥恤难,或学田、道路、山桥、水堰之属,且输金千万而不惜。甚至赤贫之士,黾勉积蓄十数年,而一旦倾囊为之。呜呼,又何其慷慨好义也!"②明清徽商正是以其义行极大地提升了自己的社会地位,赢得了与儒士相同的名誉,以致时人说"士商异术而同志"。如明代休宁人汪弘,幼失怙,承父多艰,"崛有卓志,恢拓祖父之屯。尝自策曰:'生不能扬名显亲,亦当丰财裕后,虽终日营营,于公私有济,岂不犹愈于虚舟悠荡,蜉蝣楚羽者哉!'暨长就学,疏通闻见,弃儒就商,力行干蛊之业。于是北跨淮扬,南游吴越,服贾磋卤之场,挟刘晏之奇,谋猗顿之赀,积数十年遂有余蓄。晚归桑梓,乃构堂室,乃辟沃壤,祖考之志于是为烈。然能散而施之,无所顾靳。尝输金造文峰,以资学校。复输百金航梓宫,以济王事。用财于此,义莫大焉……空同子曰:'士商异术而同志,以雍行之

---

① 同治《黟县三志》卷一五《艺文·人物类·舒君遵刚传》。
② 康熙《徽州府志》卷一五《人物志四·尚义传》。

艺,而崇士君子之行,又奚必于缝章而后为士也。'"①在汪弘看来,此生虽不能事儒扬名显亲,若能继承父志经商丰财裕后于公私有济,同样能实现儒家的理想价值追求。因此,他经商成功后,晚年"构堂室,乃辟沃壤,祖考之志于是为烈",于"私"来说达到了显亲扬名的目标;同时,"又尝输金造文峰,以资学校。复输百金航梓宫,以济王事。用财于此,义莫大焉",于"公"来说是一种义行。他的这种行为与业儒为士是完全一致的,因此,人称此为"士商异术而同志",即士与商虽然从事的职业不同,但是,其"志"是相同的,都是为了实现"义行"。许多商人正是通过自己的义行,获得了不亚于士的名望。如,歙商黄玄赐在山东经商,"临财廉,取与义",被齐鲁之人称赞为:"非惟良贾,且为良士。"②这里,黄玄赐是集良商和良士于一身的又一楷模。这与"士商异术而同志"不正是异曲同工之调!

二、"贾为厚利,儒为名高"与儒贾"迭相为用"

明清徽州能够实现传统儒贾观的转换和建立新的儒贾观,还在于徽州社会对传统的儒名和贾利的价值观予以新的解释,提出了使之既符合儒家事亲伦理,又有利于徽州宗族的生存和发展的思想。在儒家主流的名利观中,儒为名,贾求利,两者是对立的。明清徽州人认为儒贾各有其用,儒为名高,贾为厚利,两者不仅能够实现儒家事亲伦理,而且对宗族的生存和发展更为有利,两者都能够实现"大振家声"的目的。因此,明清徽州社会普遍出现了儒贾"迭相为用"和"相代若践更"的现象。

明人汪道昆在介绍家乡徽州习俗时,说:"新都三贾一儒,要之文献国也。夫贾为厚利,儒为名高。夫人毕事儒不效,则弛儒而张贾;既侧身飨其利矣,及为子孙计,宁弛贾而张儒。一弛一张,迭相为用,不万钟则千驷,犹之转毂

---

① 《汪氏统宗谱》卷一一六《弘号南山行状》,见张海鹏、王廷元主编:《明清徽商资料选编》,合肥:黄山书社,1985年,第440页。
② 歙县《竦塘黄氏宗谱》卷五《黄公玄赐传》。

相巡,岂其单厚计然乎哉,择术审矣。"①在徽州人看来,提倡贾为厚利,儒为名高,两者迭相为用,根本原因在于,如果人毕事儒不效无法得名,则要驰儒张贾以求利;而事贾侧身飨其利后,则必须为家族名誉考虑,让富裕的子孙驰贾张儒,通过业儒来求名。可见,贾为厚利的最终目的是为了帮助子孙实现儒名以振家声;如果没有贾之厚利,便难以扶持子孙读书致举来获得儒名。所以,业儒和事贾一张一弛,迭相为用,"犹转毂相巡",并非只看重贾之厚利。明代歙商吴良儒对儒贾的名利相通了作了类似的诠释。他自幼丧父,母令其弃儒继承父业,说:"而父资斧不收,蚕食者不啻过半,而儒固善,缓急奚赖耶?"吴良儒"退而深惟三,越日而后反命,则曰:'儒者直孳孳为名高,名亦利也。藉令承亲之志,无庸显亲扬名,利亦名也。不顺不可以为子,尚安事儒?乃今自母主计而财择之,敢不惟命。'"结果,吴良儒成为富商。其母笑曰:"幸哉孺子。以贾胜儒,吾策得矣。脱或堪与果验,无忧子姓不儒。"吴良儒致富后声称:"吾少受命于亲,不自意儒名而贾业,幸而以贾底绩,吾其儒业而贾名。"②在他看来,贾为厚利与儒为名高都是为了显亲扬名,两者目的是相同的。如果为贫儒不能显亲扬名,何名之有?如果为贾获利能够孝顺家人,同样可显亲扬名。

在明清徽州,这种儒名和贾利"迭相为用"的观念相当普遍。李大祈为明中叶婺源人,"公茕立当户,百端丛脞,窘不能支。公惧堕其先世业,遂愤然曰:'丈夫志四方,何者非吾所当为?即不能拾朱紫以显父母,创业立家亦足以垂裕后昆。'于是弃儒服,挟策从诸父昆弟为四方游,遍历天下大都会"。他致富后汲汲于课子读书,人们称赞说:"易儒而贾,以拓业于生前;易贾而儒,以贻谋于身后。"③在李大祈看来,儒名和贾利各有其用。大丈夫如果不能通过科第功名(拾朱紫)以显父母,那么,经商谋利创家立业亦足以垂裕后昆(子

---

① (明)汪道昆:《太函集》卷五二《海阳处士金仲翁配戴氏合葬墓志铭》,合肥:黄山书社,2004年,第1099页。
② (明)汪道昆:《太函集》卷五四《明故处士溪阳吴长公墓志铭》,合肥:黄山书社,2004年,第1143~1144页。
③ 婺源《三田李氏统宗谱·环田明处士松峰李公行状》。

孙）。歙商方勉弟，"父贾中州，折阅不能归，伯氏（勉孝）为邑诸生矣，仲公（勉弟）顾名思义，厥然而起曰：'吾兄以儒致身显亲扬名，此之谓孝；吾代兄为家督，修父之业，此之谓弟。'乃辍学，从父贾中州。"致富后，"以数千缗缮宗祠圮者"。① 方勉弟视兄业儒显扬名为孝，视自己事贾治家业为弟，可见，在他看来，兄弟两人从事的职业虽然不同，但都是为了家族利益，都尽了儒家的伦理之道。明代歙商许淳庵生于亦儒亦贾的家族，祖父为正统年间进士，以山东左布政使终。父许道宽，贾旅睦族，"性禀质朴，寄业濡须，坦易积德，不求人知焉。生子三，长厚山公已殡世，次碧峰君，三即弟也。弟幼而聪慧，淳庵公以厚山公既习举子，命弟以商。弟即遵庭训，往葺濡须，复营运于荆楚之间。尝语诸人曰：'人之处世，不必拘其常业，但随所当为者。士农工贾，勇往为先，若我则贾业者也。或辞利涉之艰，则大事去矣，奚以充其囊橐，裕身肥家乎。于焉苦其心志，劳其筋骨，以致富有。'"② 在许淳庵看来，家中子弟应当有业儒与业贾的分工，长子已经业儒，因此，三子虽然幼而聪慧，仍应当经商。在这位商人看来，经商裕身肥家是一种正确的职业选择。儒贾各有其用的观念在徽州深入人心，即使是妇女也有类似主张。程长公之母策勉他曰："君方屈首受经，岁入浸损，有如悦来者不可命，君其如寡母弱弟何！夫养者非贾不饶，学者非饶不给。君其力贾以为养，而资叔力学以显亲，俱济矣。"③ 程长公认为母亲说得对，于是以盐策贾浙江。在程母看来，要维持家庭生计只有靠经商求富，要读书求取功名则要依靠富足的家庭。因此，她要求儿子"力贾以为养"，使其叔能安心"力学以显亲"，这样两者交相为用才能"俱济矣"。程母的这番话把"儒贾迭相为用"的道理讲得相当透彻。

正是由于许多人认为儒为名高，贾为厚利，不仅能够实现儒家事亲伦理，

---

① （明）李维桢：《大泌山房集》卷七二《方仲公家传》，济南：齐鲁书社，1997年，影印本。
② 歙县《许氏世谱·西皋许公行状》，见张海鹏、王廷元主编：《明清徽商资料选编》，合肥：黄山书社，1985年，第238页。
③ （明）汪道昆：《太函集》卷四二《明故程母汪孺人行状》，合肥：黄山书社，2004年，第895页。

而且能"大振家声",所以"其俗不儒则贾,相代若践更"①。在许多家族中,既有为士为儒者,也有经商事贾者,亦儒亦贾,儒商一体。明清徽州大族多是儒贾迭相为用,相代若践更的。如休宁凤湖汪氏,"世以诗礼承家,文人高士,抱节明经,代不乏人。有以计然致富者,有以盐策起家者,连檐比屋,皆称素封……诚望族也"②。下面介绍明清徽州四个著名家族的发家史,以更好地说明徽州大族是如何儒贾"迭相为用"和"相代若践更"的。

先来看明代的两个大家族。汪道昆的曾祖父以上,"十有五世,率务孝悌力田"。明嘉靖至万历年间,随着经商习贾之风兴起,"吾大父、先伯大父,始用贾起家。至十弟,始累巨万";在经商致富的过程中,汪氏开始培养子弟读书,"诸弟子业儒术者则自吾始"③。终于,汪道昆成为嘉靖进士,与文坛巨擘王世贞先后任职兵部,世称"天下两司马"。汪氏发家史是"贾儒迭相为用"的典型案例。歙县东关许氏在明嘉靖、万历年间出了内阁次辅(相当于副宰相)许国,使许家由寒门成为望族。许国历仕嘉靖、隆庆、万历三朝,位高权重,却坚守贾儒"迭相为用"的原则。史载:"许父本苏州贾,有阴德,故相国(按,指许国)爱与巨富联姻,如女嫁休邑余村程爵子,固百万也。"④正因为许国与徽商之间血肉相连,所以当万历十一年(1583)明神宗"加恩眷酬"让许国立坊显荣时,徽商斥资在歙县的中心跨街修建起一座巍峨壮观、雕饰极为华丽的许国石坊,民间称"八脚牌楼"。许国石坊至今依然屹立于歙县的繁华街市,为全国重点文物保护单位。数百年来,它是许氏家族的荣耀,也是贾儒结合的象征。⑤

再看清代的两个大家族。歙县人曹文埴,乾隆二十五年(1760)进士。子

---

① (明)汪道昆:《太函集》卷五五《诰赠奉直大夫户部员外郎程公暨赠宜人闵氏合葬墓志铭》,合肥:黄山书社,2004年,第1146页。
② (明)曹嗣轩编撰,胡中生、王爱点校:《休宁名族志》,合肥:黄山书社,2007年,第216页。
③ (明)汪道昆:《太函集》卷一七《寿十弟及耆序》,合肥:黄山书社,2004年,第366页。
④ 《丰南志》第五册《吴慕庵五十寿序》。
⑤ 参见唐力行:《商人与文化的双重变奏——徽商与宗族社会的历史考察》,武汉:华中理工大学出版社,1997年,第28~29页。

曹振镛，乾隆四十六年（1781）进士。父子历乾隆、嘉庆和道光三朝，担任过一系列显赫职位，世称"父子宰相"，把持朝政75年。这样显赫的大族同样是亦儒亦贾。曹文埴让曹振镛业儒时，却让另一子曹锽业盐。曹锽后来成为扬州著名的大盐商。歙县棠樾村望族鲍氏以事贾起家，后来也是亦儒亦贾。使棠樾鲍氏家族发家的是盐商鲍志道。他7岁读书，11岁时因家道中落去鄱阳学会计。20岁时来到扬州，后应聘到歙县西溪南有名的盐商吴尊德家做经理。乾隆三十八年（1773），他辞职独立经营，积累起巨资。不久，被推举为盐业总商。致富后的鲍志道遵循"富而教不可缓也"的原则，着力于培养子弟入仕。次子鲍勋茂为徽州府学生员，乾隆四十九年（1784），被钦取一等进士，授内阁中书；乾隆五十五年（1790），入军机处学习行走。这就为鲍氏结交达官贵人直至清室打开了通道。鲍志道父以子贵，被封为文林郎内阁中书加一级，厕身官僚特权阶层。他任总商职位长达20年，后长子鲍淑芳继任总商。棠樾鲍氏因财产富厚和科甲鼎盛终于成为徽州望族。[①]

明清徽州宗族出现的儒贾"一张一弛""迭相为用""相代若更践"的现象，表明了徽州社会对商贾社会地位和职业价值的充分认同。唐力行甚至说："贾与儒的迭相为用，已是徽州宗族社会最高的价值取向。这一价值取向还以文字的形式昭示于徽人的厅堂：'读书好，营商好，效好便好；创业难，守成难，知难不难。'"[②]在徽州宗族看来，商贾之业与儒士之业一样，已经成为家族生存发展的两大支柱，两者相辅相成，缺一不可。这种社会现象和风尚的形成表明，以新儒贾观和士商观为核心的职业价值观已经深入徽州民间社会。

[①] 参见唐力行：《商人与文化的双重变奏——徽商与宗族社会的历史考察》，武汉：华中理工大学出版社，1997年，第29—30页。

[②] 参见唐力行：《商人与文化的双重变奏——徽商与宗族社会的历史考察》，武汉：华中理工大学出版社，1997年，第30页。

三、新儒贾观的核心价值取向和多元性

明清徽州社会力图打破传统儒贵贾贱的观念,提出了"儒贾相通""贾何负于儒""士商异术而同志"等新儒贾观。不仅如此,许多宗族还从儒为名高、贾为厚利,儒和贾对宗族生存和发展各不相同,却又以相辅相成的功用论证了"贾不负于儒"。在这种新儒贾观的基础上,徽州宗族竞相倡导儒贾"一张一弛""迭相为用"和"相代若更践",形成了亦儒亦贾、儒商一体的徽州宗族社会。

那么,能否说明清徽州社会已建立起一种完全平等的儒贾观,或者说已经将儒贾的社会地位与职业价值完全等同了呢?深入考察和仔细分析,又并非如此。明清徽州儒贾观的核心价值取向仍是以儒为本,以士为先,崇儒贵士,科举功名仍是徽州宗族首先追求的目标。汪道昆在介绍家乡从业习俗时说,"新都业贾者什七八,族为贾而隽为儒"①。这一方面指出了明中叶徽州业贾者已占十之七八,另一方面又明确指出族中才俊仍以儒为业。明末歙县知县傅岩说得更清楚:"徽俗训子,上则读书,次则为商贾,又次则耕种。"②可见,明中叶以来,徽州社会虽然形成了重贾风气,业贾者占了人口的大多数,但这并不否定儒业和士人的首要价值,只是说明了业贾比业儒更易谋生,因此,当族中子弟由于各种原因无法以儒为生时,多以贾为业。易言之,明清徽州以商贾为业,只是反映了大多数徽州人择业的现实,并不完全意味着他们将商贾放到科第之上的职业价值观。综观徽州各种文献的记载,可以看出徽州宗族依然是要先让子弟走科举成名和光宗耀祖之路,弃儒业贾多是迫不得已的选择。

业儒重于事贾的职业价值观也得到了许多徽商的认同,他们不是将经商事贾,而是将科举功名视为最重要的职业和人生选择。即便在指导人们经商的各类徽州商书中,也教导人们要树立以读书科举为重的观念。如,徽州著

---

① (明)汪道昆:《太函集》卷一七《阜成篇》,合肥:黄山书社,2004年,第372页。
② (明)傅岩撰:《歙纪》卷五《纪政绩·修备赘言》,合肥:黄山书社,2007年,第50页。

名商书《士商类要》便教导说："明明检点,万般惟有读书高。"①许多商人,"居商无商商之心"②。一些人走上商贾之路后,仍无心事贾,却留恋仕途功名。后来通过努力,终于取得成功。如,黟县人汪廷榜,少学贾。28岁置货汉口,"见帆樯丛集,蔽江面十数里,人语杂五方,汉水冲击,江波浩渺,纵观之,心动,归而读书学文词"③。中乾隆辛卯江南举人,补旌德县训导。清歙县人江登云在族人帮助下从事盐业,"公意殊不自得,尝语人曰：'丈夫志功名为国家作梁栋材,否亦宜效毫末用,宁郁郁侪偶中相征逐以终老耶！'"后来,他入武庠,"丁卯领乡荐,连第进士,膺殿廷选,侍直禁卫,恭慎称职"④。这两位徽商虽然被迫走上经商之路,却都认为这不是最佳的人生选择,江登云甚至视经商为毫末之用,以功名为国家栋梁之材才是自己的人生归宿,表现出鲜明的重儒轻贾的思想。

更普遍的现象是,许多徽商致富后全力扶持子弟或族人博取科第功名。鲍柏庭世居歙东新馆,"家初以贫,奉养未能隆,后以业浙鹾,家颇饶裕"。"其教子也以方,延名师购书籍不惜多金,尝曰：'富而教不可缓也,徒积资财何益乎'。"⑤鲍柏庭提出"富而教不可缓也,徒积资财何益乎",深刻表达了明清徽州社会许多徽商及其宗族的思想观念,即经商致富不是目的,致富后最急迫的是教育子弟读书以求取功名。许多徽商把"富而教不可缓也"的思想落实到实际生活中。明中叶的程封弃学经商,终成富贾,以遗言命三子："吾故业中废,碌碌无所成名,生平慕王烈、陶潜为人,今已矣。尔问仁、问学,业已受经,即问策幼冲,他日必使之就学。凡吾所汲汲者,第欲尔曹明经修行,庶几古人,吾倍尔曹,尔曹当事自此始。毋从俗,毋用浮屠,毋废父命,吾瞑矣。"汪

---

① (明)程春宇：《士商类要》,见杨正泰：《明代驿站考》,上海：上海古籍出版社,1994年,第301页。
② 歙县《竦塘黄氏宗谱》卷五《明故金竺黄公崇德公行状》。
③ 同治《黟县三志》卷一五《艺文·人物类·汪先生事辑逸》。
④ 歙县《济阳江氏族谱》卷九《清覃恩累晋武功大夫衰临时将署南赣总兵官登云公原传》。
⑤ 歙县《新馆鲍氏著存堂宗谱》卷二《析庭鲍公传》。

道昆称赞他:"季年释贾归隐,拓近地为菟裘,上奉母欢,下授诸子业。暇日,乃召宾客称诗书,其人则陈达甫、江民莹、王仲房,其书则《楚辞》《史记》《战国策》《孙武子》,迄今遗风具在,不亦翩翩乎儒哉。长公尝奉诏助工,授鲁藩引礼,卒不拜。乃今仲伯受国子业,而冢孙亦学为儒。"①程封成为富商后却认为自己碌碌无所成名,执意不让三个儿子继续经商,而是让他们从学业儒。晚年释贾归隐后,则下授诸子业,结果,子孙都学而为儒。许孟洁,明中叶人,"自少不群,弱冠即来商吾里(六安团山鄢),里中人皆敬仰公,予垂髫耳熟矣。继而商于寿春之正阳者二十余年。正阳为淮泗通津,士大夫过者无不礼于其庐,以是获知于公焉……公教子以义方,作'云山书屋'命子孙业儒……其生财以大道,虽富而自奉如寒士。又恶夫世之人多守财虏也,常语子曰:'仆役役于利是用深愧。'"②业贾有成的孟洁公却鄙视贾业,不要儿子继承贾业,而是建"云山书屋"命子孙业儒。明代歙县商人方迁曦,在吴梁间经商,"所至交纳豪杰,为江湖望,家业益以丕振"。作为一名成功商人,他在40岁时将家业交给富有经商才干的长子打理,自己回到家乡以纲纪宗族为己任。他反思家族的发展史,"常念方氏入国朝以来,宦学继美无间,近世兹寝有愧,乃谋诸族,肇建书屋于金山隈,伸后嗣相聚相观以振儒业"③。在他看来,不能再让方氏家族继续以贾为业而无宦学相继,于是建书屋以振家族儒业。有些商人早年被迫弃儒经商,经商成功后全力资助家族子弟业举,以完成自己在科举功名上的未竟之志。如,康乾年间歙县商人吴之骏,"公孝友性成,敦善行不息。祖祠倾圮,不惜重资以襄厥成……置义田数千亩,以济族之贫乏者。族子弟之秀者,或无力延师,谋设义塾以教,惜未竟厥志"④。这种事例在明清

---

① (明)汪道昆:《太函集》卷六一《明处士休宁程长公墓表》,合肥:黄山书社,2004年,第1268页,1269页。

② 《许氏统宗世谱·处士孟洁公行状》,见张海鹏、王廷元主编:《明清徽商资料选编》,合肥:黄山书社,1985年,第242~243页。

③ 《方氏会宗统谱》卷一九《明故处士南滨方公行状》。

④ 《丰南志》第五册《皇清诰封中宪大夫、大理寺寺副加五级岁进士捐斋太老姻台吴公行状》。

徽商中不胜枚举。

还有一些富商大贾用金钱打通仕宦之路，如通过向朝廷和官府捐献大量财富来获得朝廷的授官。徽商家族往往力求集两种功名于一身，这在清代徽州盐商中最为多见。许承尧说："歙之业鹾于淮南北者，多缙绅巨族。其以急公议叙入仕者固多，而读书登第，入词垣跻肬仕者，更未易卜数，且名贤才士往往出于其间，则固商而兼士矣。浙鹾更有商籍，岁科两试，每试徽商额取生员五十名，拨杭州府学二十名，仁钱两学各十五名。淮商近亦请立商籍。斯其人文之盛，非若列肆居奇肩担背负者能同日语也。自国初以来，徽商之名闻天下，非盗虚声，亦以其人具干才，饶利济，实多所建树耳。故每逢翠华巡幸，晋秩邀荣，夫岂幸致哉。则凡为商者，当益知所劝矣。"①如歙县鲍光甸，"蜀原贡生。生而颖异，器识过人。弱冠通经史，以食指浩繁，不克竟举子业，遂务盐策淮扬。生平仁厚诚悫，古道自期。赒济急拯危，不鸣其德"。急公好义，后来，"翠华南幸，蒙恩加二级。叠邀貂皮、荷包、藏香之赐。癸巳，以输饷，议叙蒙恩加一级授中议大夫"。②其弟鲍光猷辅助哥哥业鹾维扬，"后甸倦游还里，鹾事悉以委之。鹾使者知其能，檄为淮北总商，凡重事皆与擘画，理烦治剧，若纲在网，消息未萌，兴利不觉，群商倚以为重……例授正六品候选布政司理问……庚戌，恭祝万寿。恩赐顶带一级，授奉直大夫猷"③。歙县大盐商江春，"少攻制举，为王已山太史弟子。乾隆辛酉乡闱，以兼经史呈荐，额溢弗捷。弃帖括，治禺策业。练达多能，熟悉盐法，司鹾政者咸引重，俾综商务。高宗六巡江南，两幸山左，祇候供张胥由擘画。尝于金山奏对称旨，解赐御佩荷囊，晋秩内卿……逢大典礼暨工、赈、输将重务，殚心筹策，靡不指顾集事，故独契宸衷也……高宗谓尽心国事，温旨加授布政使衔，荐至一品"④。大盐商郑鉴元总司鹾事十余年，"诰授通议大夫候选道。乾隆五十五年，入京

---

① 许承尧：《歙事闲谭》，合肥：黄山书社，2001年，第603页。
② 道光《徽州府志》卷一二《人物志五·义行》。
③ 道光《徽州府志》卷一二《人物志五·义行》。
④ 道光《徽州府志》卷一二《人物志五·义行》。

祝万寿,加一级,召预千叟宴,赐御制诗及栗帛。又以输军饷一万两以上,议叙加五级。覃恩诰封中宪大夫、刑部山东司员外郎"①。

徽商在科第功名上的这些言行表明,许多徽商内心深处视儒的社会地位与职业价值高于商。且不说那些弃商从儒的商人和那些希望通过扶持子弟来完成自己未竟之志的商人,即便是明清最富有的大盐商,不仅千方百计急公好义以求获得朝廷的赐爵授官,还去为子弟的科第功名竭力争取机会。《士商类要》倡导的"明明检点,万般惟有读书高"传统观念仍然根深蒂固。同时,徽商的自我要求和评价是其贾行是否符合儒家伦理道德,他们也总是企图将自己塑造为"儒商"的形象。余英时说:"商人对于宗教和道德问题确有积极追寻的兴趣,不仅是被动地接受而已。"②戴震说:"吾郡少平原旷野,依山为居,商贾东西行营于外,以就口食。然生民得山之气,质重矜气节,虽为贾者,咸近士风。"③而明清徽州社会对徽商的评价主要也是以其贾行是否符合儒道为标准,对于有儒行者,为之树碑立传;对缺乏儒行者则予以谴责。明清徽州家谱、方志和文人笔记等文献为徽商立传,绝大部分不是记载他们商业经营的成功,而是记述他们的各种义行和义举。明清徽州文献的各类徽商传记,大体是这样一种记述模式:因生计贫困弃儒业贾+商业经营中以义制利、以义取利+经商成功后以义化利、存义去利+显亲扬名和振大家声。不难看出,在这种徽商传记叙述模式中,遵守和弘扬儒家的伦理道德成为一条主线和事功评价的标准。

当然,明清徽州也存在着激进、反传统的"左儒右贾"儒贾观。如,"古者右儒而左贾,吾郡或右贾而左儒"④。"吾乡左儒右贾,喜厚利而薄名高"⑤。

---

① 许承尧:《歙事闲谭》,合肥:黄山书社,2001年,第883页。
② 余英时:《中国近世宗教伦理与商人精神》,合肥:安徽教育出版社,2001年,第220页。
③ (清)戴震:《戴震文集》卷一二《戴节妇家传》,北京:中华书局,1980年,第205页。
④ (明)汪道昆:《太函集》卷五四《明故处士溪阳吴长公墓志铭》,合肥:黄山书社,2004年,第1142页。
⑤ (明)汪道昆:《太函集》卷一八《蒲江黄公七十寿序》,合肥:黄山书社,2004年,第381页。

"休、歙右贾左儒,直以九章当六籍"①。明代小说谈到徽州风俗时也说:"却是徽州风俗,以商贾为第一等生业,科第反在次着。"②明清徽州之所以出现这种儒贾观,是因为除了经商事贾是许多家族和人们能够从事的最基本职业,是维持徽州宗族生存和发展的基础外,一个重要原因是在人们,特别是一些徽商看来,商贾不仅能谋取厚利,而且它本身就可垺于功名。有些徽商往往将经商失败称为"功名未遂"。如歙商胡廷仕,"行贾湖南,久未归",其妻"典钗珥得银数两",令子胡士畿寻父。他徒步至山东、直隶,遍寻不见,沿途号泣。后来,"遇旧仆,引与父相见。父以功名未遂,坚不欲归。乡人感士畿之孝,群相敦劝资助,始允之"。③ 有些徽商为追求经商"功名",有不成功便成仁的气概。休宁朱模立志经商时,击楫渡江中流誓言:"昔先人冀我以儒显,不得志于儒,所不大得志于贾者,吾何以见先人地下,吾不复归。"④在朱模看来,自己已经无法实现先人冀望其以儒显家的愿望,如果再不能"大得志于贾者"告慰先人,便无脸面回归故里。这种想法的背后同样是视商贾为功名。有些徽商甚至将商贾的功名成就与勋阀,乃至君王之业相媲美。族人谈到休宁商人汪新的经商成就时说:"郡中贤豪起布衣,佐国家之急,致身乎金紫,等于勋阀。"⑤在他心中,商人能佐国家之急,致身金紫者,位等勋阀,正是明清许多追求科举功名的士人梦寐以求的。明中叶歙商许秩则说:"丈夫非锐意经史,即寄情江湖间,各就所志,期无忝所生而已。若其积学力行,善事吾父母,各将适中土,相厥土宜,收奇赢以给若。"他离家为贾二十年,致息数倍。归家两月,又备行装。有人劝他在家颐养天年,他大不以为然地说:"男子生而桑弧蓬矢以射四方,明远志也。吾虽贾人,岂无端木所至国君分庭抗

---

① (明)汪道昆:《太函集》卷七七《荆园记》,合肥:黄山书社,2004年,第1578页。
② (明)凌濛初:《二刻拍案惊奇》卷三七《叠居奇程客得助 三救厄海神显灵》,北京:华夏出版社,2008年,第438页。
③ 民国《歙县志》卷八《人物志·孝友》。
④ (明)李维桢:《大泌山房集》卷六九《朱次公家传》,济南:齐鲁书社,1997年,影印本。
⑤ 《休宁西门汪氏宗谱》卷六《挥金新公墓志铭》。

礼志哉?"①许秩认为自己立志商事是可以与国君分庭抗礼的宏大志向。婺源商李大鸿,"尝叩诸父曰:'人弗克以儒显,复何可以雄视当世?'有语之:'阳翟其人垺千乘而丑三族,素封之谓,夫非贾也耶!'"②视商贾为无官爵封邑而富比封君的人(素封),这对李大鸿显然是一种激励。明末休宁人程廷周贾居江西武宁,"为建昌当,为南昌盐,创业垂统,和乐一堂"③。程周将商贾之业视为帝王之业,气概非凡。

明清徽商视商贾之业等于勋阀,可比素封,能与国君分庭抗礼,足以创业垂统,可谓是明清商人反对传统儒贾观发出的最强音,成为当时最具思想解放意义的儒贾观和四民观。但是,这毕竟没有成为明清徽州儒贾观和士商观的主流,而且,明确提出"右贾左儒"思想和口号的大多反映在明代中叶汪道昆的《太函集》集中。可见,明清徽州四民观,特别是儒贾观和士商观的转换与重建经历了一个发展过程。明代中叶伴随着阳明心学带来的思想解放及其对职业伦理观所作的新阐释,当时的思想界、知识界和宗族社会重在对传统四民观进行不同程度的批判和解构,因此,这一时期徽州社会在四民观及其职业价值认识上是最具思想解放意义的。然而,随着阳明心学在明末的盛极而衰和入清以后朱子学的复兴,明清徽州社会最终确立起以朱子伦理观为基础,吸收阳明心学思想的新的商人伦理价值观。

通观整个明清时期,我们既要看到徽州社会出现了"右贾左儒"等激进的儒贾观,更要看到更多的是"儒贾事道相通""贾服儒行""儒名贾利""士商异术而同志""贾不负儒""良贾何负闳儒"和"儒贾迭相为用"等新儒贾观和士商观。这些儒贾观和士商观一方面确实提升了商贾的社会地位,充分肯定了商贾的职业价值,但是,并没有从根本上否定以儒为本、儒贵士尊的观念。那么,明清徽州社会为何会秉持这种以儒为本的儒贾士商观和职业价值观呢?

---

① 歙县《许氏世谱》第五册《平山许公行状》,见张海鹏、王廷元主编:《明清徽商资料选编》,合肥:黄山书社,1985年,第216页。

② 婺源《三田李氏统宗谱·恩授王府审理正碧泉李公行状》。

③ (明)曹嗣轩编撰,胡中生、王叆点校:《休宁名族志》卷一,合肥:黄山书社,2007年,第155页。

笔者以为,根本原因在于明清社会发展和徽州社会发展仍未突破儒家传统伦理的统治,同时,明清社会经济的主体依然是农本经济,明清社会依然是以家族为基本单位的宗族社会,因此明清徽州社会所提出的新儒贾观和士商观不可能从根本上突破儒家伦理价值的大传统。质言之,徽商和徽州社会对传统儒贾观的转换和重建,是在儒家伦理框架中完成的,明清徽州社会所构建的新儒贾观和士商观既丰富和发展了传统,又保持和维护了传统。

四、农本商末观的转化和农贾"交相重"

明清时期存在大量弃农从商的现象。早在汉代,司马迁便说:"用贫求富,农不如工,工不如商。刺绣文不如倚市门,此言末业贫者之资也。"①一方面,明中叶以来,商品经济的发展为经商获利提供了肥沃的土壤。万历时人说:"农事之获利倍而劳最,愚懦之民为之;工之获利二而劳多,雕巧之民为之;商贾之获利三而劳轻,心计之民为之。贩盐之获利五而无劳,豪猾之民为之。"②清代依然如此,屈大均说:"农夫利薄,商贩利厚。"③因此,明清时期经商不再是受歧视的贱业,反而成为比事农更令人羡慕的职业。另一方面,由于明代以来土地自由买卖不断加强,导致土地兼并加快,这对处于经济弱势地位的农民来说十分不利,大批农民失去土地,沦为佃农,甚至破产。他们要维持生计,做小本生意便成为重要的手段和途径。可以说,"广大农民弃农从商,是明清商品经济空前发展的具体表现。而且它的出现也恰好反映了农业发展与商业之间相互促进的内在联系。这对传统的重农轻商观点无疑是一种挑战"④。此外,明中叶以来,朝廷和官府的苛捐杂税不断加重,也使大量农民不堪承受,被迫离开土地,以商贩谋生。

---

① (西汉)司马迁:《史记》卷一二九《货殖列传》,北京:中华书局,1982年。
② (清)顾炎武:《天下郡国利病书》卷四《苏上》,上海:上海古籍出版社,2012年。
③ (明)冯梦龙:《警世通言》,长沙:岳麓书社,2019年,第254页。
④ 王燕玲:《商品经济与明清时期思想观念的变迁》,昆明:云南大学出版社,2007年,第31页。

在这些社会因素作用下,明清时期弃农经商者愈来愈多,弃本争末求利成为社会趋势。明人说:"余谓正德以前,百姓十一在官,十九在田,盖因四民各有定业,百姓安于农亩,无有他志……昔日逐末之人尚少,今去农而改业为工商者三倍于前矣。昔日原无游手之人,而今去农而游手趁食者,又十之二三矣。大抵以十分百姓言之,已六七分去农。"①这种现象在全国相当普遍。明代河北南宫县,"多去本就末,以商贾负贩为利"②。陕西三原县,民多商贾,"劝令买地耕种,多以为累。思欲转移,令务本轻末,其道良难"③。山西蒲州县、介休县,"土陋而民伙,田不能以丁授,缘而取给于商计,坊廓之民分土而耕菑者,百室不能一焉。其挟轻资,牵车牛走四方者,则十室而九,商之利倍农,用是反富视诸郡"④。江苏徐州,"往往竞趋商贩而薄耕桑野"⑤。江苏太湖地区,"以商贾为生,土狭民稠,人生十七八即挟资出商,楚卫齐鲁,靡远不到"⑥。浙江西安县,"谷贱民贫,恒产所入不足以供赋税,而贾人皆重利致富。于是人多驰骛奔走,竞习为商,商日益众"⑦。江西吉水县,"土瘠薄削隘,物力无所出,计亩食口,仅可得什三焉,民多取四方之资以为生"⑧。安徽旌德县,"嘉靖以后,渐变渐靡,舍本而务末,于是百工技艺之人,商贩行游之徒,皆衣食于外郡,逐利于绝徼,亦其势使然也"⑨。广州望县,"人多务贾与时逐……以中国珍丽之物相贸易,获大赢利。农者以拙业力苦利微,辄弃末耜而从之"⑩。

---

① (明)何良俊撰:《四友斋丛说》卷一三,上海:上海古籍出版社,2012年,第82页。
② 嘉靖《南宫县志》卷一《风俗》。
③ 雍正《陕西通志》卷四五《风俗》。
④ (明)张四维:《条麓堂集》卷二一《海峰王公七十荣归序》。
⑤ (清)顾炎武:《天下郡国利病书》第十一册《淮徐备录·徐州志》,上海:上海古籍出版社,2012年。
⑥ (清)顾炎武撰:《肇域志·江南八·苏州府》,上海:上海古籍出版社,2004年。
⑦ 光绪《浙江通志》卷一〇〇《风俗下》。
⑧ 嘉靖《西江志》卷二六《风俗》。
⑨ 嘉庆《旌德县志》卷一《疆域·风俗》。
⑩ (清)屈大均:《广东新语》卷一四《食语》,北京:中华书局,1985年,第371～372页。

在这种社会经济发展的背景下,人们开始质疑传统的重农抑商思想,主张农与贾交相重。万历初内阁首辅张居正认为农与商是相互依赖和互利的关系,"古之为国者,使商通有无,农力本穑。商不得通有无以利农,则农病;农不得力本穑以资商,则商病,故商农之势常若权衡然……故余以为,欲物力不屈,则莫若省征发以厚农而资商;欲民用不困,则莫若轻关市以厚商而利农"①。明代思想家丘浚指出,食货为生民之本,"所谓财者,谷与货而已。谷所以资民食,货所以资民用。有食有用,则民有以为生养之具,而聚居托处以相安矣。《洪范》八政,以食与货为首者,此也"②。明末清初思想家王夫之主张农贾并重,"故善养民者,有常平之禀,有通粜之政,以权水旱,达远迩,而金粟交裕于民,厚生利用并行,而民乃以存"③。清代颜李学派思想家王源主张农商并重,说:"嗟夫!重本抑末之说,固然;然本宜重,末亦不可轻,假令天下有农而无商,尚可以为国乎?"④可见,明清时期农贾并重成为一股颇有影响的思潮。

明清徽州不仅存在着促使大量农民经商的全国性社会经济问题,而且如前两章所述,还存在着促使农民弃农经商的更多因素:一是明清徽州的自然环境和农林资源,为经商发展提供诸多有利条件,便于农民经商;二是徽州耕地资源极其匮乏,人地紧张的压力不断加大,迫使许多农民经商;三是明清徽州通过对宋明新儒学职业伦理观的转换,建立起一种新四民观,为人们经商提供了伦理依据和价值追求。因此,明清徽州弃农经商的现象更为突出。至嘉靖年间,徽州农民和商人的地位已彻底改变,"寻至正德末、嘉靖初,则稍异矣。出贾既多,土田不重。操资交捷,起落不常。能者方成,拙者乃毁。东家

---

① (明)张居正撰:《张太岳集》卷八《赠水部周汉浦榷竣还朝序》,上海:上海古籍出版社,1984年,第99页。
② (明)丘浚:《大学衍义补》卷二〇《制国用·总论理财之道(上)》,北京:京华出版社,1999年,第197页。
③ (清)王夫之:《读通鉴论》卷四《宣帝》,北京:中华书局,1975年,第219页。
④ (清)王源:《财用下》,见王文治、王锐等编著:《中国历代商业文选》,北京:中国商业出版社,1992年,第405页。

己富,西家自贫"①。在徽州,"民多仰机利,舍本逐末,唱棹转毂,以游帝王之所都,而握其奇赢。休歙尤夥,故贾人几遍天下"②。当然,弃农经商者大多只能做苟持生计的小买卖。清人金声说,"总计四乡之民向之出而求衣食于四方,遭劫夺不能复出而不得坐于其家者,盖十家七矣"。③

面对这种社会经济发展和"农贾交相重"的思潮,明清徽州人不仅对儒贾关系作了重新界定,而且对重农抑商也作了新诠释。胡中生认为,在中国传统职业价值观中,士为首,农为本,商为末,重农抑商是核心。但是,这三个阶层尤其是农商之间常常出现经济地位和政治身份的不相称。在前近代的徽州,由于自然、经济和社会制度等方面的原因,人地关系非常紧张,儒士耕读传家的职业观已难适应徽州社会,农业人口和士人群体都面临着贫困化的威胁。土地已无法维持恒产,但农民和士人不断贫困化,种田的付出与所得不仅不成比例,还背负着沉重的赋役。中小土地所有者的收入已满足不了日益增大的各种开支,土地买卖频繁,形成了不重土田的观念。随着"末富居多,本富居少"时代的到来,社会已变成"资爰有属,产自无恒"。④ 如果说还有恒产,那就是"恃外贸子钱为恒产,春出冬归,或数岁归"⑤;或是"邑中土不给食,大都以货殖为恒产"⑥。这种财富观的改变加速了徽州职业观的嬗变。⑦ 唐力行则说:"由于徽州山多田少,商业扼社会经济的命脉,因而传统的本末观较易于变通为农、商交相重的价值观。"⑧如汪道昆猛烈批判"重本抑末"

---

① 万历《歙志·风土》。
② (明)张瀚:《松窗梦语》卷四《商贾记》,北京:中华书局,1985 年,第 83 页。
③ 康熙《徽州府志》卷八《蠲赈·金声与徐按院书》。
④ (清)顾炎武:《天下郡国利病书》第九册《凤宁徽备录·徽州府》,上海:上海古籍出版社,2012 年。
⑤ 万历《祁门志》卷四《风俗》。
⑥ 康熙《休宁县志》卷一《风俗》。
⑦ 参见胡中生:《理想与现实的调和:传统职业观的前近代嬗变——以明清徽州为例》,载《天津社会科学》,2004 年第 4 期,第 135~138 页。
⑧ 唐力行:《商人与文化的双重变奏——徽商与宗族社会的历史考察》,武汉:华中理工大学出版社,1997 年,第 25 页。

论,认为农贾本是"交相重","窃闻先王重本抑末,故薄农税而重征商。余则以为不然,直一视而平施之耳。日中为市,肇自神农,盖与耒耜并兴,交相重矣"。其结论是,"要之各得其所,商何负于农?"①他还指出商贾对国家的重要贡献,"今制:大司农岁入四百万,取给盐策者什二三。淮海当转毂之枢,输五之一。诸贾外饷边,内充国,戮力以应度支,顾岁计率三五以为期"②。明弘治和正德间,歙商许大兴也有类似观念。许大兴家族自高曾以来,累叶家食,不治商贾业,一天他忽然自念到:"予闻本富为上,末富次之,谓贾不若耕也。吾郡保界山谷间,即富者无可耕之田,不贾何待?且耕者十一,贾之廉者亦十一,贾何负于耕,古人非病贾也,病不廉耳。"③于是转而经商事贾。在他看来,徽州的经济现实是富者都无田可耕,何论贫者;而且,农民和商人对国家所纳赋税是相同的,因此,只要廉洁经商,"贾何负于耕"!可见,他们都从商人对社会和国家的贡献批判了传统的"抑商"论,论证了"商(贾)不负于农(耕)"。事实上,在明清徽州,事贾远比力农贡献大,社会地位也要高得多。胡中生认为,徽州富有的家族往往是官、商、儒三位一体的,他们既能享受各种优免,又有规避赋役之术,所以中小农民承担了大部分赋役。实际上,拥有小块土地,纯粹从事农业的人是受到人们轻视的。商人有豪杰、儒行等美誉,农民却很少有什么美誉。农民的治生更为艰难,地位日益低下。逋赋现象增多了,甚至出现在习儒者身上。由于商人大量置买田地,他们在赋役上表现积极,他们不仅缴纳越来越多的商业税,还保证了国家的田赋征收。他们在赋役上已取代纯粹的农民,尤其是赋役征银后。正因为如此,徽州才会出现

---

① (明)汪道昆:《太涵集》卷六五《虞部陈使君榷政碑》,合肥:黄山书社,2004年,第1352页。
② (明)汪道昆:《太函集》卷六六《摄司事裴公德政碑》,合肥:黄山书社,2004年,第1368页。
③ 《新安歙北许氏东支世谱》卷八,见张海鹏、王廷元主编:《明清徽商资料选编》,合肥:黄山书社,1985年,第147~148页。

"贾何负于农"的呐喊,并对传统的重农抑商思想注入新的内涵。①

需要指出的是,"贾不负于农"和"农贾交相重"虽然在明清徽州已经比较盛行,但是,人们对农贾关系的认识又是多元的。在明清徽州既有激进的农贾观,如一些徽商甚至有贱农心理。徽商程胜恩,"其祖父服田力穑,朝斯夕斯,不出户庭。岁值凶荒,饥馑存臻,室如悬罄,公愤然作色曰:'丈夫生而志四方,若终其身为田舍翁,将何日出人头地耶!'用是效白圭治生之学,弃农就商"②。上文所说的许秩经商成功后,晚年仍不愿留存家中颐养天年,说:"男子生而桑弧蓬矢以射四方,明远志也。吾虽贾人,岂无端木所至国君分庭抗礼志哉？且吾安能效农家者流,守镃基、辨菽麦耶？"③同时,又有人强调以农为本,反对以末趋富。明代休宁人吴田是一典型。史载:"新都皆岩邑,以谷量人,尽土之毛不足以供什一。于是舍本富而趋末富,农为轻。处士曰:'不然,自昔王者重农,有土皆有籍。乃今不稼不穑,艳锥刀之末利而走四方,纵自轻,其失得犹辐辏耳。借令人人贾也,民其无天乎!'处士孳孳务力田,省耕敛。比岁入,则时贵贱以为化居,因而积著佐之,不贾而给。会岁恶,处士以露积倾里中,人言任氏窖粟以待不赀,此其故智也。处士笑曰:'使吾因岁以为利,如之何？遏籴以壑邻,是谓幸灾,天人不与。'乃尽发仓廪,平贾出之。居数十年,富倍上贾。"④吴田反对当时徽州"舍本富而趋末富,以农为轻"的风气,孳孳务力田,结果,"居数十年,富倍上贾"。

---

① 参见胡中生:《理想与现实的调和:传统职业观的前近代嬗变——以明清徽州为例》,载《天津社会科学》,2004年第4期,第135~138页。
② 歙县《褒嘉里程氏世谱·歙邑恒之程公传赞》,见张海鹏、王廷元主编:《明清徽商资料选编》,合肥:黄山书社,1985年,第301页。
③ 歙县《许氏世谱》第五册《平山许公行状》,见张海鹏、王廷元主编:《明清徽商资料选编》,合肥:黄山书社,1985年,第216页。
④ (明)汪道昆:《太函集》卷六二《明故处士新塘吴君墓表》,合肥:黄山书社,2004年,第1290页。

第二节　明清徽州宗族的职业观及其特征

一、明清徽州家谱中族规家训所见职业观

通过明清徽州家谱中族规家训有关职业观的记载，可以很好地认识明清徽州宗族和整个徽州社会职业观及其变化。因为明清徽州是一个宗族社会，而族规、家训是宗族制定的规范宗族生活准则和族人言行，表达宗族价值取向的家族法规。有学者说："家训和家法族规以潜移默化的训教方式传播一种与主流价值观念既相契合又利于现实世界生活实践的实用理性。它通过将伦理规范贯彻到平常百姓人家，改善了社会习俗与道德风尚，维系了家庭与家族共同体的团结与稳定，也培养了社会需要的治国人才，捍卫并改善了传统的社会秩序。"[①]而教育和规范族人的择业和敬业是不少族规、家训的重要内容，有学者将族规、家训的内容归纳为八类：修身、治家、睦亲、处世、教学、婚姻、择业和仕宦。[②] 其中，"择业"便集中地反映了宗族的职业观，"教学"中有关读书和为士等内容也大量涉及职业观。明清时期的族规和家训多收载于各宗族族谱或家谱中，所以通过考察明清徽州家谱中族规、家训有关职业观的文献记录，有助于人们比较全面地认识明清徽州宗族乃至整个徽州社会职业观及其变化。这里主要通过上海图书馆、安徽大学徽学研究中心和

---

① 鞠春彦：《教化与惩戒：从清代家训和家法族规看传统乡土社会控制》，哈尔滨：黑龙江教育出版社，2008年，第77页。
② 徐秀丽：《中国古代家训通论》，载《学术月刊》，1995年第7期，第27～32页。关于家训的演变及与族规的关系，鞠春彦说："在中国家庭训诫源远流长的发展历程中，宋代以前家训是其主要形式；宋元时期家族制定规训者增多，除个别义门宗族制定的族规外，一般的形式是家法；明代及以后时期，族规大量出现。"(《教化与惩戒：从清代家训和家法族规看传统乡土社会控制》，哈尔滨：黑龙江教育出版社，2008年，第78页。)明清时期中国宗族获得大发展，原有的家训衍生出名目繁多和功能完备的训育和法规性条文，主要称为家训、家法、家规、家矩、家戒、家禁、家约、族规、族约、族谕、宗规、宗约、宗式、规条、祖训、祠规、庭训、户规等，本文统称为族规家训，亦有学者称之为族规家法和宗规族训等。

安徽省图书馆所藏家谱的族规、家训中有关职业观的史料,对该问题作一个较全面的研究。①

全面考察和分析上述三家机构明清徽州家谱的族规、家训中收载职业观相关条文,可以将其所反映的职业观概括为以下三个方面:

第一,以四民为正业,禁止从事贱业。

明清徽州家谱的族规、家训谈到择业问题时,大都规定族人要以四民为正业,告诫和规训族人要各视其能力和禀赋从事四民之业。有些族规家训还

---

① 本文之所以采用这三家机构所藏明清徽州的家谱的相关资料,是因为它们收藏的徽州家谱的质量和数量颇具代表性。上海图书馆原馆长、谱牒研究专家王鹤鸣说:"上海图书馆是世界上收藏中国家谱原件最多的单位。在林林总总14000余种家谱(含新编家谱)中,徽州地区家谱以其数量多、质量高而成为上海图书馆家谱园地中的一朵奇葩。"该馆所藏徽州家谱"包括徽州(新安)地区和休宁、祁门、绩溪、黟县、歙县、婺源六县,共计收藏1949年前的家谱467种……平均每县78种。存世的徽州家谱数量与全国各地相比,是比较可观的"。(王鹤鸣:《上海图书馆馆藏徽州家谱简介》,载《安徽史学》,2003年第1期,第92～94页。)安徽省图书馆收藏有明清至1949年前的家谱400余种,"以徽州地区居多"。(参见《特色馆藏·安徽家谱》"前言",安徽省图书馆"安徽家谱"网址:http://cm.ahlib.com:9080/ahjp/。)经初步统计,其中徽州家谱有130余种。安徽大学徽学研究中心是国内研究徽学的唯一一所教育部人文社科重点研究基地,复印和购置了110多种有价值的徽州家谱。因此,利用上述三家机构所藏明清徽州家谱中族规家训的相关资料进行研究,能够大体反映出明清徽州宗族的职业观及其特征。关于本节资料的使用还有两个问题需要说明:一、文中使用的家谱22种,包括上海图书馆藏明代1种、清代6种;安徽大学徽学研究中心藏明代1种、清代7种;安徽省图书馆藏明代2种、清代5种。另有公开出版的《茗洲吴氏家典》。在众多家谱中只使用这22种,主要原因有:1.不少家谱的族规家训未涉及职业观的内容;2.不少族规家训有关职业的条文是重复或相同的,在这种情况下,本文只使用其中一种家谱。3.有少量家谱是残本,有关职业的内容残缺不全,无法抄录。4.上海图书馆和安徽省图书馆有些家谱不能调阅,这些家谱的族规家训也可能记载有相关内容。因此,如果将后面两个因素考虑进去,那么,可以使用的相关家谱肯定会超过22种,不过,数量也不会太大。2010年8月底,笔者曾以徽州6县名为检索词,对上海图书馆藏6县家谱进行检索,共有谱546部。扣除同一宗族重复的谱和中华人民共和国成立后的新修谱24种,残缺而无法抄录的66种,只有目录而无法调阅的44种,余为412种,其中有族规家训的只有62种,而含有职业观内容的家谱仅14种(内容相同的不重复计算),其中,民国家谱6种。可见,本文使用上述相关家谱的职业观史料是比较全面和典型的。二、出于资料查阅和抄录的方便,原则上是先使用安徽大学徽学中心所藏家谱,其次是使用安徽省图书馆所藏家谱,最后才使用上海图书馆所藏家谱。因此,上海图书馆和安徽省图书馆的相关家谱不限于上面提到的数量。

会在同一条文或另立条文中规定不得从事四民外的职业,并严禁从事贱业。

有些族规家训只是提出要以四民为正业。清代休宁古林黄氏《祠规·职业当勤》指出:"四民所业不同,皆是本职。惰则废,勤则修。"①而大多数宗族则明确将四民之外的职业视为异端或贱业予以禁止,违者以家法论处。明代休宁范氏《谱祠·林塘宗规》说:"士、农、工、商,各习所业,安生理,以遵圣谕,乃祖宗垂训大要。四民之外,俱属异端,家法所禁。"②这里将从事四民之业视为圣谕和祖宗垂训,并将此外的其他职业视为异端,严禁从事。清代歙县《许氏家规·各治生业》指出:"生业者,民所赖以常生之业也。《书》之所谓厚生,文正之所谓治生,其事非一,而所居其业者有四……此四民之业,各宜治之以生者也。上而赋予公,退而恤其私,夫是之谓良民。出乎四民之外而荡以嬉者,非良民也,宜加戒论。"③此家规首先说明何为生业,其次指出生业只有四民之业,进而强调只有从事四民之业才是"良民",否则宜加戒论。清代黟县湾里裴氏《家规·端正品谊》规定:"士农工商,四民各有正业。读书其最上也。即负耒耕,牵车牛,或执技事上,亦皆有裨于民生,关乎日用,未始不可赡衣食,供妻孥。断不可不顾流品,已沦于卑贱,累及于子孙。"④裴氏家规显然也是将四民之外的职业视为贱业,认为从事这些职业会使人丧失品德,遗祸子孙。

有些族规家训除明确要求族人从事四民正业外,还明确了禁止从事的贱业。不过,各宗族对贱业的理解和规定有所不同。一般说,对于倡(娼)优、隶胥、隶卒、僧道等都是严禁从事的。清代绩溪梁安的《高氏祖训十条·守正业》规定:"人家子弟,无论贫富智愚,皆不可无业,无业便是废人。又不可不守正业,不守正业便是莠民。正业不外士农工商,因才而笃,皆可成家立业。安可自甘污贱,为娼优隶卒,以玷辱门庭。"⑤该祖训首先说明人必须要有正

---

① 《休宁古林黄氏重修族谱》卷首下,清乾隆二十二年(1757)刻本。
② 《休宁范氏族谱》卷八,明万历二十八年(1600)刻本。
③ 《重修古歙东门许氏宗谱》卷八,清乾隆十年(1745)刻本。
④ 《黟县湾里裴氏族谱》卷一,清咸丰五年(1855)木活字本,黟县敦本堂。
⑤ 《绩溪梁安高氏宗谱》卷一一《家政》,清光绪三年(1877)刊本。

业,即四民;其次明令禁止从事邪业,即,娼优隶卒。清代黟县南屏叶氏《祖训家风·安生业》规定:"族中子弟,士、农、工、商各有恒业。非年高细弱及有事羁留而在家闲游者,老成必督责焉。故族内少游惰之人。"其《祖训家风·饬风化》则规定:"子弟不为优隶,不充当地保,违者斥逐。"①这里明确规定族人除年高细弱及有事羁留者外,必须从事四民之职业;同时,明确禁止族人充当地保和优隶,违者逐出家门。有些宗族除禁止族人从事上述职业外,还禁止从事屠宰等业。明代休宁范氏《统宗祠规·职业当勤》规定族人除以士农工商为业外,"不得越四民之外,为僧道,为胥隶,为优戏,为椎埋屠宰等件。犯者,即系故违祖训,罪坐房长"②。潭渡黄氏晚明所立《潭渡孝里黄氏家训·教养》则对禁止从事这些职业的原因作了分析,说:"子弟毋使习学吏胥,以坏心术。虽当贫乏不得令入寺观为僧为道,自斩嗣续。毋狎屠竖以启残忍之心。"③清代休宁茗洲吴氏《家规八十条》也有类似规定,只是将从事这些贱业的原因总括为坏心术和违仁义,"子孙毋习吏胥,毋为僧道,毋狎屠竖,以坏乱心术。当时以'仁义'二字铭心镂骨,庶或有成"④。由此不难看出,在这些宗族看来从事这些职业违背儒家伦理道德,因此必须严禁。

对于堪舆、行医、占卜和算命等,有些族规家训虽未视为贱业,但也反对族人从事,主要原因是认为如果学之不精,易于误人和害人。绩溪南关许氏《正德十三年惇叙堂旧家规十条》中规定:"在后世子孙必务正业,正业止有士、农、工、商四条路。至于地理医道,虽非邪术,恐学之不精,误人不少,切不可图其事之安逸而轻学以害人,受人饮食物而反害人,不如乞丐。"⑤清代绩溪梁安高氏《高氏祖训十条·守正业》也有类似认识,说:"至于医卜星相,虽非邪术,亦不可轻学。盖其不精,因而误人惑人,亦非正道矣。"⑥有的宗族出

---

① 《黟县南屏叶氏族谱》卷一,清嘉庆十七年(1812)木活字本。
② 《休宁范氏族谱》,明万历二十八年(1600)刻本。
③ 《歙县潭渡孝里黄氏族谱》卷四,清雍正九年(1731)校补刊本。
④ (清)吴翟辑撰,刘梦芙点校:《茗洲吴氏家典》,合肥:黄山书社,2006年,第20页。
⑤ 《绩溪县南关惇叙堂(许氏)宗谱》卷九,清光绪十五年(1889)木活字本。
⑥ 《绩溪梁安高氏宗谱》卷一一《家政》,清光绪三年(1877)刊本。

于为族人看病治病的需要,规定族中须有人学医。如,祁门陈氏在明天顺元年(1457)所立《崇公家法三十三条》中规定:"立一人学医,以备老幼疾病。须择诸识方脉医术牙性之人,药料之资,取给于主事者。"①

可见,明清徽州族规家训恪守四民职业观。将士农工商均视为正业,要求族人当视其资质禀赋,各事一业,对于经商和为工者并不反对。与传统的尊儒贱商、重本抑末的职业观相比是一种进步,这种四民观一定程度上体现了四民在职业上平等的新思想,是明清徽州新四民观和新职业观的具体反映。对于四民之外的职业,徽州宗族大多禁止族人从事,在他们看来,从事这些职业会坏乱心术,有违儒家仁义伦理道德,从而危及宗族的发展。

第二,读书和为士为四民之首业。

检视明清徽州家谱的族规家训,四民虽然都被视为正业,宗族子弟可以据其禀赋和能力各择其业,不过,读书业儒和为仕被视为首要的选择。明清徽州文化教育发达,这与许多宗族对读书的多重功用的认识有关。在不少宗族看来,教育子弟读书的目的不限于业儒和为仕。许多宗族指出读书可以知书达礼,是从事其他职业和做人的基础,有些宗族还指出读书对于修身养性的重要作用。

一些宗族明确将族中子弟业儒、为仕视作最重要的职业,以求光大门楣。绩溪南关许氏的《正德十三年惇叙堂旧家规十条》规定:"子弟七岁以上则入小学,从师读书习礼,收其放心,养其德性,使知孝弟、忠信、礼义、廉耻之事。其聪明者,使之业儒,其(期)于有成以光大门闾。其庸下者,亦教之以农工商贾,各事生业,不得游手好闲。"②清代《潭渡孝里黄氏家训·教养》说:"若二十岁以外学业无成者,令其学习治家理财之方。其向学有志者,勿拘此例。"③黄氏为了鼓励族中子弟读书,特许这些子弟可以享受成人后不习治家理财之方的特权。清代绩溪东关冯氏祖训《兴文教》条说:"子孙才,族将大。

---

① 《祁门陈氏宗谱(义字号)》卷一,清同治十二年(1873)重修,敦厚堂锓梓。
② 《绩溪县南关惇叙堂(许氏)宗谱》卷九,清光绪十五年(1889)木活字本。
③ 《歙县潭渡孝里黄氏族谱》卷四,清雍正九年(1731)校补刊本。

族中果有可期造就之子弟,其父兄即须课之读书。倘彼家甚贫,便需加意妥筹培植。昔郑左丞设里塾以教族中子弟,极为良法。一族之中文教大兴,便是兴旺气象。古来经济文章,无不从读书中出。草野有英才,即以储异日。从政服官之选,其足以为前人光,遗后人休者,何如也。"①冯氏强调兴文教,旨在使族中子弟为官,"为前人光,遗后人休"。茗洲吴氏《家规八十条》对此更是多有规定和阐述,强调必须以全族之力培养族中有资质而无力从师的子弟,使他们能科举成名,为人楷模,光宗耀祖,"族中子弟有器宇不凡、资禀聪慧而无力从师者,当收而教之,或附之家塾,或助以膏火。培植得一个两个好人,作将来模楷,此是族党之望,实祖宗之光,其关系匪小"。又要求子弟到一定年龄必须读书,资性愚钝不能为举业者才去治生理财,"子孙自六岁入小学,十岁出就外傅,十五岁加冠入大学。当聘致明师训饬,必以孝悌忠信为主,期底于道。若资性愚蒙,业无所就,令习治生理财"。为了保证举业取得成功,还严格规定子弟读书的范围,"举业发圣贤之理奥,为进身之阶梯。须多读经书,师友讲究,储为有用。不得冒名鲜实,不得纷心诗词及务杂技,令本业荒芜"②。

有些宗族意识到读书即便不能博取功名和为仕,也能为宗族和个人赢得声誉。明歙西岩镇程氏《族约》说:"宗族之大,子孙贤也;子孙之贤,能读书也。能读书则能识字,匪特可以取科第、耀祖宗。即使未仕,亦能达世故、通事体,而挺立于乡邦,以亢厥宗矣……呜呼!前人铭训如此,凡我族属,宁惜以一经教子。"③该族约指出读书即使不能为仕,也能使子弟学会做人,从而挺立乡邦,亢宗扬族。清代绩溪许氏《家训》则说:"子孙才分有限,无如之何,然不可不使读书。贫则教训累积以给衣食,否则讲明正学以资进取。若夫成功则天也。不获于天,亦不失于士之令名。"④在许氏看来,族中子弟不论是

---

① 《绩溪东关冯氏家谱》卷首上《冯氏祖训十条》,清光绪二十三年(1897)本。
② (清)吴翟辑撰,刘梦芙点校:《茗洲吴氏家典》,合肥:黄山书社,2006年,第18页,第20页,第20~21页。
③ 《歙西岩镇百忍程氏本宗信谱》卷一一,明万历十八年(1590)刻本。
④ 《绩溪县南关惇叙堂(许氏)宗谱》卷九,清光绪十五年(1889)木活字本。

否有才分都要读书,达则取得举业成功,贫亦可以教书为业,这对个人来说可以"不失于士之令名"。

读书固然是业儒和为士的根本途径,但不少宗族认为教育子弟读书,可以使他们知礼仪,可以使宗族纯风厚俗,亦是从事其他职业的基础。清绩溪周氏的《祖训·重诗书》说:"诗书所以明圣贤之道,本不可不重。况一族子弟,无论将来读书成名,即农工商贾亦须稍读书本,略知礼仪。凡请先生,第一极品行,老成之人。礼貌必须周到。凡读书人,受恩不可忘,无恩不可怨。不可恃才学而傲慢乡党,不可挟绅衿而出入衙门。"①清代绩溪高氏在《高氏祖训十条·兴文教》中指出:"四民皆是正业。然不读书则不知礼仪,故凡为农、为工皆当读书。虽不望成名,亦使粗知礼仪,不至为非。至于子弟佳者,则为之读书。倘家贫无力,宗族宜加意培植。盖族内有读书人,则能明伦理、厚风俗,光前而裕后,其关系匪浅,又不但科第仕宦为宗族光已也。"②在高氏看来,读书可以使人知礼仪,进而使宗族明伦理、厚风俗,为农、为工者均需读书,非仅为科举及第。

有些宗族还超功利地看待读书,指出读书对族中子弟在识理、修身和养性方面所起的重要作用。明代绩溪葛氏说:"世间物可以益人神智者书,故凡子孙不可以不使读书。惟知读书则识义理,凡事之来,处置得宜,如游刃解牛,自有余地。其上焉者,可以致身云霄,卷舒六合。下焉者,亦能保身保家。而规为措置,迥异常流,自无村俗气味。苏子云:'无肉令人瘦,无竹令人俗。'无竹犹未俗也,无书则必俗矣。人求免于村俗,不可一日无书。"③这显然是一种超功利性的读书观。清代婺源萧氏《家诫·明理》说:"读书贵明理,我亦无师承。但喜读书录,《近思》为章程。每置几案间,朝夕勤猛省。有过必自书,有善即景行。所以路不差,渐次亦少明。读书今具在,儿辈为箴铭。"④

---

① 《绩溪周坑仙石周氏(善述堂)宗谱》卷二,清宣统刻本。
② 《绩溪梁安高氏宗谱》卷一一,清光绪三年(1877)刊本。
③ 《绩溪积庆坊葛氏族谱》卷三《家规家训》,明嘉靖四十四年(1565)刻本。
④ 《婺源萧江家乘》卷一一,清道光三十年(1850)刻本。

《家诫》作者以现身说法的方式对读书和明理作了充分说明。清代新安汪氏《家训·勤读书》说:"子孙虽愚,经书不可不读。柏庐朱氏之明训,吾人皆所共晓。盖读书欲求明理气节,品行、心术、学问必于是乎,取之典故,其末也。能常与诗书近,则陶镕气质、涵养性情、扩充见识、增长神智,纵不能博科第而幸列青衿,亦出齐民之等,遗子满籯,何如一经旨哉?斯言然要在体认圣人立教本旨,攻苦而勤习之,自得其中趣味,终身受用不尽。凡我后人,书田宜耕,勿以家贫而早废诗书,勿以椎鲁而不专诵习。总期力学,毋替书香。"[①]该家训强调了读书具有陶镕气质、涵养性情、扩充见识、增长神智的作用,而且强调一定要读儒家经书。

概括明清徽州族规家训对业儒、为士和读书的认识,既有世俗性和功利性的考量,也有道德性和超越性的追求。第一种观念,希望通过读书来为士和为官。这种观念是从世俗和功利角度说的。"万般皆下品,唯有读书高",只有读书才可以为仕,带来个人和家族的财富和荣耀,这是当时普遍的观念。第二种观念,认为读书可以挺立乡邦、亢宗扬族和不失士之令名。这种观念本质上也是功利的。第三种观念,认为读书可以使人知书达礼,是做人和为农工商者必备的素养。这种观念功利化色彩虽然大为减弱,但仍不是道德化的超越性意识。第四种观念,视读书为益人神智、修身养性的手段和途径。这种观念显然是要追求和实现儒家的理想人格,是超世俗和非功利的,是儒家特别是程朱理学理想人格教育对徽州宗族产生直接作用和影响的反映。

第三,经商事贾与力农耕作。

明清徽州经商多属宗族行为,这种现象在家谱的族规家训中得到体现。不仅多数宗族将经商和事贾视为正业,有些族规家训更是明确阐述了经商事贾的必要性和重要性。不过,也有宗族仍将力农作为仅次于为士的职业,甚至禁止族人经商。

---

① 《新安汪氏家乘》卷七,清同治刊本,余庆堂。

一些族规家训指出,由于徽州地狭人稠,因此要将经商事贾视为主要生业。明代歙西岩镇程氏《族约》说:"人生斯世,士农工商各执一业。吾邑地狭人稠,无田可耕,故人多逐末,奔走江湖,车马舳舻几半天下。为族人者,纵莫能上之读书为士,下之力田为农,至于为工为商,守分安生,何所不可?"①清代歙县朱氏《朱氏祖训·专务本业》更是指出,因本族地处山庄,以务农为多,而稍为俊异者则外出经商,"民之业有四,民之职有九,而天下断无无事之民,故虽闲亦未必无所事事……吾等山僻庄居,大概农夫多,樵子多。若稍为俊异,又为服贾他乡者多"②。茗洲吴氏《家规八十条》甚至规定:"族中子弟不能读书,又无田可耕,势不得不从事商贾。族众或提携之,或从他亲友处推荐之,令有恒业,可以糊口,勿使游手好闲,致生祸患。"③明清官员对徽州宗族经商风气之盛也有记述。明末歙县知县傅岩便说:"徽俗训子,上则读书,次则为商贾,又次则耕种。"④傅岩指出了徽州风俗实际是以行商事贾为仅次于读书的职业,比力农更受徽州人重视。徽州宗族之所以视经商为重要的职业选择,主要是因为经商同样符合儒家职业伦理道德。清代新安汪氏《家训·守职业》说得十分清楚:"民有四等,士农为先,其次为商为贾。商贾亦治生之一道,虽熙来攘往,只为蝇头微利,一似逐末者之所为。然苟取之不失于义,亦可保其清白体。故贤如子贡不若颜子之安贫,而货财生殖亿则屡中,其才识之明犹得见称于师友。凡我族人不读不耕,务宜早习经营,安守职业。勿令家居游荡,垂老无成。则不特无以为家,且涉游民之消。为父兄者,其早为子孙计也可。"⑤朱氏劝谕族人为商贾的理由便是"不失于义"。这种观点再次印证了前文所说的"贾服儒行"和"贾儒事道相通"的观念。

虽然明清徽州有许多宗族把经商作为主要的职业选择,但是,也有一些宗族仍然主张耕读传家的保守观念,反对子弟经商和为工。清代婺源江氏

---

① 《歙西岩镇百忍程氏本宗信谱》卷一一,明万历十八年(1590)刻本。
② 《古歙义成朱氏宗谱》卷首,清宣统三年(1911)活字本,存仁堂。
③ (清)吴翟撰辑,刘梦芙点校:《茗洲吴氏家典》,合肥:黄山书社,2006年,第18~19页。
④ (明)傅岩撰:《歙纪》卷五《纪政迹·修备赘言》,合肥:黄山书社,2007年,第50页。
⑤ 《新安汪氏家乘》卷七,清同治刊本,余庆堂。

《家诫·生理》说:"学者先治生,宦家尤所急。多因蒙世业,不想务生理,坐食能几何,贫穷应立至。所以劝读书,门户方可立。否则劝本业,亦自了衣食。切莫图放债,放债多怨言;切弗走江湖,江湖多损失。亦莫去请偈,请偈伤面皮……惟持田与土,此是靠金漆。当今有赢余,要在知撙节。清白留汝辈,各自相勉励。"①可见,江氏反对从事贸易和典当之类的商业活动,主张惟持田与士来传家。清绩溪南关许氏《家训》说,读书为士和博取功名固是上佳选择,"然此亦是难事,未必人人可望。若能布衣草履,从事农圃,足迹不至市道,亦是佳事"②。显然,在许氏看来,如果读书不成,应当从事农耕,对于其他职业则不予提倡。清代黟县湾里裴氏《家规·训饬子弟》说:"学富五车,才储八斗,佳子弟也。而不多得也,则涵养培植之方要矣。即赋性未堪读书,而能任稼之责,不与里巷相征逐,亦未始非佳子弟。"③可见,裴氏同样认为如果子弟资质不能以读书为业,便要事农。有些族规家训还专立条文阐述了事农的重要性。裴氏的《家规·敦尚农桑》又说:"流火授衣,有国者尚讲稼穑之艰难,况居草野者乎!男勤乎耕,而腹可果;女勤乎织,而纩可挟。农桑所以为衣食之经也,若男作亡赖,女抱琵琶,乡党自好之士羞面见矣。"④裴氏以"农桑所以为衣食之经"来敦尚本族的农桑之业。清新安汪氏《家训·力耕稼》明确说:"《语》云:'读书不成,不如归耕。'言力田,其本务也。人有本,则不摇;舍本而务末,谬矣。古者有司徒教民稼穑,郑长趣民耕耨。民事不可缓,故农居四民之次。苟能耕读持家……或读书于牛背,家居野处,最为第一。设或子弟庸愚,不任诵读,即当教以耕耘,俾知稼穑之艰难,勿为游惰之民,可保身家之养。而不识不知,顺帝之则,亦不失为农家者流。凡我族人,各宜宅尔宅而田尔田,庶几乐其乐而利其利。"⑤该家训借用古训和典籍来说明事农的重要性,反对"舍本而务末"。

---

① 《婺源萧江家乘》卷一一,清道光三十年(1850)刻本。
② 《绩溪县南关惇叙堂(许氏)宗谱》卷九,清光绪十五年(1889)木活字本。
③ 《黟县湾里裴氏族谱》卷一,清咸丰五年(1855)木活字本,黟县敦本堂。
④ 《黟县湾里裴氏族谱》卷一,清咸丰五年(1855)木活字本,黟县敦本堂。
⑤ 《新安汪氏家乘》卷七,清同治刊本,余庆堂。

那么，如何看待徽州宗族上述两种不同的职业观呢？一方面，明清徽州经商风气浓厚，是不争的历史事实。经商对于大多数宗族来说，虽然无法像读书业儒博取科第功名重要，但对大多数人来说经商事贾仍是最现实、最重要和最有诱惑力的职业，因为能够博取科第功名成为衣食无忧的仕宦者毕竟是极少数。另一方面，我们又应当看到，由于徽州不同地域因自然环境和经济发展存在差异，明清时期各宗族对是否以经商为本业又存在不同认识。明清徽州家谱的族规家训中主张或提倡经商的，基本在歙县、休宁这两个明清徽州经商风气最盛、经济社会发展好的县域，而徽商大多也出自这两个县。持守力农为本的一些宗族，往往是在绩溪、婺源、黟县等相对偏僻闭塞，经济较落后的县域。

二、职业教育的主要内容和伦理精神

明清徽州十分重视对族人进行职业教育，力求通过良好和严格的职业教育，使族人正确择业和敬业，以维系宗族的生存繁衍，这在族规家训中也有较多体现。明清徽州职业教育的主要内容可以概括为以下三方面：

第一，明清徽州族规家训大多要求宗族或父母教育子弟树立正业观，要子弟随其材性务正业；对于那些不务正业，游玩放荡，流于污下和乖逆者，不仅本人要受到宗族的劝诫或惩罚，父母往往也要受到罪责。光绪徽州彭成钱氏《家规·务正业》说："士农工商各有一业，子弟年长不可任其游荡，流于匪类。使之各执一艺，以为终身衣食之资。谚云：'卖田卖地难卖手艺。'为父兄者不可不早为之计也。"该家规要求父兄教育子弟及早学会手艺，从事四民等正当职业，以免流于匪类。《家规·笃义方》又指出，父母对子弟"尤必戒导督责，毋容放荡。视其材质高下，随其材器而造就之可耳"。① 这里强调了对子弟要严加教育，因材施教使之成人。明后期祁门《陈氏文堂乡约》将对族人进行职业教育作为宗族的重要活动，规定："每会行礼后，长幼齐坐，晓令各户子

---

① 徽州《彭成钱氏宗谱》卷一，清光绪十年（1884）刊本。

姓各寻生业，毋得群居、博弈、燕游，费时失事，渐至家业零替，流于污下，甚至乖逆非为等情。本户内人指名禀众，互相劝戒，务期自新。如三犯不悛，里排公同呈治。"①清代歙县《潭渡孝里黄氏家训·教养》对于如何劝诫和惩治子弟不务正业和有违礼法的言行作了明确解释，规定族中子弟，"并不得好勇斗狠及与打降、闯将、匪类等来往，不得沉迷酒色，妄肆费用，以致亏折赀本。至若不务生理或搬斗是非，或酗酒赌博，或诓骗奸盗，或党恶匿名，一应违于礼法之事，当集众诫之，如屡诫不悛，呈公究治，不可姑容"②。清代徽州李氏《家规·训子姓》规定子弟不事正业者，要罪父母，"子弟年过二十或三十以外，学问不就者，则令治家理事。不可居无职业，游荡自恣，违者，罪其父母"③。清代黟县湾里裴氏《家规·训饬子弟》也强调了父兄教育子弟从事正业的责任，指出："（子弟）若溺酒色，耽樗蒲，吸洋烟，则非承先启后之人，防闲宜峻矣。父兄之教不先，子弟之率不谨，是谁之过欤？"④

第二，告诫族中子弟对所从事职业要专和精。清代歙县《朱氏祖训·专务本业》对此有详尽和透辟的阐述："心专者自入巧，艺多者断不精，此又一人当习一事，而知不器之君子为难能……此管子所谓：'士之子恒士，农之子恒农者。'与夫民之业既分，则必各事其事而后其理，亦必各功其功而后其功成。俗语曰：'行行出状元。'言乎居业者造其极，即莫与争能也。使浮慕于其外，谓此业不足为，辄见异而思迁，恐迁之又不足为，是谓不安分。使浅尝于其中，谓此业不能为，每偶涉而即止。即止矣，更何能为，是谓不成器。人而不安分，不成器，尚得谓人乎哉？譬如，为士者谓士人，为农者谓农人，为工商者谓工人、谓商人……使学道而不专其业，仍不如一材一艺之所习者。录其功能，犹得称奇焉，殊卓卓也。故无论所托为何业，业所业，即无庸负所业。斯其人以一业成，衣之食之均有藉也。无论所任为何职，职尔职绝不敢旷尔

---

① 祁门《陈氏文堂乡约家法》，明隆庆六年（1572）刊本。
② 《歙县潭渡孝里黄氏族谱》卷四，清雍正九年（1731）校补刊本。
③ 《三田李氏统宗谱》卷末，清光绪十一年（1885）刊本。
④ 《黟县湾里裴氏族谱》卷一，清咸丰五年（1855）木活字本，黟县敦本堂。

职,斯其人不以一职限而制之作之,迁地皆能良也。盖天生是人,必有以置乎是人,彼所受之业皆天下之业之也,所居之职皆天下之职也。人可违天哉?天行固健也。使违天而游手好闲,乃自弃于天,而非天之所不容者哉。"①该祖训首先强调为业要专精,不能见异思迁,否则一事无成;其次,论述了无业者是不成器,不成器者不得谓为人,即是说,做人必须要有正当的职业,族中子弟要安心各自的职业;再次,指出为业者要专,要能以一业成衣食,以自立和立家;最后,指出如果不务正业,不专精职业,是自弃于天,为天所不容。其他族规家训虽然没有如此详尽的阐述,但也不乏类似的规定。如,清代歙县《许氏家规·各治生业》指出了四民之业专而精的具体要求,称族人对所从事职业,"固贵乎专,尤贵乎精。惟专而精,生道植矣。士而读,期于有成;农而耕,期于有秋;工执艺,期于必售;商通货财,期于多获"②。

第三,一些族规家训强调子弟对所从事职业要勤勉。明代休宁《周氏宗规·劝生业》说:"盖士农工商,各有本业。士者,勤学好问,必至登名。农者,力耕苦种,必至于积粟。工者,专心艺术,必至于精巧。商者,夙兴经营,必至于盈资。各勤其职,理之正也……男子务生理,勤于外;妇人务纺织,勤于内,如此未有不成家也。"③此宗规明确提出了务本和务勤的职业观。明代休宁范氏对族人的勤业提出多重要求,《谱祠·通奉大夫松林府君规诫四章》要求族人,"毋沉于习,而有佗心;毋惰四体,而趋于勤"。《谱祠·怡乐堂家规》则诫谕族人各勤其业,否则要受家法处置,"士勤诗书,农勤稼穑,工勤造作,商勤经营"。"凡吾门子弟,士、农、工、商,各勤其业……苟或疏违,有家法在"。④ 清代休宁古林黄氏在《祠规·职业当勤》指出:"四民所业不同,皆是本职。惰则废,勤则修。内而父母妻子之倚赖,外而族里亲知之谈柄,可不勉哉!……农工商贾俱不得息事偷安,冶游荡费。"⑤清婺源长溪余氏《长溪始

---

① 《古歙义成朱氏宗谱》卷首,清宣统三年(1911)活字本,存仁堂。
② 《重修古歙东门许氏宗谱》卷八,清乾隆十年(1745)刻本。
③ 休宁《重修周氏族谱》卷九,明万历刻本。
④ 《休宁范氏族谱》卷六,明万历二十八年(1600)刻本。
⑤ 《休宁古林黄氏重修族谱》卷首下,清乾隆二十二年(1757)刻本。

祖课子四字格言》说："士、农、工、商,庶民各居,农勤于耕,商勤于途,工勤绳墨,士勤典谟。惰业嬉游,流为下愚,日无所事,闲民之徒,食饱暖衣,禽兽不如,忘善作恶,谁之过欤？"①该家训认为不勤于业而游闲惰业者禽兽不如,可见,该宗族对子弟的勤业十分重视。

一些族规家训还对为士者提出了更高的职业道德要求,即,为学和为士要以德为先,守礼义孝悌,不要偏习词章；为官要忠良,要报国恤民,不得鱼肉百姓。清代歙县《潭渡孝里黄氏家训·教养》说："子孙为学须以孝悌礼义为本,毋偏习词章,此实守家第一要事,不可不慎。入泮后不得出入公门,武断乡曲,鱼肉细民,并侵损各祠墓公产,违者鸣鼓共攻。如有出仕者又当蚤作夜思,实心办理,正务以报国为务,抚恤下民,实如慈母之保赤寻。"②该家训比较全面和具体地规定了族中读书者、入泮（中秀才）者与出仕者应当遵守的职业道德操守。清代休宁古林黄氏在《祠规·职业当勤》中要求族中读书人和秀才（青衿）严守职业道德规范,"士先德行,切勿因读书识字遂玩法舞文,颠倒是非。青衿不可出入衙门,仕宦不得贪贿贻玷"③。休宁茗洲吴氏《家规八十条》则规定："子孙有发达登仕籍者,须体祖宗培植之意,效力朝廷,为良臣,为忠臣,身后配享先祖之祭。有以贪墨闻者,于谱上削除其名。"④吴氏要求子孙为官者须忠良,须清廉,只有这样才能"身后配享先祖之祭"。否则,谱上除名。

明清徽州宗族的职业教育并不限于这些方面,只是相关条文和内容在族规家训中记载很少,特别是有关重义轻利、诚信经营等商业理念和教育观在上述族规家训中缺乏记载和体现。不过,上文所说的内容基本涵盖了明清徽州有关职业教育的主要方面,即族人必须择正业和本业,务业要专、精和勤。这些规定体现了儒家,特别是程朱理学职业伦理的基本要求,即重理欲之辨、

---

① 婺源《长溪余氏重修正谱》卷首,清道光二十八年（1848）木活字本。
② 《歙县潭渡孝里黄氏族谱》卷四,清雍正九年（1731）校补刊本。
③ 《休宁古林黄氏重修族谱》卷首下,清乾隆二十二年（1757）刻本。
④ （清）吴翟辑撰,刘梦芙点校：《茗洲吴氏家典》,合肥：黄山书社,2006年,第21页。

崇公黜私、以诚为本和经国济世等。徽州是朱子故里,程朱理学对徽州宗族影响很大。李应乾在《茗洲吴氏家典》的序文中称:"我新安为朱子桑梓之邦,则宜读朱子之书,取朱子之教,秉朱子之礼,以邹鲁之风自待,而以邹鲁之风传之子若孙也。"明清徽州诸多家谱通过族规家训对族人的择业和务业加以种种训育和规诫,表明了这些宗族要求族人(私)的择业要服从宗族(公)的利益和规定;教育族人树立四民正业观,反对从事贱业,甚至游手好闲、沉迷酒色和博弈燕游等,不同程度体现了以理克欲的思想;训诫族人对于所从事职业要专、精和勤,实为以诚为本在职业行为中的具体落实;一些族规家训对读书和为士者的道德要求,旨在确保族中士子更好践行以德为本和经国济世的儒家伦理。

三、明清徽州宗族职业观的特征和启示

明清徽州家谱中的族规家训所见职业观与当时全国族规家训所见职业观相比,有何异同呢?有学者说,宋元以来,特别是明清时期,"众多的家法族规都要求子弟务正业,即从事正当的职业。当时的书香门第以耕读为本,认为人生事业,无过'耕读'两端,'耕为衣食之本源,读乃圣贤之根柢';在士农工商四种正业之中,'士农为上,工商为下'。普通的家庭和宗族对这四种正业并不区分高低,认为士农工商,各有本业,都是衣食之所出。有些人士还将正业扩大到士、吏、农、工、商、贸、医、卜等八事"。"娼、优、隶、卒,即娼妓、戏子、衙役、兵士,在当时被人们普遍视为有辱门楣、败坏家声的贱业。有些家庭、家族还将贱业扩大到讼师、奴仆、婢女,以及剃头、剔脚、吹手、屠户、轿夫等"。"还有不少家庭、宗族将出家当和尚、尼姑以及当道士也视为择业不当。这是因为出家当和尚、尼姑等就是不要父母、家庭和宗族,'斩祀绝嗣',就是大不孝"[①]。两相比较可以发现,一方面,两者在总体上有相同点或共通性,大多主张以四民为正业,视读书和为士为先,耕读传家的观念仍有相当影响;

---

① 费成康主编:《中国的家法族规》,上海:上海社会科学院出版社,1998年,第52~53页。

禁止从事贱业，违者均要加以严惩。另一方面，徽州族规家训中的职业观又有自身特点，呈现出一定的多元性，特别是许多宗族对农本商末的观念加以改造，视商业为仅次于儒业的正业，甚至鼓励和支持族人经商事贾。同时，对于族人的从业要求更为严格，不仅严禁贱业，对于吏、医、卜等也明令禁止；各宗族对于子弟的读书要求普遍不限于科举和为仕，而将其视为做人和从事他业的必备条件，有的甚至提高到修身养性的地步。

明清徽州族规家训中所见职业观的这些特征是明清徽州社会发展的折射和反映。如第二章所述，明清时期，特别是明中后期商品经济的发展，宋明理学，尤其是阳明心学世俗化伦理对四民关系的新诠释，社会上出现了"新四民论"，对士商关系和农本商末的观念作了相当大的改造和转化，突出商贾之业的重要性，肯定经商的伦理正当性，提升商人的社会地位。一方面，徽州社会对传统四民观所做的转换和重建更为明显，经商在徽州成为一种比较普遍的宗族行为，徽州家谱中的族规家训对经商事贾的肯定便是这种行为和社会风气的反映。另一方面，明清徽州宗族制度十分发达，且崇奉朱子思想。朱子的职业伦理观不反对经商，然而主张以士农为本，强调宗族整体利益，反映其世俗生活伦理的《朱子家礼》成为各宗族制定族规家训的蓝本和依据。徽州的族规家训将族人的行为纳入整个宗族利益中来加以规范，因此，严格规定族人只能从事符合儒家伦理的四民之业，包括贱业在内的非四民之业往往是严禁从事的，目的就是为了坚决维护宗族的社会声誉和整体利益。为了践行朱子的儒家家族伦理观，徽州宗族特别重视教育子弟读书，规定子弟不论是否业儒和为仕，都要将遵守儒家伦理道德视作为人和从业的准则。在徽州族规家训的职业教育观中，朱子思想体现得十分的直接和鲜明。

还有一个值得注意的问题是，由于明代家谱珍稀少见，而且珍稀之本大多不能借阅，因此，文中使用的22种明清徽州家谱，明代仅有4种，清代多达18种（不含《茗洲吴氏家典》）。记载族规家训的明代家谱稀少，对于全面认识明代徽州家谱中族规家训所见的职业观自然是不利的。如前所述，明中叶是徽州四民观发生急剧转换和重建时期，然而，诸多新儒贾观、士商观和本末观却难以通过家谱收载的族规家训得到充分的验证。不过,文中使用4种明代家谱的族规家训中均无"重本抑末"和"重农贱商"的规定。文中使用的清代家谱中的族规家训既有强调宗族经商的,也有主张以农耕为本、重本抑末的。笔者以为,明清徽州族谱中的族规家训所见职业观之所以出现这种差异,是因为一方面与入清以后王学的衰落导致新职业观在一定程度上被消解有关,另一方面也与徽州宗族执守朱子家族伦理和职业伦理有关。

总之,明清徽州宗族,特别是清代宗族中既存在着四民皆是正业,重商重贾、儒贾并重等新四民观和职业观;同时,徽州一些地区和宗族又依然抱着士农为先和农本商末的旧观念。可见,明清徽州职业观的转换和建构存在多元性和复杂性。尤其是将明中后期与清代相比,可以看出徽州宗族的四民职业观发生一些明显的阶段性变化。因此,在考察明清徽州四民观和职业观的转换与建构时不能将明清视为一个历史阶段,而应分两个时期分别作考察,这样才有利于更加全面和具体地认识明清徽州职业观的基本内容和特征。

第二编 明清徽州职业变迁引发的徽州人口流动

第四章　明清徽州人口在职业间的流动

明代以来,随着人口的增长和自然环境的制约,徽州地区生态环境趋于脆弱,承受着缺乏生活必需品和赋役负担沉重的双重压力。而徽州的人文环境也是具有扩张性的,存在着势力庞大的豪门宦族。徽州社会在人口、资源、环境等方面承受着巨大的生存压力。徽州人口的增长与集中、资源的有限以及环境的恶化,是徽州诸多社会现象产生的根源。与人口的贫困化相一致,为了生存,徽州人的职业选择也有了很大的转变,纯粹的农民受到轻视,他们的地位越来越低,经济实力也越来越弱。贫穷的读书人同样如此。很多原先力田和习儒的徽州人被迫放弃农业和儒业,走上了经商求富之路,商人群体随之大规模地兴起。正如嘉靖《徽州府志》所指出的那样,徽商中的大多数是那些为了生计而翻沟越壑、困于路途的贫苦人,他们才是徽商的真实状况,少数的富商是日积月累的结果。[①] 庞大的商人群体带动了徽州人口的大规模流动。

---

① 嘉靖《徽州府志》卷八《食货志》。

第一节　明清徽州农商间的人口流动

一、明清徽州赋役的繁重

导致明清徽州人口在职业间流动的因素,首先在自然方面。徽州山多地少,气候条件也不利粮食生产,加上明清时期人口不断增长,人地关系愈趋紧张,导致以农治生问题的不断凸显。同时,明清徽州教育发达和科举鼎盛也带来了士人治生问题变得愈加严峻,大量儒生和士人无法通过科举谋生,被迫转向其他职业。这里,再对导致明清徽州人口在职业间流动的其他因素加以考察。

导致明清徽州以农治生问题愈益加剧的另一个重要因素是明清赋役制度的变化。赋役制度规定是一回事,其运行实态是另一回事,在现实中两者并非吻合的,所以历史上的赋役是非常复杂的。从徽州历史上的丝绢税纷争可以看出,明清时期的徽州承受了非常沉重的赋役压力。这种重赋情况既有历史上的原因,也有种种的赋役弊端。赋役对徽州人口的流动和增长有着非常大的影响。

据方志记载,徽州赋税在唐以前都是比较轻的。自唐末开始,由于战乱不断,导致开支骤增,"盖特起于唐末伪刺史陶雅之所增异,时去京师远,有司未及以为言。今天子愍之,数下恩诏,收退绢,省杂钱,凡可以惠其人者将无所爱,要以尽去百年之积弊。夫达民瘼,广上恩,不牵吏议,良有司能之时之厉害,故备论其事"[①]。但是,经过反复增减和改变,重赋的状况仍然如旧。

本节以岁供为例说明一下明代的重赋情况。修于嘉靖四十五年(1566)的《徽州府志》,把明代徽州府的岁供分为三类:岁办之供、额外坐派之供和不时坐派之供。岁供大概开始于永乐迁都营造之时,当时有额办,有额外派办,每年都是六县里甲办纳。弘治十四年(1501),开始有不时坐派城砖等项。嘉

---

① 淳熙《新安志》卷二《叙贡赋》。

靖间额外、不时坐派各项数多繁重。分类标准是：以嘉靖十七年(1538)以前欧阳巡抚书册所载额派里甲者为岁办，以后坐派丁粮者为额外暂征，事已停止者为不时坐派。① 从这个分类标准可以看出，岁供在不断地增加，到嘉靖时已经非常繁多了。徽州的里甲和民户承受着越来越多的赋役压力。表4-1将弘治十四年(1501)与嘉靖四十一年(1562)的岁供进行比较。

表4-1 弘治和嘉靖年间的岁供之比较

	岁役名目		弘治十四年以前	嘉靖年间	增降幅(%)	备注
岁办军需之供	户部	预备供应	971	757	-22	
		遵照旧例坐派	3778	3947	4.5	
		会计岁用物料	856	785	-8.3	
		供应	36	46	27.8	
		总计	5641	5535	-1.9	
	礼部	供应牲口	1720	2131	23.9	
		岁办药材	78	140	79.5	
		总计	1798	2271	26.3	
	工部	岁办颜料	89	105	18	
		岁造段匹		2579		
		陈言荒政以保安民生	物件	1508		
		粮长勘合	未载	21		
		新安卫岁造军器	物件	432		
		新安卫改造运粮浅船		1038		
		总计	89	5683	6285.4	
		总计	7528	13489②	79.2	
额外坐派之供		急缺应用料银	1554	16213	943.3	嘉靖三十六年后节年额办
		请派砖料以济大工③		708		嘉靖三十一年后节年征解
		总计	1554	16921	988.9	

① 嘉靖《徽州府志》卷八《食货志·岁供》。
② 这是岁办两京户礼工三部料价银。嘉靖四十一年曾在此基础上减免三分，少征银1329两，因为户部甲、丁二库及工部改造军粮浅船，遇年派数，多寡不一，府库有时有盈余。见嘉靖《徽州府志》卷八。
③ 嘉靖三十一年工部札付照六县丁粮分派，共银780两，此后节年照数征解。见嘉靖《徽州府志》卷八。

续表

岁役名目			弘治十四年以前	嘉靖年间	增降幅（%）	备注
不时坐派之供	户部	新增军马钱粮以防房患		35000		嘉靖三十年照六县丁粮分派，今停止
		协济苏松丁田以济海防①		16597		嘉靖三十八年数，四十二年减三分，四十六年丁粮分派
		协济镇江兵将以固江防以安留都		1333		嘉靖三十九年，照丁粮分派
	工部	其一朱语无考	1973			里甲出办，岁无定数无定色
		城砖（个）	57000			七八年一次，里甲出银，委官领赴池州府募人匠烧造
		织造龙衣（匹）②		2235		二三年一次，银出六县丁粮
		木植 杉木：根		86766		正德十年、嘉靖六、九、三十六年有征，因工程不一，征收数量不一，这是嘉靖三十六年数及折银。
		计银 折银		129314		
		计银 脚银		41640		
		计银 总计		170954		
		传奉		5387		嘉靖三十九年，丁粮均派
		成造冠顶依仗		3891		嘉靖四十年，丁粮均派
		急缺物料造办供应家伙		10513		嘉靖四十一年，丁粮均派
	抚院协济邻郡	协济池安二府迎接景王之国		20000		嘉靖四十年，赃罚银，未派丁粮
		协济池安二府迎接景灵回京		10000		嘉靖四十四年，别项处置，未派丁银。
		抚院备边		18365		嘉靖三十四年，提编均徭银

说明：1.资料来源于嘉靖《徽州府志》卷八。2.未注明单位者都是银数，银：两，四舍五入。

---

① 嘉靖三十八年坐派本府丁田银 16597.195 两协济苏松。嘉靖四十二年减免三分，共银 11618.46 两，照六县丁粮分派。可见户部此项不时坐派在嘉靖三十八年比在嘉靖四十二年更重。见嘉靖《徽州府志》卷八。

② 始正德三年，不时坐派，或二三年一次。嘉靖四十二年苎丝纱罗绫绸 721 匹，钦降花样将本年奏造段价分为二限。嘉靖四十四年派分为三限。四十五、四十六年各八月买解苎丝纱罗绫绸 2365 匹。自正德三年始织造不等，详于府牒，买诸杭州机户，遇有花样段匹，亦不时坐派。见嘉靖《徽州府志》卷八。

通过表 4-1 的明代徽州府岁供征派情况,可以发现两方面的问题:第一,坐派的不断固定化和正赋化;第二,坐派的次数越来越频繁,额数越来越大。本来是事宁则止的,但不时的和额外的坐派往往变成每一年的"常额",例如,"永乐迁都时始有军需之派,遂岁为常额"。表 4-1 中的"岁办军需之供"本来是为了永乐迁都时营造之需而征派的,结果却一直延续下来,成为常额岁供。结果后来再兴大工时,又重新以营造之名坐派,坐派的结果往往又变成固定岁供额。如,弘治十四年(1501)额外坐派砖料以济大工,这项坐派在嘉靖三十一年(1552)以后就"节年照数征解",从而成为定额岁供。它遵循着"坐派—转正—再坐派"这样不断重复的过程,一些小目中的物料如叶茶、黄蜡、乌梅等,就多次征派。如叶茶不仅列在岁办户部军需中的第一小目"预备供应"中,还出现在第三小目"会计岁用物料"中。

不断重复的过程也就是不断固定化的过程,也是不断转化为正赋的过程。如表 4-1 中的"急缺应用料银"这项额外坐派,在弘治十四年(1501)时尚岁无定额,岁无定色。到嘉靖十六年(1537)时转化为额外坐派,需银 2500 两。而且在弘治十四年(1501)的基础上又增加了七项不时坐派,需银近 7000 两。弘治二十四年(1511)时停止,后来再次派征。嘉靖三十六年(1557)时就按照往年用过的数目裁为定额,坐派徽州府,节年额办,照六县丁粮分派,共银 16200 多两。[①] 至此这项坐派实际上已由没有定额和没有定色的不时坐派转为固定额外坐派,而且数量有了极大的增加。嘉靖三十六年(1557)的征额比嘉靖十六年(1537)增长了约 71%,与弘治十四年(1501)的 1554 两相比,增长了 9 倍多。

再如表 4-1 中的户部不时坐派中,嘉靖年间,"协济苏松丁田以济海防"和"协济镇江兵将以固江防以安留都"2 项共征银 17930 两,本来是事宁则止,实际却事宁不止,仍然每年派征;只是将协济苏松的银两由 16957 两减免

---

① 嘉靖《徽州府志》卷八。这八项分别为:白硝麂皮等物料、供应器皿柁木等料、年例成造修理家伙等料、年例冬衣缺少苎绫绸白绵等料、年例急缺物料金箔等料、修造兑换军器白绵羊毛等料、年例铺盖缺少熟绫绢布绵等料、早铳炮军器桑本等料。

三分而已,这样还是给徽州增加了 11869.9 两赋银。随着不时坐派转为之供,农民所承受的负担也越来越重。正如地方志作者所称:岁供始于永乐迁都,其后稍稍有些增加,嘉靖后又增加了种种不时之派,有时一年当中征派几次。

除了不断重复和不断增加的名目外,各种物料价格的上涨也是坐派数额不断增加的一个原因,参见表 4-2。比如在户部岁办军需之供中第三项为"会计岁用物料",主要征收黄蜡、白蜡、叶茶和芽茶四色价银。弘治十四年(1501)以前是黄蜡 2000 斤,白蜡 350 斤,叶茶 4000 斤,芽茶 4000 斤。嘉靖年间,黄蜡和白蜡数量没变,叶茶减少一半为 2000 斤,芽茶减少 1000 斤为 3000 斤。从表 4-2 看,价格上除了黄蜡和芽茶保持原价外,白蜡和叶茶的价格却上涨了很多。白蜡由每斤银 0.08 两上涨到 0.48 两,是原来的 6 倍;叶茶由原来的每斤银 0.012 两上涨到 0.03 两,是原来的 2.5 倍。虽然有些物料的价格下降了,但是这种下降幅度与料价银总数的增加幅度和其他料价的上涨幅度相比,显得微不足道。

表 4-2　弘治与嘉靖年间一些岁办军需物料的价格比较

物料	核桃	桐油	芽茶	叶茶	白蜡	黄蜡	莘黄	银砾
弘治十四年	0.022	0.002	0.06	0.012	0.08	0.2	0.04	0.5
嘉靖年间	0.025	0.003	0.06	0.03	0.48	0.2	0.06	0.56
增幅(%)	13.6	50	0	150	500	0	50	12

说明:1.资料来源于嘉靖《徽州府志》卷八。2.未注明单位者都是银数,银:两。

还要特别提出的是,在不时坐派当中,有些款项是徽州本土所没有的或不容易制造的。如城砖坐派是由里甲出纳价银,官府派员到池州府地方募人烧造。龙衣是到杭州向机户采买,费用由六县丁粮均派。木植是屡屡摊派给徽州本土所不产的鹰架杉木和平头杉木,本地没有,往往就得出银到出产地江浙、江西等地购买,这样付出的代价会更高。嘉靖三十六年(1557)营修殿堂,坐派徽州木 86766 根,花费白银 17 万余两,其中约 1/4 是脚银。①

---

① 嘉靖《徽州府志》卷八《食货志·岁役》。

从总数上看，嘉靖年间尤其是嘉靖三十年(1551)以后的岁供额数有了大幅度的增加。其中每年的岁办军需之供为 13489 两，增长了 79%。比较经常性的额外坐派之供竟然增加了近 10 倍，达到了 16921 两。而更为巨额的则是各种不时坐派之供，嘉靖三十年(1551)以后各种不时坐派之供已经超过了 30 多万两，其中有约 3 万两由于地方百姓和官员的抗争而没有坐派于民。由此可见，真正对农民生存构成严重威胁的不是政府正常的赋役征派，而是名目繁多的加派。尤其是大量的不时坐派之供，一般是按照丁粮均派下去，让百姓难以承受。如表 4-2 中弘治十四年(1501)户部军需中的遵照旧例坐派银 3778 两，在弘治六年(1493)以前是坐派丁粮，由存留永丰仓粮内折征解送工部缴纳。第二年就改为坐派里甲办纳，不再从政府正赋中折征，将这项供应直接摊派到里甲和民户。

除了赋役的繁重外，赋役还存在着其他的弊端。以役法为例，嘉靖年间徽州岁役有八种：均徭、里甲值月、新定粮长、新定收头、解户、军户、匠户、猎户。由于明代政府财政管理具有内敛性和消极性，地方政府的公费银很少，如祁门县公费银仅 27.74 两，[①]因而地方政府的运作费用主要来源于役银，这鼓励了私派。嘉靖三十五年(1556)徽州府均徭银为 27233 两，到嘉靖后期就增加了 1479 两。[②] 实际上，明代嘉靖年间役法存在着相当程度的弊端，主要有三种：一是本役作弊，或包揽，或侵渔，或逃离；二是役法不均，或大户花分、飞洒，或里甲值月不分繁月、简月，不论贫里、富里；三是官府加征，甚至加征 3 倍。

在均徭之役中有花分、包揽、勒索、贿赂和加征等弊端。有的府县门皂包揽，勒索小民，甚至 1 两勒取六七倍。针对这种情况，知县谢廷杰要求不是亲自去充当力差的人户，都要把银子当堂交给收头；收头登记在簿子上，并开具力差数目。那些勒取数倍的力差，都要进行削减。如果有门皂、吏胥私下里

---

① 嘉靖《徽州府志》卷八《食货志·岁役》。
② 嘉靖《徽州府志》卷八《食货志·岁役》，据六县统计。

向徭户、收头多要，或徭户、收头私自贿赂他们的，都要问罪。①

里甲之役中也有不均和扰民等弊端。婺源县里役旧规，不论丁粮多寡，都是该年里甲充应。而十年之内各年丁米数额不同，粮多之年有3000余石，粮少之年只有1800石左右；所以只照年份坐派，粮多年份所费轻，粮少年份所费重。这样对粮少年份的里甲来说，就非常不公平。在征收的数额和次数上也有积弊，如每石祗应常常征到二三两，夫钱常常重征十八九次。有些奸谲之人，就想法趋避，他们一般都是将粮米飞洒别甲，"以致粮多年份以受诡而益多，粮少年份以花分而益少"。针对里甲生事扰民的情况，知府何东序采取给帖投验法，发帖给本役里甲，以后本图里甲要保结事情，都要随身带帖子以让府县查验清楚，以限制各应役人员的非法行为。②

在土地转换频繁，人户消长不一的社会中，时间一长，役法弊端就会越来越多，使民众苦不堪言，也严重威胁到国家赋役的正常征派和不断的加征。虽然各级官员不断地进行变革，但是各种弊端根深蒂固，而且很容易形成"合并—滋生—再合并—再滋生"的恶性循环，积重难返。"大抵朝廷之科派愈繁，则齐民之规避愈巧，则有司之权制愈密，总之，一切之法莫如令民归并。迩者有司逐年归并，但能行于本甲，或有同姓非族下户误而并入，犹为害耳。今欲讲其法，惟不限本甲，通籍十年，设权制以钩之，明厉害以示之，信赏罚以齐之，参伍以核之，多方以括之，贫富之实可尽得也，欺隐之弊可尽抉也。使九等之户各自占籍，黄册之外别为一书，著之令甲，班之编氓，家晓户习，吏不得缘为奸利，则赋可平，役可均，而善政举矣"。③ 万历年间开始推行"一条鞭法"的变革。民众承受的赋役压力虽然暂时得到缓解，但是赋役的弊端仍积重难返。到了清代，推行"摊丁入亩"，最终会压垮民间脆弱的承受力，使矛盾激化，秩序逐渐瓦解，社会危机越来越重。

---

① 嘉靖《徽州府志》卷八《食货志·岁役》。
② 嘉靖《徽州府志》卷八《食货志·岁役》。
③ 嘉靖《徽州府志》卷八《食货志·岁役》。

如果从农业和农民的角度看,山多地少的自然环境和繁重的赋役使徽州的社会环境具有相当的脆弱性。山多地少和土地瘠薄是不适合传统社会的农业生产的。明清时期徽州的农业也的确在技术上没有什么改进,在耕地数量上也没有增长。人均耕地和人均粮食拥有量都非常低,粮食、布帛等生活必需品的缺乏,粮食价格的昂贵,都是这种社会环境脆弱性的鲜明体现。而与这种内部环境的脆弱性具有同样影响的则是外部环境的脆弱性,这就是赋役的繁重和种种弊端。内部环境的脆弱就必然导致徽州人口对外部环境尤其是赋役的敏感。虽然赋役法不断有所变革,但对农民的影响依旧,难有根本好转。对地方人口影响最大的可能还不是粮食的丰歉,而是地方行政的好坏。正所谓"苛政猛如虎",民不胜其苦,被迫携妻带子流散四方。康熙《休宁县志》在户口部分特意提到了苛政对当地户口的影响是最大的,说:"休之户口,其登耗不在岁丰岁歉,而存乎政。政之苛也,民不胜其苦,挈妻子散而之四方,一望白屋高门,似若富庶,不知其下皆饥寒无告之民耳。"[①]这种脆弱的内外环境,使徽州农民缺乏对农业的信心,与此相对应的就是明清时期的农业人口不但没有增长,还有着减少的趋势。

二、农民与农业地位的低落

儒家认为,商业不符合中国以农为本的社会经济基础,重本抑末的思想长期占据着主流地位并被历代统治者所奉行。然而,面对生存压力的不断加大和社会环境的变化,徽州人不得不对重农抑商的传统思想重新加以审视,认为经商事贾和商业比务农和农业更为重要。

徽州人对土地的感情是复杂的,土地已经无法维持长期以来作为恒产的形象。宋淳熙《新安志》还说山限壤隔,民不染他俗,勤于山伐,能寒暑,恶衣食。[②] 但农民和士人在地方生态和人文环境下不断贫困化,力田的付出与所得已经不成比例,中小土地所有者的收入已经满足不了各方面日益增大的开

---

① 康熙《休宁县志》卷三《食货志·户口》。
② 民国《绩溪遵义胡氏宗谱》卷八《始迁公本传》。

支。"新都故为瘠土,岩谷数倍土田,无陂池泽薮之饶……即力田终岁,赢得几何"①。有限的土地收入,沉重的赋役负担,造成土田不重和土地买卖频繁现象。土地已经不再是徽人心目中的恒产,而随着"末富居多,本富居少"时代的到来,社会已变成"资爱有属,产自无恒"。② 如果说还有恒产,那就是"恃外贸子钱为恒产";徽人"大都以货殖为恒产,因地有无以通贸易,视时丰歉以计屈伸"。③

明弘治、正德间,歙县商人许大兴,自高祖、曾祖以来不治商贾,但许大兴毅然持资业贾,他的理由就是:我听说本富为上,末富次之,贾不如耕。难道真是这样吗?徽州处于山谷之间,即使是富人尚且缺少耕田,何况其他人呢?不经商怎么生存呢?况且,耕者有十一之税,廉贾也有十一之税,商人不比农民差。古人反对的不是商人,而是奸商。④ 江次公也用同样的话告诫准备以商营生的子侄,要做一个廉贾。江次公自己则孝悌力田,"且复好古,居常挟策读史,其持论往往称古人"⑤。许大兴以此为由经商,似乎有自勉的成分;而好为古人道的江次公则是鼓励子侄。他们都从不同的目的对传统的病商观念进行了纠正。这是对商人所作贡献的呐喊和承认。出身于富商之家的汪道昆对重农抑商的真正内涵表示了怀疑。他说:日中为市,肇自神农,农、商"交相重",农、商都应该是被先王所重视的。所谓的重农,也并不因为他是农民而蠲免,仍有十一之税;所谓的抑商,乃是因为奸商垄断而被人所病,从而对他们征税,然而税额也不过十一。所以,重本抑末,并不是薄农税而重征商,而是一体视之,公平征税。

---

① (明)汪道昆:《太函集》卷七《新都太守济南高公奏最序》,合肥:黄山书社,2004年,第146页。
② (清)顾炎武:《天下郡国利病书》第九册《凤宁徽备录·徽州府》,上海:上海古籍出版社,2012年。
③ 康熙《休宁县志》卷一《风俗》。
④ 《新安歙北许氏东支世谱》卷八,见张海鹏、王廷元主编:《明清徽商资料选编》,合肥:黄山书社,1985年,第147页。
⑤ (明)汪道昆:《太函集》卷四五《明处士江次公墓志铭》,合肥:黄山书社,2004年,第952页。

许大兴作为一个商人,江次公作为一个好古的儒士,汪道昆作为一个官员和商人的后代,身份不同,但都不约而同地对抑商的本意进行了重新的诠释。在他们的眼中,奸商就是囤积居奇的商人,就是逃税的商人。而廉贾则不同,廉贾作出了与农耕者一样的贡献。因此,他们都对农商的地位进行了纠正,并都得出了相同的结论,即"商何负于农""贾何负于耕"。汪道昆还对传统的重农抑商思想进行了纠正,还原了其中的农、商"交相重"的本意,凸显了徽州职业观的转变和理学的分流,确立了商贾不负于农耕和农商交相重的观念,重农抑商就丧失了理论根据和哲学基础。尤其是作为儒士代表的汪道昆,一反口不言利和掩盖祖与父经商事实的做法,公开为商人呐喊,而且公开自己出身于商人家庭,并为此津津乐道,所谓父辈"以贾代兴"和子辈"以儒代起"。[①] 这是商人地位获得提高的证明,这种地位的提高自然是那些弃儒从商的士人所希望的,并由此激励了更多的农民、士人转变职业,投身商人阶层。

商人在赋役上的作用直接冲击了重农抑商论。中国传统社会之所以重农,是因为农业是生存之本,粮食与赋税都出自农业。但在徽州这样的生态人文环境下,由于富有的家族往往都是官、商、儒三位一体,他们既能享受到某种优免,又能合理规避赋役,所以赋役负担大部分由中小农民承担,他们纷纷出卖土地,嘉靖以后"田赋日增,田价日减,细户不支,田地悉鬻于城中",造成了"中产以下皆无田"和田归宗族的状况。徽州的土地能承担多大的赋役负担是令人怀疑的。与此对应的是逋赋现象增多了,甚至出现在习儒者的身上。不少的徽商在赋役方面表现得较突出。商人不仅为国库增添了越来越多的商业税额,而且由于商人大量的置买田地,使徽州的土地买卖非常频繁,徽州的田赋收入也越来越多地出自商人,尤其是赋役征银后。具有多重身份的商人在赋役方面的地位已经取代了纯粹的农民。正因为如此,徽州的商人、儒士和官员才有底气发出"贾何负于农"的呐喊。这从另一角度有力地说明了农民和农业的地位不断下降。

---

① (明)汪道昆:《太函集》卷五五《诰赠奉直大夫户部员外郎程公暨赠宜人闵氏合葬墓志铭》,合肥:黄山书社,2004年,第1146~1149页。

在明清徽州,拥有小块土地和纯粹从事农业的人往往会受到人们的轻视。商人有豪杰、儒行等美誉,农民却很少有什么美誉。由于生计的艰难、地位的低下,徽人以贾代耕或弃农就贾的行为就不难理解。休宁金长公的父亲在方州经商,金长公在结婚后,妻子对他说:"乡人亦以贾代耕耳。即舅在贾,君奈何以其故家食邪?"①徽州歙县《褒嘉里程氏世谱》中《歙邑恒之程公传赞》记载:"其祖父服田力穑,朝斯夕斯,不出户庭。岁值凶荒,饥馑荐臻,室如悬罄,公愤然作色曰:'丈夫生而志四方。若终其身为田舍翁,将何日出人头地耶!'由是效白圭治生之学,弃农就商……不十年而家成业就,享有素封之乐。"②与弃儒业贾者对弃儒的无奈和对儒业的留念不一样,"以贾代耕"和"弃农就商"者是对力田的无奈和对出人头地的追求。力田者的地位确实是很低的,农业和商业的地位发生了颠倒,农业成为徽州的末业也就理所当然。

三、农与商之间的人口流动

农、商间的人口流动既包括从农业向商业的人口流动,也包括商业向农业的人口流动。在外经商的人数难以作整体而有效的统计,一般都是根据自己所见所闻作出大致的判断。王世贞认为:"大抵徽俗,人十三在邑,十七在天下。其所蓄聚则十一在内,十九在外。"③祁门县"人性椎鲁,农者十之三"④。这与康熙《徽州府志》所得出的"徽之本土仅贫窭而不能出者耳"的结论非常吻合。"徽歙俗多业商,在休宁者居半"⑤。《绩溪遵义胡氏宗谱》中的无考、有考和传记资料中都有大量的商人。他们族人大量地流向郎溪经商,

---

① (明)汪道昆:《太函集》卷一一《金母七十寿序》,合肥:黄山书社,2004年,第243页。
② 转引自陈其南:《明清徽州商人的职业观与家族主义》,载《江淮论坛》,1992年第2期,第55页。
③ (明)王世贞:《弇州山人四部稿》卷六一《赠程君五十叙》,台北:伟文出版公司,1976年,影印本。
④ 道光《祁门县志》卷五《风俗》。
⑤ 《许氏统宗世谱·许存斋墓表》,见张海鹏、王廷元主编:《明清徽商资料选编》,合肥:黄山书社,1985年,第52页。

其中有一些人甚至死于当地。徽商在各地安家的也很多。规模大、分布广是徽商流动的特点。

从各种文献资料的记载来看,徽州成年男性人口在外谋生的比重超过70%,在家务农的比重低于30%。农业向商业的人口流动是长期趋势,但这不是绝对静止不变的,同样也存在着反向的流动。商业向农业的人口流动在徽州也体现得很明显。有些商人经商成功后到处买田买地,集商人、地主身份于一身。有些经营不成功的商人,也会选择回归农业,或者半农半商。

如汪道昆的叔叔汪良植就是这样一个人物。汪良植跟随父亲在杭州,以盐业起家。父亲从商界退休后,汪良植渐渐取代了他的位置,在商界的影响力大增。后来汪良植被政府的盐运部门立为"贾人正",成为商界领袖。汪良植作为一个商人,多才多艺,据说其成名过程与各种"游"密切相关。一开始以声伎蹴鞠"为侠少游",继而以高酒量"为酒人游",名气越来越大,久之而成"贵游",任盐官后开始"游大人",名声也达到顶点。然而乐极生悲,虽然正值中年,但因为应酬多,喝酒成疾,不得已而返回家乡。虽然他自己不再亲自经营,但是他并没有放弃商业。首先,他有"竖子",也就是他手下的僮仆为他经商。"当叔之舍贾也,则课竖子服下贾以为家。竖子亡,悉亡资斧"。他将商业资金交给"竖子"经营,但是因为"竖子"的死亡,这些资金也无法收回。于是,汪良植将女婿洪氏作为自己的商业代理人,但可能也是因为经营不善,再次失去了一大笔资金。无奈之下,汪良植把资金委托给一些家乡的商人经营,但是也没有获得预期的回报,资金几乎耗尽。汪良植在委托经营上一再受到打击,于是改变了谋生策略,与其经商不断亏损,还不如经营农业,颐养天年。于是买了70亩田地,自己耕种几亩,90%都出租给了别人。经营失败转而务农,本来汪良植的晚年就是做个地主而终老了,但是在重商的徽州,这样的命运安排显然显得太平淡。因此,他再次戏剧性地介入了商业,而且还是放贷生意。汪道昆在传记中以隐晦的笔法记载:"乡人往往以居息起家,且为叔部署,于是亦从居息,一在下里,一在中都。岁出入无羡余,顾孳孳喜客。"经营放贷生意的理由是隐晦的,即"乡人往往以居息起家",当地人起家多靠放贷生息,所以他也走上了与乡人相同的路。我们可以合理推测,这里的乡人不仅包括经商的乡人,也同样包括有较多土地的地主,甚至是官宦之家。反正,不管是主动还是被动,汪良植也做了当地最普遍的一种经营——放贷,侄子汪道昆帮助他设置了两个放贷机构,一个在下里,一个在中都凤阳。①

汪良植的人生遭遇是很典型的。他曾是盐商界的领袖,后因病返乡归隐,但并没有放弃商业,而是把资金委托给别人经营,分别委托给手下的"竖子"、女婿和乡人,最后做上当地人最普遍的起家生意——放贷。他是资金拥有者,后来他成为资金提供者,最后成为专门的资金生意者。汪良植是中等放贷者的代表,是半路改行。而且,在汪良植的周围,还聚集了众多的乡族人和客地人,可见,徽州放贷业的高度发达,放贷商人群体规模的庞大。

徽州放贷者几乎垄断了全国的放贷业务。特别需要强调的是,商业对借贷资金的依赖刺激了徽州放贷商人数量的膨胀,徽州商帮也在放贷商人的支持下发展壮大,形成了商业人才辈出和商业经营持续发展的良性循环。但是,放贷商人也仅仅是徽州商人群体的一部分,徽州商业人才辈出的原因,除了经济因素外,还有更深层的文化因素。

第二节　明清徽州士商间的人口流动

一、士商并重的职业选择

随着明代商品经济快速发展,商品经济的发展深刻地改变了社会风貌。明代人口持续增加,则使社会对商业人口的需求大大增长。同时,由于明代以来文化教育的普及,士人阶层急剧膨胀,但是,国家机构能容纳的士人毕竟

---

① (明)汪道昆:《太函集》卷四四《先叔考罗山府君状》,合肥:黄山书社,2004年,第941~944页。

非常有限,导致大量士人面临生活无着的窘境。而且,士人家庭的规模一般比较大,子孙人数多,由于贤愚不等,容易贫富分化。

商业作为对经营者的素质有较高要求的一个行业,无疑成为众多面临生存困境士人的首选。这在山多地少、资源匮乏而又人文繁盛的徽州更是如此。洪大网的先祖自宋元以来就诗书传家、耕读为业,曾祖父时曾获抚按赐匾"两台奖义",号称"种德世家"。但是,到他的父亲时开始转向经营木业,他和他的儿子都经营布业。他们的家庭从传统的耕读为业已经变成了商业世家了。① 徽州的生存环境也使得徽人"大都以货殖为恒产,因地有无以通贸易,视时丰歉以计屈伸"。作为中原衣冠后裔并与江南有着千丝万缕联系的徽人,大量从事商业是完全正常的。但诗书世家的身世背景,使大多数人的第一选择还是科举出仕,走上经商之路绝大多数是被迫的无奈之举。他们对生计和伦理之间的关系也有了重新的诠释,在职业选择上,他们采取士、商并重的策略。"新都业贾者什之七八,族为贾而隽为儒,因地趋时,则男子所有事,外言不入于梱"②。从他们个人的生命历程和家族的分工模式这两个方面都能看出鲜明的士、商并重的职业分流模式。徽州人通过这种折中的安排,使他们的职业具有了浓厚的生存意识和伦理色彩。

这里需要对士、商并重作一个界定,士、商并重并不是说只有这两种职业最受徽州人重视,而是说它们是徽州人年轻时的首选职业。但是,等到商人老了,他们对土地又有着异乎寻常的眷念,所谓落叶归根大概就是这种对土地的执着情感。正如万历《休宁县志·重修休宁县志序》中所说:"从来无兵戈燹略之惨,生息繁夥,民则聚于有余,而财则争于不足。往往挟轻赀以贾四方,贸平而取廉,多获赢利,老乃倦息,势所使然也。"明清徽州文献中这类记

---

① 《顺治十一年祁门(或休宁)洪姓阄书·自序》,见章有义:《明清徽州地主分家书选辑》,中国社会科学院经济研究所学术委员会编:《中国社会科学院经济研究所集刊》第九集,北京:中国社会科学出版社,1987年,第84~85页。
② (明)汪道昆:《太函集》卷一七《阜成篇》,合肥:黄山书社,2004年,第372页。

载相当多。如,方汝梓"归而大治宫室,市良田,为终老计"①;汪明德经商时成倍成倍地获利,到晚年"田连阡陌,囊有赢余"②;江终慕归乡后,"渐治第宅田园为终老计"③。赢利的商人倦归乡里,买田以养老的有很多,其中也包含着他们积极投身于宗族建设当中。他们年轻时怀抱着"贾何负于农"的一股豪气毅然走上了外出闯荡的辛苦之路,如今老了,土地又成为他们的追求,宗族成为他们的依靠。这也就是明中后期徽州土地买卖更加频繁且大量流向宗族的一个原因。

二、士商并重的个人与家族的生命历程

关于明清徽州士、商的生命历程需要作详细的分析。徽商号称"儒商",更以"贾而好儒"著称。这里的儒具有双重含义,一是狭义的儒术和儒业,二是指广义的儒行。因此,士、商并重也就有两层含义:一是儒业和贾业的并重和循环;二是贾服而儒行。

由于社会舆论对职业选择的宽容,传统职业观的改变,职业选择面很宽,但儒、贾是徽州人年轻时的首选职业。让我们来看潘惟和的生命历程。潘惟和(字汀洲)的父亲是一个商人,"家世用陶",他让潘惟和习儒业,让次子经商,但次子早丧。潘惟和于是一身两任,既不放弃儒业,又代贾真州。他在儒业上有得有失,虽然他极负才学,有着很高的所谓的儒名,但是却仕途不顺。他做了二十五年的郡诸生,然后入太学又做了十二年的贡生,再经过九年也没能如愿中第,辛未年带病参加考试,"几不支,然后改虑而谒天官,受光泽令,既以令最,始迁秩判汀州。丁丑乞骸骨归"。从诸生到出任光泽令,共经历了四十六年的时间,但只做了六年的官。正如他对"儒冠"的解释是:儒则

---

① 《方氏会宗统谱》卷一九《环墅方君行状》,见张海鹏、王廷元主编:《明清徽商资料选编》,合肥:黄山书社,1985年,第295页。
② 《汪氏统宗谱》卷四二《七十六代世昭墓志铭》,见张海鹏、王廷元主编:《明清徽商资料选编》,合肥:黄山书社,1985年,第292页。
③ 歙县《溪南江氏族谱·处士终慕江翁行状》,见张海鹏、王廷元主编:《明清徽商资料选编》,合肥:黄山书社,1985年,第294页。

自为,冠则父命。与儒业不太顺利相反,他在商业经营上却极为成功。他一改"家世用陶"的商业传统,或盐、或布、或质剂,周游江淮、吴越,因地制宜。因为他既有儒名,又有厚资,所以获得了很高的声望。然而,他却总是掩盖自己在商业上的成就,更反对以此来评判人的高下,"吾乡礼让国也,无宁以十百相役仆哉"。他也以义行来获得名声。因为,他在儒业上进行了十几次的小考和大考,经历了太多的失败;儒业和贾业上的巨大反差,使一些人认为他"以贾废"。这对他的刺激可能比较大,他说:"吾头可断,妻子可辱,此志终不可渝。"显然,经商对他的科举之路还是有影响的。虽然他表面上很忌讳自己在商业上的名声,但他内心里对商业还是很看重的,屡考屡败也没有使他放弃商业,直到他的儿子接替了他的商业经营。老年时,他回顾自己的一生,极为自负地说:"吾能事无虑累百,其可市者三:以儒则市甲第,以贾则市素封,以弈则市国手;欲勇者吾直以余勇贾之。"①

潘惟和是一个典型的士、商并重的徽州人,他一生的行为和思想都印证了儒业和贾业在徽州的影响和重视程度。他既不放弃对儒业的追求,又四处经商;虽然经商获得极大的成功,但又忌讳这种名声;虽然他以儒代贾、儒贾并行、老而归儒,以儒起,以儒归,极富儒名,但商业意识已贯穿了他的思想,儒甚至也成为他商业行为的一部分。士、商虽然并重,但其中也可见到士、贾之间的差异和冲突。

从狭义的儒术和儒业看,士、商并重表现在个人的生命历程上,徽州家族的生命历程也是如此。潘惟和的父亲是商人,潘惟和自己士、商两业,但他年老时还嘱咐子孙,诸子为良贾,诸孙为闳儒。士、商并重的家族的生命历程昭然可见。詹杰的先世多儒士,但他自己18岁就到闽越经商,次子詹景凤"日程督仲子居楼中",使修业,"务引其子于正经"。② 汪道昆说,徽俗"不儒则贾,相代若践更。要之良贾何负闳儒,则其躬行彰彰矣。临河程次公升、槐塘程次公与先司马并以盐策贾浙东西,命诸子姓悉归儒"。作为诸子中的一员,

---

① (明)汪道昆:《太函集》卷三四《潘汀州传》,合肥:黄山书社,2004年,第737~741页。
② (明)汪道昆:《太函集》卷二八《詹处士传》,合肥:黄山书社,2004年,第614~616页。

汪道昆以此自诩:"三君子以贾代兴……三长子以儒代起。"①家族内士人的培养需要不菲的资财,一般的农家是难以负担的。"大之郡邑,小之乡曲,非学,俗何以成;非财,人何以聚。既立之师,则必葺其舍宇,具其赍粮,及夫释菜之祭,束脩之礼,是不可以力耕得之也"②。在家族和家庭内实行士、商更替制度,可以提升家族声望。

潘惟和的生命历程表现了士、商循环发展的进程。虽然经商的徽州人绝对多过习儒者,但是对众多有条件的徽州人来说,儒业还是第一职业,经商似乎还是无奈之举。其中,经商最主要的一个原因是家庭生计陷入了困境。朱介夫虽然出自经商世家,他幼年就跟随父亲在外就学,但他父亲死后,家庭缺乏收入来源,如此,还"奈何守一儒冠,遂谢学官去",跟他的父亲一样,成为一个盐商。③ 朱介夫出自商业世家,但他的父亲无疑是要他从事儒业的。但父亲死后家庭面临的困境,使他最终弃儒从商。对于诗书世家来说,他们培养子弟的第一目标更是儒业。歙县人张朴,祖父和父亲都以文学"世其家,名噪胶庠"。张朴从小就聪颖,也立志继承祖父和父亲之志。但由于母亲死得早,祖父和父亲也不理家业,家道日渐衰落,无奈之下,只好弃儒从商,成为一儒贾。④ 他们弃儒的原因,多半是由于家庭出现了变故,难以维持习儒的费用,迫于无奈转而业贾。也有不少人是习儒不成,缺乏出路,转而业贾。清代黟县人余逢盛,监生,试不中而经营淮盐。⑤

因为他们曾经习儒,所以他们还保持着对诗文经术的爱好。嘉靖歙县潭渡人黄长寿,曾习举业,但因生计艰难而放弃;结婚三日遭火灾,更加贫困,于

---

① (明)汪道昆:《太函集》卷五五《诰赠奉直大夫户部员外郎程公暨赠宜人闵氏合葬墓志铭》,合肥:黄山书社,2004年,第1146~1149页。
② 《两淮盐政全德记》,转引自唐力行:《商人与中国近世社会》,北京:商务印书馆,2006年,第50页。
③ (明)汪道昆:《太函集》卷二八《朱介夫传》,合肥:黄山书社,2004年,第612~614页。
④ 《新安张氏续修宗谱》卷二九,见张海鹏、王廷元主编:《明清徽商资料选编》,合肥:黄山书社,1985年,第451页。
⑤ 同治《黟县三志》卷六《人物·义行》。

是经商。他性喜蓄书,"每令诸子讲习加订正,尤嗜考古迹,藏墨妙,与文人登高吊古,终日徜徉,不以世故撄其心"①。并有多部文集传世。如此好儒的商人非常多。但儒业和儒行都是要有物质基础的,否则,好儒可能会不利商人尤其是行商的资本积累和商业经营,正所谓"业不两成"。明成化、嘉靖年间,歙县行商王廷宾喜好诗文,有人就担忧他耽于吟咏,将不利于商业经营。②因为好儒就需要金钱,也需要时间,但对于起步阶段的商人来说,这两样都是很宝贵的。

正因为儒业的吸引力仍然很大,所以也有不少商人,后来又归儒,就像潘惟和一样。汪镡因为父亲去世,家道中落,弃儒服贾,十几年后,又复习举业,并登仕途,颇有政绩。他的经历使他对商人很有感情,"虽隆贵不忘商贩交,乡人钦为长者"③。这种弃贾复儒的事例也非常多。还有人违背父命,或公开要求改业,或秘密地偷学。如方冏卿少从父兄经商,要求改业为儒,他的哥哥不同意,但在他的坚持下,哥哥最后同意了他的要求。吴世忠,父亲让他学推算,但他却偷读经书。④

广义上的儒行在徽州更是极为普遍,这已经成为徽商伦理的一部分。儒行的定义是非常宽泛的,最重要的义行、善事、急公、解难等方面。因为徽州人生计艰难,而业商需要儒行,不仅家庭需要,宗族需要,社会也需要。如胡定祥,一开始与父亲同为冯门幕僚,但有趣的是父子的性格迥然不同,父亲谨慎,"矩步绳趋";他却豪放,潇洒不羁。太平天国运动结束之后,他因为书法好,在广德县丈量局做书记。后来在建平结识同乡商人汪积功,两人友情颇深,就集资开设米行,贩运粮食,胡定祥被推为经理,从一开始惨淡经营,到后来商业日盛,家庭因此富裕。从此乡里人多羡慕他,也纷纷到郎溪继续经商;胡定祥就成为乡人、族人在郎溪开粮行的先导,因此他获得了人们的尊敬。

---

① 歙县《潭渡黄氏族谱》卷九《明故绥德卫指挥佥事黄公墓志铭》。
② 歙县《泽富王氏宗谱》卷四,见张海鹏、王廷元主编:《明清徽商资料选编》,合肥:黄山书社,1985年,第456页。
③ 康熙《休宁县志》卷六《人物·宦业》。
④ 《岩镇志草》之《逸事》。

他晚年退养林泉,不复商战。传记作者为他的选择喝彩:"所谓知其所止矣。"

胡定棯13岁就与哥哥一起被太平军所虏,他知道不容易脱逃,于是就假装顺从,"乃阳为匪作伥,俾匪不疑,阴使未被匪虏者先逃,一面与兄筹措逃逸之计。其智识之高,存心之厚,岂寻常人所可企哉"。几年时间,他的父母兄弟相继死去。然而他不因丧乱而堕其志,他到孙家埠经营木业,没几年,就失败了。由于父母早丧,经商失败,所以直到30岁才结婚,生了3个儿子。后来他到建平给人当伙计,"代人作嫁,自顾无力营贸,不得已而屈就,非公志也"。接着他的妻子又生了3个女儿,"公以生齿日繁,薪资不足赡养,乃凭信义招股于梅渚镇,顶受曾经失败之长泰粮行,被推为经理。公殚心竭虑,操奇计赢,行务由此日隆,获利倍蓰"。他在56岁时还有雄心,与他的族兄胡定祥合创"祥泰"杂货号。从此以后,事业上一帆风顺,家境蒸蒸日上,而他的儿子们也先后继承了他的事业。"公心之乐可知之矣"①。胡定棯自己致富后,在本县东野朝塘拓基建屋,荫庇后人。好施与,族内的亲友贫乏者向他求粮借贷,无不量力以助。又与同乡汪积功发起新安同乡会,至今在郎溪的徽人都称道他。

胡定祥、胡定棯的经历说明,出外谋生的徽人并不执着于某种固定的职业,但他的事业给家庭、宗族和社会带来了什么是人们评价他的最后标准。舆论的评价才是儒行的标准。随着舆论的宽松、儒业标准的下降,儒行的内涵也非常宽泛,涉及家庭、宗族和社会的各个方面。儒行也不限于某种职业,即使没有习儒,但只要有心,处处都可以有儒行。随着人口的增加和由于战乱、灾荒或赋役等原因而恶化的社会环境,家庭需要奉养,宗族需要建设,社会需要稳定,国库需要收入,这些都为商人的儒行创造了环境。休宁汪弘认为,既然不能显亲扬名,就应当丰财裕后,于是弃儒业贾。他在致富后,并不吝惜钱财,"尝输金造文峰,以资学校。复输百金航梓宫,以济王事。用财于

---

① 民国《绩溪遵义胡氏宗谱》卷八《胡定棯公行传》。

此,义莫大焉"①。胡定祥的儿子后来旅居郎溪,也乐于为人排解纠纷,而且非常富有,修族谱时捐银圆1500。胡定祥能在谱中立传,与他的儿子捐银这么多不无关系。②

与胡定祥、胡定棁一样,徽州人的儒行可能更多地表现在致富和归老之后。归老林泉、含饴弄孙、着力于宗族建设是众多商人在事业成功后的理想生活。宗族更是众多儒行的实践地。在人们的观念中商人也是应该退养乡里,并为乡族做出善事、义行。儒行虽然不限于年龄和职业,但是徽州的年轻人毕竟难以有过多的金钱和时间去实践儒行,对他们来说,遵守商业伦理道德,做一个良贾就是儒行。奸商既不符合儒家伦理,也不合商业道德。

这样士、商并重和循环的生命历程有助于实现他们的人生理想。休宁人张齐保,从小父母双亡,先业贾,后来甘心放弃贾业而习儒,"师湛甘泉、邹东廓二先生……时六邑会讲,联里中为善修会,申明六训。宗人儒者,给之课艺,岁凶给之粒,逋赋代之偿。祝令宾之于乡"。张齐保通过业贾,获得成功,从而扭转了自己的命运,拜名儒为师,与名儒交友,积极参与乡族事务,获得了地方官的礼遇,树立了声威。他还在嘉靖二十九年(1550)到万历二十七年(1599)的50年间不断置产,留下了购买田地山塘契87张,共花银2464两,平均每年约用银近50两。③ 而他宗族内的儒者,却要依赖他的帮助,既提供食粮,还代纳欠赋。

徽州个人和家族通过儒业和贾业的循环、更替以及对儒行的实践,表现出了士、商并重的生命历程。这种生命历程是徽州生存伦理的一个表现。商人需要用儒行维护理学,以此提高商人的形象,维护自己的商业利益和家庭的稳定。商人对理学的提倡和维护,使得程朱理学的背后有着潜在的雄厚的

---

① 《汪氏统宗谱》卷一一六《弘号南山行状》,见张海鹏、王廷元主编:《明清徽商资料选编》,合肥:黄山书社,1985年,第440页。

② 民国《绩溪遵义胡氏宗谱》卷八《定祥公传》。

③ 《齐保公置产簿》,原件藏社会科学院历史所,转引自周绍泉:《试论明代徽州土地买卖的发展趋势——兼论徽商与徽州土地买卖的关系》,载《中国经济史研究》,1990年第4期,第104~105页。

物质基础,士、商之间有着明显的互补性。况且,早期迁徽的中原士族本身就兼具文化的优势和经商的传统。儒、贾在他们身上的合流只不过是他们对传统的进一步继承和发展。士、商并重的生命历程也使他们的后代在职业的选择上更加务实和开放,最终也加速了士、商两业在宗族内的普遍接受度,形成了士商并重的家族职业分工模式。

三、士与商并重的家族职业分工模式

关于明清徽州士与商并重的家族职业分工模式,下面主要根据《绩溪遵义胡氏宗谱》的相关资料进行考察和论述。

首先来看该族的人口状况。这里根据该谱卷首《古系》、卷一《本支统系》、卷二《松派谱系》、卷三《柏派谱系》、卷四《楒派谱系》、卷五《格派谱系》的相关资料,对该家族的人口流动情况作了一个统计,并制作了下文中的"表4-3 绩溪遵义胡氏宗谱世系表"和"表4-4 胡松一支人口情况与胡柏、胡楒、胡格三支人口总计(18世至25世)"。根据该族嘉靖旧谱(为该族18世祖官至工部尚书胡松所编纂)所载,无子者可以立本宗之子为嗣,但要注明。民国年间的新谱规定:查知确实无后者,在他的名字下书"无传",否则书"无考"待考;有因经商迁居他处而成家立业者,在各始迁祖名下书"迁居某处某处";"各派承继关系大宗,无论有无产业,均应依法承继"。① 该族的人口状况,17世以前是一个阶段,参见表4-3;18世以后可以视作一个新的阶段,参见表4-4。

从表4-3看,该家族从第1世至第5世,人数不多,生子也不多。从第6世开始,生子的数量就开始增加。第6世5个人,生了13个儿子,平均生子2.6个;第7世13个人,生子35人,平均生子2.7人。从第8世开始,生子数量出现了大幅度的下降。该代35人,其中1人为僧,只有13人有后,只生子19人;高达21人无后。总计从1世至17世,共有男性255人,其中166人有

---

① 民国《绩溪遵义胡氏宗谱》卷首《凡例》。

后代,生了324个儿子,平均生子1.95个;有80个人没有后代,无后者约占男性总人数的1/3。如果从开始出现无后者的第8世算起,8世至17世共有227人,其中138人有后,生子262人,平均生子1.9个,无后者占227人中的35.24%,已经超过了1/3。其他9人的去向是:1个当和尚(8世);1个迁繁昌无考(9世);1个无考(12世),1个迁歙县白杨无考(12世),1个当了民兵(12世);1个早逝(17世),1个不清(17世),2个出继(17世)。与无传和出继外姓相对应的是,竟然没有族内出继;这是否说明了当时该族对族内出继持一种否定和抵制的态度将有待考证。

  总体上看,该家族在17世以前,平均生子数量在2个左右。迁徙的数量也很少,根据宗谱《凡例》可见,迁居外地者极有可能是经商者,这样看来在第9世就已经有人因经商而迁居繁昌县了,在第12世时又有人迁居歙县。但这两个人都无考,这说明在后来众多的无考者当中,因经商而迁居外地的应该为数不少;另外,还有相当数量的士人也在无考之列。最为突出的是无传者的数量,占到男性的1/3左右。第18世共有70个男性,后代繁衍下来的只有松、柏、楫、格4人,就成为后来的四大支,胡淳的两个儿子胡松和胡柏各成一支,胡潮的两个儿子胡楫和胡格也各成一支。在18世70个男性中,46人有儿子,生子98,平均生子2.13个;无传者有4人,早逝者有2人,无考者有18人。从这一代开始出现了大量的无考者,无传者开始减少。松、柏、楫、格4人的后代暂且不论,到19世时86人中有78人无考,1个出继,1个无传,6个有后。这意味着此时该族的人口已经大规模地进行了或被动或主动的流动、迁徙。到20世时只有9个人,这9人全部无考。至此,除松、柏、楫、格4支外,其他人的后代都失去了联系,或不能确定。无考者数量众多,其原因应该是多方面的,经商、做官、流寓、迁徙、死亡等都有可能,尤其是在社会动荡时期。

表 4-3 绩溪遵义胡氏宗谱世系表

世系	人数	有后者 人数	有后者 子数	无传者	无考者	迁徙者	早逝者	出继	其他
1	1	1	1	0					
2	1	1	2	0					
3	2	2	3	0					
4	3	3	3	0					
5	3	3	5	0					
6	5	5	13	0					
7	13	13	35	0					
8	35	13	19	21					1 为僧
9	19	13	23	5		1 迁繁昌无考			
10	23	11	16	12					
11	16	11	19	5					
12	19	7	15	9	1	1 迁歙县白杨无考			1 充民兵
13	15	12	13	3					
14	13	6	14	7					
15	14	13	29	1					
16	29	19	44	10					
17	44	33	70	7			1	2 一个出继闽县林士元(时任绩溪教谕)为嗣；一个出继北保定府祁州康健(时任绩溪训导)为嗣。皆无考。	1 不清
	255	166	324	80	1	2	1	2	3
18	70	46	98	4	18	1 迁歙县坦川	2		4

再从表 4-4 看 18 世松、柏、楫、格 4 人后代的情况，他们的后代就成为该族的 4 个支派。胡松在正德九年(1514)中进士，从此步入仕途，累官至工部尚书。他的一支也就更加兴旺，"是时惟尚书松公得人最盛"①。胡松的弟弟

---

① 民国《绩溪遵义胡氏宗谱》卷八《毓和公汪孺人合传》。

胡柏当时管理着家务,当时他们的家庭已经是"百口共爨"①。胡松有3子,13孙,46曾孙(4人无考,1人早逝),85元孙(27人无考,6人早逝)。到25世时共有男性后代437人。他的弟弟胡柏一支的人口发展得也很快。胡柏有3子8孙10曾孙24元孙。从18至25世的8代间,共有男性259人。由于胡松和胡柏两支的人口增长得非常迅速,大量购置田产,其中无疑包括相当数量的宗族田产房屋。胡楒一支就受到了挤压。胡楒有2子,次子与本宗失去联系。而他的长子有4子,2人无考,其中1人迁周村,都与本支失去了联系;只剩胡毓和一人留传下来。胡楒一支无疑面临着非常严峻的形势。从18到25世,他们的男性人口只有112人。他的弟弟胡格一支稍好,有238人。

从4支的统计情况看,平均生子数在2个左右。在总数1046人中,族内继嗣达到40个,而胡松一支在22世就有8人出继,其中有1人兼嗣,有一户3子出继2个,有一户4子出继2个,还有一户4子出继3个,这种出继现象或许与他们的家庭出现大的困境有关。大量出现继嗣,使没有后代的人实现了香火的延续,基本上再也见不到17世之前有大量无传者的现象。这说明随着人口的增加,该族的继嗣也增加了,并有了某种规范。另外,在那么多的无考者中间,很难保证每个人都有子孙延续,仍有不少人乏嗣。4支中无传者减少到只有8个;早逝者为37个,与17世之前相比有大量的增加,迁徙的3个。

无考待考者4支总计达到271个,达到总数的1/4多。儒宦人数减少的同时,经商的人数肯定是在增加。胡松一支24世时有1人迁居歙县南齐坞。从21到25世共有113个无考待考者,约占男性人口总数的27%左右,也就是说胡松一支在5世的时间内有超过1/4的人与本支失去了联系。这与他们4支的整体情况相似。无考从22世开始达到了一个高潮,22、23、24、25连续四代都达到了25人或更多。如果从支派考察,胡柏一支无考待考者人数

---

① 民国《绩溪遵义胡氏宗谱》卷七《故处士芦庵胡公行状》。

最多,共有85人,接近其男性人口总数的33%。当然在无考和待考者中有很多因经商而迁居者。

从儒宦的数量看,4支总计约在140人左右,为总数的13%多。胡松一支儒宦的数量最多,胡松3个儿子都是太学生。13个孙子中有3个邑庠生,1个太学生,1个曾任邢台县丞。46个曾孙中有15个邑庠生,1个附监生,1个记载在县志乡善传,2个为乡里的处士,徽州的处士多为贾服儒行者。85个元孙中,有1个进士,任高淳县训导,1个监生,11个邑庠生,5个处士。在24世时又出了1位进士。从数量上看,从18世胡松本人到他的8世孙共9代,共出儒宦57人,占男性总数的13%多;如果再加上有文化的处士,人数会更多。从23世开始,从事儒宦的人数就急剧减少。随着人口的持续增加,习儒和有功名者却在减少。胡柏一支步入儒宦的有53人,占男性人口的20%多。胡楫一支的儒宦人数也占他们总数的17%多,而胡格一支的儒宦者只有4%多,虽然比例低,但其绝对数量也并不少。无考者中也有不少儒宦,胡柏虽然自己放弃了科举,但是他着力培养他的儿子,他的3个儿子都是太学生,孙子中还出了1个进士。但是他的3个儿子的后代却出现了截然不同的结果。长子再传而绝,次子子孙最旺,在24世时达到20人,但其中有18人无考,到25世时只有1人留传。无考者中不少是邑庠生,还有教谕、知县和同知。这应该是战乱所致。出仕的族人,他们或在外结婚,或将子女带在身边,因此他们的子女大量地寄籍外地。如第22世泽衍,他的祖父是邑庠生入太学,父亲也是太学生,泽衍例选统制,居南京。他的妻子葛氏,在儿子胡懋恭3岁时就死了;又娶了杨氏,生下6个儿子。其中胡懋敏是江宁籍上元县庠生,胡懋弼为承务郎。这6个儿子都入了江宁籍,他们与原族已经失去了联系,因此在族谱上都注明"待考",有3个连妻子的姓氏都不知道。只有在原籍的胡懋恭的后代有详细的记载。

表 4-4　胡松一支人口情况与胡柏、胡楫、胡格三支人口总计(18 世至 25 世)

胡松一支世系	男性人数	有后者			无传者	无考待考者	早逝者	迁徙者	儒宦人数
		有子者	子数	出继					
18	1	1	4						
19	4	3	13				1		3
20	13	12	46				1		5
21	46	41	85			4	1		16
22	85	44	89	8		27	6		13
23	89	60	95			25	4		6
24	95	64	104	4		25	3	1	7
25	104	68	119	2		32	2		7
胡松一支总计	437	293	555	14		113	18		57
胡柏一支总计	259	156	365	3	4	85	11	2	53
胡楫一支总计	112	92	216	7		9	4	1	20 左右
胡格一支总计	238	151	338	16	4	64	4		10
四支总计	1046	692	1474	40	8	271	37	3	约 140

世系中的无考待考者中真的可以认作远迁或商人吗？无考待考的高潮出现在 22 世至 25 世，既有因战乱流散和死亡的原因，也有迁徙和经商的原因。绩溪城南方氏也有大量的无考者，"自教谕公迁城南，历南宋、元、明以迄国朝，枝散叶分，繁衍支派固多，寡弱之支亦复不少。远迁而可考者十之三四，山居而难稽者亦十之二三。世远年遥，几难考订矣"[1]。它把这部分无考者主要归之于迁徙和山居。迁徙的原因也许是战乱，也许是迫于生计或经商。绩溪县虽然比较贫穷，但却地处要冲，地理位置非常重要，徽州所遭受的兵燹，绩溪多历其中。明嘉靖三十四年(1555)，倭寇自杭州西掠，突徽州歙县，至绩溪、旌德，过泾县，趋南陵。清顺治二年(1645)，明御史休宁人金声招募乡兵十万屯驻绩溪，清兵从旌德进，连破十余寨，攻占了绩溪。康熙十三年

---

[1] 方建寅:《宗谱跋后》，见《绩溪城南方氏宗谱》卷二三《杂著下》。

(1674),耿精忠叛兵由江西饶州进犯徽州,连陷婺源、祁门、黟县、休宁、绩溪、歙县,一万多叛兵与清兵在绩溪西北大战,叛兵被击溃。① 然后咸丰年间的太平天国运动,给徽州造成了巨大的伤害。胡定录幼年时就随父兄在建平经商,咸丰十一年(1861)被太平军所抓,几年后逃回绩溪,发现他家房子被毁,全家十几口无一生存,"号呼寻问,乃知悉殁于难,而君母汪、君妻李、及君兄与弟并遗骸亦不可复得"②。同样,明末清初的战乱给绩溪遵义胡氏造成的影响也很大,死难者很多,迁徙逃难的人更多,所以才在这几代之间造成了大规模的流离。

虽然无考者有可能是因战乱而流离或死亡的人。但是有的无考者作为商人,在早期的世系中就有反映。《凡例》中规定:有因经商迁居他处而成家立业者,在各始迁祖名下书"迁居某处某处"。但是在9世时有1人迁繁昌,按《凡例》应该是商人,但这个迁徙的商人就无考;12世时有1人迁歙县白杨,也同样无考,早先的事例说明商人因迁居而无考者是非常正常的。而且战乱之后,商人的数量往往大量增加。明末清初虽然经历了大难,但也正是绩溪士人和商人群体大量兴起和外出的年代。嘉靖以后绩溪的商人就大规模地兴起了,遵义胡氏从18世开始就出现了大量的无考者,同时儒宦人数也有大量增长。宗族内士、商并重的职业分工模式已经显现出来。

无考待考者中有儒宦,也有商人;但在有考和有传记的人口中也有很多商人。这从他们所处的时代和谱牒中的传记资料中都可以得到印证。虽然经过了明末清初的战乱,但徽州的商人还是很快地恢复了经商并再度达到鼎盛。如上述的胡懋恭,在清初就开始了商业经营,奔忙于江淮间,"对于一切事务经营,矢公矢慎,竭力勿懈,明足揆几,才足服人"。深受几个伯父的器重,也为江淮间的名公巨卿所仰望。并于康熙四十二年(1703)迎銮,"恩赉粟帛绘图纪盛,知县高孝本已为之序"。康熙四十八年(1709),绩溪知县雷桓因为与胡懋恭的儿子交情很深,赞许"公之平生宅衷制行一本于诚,良足述也",

---

① 许承尧:《歙事闲谭》,合肥:黄山书社,2001年,第528～552页。
② 民国《绩溪遵义胡氏宗谱》卷八《胡文甫君传》。

就为他作行状。胡懋恭无疑是获得了很高的荣誉。他之所以能如此，首先是因为他的商业经营是极为成功的，他才有金钱修桥修路，焚烧借券，襟怀慷慨，并且获得迎銮的莫大荣誉。这一切都需要巨资。其次是因为他对儿子的培养也为他增添了更多的荣誉。他有6子，其中4个是邑庠生，1个太学生，1个迪功郎。他有21个孙子，其中有3个太学生，2个邑庠生。虽然习儒者不少，但进入仕途的却不多，而且随着人口的大量增长，出现了2个无考者。这种趋势在他39个曾孙中表现得更为明显，只有1个邑庠生，却有15个无考者，4个无传者；无考者占了38%多。人口的增长和贫困化使他的曾孙们丧失了习儒的资金来源。

开始最贫困的胡楫一支，他的后代中还有世代营生的传统。如胡铉为明廪膳生，就曾经糊口于四方，清初时他的4个儿子家升、家理、家汲、家传也进行了不同的职业选择，家升、家传为儒业，家理、家汲从事商业，如家理，他自己经商，他的两个儿子习儒，他的孙子又经商，曾孙中有习儒的，也有业贾的。胡承聪是胡位咸的高祖，胡位咸在为他的哥哥写行状时回忆，他的高祖、曾祖、祖、父，都是以商传家，直到他们兄弟时才出仕。但即使他们兄弟出宰地方后，他们家庭仍在屯溪经营着药店。①

太平天国运动后生存的困境，使绩溪遵义胡氏产生了众多的商人。该谱中很多商人的传记都是在太平天国运动后经商的事迹。胡定柈30岁才结婚，大儿子胡位乾出生的时候，正是太平天国运动之后，"家徒四壁，罗掘俱穷"。胡定柈在建平给人帮工，"仅免冻馁"。胡位乾虽然读书过目不忘，"无如大兵之后，饥馑荐臻，食且不给，其何暇读？不得已，年十四遂辍学就建平之梅渚'德泰号'，操计然术"。虽然以战争为借口，但主要的还是战争之后家庭内人口的大量增加。胡定夑和他的长子胡位宜、次子胡位寅的经商事迹也是在太平天国运动后发生的。

---

① 民国《绩溪遵义胡氏宗谱》卷七《位周行状》。

经商的族人主要从事粮食贸易,兼及木材、茶叶、药材等,还出了几个商界的领袖,如胡位乾为建平同乡商人所推重,胡德生在民国年间为郎城盐业公会主席。除了经商、出仕、力田外,该族还有其他的一些职业选择。入幕是科举不第者的另一选择,如22世胡家升就给别人做幕僚谋生,胡名增和儿子胡定祥同时为冯门幕僚。有些人则设馆授徒,如胡鲤庭,长兄资助他习举业,等他入了县学后,就与他分家了。胡鲤庭当时"家无立锥,室如悬磬,一家生计困苦万状,不得已乃设馆授徒"。入幕和教书也属于儒业的范围。学医也是该族一些人的职业选择,如胡位伯,医术尚可,在浙江的严州和衢州都有名声,他的7个儿子中有2个继承了他的医术。

必须要指出的是,该族中像胡鲤庭那样的贫困读书人是不少的,宗族中儒宦人数虽然很多,但绝大多数是邑庠生,他们如果不能科举成功,凭仅有的一点家产是不够的,所以他们的职业选择非常多样化,而他们中力田的恐怕非常少。因为人口不断地增长,土地是不可能也跟着增长的。经商是最好的致富途径。有很多邑庠生本人或他们的后代无考,这说明了族内一些习儒者和他们的后代迁徙别处经商。

从无考待考者的数量、儒宦的数量和传记中的商人数量看,士、商的结合在这个宗族内表现得也很普遍。明代中后期,竦塘黄氏宗族中的人也有着明显的士、商分流之势,把宦学优游者除外,"已次则待贾而足者居五,又次则待耕而足者居五之三,其余则否"①。在这里,儒业的地位最高,商贾的人数最多。

从谱牒传记看,家庭和宗族内士、商并重的职业分工表现得非常明显。据《绩溪遵义胡氏宗谱》卷七《故处士节庵胡公行状》记载,胡松和胡柏作为兄弟本来一起习儒,而且两人都比较聪颖。胡松中进士后,弟弟胡柏的职业可能受到了外力的干预,也许是他的父亲胡淳,也许是他的哥哥胡松。胡柏就说:"吾父母以吾二人为之子,伯氏出而事君矣,吾尚可以违吾亲乎?菽水之

---

① (明)汪道昆:《太函集》卷七二《竦塘黄氏义规记》,合肥:黄山书社,2004年,第1477页。

欢谁则承之?""吾固有职也。"于是绝意仕进,专心于家事。胡柏的家事主要有以下几点:一是朝夕竭力侍奉父母。他的父亲好游山水,每到一处,胡柏就建一住处让父亲休息。他的父亲召集林泉会,参加的都是致仕归老林泉的乡里的士大夫,胡柏准备酒席,还用轿子把每个人接过来。二是扩大家业。胡柏在家掌管家务,"构荣隐堂,力巨而事殷"。"公,邑巨族,世多田业,每春秋之交,乡人待以耕获者不啻百余家,公以时往赒之不少倦,吝积而能散,盖若其性然者……然愈散愈积,从容干济,仅三十年而家之饶益倍于其先"。购置田屋既是家业兴隆的标志,也是家族人口迅速增加的基础。他们积极在当地购买田地,已经成为当地的大地主。三是家人的婚丧嫁娶等,这里最重要的是要在两房之间维持公平,避免产生矛盾。胡松在朝为官30多年,所以"儿女婚嫁多公营之,处其子与其犹子,丰俭若一,怡怡愉愉,庭无间言"。"百口共爨,家事鞅掌,绝口不言,人尤以为难"。虽然极力避免产生矛盾,但是矛盾是避免不了的,所以才有"人尤以为难"之感慨。①

再如上述的胡铉,既是明廪膳生,又曾经糊口于四方,清初时他的四个儿子家升、家理、家汲、家传也进行了不同的职业选择。他们的后代也进行着士、商的分工。该族的传记资料清后期的较多,而且基本上都是商人。在商人的儿子中,分工也非常盛行。胡文甫有四个儿子:其一早逝,其一为清附生,安徽龙门师范学堂毕业生,还有两个经商。胡位伯是个医生,"有声于浙江省之严衢间"。他生了七个儿子,长子和七子"均能世其业",次、三、六子"均善贾",四子历任京师、山西运城、湖北襄阳法官,五子任郎溪统捐局局长。多子家庭的人口向不同的职业分流,既可以互相扶持,又可以对付来自不同方面的困难,增强了对抗危机的能力。胡定夑在太平天国运动时由荆州迁移到休宁,但因当地遭到严重的破坏,胡定夑只好只身到建平谋生,丢下妻子和嗷嗷待哺的孩子,妻子主要以拣茶度日。家里的贫困使得胡位宜13岁时就习贾于屯溪,帮助母亲养家糊口。后来几个孩子相继出生,父亲胡定夑又死

---

① 民国《绩溪遵义胡氏宗谱》卷七《故处士节庵胡公行状》。

于建平。胡位宜诚实勤恳,深为主人所倚重,他利用机会锻炼了自己的经商才能。光绪三十年(1904),胡位宜在屯溪创设"俊记号",民国七年(1918),在绩溪南街设分号。到晚年时,将屯溪、绩溪两店分别命人管理,自己居家颐养。① 二弟胡位寅也在12岁时被迫放弃学业,但他去的是更远的浙江兰溪,他走时随身所带"仅败絮一、敝衣二而已"。经过邻人的介绍,在一个布行里当伙计,少年老成,勤于业务,收入全部交给母亲。后来,他自己开办一店,又和人集资开了多处店业。"论者以长袖善舞,料事多中,不知其事必躬亲,勤俭信义有以致之耳"②。胡位宜的三弟胡萃和则被他的母亲安排习儒。

父母亲对儿子们的职业安排往往也给儿子们的心灵中留下很深的阴影。胡位寅在致富之后回顾童年时认为,自己幼年时由于兄弟分工而被迫弃学,是不公平的。后来他对他的6个子女一视同仁,全部送他们上学,但成功的只有次子,任绩溪城中小学的教员。他看到人们求医问药的困难,又想让他的另一个儿子学医。由此可见,商人的职业选择是紧跟现实需要的,他们对社会中各种职业需求有着敏锐的观察和判断。

胡位宜兄弟三人虽然相处无间,但由于职业的不同,也带来了贫富的差别,所以处事方式和职业理念也不一样。胡位宜和胡位寅因为在13和12岁就外出经商,经历了艰苦的磨炼,所以能货殖,善居积,成为非常富有的商人;年老时颐养天年,遇地方善举,辄解囊相助,积极投身于各种义行、善举。二弟胡位寅曾见贫病者求医之困难,想让自己的一个儿子学医以为济贫活人,对治生比较敏感。三弟由于小时被母亲要求读书习儒,所以在财富上无法与两个哥哥相比,于是甘于淡泊,不屑事生产。但由于兄弟之间关系比较好,估计他的生活也还可以,所以才不屑从事商业。他们在宗族建设方面也表现出了截然不同的态度。

---

① 民国《绩溪遵义胡氏宗谱》卷八《位宜公传》。
② 民国《绩溪遵义胡氏宗谱》卷八《位寅公传》。

四、士、商合流与徽州家族建设

士、商并重的职业分流加速了儒士和商人在家庭和宗族内的结合。早期的士、商结合可能发生在族外,有时通过出继的方式。绩溪遵义胡氏17世两个出自同一家庭的出继者,一个出继给县教谕,一个出继给县训导,家庭的这种行为表明这个家庭试图同该县的官员之间建立某种密切的联系。在个人生命历程中实行士、商并重,使士、商在个人的生命中融为一体;在家族内实行士、商更替,说明了士、商的结合已经从家族之外扩展到了家族之内,士、商两业已成为家族生命历程中紧密结合的一部分。

在士人需要生计和商人需要身份的社会大环境下,明清时期的徽州士人更多地涉足商业,而成功的商人也不断地回归士人。两种身份的共同拥有,使得不少徽商获得了廉贾和儒贾的美名。家族内部也进行着士、商的分工和交替。明清时期士、商在实践上的结合和合流的趋势十分明显。同样在理论意义上,商人和商业被赋予了合理的内涵,进行了重新的诠释。商人和商业不再是天理的对立面;商人更以重义轻利、以诚待人重新塑造商人的义利观,徽州的士、商合流在理论上被重新建构。这些使得士人本身对商人的看法有了巨大的变化,士、商合流进入了更深的层次。

商人不仅依靠科举,而且他们充分利用金钱换取官爵。传统社会的晚期,朝廷财政和地方公益事业越来越依靠商人的经济支持,开捐纳的次数越来越多,越来越多的商人获得朝廷的赐封。读书应考不再是出仕的唯一之路,成功的商人能轻易地进出仕宦阶层。

明代商籍的设立显示了士、商合流所达到的一个高度,它从制度上巩固了士、商合流的成果。明代制度规定,"士自起家应童子试必有籍,籍有儒、官、民、军、医、匠之属,分别流品,以试于郡,即不得就他郡试。而边镇则设旗籍、校籍。都会则设富户籍、盐籍,或曰商籍。山海则设灶籍。士或从其父兄远役,岁岁归就郡试不便,则令各以家所业闻著为籍,而就试于是郡"①。两浙地区是徽商集中之地。万历三十三年(1605),歙人吴宪请立杭州商学,巡盐御史叶永盛题奏:"徽商行销浙引,许令现行盐人,并具嫡派子弟附试杭州,例由两浙驿传盐法道取送学院,岁科两试,各拨取新生五十名,内拨入杭州府学二十名,仁和、钱塘两学各十五名。"②浙江多商人,叶永盛是安徽泾县人,他在任巡盐御史时,有官员奏请增加商课,叶永盛力争不已。就因为他是安徽人,且多次为徽商谋利益,所以也引起了人们对他本意的猜测。商籍设立之后,士、商的结合从法律和制度上得到了认可。这对于商人地位的进一步提升是不言而喻的。徽商子弟无需赶回家乡参加考试,而且使本土和外地的徽商子弟获得了更多的机会,有助于促进家族内实现士、商并重的职业分工。

　　士、商的分工和结合对于家族建设有着深远的影响。在早期的宗族建设中,儒士的作用还是首要的。胡松为官30多年,累官至工部尚书,自然是对他的族人有巨大的表率作用的,并为族人的科举创造了良好的条件。在松、柏两支前8世中共有超过了110位的儒宦者,占男性人口的16%左右。而且在宗族中,胡松有被神化的迹象。不仅有为官之才,曾破盗金案,"咸称神明";而且还有为官之德,信奉着儒家的道德观,曾多次不畏强权而辞官或被贬;又德被百姓,曾发粟赈饥,"全活数万人"。随着人口的增加和族人的贫困化,他利用自己的声望和地位,积极进行了宗族的建设活动,"尝病其族食指众,而室湫不能逮,先损地为楼六楹,合族之主而叙居之曰:'礼可以义其也。'"他的族人中有如此多的儒宦者,对于宗族建设也是必须的,既能为他们宗族带来地方声望,又有投身宗族建设的人才。在胡松的主持下,该族续修了族谱。以他为首的儒宦者和以胡柏为首的治生者成为他们宗族兴旺的重要因素。

　　胡松的妻子也积极参与了宗族建设,为族内的妇女作出表率。首先是遵循传统的妇德,孝顺翁姑,相夫教子,综理家政。婚后她生了一女,然后连年

---

① 许承尧:《歙事闲谭》,合肥:黄山书社,2001年,第1041页。
② 《丰南志》第十册《杂记》。

不孕,丈夫年已三十,翁姑为胡松置安氏、程氏两妾。"淑人更从臾成之,无难色"。待妾生子若己子,家庭和和睦睦。在翁姑年龄老时,她便让妾跟随丈夫照顾其饮食起居,自己回到翁姑身边。其次是善处自身,虽处富室而服勤茹苦,"若习于寒素,不自知为贵封淑人也"。再次是睦邻恤族。"至于供宾祭交宗姻则曲尽礼意,怜厄穷恤鳏寡,则不吝赐予,有采蘋就丧之风焉。族党比邻或时忿争,淑人务排解之,必寝而其心始安"。在与族邻的相处上,她表现出一种大家风度,既积极参加各种人情礼仪,又扶危救困,排解纷争。即使在与族邻的矛盾冲突中,也不以大压小,"有犯其家者,则曲为遮护,不令其家与较也"。宽厚对待族内的下人,"食推其余,衣给以时,服任不过其劳;遇有小过,辄掩覆之,终身不见其有诟骂鞭笞时也"。总之,她是"才识明习,事事有备",姒娣之间都以为比之不及。①

宗族建设是需要人去推动的,在胡松生活的时代,遵义胡氏已经具备了宗族建设的各种条件。在胡松之后,遵义胡氏显然不再具有以前那样强的凝聚力。而且由于外部环境的恶化和内部各支之间的扩张,宗族人口就开始了大规模的迁徙流动。

随着儒士的贫困和商人的富裕,儒士在宗族上的首要地位遭到了商人的挑战。这从前面所述的胡位宜、胡位寅和胡萃和三兄弟身上可以看出来。他们三人由于经历不同,在宗族建设上有着不同的渴求和态度。两个哥哥因为幼年与父母分离外出经商,有着丰富的人生阅历,又很富有,所以对宗族建设的态度比较积极。尤其是作为大哥的胡位宜,更是念念不忘家庭的血缘关系和家族建设。当父亲病死于建平时,他只身赴建平,扶柩以归就祖茔,择地安葬,凡是近支祖坟他都代为修理,又出资倡修家庙,获得了乡族人士的高度称赞。因为子女多达8人,房屋不够,所以又建新屋,让全家人聚居在一起。"又以母氏历经离乱,父殁又不克随侍在侧,引为毕生巨戚;故所营店务皆近在咫尺,便定省尔。往往盛怒之下,母至则转怒为喜,母有命无不唯唯是从,

---

① 民国《绩溪遵义胡氏宗谱》卷七《明故封淑人胡母汪氏行状》。

数十年如一日,非先意承志者能如是乎"。徽州人以孝友立传的非常多,商人早期分离的经历和不能尽孝道的歉疚是一个很重要的推动力。二弟胡位寅也是如此,治家"养而后教,未尝偏废",建造房屋,男女婚嫁,不遗余力;又有感于自己幼年失学之苦,所以让自己的6个子女全部上学,一视同仁。他们宗族的宗祠和谱牒自明嘉靖起已经400年了,由于经过多次的兵燹,散佚殆尽。他们兄弟二人晚年时有感于此,认为续修之举刻不容缓,于是倡议捐资治祠宇,修谱牒,但是没有成功;只好把希望寄托在子孙的身上。与他们的积极相比,不见三弟的态度,但由于三弟甘于淡泊,所以恐怕没有兴趣也没有资金可以捐助。但商人修祠往往会引起非议,如胡位咸的父亲胡宇和,"公,商人也,以勤俭积累之余有志于治祠事,而族之人反或有起而尼之者,致不克竟其志,良可慨矣"①。商人在宗族建设和伦理道德的实践方面至少已经不输于儒士。胡位宜三兄弟的行为和态度完全印证了沈尧所谓"为士者转益纤啬,为商者转敦古谊"的世风转向。商人的孝友思想、儒行和丰厚的资金为宗族的建设及正常运转提供了物质基础和伦理规范。

虽然商人的地位日益上升,但是在非常时期,儒宦尤其是官宦还是有助于家庭和宗族的快速恢复。如太平天国运动给遵义胡氏造成了相当严重的破坏,胡宇和举家仓皇逃难到遂安,他的伯父胡名泰在屯溪所开的药店也受到重创(胡宇和过继给了伯父)。战乱后,家境相当艰难,依靠他的继母用赡养之产贴补他的两个儿子胡位周和胡位咸用于读书的开支。所以胡位咸感慨道:"予非祖母无以有今日。"清末,胡位周和胡位咸双双出宰地方,胡位周以拔贡出仕山东省,后来以亲老为由请求改调到了江苏太仓州镇洋县,兼摄州事。胡位咸中进士,由礼部主事出知长宁县,"论者咸以此为致富之官,恢复旧业如反手耳"。后来他的父亲果然光大了世业——屯溪的药店。民国后,胡位周一家数十口就以药店为生,而且还经常购买金石书画。② 可见药店的规模的确不小,在他的父亲光大世业的过程中显然直接或间接地有他的

---

① 民国《绩溪遵义胡氏宗谱》卷七《宇和胡公行状》。
② 民国《绩溪遵义胡氏宗谱》卷七《继王母江太恭人行状》《宇和胡公行状》《位周行状》。

两个儿子的功劳。

家族建设和商业伦理之间有一种互动的关系。徽州家族的族产一般都比较丰厚，有田地、山场、钱谷，族人对不同的族产往往也有着较为辩证的看法，因而在对族产的经营管理中不少族人都积累了丰富的经验。如对于田、山的辩证，"田之所出，效近而利微；山之所产，效远而利大。今治山者递年所需，不为无费；然后利甚大，有非田租可论。所谓日计不足，岁计有余也"[①]。这与很多徽商对奸商和廉贾的辩证何其相似。成功的商人多以不贪小利、不斤斤计较、以诚待人的行事作风著称。这些徽商虽然不贪眼前小利，但是大多获得了成功，这就是"效远而利大"，与奸商的"效近而利微"形成了鲜明的对比。族人对族产的钱谷管理也有自己的心得，"夫利者，义之和也。能和义而后能治利。义者何？银谷出纳分明，酌量盈缩而无所私也。斯乃持家之大节，立心之切要。人之贤不肖，即此可观"[②]。这与徽商的义利之辨也非常相似。很难说清是家族管理经验培植出了大批的商人，还是商人经验完善了家族管理。但是，二者之间的确有很多共通之处，互相影响的痕迹是显而易见的。

宗族内人口向商业的分流和职业的多元化对于家庭和宗族建设是至关重要的。儒士的存在还是宗族的荣耀，是维持宗族声望的保证，所以士、商并重的职业分流仍是宗族人口就业的主要模式。

各支之间的扩张对于宗族建设也有影响。宗族内各支之间不可避免地存在着潜在的矛盾，即使是兄弟之间也会因为矛盾而分家，何况人口稠密的宗族。但是只要处置得当，一开始处于弱势的一支经过长期的发展，有可能后来居上，超过当初的强支。一开始处于弱势的一支往往所具有的伦理道德色彩更强。他们在生存环境相对较差的情况下，往往更能团结一致，在门风上更重视孝友；而且他们的职业选择也更加宽泛，商业行为也开始得比较早。士、商的结合更体现出生存和伦理的结合，有利于他们本支的建设，这对他们

[①] 周绍泉、赵亚光：《窦山公家议校注》卷五《山场议》，合肥：黄山书社，1993年。
[②] 周绍泉、赵亚光：《窦山公家议校注》卷七《银谷议》，合肥：黄山书社，1993年。

本支的崛起有着重要的意义。

胡楫一支的情况就是这样。胡楫的孙子只有胡毓和一支繁衍下来。胡毓和性质直,淡于名利,这与胡松和胡柏的后裔大量追求名利形成了鲜明的对比,也说明了他们之间存在着利益上的冲突。在其他支派的挤压下,胡毓和后来另创支祠,号称"台宪第派",因祠堂名称为"存心堂",所以又叫"存心堂派"。胡楫早丧,死时他的妻子汪孺人才23岁,生下遗腹子胡铉。汪氏青年守节抚孤,事姑至孝,"家徒壁立,妇姑二人相依为命";姑生病,孺人割股以进。崇祯时奉诏旌褒,载于县志。胡铉虽然是廪膳生,但他还是因为家贫糊口于四方。后来耻于事清,有复明之志,最后竟然殉难。胡铉有四子:家升、家理、家汲、家传,繁衍成后来的四大房。父亲胡铉死时,他们四个都还年幼,最小的胡家传才2岁。母亲又失明,他们家非常贫困,但母亲的孝行和培养显然影响了儿子们,艰难岁月的共同生活则培养了兄弟之间的深厚感情,长大后兄弟姊娌之间更加和睦,"房无私蓄,而食必同飧,终身怡怡若孩提焉",号称"一门孝友",邻里乡党无间言。知县李滋和陈锡先后褒扬他的家庭为"太和元气"。这一支的后人就以祖上孺人事姑、胡铉死国和四公孝友这一孝一忠一友的事迹,作为他们支派繁衍、绵绵不绝的根源。"我楫公再传而后,只此一发之系,亦云仅矣;及传之数十百年之久,子姓之繁衍垂二百人,得居全族之半,又何其盛耶"。"以有今日者何,莫非我祖之贻也耶"。① "然后知我台宪第自清初迄今传之三百余年而支蕃族衍、蒸蒸日上者,皆四公之承先裕后有以致之也"②。

但是,胡楫一支的真正兴起无疑是家升、家理、家汲、家传四兄弟同心协力的结果。他们的祖父胡毓和淡泊名利。父亲胡铉也是生性忠直,学识坚卓,但因家贫糊口于四方;由于受母亲的教诲,虽然曾经糊口于四方,但却能以身殉国,从他的经历看,他也是集士、商于一身,但骨子里还是一个儒士。由于他的反清和死亡,使他的家庭仍然处于长期的困境之中。他的儿子们同

---

① 民国《绩溪遵义胡氏宗谱》卷八《毓和公汪孺人合传》。
② 民国《绩溪遵义胡氏宗谱》卷八《家升公、家理公、家汲公、家传公合传》。

心协力,互相扶持,这对于家族的兴起非常重要。小的时候,年仅2岁的胡家传也赤脚跟随哥哥们拾柴伐竹到市场上去卖,然后买米回家。胡家升是邑庠生,"惟恃舌耕养母抚弟"。他的妻子尤其贤惠,典卖首饰以维持家庭的日常生活开支。后来胡家升出外充当幕客,家事交给弟弟们主持。后来胡家理援例入登仕郎,胡家传为候选州同,胡家汲经商,也被尊称为处士。最终他们在地方上兴起。他们兄弟之间的士、商分工和结合非常明显。胡家升所从事的教书和入幕都是儒业,这是他们以儒养家的阶段,胡家汲的经商显然也得益于他哥哥的儒业。

胡毓和自创支祠,经过他们后代的苦心经营,一百多年后,他们一支的人口居全族之半;胡松和胡柏两支人口的数量在族内已经不居优势。支派间的人口和势力出现了逆转。

第五章　明清徽州人口在区域间的流动

除了职业间的人口流动外，还有不同地域之间的人口流动。这种流动通常涉及人口由迁出地到迁入地的永久性或长期性的改变。有学者说："人口流动包括的内容极其广泛，在一个区域内它既可指区域外人口的流入，也涵盖区域内部人口的自身流移，而后者则又包括居住地、社会职业等的内部变动。"[①]徽州地处皖南山区，"万山回环，郡称四塞"的地理地貌，使古徽州府成为少兵燹战乱的避灾地。但是，由于土地的有限，人口的增长必然导致生存资源的匮乏，在生存压力下，徽州人口不断进行着或近或远的迁徙，或到偏僻的山区开垦土地，或往繁华的都市谋求生计，因此不同区域间的人口流动还是很频繁的。随着历史上几次大规模的移民迁徙到徽州，并经历过长期的和平、安定的环境，徽州的土地开发和人口增长都达到了一个高潮，宋代时徽州基本上已经开发完毕，人口压力逐渐增大。明清时期，特别是明代中叶以后

---

① 马学强：《论人口流动与区域社会经济发展——1368～1911年江南地区分析》，载《史林》，1995年第1期，第55页。

到清代中叶,徽州人口增长已经超越了可以承受的极限。[①] 但是,徽州各县之间、城乡之间的人口数量、增长率和人口压力是不平均的。在徽州六县中,人口数位居前列的依次是歙县、婺源县和休宁县。这些与各县的经济发展程度、地理面貌、交通通达度等因素相关,人口在各县、城乡和职业间的不平衡,在徽州区域内也会导致人口的流动。

第一节 徽州区域内的人口流动

一、徽州人口流动的区域地理考察

区域地理学是研究某一特定地区地理环境的特征、结构、发展变化,以及区域分异和区际联系的学科,是地理学的分支学科之一。此处对区域地理学的考察对象加以界定,其主要用来探究徽州这一特定区域地理环境的特征、结构及对区域内部小区域间人口流动的影响。

"七山一水一分田,一分道路和庄园",用这句话来形容徽州的地形地貌恰到好处。徽州地处皖南山区,新安江上游,与浙赣毗邻,一府六县"界万山中"[②]。"歙之为邑,东有昱岭之固,西有黄牢之塞,南有陔口之险,北有箬岭之厄"[③]。县内群山环抱,玉屏山、马鞍山、白榆山、石鼓山等挺拔险峻;"休宁之为邑,东有古城岩之固,西有黄竹岭之塞,南有白际山之险,北有石圻山之

[①] 从方志记载看,徽州人口在元代至元年间达到91万,而到洪武二十四年(1391)下降到了58万,永乐十年(1412)又降到了53万,天顺六年(1462)更降到了51万,以后虽有所回升,但直至嘉靖四十一年(1562)人口仍不到57万。(嘉靖《徽州府志》卷一《厢隅乡都志》)徽州人口数量长期维持在50万左右,显然官方的统计是不可靠的。叶显恩根据当时佃仆人口隐漏和商人迁移的情况,推测徽州在万历年间人数可能已经达到120万。参见第一章关于明清徽州人口研究的相关内容。

[②] 《休宁戴氏族谱》,转引自赵华富:《两驿集》,合肥:黄山书社,1999年,第218页。

[③] 道光《徽州府志》卷二《舆地志·形胜》。

厄"①。绩溪县与歙县接壤,也是多山之地,并受困于此。群山接连黄山成为一体,交通往来甚是不便,山水之隔使黟县较他县更为封闭,山中多"隐君子"。婺源县东部、北部为山区,中部、南部多丘陵和盆地,亦为多山之地。祁门县地处徽州府境,多山之势不必赘述。徽州的山塑造了徽州的水。挺拔的峰峦、陡峭的山势,使得徽州的水多与别处不同,少平稳而多激荡,水陆路交通不畅。道光《徽州府志》载:"陟口—歙睦要津,溯流而上,悬滩狠石九十余里。"②相对封闭的地域环境及新安大好山水使徽州成为人们择胜寻幽、远离世俗纷争的世外桃源。

徽州古有"新安大好山水"之称。这里钟灵毓秀、风光旖旎,故俗谚有"生在苏州,死在徽州"之说。秀丽的山水令无数文人雅士为之倾倒,甘愿远离世俗,留居此地。徽州山水引人入胜,但小区域内又存在差异,这为区域内的人口流动提供了可能。徽州区域内的人口流动一方面是受地形因素的影响,另一方面则是人们择优的结果。

(一)地形因素对徽州人口流动的影响

徽州多山,整体地貌以山地为主,但仍分布有相对平坦的盆地。这些小块盆地成为徽州人口的主要栖息地。屯溪盆地是徽州面积最大的盆地,系新安江及其支流冲击而成的河谷陷落低地,地势平缓,土层深厚,宜于耕作,面积达一百平方公里以上。在"万山回环"的徽州地区,如此大面积且相对平坦的盆地自然成为徽州人的青睐之地。

唐力行对徽州地区人口流动的地形因素作了很好的研究。通过对休宁县、歙县和绩溪县的人口密度的考察,他提出了环形地带理论,说:"徽郡三邑人口相对密度分布的格局是三个层次分明的生存圈:人口密度最高的核心地带;人口密度次高的过渡区环形地带;人口密度最低的边缘区环形地带。这三个生存圈与三邑自然地理的布局是相对应的。人口密度最高的核心区为一连续的地带,东起歙县徽城(县治)东北,覆盖岩镇、屯溪,向西延续至休宁

---

① 道光《徽州府志》卷二《舆地志·形胜》。
② 道光《徽州府志》卷二《舆地志·形胜》。

海阳城(县治)。这一核心地带与徽州面积最大的平原——屯溪盆地相重合。沿着三邑边缘所形成的环形地带是人口密度最低的区域,该生存圈的地貌为高山和丘陵(包括黄山)。绩溪县全境均属这个环形地带。在核心地带与边缘环形带之间有一个从人口高密度区向低密度区过渡的环形地带。该生存圈地貌为低山丘陵。"① 环形地带理论以屯溪盆地为中心,对休宁县、歙县和绩溪县的人口密度问题进行考察。按照人口密度的高低不同将三个生存圈依次分为密度高的核心区、密度次高的过渡区与密度最低的边缘区,这三个生存圈恰与其内在的地理环境相符合。人口密度最高的核心区在地理上与屯溪盆地相重合,人口密度最低的边缘区也正是屯溪盆地这一地理单元的边缘区,此边缘不是较为平坦的盆地而是陡峭的高山。岩寺镇是地处屯溪盆地核心区的地理单元。以歙县为例,"岩寺所在的19都共有22个望族,处于边缘环形带的34都连一个望族也没有,30至33共4个都一共只有8个望族"②。可见,地形因素对徽州区域内人口流动的影响之大。虽然环形地带理论只以徽郡三邑为研究对象,但仍具典型性。

徽州区域内的人口流动多受地形因素的影响,从相关的文献记载中也可以得到印证。"绩豁之山其西北境附郭,皆重冈低平绵亘,势若蟠龙,舒君德润,当家食时已得十余亩,占松交阴,优雅可爱"③。"低平绵亘"之地,往往成为家族选址的最佳选择。徽州的西溪南是吴姓著族的聚落。吴姓人在选择村居时,比较了三个地方:"莘墟'地刚而隘,山峭而偏',居此主贵而不利于始迁。横渠'地广而衍',居此主富而或为蕃于后世。而丰溪之南'土宽而正,地沃而厚,水楫而回',居此后世将迅速繁衍。"④ 地形条件在徽州人口流动和宗族选址中占有重要地位,宜居的地理环境对宗族繁衍和传承起着十分重要的作用。

---

① 唐力行、[美]凯瑟·海泽顿:《明清徽州地理、人口探微》,载《中国社会经济史研究》,1989年第1期,第31~38页。
② 唐力行、[美]凯瑟·海泽顿:《明清徽州地理、人口探微》,载《中国社会经济史研究》,1989年第1期,第31~38页。
③ 绩溪《东关冯氏家谱》卷首下《舒晚翠亭记》。
④ 黄山市政协文史资料委员会编:《徽州大姓》,合肥:安徽大学出版社,2005年,第148页。

(二)山水形胜对徽州人口流动的影响

徽州山水清逸秀丽,美不胜收。徽州人大都处于极为优美的自然环境中,享受着与世隔绝、恬静、闲适的生活。如,歙县桂溪项氏宗族聚居地:"西南诸山,林壑深茂;前后文笔峰,层峦拥翠,溪流环绕。"①金山洪氏宗族聚居地:"山磅礴而深秀,水澄泂而潆洄,土田沃衍,风俗敦朴。"②再如,托山程氏宗族居住地:"山谷环聚,土田膏腴。八垒森列如拱,源头活水如带。远眺则黄山、松萝、金竺、天马,近俯则南塘、北野、驼石、印塅,咸若有天造地设于其间。又其后有三台山之秀,巨石仙踪之奇,屏列拥护,若负户然。"③

山水形胜对徽州宗族的选址影响重大。徽州人往往"有爱其山水幽奇,遂解印终生不返;亦有乐其山高万仞,爱弃官以家其间者矣"④。徽州山河锦绣、风景宜人,但具体到区域内,其民众的生活环境,环境的宜居度又是相异的。"休宁之为邑……高山浚川,长林沃野,民居之稠,物产之夥,川平山开,洲渚隐见。晴洲之美,大胜河间,松萝山不减兰亭,齐云岩与武当雄埒,山水奇会汇于蛟龙。连接浙境,最倚东密。山脉逶迤,乱石苍鳞;烟风晴露,落日溪光……名冠江南,溪山第一。一洲清淑之气于是焉,钟山川之胜,此之为最。宦游者以徽为乐土,而尤在于休宁。盖新安奠诸郡之中,而休宁居诸邑之中,山水为奇观焉"⑤。休宁虽亦为山城,处万山中,大区域内的自然环境与他县相同,但小区域内却有差异,其山水之胜及宜居度更胜于它邑,故而"最宦游者,以徽为乐土而尤在休宁"。自然条件的先天性差异决定了徽州小区域内人口的流动方向。

---

① 歙县《贵溪项氏族谱》卷一《旧谱序跋》,转引自赵华富:《徽州宗族研究》,合肥:安徽大学出版社,2004年,第63页。
② 歙县《金山洪氏宗谱》卷首《金山洪氏续修宗谱序》,转引自赵华富:《徽州宗族研究》,合肥:安徽大学出版社,2004年,第63页。
③ 歙县《托山程氏宗谱》卷一《嘉厚公传》,转引自赵华富:《徽州宗族研究》,合肥:安徽大学出版社,2004年,第63页。
④ 赵华富:《徽州宗族研究》,合肥:安徽大学出版社,2004年,第19页。
⑤ 道光《徽州府志》卷二《舆地志·形胜》。

自然环境影响下的徽州人口流动大体出于两种原因。一为隐居,二为宦游。徽州独特的自然环境和地形条件使其地成为文人雅士、失意官僚避世隐居的好去处。《绩溪东关戴氏续修宗谱·灵川草堂记》记载了一位族人"灵川翁戴先生",他辞官回到徽州绩溪县太守山。其山势地形异常险峻,犬牙交错,蹊径盘束。戴先生选取了一块隐藏于其中较为开阔的地块,通过占卜,确认为风水宝地,于是在此定居。① 《新安名族志》中记载歙县堂坞洪氏:"其先世居歙东乡淳安之茶源小溪,至后唐长兴末年,曰进义公游新安,见此山水秀而民居少,遂居焉。"② 不管是"隐居",还是"宦游",往往都受到徽州特殊自然环境的影响。这样的例子在徽州的人口流动中非常多,是徽州区域人口流动的另一种动因。

二、徽州人口流动的城乡考察

"前世不修,生在徽州。十三四岁,往外一丢"。自然环境和人文环境的差异决定了徽州人口流动的复杂性。徽州多崇山峻岭,林多而密,山势险峻,其海拔和相对高度都比较大,宜耕土地少,土质贫瘠,亩产大多低下。据乾隆《歙县志》记载:"歙之为邑,在万山之中,峰回而谷峻,疆舆隘僻,鲜农桑粟帛之利,虽荐绅士大夫之家,犹且担囊捆载,逐什一而走四方。"这一切使徽州成为相对贫瘠的地区。徽州生存压力明显,最严重的就是粮食的短缺。人口流动是随着生存资源的分布而展开的,从根本上说是为了解决区域内的人地矛盾。

城乡人口流动是徽州区域内人口流动的主要形式。徽州区域内的人口流动起于宗族。徽州乃一个宗族林立之地。胡晓在《新安名族志》序中言:"(新安)山峭水厉,燹火弗惊,巨世名族,或晋唐封勋,或宦游宣化,览形胜而居者恒多也。其故家遗俗,流风善政,宛然具在。以言乎派,则如江淮河汉,汪汪千顷,会于海而不乱;以言乎宗,则如泰华之松,枝叶繁茂,归一本而无

---

① 《绩溪东关戴氏续修宗谱》卷六《文翰·灵川草堂记》。
② (明)戴廷明、程尚宽等撰:《新安名族志后卷·洪》,合肥:黄山书社,2007年,第503页。

二;言乎世次,则尊卑有定,族居则间阎辐辏,商贾则云合通津;言乎才德,则或信义征于乡间,或友爱达于中外,或恬退著述,或忠孝赫烈。"① 徽州宗族繁盛,其人口多网罗于宗族势力之下,因此徽州区域内的人口流动,小而言之,即是徽州宗族流动和宗族势力的转移。徽州区域内城乡人口的流动是双向性的,对其研究也应当从两方面着手,一是由城到乡的流动,一是由乡到城的流动。

(一)由城及乡的人口流动

在徽商的带动下,流向域外的徽州人口固然很多,但不仅仅是在域外,徽州人口在区域内的流动率也是比较高的。外迁的徽州人口很大程度上都是明清时期在徽商的带动下进行的,内迁人口则是明清之前在多种因素的影响下进行的。内迁人口往往从山东、福建、河南等的域外地区迁至徽州府周边,再由周边地区迁至徽州域内。迁至徽州地区的人口,并非完全定居下来,而是出于自身的发展需要不断地流动。这种人口流动很大程度上是在城乡之间,由城及乡的人口流动颇为多见,其诱导因素包括自然环境、宗族裂变、躲避战乱、政治失意等。

第一,自然环境。歙北许村的创建者是南北朝梁国的新安太守任昉,其任新安太守以后,沿北水(今富资、昉溪二水)逆行50华里,到许村,见这里"四面青山环抱,中有碧水穿流",遂携家眷迁居此地。② 喜山水景致的任昉,终由新安府迁居至相对闭塞的歙北许村。雅致的山水,将徽州山村点缀为环境优美且宜于居住的场所,相较浮华、嘈杂的郡县治地,这里更贴近人们的喜好,故而多有走向乡村的徽州人口。

第二,宗族裂变。如歙县郡城程氏在郡城南及城东,"唐有讳汾者居河西,子姓繁衍,散居乡里,至今世称'河西程氏'"③。宗族发展壮大到一定程

---

① (明)戴廷明、程尚宽等撰:《新安名族志·新安名族志序》,合肥:黄山书社,2007年,第4页。
② 黄山市政协文史资料委员会编:《徽州大姓》,合肥:安徽大学出版社,2005年,第73页。
③ (明)戴廷明、程尚宽等撰:《新安名族志前卷·程》,合肥:黄山书社,2007年,第36页。

度,其内部必然会产生裂变,长期以来用以统宗的种种观念、法则越来越受到挑战,越来越不宜于原宗族的继续发展和宗族势力的传承。大的宗族逐渐裂变,并从其内部不断孕育出新的、适于生存发展的小族,这是历史的必然,是宗族自身衍化的结果。

第三,躲避战乱。歙县大址村阶檐上鲍氏,"在邑西十五里。晋护军中尉伸之后曰桃,避乱黄巢,由郡西门南迁鲍坦"[①]。黄巢之乱对徽州人口流动影响颇大,多有名门望族迫于战乱四处流移,相比较郡治、县治,闭塞雅静的乡村,僻在一隅,更为安定,亦更受到避难者的青睐。

第四,政治失意。一些读书人科场失利,一些官僚官场失意,或不屑于与贪官污吏同流合污,因而举族迁乡。歙县赤坎鲍氏,"世籍郡城西门,至宋迁枫口,曰云龙,号鲁奇,博通经史,《易》学尤精,因不利科场,居乡教授,终祀乡贤祠"[②]。官场不利,遁世思想应运而生,士大夫不问世事,专以寻山问水自娱,洞天福地般的徽州地区自然成为他们避世独处的理想场所。

(二)由乡及城的人口流动

人口由乡及城的流动也是徽州人口流动的主要形式,甚至较由城及乡的流动更为广泛和常见。戴廷明和程尚宽所著的《新安名族志》中记载,歙县荷花池程氏,"在邑南百步许。宋有讳知宏者,由河西迁东关"[③]。黟县淮渠程氏,"在邑南隅。先世曰复初,自南山迁此,隐德弗仕"[④]。歙县斗山汪氏,"在城东门里。上世居城北二十里凤凰派,由承绪公七十四世孙曰诚富迁城东斗山"[⑤]。祁门崇善坊汪氏,"在邑西隅。唐越国公第七子爽之后至讳铉者,与兄钊迁韩溪;曰伯,曰荣,自韩溪再徙梓溪。铉五世曰鸿,熙宁六年进士,官至南椎知府。六世曰德胜,为太子中舍。九世曰黼,淳熙三年特奏名;曰渭,嘉

[①] (明)戴廷明、程尚宽等撰:《新安名族志前卷·鲍》,合肥:黄山书社,2007年,第93页。
[②] (明)戴廷明、程尚宽等撰:《新安名族志前卷·鲍》,合肥:黄山书社,2007年,第95页。
[③] (明)戴廷明、程尚宽等撰:《新安名族志前卷·程》,合肥:黄山书社,2007年,第37页。
[④] (明)戴廷明、程尚宽等撰:《新安名族志前卷·程》,合肥:黄山书社,2007年,第84页。
[⑤] (明)戴廷明、程尚宽等撰:《新安名族志前卷·汪》,合肥:黄山书社,2007年,第195页。

泰元年乡荐。十一世曰澄甫，端平甲午乡荐。仕至太学生，又自梓溪迁崇善坊"①。休宁中街金氏，"在邑南隅，出易川派，先世有八七公曰深者，迁居县市，生子端臣，申乡举登第，仕终临安府录事参军"②。休宁西门汪氏，"在邑西隅。唐越国公第七子爽之后。爽十七世孙曰接，宋初由婺源回岭迁此"③。文献资料中诸如此类的记载颇多。

  徽州区域内由乡及城的人口流动的原因是多样的，主要原因则是多受政府干预、析居等因素的影响。第一，身份地位的改变。《新安名族志》载，歙县南市程氏，"在郡城西南隅。宋府谕讳嵩者，由邑西范坑迁本市慈孝坊，以儒占籍"④。徽州人口在区域内的流动是两大因素作用的结果，一是内在因素，二是外在因素。政府干预和统治阶层的需要是促使徽州人口流动的外在因素。政府干预在很大程度上影响人口流动的发生和人口流移的方向。第二，析居的影响。家族繁衍使小宗小族在其发展、壮大的过程中，自然而然出现同居共爨的复合体。范氏义庄等的社会救助组织，设置义庄田地，赡养同宗族的贫穷族人，虽然一定程度上巩固了宗族组织，维护了同居共食的大家族，但随着宗族的不断膨胀，析居仍是不可避免的社会现实。祁门廖家巷廖氏，"在城西，嵩之十七世孙曰舍荣，洪武初自鸟门之东下园析居于此，遂以姓称地"⑤。

  除了以上原因，由乡及城的人口流动还受到其他因素的影响，如择地。如前文所述，多有宦游及爱恋新安大好山水者迁居于此，但山居多有不便，交通很是艰难，物资亦为短缺，故仍有不喜村居而移至县城者。歙县大址村阶檐上鲍氏，"二子曰安，曰定，佐祧开创有方，赀雄乡里。厥后曰元善，为国子上舍，不乐山居，迁此"⑥。此外，也有因"冒姓"等缘由而产生的人口流动。

---

① （明）戴廷明、程尚宽等撰：《新安名族志前卷·汪》，合肥：黄山书社，2007年，第232页。
② （明）戴廷明、程尚宽等撰：《新安名族志后卷·金》，合肥：黄山书社，2007年，第650页。
③ （明）戴廷明、程尚宽等撰：《新安名族志前卷·汪》，合肥：黄山书社，2007年，第201页。
④ （明）戴廷明、程尚宽等撰：《新安名族志前卷·程》，合肥：黄山书社，2007年，第38页。
⑤ （明）戴廷明、程尚宽等撰：《新安名族志后卷·廖》，合肥：黄山书社，2007年，第633页。
⑥ （明）戴廷明、程尚宽等撰：《新安名族志前卷·鲍》，合肥：黄山书社，2007年，第93页。

歙县郡城东,"潘氏先世闽之三山,唐光启间,良辅公刺歙州,因乱隐居黄墩,迁框山,营墓见存。传至元季曰延寿者,坐军储稽缓,籍没其家。子弘义,年尚稚,匿舅家,因冒金姓居城东,生子文昱、文英"①。以"冒姓"方式进行的城乡人口流动,虽然相对少见,但在徽州地区仍是真实存在的。

三、徽州人口流动的县域考察

县域涵盖面相对宽泛,涵盖内容相对复杂。进行徽州人口的县域流动考察,应从两方面着手:一是县域内的徽州人口流动情况,二是县域外的徽州人口流动情况。关于县域内的考察,即将徽州人口的流动情况限定在一县之内,以县城作观察点,考察徽州人口在县域内的城乡、乡城、乡际间的流动现象和流动原因,深入和系统地研究徽州人口的流动和传统职业的变迁。关于县域外的考察,即对各县际间人口流动加以考察和研究,这是进行徽州人口县域流动的重中之重。如第二部分所述,徽州区域内的人口不仅在城乡间流动和迁移,还多在县域外徽州府内流动。此处的城乡,笔者将其限定在一县之内。考察县域外的徽州人口流动,应以县际间的人口流动现象为着眼点。考察徽州一府六县间的人口流动现象、人口流动方向及人口流动原因,并结合徽州人口在县域内的流动情况来进行。

县域内的徽州人口流动主要指徽州人口在县域内的城乡、乡城及乡际间的流动。关于徽州人口在城乡、乡城间流动问题的考察,本小节第三部分已加以详述,不过,对于徽州人口在乡际间的考察则尚未展开。徽州人口在乡际间的流动极为普遍。胡姓是徽州一大姓,居住分散。据明戴廷明、程尚宽等编撰的《新安名族志》记载,分布在歙县的胡姓聚居地有路口、岩镇忠臣庙前、方塘、潜口上市、潜口下市、岩镇、堨田、佳源、东关。此外,遗国图四册本、东洋文库本补录的还有槐源、琶塘、胡村、高山四村。分布在休宁的胡姓聚居地有演口、剡川、霞富和柏树坑。分布在婺源的胡姓聚居地有清华、梅田、考

---

① (明)戴廷明、程尚宽等撰:《新安名族志后卷·潘》,合肥:黄山书社,2007年,第634页。

水、高安、横槎、大坂、黄柏田、集贤坊、邑北、清华下街、大源口、平乐上村、玉川、城东、东溪、登瀛坊。分布在祁门的胡姓聚居地有贵溪、城东、南门、椿庄、溶口、平里、山亭。分布在黟县的胡姓聚居地有横冈、牌楼里、潭口、忠信坊、西递、南山。分布在绩溪的胡姓聚居地有市东、遵义坊、东门、石京、十四都、上庄、宅坦、皆八都、龙川坑口、东街、上川、湖里镇、西街。胡姓人口四处分散，一府六县皆有胡姓族人的定居地，它不仅跨县域流动，而且在县域内的流动也甚为频繁。一县之内，胡姓宗族没有单调地壮大于一地，而是分散式地通过各种途径，由一地裂变发展到另一地。乡际人口流动并不仅限于胡氏家族，歙县潜口程氏，"忠壮公十二世孙建，以黄墩祖居让其弟延，卜迁于里之十亩丘，建'黄卷堂'，贮书教子，时相李德裕记之"①。歙县托山程氏，"在邑西四十里，旧名长源，至永乐初，室于源之西山麓，因遂之改今名也"②。由此可见，乡际间的人口流动在徽州区域内不是个别的现象，而是普遍存在的。

县域外的徽州人口流动是指徽州县际之间的人口流动。徽州县际间的人口流动大量存在。研究县际人口流动，不应死板地将其定格在"县"的字眼上，县际人口流动是以城乡为行政载体而展开的，它虽被定性为县际人口流动，但仍是通过乡际人口流动展开的。徽学文献中关于徽州县域外的人口流动的记载颇多。《太函集》的《明故处士洪君配吴氏合葬墓志铭》言："洪处士什，字承章，歙洪源人也。其先多显者，在唐官黟陟使，在宋官少师，其后由休宁黄石徙居洪源，洪源著姓也。"③《新安名族志》记载徽州歙县槐塘程氏，"十一世曰扬祖，景定四年进士，赣州通判；曰彰祖，为承仕郎；曰宏祖，为浙西发运大使司主管机宜文字，迁绩溪仁里"④。徽州休宁富戴程氏，"在邑北十里，其先世居于歙之黄墩，因避黄巢乱，忠壮公十五世孙曰僖姑迁于此，历传至今

---

① （明）戴廷明、程尚宽等撰：《新安名族志前卷·程》，合肥：黄山书社，2007年，第21页。
② （明）戴廷明、程尚宽等撰：《新安名族志前卷·程》，合肥：黄山书社，2007年，第34页。
③ （明）汪道昆：《太函集》卷四六《明故处士洪君配吴氏合葬墓志铭》，合肥：黄山书社，2004年，第971页。
④ （明）戴廷明、程尚宽等撰：《新安名族志前卷·程》，合肥：黄山书社，2007年，第20页。

三十余世矣"①。徽州歙县佳源胡氏,"在邑南百里,又名璜田。先世居婺源清华街,自常侍公曰学至汝从迁绩溪大石门,曰世基,在迁定潭,又至再还,始迁于此"②。此类事例在徽州文献中尚有很多,兹不繁引。

徽州宗族自产生之初,就不断地在进行流动和重组,不论是向徽州区域外的地区还是徽州本土,都在大规模地进行人口流动。县际人口流动是徽州区域内人口流动的主要形式之一,它和乡际人口流动相统一,共同掀起了徽州县域内外人口流动的浪潮。以徽州府治下的六县作为考察地域,探究县际间的人口流动情况,不仅要对其人口流动现象进行探研,而且还要透过现象认识本质,寻找其产生的根源。徽州人口在县域内外的流动是众多因素共同作用的结果,主要因素包括以下两个方面:

第一,因地狭人稠而形成的职业人口流动。徽州多山而少田,宜居土地面积狭小。唐宋以降,徽州地区人口开始有了较快的增长。南宋的罗愿说:"吴新都郡不载户口之数。晋新安郡统县六,户五千。宋统县五,户一万二千五十八口三万六千六百五十一。隋歙州统县三,户六千一百五十四。唐旧领县三,户六千二十一口二万六千六百一十七;天宝领县五,户三万八千三百二十口二十六万九千一百九;永泰元年冬十月丁亥,分宣歙饶户口于秋浦县,置池州国朝,天禧中主户十二万一千一百五口十八万三千五百二十八,客户六千九十八口八千七百六十四。"③唐中期较前期户口人数增加6倍多。北宋天禧年间较唐天宝年间又增加3倍。元代以降至明末,徽州地区的人口数和户口数增长更是剧烈。陈杰在《人口压力、地域开发与徽商兴起——一个长时段的考察(770—1600)》一文中以图表的形式对明末以前徽州地区的人口数和户口数等信息作出了详细统计,认为按照人口增长规律的合理推测,唐代徽州人口已达30万人左右,唐宋两朝徽州人口增长了2倍多,在宋代增长到60万人以上,元代徽州人口最高峰应在80万以上,明初徽州人口应在60万

---

① (明)戴廷明、程尚宽等撰:《新安名族志前卷·程》,合肥:黄山书社,2007年,第68页。
② (明)戴廷明、程尚宽等撰:《新安名族志前卷·胡》,合肥:黄山书社,2007年,第297页。
③ 淳熙《新安志》卷一《户口》。

左右,明代徽州人口的最高峰应在 100 万～150 万之间,最少也应不会低于 120 万。① 徽州人口数量从唐初期的"二万六千六百一十七"增至明前期的几十万乃至明后期的上百万,可见其增幅之大。

徽州人口的剧烈增长使原本地狭人稠,居住区域甚小的宗族陷入困难的境地。部分大族出于本族长期繁衍的需要,迁址进行宗族重建。歙县岩镇俞氏,"在邑西二十里。出晋征西大将军之后曰昌之二十世孙曰千二,其先居婺源长田,后凡四徙,居休宁宏忠坦,至千二,以族蕃地隘,雅爱岩镇山水秀丽,市廛辏集,欲谋迁居,未遂而卒;次子曰万七,克缵厥志,于宋末乃迁于镇西居之"②。"乾符之乱,大盗蜂起,所居屠剥,文靖公仲舒诸孙聚族避地于歙之篁墩,凡江东之裔尽家焉。已而寇乱既平,族绪繁茂,度地不足以容众,乃始解散"③。人地关系间的矛盾,使徽州县域内外的人口流动规模不断扩大。

第二,因入赘和出继而导致的人口流动。徽州区域内,男子入赘和出继的现象也是较为多见的。入赘俗称"招婿",即男子就婚于女家并成为女方家庭成员的婚姻形式。原为母系家族婚制,是从妻居、服役婚等古婚遗俗中发展来的;出继即过继,出于某种目的,而以己子过继给别人做儿子。这两种方式虽有很大不同,但都以中国古代传宗接代的封建思想为其理论根源。入赘和出继行为本身就是人口的再流动。需要注意的是,入赘继子若为同姓过继,尚且不论其在地域间人口流动,但如若为异姓过继,则在很大程度上存在县域间的人口流动,这是不容忽视的。徽州重宗法伦理制度,重家族承袭,因此对入赘和出继格外重视,民间也多有因缺子、少子而进行的入赘和过继。歙县黄村黄氏,"本忠壮公后,居泰塘,传七世曰可原,出继黄氏,居此"④。休宁星州朱氏,"徽州知府权于绍熙辛亥迁居此焉。传四世曰弼,入赘兖出吴

---

① 陈杰:《人口压力、地域开发与徽商兴起:一个长时段的考察(770－1600)》,载《沧桑》,2012 年第 1 期,第 106～110 页。
② (明)戴廷明、程尚宽等撰:《新安名族志前卷·俞》,合肥:黄山书社,2007 年,第 135 页。
③ 《婺南云川王氏世谱·宣和二年序》,见黄山市政协文史资料委员会编:《徽州大姓》,合肥:安徽大学出版社,2005 年,第 14 页。
④ (明)戴廷明、程尚宽等撰:《新安名族志前卷·黄》,合肥:黄山书社,2007 年,第 172 页。

氏,遂家黎阳乡"①。休宁伦堂朱氏,"出首村派,春公十二世孙曰文质者为县尉,入赘会里程文简公弟,至二十一世曰富始迁伦堂"②。受宗族观念的影响,入赘和出继在徽州地区表现得更为突出,宗族成员的入赘率和出继率更高,由此影响作用下的人口流动也更为频繁。

影响徽州地区人口在县域内外流动的因素不局限于此,析居和战乱等也直接影响着徽州人口在县域内外的流动和分布。例如,祁门县孚溪李氏,"出唐宗室昭王之季子,曰祥,避黄巢乱,始家于歙。庠生伸皋,仕宋江西寨将。生三子:曰德鹏,赠银青光禄大夫,分居祁门新田,即孚溪祖也;曰德鸾,官至散骑常侍,居婺源严田;曰德鸿,居浮梁界田,时称'三田李氏'"③。歙县星洲黄氏,"在邑南三十里,出五城溪口派,宗义七世曰良弼,因避红巾之寇始迁于此"④。徽州人口在县域内外的流动是一个复杂的问题,除了析居、战乱等因素的影响外,还有其他的影响因素。因此,对该问题的研究应当从多角度和多方面考察,这样才能将研究成果科学化和合理化。

第二节 徽州人向外的迁徙

一、徽州人向江南地区的人口流动

徽州地狭人稠,徽州人在家乡的生存需求无法全部得到满足后,往往将眼光放到徽州之外的广大地域,明代王世贞曾经说过:"徽俗十三在邑,十七在天下。"其中经商成为徽州人外出的主要原因。从明代中期起,随着徽商的四处奔走,"足迹几半禹内",徽州人"安土重迁"的历史观念和传统也开始动

---

① (明)戴廷明、程尚宽等撰:《新安名族志后卷·朱》,合肥:黄山书社,2007年,第439页。
② (明)戴廷明、程尚宽等撰:《新安名族志后卷·朱》,合肥:黄山书社,2007年,第442页。
③ 赵华富:《徽州宗族研究》,合肥:安徽大学出版社,2004年,第16页。
④ (明)戴廷明、程尚宽等撰:《新安名族志前卷·黄》,合肥:黄山书社,2007年,第172页。

摇,徽州成为一个高移民输出地区。康熙《徽州府志》记载:"徽之富民尽家于仪、扬、苏、松、淮安、芜湖、杭、湖诸郡,以及江西之南昌,湖广之汉口,远如北京,亦复挈其家属而去。甚且与其祖、父骸骨葬于他乡,不稍顾惜。"①张海鹏、王廷元主编的《明清徽商资料选编》中辑有185条资料,说明了徽商的活动范围。可以看出,徽州人向外迁徙的主要地区有淮扬地区、苏淞杭等地区、以两湖为中心的长江中游地区、北京和扬州以北运河沿岸地区等。

淮扬地区是徽州人较早迁徙的重点区域之一,广义上的淮扬地区指淮河与扬子江的下游地区,主要包括南京、淮安、扬州、镇江、盐城、泰州等地。狭义上的淮扬地区汉为临淮、广陵二郡;唐、宋为楚、扬二州;元代为淮安、扬州二路;明清为淮安、扬州二府。今天的淮安、扬州二市历史上长期处于同一行政区划中。淮扬地区位于长江南北,紧挨京杭大运河,是连接南北西东的重要交通枢纽。如此得天独厚的地理位置,在历史上曾经吸引了大批徽州人,特别是徽州盐商来此经商贸易,有些逐渐定居于此。

(一)向扬州的人口流动

扬州是淮扬地区最重要的商业中心,"维扬天下一大都会也,舟车之辐辏,商贾之萃居,而盐筴之利,南暨荆襄,北通漳洛河济之境,资其生者,用以富饶……"②陈去病在《五石脂》中说:"扬盖徽商殖民地也。故徽郡大姓,如汪、程、江、洪、潘、郑、黄、许诸氏,扬州莫不有之,大略皆因流寓而著籍者也。"另据歙县方志记载,徽州盐商入扬的家族主要有:江村之江,丰溪、澄塘之吴,谭渡之黄,岑山之程,稠墅、潜口之汪,傅溪之徐,郑村郑氏,唐模之许,雄村之曹,上丰之宋,棠樾之鲍,蓝田之叶等。

徽州婺源方氏联临派居联墅钟英门最早迁扬州的是44世佑孙,时在明初。其后从16世纪下半叶的万历年间到18世纪上半叶的乾隆初年,即从53

---

① 康熙《徽州府志》卷二《风俗》。
② 嘉庆《两淮盐法志·杂记》。

世到59世,联临方氏不断地迁往扬州。① 许承尧所著《歙事闲谭》第十三册《汪上章事略》记载:歙县潜口汪氏宗族子弟汪应庚"业鹾于扬,遂籍江都"。歙县《明经胡氏甲派芳塘宗谱》序中记载:"迁徙不一,或白下、或吴门、或淮扬、或淮水,以及浙、楚、中州之远。"关于徽州第一大姓汪氏家族迁徙扬州的情况,《汪氏通宗世谱》记载,汪华之弟开国公的长子汪建一支下第83代的文通之时迁徙于扬州;《弘村汪氏家谱》也有关于族人迁徙扬州的记载。

李斗于乾隆末年著成的《扬州画舫录》是一部关于扬州史的笔记体专著,尤详于作者所处的时代,对生活于扬州的徽州人、原徽州籍人有较多的记录。冯尔康利用它的资料曾编制一表,笔者节选如下:

表 5-1　祖籍徽州的扬州人家族举例图表(节选)②

姓氏	祖籍	一世	二世	三世	四世	页码
马氏	祁门	马曰琯	振伯			86
		马曰璐	裕			
鲍氏	歙县	鲍志道	席芬			148
			勋茂			
			方陶			
郑氏	歙县	郑景濂	之彦	元嗣	为光	177
				元勋	为旭	
				元化	为虹	
				侠如		
		郑潮	柏			182
			澐			
巴氏	歙县	巴源绶	树恒			250
			慰祖			
江氏	歙县	江春	振鸿			274
			昉	振鹭		

---

① 唐力行:《徽州方氏与社会变迁——兼论地域社会与传统中国》,载《历史研究》,1995年第1期,第73～85页。

② 冯尔康:《明清时期扬州的徽商及其后裔述略》,载《徽学》2000年卷,第166～198页。

续表

姓氏	祖籍	一世	二世	三世	四世	页码
		晟	振鹓			
		立	安			
		兰				
		蕃	士相			
		芯	士栻			
			士梅			
		昱				
		恂	德量			
黄氏	歙县	黄晟				290
		履遑				
		履昊				
		履昂				
黄氏	歙县	黄其林	德煦			291
			承吉			
吴氏	徽州	吴尊德				296
		尊楣				
		"老典"				
		景和	秘			
		楷				
		家龙				
		志涵				
		重光				
		承绪				
		之黼				
		绍涝				
		绍灿				
		绍浣				
		应诏				
		鲁				

续表

姓氏	祖籍	一世	二世	三世	四世	页码
		均				
		应瑞				
徐氏	歙县	徐赞侯				333
		某某				
程氏	歙县	程瑶田	培			335
程氏	歙县	程文正	梦星			345
				名世	赞和	
					赞宁	
					赞皇	
					赞普	
				志乾		
					沆	
					泂	

由表 5-1 可以看出,《扬州画舫录》中记载祖籍徽州的扬州人共 79 人,而该书所载扬州外来移民共 113 人,显然,扬州移民中徽州人是主力军,占总数的 70% 左右。

岑山渡程氏有众多家族成员广泛分布于扬州地区,据程佐衡《新安程氏世谱》记载,岑山渡叔信公(诚)之后代慎吾公是程氏迁扬始祖。慎吾公名大典,字常叔,号"慎吾",他率领五个儿子迁居扬州府江都县,"五世之内,孙、曾二百余,科甲蝉联,膺簪绂,登仕版者百余人,赀产甲徽、扬两郡"[①]。王觐宸《淮安河下志》记载:"吾宗自岑山渡叔信公分支,传至第九世慎吾公,是为余六世祖,由歙迁家于扬,子五人:长上慎公,次蝶庵公,次青来公,次阿平公,次莲渡公。莲渡公即余五世祖也。莲渡公诸兄皆居扬,公一支来淮为淮北商,居河下。"[②]

---

① 程佐衡:《新安程氏世谱》卷一五《年表》。
② 王觐宸:《淮安河下志》卷五《第宅·程莲渡先生宅》。

有些徽州人在迁居扬州后在当地建立祠堂,如许承尧《歙事闲谭》记载:"(方)士庹著有《西畴诗抄》四卷。性孝友睦族,尝创建宗祠于扬州,置祀田。"①民国《歙县志》也指出,歙县方士庹"以侨居广陵未能即归故里,乃建宗祠、置祭田于扬,聚族之商于扬者,恪修祀事"②。汪舸《汪氏谱乘》序中提到:"汪氏支派,散衍天下,其由歙以侨于扬业鹾两淮者,则尤甚焉。居扬族人,不能岁返故里,以修祔祀之典,于是建有公祠……"岩镇郑鉴元,"先世以盐筴自歙迁仪征,迁江宁,迁扬州,皆占籍焉"。乾隆年间,"建亲乐堂于扬州宅后,子姓以时奉祭祀"。③

(二)向南京和仪征地区的人口流动

南京地处吴头楚尾,作为江南一大都会,是徽商经常出入之地。景正间歙商许竹逸,"挟资经商吴越金陵间十余年,资益大起"④。嘉靖、万历间婺源商人李延芳"卜居金陵,握奇赢以占消息"⑤。李世福"舍铅椠,从诸父贾于江宁"⑥。休宁汪以振"商于金陵,娶杨氏,生守之"⑦。徽商李大鸿,"乃罢龙都,而贾江宁。公居中调业,而转贾者人赀相得,计所就业。未逾十年,而遂足当上贾矣"⑧。随着越来越多的徽州人在南京经商,他们开始在南京组建自己的同乡会——会馆。清代,徽州人在南京建立的会馆主要有:歙县会馆(在马府街)、婺源会馆(在顾楼)、徽州会馆(在栏杆桥)、新歙会馆(在钞库街)、安徽会馆(在下浮桥油市街)。⑨ 婺源商人迁移到南京从事林业的相当多,如黄有贞,"业木金陵,精明勤慎,富室多贷资本"。齐延献,"业木金陵,颇获利"。程

---

① 许承尧:《歙事闲谭》,合肥:黄山书社,2001年,第209页。
② 民国《歙县志》卷九《人物志·义行》。
③ 许承尧:《歙事闲谭》,合肥:黄山书社,2001年,第883页。
④ 《新安歙北许氏东支世谱》卷八《竹逸许公行状》。
⑤ 婺源《三田李氏统宗谱·明故光禄寺署瓜冲源李公墓志铭》。
⑥ 婺源《三田李氏统宗谱·环田寿东世福公行状》。
⑦ 休宁《汪氏统宗谱》卷一一六《汪尚全墓志铭》。
⑧ 婺源《三田李氏统宗谱·恩授王府审理正碧泉李公实状》。
⑨ 转引自周志斌:《明清时期南京的徽商》,载《江淮论坛》,1988年第4期,第32~36页。

悦,"偕兄怀售木金陵廿余载,资积逾万"。① 洪大诗,"贷本贸易,经营渐裕,侨居金陵"②。明婺源人李魁,"回思只遗卧室一间,不得已,出鬻于族人,仅得十金。遂橐往金陵,赁一乡肆,朝夕拮据,不惮烦劳"③。洪登云,"以父多病,远贾金陵"④。俞德游,"随兄服贾金陵,相友爱"⑤。洪鼎"与人合贾金陵"⑥。歙县岩镇人潘仕,"以盐筴贾江淮,质剂贾建业,粟贾越,贾吴"⑦。(注:金陵、建业、江宁均为南京古称。)

仪征南临大江,与南京隔江相望,东有运河沟通扬州,历来是淮南盐运的枢纽。由于仪征优越的地理位置,使许多徽州盐商纷至沓来。汪道昆《太函集》中记载:"真州(按:仪征)诸贾为会,率以资为差。上贾据上座,中贾次之,下贾侍侧……邑中宿贾,若诸江、诸吴悉从(潘)公决策受成,皆累巨万。"这段话中提到的"诸江",如江嘉谟,清代前期随其伯父左嵋公客寓真州,"举凡盐策出入盈缩,以及交游酬接,皆能洞达明核"。⑧ 据《重编歙邑棠樾鲍氏三族宗谱》记载,鲍氏宗族子弟迁到仪征的人有:鲍玉(鲍氏仪征派始迁祖)、鲍必昭、鲍必达,他们"商于扬,家仪征"⑨。发源于徽州的洪氏家族在清康熙至道光年间由于经营盐业,众多族人迁徙至仪征,并且取得一定的功名,如,洪肇模"仪征籍,岁贡生";洪锡防"仪征籍、国学生";洪士梁"仪征籍享贡生";洪士佳"仪征籍,附贡生";洪肇楙为"仪征籍,康熙庚子举人,雍正癸卯恩科进士"。⑩

---

① 光绪《婺源县志》卷四七《人物志·质行》。
② 光绪《婺源县志》卷二三《人物志·义行》。
③ 婺源《三田李氏统宗谱·休江潭东市魁公夫妇逸绩》。
④ 光绪《婺源县志》卷三〇《人物志·孝友》。
⑤ 光绪《婺源县志》卷三四《人物志·义行》。
⑥ 光绪《婺源县志》卷四一《人物志·义行》。
⑦ (明)汪道昆:《太函集》卷五一《明故太学生潘次君暨配王氏合葬墓志铭》,合肥:黄山书社,2004年,第1048页。
⑧ 歙县《济阳江氏族谱》卷九《清候选主簿嘉霖公原传》。
⑨ 赵华富:《徽州宗族研究》,合肥:安徽大学出版社,2004年,第131页。
⑩ 民国《桂林洪氏宗谱》卷六《世系》。

(三)向苏州地区的人口流动

苏州是长江流域重要的工商业都市,来自全国各地的商人千里跋涉,将苏州的大宗货物运到全国各地,又将其他地区的特产运至苏州,所谓"天下之货莫(不)聚于苏州"。在这些商人中,徽州商人当属佼佼者,"无徽不成镇"这一说法在苏州得到了很好的印证。苏州与徽州在历史上就长期处于同一行政区划内,如三国时同属吴国;南朝时,曾同辖于扬州;唐初同归浙西节度;宋朝同隶江南道、两浙路;元朝同属江南行省;明朝同归南直隶;清初同为江南省。[①] 两地自古以来就有密切的联系,人口流动频繁。两地互动主要是徽州人向苏州地区的迁徙,较典型的代表是徽州大阜潘氏向苏州的迁移。唐力行等所著的《苏州与徽州——16—20世纪两地互动与社会变迁的比较研究》一书中有详细探讨。

大阜潘氏是徽州商贾巨家,明末清初,第24世祖潘仲兰(绮友公,1609—1677)在江淮间经营盐业,始侨寓苏州南壕。康熙元年(1662),第25世祖潘景文(其蔚公,1639—1706)正式卜居苏城黄鹂坊桥巷,成为大阜潘氏迁苏后的始祖。潘景文(1639—1706)生有九子,形成苏州大阜潘氏一支九脉的基本格局。在这九个分支中,以长房敷九公(兆鼎,1658—1724)支人丁最旺。其次是二房舜邻公(1664—1732)支,舜邻公生有十子,主要是继承祖业,经营蹉业。其中一房至五房改籍迁回歙县,六房至十房迁至苏州。敷九公有七子,其中只有长房东白公(克顺,1682—1710)和四房闲斋公(暄,1686—1756)能绵延不绝,家族昌盛。而论功名官宦,又基本集中于闲斋公的次子贡湖公(冕,1718—1780)一支,可以说,敷九公四房贡湖公支是整个苏州大阜潘氏家族的骨干。大阜潘氏虽然在清初就开始在苏州居住,但融入苏州社会,成为真正的苏州人,则是乾隆中期的第29世"奕"字辈。大阜潘氏融入苏州的主要途径有三条:科举、婚姻、社交。

潘氏向科场的挺进自25世祖其蔚公就已经开始,但至29世祖奕隽三兄弟

[①] 唐力行:《明清以来苏州、徽州的区域互动与江南社会的变迁》,载《史林》,2004年第2期,第1~12页。

(奕隽、奕藻、奕基)才获得成功。潘奕隽、播奕藻先后会试中式,成为潘氏最早的两名进士,这也成了潘氏家族兴旺发达的契机。乾隆三十四年(1769),潘奕隽中进士后,遂正式"改入吴县籍"。随后其弟亦改入吴县籍。潘奕隽、潘奕藻兄弟先后及第改籍,标志着大阜潘氏迈出了正式融入苏州社会的第一步。科举方面成就最突出的当属"世"字辈的潘氏三兄弟,即潘世恩、潘世容、潘世璜,这三兄弟连续三年分别状元及第、乡试中举、高中探花,潘氏成为苏州最显赫的缙绅大族。婚姻上,主要采取与苏州的鼎甲之家联姻的方式,如明代状元申时行、清代状元彭启丰、状元缪彤、状元毕沅、状元吴钟骏、吴县榜眼冯桂芬、探花吴大澂等。社交方面主要是利用广泛的人脉,积极联络同年、门生等关系,将这种联系转化为社会资源,巩固了潘氏在江南一等大族的地位。

除了大阜潘氏之外,徽州还有其他许多姓氏的子孙迁徙到苏州,以谋求新的发展。这些记载文献典籍中俯首即拾,下面摘录些许。较早经商于徽州的商人有明朝永乐年间歙人王福奴,"商游吴浙,士大夫深加敬爱"①。歙县新馆鲍氏宋公派中有一例迁入苏州府②。明宣德年间,歙人程实"尝以木易粟至姑苏贷人"③。明正统、景泰年间,休宁人黄义刚"少商木筏于杭、浙、姑苏"④。清代歙人寄籍于苏属各县而中进士的人数也相当可观,据《北京歙县会馆观光堂提名榜》记载,清代歙人以寄籍而中进士者共165人,其中寄籍于苏属各县而中进士者有23人,占总数的13%以上。⑤ 歙人郑石林,"南游楚,东入吴,北涉维泗陈豫,几半天下……家业大起"⑥。婺源人程广富,"少以家

---

① 歙县《泽福王氏宗谱》卷一,见张海鹏、王廷元主编:《明清徽商资料选编》,合肥:黄山书社,1985年,第163页。
② 歙县《新馆鲍氏著存堂宗谱》卷一六《补遗》。
③ (明)程敏政:《新安文献志》卷九〇《百岁程君实墓表》,合肥:黄山书社,2004年,第2236页。
④ 休宁《黄氏世谱》卷二《黄义刚传》,见张海鹏、王廷元主编:《明清徽商资料选编》,合肥:黄山书社,1985年,第292页。
⑤ 许承尧:《歙事闲谭》,合肥:黄山书社,2001年,第348~355页。
⑥ 歙县《双桥郑氏墓地图志》,见张海鹏、王廷元主编:《明清徽商资料选编》,合肥:黄山书社,1985年,第220页。

贫,佣于苏。旋挈二弟、三弟至苏贸易,将廛业交弟经理,自归家,就近业茶,渐致赢余"①。

(四)向上海地区的人口流动

今上海市所辖的地区在明清时期主要是松江府,松江府在当时是工商业繁荣的地区之一,也是他们主要的活动地区之一。清初,人们列举徽商的主要活动地区大都离不开上海,如赵吉士所说:"徽之富民尽家于仪、扬、苏、松、淮安、芜湖、杭、湖诸郡。"②廖腾煃也说:"休宁巨族大姓,今多挈家藏匿各省,如上元、淮安、维扬、松江、浙江杭州、绍兴、江西饶州、浒湾等处。"③

明代徽商在上海地区已经十分活跃,有句话说"松(江)之财,多被徽商搬去"。足见徽商在上海当地的影响力。徽商在上海地区的活动屡见于文献典籍的记载中。嘉靖时,休宁人邵鸾"贾云间(按:即松江)"④,程元利"贾于嘉定"⑤,并且二人都曾经资助过当地的公共事业,说明当时的上海徽商已经具有相当大的财力。由于徽人迁移上海者逐渐增多,他们为了谋求共同利益,于乾隆十九年(1754)联合宁国府人共同建立了徽宁会馆,地址在上海大南门外,号曰"思恭堂"。这是上海最早建立的几所会馆之一。后来,绩溪人也大批涌入上海,徽州人迁居上海者更多了。胡适曾经说过,在编纂《绩溪县志》时,应注重邑人移徙经商的分布与历史……新志应列"大绩溪"一门,由各都画出路线,可看各都移殖的方向,及其经营之种类。如金华、兰溪为一路,孝丰、湖州为一路,杭州为一路,上海为一路,自绩溪至长江为一路⑥。可见,绩

---

① 道光《婺源县志》卷二三《义行六》。
② 康熙《徽州府志》卷二《风俗》。
③ (清)廖腾煃:《海阳纪略》卷下,见谢国桢编:《明代社会经济史料选编(下)》,福州:福建人民出版社,1981年,第57页。
④ 《休宁碎事》卷一二《大鄣山人集》,见张海鹏、王廷元主编:《明清徽商资料选编》,合肥:黄山书社,1985年,第430页。
⑤ 《徽志·补遗》,见张海鹏、王廷元主编:《明清徽商资料选编》,合肥:黄山书社,1985年,第430页。
⑥ 《绩溪县志馆第一次报告书·胡适之先生致胡编纂函》,见安徽省地方志编纂委员会编:《安徽省志》,北京:方志出版社,1998年,第20页。

溪人在外经商，上海是其主要经商地之一。绩溪上庄胡氏一族在上海经商的就有很多人。大约在乾隆、嘉庆之际，该族胡兆孔开始上海经商，及至道光、咸丰年间，上庄胡氏"列肆上海者又有万字招十三肆，皆兆孔公派也；鼎字招九肆，皆志俊公派也；而余派亦称是。同、光之际，则上海有贞海公之鼎茂、王庭公之万生端、贞春公之松茂"等，皆是"业并素封"的富商。清末，胡氏"旅食上海一带为最多，率常数百人"①。绩溪庙子山王氏"光绪末年经商上海者尤多"②。

明代在上海经商的徽州人已经有很多。如歙岩镇人汪通保，"以积著居上海，倜傥负大节，倾贤豪。上海人多处士能，争附处士"③。明代歙县盐商程辅，"以我松（松江）为东南灵奥之区，土衍泽秀，江海汇流，必有环玮博达之士出乎其间……因携家寓焉"。嘉靖时祁门人张之涣，"始来游吴，筐厥绮纨，通于豫章……赀雄旅辈"。④ 嘉靖时休宁人朱世龙，"尝持千金，鬻丝吴门"⑤。清代文献记载的在上海经商的徽州人也很多。康熙《嘉定县续志》载：张涛，"原籍新安，以父式之业蓰于嘉定，遂家焉"。戴维周、戴维城，"道（光）咸（丰）间寇乱，兄弟负父遁……城（戴维城）售茶申江（上海）"。茶商程泰仁，"咸丰间业茶上海，独捐巨资修广福寺"⑥。嘉庆时绩溪人王泰邦在长洲县周庄镇开设茶叶店⑦。齐彦钱，"咸丰年问，售茶上洋"⑧。李绪树，"售茶上海"⑨。

---

① 绩溪《上川明经胡氏宗谱》卷下，转见张海鹏、王廷元主编：《徽商研究》，合肥：安徽人民出版社，1995年，第85页。

② 《绩溪庙子山王氏谱》卷九，转见张海鹏、王廷元主编：《徽商研究》，合肥：安徽人民出版社，1995年，第85页。

③ （明）汪道昆：《太函集》卷二八《汪处士传》，合肥：黄山书社，2004年，第598页。

④ 祁门《张氏统宗世谱》卷三，转见张海鹏、王廷元主编：《徽商研究》，合肥：安徽人民出版社，1995年，第100页。

⑤ 《新安月潭朱氏族谱》卷二二，转见张海鹏、王廷元主编：《徽商研究》，合肥：安徽人民出版社，1995年，第100页。

⑥ 转引自吴仁安：《论明清徽商在上海地区的经营活动与历史作用》，载《大连大学学报》，1999年第5期，第105~110页。

⑦ 绩溪《盘川王氏宗谱》卷四《文苑·颂泰邦公》。

⑧ 光绪《婺源县志》卷三四《人物志·义行》。

⑨ 民国《婺源县志》卷三三《孝友七》。

由此可见,徽州人迁徙上海地区的人数众多,也为上海的发展贡献了力量。

(五)向杭州地区的人口流动

杭州是著名的鱼米之乡、丝绸之乡,是京杭大运河沿线的重要城市,交通便捷,吸引了大批的徽州人前来贸易。万历《杭州府志》卷十《风俗》载:"杭州南北二山,风气盘结,实城廓之护龙,百万居民坟墓之所在也。往时徽商无在此图葬者,迩来冒籍占产,巧生盗心。或毁人之护沙,或断人之来脉,致于涉讼,群起助金,恃富凌人,必胜斯已……此患在成化时未炽,故志不载,今不为之所,则杭无卜吉之地矣。"徽商与所在地居民的冲突频发,说明了徽商在杭州的规模以及向杭州迁徙的真实状况。

徽州汪姓族人有很多迁徙至杭州,《黟县续志》卷一五《艺文·汪文学传》记载,乾隆年间,"徽州人以商贾为业,宏村名望族(汪氏),为贾于浙之杭绍间者尤多,履丝曳编,冠带袖然,因而遂家焉"。万历年间是徽州人入籍杭州成风之初,明清之际则是一个高潮。此后,一直保持这个移民的势头,直至民国时期。①

浙江是全国重要的盐场之一,两浙盐业的经营都需经杭州批验,因此,江南盐商基本上都集中在杭州。汪道昆的先世就是经营浙盐起家的,他在《太函集》卷四三《明故通议大夫南京户部右侍郎程公行状》中记到:"余先大夫,故从公之先大父,以盐筴贾浙江,相与莫逆。"《太函集》记载徽商在江南经营盐业的还有,卷二八《宋介夫传》记载:"介夫,故儒生一也。姓朱氏,名节,休宁屯溪人。父性以盐筴客武林。"卷三二《程长公传》记载:"长公……则之浙,贾盐筴。"黟县汪廷俊,"以业盐侨寓钱塘,晓达鹾政,为台使所倚重"②。江玉琦,"少贫,三十岁后,业浙鹾,家渐康"③。歙县鲍雯,"连试有司,不得志,以先世治鹾两浙,至是额引告滞,公私逋负如猬毛,不得已脱儒冠往武林运策以

---

① 转引自唐力行:《从杭州的徽商看商人组织向血缘化的回归——以抗战前夕杭州汪王庙为例论国家、民间社团、商人的互动与社会变迁》,载《学术月刊》,2004 年第 5 期,第 58~67 页。
② 嘉庆《黟县志》卷七《尚义》。
③ 同治《黟县三志》卷七《人物·尚义》。

为门户计……其后渐至赢余"①。绩溪章必焕,"壮年随父经商,往来吴越间,以诚信见重于时,后父迈,家居奉养。有休宁朱姓者,业盐策,闻其醇实朴诚,聘委重任,历三十余年,运筹硔磋,名著两浙"②。《嘉庆两浙盐法志》卷二五《商籍》记载了35名著名的客籍商人,其中徽人占28名,证明徽商在江南盐界占有决定性优势。

二、徽州人向其他地区的人口流动

(一)向北京地区的人口流动

京杭大运河贯通南北,是我国古代重要的交通运输线。北京是大运河的起点,作为多个王朝的都城,是大运河北部地区繁荣的中心大都市之一,全国的客商纷至沓来,徽州人自然也不会放弃这一片经商宝地,大批迁徙至北京。扬州以北的运河沿线城市同样受益,如淮安、清江(淮阴)、徐州、济宁、聊城、临清、德州、沧州、天津、通州等地,也借大运河之便发展成为颇具影响力的城市,吸引了大批徽州人到这些城市经营贸易。有很多徽州人远离故土,在当地定居,繁衍生息。

北京是徽州人迁徙的主要城市之一,由于北京作为中国多朝代的都城,因此在北京的徽州人不仅是为了经商而来,还有的是到京做官。《重编歙邑棠樾鲍氏三族宗谱》记载其棠公派有一例迁至北京。《太函集》卷一六《兖山汪长公六十寿》中说:"长公(休宁的汪海)家世间右,著兖山,自女父贾房村,世以麹蘖起富,市贾不二,较若持衡,由徐邳以京师,诸贾悉受成,如祭酒。"《明季北略》卷二三《富户汪箕》中写道,"汪箕,徽州人,居京师,家赀数十万",并介绍了徽州籍巨商汪箕的故事。其梗概是,李自成进入北京城时,汪箕为达到保住家产的目的,献上进击江南的策略,报名当先锋。对此,李自成的亲信宋献策说:"此人家赀数百万,典铺数十处,婢妾颇多,今托言领兵前导,是金蝉脱壳之计也。"因而

---

① 歙县《新馆鲍氏著存堂宗谱》卷二《解占弟行状》。
② 《绩溪西关章氏族谱》卷二四《家传》。

加以拒绝。可以看出汪箕是北京拥有典铺数十处的大商人。

徽州人在北京也建立了自己的同乡组织——会馆。如建在今北京宣武门外大街五十一号的歙县会馆。从北京歙县会馆的建立中可以一窥在北京的徽州人的情况。民国《歙县志》中有一传记:"吴永评,字衡品,昌溪人,少服贾燕京,捐金建会馆及置义冢。"①民国《歙县志》卷九中说:"履昊字昆华,由刑部官至武汉黄德道,其京邸在宣武门外,改官时捐为歙县会馆。"黄昆华,歙县潭渡人,与长兄黄履晨、次兄黄履遏、末弟黄履晶,一起住在扬州,他们作为盐商而获得成功,是被称为"四元宝"的人物。《重修歙县会馆记》里,接在正文后附载了捐输者的信息。首先,"在京绅士捐输姓氏"条中记录了曹振镛(200两)、程祖洛(100两)、鲍桂皇(100两)等30人的信息。其中鲍勋茂(通政使司通政使)是鲍漱芳之弟,他是经过召试,进入官界的人。其次,"京外诸公捐输者姓氏"条中举出鲍漱芳(2100两)等16人的信息,再次,还载有茶商与姜店之名。②

(二)向扬州以北运河沿线城市的人口流动

淮安是运河沿线的漕运枢纽、盐运要冲,历史上也有众多的徽州商人迁居于此。淮安的河下地处淮安城关厢,又为淮北盐斤必经之地,所以成为当年大批徽州盐商的聚居地。

较早迁居河下的徽州人有黄氏,据清人黄钧宰《金壶浪墨》卷二《世德录》记载:"黄氏之先,为皖南著姓,聚族于黄山。当明中叶,分支迁苏州,再徙淮阴,累世读书,科名相望,七传而至荆玉公,为明季诸生。"生于成化甲午(1486),卒于嘉靖庚子(1540)的歙县人黄万安,青年时"乃挟赀治鹾淮阴间,善察盈缩,与时低昂,以累奇赢至饶裕"③。歙县人黄节斋,"客淮阴日,淮阴当南北要冲之地,士大夫毂击之区,君延纳馆餐,投辖馈遗"④。歙县人黄莹,

---

① 民国《歙县志》卷九《人物志·义行》。
② [日]寺田隆信:《关于北京歙县会馆》,载《中国社会经济史研究》,1991年第1期,第28~38页。
③ 歙县《竦塘黄氏宗谱》卷五《处士乐斋黄公行状》。
④ 歙县《竦塘黄氏宗谱》卷五《节斋黄君行状》。

"居止于广陵、淮阴"①。前面提到的岑山渡程氏的莲渡公程量越是从扬州迁居淮安河下的徽商中最著名的一支。除了程量越一支外,歙县程氏还有不少人迁居河下。清末时人李元庚曾指出:"程氏,徽之旺族也,也由歙迁凡数支,名功、亘、大、仁、武、鹤是也。国初(指清初)时业禺策者十三家。""皆极豪富",当时有"诸程争以盐策富"的说法。②除了程氏以外,汪氏自尧仙公由徽迁淮,三世至隐园公卜居于相家湾路南。

山东是方氏迁徙的一个重要地方。联临派居联墅黑楼门55世嘉言、嘉训同迁济宁小闸口;承庆门50世雄才、嘻、椰,51世文旺嘉靖年间"俱迁临清";新屋门45世九皋迁临清;慎业门居信行第50世符"迁居临清,符之次子元修由恩贡授北直深泽令"。临清、济宁均为运河边上的重镇,商业繁盛,是徽商集中之地。谢肇淛《五杂俎》称:"山东临清十九皆徽商占籍。商亦籍也。"方氏联临派从嘉靖至乾隆初向远地的迁徙,除集中于扬州、临清处,还涉及四川、贵州、汉口、襄阳、海州、湖广、天津、镇江、常州、苏州、通州、常熟、湖州、孝丰等地,只是较扬州、临清人数为少。

(三)向长江中游地区的人口流动

徽州人曾向我国中部地区大批迁移,主要是湖南、湖北及江西地区。民国期间,程宗潮撰《徽人往外经商水陆路线说略》一文,对徽人外出经商的主要路线叙述较详,其中就有徽州人到中部地区的路线记载。其一是婺水:北支自清华以下,东支自江湾以下,皆通舟楫;西由大白入江西乐平,经鄱阳湖至九江,婺人由之。其二是大洪水:自祁城以下,通舟楫;西由倒湖入江西,通浮梁、景德、鄱阳,以达九江、汉口,祁人由之。婺源方氏的子孙曾迁徙于汉口、荆襄、江西等地经营盐业,可能就是由上述路线从徽州到达目的地。绩溪翚阳里黄氏宗族商人黄明杰"能通大义,有胆识,贸易江右,因家焉"③。

---

① 歙县《竦塘黄氏宗谱》卷五《云泉黄君行状》。
② 王振忠:《明清淮安河下徽州盐商研究》,载《江淮论坛》,1994年第5期,第72~82页。
③ 嘉庆《绩溪县志》卷一〇《人物志·尚义》。

(四)向日本、朝鲜等域外地区的人口流动

徽州人的足迹"几遍禹内",不仅在国内各地往来贸易频繁,还将自己的经商范围扩展到海外地区,如日本、朝鲜等地。

王振忠先生利用《唐土门簿》和《海洋来往活套》这两种资料,解读了徽州商人在日本的活动。根据王振忠先生的研究,列举清代中日贸易中徽州两支大姓程、汪姓人的活动。程姓徽商有:程楚臣、程敏公、程坤如、程弘玉、程方城、程益凡、程慎恩、程监生(字玉田)、程国锟、程闲南、程冀若、程赤城、程敬伦、程养拙、程奇唐、程荣春、程万元、程洪然、程廷梅、程德逊、程子延、程稼堂、程缦云、程四德、程登□、程振新、程泓;汪姓徽商有:汪公民、汪相廷、汪复楚、汪虞上、汪伯先(光?)、汪鹏、汪桐峰、汪永增、汪晴川、汪小园、汪松棠、汪松巢、汪介春、汪炳、汪执耕、汪竹安、汪福官、汪循(修)南。还有其他姓氏的徽商,如吴姓3人,江姓2人,黄姓2人,方姓2人,鲍姓2人,项姓2人,胡姓1人,孙姓1人。有理由相信,上述的徽商名单是极不完整的。因为在长崎贸易中出现的商人,如文献中频繁出现的其他姓氏(潘氏、胡氏和洪氏等),都有可能是徽商。

综上所述,徽州人凭借他们不怕艰难困苦的"徽骆驼"精神,驰骋大江南北,创造了辉煌的成绩,在历史画卷中描绘了浓墨重彩的一笔。徽州人向外地的人口流动,不仅向各地传递了他们贾而好儒的品格,而且也为迁入地的经济发展和文教事业等都奉献了力量,其历史作用不容小觑。

三、《新安第一家谱》和《庆源詹氏宗谱》的个案分析

下面利用《新安第一家谱》和《庆源詹氏宗谱》两部家谱中的资料,对明清徽州人口流动作个案分析。

清人程世善修的《新安第一家谱》有丰富的人口迁徙的记载。《新安第一家谱》中第36世祖大圭公居住在歙县槐塘的是第二子子瑜和第五子子玘,这两房最盛,"共9子18孙,多以文章发身,超擢显爵,遂开基筑室,分旧、正、

上、下四府居之"①。人口的大量增加,而且又是显爵,所以有雄厚的基础来扩张,扩张的具体行动就是"开基筑室",连同新房和旧房共有四处:上府、下府、正府和旧府,大圭公的这十几个曾孙就分成四府居住。在此基础上进行了分家,上府中又分成前派和后派,下府分成前派、继派和新宅,正府分成上门和下门,旧府分成前派和后派,以及槐荫堂、敦余堂、孝友堂、世恩堂、乐善堂,共在本地成立了 14 个分派,它们构成了当地家族内的分支。② 这些派、门、堂等都是在四府的基础上扩张后形成的,大约形成于宋元之际。可以肯定,宋代时徽州的开发已经进入成熟阶段,各种土地资源的瓜分基本上完成,已出现人稠地狭的问题。③ 在宗族抢占资源的基本格局形成之后,宗族的发展仍在继续。在传宗接代的思想观念和生育功能的支配下,宗族人口的持续增长仍使宗族处于扩张的惯性之中。而在当地的扩张显然已难以为继,于是他们扩张的目的地更多地转向了邻邑和徽州以外的地区。

49 世祖至正公少年时代就到山东张湫经商,事业颇盛,在当地行为谨慎,"居邻问馈往来甚善""言忠行敬,土人德之",与当地人的关系处理得很好,因此在张湫居住了好几代,他本人和他的儿子都死在张湫。一直到第 52 世翔公,还没有归志。同宗的一个进士寰公从京师还乡,特意到张湫去看他,见他生活得很好,恐怕他再也不想回去了,就力劝他:"桑梓之地,先人坟墓在焉,乌可不归。"在这样的力劝之下,翔公于是携家扶曾祖和祖父的灵柩归葬,居住在槐台。然而没有居住多长时间,就屡屡被水患所苦,于是又离开槐台,居郡颖园,至持公末年,徙居镇安门外,称为小北门派。所谓的《新安第一家谱》就是指这一派,所以这一派的人口记载较多,可以作一些具体分析。

53 世光进公有 6 个儿子:士鑑、士铎、士鉁、士钰、士镜、士镕,17 个孙子。长子士鑑有 2 子,老大一支到 4 世时至少有 3 个迁镇江府;老二一支到 4 世

---

① 《新安第一家谱》之《槐塘程氏本支迁派谱略》,清嘉庆元年(1796)写本。
② 《新安第一家谱》之《槐塘程氏本支迁派谱略》,清嘉庆元年(1796)写本。
③ 参见吴松弟:《中国人口史》第三卷《辽宋金元时期》第十一章,上海:复旦大学出版社,2000 年。

时至少有1个迁宁国。

次子士铎有1子5孙,儿子是万年县庠贡、州同知。《汤口迁小北门派谱略》中只记载了长孙和次孙的后代,长孙官景宁县,生了3个儿子,其中老大是国学生,抚育了一个异姓子(杭州府商籍庠生),自己也生了2子;次孙这一支迁常州府。

三子士铃生1子3孙。四子士钰生2子,长子又生2子。

五子士镜生4子18孙,长子登泰为万年县庠贡,州同知。登泰有11个儿子13个孙子17个曾孙。11个儿子中没有记载后代的有5个,无子立继的有1个,这样有后代的就只有5个:长子、三子、六子、七子和九子。长子的后代迁扬州,三子的后代迁龙游,九子的后代居州城,六子文炯是这个家族的56世祖。登泰的孙子中有2个无子立继,都是族内立继。士镜的次子登鼎为郡庠贡,"四任广文,终铎邳州",有2子3孙,其中次子的后代迁寿州。士镜的三子登文为国学生,有2子,其中长子有3子9孙,"俱迁繁昌县";次子生2子,迁金华。士镜的四子登仁为邑庠生,有3个儿子,只有长子有4个儿子,其中一个出继给次子,一个迁祝塘。

六子士镕生有7子,长子为镇江府庠贡、教谕,次子为镇江府庠生,三子为镇江府庠生、县丞,四子为国学生。7个儿子中只有2个记载有后代,"俱迁镇江府"。

光进公的6个儿子中,三子和四子的后代没有多少记载,其他4子14孙的后代非常频繁的迁徙,迁居省内的有7个:宁国、州城、寿州、繁昌和祝塘,省外的有5个:镇江、常州、扬州、邳州、龙游、金华、景宁。规模较大的迁徙有4次:2次"俱迁镇江府",1次"俱迁常州府",1次"俱迁繁昌县"。镇江、常州、扬州和邳州都属于今天的江苏省,而龙游、金华和景宁又属于今天的浙江省。可以认定,明清时期这个家族的人口主要是向经济发达的长三角地区转移的。与前述的36世祖大圭公的后代相比,光进公后代的迁居地只有一个在州城,有十多次是向省内或外省的迁徙,而且迁徙的规模更大,4次出现"俱迁"的情况,其中3次是镇江和常州。与大圭公的后代分流后自成一派并载诸谱牒有所不同的是,光进公的后代大规模的集中迁徙之后的情况并没有在谱牒中反映出来。是否因为他们迁移的比较远,已经完全脱离了原宗,而重新建立了自己的宗族组织?还是人口的大量增加和扩散,实在是难以收集相关的信息?抑或二者兼而有之?留待以后再研究。

乾隆五十年(1785)《婺源庆源詹氏宗谱》里面专门记载了迁居支派目录,这里列表5-3,以说明该家族人口的迁徙情况。

表5-3 婺源庆源詹氏迁居各地表

省份	人数及占迁徙总人口的比重	主要迁徙地	俱迁、同迁等大规模迁徙情况选录
江苏	47,13%	扬州、苏州、南京、镇江、常州、淮安、江阴	庆元同子永杭、永棠、永枞、永樟、永桔迁杭州候潮门车驾桥。 二十世,兴一生六子:寿一、寿二、寿三、寿四、寿五、寿六俱迁淮。 二十世,隆四、胜祖、耸一、应三、佛保、盈十一俱迁淮;二十一世,淳六、珍一、珍二、珍四、通八、通十、太二、观祐、明俱迁淮;二十二世,佛社、佛胜、佛寿、福华、宏三迁淮。
浙江	36,10%	杭州、嘉兴、开化、常山	二十四世,廷真、廷祖迁开化方村;楚茂子金同、敏中子贵盛同迁开化。 三十一世,震吉游学于浙。
江西	92,25.6%	德兴、乐平、玉山、上饶	二十九世,贤相迁德兴鸟儿墩,娣迁德兴港川口。三十一世,履吉住德兴。三十二世,四魁迁德兴。三十三世,宗洋同三子迁德兴潭口。 三十二世,国寿、国祖、国礼迁乐平薛家滩,三知同四子迁乐平叶家套。三十三世,细九迁乐平龙亭。三十四世,荣贵迁乐邑梨家桥。三十五世,文炯住乐平十四都。
省内及其他	185,51%	舒城、池州、安庆、桐城	略

从表5-3中可以看到,该家族向长三角地区迁徙的人口非常多,大约占了该家族迁徙总人口的四分之一;如果加上同样接近长三角的江西地区,则达到了近一半。而且,也多次出现"俱迁""同迁"以及父子一起全部迁徙的情况,甚至有的支派人口集中迁往某地。应该说,上面所列举的这两个家族人口的迁徙是符合明清时期徽州地区人口向外流动的大致情况的。

第三节　徽州人向外迁徙的分析

一、商人和儒宦成为后期向外迁徙的主要群体

明清时期,在向外迁徙的徽州人口中,商人和儒宦占了绝大多数。胡适在《绩溪县志馆第一次报告书·胡适之先生致胡编纂函》中指出:"县志应注重邑人移徙经商的分布与历史。县志不可但见小绩溪,而不见那更重要的'大绩溪'。若无那'大绩溪',小绩溪早已不成局面。新志应列'大绩溪'一门,由各都画出路线,可看各都移殖的方向,及其经营的种类。如金华、兰溪为一路,孝丰、湖州为一路,杭州为一路,上海为一路,自绩溪至长江为一路。然亦有偏重,如面馆业虽起于各村,而后来成为十五都一带的专业;如汉口虽由吾族开辟,而后来亦不限于北乡。然通州自是仁里程家所创,他乡无之;'横港'一带亦以岭南人为独多。"[①]胡适对"大绩溪"路线图的描绘,同时也是徽州商人的迁徙路线图。唐力行将胡适的"小绩溪"和"大绩溪"之说推而广之,指出"小徽州"外也有"大徽州"。[②] 胡适的大、小绩溪和唐力行的大、小徽州实际上就是徽商大规模兴起后人口向外迁徙的一个实际状况。垄断和扩张是商业的本性,更何况宗族制下的商业,更是容易导致大规模的人口集中迁徙。光进公的后代出现多次"俱迁"的情况,而且多是向江浙一带,完全证明了这点。这种某个宗族或族内的某支向一个地方集中迁徙的情况,才有可能造就真正的大徽州。

除了商人外,儒宦人口迁徙的比重也比较大。在程朱理学的影响和激励

---

① 转引自唐力行:《明清以来徽州区域社会经济研究》,合肥:安徽大学出版社,1999 年,第 288~289 页。

② 唐力行:《明清以来徽州区域社会经济研究》,合肥:安徽大学出版社,1999 年,第 288~289 页。

下,徽州的教育发展得非常迅速。从明代开始,徽州的书院建设就蓬勃开展起来,"天下书院最盛者,无过东林、江右、关中、徽州"。到清初,徽州 6 县共有书院 54 所。① 除书院外,还有遍布城乡的书院、家学、族学、私塾,明代嘉靖、万历时已是"虽十家村落,亦有讽诵之声"②。到清代时,这种教育势头继续发展。对教育的重视和资助,显然使明清时期徽州的文化水平和教育普及处于相当高的程度。③ 康熙时,徽州有社学 562 所,书院 54 所,至于私塾、族学更是数不胜数。由于教育发达,徽州的科举事业也非常兴盛。休宁县"岁大比,与贡者至千人"④。据《明清进士题名碑索引》,徽州本籍进士明代 392 人,清代 226 人。如果加上寄籍外地的进士,人数就多得多。⑤ 清代人文科举更盛,仅仅歙县一个县,本籍和寄籍进士就有 296 人,举人近千人。歙县清代朝廷高层官僚也是不断,大学士有 4 人:康熙朝文华殿徐元文、乾隆朝文渊阁程景伊、嘉庆朝体仁阁曹振镛、道光朝体仁阁潘世恩。尚书有 7 人,侍郎 21 人,都察院都御史 7 人,内阁学士 15 人。⑥ 徽州人文的繁盛实际上已经对士人本身的出路造成了直接的冲击,科举、官僚人数中众多的寄籍者就是徽州人文扩张的一个结果,清代歙县 296 个进士中,有 167 个是寄籍者,超过了总数的一半。这些寄籍者绝大多数寄籍在江浙地区。

徽州本土的科举竞争非常激烈,所以一些徽州人寄籍外地参加科举。作为这种策略运用的成果,光进公的 17 个孙子中至少有 9 人为儒宦,其中只有 2 个是本地的:一个是郡庠贡,一个是邑庠生;2 个是国学生,2 个是万年县庠贡、州同知,3 个是镇江府庠贡、庠生。早期经商的经历、资金的支持以及与族中儒宦的密切关系无疑是他们后来能够大规模走出徽州,寄籍江浙人文发

---

① 康熙《徽州府志》卷七《营建志上·学校》。
② 光绪《婺源乡土志》第六章《婺源风俗》。
③ 唐力行:《商人与文化的双重变奏——徽商与宗族社会的历史考察》,武汉:华中理工大学出版社,1997 年,第 34 页。
④ 康熙《休宁县志》卷一《风俗》。
⑤ 赵华富:《论明清徽州社会的繁荣》,见《两驿集》,合肥:黄山书社,1999 年,第 205 页。
⑥ 许承尧:《歙事闲谭》,合肥:黄山书社,2001 年,第 348 页。

达地区的重要因素之一。他们从早期儒、贾的外部结合（也可以称为族内结合），过渡到后来的儒、贾的内部结合（也可以称为家内结合）。这种转变说明了他们自身调整所获得的巨大成功，他们已经在家族内实现了儒贾并重的职业分工，这为他们大规模向徽州以外的地方进行迁徙创造了良好的条件。

商人和儒宦成为向外迁徙的主力军，也与徽州的人口结构有关。由于儒贾并重的治生观，徽州人口在职业上向士人和商人进行大量分流，徽州社会形成了士—商的人口职业结构。明代中后期，竦塘黄氏宗族中的人口也有着明显的儒贾分流，把宦学优游者除外，"已次则待贾而足者居五，又次则待耕而足者居五之三，其余则否"①。在这里，儒业的地位最高，商贾的人数最多。儒、贾两业共同支撑家族和徽州社会的模式已经在明代中后期形成。"大之郡邑，小之乡曲，非学，俗何以成；非财，人何以聚"②。徽商的规模之大与宗族的参与之深也是相一致的。宗族儒贾并重的分工模式使经商的青壮年男性很多。王子承"诸子诸弟从之游，分授刀布，左提右挈，咸愿与之代兴，各致千万有差，无德色"③。徽商的规模从徽商的经营范围上也可以看出来。徽商的经营范围非常广。徽人的大量外出经商，需要了解全国的水陆线路，徽人在这方面的成果令人骄傲。隆庆、万历年间，徽商黄汴历时27年，通过对各种路程图引的校勘，编成《天下水陆路程》一书，列出全国水陆路程143条。天启年间徽人儋漪子编成《天下路程图引》一书。徽州有不少水路和陆路连接着江南的经济发达地区。对商业线路的总结性著作，说明了商人的流动范围已经相当广泛，规模已经相当庞大，相关知识的积累、传承和需求也都已经到了相当高的程度。

---

① （明）汪道昆：《太函集》卷七二《竦塘黄氏义规记》，合肥：黄山书社，2004年，第1477页。
② 《两淮盐政全德记》，转引自唐力行：《商人与文化的双重变奏——徽商与宗族社会的历史考察》，武汉：华中理工大学出版社，1997年，第31页。
③ （明）汪道昆：《太函集》卷一七《寿域篇为长者王封君寿》，合肥：黄山书社，2004年，第370页。

二、徽州人口向外迁徙的原因和影响

徽州人口向外迁徙的原因很多,既有内部的原因,也有外部的原因。内因主要就是徽州当地的生存环境比较恶劣,山多地少,人口增长比较快,人口与土地的矛盾很突出。徽州的土地不仅少,而且买卖非常频繁。很多商人为了筹集资本而变卖土地,没有了土地的徽州商人可以更加自由地迁徙,如果经商不成功,可能滞留外地不愿回家见父母妻子;如果经商成功,可以在更为适合商业经营的地方购买土地。所以,土地的稀缺和频繁买卖是徽州人口外流的重要原因之一。

徽州是个宗族社会,宗族组织遍布徽州各地,徽州人口大部分都生活在宗族之中;同时由于宗族握有比较多的生存资源,所以宗族人口增长比较快。尤其在清代实行摊丁入亩,取消人头税,人口的增长更快。但是,徽州当地所产的粮食不能满足徽州人半年的需求,所以粮食不足造成很多徽州人到外地谋生。宗族虽然有保障功能,但仍然无法解决人口的增长所带来的压力,所以,我们看到很多徽州人都是举家迁徙外地,迁徙的规模非常可观。

由于粮食、布匹和食盐等生活必需品的短缺而兴起的贸易,使徽州人很早就和周边的江、浙、赣地区有着密切的联系。徽州最主要的粮食进口地是江西和浙江,"民食每每仰给邻封江西、浙江等处贩运接济,而一线溪河,逆流险滩,挽运维艰,脚费几与正项相等,是以徽属米价恒贵。六邑之中产粮少而距江浙远者又惟歙县为甚"①。但是由于种种原因,运到徽州的粮食往往价格奇高。即使是从苏、松、常、镇等数百里外的地方贩运,关税和路费加起来就相当于买米的价钱。但在有些必经之地,却往往受到严重的勒索。《厘弊疏商稿序》就记载:杭州和严州两府就是徽商运粮入徽的咽喉之地,近来由于法纪松弛,杭州有坝脚、牙侩,严州有衙蠹、地棍,他们遍设关卡,擅起私税,鱼肉米商,公行罔忌,"甚至搁河纵掠,暮夜兴戎"②。商人遭到的这些盘剥,都

---

① 民国《歙县志》卷一五《艺文志·奏疏》之《惠济仓题疏》。
② 许承尧:《歙事闲谭》,合肥:黄山书社,2001年,第181页。

转到粮价上面,势必米贵病民。徽州米商的艰难和徽州人无米的困境在灾荒和战乱年份更为严重。在明末清初时,徽州米商受到了严重的打击,米船过浙江钱塘县,当地人就遏阻商人。而饶州浮梁县更是有过之而无不及,鄱阳地方以篾绳在河上建起栅栏,五日开一次,"婪胥吻满乃放舟";而当舟船到了浮梁地方,"两岸林莽张挺掷石以待矣",名为抢米,实际上连货物也一起抢去。米商上告于浮梁县知县,知县"反听胥吏拨置,言贫民无活计,暂借尔商救度。此言一出,恶胆念壮,劫杀遍野,渠魁为之煽聚,大猾为之窝匿,什百成群,打庐劫舍,不可辑御。总以徽民为壑"。① 很明显,钱塘和浮梁都是以保护地方为名行抢劫米商之实。贩米的风险和代价最终还是要转嫁到徽州的消费者头上。客观地说,徽州的粮食十九要谋之于外,必然要与邻近地区产生争米的矛盾。米价高昂甚至无米可卖,都对徽州人口的增长起到了严重的制约作用。在生活必需品匮乏的情况下,人口向外迁徙也是势所必然。

明清时期,长三角地区是经济、文化非常繁荣的地区,这对徽州商人和儒士有着巨大的吸引力。以富庶的江南地区作为自己的广阔市场,才是徽州人大规模走出封闭山村和创业谋生的开始。随着中国经济中心的不断南移,江南地区成为中国经济最具活力的地方。尤其是在南宋迁都临安(今杭州)后,促使其邻近地区的经济首先得到相应发展。这个地区既有丰富的高度商品化的物产,尤其是生活必需品粮食、食盐和布帛,也是商品的集散地和最大消费地,而且还是人文中心。这些优势使江南地区成为明清时期的人文、经济和商业中心,吸引了全国的资金和人才。江南地区对周边地区的凝聚力和向心力日益增强。徽州有不少的宗族早先就是由江南地区迁入,徽州的儒宦也不断任职于江浙地区,他们与江浙地区有着千丝万缕的联系,使徽州与江浙地区建立起了比较密切的人际关系。这为他们日后的经商和迁徙打下了基础。徽州商帮的兴起首先是在中国经济中心南移的大背景下实现的。这也是徽州商人能最终称雄江南、执中国商界之牛耳的重要因素。

---

① 康熙《休宁县志》卷七《奏疏》。

商学、商籍的设立从制度上鼓励了徽州商人定居江浙地区。两浙地区是徽商集中的一个地区，明万历三十三年（1605），歙人吴宪请立杭州商学。巡盐御史叶永盛题奏："徽商行销浙引，许令现行盐人，并具嫡派子弟附试杭州，例由两浙驿传盐法道取送学院，岁科两试，各拔取新生五十名，内拔入杭州府学二十名，仁和、钱塘两学各十五名。"① 商籍设立之后，徽商子弟就不需要赶回家乡参加考试了，也使本土和外地的徽商子弟获得了更多的机会，这对于商人地位和身份的进一步提升是不言而喻的。总而言之，经济和文化上的向心力，才是徽州人向长三角地区大量迁徙的最主要的外部原因。

政府在赋税上的一些政策，也使得徽州人必然要走向长三角地区。徽州离杭州很近，政府大量采购和建设任务被摊派到徽州。很多的贡赋性商品，徽州当地并没有；而邻近的江浙一带，却是许多贡赋品的生产地，所以徽州很多的贡赋品都到江浙采办。绸、绢、布、木等就是这样。宋代征收实物繁多，除军衫布外，还有税布。绍兴时，军衫布和税布二者共有约8794匹，另外还有绸绢及和买绸绢共108802匹，绵208833两。但是徽州并不适合桑麻棉生产，即使是本地纺织，所需的原料也要从外地购买。唐代时以布之精粗分为九等，歙州布列为第七；宋代时也上贡细布，但后来因徽州无法生产也废除这项土贡。② 徽州所产粗布是不会有市场的，更不可能为奢侈性消费的宫廷和贵族地主所接受。徽州绸绢的质量也很差，属于所谓的"下色绸绢"。由于官方的苛求，徽州的纳户被迫高价折钱到产绢地去购买优质的绸绢给官府。入明以后，这种因赋役而产生的商业活动一直呈增加的趋势。徽州人需要出境购买和制作的贡赋物品越来越多，如丝绢、木植、龙衣、城砖等都要出境采买和烧造。譬如龙衣一项坐派，从正德三年（1508）开始，或不时坐派，或二三年一次，一般都是到杭州机户那里去买。③ 在贡赋性商品经济下，徽州人为了缴纳赋税而从邻近的江、浙、赣等地区购买绸、布、木材等的商业活动，也在

---

① 《丰南志》第十册《杂记》。
② 嘉靖《徽州府志》卷七《食货志》。
③ 嘉靖《徽州府志》卷八《食货志·岁供》。

客观上锻炼了徽州人的经商才能,增加了商业活动的经验,加强了徽州与江浙地区的经济联系,扩大了商业网络。这种网络就成为后来徽州人的迁徙网络。

徽州人口向长三角地区的迁徙,虽然造就了徽州商人的辉煌,造就了"大徽州"的盛况,但是也给徽州本地带来了严重的后果。最主要的就是造成了人才的严重外流,尤其是高素质人才。徽州士人向来具有优游之风,再加上士商的结合,寄籍外地的士人也非常多。美国学者贺杰对道光七年(1827)《徽州府志》中的进士进行统计,发现大概有31%的有功名者,均在其名下注明了住在某某地方,但其户籍却是属于另一地方。歙县和休宁两地的304名寄籍于外地的进士中,只有10人是在1551年以前获得进士功名,因此这种向外移民的现象,基本上产生于16世纪末以后。① 清代这种寄籍现象更为普遍,以歙县为例,清代歙县296个进士中,有167个是寄籍者,超过了总数的一半。这些寄籍者绝大多数是寄籍在作为人文和经济中心的江浙地区。②

学不成则经商,徽州商人的素质也是很高的,素有"儒商"之美称,更有"儒行"之美誉。明清时期的徽州商人在社会上的贡献已经取代了传统的儒士,热衷于修桥铺路、赈灾救济、建祠堂、修族谱,甚至出钱给无后的族人纳妾生子。他们承担了以前儒士们所从事的公益慈善事业,"贾名而儒行"。这样的商人如果大量迁徙出去,自然严重限制徽州本地的发展。王世贞认为:"大抵徽俗,人十三在邑,十七在天下。其所蓄聚则十一在内,十九在外。"③康熙《徽州府志》指出,"今则徽之富民尽家于仪、扬、苏、松、淮安、芜湖、杭、湖诸郡,以及江西之南昌,湖广之汉口,远如北京,亦复挈其家属而去。甚且与其祖、父骸骨葬于他乡,不稍顾惜……而徽之本土仅贫窭而不能出者耳"。④

---

① [美]贺杰著,陈春声译:《明清徽州的宗族与社会流动性》,见刘淼辑译,古籍整理办公室编:《徽州社会经济史研究译文集》,合肥:黄山书社,1987年,第76~95页。
② 许承尧:《歙事闲谭》,合肥:黄山书社,2001年,第348~355页。笔者据此统计。
③ (明)王世贞:《弇州山人四部稿》卷六一《赠程君五十叙》,台北:伟文出版公司,1976年,影印本。
④ 康熙《徽州府志》卷二《风俗》。

如果徽州有素质的人才都流失了，在本土只留下了贫穷而无法走出去的人，徽州社会的发展趋势就会显而易见地转向保守和内向。晚清时期徽商没有与时俱进，跟上时代发展的步伐，徽州社会因而缺乏发展的动力。曾经有过激烈动荡和辉煌历史的古老徽州终究未有质的突破，其社会日趋保守和内向，最终走向没落。

第三编 明清徽州人口流动的社会影响和作用

第六章　商业人口流动与明清徽州经济、宗族和教育的发展

明清时期,徽州人口向外流动的规模和频率较以前加大,这种人口流动主要与徽州人大量外出经商有关。当大批徽州人经商取得成功后,往往将大量资本回流到徽州本土。徽州人口外流经商及徽商资本回流本土,既促进了当地经济、教育和社会公益事业的发展,又维持和强化了当地既有的宗族制度。

第一节　徽商资本大量回流与徽州经济社会的发展

一、徽商在徽州本土的经营活动与当地经济发展

明清时期,徽商除了远离故土外出经商,他们往往还将资本回流到徽州本土,从事多方面的经营。徽商在徽州本土的商业经营一定程度促进了徽州商业的发展,为当地民众的生活提供了诸多便利。而徽商将商业利润用于本土农业的生产和经营,对于徽州的农业发展也产生了积极的作用。

明清时期徽商在本土从事的商业经营领域虽然比较多,但是,据文献记

载,似以典商为主。王裕明对此有最新研究,可资参考。① 如明弘治万历年间,歙县长原人程澧云:"东吴饶木棉,则用布;淮扬在天下之中,则用盐筴;吾郡瘠薄,则用子钱。"②鉴于徽州本土"瘠薄"的现实情况,程澧在徽州境内开设典铺,从事典当业。明万历年间,徽州府属各县都开有典铺,由于典铺经常收取赃物而引起地方官府的关注,徽州知府古之贤曾特地为此颁布禁令。到清代,徽商在徽州本土除开有典铺外,还开有押铺。康熙三年(1664),担任徽州知府的林云铭称:"徽民有资产者,多商于外。其在籍之人,强半贫无卓锥,往往有揭其敝衣残褥,暂质升合之米,以为晨炊计者,最为可怜。然巨典高门,锱铢弗屑,于是有短押小铺,专收此等穷人微物,或以银押,或以钱押,或以酒米押,随质随赎,民称便焉。"③乾隆年间,黟县人胡学梓在徽州开有泰丰、万和等11座典铺。嘉庆至咸丰年间,胡学梓之子胡元熙在徽州开有泰丰、长隆、长兴等7座典铺。道光年间,徽州开有德生、道生、德泰、全吉等典铺。清代中后期,徽州商人在徽州开有208座典铺。经过咸同兵燹劫难之后,到光绪二十三年(1897),徽州典商在徽州仍开有典铺19座。具体到徽州府属各县,徽州典商的身影也是随处可见。

在休宁县境内,明万历年间,休宁率东人程林在本村河西开有典铺1座。清康熙年间,休宁人胡兴隆等将盗窃来的衣服"当在胡德胜店"④。康熙后期,休宁溪口开设有义顺典,雍正乾隆年间,当地开有汪肇祥典。乾隆年间,休宁县城厚街开有程允升典铺,龙湾开有彩丰典,约山开有和生典,渭桥开有朱豫大典。嘉庆道光年间,休宁共开有典铺35座。清中后期,休宁所开典铺

---

① 此处关于明清徽州典商在徽州本土的经营活动,主要参见王裕明:《明清徽州典商研究》,北京:人民出版社,2012年,第271~276页。
② (明)汪道昆:《太函集》卷五二《明故明威将军新安卫指挥佥事衡山程季公墓志铭》,合肥:黄山书社,2004年,第1101页。
③ (清)林云铭:《挹奎楼选稿》卷一《劝当议》,《四库全书存目丛书》本,集部,第230册,第14页。
④ (清)吴宏:《纸上经纶》卷一《休邑乡村等事》,见郭成伟、田涛点校整理:《明清公牍秘本五种》,北京:中国政法大学出版社,1999年,第155、157页。

达到41座。在休宁各乡镇中,屯溪和万安两镇的典业一向较为发达。在屯溪镇,明末天启崇祯年间,休宁隆阜人戴立志开有典铺1座。乾隆嘉庆年间,黟县人胡学梓开有恒兴、恒源、源兴、隆泰4座典铺。光绪年间,除了万源、万泰2座典铺外,还至少开有宏元、同裕、葛庆、和济4座典铺。在万安镇,乾隆年间开有裕丰典,嘉庆年间开有正大典,光绪元年开有同兴、鼎泰2座典铺。

在歙县境内,万历年间,歙县境内曾开有典铺120余座。明嘉靖万历年间歙县江村人江世俊,"一意服贾,拮据不怠,少恢先业,初于北关溪上列廛,旋治典于家"①。崇祯年间,歙县人程济美等在歙县县城及托山、澄塘等地开有典铺。崇祯年间,据歙县知县傅岩调查,发现当地"乡村米当私典甚多"②。到了清代中后期,歙县典铺多达70座,光绪二十三年(1897)减至4座。具体说,在歙县各乡镇中,岩镇典业较为发达,明嘉靖年间即拥有"子钱家之薮"的称号。嘉靖万历年间,方用彬开有典铺1座,万历年间盛时开有典铺36座,崇祯年间仍有17家,乾隆年间开有恒裕典,光绪年间开有仁生典。此外,徽商在各乡村也开有不少典铺。如在潭渡,里人黄惟后开有质库1座;在郑村,乾隆年间开有恒升典;在昌溪,咸丰年间,吴庆来开设有典铺;在竭田,同治光绪年间开有恒升典、义成公典;在深度,光绪年间开有同裕典;在沙源,光绪年间开有仁兴典。

在绩溪县境内,清中后期共开有典铺64座,光绪二十三年(1897)减至1座。在道光年间,绩溪县城乡除将次歇业及资本细微之典外,资本实力较为雄厚和经营业绩比较良好的典商商号共有54家,其中县城6座典铺、乡村48座典铺,其具体分布格局可参见表6-1。

---

① 歙县《济阳江氏族谱》卷九《明处士世俊公传》,清道光十八年(1838)刊本。
② (明)傅岩撰:《歙纪》卷九《纪谳语》,合肥:黄山书社,2007年,第165页。

第六章　商业人口流动与明清徽州经济、宗族和教育的发展

表 6-1　清道光年间绩溪县城乡典商商号一览表①

所在地	商号名称	所在地	商号名称	所在地	商号名称	所在地	商号名称
县城	程川至	县城	程广泰	县城	胡咸丰	县城	周允大
县城	章源大	县城	程怡怡	一都杨溪	程同盛	一都杨溪	程怡盛
一都杨溪	胡中和	二都蜀水	程恒泰	二都坳头	周广吉	三都蜀马	陈益大
三都常岭	程和泰	四都大谷	程日茂	四都大谷	程开泰	四都小谷	程德裕
五都冯村	冯裕和	五都冯村	冯礼和	五都冯村	冯仁和	五都濠寨	冯元亨
五都濠寨	冯吉祥	五都杨滩	程长春	六都坦头	程兆记	六都坦头	程时生
六都坦头	程柏茂	六都镇头	章万和	六都镇头	章义顺	七都旺川	曹永和
七都旺川	曹又新	七都旺川	曹聚新	七都旺川	曹大生	七都旺川	曹聚和
七都旺川	曹永盛	八都宅坦	胡怡和	八都宅坦	胡聚兴	八都宅坦	胡继隆
八都上庄	胡盛有	八都上庄	胡启茂	九都孔川	章正泰	九都孔川	章万源
九都孔川	程义和	十都临溪	余正和	十都临溪	程豫顺	十一都胡里	程恒兴
十一都胡里	周元丰	十二都瀛川	章永茂	十二都横塍	张恒泰	十三都北川	章永裕
十三都石川	张怡丰	十三都石川	程和顺	十三都洪溪桥	吴田玉	十四都大石门	程振盛
十五都霞川	程信盛	十五都塥头	许恒裕				

根据笔者研究,绩溪典商商号的分布与经营呈现出较为明显的宗族化趋势。其中,七都旺川曹氏宗族聚居地典商商号的分布与经营是典型事例。在七都旺川曹氏宗族聚居地,分布着6家典号,"其曹姓六典系伊萃升文会领去给发各典"②。在这里,经由曹氏宗族萃升文会领取原始本金再分发给该宗族属下的6家典号增值生息,使得这6家典号的经营都深深地烙上了"曹氏宗族"的印记。其他诸如在一都杨溪、二都蜀水、三都常岭、四都大谷、四都小谷、五都杨滩、六都坦头、九都孔川、十都临溪、十一都胡里、十三都石川、十四都大石门、十五都霞川等程氏宗族聚居地,在一都杨溪、八都宅坦、八都上庄胡氏宗族聚居地,在二都坳头、十一都胡里周氏宗族聚居地,在五都冯村、五

---

① 此表根据《绩溪捐助宾兴盘费规条·案卷·呈县饬典领运词》所列典商名号整理出。《绩溪捐助宾兴盘费规条》,清胡培翚撰、徐会烜辑,清刊本,不分卷,1册,藏安徽省图书馆古籍部。全书内容包括记、序、案卷、规条、捐输名氏银数等部分。

② 《绩溪捐助宾兴盘费规条·案卷·呈县饬典领运词》。

都濠寨冯氏宗族聚居地,在六都镇头、九都孔川、十二都瀛川、十三都北川章氏宗族聚居地,在十二都横塍、十三都石川张氏宗族聚居地,以及在三都蜀马陈氏、十都临溪余氏、十三都洪溪桥吴氏、十五都墈头许氏等宗族聚居地,各分布有数量不等的典商商号,这些典商商号也都深深地烙上了各姓氏宗族的印记,当为绩溪境内这些著名宗族或其成员所经营。上述典商商号的分布与经营的宗族化倾向,在某种意义上与徽州地域社会中宗族的传统发展态势、徽商的经营策略有很大关联。或者可以说,明清徽州宗族、徽商对血缘关系或血缘因素的关注与利用,在某种程度上催生和加剧了徽州典商商号分布与经营的宗族化倾向。①

此外,典商在其他县的经营也不乏记载。在黟县境内,清中后期开有典铺31座,光绪二十三年(1897)减至6座。乾隆年间,渔镇开有恒隆典。道光咸丰年间,朱村人朱承玮在十都、渔亭、蓝田等地开有典铺3座。同治年间,黟县城内开有用和质。在祁门县,明嘉靖万历间金溪人金德清,经商致富后,"回家开质库,市产业,胜里中素封"②。清乾隆年间,祁门某人拿金饰赴典铺质押,不慎遗失,后被方兆铨捡拾。咸丰年间,县城开有振林、恒德2典。清中后期,祁门县开有典铺2座,光绪二十三年(1897)减至1座。光绪二十八年(1902),开有同益典。在婺源县境内,清顺治年间开有典铺。清代前期,婺源罗家碣附近开有典铺。光绪二十三年(1897),县内开有典铺1座。清末,江文达于县城东街开有济昌典。

明清徽州典商在徽州本土的商业经营活动,对于发展徽州本土的商业经济、调剂徽州境内的平民余缺和维系当地平民的再生产、便利人民的日常生活发挥了积极的作用。

---

① 陈瑞:《制度设计与多维互动:清道光年间徽州振兴科考的一次尝试——以〈绩溪捐助宾兴盘费规条〉为中心的考察》,载《安徽史学》,2005年第5期,第97页。
② 金梦文:《先祖静斋公传略》,见《金氏统宗谱》卷四之一《艺文内篇》,清光绪三年(1877)刊本。

除了在徽州本土的商业经营活动,明清徽商还将商业利润的一部分投资徽州本土的农业,在一等程度上促进了徽州境内农业经济的发展。如明永乐成化间的徽商汪明德,"晚年于所居之旁,围一圃,辟一轩,凿一塘,以为燕息之所。决渠灌花,临水观鱼,或觞或咏,或游或奕,盖由田连阡陌、囊有赢余,而又有子能继其志而后乐斯乐也"①。"围圃""凿塘""决渠"等活动,表明徽商汪明德在家乡致力于农业水利工程的营建和农业相关产业的经营。明弘治嘉靖间的歙县溪南商人吴某,"挟妻食以服贾,累金巨万,拓产数顷……归老于家,开圃数十亩"②。"开圃数十亩",表明他对当地农业的开发与经营作出了贡献。徽商对农业贡献最突出的是兴修水利,促进农业的发展。史籍中大量记载了徽商在家乡和经商地修堤坝、筑塘堰、浚河道的事迹,这些无疑对农业的发展是有利的。徽商对农业的贡献还表现在他们的活动带动了相关行业的发展,比如徽州茶商的兴起刺激了山区茶叶种植业的发展。③

二、徽商的义行善举与徽州社会公益事业建设

明清时期,徽商在经商致富后,积极投身于所在地及徽州故里的社会公益事业和灾荒救济等社会慈善事业。徽商积极投身于徽州本土社会公益事业建设,主要体现在两个大的方面:一是徽商捐资建设城乡基础设施和公益设施,如筑道路、修桥梁、修城垣、修水利、建茶亭、设义渡等,这方面的记载相当多;二是在灾害发生时和灾后,施行救灾赈济等。在这些活动中,许多徽商往往是身体力行,直接参与其中。徽商的上述举动促进了明清徽州当地社会公益事业的发展。明清徽州文献中对各县商人此类社会公益行为有大量记载,现在分两个大的方面,分县叙述如下。

(一)积极投身城乡基础设施和公益设施的建设

在中国传统社会,筑道路、修桥梁、修城垣和修水利等是城乡最基本的基

---

① 休宁《汪氏统宗谱》卷四二《七十六代世昭墓志铭》。
② 《丰南志》第五册《存节公状》。
③ 王世华:《论徽商对"三农"的贡献》,载《学术界》,2008年第1期,第234页。

础设施建设,而建茶亭、设义渡等则是重要的公益设施建设。许多寓居外地的徽商或是晚年回归故里的徽商对于明清徽州本土的城乡基础设施和公益设施建设作出了重大贡献。

歙县商人的义行和善举。明天顺嘉靖间许芳,"见里中丁家园路险,往来者病之,于是捐赀茸治,过者口颂不衰"①。嘉靖万历间许世积,"性好施,所居数十里内茸路建亭,不遗余力,官建万年桥,以丁田起赋,召公计之,公曰:'是固当籍富民,某虽非富,愿输金以为富者先。'卒用其议缓征"②。明代佘文义,"捐四千金,造石桥于岩镇水口,以利行人,人谓之'佘公桥'"③。在清代,陈启元"服贾茗雪,家业稍裕,遂创建宗祠,修桥砌路"④。江村商人江演,见郡北新岭峻险,行者艰阻,"公呈请制抚,捐金数万辟新路四十里以便行旅"⑤。箬岭为歙县、休宁、太平、旌德数县间重要通道,路途艰险。程国光,生计稍裕,即决意修箬岭道路,"剃莽凿石,铲峰填堑,危者夷之,狭者阔之,几及百里。以歙石易泐不可用,本山石不足,复自新安江辇载浙石青白坚久者补之,长七八尺至四五尺不等,皆随道之广狭筑之,咸自履勘,不假手于人。盖蓄数十年心力,甫得就焉"⑥。康熙五十七年(1718),歙县境内洪水暴涨,吴之骏故里桥堤冲塌数十丈,他"倡集同人构造,凡两易寒暑始竣工"⑦。乾隆年间鲍魁,"伐石甃邑东孔道十余里,成坦途"⑧。嘉庆年间棠樾商人鲍漱芳,"家居敦本尚义,修里社、筑水埧"。"修新岭、修王干阳溪清水塘丛山关诸道路"⑨。嘉庆年间,歙县槐塘人程德基,"贾于江西,赀仅中人……修里中大

---

① 《歙县许氏世谱》第五册《明故处士许君德实行状》。
② (明)许国:《许文穆公集》卷一三《世积公行状》。
③ 许承尧:《歙事闲谭》,合肥:黄山书社,2001年,第457页。
④ 民国《歙县志》卷九《人物志·义行》。
⑤ 《橙阳散志》卷三《人物志·义行》。
⑥ 民国《歙县志》卷一五《艺文志·新修箬岭道记》。
⑦ 《丰南志》第五册《皇清诰封中宪大夫大理寺寺副加五级岁进士捐斋太老姻台吴公行状》。
⑧ 民国《歙县志》卷九《人物志·义行》。
⑨ 民国《歙县志》卷九《人物志·义行》。

田堨桥头、开正府圳、上自大柏塘下至牌楼下路"①。嘉庆年间,西溪商人汪涛,"邑古关至西溪岭路,甃石为坦途,行者称便"②。

婺源商人的义行。明末,清华胡继薰,"为善之念弥坚,修桥路、买渡舟,施槥、瘗暴、平粜、赈粥,率以为常,里人咸颂其德,邑侯胡举芳宾筵"③。清代乾隆年间,戴盛宏见村居四面皆峻岭,"倡捐修理成坦道,人甚德之"④。滕昌檀居乡倡首输赀置田,"备修河桥,行之二十余年,至今保固"⑤。道光年间詹隆梓,见本里河岸倾圮,"捐赀造成坦途"⑥。清代,横槎人黄文,"少业儒,父殁,四弟俱幼,乃弃儒就商。稍赢,好义急公,邑修城垣,捐累百"。"本里仁寿桥独立重造,费三千余金"。⑦ 蕉源人吴时镇随父贾浙西,"村有石桥被洪水冲坏,族以功巨难就,架木为梁,镇议复其旧。首输金五百,集众捐助若干,费仍不足,乃质已产得数百金成之,并输租五十称为善后计"⑧。长溪人戴联镳,"少读书,屡试不售,投笔就商,积有余赀,勇于行义。村外石桥圮坏,镳创议更造,费不下二千金,倾囊补阙,约垫银五百有奇。他若周急赈贫,运米平粜,修路建亭,均偕族人襄助"⑨。朗湖人叶上林,"中年贸易岭南,家渐裕。自持俭约,遇善举则慷慨不少吝。杰坑朗湖新岭以西云庵、永丰桥,皆独立修造"。"捐建祠宇、恤灾户、施棺木、造义渡,纷纷义举,至今称之"⑩。沱川人余源开经商渐裕后,"里东韦石岭欹仄难行,独力修平,并置租煮茗济渴。他如创义祭,建石桥及考棚、城垣均输助襄成"⑪。沱川人余席珍,承先人遗业

---

① 民国《歙县志》卷九《人物志·义行》。
② 民国《歙县志》卷九《人物志·义行》。
③ 光绪《婺源县志》卷三一《人物志·义行》。
④ 光绪《婺源县志》卷三二《人物志·义行》。
⑤ 光绪《婺源县志》卷三二《人物志·义行》。
⑥ 光绪《婺源县志》卷三四《人物志·义行》。
⑦ 《婺源县采辑》,见张海鹏、王廷元主编:《明清徽商资料选编》,合肥:黄山书社,1985年,第334页。
⑧ 光绪《婺源县志》卷三五《人物志·义行》。
⑨ 光绪《婺源县志》卷三三《人物志·义行》。
⑩ 光绪《婺源县志》卷三五《人物志·义行》。
⑪ 光绪《婺源县志》卷三五《人物志·义行》。

服贾景德镇,"居乡禁赌博、养杉苗、立茶亭、修桥路、息争讼,济人之事靡不勉力为之"①。长滩人俞焕,"自少倜傥,比壮以赀雄吴楚间",回归故里后致力于桥梁道路的修筑,"所至好施,难以枚举"②。凤山人查世祈,"经商江北,稍裕好周济……家居造祠修路,建亭成桥,不惜重资"③。官桥人朱文煊,"居乡时,建福泉庵,造新城庙,修晓秋岭,置义仓田,种种义举不下数千金"。"凡遇善举,慷慨乐施……邑侯陈修城垣,输八百金,工竣遵例纪录三次"。④ 尚源人张启明,"比长服贾江北……中岁家饶,建庵宇,甃祠地,及修佛儿岭一带道路"⑤。

休宁、祁门、黟县和绩溪商人的义行。明代休宁兖山人汪海家乡因濒渐江而里水溢,经常为害田庐。他筑堤护之,"修若干丈,广若干丈,甃石梁以济涉者"⑥。清代上资人汪先伊,"少孤贫,服贾积财,分给诸弟……溪岸坏,筑坚堤,易土以石,计二里许,乡间为树碑立祠,曰'五就公堤'"⑦。休宁上资人汪琼生,"往皖所经之大洪、流沙等岭,皆独立捐修"⑧。陈村商人陈志宏,所居之村的对河,路通婺源,"向募船通济,迄无成绪。独捐田租,立义渡户,名为造船及渡夫工食之费,而岁修亦取给焉"⑨。明正德嘉靖间祁门人汪琼,"少豪杰多大虑,自致巨赀……阊门流激善覆舟,知县洪哲欲治之,难其费。琼慨然独任,前后捐金四千,伐石为梁,别凿道由丁家湾而西,再折南迤五六里至路公遥,与故水道会,舟安行,民利之。田故当水道计百余亩,琼悉买之,

---

① 光绪《婺源县志》卷三五《人物志·义行》。
② 光绪《婺源县志》卷三二《人物志·义行》。
③ 《婺源县采辑》,见张海鹏、王廷元主编:《明清徽商资料选编》,合肥:黄山书社,1985年,第351页。
④ 光绪《婺源县志》卷三四《人物志·义行》。
⑤ 光绪《婺源县志》卷三三《人物志·义行》。
⑥ (明)汪道昆:《太函集》卷五五《明处士兖山汪长公配孙孺人合葬墓志铭》,合肥:黄山书社,2004年,第1154~1155页。
⑦ 嘉庆《休宁县志》卷一五《人物志·乡善》。
⑧ 嘉庆《休宁县志》卷一四《人物志·孝友》。
⑨ 嘉庆《休宁县志》卷一五《人物志·尚义》。

没为河,占税五石,琼任办,积累数十千"①。顺治十三年(1656),黟县横冈人吴钟奇,"建四十八级上茶亭,曰双桂亭"②。清代黟县赤岭人苏源,"尝往来浮梁、乐平,于南村岭上建凉亭,施茶于三星庵,行人便之。又于邑之西武岭建如心亭,修亭至花桥路三十里,于陶岭归路修石桥,计十八洞"③。金钗人史世椿,经商起家后,"造本村路,助修溪桥……祁、石之大洪岭,为徽皖要道,倡捐经修,垫费千金"④。黟县易安人吴畅,"尝贸易景德镇……居乡造横泷大路"⑤。英村人李文耀,"商于河南光州……居乡建官田、坞口石桥"⑥。清代绩溪人章定春,"长贸于浙之孝丰,家稍裕,不居积贮,即以修本村路及胡乐司路各数百余丈"⑦。

(二)救灾赈济

救灾赈济是徽商从事社会公益事业第二个重要内容,他们在徽州本土从事的救灾赈济活动也相当多。现分县胪述如下:

在歙县。明隆庆年间,东门人许禾,"少修父业,转毂郡国,所至息入辄倍,益累高赀……念族之贫不能自业者颠连而靡告也,谋于季弟叔孺,就郭东治坦屋七十楹,居旁营塾舍,割常稔之田七十亩,市肆六楹,岁收田租儗直择族之长而贤者掌计而时出纳之"⑧。明代稠墅人汪泰护,"尝贾毗陵,值岁祲,出谷大赈,后里中饥,输粟六百石,郡守李公申请赐建义坊"⑨。吴荣经商后,"业遂日隆,操益日广,旧物克复,有光先人……其与乡邦交也,往往周人之急,赈人之乏,贫而贷者薄其利,贷而无偿者焚其券,人咸德之"⑩。乾隆年间

---

① 万历《祁门县志》卷三《人物志·义行》。
② 嘉庆《黟县志》卷七《人物志·尚义》。
③ 嘉庆《黟县志》卷七《人物志·尚义》。
④ 同治《黟县三志》卷七《人物·尚义》。
⑤ 道光《黟县续志》卷七《人物志·尚义》。
⑥ 嘉庆《黟县志》卷七《人物志·尚义》。
⑦ 《绩溪西关章氏族谱》卷二四《家传》。
⑧ 《重修古歙东门许氏宗谱》卷十《许氏义田宅记》,清乾隆十年(1745)刻本。
⑨ 康熙《徽州府志》卷一五《尚义》。
⑩ 《古歙岩镇镇东礁头吴氏族谱·仰山吴君行状》。

商人方承绪等议及用惠济仓生息银两筹建善堂"以收恤茕独",得到徽州地方官员的认可并付诸实施,"历十余年,(惠济仓)仓储既裕,生息银两亦倍于前,前守诸城李公据商人方承绪等议,将余息银照江苏之例建男女普济二堂,以收恤茕独,禀督宪高、抚宪冯批饬查议。议未上,而李公卸事,嵋峨徐公继之,乃条列章程具详兴建。抚宪富闻于朝,并请即名惠济堂,以无失各商原捐本意,蒙奖许焉"①。丰南人吴钟,"业鹾汉阳,理繁治剧,众多赖之。乾隆十六年饥,郡守何达善劝谕平粜,有余粟贮仓。明年多逋赋,钟请于邑令,以其粟代输民逋"②。乾隆五十三年(1788),歙县"霉雨兼旬,米价腾贵",陈启元"出谷平粜,全活甚众"③。嘉庆三年(1798)秋,槐塘商人程德基荣归故里,"复倡赈里中饥,发米独赢"④。清代西溪人汪景晃,"业贾三十年。年五十,以生产付子孙,专务利济。族之茕苦者,计月给粟,岁费钱百五六十千。设茶汤以待行旅,岁费钱六七十千。冬寒无衣食,给之衣,岁费钱约五十千。疾病无医药者,给以药。贫不能亲师者,设义馆,岁费钱约二十千。死而无棺者,给之棺。岁岁行之,至年九十时,所费以万余计,给三千余棺"⑤。

在婺源县。清代长溪人戴盛宏,"乾隆辛未(十六年,1751),乡邻遏籴,贫民难举火,宏适江左买米归,尽散之,不取值。甲戌岁(十九年,1754),族不戒于火,延烧左右邻,宏屋亦烬,将白石坞杉木任人伐取,不校"⑥。冲田人齐兆传,"家贫,经商浮乐,渐饶裕,善体亲心,以二兄拙于持筹,同居十载,分巨赀以济。嘉庆甲戌(十九年,1814),大水,独力创置义仓,里无饥人。凡救灾捍患,皆先为族周防,事至力任之,不惜劳费"⑦。项村人项国修,"少食贫,贾于临川,家渐裕……道光丁未(二十七年,1847),岁歉,村人告粜无门,修恻然创

---

① 民国《歙县志》卷一五《艺文志·惠济堂记》。
② 民国《丰南志》第三册《人物·义行》。
③ 民国《歙县志》卷九《人物志·义行》。
④ 民国《歙县志》卷九《人物志·义行》。
⑤ 民国《歙县志》卷九《人物志·义行》。
⑥ 光绪《婺源县志》卷三二《人物志·义行》。
⑦ 光绪《婺源县志》卷三五《人物志·义行》。

立义仓,首捐谷百余石。复籍众力输助,得谷二百石,修独孳息二十年,置田产,建仓廒,岁给贫户,乡里尸祝之"①。石枧人程鸣岐,"贷赀贩木,乃渐饶裕……道光年间,岁饥,买谷数百石,减价平粜"②。尚源人张启明年长后,服贾江北,"咸丰间,发贼扰攘,村民乏籴,独出数百金,往外运济"③。西谷人俞承绪年长后在吴楚间经商,咸丰十一年(1861),"发逆蹂躏,里间贫乏多不能自存,绪倾囊量给"④。新田人金世征在金陵经商,"后归家,值岁荒,买米赈济月余,族人赖之"⑤。延村人金城经商于景德镇,"晚归,储谷贷贫"⑥。

婺源许多商人还纷纷投资设立义仓用于民间救济。清咸丰年间,虹川商人洪国桢与弟洪国珍、洪国珪,输银千两建积丰义仓,以济荒歉。⑦ 清代东溪头人程茂梓,"以贫易业,家渐充,自奉甚约,见义必为。尝欲创建义仓,遘病不起,嘱其子世炘、世炳曰:予一生勤劳,所置薄产,足供尔辈衣食。尚存银一千六百两,欲建义仓,有志未逮,尔辈须陆续置田,约满五十亩,并建仓屋,归于族众,以备荒歉。必成吾志,毋怠。时二子尚幼,及长,奉命举行。岁歉,藉举火者不下千指,族中德之"⑧。新源商人俞秩宗曾经商淮扬间,及老归里,"疾革,犹以族多贫窭,荒岁艰于自给,属子镛兴立社仓赈粜"⑨。盘山商人程世杰,置田三百余亩立义仓,"丰年积贮,遇凶祲,减价平粜"⑩。上鸿村商人洪腾云勤劳服贾,"族中义仓义冢,偕众增修,贫乏赖之"⑪。中云商人王锡昌经商楚汉,家渐饶裕,"本里创建义仓,输田十余亩"⑫。桂潭商人董梯云,"业

---

① 光绪《婺源县志》卷三五《人物志·义行》。
② 光绪《婺源县志》卷三五《人物志·义行》。
③ 光绪《婺源县志》卷三三《人物志·义行》。
④ 光绪《婺源县志》卷三五《人物志·义行》。
⑤ 光绪《婺源县志》卷三五《人物志·义行》。
⑥ 光绪《婺源县志》卷三九《人物志·质行》。
⑦ 光绪《婺源县志》卷三五《人物志·义行》。
⑧ 乾隆《婺源县志》卷二三《人物志·义行》。
⑨ 乾隆《婺源县志》卷二三《人物志·义行》。
⑩ 光绪《婺源县志》卷三三《人物志·义行》。
⑪ 光绪《婺源县志》卷三三《人物志·义行》。
⑫ 光绪《婺源县志》卷三四《人物志·义行》。

茶稍裕,置产悉与兄均。桂潭地狭田稀,云捐资置义仓,值岁饥,减价平粜,族赖以安"①。汪口商人俞鸿仪,"族推司义仓,廉慎公正。乙卯,大水饥,仓积告罄,复与素封市谷平粜,族人赖以不困"②。梅田商人薛邦彦,"尝捐赀创建义仓,遇荒平粜,一族均沾其惠"③。梅田商人薛光鸿,"尝悯族人鬻薪易米,午犹未炊,倡立义仓,首捐谷三百石,劝众集成,以备岁荒"④。梅溪商人吴文纯,"建义仓,置租约三千余金,以备荒歉"⑤。荷田商人方士焯经商粤东30余年,"归家建义仓,修桥路,善举多赖襄成"⑥。

徽州其他县邑商人的此类义行。明代休宁商山人吴用良居里中,"故多予。冻馁予衣食,病予药,殡予棺。涂淖病行,则甃石予众。野有弃女,则予之糒而乳之。里妇莙故家女梱内,内之为媵人。用良女视之,予之装而嫁士族"⑦。清代绩溪人章定春长年在浙江孝丰经商,"邑中善举,无不倾囊乐输。遇年荒施粥倍于常……凡穷者及无人祭祀者,治钱、米、纸箔之惠者尤多"⑧。

综上所述,明清徽商以义为利,致富后不忘回报生养培育自己的徽州故里。他们不惜斥巨资在徽州故里从事筑道路、修城垣、造文庙、建茶亭、兴水利、救灾赈济等社会公益事业,这对改善徽州故里的各项基础设施、便利家乡人民的日常生产生活、增进家乡民众的社会福利和社会保障、维护徽州本土的社会秩序,发挥了较为积极的作用。⑨

---

① 光绪《婺源县志》卷三四《人物志·义行》。
② 光绪《婺源县志》卷三四《人物志·义行》。
③ 光绪《婺源县志》卷三四《人物志·义行》。
④ 光绪《婺源县志》卷三五《人物志·义行》。
⑤ 光绪《婺源县志》卷三四《人物志·义行》。
⑥ 光绪《婺源县志》卷四〇《人物志·质行》。
⑦ (明)汪道昆:《太函集》卷五二《明故太学生吴用良墓志铭》,合肥:黄山书社,2004年,第1103~1104页。
⑧ 《绩溪西关章氏族谱》卷二四《家传》。
⑨ 参见卞利:《徽商与明清时期的社会公益事业》,载《中州学刊》,2004年第4期;王世华:《论徽商对"三农"的贡献》,载《学术界》,2008年第1期。

第二节　徽商致力宗族建设与当地宗族
　　　　制度的维持和强化

一、徽商与徽州宗族族谱编纂

族谱是宗族内部编纂的以血缘谱系为中心的族史记录。明清时期,徽州成为当时全国范围内族谱编纂风气最浓的地区之一。除了由于世家大族的昌盛、宗族组织与宗族制度的高度发达、仕宦等宗族精英分子的积极参与之外,徽州商人丰厚商业利润的支撑,也是导致徽州宗族族谱编纂活动空前活跃的一个重要因素。[1]

关于明清徽商参与修谱的动因,有学者认为,留名家史、利于经营、保证子弟顺利参加科举是徽商参与修谱的动力来源。[2] 实际上,除了上述三方面因素,徽商及其所属宗族通过编纂族谱,实现并凝聚家族向心力也是明清徽商热心参与修谱的重要原因。在这一时期,徽州人由于经商而广泛外出或外迁,"其俗重商,四出行贾,多留不返"[3],形成了"新安风俗性喜流寓"[4]这一独特的社会人文景观。因经商引发的族人的频繁流动,使得徽州宗族对他们的收合成为一大难点。对于这些外出或外迁族人,所在宗族通常利用血缘的因素,即血缘载体——族谱作为联系纽带,加强与他们的联络和沟通,实现收族和凝聚族人的目的。如明隆庆《婺源余氏统谱·凡例》云:"迁徙内乡外郡,凡属远年近日、迁居出继及商贾外方、娶妻生子之类,必登记详明,庶不至三五代后支派无稽。"[5]该族强调对"商贾外方"等外迁族人的相关信息予以详细

---

[1] 参见赵华富:《徽州宗族研究》,合肥:安徽大学出版社,2004年,第227页。
[2] 徐彬:《明清时期徽商参与家谱编修的动因》,载《安徽师范大学学报》,2011年第1期,第19～21页。
[3] 陈去病:《五石脂》,南京:江苏古籍出版社,1985年,第306页。
[4] 《新安歙西沙溪汪氏族谱·重修族谱凡例》,清道光刊本。
[5] 《婺源余氏统谱·凡例》,明隆庆刊本。

登记,以便于收族。清康熙年间,歙县西沙溪汪氏认为:"族之有谱,上以征祖宗之渊源,下以绵子孙之血脉,族大丁繁,非有谱以统之,何以光前而裕后也……将四十余年之人丁尽皆收续,一十八代之阙略备悉载登。今幸告成,由迁西沙溪以来,年历三百,丁发四千,支支祖妣循序而求,恍如列眉,派派子孙按籍而稽,快同指掌。"①该族强调"谱以统之",即通过族谱以实现收族的目的。到了道光年间,西沙溪汪氏指出:"吾族有经商为客,有携家侨寓,有置产迁居,如浙江、江西、河南、山东、湖广、广东、广西、四川及本省十四属府州县乡镇,自八十一世至八十八世在在都有,一处未到,遂不能全,所以家谱当三十年一修,庶见闻所及,方无遗漏。"②该族强调通过族谱的及时编纂,以对"经商为客"等外迁族人进行收合。明清时期徽商积极参与宗族族谱的编纂,主要表现在两个方面。

(一)徽商亲自主持、组织或从事修谱工作

如明正德年间,徽州毕氏编纂族谱时,休宁闵川支派商人毕蕙、毕兰,"总督各派编梓事"③。"搜索各派旧谱,统修名曰《新安毕氏族谱》,鸠工锓梓以传"④。该族商人毕蕙、毕兰在族谱编纂过程中起了主持者和组织者的作用。明天顺嘉靖间休宁率东人程宪,"既长受读经书,能通训诂,修父业商于淮浙间,贸迁有道,虽世于商者莫之及也,以故赀雄于乡,为邑望族……予同年刘弦斋未遇时,游于率东,时人未知奇也。翁与语大悦,乃托之辑谱牒,集《思本堂遗文》,弦斋感翁高谊,竭志校正,足以传远,且多为之题咏或为文以记之"⑤。该族商人程宪委托知识精英刘弦斋"辑谱牒",程宪在族谱编纂过程中扮演了组织者的角色。明嘉靖万历间歙县商人许世积,经商致富后致力于"修统谱","虽劳且费不惜也"⑥。该族商人许世积积极从事宗族统宗谱的编

---

① 康熙《谱成告祖文》,见《新安歙西沙溪汪氏族谱》,清道光刊本。
② 《新安歙西沙溪汪氏族谱·重修族谱凡例》,清道光刊本。
③ 《新安毕氏会通族谱·执事名氏》,明正德刊本。
④ 《新安毕氏会通族谱》卷一三《寿考志》,明正德刊本。
⑤ 《休宁率东程氏宗谱》卷四《克己处士墓志铭》,明刊本。
⑥ (明)许国:《许文穆公集》卷一三《世积公行状》。

纂工作。明代，歙县东关人许铁，"少业儒，从季父汝弼贾吴中……所著有《学言》六卷，《祠规》《宗谱》若干卷"①。该族商人许铁编著有《宗谱》若干卷。

清代婺源中云王氏族人王钦广，"以治生寄迹市间……葺谱系以收族"②。在经商之余，以王钦广为代表的宗族商人，积极主持或从事族谱编纂工作。婺源焦源吴氏族谱，"自前明来支派各修，讹舛失次"，到了清代，该族商人吴荣森，"聚族议创为统宗，竟委穷源，世系不紊"。③ 倡议编纂统宗谱，并对族谱世系进行了考订与修正。清代歙县蜀源人鲍光甸，"幼通经艺，长往扬州营盐策，性俭约而乐于济人……修谱牒"④。该族盐商鲍光甸参与了修谱工作。清代歙县古城关人汪嘉树，"年十六服贾以养亲，曾两修支谱"⑤。该族商人汪嘉树两次参与了支谱的编纂工作。清代婺源龙腾人俞铨，"经商赀裕……修葺本支谱牒"⑥。该族商人俞铨致力于所在分支宗族支谱的编纂。清代婺源人孙有爔，"弃儒就贾，赀渐饶……葺宗谱"⑦。该族商人孙有爔经商致富后致力于修葺宗谱。清代绩溪西关人章必泰，"性嗜学，喜吟咏，隐于贾，往来吴越间……尝因收族访谱，遇福建浦城宗人名汉者于吴门，道及南峰宗祐重建事，于是相与刊发知单，遍告四方诸族。偕兄必达，协力捐输，以为将伯之助。厥后诣浦城，查阅统宗会谱与西关谱有无异同，并录艺文之未备者以归"⑧。由此可见，该族商人章必泰不辞辛苦亲赴福建浦城等远地"收族访谱"，查核本支谱牒与统宗会谱的异同，并收录相关资料。清代黟县人江梦勋，"以廉贾起家……与族人修族谱"⑨。

---

① 《重修古歙东门许氏宗谱》卷九《许铁传》，清乾隆十年（1745）刻本。
② 光绪《婺源县志》卷二九《人物志·孝友》。
③ 光绪《婺源县志》卷三四《人物志·义行》。
④ 民国《歙县志》卷九《人物志·义行》。
⑤ 民国《歙县志》卷九《人物志·义行》。
⑥ 光绪《婺源县志》卷三五《人物志·义行》。
⑦ 光绪《婺源县志》卷三五《人物志·义行》。
⑧ 《绩溪西关章氏族谱》卷二四《家传》。
⑨ 同治《黟县三志》卷七《人物志·尚义》。

(二)徽商为顺利编修族谱积极提供资金保障

诚如有学者认为,"从明清徽州家谱历史来看,徽商对明清家谱发展产生影响,最主要的就是经费的支持"①。在明清徽州,族谱编纂需要大量资金的支撑才能顺利完成。徽商的资金支持,对于所在宗族族谱的顺利编纂起到了重要作用。清代,婺源新源人俞悠春,"尝业木维扬,赀颇饶,辄喜施与……捐赀修谱、市米平粜、好义勇为,不一而足"②。该族商人俞悠春"捐赀修谱",为编纂族谱提供了资金支持。清代,婺源梅溪槎坑人吴永钥,"往汉镇业贾……尤笃根本,修祀厅、葺宗谱,所费不下五百金"③。该族商人吴永钥致力于编修宗谱,并为修谱花费了大量资金。清代婺源人胡正鸿,"成童后,父命服贾……若修谱牒,葺祖茔,费皆独任"④。该族商人胡正鸿为编纂族谱"费皆独任",承担了几乎全部的费用。清代歙县棠樾商人鲍志道,"先生由困而亨,顾恒思于物有济,修宗祠、纂家牒"⑤。该族商人鲍志道经商致富后热心于编纂家谱,并积极提供资金支持。

二、徽商与徽州宗族祠堂建设

祠堂是明清时期徽州宗族内部最重要的公共设施之一。明清时期徽州宗族祠堂主要发挥着以下一些功能:第一,徽州宗族通过祠堂祭祀仪式的举行及相关祭祀制度的执行,以融洽宗族、收拢人心、增强宗族凝聚力,进而实现合族收族、控制族人的目的;第二,徽州宗族通过祠堂这一舞台实施族内教化、宣传活动;第三,徽州宗族通过祠堂执法实施对族人的硬性控制;第四,族

---

① 徐彬:《明清时期徽商参与家谱编修的动因》,载《安徽师范大学学报》,2011年第1期,第19页。
② 光绪《婺源县志》卷三五《人物志·义行》。
③ 光绪《婺源县志》卷三五《人物志·义行》。
④ 光绪《婺源县志》卷三四《人物志·义行》。
⑤ 《歙县棠樾鲍氏宣忠堂支谱》卷二一《鲍肯园先生小传》,清嘉庆刊本。

内纠纷调解、统一族人意志、族内赈济等活动的实施也多以祠堂为中心。①由于祠堂发挥着上述功能,因而祠堂的建设一直受到明清徽州宗族及其成员徽商的高度重视。明清时期徽商积极参与宗族祠堂的建设,主要表现在以下三个方面:

(一)徽商亲自主持、组织或从事祠堂修建工作

在歙县。明代西溪南商人吴荣让,"尝读范文正义田记,向慕其为人。其后立宗祠,祠本宗"②。明嘉靖万历人许世积,"创宗祠……虽劳且费不惜也"③。明万历崇祯间丰南商人吴肖甫,"从兄光升,特造宗祠,复捐金构支祠,推肖甫董其事,十载而祠成"④。明嘉靖至清顺治间歙县槐塘商人程大功,"起家盐策。缮祠睦族,筑堤卫乡,世际艰虞,输家佐国"⑤。在清代,江村人江嘉谟,"处乡党恒多义举,凡修里社之祀,建合宗之祠,任劳不惜,并佽其成"⑥。古城关人汪嘉树,"年十六服贾以养亲……先世自葛川迁古关,支祠未建,奉神主于厅事。乾隆十五年(1750)毁于火。嘉树驰归,即规度旧基,建祠供奉。十六年(1751)夏,旱,米价骤增,有劝辍工者,曰:'先灵未妥,吾眠食俱废,且古人有以工代赈者,吾反停工乎?'然力实不支,至于鬻田称贷。祠成而仍饥,有食观音粉者,见之恻然。复转粟桐江,减价平粜"⑦。汪嘉树"规度旧基",积极组织支祠的创建工作。

---

① 参见陈瑞:《明清时期徽州宗族祠堂的控制功能》,载《中国社会经济史研究》,2007年第1期,第56~61页。
② (明)汪道昆:《太函集》卷四七《明故处士吴公孺人陈氏合葬墓志铭》,合肥:黄山书社,2004年,第997~999页。
③ (明)许国:《许文穆公集》卷一三《世积公行状》。
④ 《丰南志》第五册《光裕公行状》。
⑤ 《歙县槐塘程氏重修宗谱》卷一三,清康熙刊本。
⑥ 《橙阳散志》卷三《人物志·孝友》。
⑦ 民国《歙县志》卷九《人物志·义行》。

在婺源。清乾隆年间上溪头人程兆枢，"少业儒，年十五失怙恃，弃砚就商业木……归家创祠宇，助祀田，建义仓，督造水口桥梁及文昌阁，勤劳六载"①。清乾隆年间商人洪胜回归故里时，"见祠宇之待葺，祀田之未置也，毅然引为己任"②。单启泮年长后，"业木豫章，家始裕，即见义勇为……祠宇将倾，输己地集赀，独任营造，三年落成"③。清咸丰同治间清华商人胡孔昭，"归家见宗祠倾圮，集众议修，倡捐二百金，由是群相激劝，鸠工庀材，昭董其事。辛勤三载，栋宇焕然一新"④。程邦灿服贾粤东，"获奇羡，悉归父母。诸弟授室后，各畀生业，协力持筹，家业日起。父见食指繁，命析箸，灿请缓，率弟建家祠，始议分"⑤。王鸿銮见宗祠倾圮，"偕弟峤修葺，焕然一新"⑥。金辑熙，"营祖坟，建家庙，鸠工庀材皆躬督匪懈"⑦。漳溪人王大炎幼业儒，年长后贸易，"族中议建祖祠，力肩其任，外事概谢不预，公慎共矢，勤劳罔懈，三年告竣，不居其功，族人韪之"⑧。王大炎"力肩其任，外事概谢不预"，专心致志于创建祠堂。

在其他县域。明代祁门胡村商人胡天禄，"操奇赢，家益丰。以族有思本祠祀先祖以下，遂构报本祠祀其亲"⑨。生于清康熙三十年（1691）的绩溪商人王中梅，"工计然，常远出经商，臆则往往而中。积数年，家渐裕。诸子弟有请营第宅者，公怃然曰：'记有之，君子将营宫室，宗庙为先。今祠宇未兴，祖宗露处，而广营私第，纵祖宗不责我，独不愧于心乎？'乃慨然有建祠之志"⑩。该族商人王中梅不计较于营私第而致力于创建宗祠。清代，绩溪西关人章

---

① 光绪《婺源县志》卷三五《人物志·义行》。
② 《婺源燉煌郡洪氏通宗谱》卷五九《福溪雅轩先生传》，清嘉庆刊本。
③ 光绪《婺源县志》卷三四《人物志·义行》。
④ 光绪《婺源县志》卷三五《人物志·义行》。
⑤ 光绪《婺源县志》卷二九《人物志·孝友》。
⑥ 光绪《婺源县志》卷二八《人物志·孝友》。
⑦ 光绪《婺源县志》卷三四《人物志·义行》。
⑧ 光绪《婺源县志》卷三八《人物志·质行》。
⑨ 康熙《祁门县志》卷四《人物志·孝义》。
⑩ 绩溪《盘川王氏宗谱》卷三《中梅公传》，民国刊本。

通,"随父服贾,以义获利,为乡里所重。尝创建支祠、兴造文昌阁,廉而且勤"①。该族商人章通亲自参与了支祠的创建工作。

(二)徽商为宗族祠堂建设积极提供资金保障

在歙县。明中后期长原商人程澧,针对宗族一度"祠事独阙",带头捐重金修建祠堂,"程氏会食以时,其指万,祠事独阙,计其费万缗。公(引者注:指程澧)首倡捐如千金,遍赞诸宗,各以其力来助,举宗响应,不日祠成"②。明嘉靖间歙县东关商人许禾,"捐二千余金,鼎建宗祠,恢其堂楹,而辟其路径"③。江希贤弱冠时偕诸伯仲继承祖父业,在北关溪滨经商,"资日饶裕,寸缕弗入私室。挟资游二浙三吴,不辞艰劳,贵贱赢诎悉中心计……尤急人陀危,宗党戚属多所施予,他如修祠宇,造桥梁,一生懿行难更仆数"④。溪南商人吴光升,"以小宗未有祠,独鸠工庀财先之,费巨万"⑤。寒山商人方勉弟,"以数千缗缮宗祠圮者,合族修岁事读宗法,众相观而善,不犯有司"⑥。丛睦里商人汪玩,"事关大义即无所靳,首捐万金建宗祠,祠遂为一郡最"⑦。郑石陵,"家故无祠,乃构数十楹祠,岁时祭祀。已复买田为费,然后治私室"⑧。明清时期,歙县盐商势力一度如日中天,他们在歙县故里捐资扩建祠堂尤为突出。康熙六十一年(1722),岁饥,瞻淇商人汪燧,"创祠宇三"⑨。棠樾商人鲍志道踊跃捐赀修宗祠,"建鲍氏世孝祠"⑩。郡城人汪德昌,"念宗祠湫隘败

---

① 《绩溪西关章氏族谱》卷二四《家传》。
② (明)汪道昆:《太函集》卷五二《明故明威将军新安卫指挥佥事衡山程季公墓志铭》,合肥:黄山书社,2004年,第1102页。
③ 《重修古歙东门许氏宗谱》卷九《许禾传》,清乾隆十年(1745)刻本。
④ 歙县《济阳江氏族谱》卷九《明处士江希贤行状》。
⑤ (明)李维桢:《大泌山房集》卷七四《吴季公程孺人家传》。
⑥ (明)李维桢:《大泌山房集》卷七二《方仲公家传》。
⑦ (明)李维桢:《大泌山房集》卷七二《汪翁家传》。
⑧ 《歙县双桥郑氏墓地图志·明故处士石陵郑君暨配洪孺人合葬墓志铭》,见张海鹏、王廷元主编:《明清徽商资料选编》,合肥:黄山书社,1985年,第220页。
⑨ 民国《歙县志》卷九《人物志·义行》。
⑩ 民国《歙县志》卷九《人物志·义行》。

坏,与兄怀昌、弟孕昌捐赀重建,并办祭器以奉烝尝"①。江村人江春,"平生急公好义,如建宗祠,葺书院,养老周贫,一才一技之士务使得显所长,以副其愿"②。江村人江蕃,"治鹾广陵,早自树立。于诸义举肩任勿辞。尝捐修宗祠,设立义学,并于云岚山创建忠义节孝诸祠,以崇祀典"③。潭渡人黄以祚,"尝捐金修其远祖芮庐墓地,建孝子祠"④。石门人陈启元,"服贾苕霅,家业稍裕,遂创建宗祠"⑤。

在婺源。清初江湾人江正迎,"挟策游江湖,因侨居无锡……尤重念本源,诸祖骸悉殚力妥葬之。江国铭修葺宗祠,迎左右之力为多,有见义必为之勇焉"⑥。乾隆年间龙尾商人江可烈,"族有祖祠倾圮,捐赀重建,费亦如之"⑦。清中叶,横槎人黄文所在宗族的宗祠在太平天国运动中被毁,他"均独立重造,所费不下数千金"⑧。秋溪商人詹思润,"业茶,赀裕,益力为善,修葺祖祠,捐银三百两"⑨。渔潭商人程国远,"修宗祠,建义仓,兴赈会,施棺木,均归美于父,不自以为德焉"⑩。阳村商人王世勋,"尝念祖祠未建,独力构造,费千金有奇"⑪。大畈商人汪启逊,"支祠圮坏,输资重建"⑫。溪头人程世德,"长贸易江右,勤俭成家,见义不吝。祀厅被毁,慨输五百金襄成"⑬。沱川人余鼎澛,"支祖未有祠宇,澛独力创建,总费数千余金"⑭。清代,婺源

---

① 民国《歙县志》卷九《人物志·义行》。
② 民国《歙县志》卷九《人物志·义行》。
③ 《橙阳散志》卷三《人物志·义行》。
④ 民国《歙县志》卷九《人物志·义行》。
⑤ 民国《歙县志》卷九《人物志·义行》。
⑥ 光绪《婺源县志》卷三一《人物志·义行》。
⑦ 光绪《婺源县志》卷三二《人物志·义行》。
⑧ 光绪《婺源县志》卷三五《人物志·义行》。
⑨ 光绪《婺源县志》卷三五《人物志·义行》。
⑩ 光绪《婺源县志》卷三四《人物志·义行》。
⑪ 光绪《婺源县志》卷三五《人物志·义行》。
⑫ 光绪《婺源县志》卷三五《人物志·义行》。
⑬ 光绪《婺源县志》卷三三《人物志·义行》。
⑭ 《婺源县采辑》,见张海鹏、王廷元主编:《明清徽商资料选编》,合肥:黄山书社,1985年,第310页。

沱川商人余源开,"支祠毁坏,捐金营葺"①。清代,婺源词坑人王光秀,"以昆季屡弱,独立经商江淮间……凡修祠宇、桥路、平粜、解纷,悉输金无吝色"②。石枧商人程鸣岐,见宗祠圮坏,"捐金修葺"③。朗湖人叶上林,"中年贸易岭南,家渐裕……捐建祠宇"④。胡正鸿侨居沪城,"闻香田祖祠被毁,约同宗某汇赀重建"⑤。官桥商人朱文煊,"尝见祠宇颓坏,输五百金修之"⑥。程泰仁,"解橐修祠葺墓,不费众赀一文。本房支祠倾圮二百年许,捐银买基输本造寝,仁先为之倡"⑦。荷源商人方士焕,"捐资建义仓、造支祠,所费不下数百金"⑧。长滩商人俞焕归乡后,"捐修郡县文庙,造远祖纵公祠、鼻祖昌公墓祠,先后输赎始迁祖彦勋祠租,其费逾巨万"⑨。梅溪槎坑商人吴永钥,"修祀厅、葺宗谱,所费不下五百金"⑩。城北商人程兆樑,"尝念程氏迁蚺城后未建家祠,祀典久缺,慨然以家塾输作祠基,正欲谋及堂构,适遇疾,赍志以没"⑪。

在休宁。明天顺嘉靖年间率东人程宪,"尝增修世宗祠宇,传写远祖遗像,以示不忘"⑫。明代居安盐商黄侃,"居家收族,独建大宗祠"⑬。吴田商人吴次公,"尝倡义葺宗祠,置祀田,定宗约,以兴孝让"⑭。清乾隆年间和村人吴永亨,"协建宗祠,与弟永杰捐祀产"⑮。和村人吴国锦,"业盐策,资日以

---

① 光绪《婺源县志》卷三五《人物志·义行》。
② 光绪《婺源县志》卷三八《人物志·质行》。
③ 光绪《婺源县志》卷三五《人物志·义行》。
④ 光绪《婺源县志》卷三五《人物志·义行》。
⑤ 光绪《婺源县志》卷三四《人物志·义行》。
⑥ 光绪《婺源县志》卷三四《人物志·义行》。
⑦ 光绪《婺源县志》卷三四《人物志·义行》。
⑧ 光绪《婺源县志》卷三三《人物志·义行》。
⑨ 光绪《婺源县志》卷三二《人物志·义行》。
⑩ 光绪《婺源县志》卷三五《人物志·义行》。
⑪ 光绪《婺源县志》卷三八《人物志·质行》。
⑫ 《休宁率东程氏宗谱》卷四《克己处士墓志铭》,明刊本。
⑬ 万历《休宁县志》卷六《人物志·乡善》。
⑭ (明)汪道昆:《太函集》卷五六《吴田义庄吴次公墓志铭》,合肥:黄山书社,2004年,第1178~1179页。
⑮ 嘉庆《休宁县志》卷一五《人物志·乡善》。

饶……倡立孝友支祠以祀其先"①。长丰商人朱钟元,"尝倾橐捐重赀建造祠宇"②。陈村商人陈志宏,"族中无宗祠,独立捐建"③。西门商人汪雅会,"葺祠裕祀及造梁、赈饥,力行不息,族党称之"④。在其他县邑。清代绩溪西关商人章有元,"独出己资建造敦伦堂,为小宗家庙。宗祠椅桌亦其所置"⑤。清代,绩溪孔灵人汪锡畴,"贾于兰溪,先贫后裕……独立捐筑宗祠下手高坝"⑥。明代,祁门严源商人李秀,"家祠未建,秀独力创成"⑦。清代,黟县人史世椿,"勤俭好义,重建家祠"⑧。商人俞正馥,"尝欲修其宗祠,未果而卒。子懋麟,于咸丰中奉遗言,出赀成之"⑨。

(三)徽商参与制定宗族、祠堂的相关制度条规

在歙县。明隆庆年间东关商人许禾,"修饰祖庙,增拓祭田,订议法,修祀事,章章备矣"⑩。明代东关人许铁,"少业儒,从季父汝弼贾吴中……所著有《学言》六卷,《祠规》《宗谱》若干卷"⑪。清乾隆年间岩镇商人汪之机,"葺宗祠,定祭礼,族党诸义举踊跃赴之"⑫。在休宁。元末明初休宁商人程维宗对祠堂祭祀等相关制度建设十分重视,"闻浦江郑氏义居之美,常效其家规,立为条例……祠堂四时之祭亦有定式,蕲州守程汝器先生作记"⑬。明代休宁林塘商人范岩周,"虽在旅寓,每不忘亲……于时子姓日蕃,旧室隘,不忍析居。正德戊寅(十三年,1518),率伯叔祖父建厅堂一区,颜曰'怡乐'……爰立

---

① 嘉庆《休宁县志》卷一四《人物志·孝友》。
② 嘉庆《休宁县志》卷一五《人物志·乡善》。
③ 嘉庆《休宁县志》卷一五《人物志·尚义》。
④ 康熙《休宁县志》卷六《人物·笃行》。
⑤ 《绩溪西关章氏族谱》卷二四《家传》。
⑥ 嘉庆《绩溪县志》卷一〇《人物志·尚义》。
⑦ 康熙《祁门县志》卷四《人物志·孝义》。
⑧ 同治《黟县三志》卷七《人物·尚义》。
⑨ 同治《黟县三志》卷六《人物·质行》。
⑩ 《重修古歙东门许氏宗谱》卷十《许氏义田宅记》,清乾隆十年(1745)刻本。
⑪ 《重修古歙东门许氏宗谱》卷九《许铁传》,清乾隆十年(1745)刻本。
⑫ 民国《歙县志》卷九《人物志·义行》。
⑬ 《休宁率东程氏家谱》卷三,明刻本。

家规二十条,大都训子孙修身齐家、敦宗睦族。凡男妇不率教者有罚,诸条训皆以身先之,令悬而不犯,庭无哗言"①。林塘商人范鉏,"申明家规数条,以率同堂,又以率同族,又因之以勖同居邻里。处人气象訚訚,子弟奉令惟谨,见之辄屏立,无敢倾侧喧诙。村落肃雍者数十余年"②。范鉏通过制定家规以约束宗族子弟,此举效果明显。在婺源。清代源济溪商人游光鼎,"值甲寅(引者注:指清康熙十三年,1674)寇难,徙居邑治东溪,因弃儒勤理生计。尤敦本笃宗,族祠岁举祀祭,尝患供事者畔簿正,多苟简,乃绘刻图式、定品数,预颁,俾遵守。自是无敢袭越,族人重之"③。游光鼎为祠堂祭祀"绘刻图式、定品数",制定了相关规章制度。商人孙有燨经商致富后,"建祖祠、立圭田、修祀典"④。诗春商人施廷寮,"年近七旬,归故里,倾囊中金为祖母建节孝坊,数代先茔购地祔葬,立祀典,还宿逋,通族钦重之"⑤。

徽商在徽州故里进行宗族建设,还包括其他一些内容。其中,为确保宗族祠堂的正常运转而踊跃捐赀置产是一个重要方面。如清代休宁上资商人汪先伊,"祖祠缺常贮,捐重资以裕粢盛"⑥。清代婺源诗春商人施时升,"历游吴越燕赵间,先业由之益廓焉……宗祠祀典,复输租以益其费,族人义之"⑦。婺源沱川商人余宗燮,"输赀入祠,为长久祭扫之计"⑧。婺源秋溪商人李光栋,"家壁立,痒瘁治生……置租数十,永隆祀典,族人称之"⑨。此外,一些徽商还利用祠堂对族人进行教化工作。如明代休宁林塘商人范显宁,"壮游淮扬苏湖间,历彭蠡洞庭,货殖有道,所挟赀日裕……岁时聚族人于先

---

① 《休宁范氏族谱·谱传·中支林塘族》,明万历刊本。
② 《休宁范氏族谱·谱传·中支林塘族》,明万历刊本。
③ 乾隆《婺源县志》卷二二《人物志·义行》。
④ 光绪《婺源县志》卷三五《人物志·义行》。
⑤ 光绪《婺源县志》卷三五《人物志·义行》。
⑥ 嘉庆《休宁县志》卷一五《人物志·乡善》。
⑦ 康熙《婺源县志》卷十《人物志·义行》。
⑧ 乾隆《婺源县志》卷二六《人物志·质行》。
⑨ 乾隆《婺源县志》卷二〇《人物志·孝友》。

祠,谆谆以继述相勉,蔑有不感者"①。范显宁"岁时聚族人于先祠,谆谆以继述相勉"的主观努力,取得教化族人的积极效果。

三、徽商与徽州宗族族田的设置

明清时期,徽州宗族十分重视通过设置族田以帮助解决族内祭祀、救济、教育等事业。为此,徽州宗族常常呼吁族中的商人、官僚等设置族田或向祠堂捐资。如清代休宁《茗洲吴氏家典》"家规"规定:"族内贫穷孤寡,实堪怜悯,而祠贮绵薄,不能赒恤,赖族彦维佐输租四伯,当依条议,每岁一给。顾仁孝之念,人所同具,或贾有余财,或禄有余资,尚祈量力多寡输入,俾族众尽沾嘉惠,以成巨观。"②明清时期,徽州族田的种类和名称较多,但归纳而言,主要有祭田、义田、学田三类。③在上述族田设置过程中,徽商发挥了重要作用。

(一)徽商在徽州本土广置祭田用于祖先祭祀

在歙县。明嘉靖年间商人许尚质,"东走吴门,浮越江南,至于荆,遂西入蜀……翁既自蜀归,乃合葬荆南君汪媪于宇川,置茔田,扫墓而祭。已乃及五世墓如宇川。已又及迁祖,其迁祖故有世庙,无祭田,有祭田自翁始。于是族人乃无不翁欢者,像翁以为功宗祠事焉"④。明代,潜川商人汪伯龄,"营宅兆,置墓田,独费累四千缗无所吝"⑤。西溪南商人吴荣让,"置田以共祀事"⑥。清代乾隆年间,棠樾商人鲍志道,"增置祀田,以奉祭祀"⑦。嘉庆光绪

---

① 《休宁范氏族谱·谱传·中支林塘族》,明万历刊本。
② (清)吴翟辑撰,刘梦芙点校:《茗洲吴氏家典》卷一《家规》,合肥:黄山书社,2006年。
③ 参见赵华富:《徽州宗族研究》,合肥:安徽大学出版社,2004年,第289页。
④ 《歙县许氏世谱·朴翁传》,见张海鹏、王廷元主编:《明清徽商资料选编》,合肥:黄山书社,1985年,第89页。
⑤ (明)汪道昆:《太函集》卷五三《处士汪隐翁配袁氏合葬墓志铭》,合肥:黄山书社,2004年,第1116、1118页。
⑥ (明)汪道昆:《太函集》卷四七《明故处士吴公孺人陈氏合葬墓志铭》,合肥:黄山书社,2004年,第997~999页。
⑦ 民国《歙县志》卷九《人物志·义行》。

间歙县新馆商人鲍志桐,"时方建五思堂宗祠,公为其祖及父捐田五十亩以衬主……又以远祖之向无祭产也,谋两派,合捐上祀户田十七亩有奇,轮祀始迁祖以上三代。并为其祖置祭田五亩,父三十亩"①。清代江村商人江承东,"捐输祭田于支祠,奉高曾以下之祀,而无后者亦得附祭焉"②。

在婺源。清初江湾商人江正迎,"归展先墓,见鼻祖祠田以他故鬻去,迎独为之赎回"③。清代,绣溪商人孙文炜,"置祀田以永蒸尝,助婚娶以绍宗祊,族人至今诵之"④。清源商人王用彬,"置田租输为祀产,宗族称道弗衰"⑤。乾隆间商人洪胜归乡后,"见祠宇之待葺,祀田之未置也,毅然引为己任"⑥。上溪头商人程兆枢,"归家创祠宇,助祀田"⑦。江湾商人江衢,"重造家庙,增置祀田,族党均以廉能称之"⑧。龙腾商人俞铨经商致富后,"为支祖立祀田祭扫"⑨。查树茂商人,"输田五十亩,以裕祭祀"⑩。商人孙有爔经商致富后"立圭田"⑪。庐源商人詹世鸾,致富后"置祀田"⑫。商人程肇基,"业木金陵,赀饶裕……至于培植根本,兴祀置田之举,指不胜屈"⑬。方村商人方钟美,有堂兄钟旺,"靡有所依,美皆招与同居,衣食终其身,并出金为二人置田祭扫"⑭。新源商人俞大霱,"远近祖先,俱置墓田、隆祀典"⑮。

---

① 歙县《新馆鲍氏著存堂宗谱》卷二《例授奉直大夫州同衔加二级鸣歧再从叔行状》。
② 民国《歙县志》卷九《人物志·义行》。
③ 光绪《婺源县志》卷三一《人物志·义行》。
④ 康熙《婺源县志》卷十《人物志·义行》。
⑤ 光绪《婺源县志》卷四〇《人物志·质行》。
⑥ 《婺源燉煌郡洪氏通宗谱》卷五九《福溪雅轩先生传》,清嘉庆刊本。
⑦ 光绪《婺源县志》卷三五《人物志·义行》。
⑧ 光绪《婺源县志》卷三五《人物志·义行》。
⑨ 光绪《婺源县志》卷三五《人物志·义行》。
⑩ 光绪《婺源县志》卷三四《人物志·义行》。
⑪ 光绪《婺源县志》卷三五《人物志·义行》。
⑫ 光绪《婺源县志》卷三三《人物志·义行》。
⑬ 光绪《婺源县志》卷三四《人物志·义行》。
⑭ 光绪《婺源县志》卷三五《人物志·义行》。
⑮ 光绪《婺源县志》卷二八《人物志·孝友》。

在其他县邑。元至顺至明永乐间休宁商人程维宗致富后，"增置休歙田产四千余亩，佃仆三百七十余家，有庄五所：其曰宅积庄，则供伏腊……又于草市故居之址建阁五间，名曰思本，以奉上世肇基之祖，拨常稔田五十亩以备祭祀……后配范氏，其外家乏祀，公（引者注：指程维宗）于其里九龙山忠烈行祠之右建祠堂三间，专奉范氏祖父考妣神主，及塑益斋容像于其中。又买田二亩与守祠之人为香灯之奉"①。清代休宁长丰商人朱钟元，"捐祭田以充祀产"②。明代，休宁商人汪社生，经商致富后"输金于祊以供蒸尝，输田以备粢盛"③。明代，祁门城北商人马禄，"家置祭田，修六世以下茔冢"④。祁门严源商人李秀，"助祭田，祀祖先"⑤。清代绩溪西关商人章必林，"四都原有祖遗庄田，后各自转变，仅余祀产，林恐祖制就湮，矢志恢复。曰：'若置田业必于是乎先。'竟得遂其所愿，而祀田之为佃侵匿荒芜者，皆兴复如初"⑥。

（二）徽商在徽州本土广置义田

义田是指为赡养或救恤宗族族人设立的田产，以赡恤族中鳏寡孤独和贫困族人等弱势群体。

在歙县。明嘉靖间歙县东关商人许禾，经商致富后"捐若干置义田"⑦。明代，岩镇商人佘文义，"买田百二十亩，择族一人领其储，人日餔粟一升，矜寡废疾者倍之。丰年散其余，无年益贷补乏，岁终给衣絮。又度地二十五亩，作五音冢于岩溪之堧，听乡里之死者归葬焉"⑧。潭渡商人黄寿，"勤劳节约，奔驰南北者四十余年，赀产始有饶余"。归老故里后，"择丰腴田百余亩，窃附古人赈族之义以毕初志焉。君既割产置籍，后于君第前鼎建会给之堂、藏积

---

① 《休宁率东程氏家谱》卷三，明刻本。
② 嘉庆《休宁县志》卷一五《人物志·乡善》。
③ 嘉庆《休宁县志》卷一四《人物志·尚义》。
④ 康熙《祁门县志》卷四《人物志·孝义》。
⑤ 康熙《祁门县志》卷四《人物志·孝义》。
⑥ 《绩溪西关章氏族谱》卷二四《家传》。
⑦ 《重修古歙东门许氏宗谱》卷九《许禾传》，清乾隆十年（1745）刻本。
⑧ 嘉靖《徽州府志》卷一九《人物志·质行》。

之廪,俾支下子孙世主其计,时当分给,则会族长一人、宗彦一人,相与监视之"①。溪南商人吴光升,"置义田义塾以衣食教诲族之贫者"②。明崇祯至清康熙间歙县商人鲍雯,"尤厚于宗族,赒恤无算,常欲置义田以禀贫者,自书《钱公辅义田记》于屏,用志不忘"③。清代,康熙乾隆间歙县商人吴之骏,"置义田数千亩,以济族之贫乏者"④。蜀源商人鲍光甸,"于族中置祠产义田……设社田"⑤。乾隆年间商人黄履昃,"斥资置田于邑之东乡梅渡及西乡莘墟,给族中四穷"⑥。乾隆嘉庆年间,棠樾商人鲍启运捐赀设置体源户田七百余亩,"以其岁之入养宗人之鳏寡孤独者……田既归宗祠,惟宗祠主之,请与宗人约,凡体源户田率以为我族鳏寡孤独者长久经费,不得藉祖宗公事移用侵削"⑦。其救助对象为族内鳏寡孤独之人。同时,他还捐赀设置敦本户田五百余亩,用于荒年接济族中贫困之人,"第吾邑地硗,族丁繁盛,其间贫乏者,每届青黄不接之际,众口嗷嗷,一本关怀,疚心遗训,亟又置敦本户田五百余亩。所收租息,以体源、敦本两户应纳钱粮营米作为价值,逢春粜与族人,每谷一升取钱不过四五文,已足完粮,而贫族不无有裨朝夕"⑧。

在其他县。清代婺源仁村商人胡世闻,"尝因岁歉平粜,输数百金入祠,公置义田为久远计"⑨。盘山商人程世杰置田三百余亩立义仓,"丰年积贮,遇凶祲,减价平粜"⑩。中云商人王锡昌,经商楚汉,家渐饶裕,"本里创建义仓,输田十余亩"⑪。婺源思溪商人俞德祖,"输田数十亩分给族中贫老,购两

---

① 《歙县潭渡孝里黄氏族谱》卷十《彰义黄翁义田记》,清雍正九年(1731)校补刊本。
② (明)李维桢:《大泌山房集》卷七四《吴季公程孺人家传》。
③ 歙县《新馆鲍氏著存堂宗谱》卷二《鲍解占先生墓志铭》。
④ 《丰南志》第五册《皇清诰封中宪大夫大理寺寺副加五级岁进士捐斋太老姻台吴公行状》。
⑤ 民国《歙县志》卷九《人物志·义行》。
⑥ 民国《歙县志》卷九《人物志·义行》。
⑦ 嘉庆《歙县棠樾鲍氏宣忠堂支谱》卷一九《义田》。
⑧ 嘉庆《歙县棠樾鲍氏宣忠堂支谱》卷一九《义田》。
⑨ 乾隆《婺源县志》卷二三《人物志·义行》。
⑩ 光绪《婺源县志》卷三三《人物志·义行》。
⑪ 光绪《婺源县志》卷三四《人物志·义行》。

大厦,一居族老无依男,一居族老无依妇"①。婺源段莘商人汪思孝,"置义田六十亩以赡族中之乏"②。婺源官桥商人朱文煊,居乡期间"置义仓田"③。婺源阳村商人王世勋,"族中贫不能娶者,贷赀完婚;娶不能畜者,拨田赡养"④。婺源桂岩人戴逢交,"承祖志输田入祠,积贮为救荒计"⑤。明成化至嘉靖年间休宁商人汪平山,"商于安庆、潜阳、桐城间,非道弗交。弟璜卒于商次,益田若干亩以优侄孤"⑥。明代休宁居安盐商黄侃,"居家收族",设置"义田宅"⑦。清代休宁月潭商人朱士铨,"善治生,大其家,思先人遗言,缩节食衣,经数十年,置田三百五十余亩,立周义等户"⑧。明代祁门商人胡天禄,"输田三百亩为义田,请缙绅先生序之,订为条例。烝尝无缺,塾教有赖,学成有资。族之婚者、嫁者、丧者、葬者、娶妇无依者、穷民无告者,一一赈给,大约皆师范希文法"⑨。

对生前不能顺利设置义田,有的徽商往往临终前留下遗嘱让后辈子孙完成。如清代绩溪镇头商人章策,"疾作,君(引者注:指章策)客兰溪,自知不可为,及革,乃呼耀庚(引者注:指章策子)语之曰:'吾有遗恨二:吾族贫且众,欲仿古立义田、置义塾为经久计;吾乡多溺女,欲广为倡捐,俾生女者得给费以变其俗。汝无忘父志。'"⑩

---

① 光绪《婺源县志》卷三三《人物志·义行》。
② 康熙《婺源县志》卷十《人物志·义行》。
③ 光绪《婺源县志》卷三四《人物志·义行》。
④ 光绪《婺源县志》卷三五《人物志·义行》。
⑤ 光绪《婺源县志》卷二九《人物志·孝友》。
⑥ 休宁《方塘汪氏宗谱·墓志铭》,清康熙刊本。
⑦ 万历《休宁县志》卷六《人物志·乡善》。
⑧ (清)邵世恩:《任衡朱公义田记》,见《新安(休宁)月潭朱氏族谱》卷二二下《新文翰》,民国刊本。
⑨ 康熙《祁门县志》卷四《人物志·孝义》。另据谢存仁《胡慕峰义田记》记载,胡天禄"输田百五十亩于族,岁得谷三百石,以时祀事,聚子姓,使塾者有供,庠者有饩,贫有资,婚有助,鳏寡孤独癃癃废疾者有养,等级分数具在规籍中"。(康熙《祁门县志》卷六《艺文志·记》)两种记载的数字稍有出入。
⑩ 《绩溪西关章氏族谱》卷二六《例授儒林郎候选布政司理问绩溪章君策墓志铭》。

(三)徽商置办学田,培养族中弟子

学田是指为办学而设置的田产。由于徽商有财富支撑,往往捐资创设学田以资助教育。如明代休宁吴田商人吴次公,"群子弟受经者,置田若干亩,为岁糒资"[①]。清代,婺源段莘商人汪思孝,"置十五亩开义塾,延师以训贫子弟之不能教者"[②]。婺源盘山商人程世杰,"念远祖本中曾建遗安义塾,置租五百亩,久废,杰独力重建,岁以平粜所入延师,使合族子弟入学,并给考费,有余即置田"[③]。

第三节 徽商的教育投资与徽州教育科举的发达

一、徽商对徽州教育的大力投入与建设

徽州传统教育的发达是社会、经济、习俗等各种因素共同作用的结果,徽商对家乡教育事业的大力扶持则是其中最为重要的原因。儒学精神,尤其是修身、齐家、治国、平天下的入世精神已经渗透到徽州社会的最底层,徽商也改变了唯利是图的商人形象,"贾而好儒"成为徽商最为显著的特征。

官学的教育经费无法通过学田获得充足保障,主要是依靠徽商的财力支持,私学更是以徽商的扶持为生存的根基。明清时期,徽州以"商贾之乡"而"富甲天下",徽商积累的巨额财富对家乡教育事业发展起到积极的推动作用,因此,徽州教育的发达是与徽商的富有密切相关的。徽商坚守儒家伦理,热衷于教育事业,积极投资办学,培植、资助和选拔优秀的子弟参加科举考试,培养家族官僚。捐资兴教成为徽商儒行的重要内容,也是徽商所坚持的家族性行为。张海鹏先生指出,在徽州是教育造就了一支"儒商",而这支"儒

---

① (明)汪道昆:《太函集》卷五六《吴田义庄吴次公墓志铭》,合肥:黄山书社,2004年,第1178~1179页。
② 康熙《婺源县志》卷十《人物志·义行》。
③ 光绪《婺源县志》卷三三《人物志·义行》。

商"在"家业隆起"后,又反过来资助教育、发展教育。可以说,没有徽商便没有发达的徽州教育。徽商对徽州教育的投资主要反映在以下四方面:

(一)倡建书院,使更多子弟业儒就学

发达的书院是明清徽州教育发展史上一道亮丽的风景线。李琳琦通过对徽州方志较全面的考察,得出明清徽州共存在书院89所。[①] 明清徽州书院之所以如此昌盛,一方面是因为官学规模所限,无法满足众多士子的求学需求,于是徽州"学之地,自府县学外,多聚于书院"[②];另一方面是与明清学术繁荣密切相关。宋元以来徽州"唯朱是归"的学术宗旨至明清时期被彻底打破,各种学术思想得以在徽州广泛传播,促进了徽州书院的发展。

如此众多的书院,从主创者来看,可以分为官办和民办两种类型,其中以民办书院为主体。除徽州府紫阳书院,歙县斗山书院、崇正书院,休宁还古书院、海阳书院,婺源紫阳书院,祁门东山书院,黟县碧阳书院,绩溪颍滨书院、峒山书院(敬业书院)等可称官办书院外,其他书院皆属民办。官办和民办的划分仅仅是从"主创者"角度而言,如果从经费来源和经营管理方面来看,徽州除府属紫阳书院外,其余均可划分为民办之列,因为它们的经费全部来自民间的捐输,而民间捐输主要是指富裕徽商的资助。因此,明清时期徽州书院的兴盛,与徽商的积极奔走倡建,竭力捐输资财密切相关。

府级、县级书院的建置和修葺大多有徽商的参与,所耗经费也主要由徽商提供。如徽州府属紫阳书院,清雍正三年(1725)商人程建修;乾隆十三年(1748)徐士修增置号舍,又捐银一万二千两以赡学者;乾隆五十四年(1789)歙绅项琥修;乾隆五十九年(1794)歙绅鲍志道捐银八千两交淮商生息添补经费。[③] 歙县的古紫阳书院就是由歙县盐商鲍志道、程光国、曹文敏等倡议,徽属淮南总商洪箴远、张广德、郑旅吉、罗荣泰等先后请于运司转详盐院,动支营运项下款银建造的。在书院建造的过程中,因经费短缺,诸商又捐银一万

---

① 李琳琦:《徽商与明清徽州教育》,武汉:湖北教育出版社,2003年,第48页。
② 道光《徽州府志》卷三《营建志·学校》。
③ 道光《徽州府志》卷三《营建志·学校》。

一千两扶持,其中鲍志道独自"出三千金以落成之"。① 乾隆年间,歙商程光国又倡同邑业鹾于浙之鲍清等捐输广厦十余间于问政山麓,以为诸生肄业之地。而侯因以为问政书院。凡紫阳所不及收者,咸得归之问政。② 黟县的碧阳书院于嘉庆十四年(1809)重建,嘉庆十六年(1811)竣工,其资金亦主要来自徽商的捐助。据时任黟县知县吴甸华在《经理建造碧阳书院记》记载,建造碧阳书院共花费白银二万九千一百余两,其中合邑绅商捐输一万四千二百余两,其余一万五千两则是由西递巨商胡学梓之子胡尚独自捐助的。书院建成后,县令将剩余的银两分发盐典生息,用息金延请山长,补助生童的膏火之费,并给应予乡试者以资斧。③ 这样,不仅使书院得以建立,而且使之拥有了发展的资金。又如,祁门县东山书院,徽商章必泰独自捐助资斧,襄葳其事,名邀嘉奖。④ 东山书院倾圮,邑商谢心元独自捐赀修葺,任劳任费,并修正朱子祠宇,使之焕然一新,又捐输建屋四间,作为修葺的费用。⑤

为了使更多子弟业儒就学,徽商积极捐资兴建民办书院。诚如清乾隆时人在《紫阳书院增建学舍膏火记》中所言,书院"必得有力而好义者为之倡,然后有所凭借,以观厥成"。徽商即是这样的"有力而好义者"。徽商创建的民办书院有个人独创、一族合创和数族共创三种形式。个人独创的书院与一族合创的书院一样,都是为宗族子弟服务的,只是创建者不同。如婺源桂岩书院,是明初戴天德于桂岩之东建立,成化二十三年(1487)其后裔戴善美与戴铣改建于里之翁村,他们割田购书,以训乡族子;祁门李源书院,明弘治间李汛建立,他割田二十亩给书院,以资助宗族内读书的子弟。⑥ 此外,个人独创的书院后来往往发展成为宗族共建书院,如婺源县的双杉书院,原为王廷鉴

---

① 民国《歙县志》卷九《人物志·义行》。
② 民国《歙县志》卷一五《艺文志·问政书院记》。
③ 嘉庆《黟县志》卷一〇《政事志·书院义学》。
④ 《绩溪西关章氏族谱》卷二四《家传》。
⑤ (清)唐治编:《东山书院志略》,见赵所生、薛正兴主编:《中国历代书院志》第八册,南京:江苏教育出版社,1995年。
⑥ 康熙《徽州府志》卷七《营建志上·学校》。

独建,捐腴田七十亩以赡族中读书会课膏火考费。乾隆三十八年(1773),族里在此基础上又建二堂,至乾隆四十年(1775)他又合族力建讲堂号舍。① 至此,双杉书院就成为宗族共建的书院,用以培养族中子弟。

在徽州地区,三种形式的民办书院可以统称为宗族类书院。宗族乡里书院的创办,由宗族倡建或者属宗族所有,但其创建和运营经费大多来自徽商的捐助。如明万历间休宁商人吴继良创建的商山明善书院,明后期黟县商人黄志廉重建的黄村集成书院,清嘉庆八年(1803)歙县盐商鲍漱芳重建的棠樾西畴书院,清咸丰年间婺源商人项儒珍构筑的周溪玉林书院等。

(二)慷慨捐助,维持官学的繁荣

徽州是开化较晚的地区,形式化教育到唐代以后才有较大发展。弘治《徽州府志·学校》于此有较详细记载:"本府在唐,郡邑始皆置学,故前志载州之庙学自唐及宋在城东北隅是已。世有治乱,学有兴废。唐学盛矣,其制之详及士之出于学者,世远不可考。"如果说唐朝以前徽州地区的官学因为年代久远而不可考其详细情况,那么,唐朝以后则是有史料记载作为明证的。宋元时期,由于地方官员对教育的重视及普通士民对官学的热心,徽州官学迅速发展,不仅办有州学,而且各县置有儒学讲堂、殿宇、斋舍、亭阁、庑廊等,生徒人数众多,并拥有藏书、置有学田,官学呈现出繁荣发展的局面。

明朝初年,因元末战乱被毁坏的徽州官学(府学、县学)在朱元璋的圣谕颁布之后陆续重建,同时按照朝廷规定设置学官、招收生徒。因地方官的高度重视和士民的踊跃捐输,明清两朝徽州地方官学多有重修和扩建。而官学修建的费用,除政府给予的财政补贴外,多半来自徽商的捐输。可以断言,明清时期徽州的府学、县学之所以能基本保持着繁荣状态,是由于徽商不吝资财的慷慨捐输修葺。在徽商资助下或修或建的官学,不仅有徽州府学,而且有府属六县的县学,在此列举数例以说明其详细情况。②

---

① 民国《重修婺源县志》卷七《建置五·书舍》。
② 下述徽商捐修官学的内容,参见李琳琦:《徽州教育》,合肥:安徽人民出版社,2005年,第117~118页。

徽州府学：明朝弘治十四年（1501），徽州知府彭泽拿商税、商捐在恢复扩建府学基础上，把射圃移到旧址东面，置亭扁曰"观德"，创建馔堂并绘饰圣贤像，还增创号舍一百余间。清康熙五十四年（1715），歙县绅商项宪捐赀重修明伦堂两庑及仪门，其子项绸毕其役；雍正三年（1725），项绸之子项道晖又重修尊经阁，学宫前"东南邹鲁坊"由于暴风毁坏，项道晖又捐赀重建。乾隆三十四年（1769），众绅商共同捐资重修学宫；嘉庆十二年（1807），歙县盐商鲍漱芳等又加以重修，一共用去白银一万四千多两；嘉庆十六年（1811），鲍漱芳之子鲍均又捐资重建尊经阁，亦捐经费以教授、训导两衙署。

歙县县学：清乾隆五年（1740），徐璟庆修；乾隆十六年（1751），徐士修修；乾隆五十二年（1787），项士瀛重建文庙，对文庙中的祭器、乐器等也加以整修，并捐白银二百两生息，作为诸多器物每年的整修费用；嘉庆十九年（1814），鲍均呈请重修，在呈文中说，自大成殿以下无处不加修整，花费甚多，是众多重修学宫里面最为完美的一座。

休宁县学：清康熙十四年（1675），休宁商人程子谦捐修；雍正十年（1732），黄治安捐修；乾隆二十七年（1762），汪士锽等修乡贤祠，乾隆二十八年（1763），汪士锽又倡率程、黄两姓商绅修名宦祠，乾隆二十九年（1764），潘荣燮葺修学宫，乾隆三十七年（1772），汪滋畹、李云灿、汪廷、吴昌龄重修魁星楼，乾隆三十八年（1773），胡泰重修程朱祠，乾隆四十五年（1780），叶永清葺修学宫，乾隆四十七年（1782），胡应榛等捐修教谕斋舍，乾隆五十二年（1787），戴澍倡同程建学、胡志赞、程开道等商人重建名宦祠，乾隆五十四年（1789），胡应榛又修正殿及魁星楼，重建尊经阁、敬一亭，并添建阁外两廊斋舍；嘉庆二年（1797），汪秩、汪谷、汪瑷等捐赀重建明伦堂，嘉庆五年（1800），刘启伦、程昌龄、程濂等倡同合邑绅商重建大成殿。

婺源县学：清康熙八年（1669），棂星门坍塌，本县商人李公艺独自捐银重建；康熙五十二年（1713），商人汪应熊等共同捐资重建明伦堂；雍正二年（1724），程寅、程宇共同捐资建造崇圣祠；乾隆九年（1744），王文德重建明伦堂，次年（1745）又建成尊经阁，乾隆三十二年（1767），他又同本邑绅商共同捐资重建大成殿,乾隆三十四年(1769),程文遴、程文达又重造崇圣祠;嘉庆六年(1801),程文述捐资兴建明伦堂,嘉庆七年(1802),他联合本邑绅商共同捐资建立文昌庙,此庙位于崇圣祠左边。

(三)重视蒙学,设置塾学

塾学即私塾,是明清时期在民间广泛设立的由私人经办的蒙学教育机构,从设置来看有族塾和家塾之分。族塾,是指延师择址建馆以课一村一族子弟。家塾则有两种:一是塾师在自家设馆,或借祠堂、庙宇,或租借他人房屋设馆招收附近学童就读;二是由富裕人家独自聘请教师在家设馆以教子弟。

徽商出于急切希望自家子弟通过科举致仕而光耀门楣的目的,在经商盈利之后,大多把延请老师训导子侄作为头等大事,有些商人还花费资金设置家塾。如明代歙县的许晴川在经商致富之后就极其重视子弟的教育,不惜花费重金聘请名师,"五子咸延名师以训,故今进而为入儒,若闻义者,以文名等辈"①。明代休宁商人汪可训有五子,每年都延请名师督促他们学习,认为科举致仕是他此生未竟之业,因此把希望寄托在儿子们身上。他严格督促儿子们学习,使他们不能有一日忘记或者疏忽了读书业儒。② 明末歙县新馆鲍氏商人设塾立教的事例更为典型。如鲍柏庭业盐致富之后为子孙延请名师,不惜花费金钱而广购书籍,认为"富而教不可缓也",徒劳积蓄资财是没有益处的。③ 鲍柏庭提出的"富而教不可缓也"的思想,在徽商中最具代表性。鲍继登以经营盐业而起家,曾经建德文堂为书塾,广延名师、网罗益友来此以训导其子孙读书业儒。鲍省吾也是以经营盐业起家,亦曾经置有斐堂为子孙读书之所。

徽商对自家子弟儒业日进的心情是异常迫切的,常常督促子侄读书学习并制定许多严格的学习准则。如清代歙县商人凌珊,即是因为父亲早逝,家境窘迫,不得已而"弃儒就贾"。他为自己未能继续读书参加科举以振家声而懊悔不已。经商致富之后,凌珊即"殷勤备脯,不远数百里迎师以训子侄。起

---

① 歙县《许氏世谱》卷六《贺晴川许公六十寿序》。
② 《休宁西门汪氏宗谱》卷六《太学可训公传》。
③ 歙县《新馆鲍氏著存堂宗谱》卷二《析庭鲍公传》。

必侵晨,眠必丙夜,时亲自督课之"①。每天从外面走进家门,如果听到子侄读书的声音就很开心,否则就非常生气,可见他训导子侄的严厉程度。清代歙商吴炳,不仅为其子侄"延名师家塾,谆谆以陶侃惜分阴之义相警"②,而且对子侄的作业每日督促检查、不时亲自修改。他训子侄以礼,督子侄以严,见他们学业有所进步,就增加饭食,学业退步或者不进,就减少饭食。因此,其子侄均终日抱书苦读,熟读儒学经典。

(四)广设义学,培植宗族贫寒子弟

义学,又称义塾、义馆,是为贫寒子弟而设立的教育机构,不仅不收束脩,而且还提供膏火之费。义学有官办和民办之分。官办义学开始于清初,道光《徽州府志·学校》记载黟县、绩溪、歙县、婺源等县均有义学的存在。但是,到清嘉庆以后,这些官办义学都相继废置,嘉庆《黟县志》、民国《歙县志》等地方志对此都有相关记载。

民办义学在明代已蔚然成风,清代以后发展则更为迅速。民办义学一般是由富裕且热衷于教育事业的民间人士置屋、买地、捐资创建而成。作为徽州首富且宗族、乡里观念浓厚的徽商,不仅热衷于置办塾学,延名师以课子侄,而且广设义学,为宗族和乡里贫困子弟提供接受儒学教育的机会,将其"膏泽"从一家推及一族、一乡,乃至更多地区的贫寒子弟。明清徽州的义学遍布城乡各地,大多由徽商出资兴建。通观明清徽州方志或谱牒,记载"义行""尚义"等传的传主大多有设义塾、立义学的事迹。由于涉及义学的资料太多,在此仅从道光《徽州府志》卷一二《人物志·义行》中抽选几例,以了解徽商此举的具体情形。

明歙县范信,性格豪爽,为人慷慨,在仪征经商致富以后,在乡里建立义学,着意培养宗族中的俊秀子弟,期望他们通过读书参加科举成为栋梁之才。清婺源县汪思孝,十岁丧父,之后其兄早逝,饱尝人间辛酸。年龄稍长,为养

---

① 《沙溪集略》卷四《文行》。
② 《丰南志》第五册《皇清附贡生诰授资政大夫候选道加四级恩加顶带一级又恩加一级议叙加六级显考嵩府君行状》。

家糊口,他做起了小本生意,樵渔贾贩,以微薄的收入度过艰难的岁月。由于不懈的努力,他在四十岁以后家境稍微宽裕,便买地十五亩,慷慨捐资创建义塾,聘请塾师训导乡里贫穷不能入学就读的子弟。清婺源程世杰,年轻时即弃儒就商,往来于两广、江浙之间。经商稍有盈余便济众。后来,程世杰又先后捐出白银万余两,重建族中遗安义塾,并购置学田五百亩,以田租所入作为延聘教师及合族子弟的膏火、考试费用。

此外,还有许多合族、合村集体创建的义学。这些义学是由多个徽商或一个宗族共同捐资兴建的,是针对贫寒子弟蒙养教育而设立的又一重要教育机构。如民国《重修婺源县志》卷六《学校》中记载的芳溪义学、碧溪义学即属此类。芳溪义学位于南乡三十四都,由潘梦庚、潘常采、潘常栈、潘大铺等共同创始,也就是太白潘姓宗族捐输田租,每年为子弟补贴束脩与考试之费等。碧溪义学位于南乡二十五都坑口,是在咸丰八年(1858)由方龙藻、方彬、欧阳阆峰、方邦杰、方锡芬等人与村民一起出资捐建,各方资金合在一起置田,并以田租作为子弟就读的津贴束脩。

发达的教育离不开高素质的塾师队伍,塾师在徽州繁荣的教育事业中占有不容忽视的地位,对徽州人才的培养、科举事业的兴盛起着极其重要的作用。徽商游历四方,眼界开阔,清楚地认识到塾师在子弟教育中的重要作用,因此他们对塾师的选择是理性的和慎重的,对塾师的学品和人品都有十分严格的要求。民间义学的广泛设立,族人可以自由地选择学校、选择塾师,塾师也以自己的学识回报族人的礼遇,以自己的人格魅力投身于家乡的教育事业,并因切实的实践而赢得良好的口碑。因此,义学为塾师营造了良好的人文环境,也为塾师提供了广阔的展示学术才能与育人水平的舞台,义学也因高素质的塾师得以长期存在。

二、徽商对科举教育的扶持与各类人才的造就

徽商面对家乡"夫养者非贾不饶,学者非饶不给"的实际情况,在鼎力捐资创办书院、义学等教育基础设施的同时,为了使家乡士子的入仕理想变成

现实,为了使自己对士子的殷切期望得以实现,徽商又围绕科举对士子进行了多方面的扶持与资助。这样,在生活得到保障的前提下,学子们就没有了后顾之忧,可以集中精力一心向学。徽州以商养学、以商助学的方式贯穿一家、一族,直至府、县。徽商对徽州科举的扶持和资助,使得徽州科举繁盛。徽商对徽州科举教育扶持和资助主要包括三个方面。

(一)对宗族贫寒士子予以捐助

徽州的家庭,在因经济困难无力保证所有子弟都就学读书的情况下,往往根据各人的实际情况进行分工,擅长读书的就读书应试以求取得功名光耀门楣,有经商头脑的则学习经商以贴补家庭开支,这就是通常所说的"以贾佐儒"。因此,在明清徽州地区多发生哥哥经商以助弟弟力学、弟弟从贾以保哥哥成才的事例。如清代黟县王康吉自幼跟随父亲学习经商,在懂得商业经营的同时还拥有各种徽商特有的重视教育的品质。他花重金以使季弟师从名师,并为其购书达十二万卷。① 婺源王余庆则是少时与兄长共同读书学习,后来为了维持家用听从父亲的命令而去儒从贾,但他仍然热衷于儒学,并资助其兄使他可以专攻经业。②

在程朱理学的影响下,宋朝以后徽州地区的宗族制度得到进一步发展。明清两朝皇帝颁布的劝民谕旨更是成为宗族社会统治管理的"最高指示",因此徽州就发展成为中国封建社会后期宗族制度最为强固的地区之一,"堪称为正统宗族制传承的典型"。③ 所以,明清时期的徽州,家与族一体不仅是社会的基本现实,而且是人们头脑中坚守不移的观念。正是在宗族观念的影响下,致富后的徽商在为自家子弟提供就学保障的同时,还积极捐资为宗族的贫寒士子提供束脩膏火,使他们能够坚持读书,并同样地将这种做法看作自己对宗族应尽的义务。徽商对宗族贫寒士子的束脩、膏火资助主要采取两种形式:

---

① 民国《黟县四志》卷六《孝友》。
② 民国《重修婺源县志》卷三〇《人物七·孝友四》。
③ 叶显恩:《徽州和珠江三角洲宗法制比较研究》,载《中国经济史研究》,1996 年第 4 期,第 3 页。

一是资助本族的贫寒士子,将捐助资金作为整个宗族的教育基金。如明代祁门商人胡天禄,少时贫穷,后来因经商致富。他对宗族的责任心十分强烈,不仅帮助族人建房、与族人共居,而且热衷于族人子弟的教育,因此他"输田三百亩为(宗族)义田,使蒸尝无缺、塾教有赖、学成有资……曾孙征献又输田三十亩以益之"。① 清代歙县的吴景松以经营茶业起家,十分重视宗族贫寒子弟的教育,斥万金购市屋七所,收其租以资族中子弟读书。② 清末婺源商人方龙藻热衷于宗族的教育事业,经常担心乡里教读经费不足,与族里其他志同道合者一起捐资在族里创办义学,并置田作为学校资产,收取田租作为培养族里贫寒子弟的长远之计。③

二是有针对性地对宗族中的个别贫寒士子进行资助,助其业儒求得功名。如清代休宁商人汪雅会少时贫寒,但侍奉母亲至孝,施恩惠于他人却从不求取回报,对族里的教育亦是力行不怠,"子侄中绩学工文者力为培植,必玉于成"④。婺源洪志学虽是商人,却勇于为善,其堂弟志仁幼时由于家境贫寒,几乎废弃了学业,他捐助膏火帮助其堂弟,受到族人的称赞。⑤ 休宁吴国锦因经营盐业而成为巨富,对于贫寒的族中子弟,他选择俊秀者,助以束膏火之费,使竟其学。⑥ 黟县商人金尚鏊亦"喜施睦族,助贫人葬及童子从师之修脯"⑦。

此外,徽商对乡里的异姓贫寒士子往往也给予资助扶持。徽商不仅具有浓厚的家、族观念,而且怀有炽热的乡土之情,他们同以生于"程朱阙里"自居,同为桑梓之邦的文风昌盛、人才辈出自豪。作为"阙里家人",徽商希望家乡的文风不坠、人才不衰,因而资助本邑、本府的俊秀之士读书力学。在徽商看来,此举亦是自己义不容辞的神圣责任。徽商的确是这样去做的,在他们

---

① 康熙《徽州府志》卷一五《尚义》。
② 民国《歙县志》卷九《人物志·义行》。
③ 光绪《婺源县志》卷三五《人物志·义行》。
④ 康熙《休宁县志》卷六《人物·笃行》。
⑤ 光绪《婺源县志》卷三三《人物志·义行》。
⑥ 嘉庆《休宁县志》卷一四《人物志·孝友》。
⑦ 同治《黟县三志》卷六《人物·孝友》。

为家乡所做的众多"义举"中,资助府学、县学,尤其是书院之束脩、膏火最为突出。因此,徽州绝大多数书院的生童膏火都有徽商捐输的贡献。如黟县碧阳书院是嘉庆年间县令吴甸华联合县里商人共同创建,他们把商人捐助的资金作为延请山长修金、生童住院膏火,并且制定各项制度,防止资金流失。①

(二)对士子科举予以资助

徽商以"儒商"著称于世,大多接受过正规的儒家传统教育,是一批具有较高文化素养的商人。他们或因生计不得不弃儒服贾、经商谋利,但是他们并不把谋利作为最高的价值追求,而是将其作为解决经济基础的一种手段,让子孙业儒入仕、显姓扬名才是他们的终极追求。明中叶学者王世贞说:"徽地四塞多山,土狭民众,耕不能给食,故多转贾四方,而其俗亦不讳贾。贾之中有执礼行谊者,然多隐约不著,而至其后人始,往往修诗书之业以谋不朽。"②正因为如此,致富后的徽商为实现让子孙步入仕途的目标,对家乡教育事业的资助可谓竭尽全力。其中,对士子科举的资助是慷慨至极,主要表现在以下几个方面:

一是捐资兴办文会,为士子应考前研讨、切磋制艺提供条件。明清时期,徽州以研讨八股、切磋制艺为目的的文会组织遍布城乡各地。这些文会大多数是由徽商创设的,或者是由徽商资助的。徽商捐资兴办文会的事例很多,李琳琦曾专门统计光绪《婺源县志》中"义行""质行"两类传记记载,其中有关清代婺源商人兴办文会的材料有 26 条之多。如王拱斗"葺义圣阁,为族子弟讲学会文之所";张文明"倡立毓秀文社,培植后进,士林嘉美";俞友仁"倡输五百金兴炳蔚文社,酌赏奖励,悉有规条";等等。③ 这些徽商竭力为家乡士子提供较好的交流平台,为家乡科举事业的繁荣增砖添瓦。因此,文会的普及使徽州士子能够以文会友,取长补短,拓宽视野,扩展各方面知识,保证了他们在科举竞争中的优势地位。

---

① 道光《黟县续志》卷一五《艺文·碧阳书院复旧章记》。
② (明)王世贞:《弇州续稿》卷一一六《处士程有功暨配吴孺人合葬志铭》。
③ 李琳琦:《徽商与明清徽州教育》,武汉:湖北教育出版社,2003 年,第 109 页。

二是慷慨捐输科举资费,为应考士子提供经济保障。自古以来功名的兴盛是与经济的发达密切相连的,科举考试也是以雄厚的财力作为后盾的。明清徽州士子参加院试在郡城、乡试在金陵、会试在京师,士子参加各种考试的饮食住宿之费、试卷之资等各类花费是不少的。如果去京师参加考试,还要拜见大小座主、会同年及乡里,参加各种公私宴酬等,花费更大。徽州人多地少,一个家庭或家族仅仅依靠务农来供给子弟参加科举考试是比较困难的。因此,徽州士子参加科举的费用往往要依赖商人的资助。徽商对本邑科举士子的盘费资助已经形成一套完整的制度和发放办法。其中,歙县商人姨士子科举经费的捐助最为踊跃,充分体现出经济发达程度与应举士子多寡之间的关系。许多徽商除了对本县士子科举经费进行捐输以外,由于浓郁的宗族观念,他们还对本宗族应试士子给予额外的资助。如清婺源商人程世杰,"岁以平籴所入延师,使合族子弟入学,并给考费"①;李焯春、汪肇基等徽州商人均对宗族内因贫穷而不能赴郡院参加考试的士子进行资助,并且不遗余力。②还有些徽州商人对士子的捐助更为全面,如清休宁商人程子谦,除为县诸生捐输科举费外,又"尝买腴田为祖祠公业,积其息以给族子之赴试者"③。

三是为了给应考士子提供舒适的考场和寓所,徽商积极捐建考棚、试院、试馆和会馆。徽商非常热衷于捐资兴建县考棚、府试院等,为参加童试的士子提供一个较为舒适的考试场所。如道光六年(1826)婺源县建考棚,是由弃儒从商的孙有燨"倡输千金。公告竣,费缺,复捐五百金"④。对于远赴参加乡试、会试的士子,徽商亦煞费苦心,积极捐建试馆、会馆,为士子营造舒适的寓所。如同治年间,歙县商人就曾以12300余缗的巨资在南京建造歙县试馆,作为士子到南京参加乡试的住宿之所。⑤ 会馆由本邑或本府入仕官员和

---

① 光绪《婺源县志》卷三三《人物志·义行》。
② 光绪《婺源县志》卷三五《人物志·义行》。
③ 康熙《徽州府志》卷一五《人物志四·尚义传》。
④ 光绪《婺源县志》卷三五《人物志·义行》。
⑤ 《南京歙县试馆账簿》,藏歙县博物馆。转引自李琳琦:《徽商与明清徽州教育》,武汉:湖北教育出版社2003年,第116页。

商人捐资创设,但是商人出资最多,尤以北京、南京会馆为最。这些会馆作为"公车下榻之所",其主要目的就是为本邑、本府的士子参加科举服务。有些会馆还制定明确的规章制度,以保障为士子服务的完善。明清时期,徽州在北京设立的会馆为数众多,这些会馆大多设施齐全,规模宏大,环境优美。徽商创建会馆专为科举服务,体现了对家乡士子的殷切希望与无限关怀,在某种程度上促进了徽州士子科举的成功。如北京歙县会馆观光堂有提名榜,记录了歙县本籍和寄籍之官京朝取科第者。①

(三)徽商对中举者予以褒奖

徽商不仅竭力为家乡士子提供良好的学习条件帮助他们参加科举考试实现入仕的愿望,而且对中举者进行褒奖,以此来激励后学之士。在古代社会,中举入仕不仅可以为桑梓争光,而且更是家族里光耀门楣的大事,为表达族人对中举者的崇敬之情,宗族往往对中举的士子给予奖励,这些奖励既有物质上的也有精神上的。翻阅明清宗族的宗谱,会发现其中对中举者的奖励是有明确规定的。有些宗族还在祭祖时给予有功名的子弟以特殊的待遇,以褒奖他们在光宗耀祖方面所作出的贡献。如绩溪《盘川王氏宗谱》中的《春秋办祭规则》就对各级学子的待遇进行了具体的规定,为了保持此种奖励的一贯性,在清末废除科举之后又制定了新的规则。这充分表现出徽州宗族对子弟入仕的高度重视。

建牌立坊是徽州人独特的对人们行为、贡献的最高褒奖,同样,建立功名科举坊就是对中举入仕者的最高奖赏。明清时期,徽州牌坊众多,六县的牌坊总数当在千座以上,而在众多的牌坊中,科举功名坊占了大半,说明徽州科举的繁荣与科举在人们心中的至高地位。这些功名坊由石料建成,庄严、恢宏且雕刻精美,实际上是一座座纪念碑,"象征着官本位的传统社会中读书入仕的崇高地位和科举成功为家族带来的无上荣誉"②。他们为中举者树立牌坊,是为了彰扬前德并激励后人。徽州现存的功名坊尚有五十多座,如位于

---

① 许承尧:《歙事闲谭》,合肥:黄山书社,2001年,第348~355页。
② 高寿仙:《徽州文化》,沈阳:辽宁教育出版社,1993年,第136页。

歙县吴川村的"胡氏进士坊",位于歙县丰口村的"郑氏世科坊",位于绩溪县冯村的"进士第坊"等。

明清时期徽州府的进士总数虽然居于全国各府前列,但是在府属各县的分布却极不平衡,呈现出极强的地域差异。据有关资料统计,歙县的进士数,在明代为164人,占明代徽州进士总数的41.8%;清代为109人,占清代徽州进士总数的48.2%。① 可知,歙县的进士人数几乎占全府的一半,为各县之最。同属徽州的祁门、绩溪、黟县的进士人数偏少,三县中举士子的总数尚不及休宁一县,与歙县的差距则更大。府属六县的自然环境和人文环境虽有差异,但同属徽州文化圈,而考中进士的人数却悬殊极大。探究其根源,一个重要原因就在于各县商业经济发展的不平衡,而徽州各县的经济发展取决于各县徽商的商业经营。因此,徽州本土科举事业的发展大体是与徽商的发展同步的。歙县、休宁的经商之风在明初就已经形成,到明末,两县商人已经遍布全国各地,大多从事易于获取高额利润的盐业和典当业。婺源、祁门的经商风气兴起稍迟,绩溪、黟县的从商风气形成最晚,且大多从事茶业、木业、饮食业等,一般为中小商人,富商大贾不多,经济实力也有限。因此,资财庞大的歙县、休宁商人对本土教育设施的捐资相对较多,对应举士子的科举经费的捐输数额巨大,而且捐输的人数也比其他县多。商业发展的不平衡,使府属六县的经济基础有强弱之别。也就是这种经济基础的强弱之别,导致了六县的教育和科举发展程度有了差异。因此,商业的发达与否决定了各县应举士子的多寡,而应举士子的多寡又与中举人数的多寡密切相关。

在徽商的鼎力资助下,徽州科举事业走向繁荣。徽州教育和科举的繁荣为徽州各类人才的培养提供了坚实的基础。那些受过正规儒学教育在科举中落榜,或者因为其他原因而进入商界的士子,成为有文化的商人群体,即"儒商"。他们懂得成败之道,深谙待人接物之理,从"儒术"中学得致富的经验和商业决策的方法,故能在激烈的市场竞争中取胜。他们还在选人、用人

---

① 参见叶显恩:《明清徽州农村社会与佃仆制》,合肥:安徽人民出版社,1983年,第192页。

方面恪守儒家的方针,以德、才为本,待人真诚,敢于放手使用他人,使人各尽其才。他们亦具有以儒道为主的商业道德,即以诚待人、以信接物、以义为利等传统美德。

徽商对人才的重视培养及所具有的政治远见,在明清两代培养出一大批朝廷显宦和地方政权管理者。这些出生于徽州的仕宦在施政和议事中极力保护徽商利益,凡是有关乡间桑梓者,无不图谋筹划,务获万全。这样,他们就成为徽商在政治上的代言人。徽商正是因为拥有坚强的政治后盾,才使他们能在两淮、两浙盐业、茶业运销和皇木采购等官府控制的行业中独占鳌头。同时,科举的繁荣还加速了徽州商人之家向仕宦之家的转变。如徽州是程姓盐商,在明代弘治年间就已经从事盐业经营,但是经过一两代之后,除了个别子孙继续从事盐业以外,其他的大部分子孙均走向了仕途。乾隆时期的程晋芳,家里本来非常富有,但他却不理盐业,独好读书,中进士以后参加了《四库全书》的纂修,成为一代名儒。嘉道以后盐商开始衰落,程家家业虽不能和先前同日而语,但一部分子孙却因致仕而使家族声名煊赫。①

明清徽州科举事业的发达,还提高了徽州人的文化素质,形成了"人文辈出,鼎盛辐臻,理学经儒,在野不乏"的盛况。② 如明休宁人程敏政,精通经史,学问渊博,被授为编修,参加明英宗、宪宗两朝实录编写、校正工作,其著作《新安文献志》记载了徽州历史文化生活的方方面面。清代徽州受朴学思想影响,学者辈出,他们诵读礼义之书,崇尚实学,长于考据,精研历代典籍,将徽州秉礼仗义的风气又向前推进了一步。徽州较高的文化品位也促进了徽州绘画、书法等的繁荣,尊重知识的优良传统激励着更多的徽州人在学术、医学、建筑、篆刻、戏剧等领域各领风骚,形成了新安理学、徽派朴学、新安医学、新安画派、徽派建筑、徽派刻书、徽派版画、徽剧等斑斓璀璨而又独树一帜的"徽州文化"。

---

① (清)徐珂:《清稗类钞》第二十册《义侠类》,北京:中华书局,2010年。
② 道光《重修徽州府志·序》。

第七章　人口流动与明清徽州阶层结构和社会发展走向

徽州多种形式的人口流动引发了明清徽州社会阶层的新变化。商人数量激增,商人社会地位不断提高;越来越多的士人和读书人投身商贾之业,使得徽州出现了大量儒贾结合的现象,徽州的士绅阶层出现新的变化。而徽商经营本土农业,使得明清徽州出现了集商人与地主于一身的新阶层。同时,大量佃仆随主经商也使得佃仆的地位有所提升。明清徽州社会阶层出现的新变化改变了徽州社会阶层结构,对明清社会发展产生了重要影响。同时,徽州因职业变迁导致的人口流动,使得徽州人可以在更为广阔的空间内寻求比较安全而稳定的生计,贫穷的儒士可以弃儒经商,小家庭和族人也可以迁徙到周边或外地,这些在职业、血缘乃至地域上的分流,为徽州人提供了多种多样的生计选择。

第一节　明清徽州人口流动与阶层结构的新变化

一、人口流动引发徽州从商人数激增和商人地位提高

在明清以前,徽州地区的人口流动是长期存在的,其中外出经商是徽州

人口向外流动的一个重要方面。据史籍记载,早在东晋时,镇军将军司马晞每逢宴会便让娼妓扮作新安人,边舞边唱离别之辞,这是对当时新安商人活动的间接记载。这也说明,走出本土的新安商人在当时社会中已经具有了一定的知名度。东晋以后至明代以前,徽州人外出经商的记载虽不时见诸文献,但是总体上看,还是较为零散,没有形成较大的规模,商人的社会地位也是比较低下的。到明清时期,这种状况开始发生明显的变化。

到了明代,特别是明中叶以后,外出经商的徽州人日益增多,徽州向外的人口流动的规模和频率加大,在外的徽州商人所拥有的资本日益雄厚,经济实力和社会地位日益提高,徽商日渐形成了一个称雄商界、名闻海内外的商业集团。① 成化、弘治年间,是徽州社会风气和人口外出经商规模开始发生变化的一个重要时期。此前,徽州人多留恋桑梓、勤于稼事。外出经商的现象虽然存在,但是并不普遍,"长老称说,成弘以前,民间椎朴少文、甘恬退、重土著、勤稼事、敦愿让、崇节俭"②。到了成化、弘治年间,情况开始发生改变,徽州人外出经商开始形成风气,外出经商的人数开始日渐增多。如弘治元年(1488)成书的《休宁县志》记载本县风俗时称:"民鲜力田,而多货殖。"③明人笔记《云间杂识》记载:"成化末,有显宦满载归者,一老人踵门拜不已,宦骇问故,对曰:'松民之财,多被徽商搬去,今赖君返之,敢不称谢。'宦惭不能答。"④可见,成化年间前往松江一带经商的徽商人数之多及商业经营之成功。歙县溪南人江才的妻子郑氏鼓励江才经商时说:"吾乡贾者十九,君宁以家薄废贾也!"江才生于成化十年(1474),成年后赴华北经商致富。若郑氏劝夫发生在江才20岁左右的话,则表明早在弘治初年,歙县溪南一带外出经商之风已较为盛行。⑤ 成化二十二年(1486)出生的歙县竦塘人黄豹,"少遭家

---

① 参见张海鹏、张海瀛主编:《中国十大商帮》,合肥:黄山书社,1993年,第444页。
② 万历《歙志·序五》。
③ 弘治《休宁县志》卷一《风俗》。
④ (明)李绍文:《云间杂识》卷一,上海黄氏家藏旧本,上海:上海瑞华印务局,1935年,第9页下。
⑤ 张海鹏、王廷元主编:《徽商研究》,合肥:安徽人民出版社,1995年,第5页。

啬,见邑中富商大贾,饰冠剑,连车骑,交守相,扬扬然,诩诩然,卑下仆役其乡人。喟然叹曰:'彼之夥夥者,独非人耶?'"①黄豹少年时代约在弘治初,这说明当时歙县竦塘一带的富商大贾已颇具实力并炫耀于乡里,外出经商已成为乡人改变自身处境和社会地位的一种重要选择。生于景泰五年(1454)、卒于弘治十七年(1504)的歙县人许赠在正阳一带经商二十余年,"睦于亲旧,亲旧每因之起家,故正阳之市因公而益盛"②。可见,成化、弘治年间正阳一带的徽商人数已较为庞大,投靠许赠的"亲旧"都是徽州本土向外流动的经商之人。弘治年间,江阴人汤沐担任崇德知县时,徽州典商"至邑货殖,倍取民息,捕之皆散去,阖境称快"③。这表明徽商在崇德当地的人数已经有一定的规模。

到了正德末嘉靖初,徽州境内的社会风气和人口外出经商规模又发生了一些变化,"寻至正德末、嘉靖初,则稍异矣。出贾既多,土田不重。操资交捷,起落不常。能者方成,拙者乃毁。东家已富,西家自贫。高下失均,锱铢共竞。互相凌夺,各自张皇。于是诈伪萌矣,讦争起矣,芬华染矣,靡汰臻矣"④。由此可见,这一时期徽州人口已经大量外出经商,经商的规模较前加大,对于传统的农业已经较为漠视,徽州本土的一些家庭开始出现贫富分化,社会上开始出现"诈伪""讦争""互相凌夺"等不和谐现象。到嘉靖末、隆庆间,徽州境内的社会风气发生了更加深刻的变化,人口外出经商的规模可谓空前加大,"迨至嘉靖末、隆庆间,则尤异矣:末富居多,本富尽少。富者愈富,贫者愈贫。起者独雄,落者辟易。资爱有属,产自无恒。贸易纷纭,诛求刻核。奸豪变乱,巨猾侵牟。于是诈伪有鬼蜮矣,讦争有戈矛矣,芬华有波流矣,靡汰有丘壑矣"⑤。所谓"末富居多,本富尽少""贸易纷纭"等,说明这一

---

① 《歙县竦塘黄氏宗谱》卷五《明故处士黄公豹行状》。
② 《许氏统宗世谱·处士孟洁公行状》,转引自张海鹏、王廷元主编:《徽商研究》,合肥:安徽人民出版社,1995年,第5~6页。
③ (清)焦袁熹:《此木轩杂著》卷八《货殖》,《续修四库全书》本,第1136册,第569页。
④ 万历《歙志》卷五《风土》。
⑤ 万历《歙志》卷五《风土》。

时期徽州人口外出经商的规模空前加大,对于农业更为漠视;而所谓"富者愈富,贫者愈贫。起者独雄,落者辟易。资爱有属,产自无恒",则说明徽州的贫富分化日益加剧,先前出现的"诈伪"和"讦争"等社会问题也向纵深发展,愈演愈烈。

徽州本土人口大规模向外流动引发的从商人数激增,还可从一些文献记载的徽州各地从商人数在总人口中所占的比例中窥其端倪。明代大学者王世贞说:"大抵徽俗,人十三在邑,十七在天下。"① 歙县人汪道昆在《太函集》中多次谈及这一问题,他说:"新都业贾者什七八,族为贾而隽为儒,因地趋时,则男子所有事,外言不入于梱。"② 又说:"歙岁入不足以当什一,其民什三本业,什七化居。"③ 又说:"吾乡业贾者什家而七,赢者什家而三。"④ 一些家谱中谈到这一问题。如,歙县《虬川黄氏宗谱·云景黄翁六十寿序》云:"吾邑编氓贾居十九。"⑤ 由上述记载可见,早在明代,徽州一些地方总人口中的约70%纷纷流向外地经商,有的地方外出经商人口的比例甚至高达总人口数的90%。上述文献记载的比例,虽然是时人的一种主观估测,但却大致反映了自明代以降徽州本土外出经商人数已呈现出一种激增的趋势。

重农抑商是中国封建统治者长期奉行的政策,就全国范围而言,明清时期这种政策仍然无大的变更。但在徽州境内,由于商业是徽州人的衣食之源,明清徽州大量人口转向经商,还使得徽商在徽州社会中的地位提到提升,其中一个鲜明和充分的体现便是徽州逐渐形成了重商主义的传统和价值观。关于徽州重商主义的价值观,较早提出也是最值得注意的是,明嘉靖年间歙

---

① (明)王世贞:《弇州山人四部稿》卷六一《赠程君五十叙》,台北:伟文出版公司,1976年,影印本。
② (明)汪道昆:《太函集》卷一七《阜成篇》,合肥:黄山书社,2004年,第372页。
③ (明)汪道昆:《太函集》卷五二《明故明威将军新安卫指挥佥事衡山程季公墓志铭》,合肥:黄山书社,2004年,第1101页。
④ (明)汪道昆:《太函集》卷一六《充山汪长公六十寿序》,合肥:黄山书社,2004年,第349页。
⑤ 张海鹏、王廷元主编:《明清徽商资料选编》,合肥:黄山书社,1985年,第48页。

县汪道昆提出著名的商、农"交相重"的思想和儒贾"迭相为用""右贾而左儒""良贾何负闳儒"等系列新儒贾观,集中反映了当时徽州社会职业观的转型。徽州社会中的宗族、士人、徽商自身也对商人所从事的职业感到无比自豪,对商人的社会地位予以充分的认同和肯定。

据族谱等文献的记载,明清徽州宗族对于商人及其职业基本持肯定和认同态度,对于经商成功者往往给予高度赞扬。如明代休宁《汪氏统宗谱》记载族人汪远"贾而儒行"的事迹时,发表了一番议论:"古者四民不分,故傅岩鱼盐中,良弼师保寓焉。贾何后于士哉!世远制殊,不特士贾分也,然士而贾其行,士哉而修好其行,安知贾之不为士也。故业儒服贾各随其矩,而事道亦相为通,人之自律其身亦何艰于业哉?"① 可见该族认为,士贾只要遵守儒家之道,在本质上并无高下卑贱之分。这种四民观,特别是儒贾观在明清徽州宗族中是颇具代表性的。

徽州的普通士人对商人的职业和社会地位同样予以认同和肯定。如婺源士人江次公说:"余闻本富为上,末富次之,谓贾不若耕也。吾郡在山谷,即富者无可耕之田,不贾何待?且耕者什一,贾之廉者亦什一。贾何负于耕?古人病不廉,非病贾也。若第为廉贾。"② 在他看来,农与商都向国家交纳什一之税,古人之所以"病贾"只是"病其不廉",倘若为廉贾,则商不负于农。绝大多数徽商对自身的商人职业和社会地位予以充分的认同和肯定,有些甚至感到相当自负和自豪。歙县人程澧因奉养母亲弃儒经商,他说:"澧故非薄为儒,亲在,儒无及矣。藉能贾名而儒行,贾何负于儒!"③ 在程澧看来,如果能贾名而儒行,则贾并不负于儒。徽商许西皋认为:"人之处世,不必拘其常业,

---

① 《汪氏统宗谱》卷一六八,转引自张海鹏、王廷元主编:《明清徽商资料选编》,合肥:黄山书社,1985年,第439页。
② (明)汪道昆:《太函集》卷四五《明处士江次公墓志铭》,合肥:黄山书社,2004年,第952页。
③ (明)汪道昆:《太函集》卷五二《明故明威将军新安卫指挥佥事衡山程季公墓志铭》,合肥:黄山书社,2004年,第1102页。

但随所当为者,士农工贾,勇往为先,若我则业贾也。"①可见,许西皋对自己选择从事商贾职业十分自信和自豪。

明代中叶,一些徽州宗族已将族人外出经商作为必要的职业选择,在族规家法中予以强调。如明正德年间,绩溪县南关许余氏宗族所订《惇叙堂旧家规》"严谨训诲"条规定:"子弟七岁以上则入小学,从师读书习礼,收其放心,养其德性,使知孝弟忠信礼义廉耻之事。其聪明者,使之业儒,其[期]于有成,以光大门闾。其庸下者,亦教之以农工商贾,各事生业,不得游手好闲。"②该族规家法强调,家长应根据子弟"聪明""庸下"等资质的不同对其进行职业规划,从事商贾成为族中"庸下者"的一种生业选择。文献记载还表明,明代徽州社会中选择商贾为职业已成为当地的风习。明末歙县知县傅岩曾指出:"徽俗训子,上则读书,次则为商贾,又次则耕种。"③于此可见,在士、农、工、商各业排序中,商贾排在了第二位,仅次于士。

二、贾儒结合与徽州士绅阶级新变化

明清时期,徽州商人与"儒"结下不解之缘,徽商或是"先儒后贾",或是"先贾后儒",或是"亦贾亦儒",形成了"贾而好儒"的重要特色。④ 贾儒结合使徽商不同于一般商人,贾儒结合使大量徽商通过捐纳、捐输或科考等途径加入士绅队伍之中,从而使得徽商经商所在地以及徽州本土士绅阶层出现了一些新变化。⑤

关于徽商通过捐纳、捐输或科考等途径加入士绅阶层中的情况,歙县人

---

① 《歙县许氏世志·西皋许公行状》,转引自唐力行:《徽州商人的绅士风度》,载《史学月刊》,2003年第11期,第40页。
② 《绩溪县南关许余氏惇叙堂宗谱》卷八,正德十三年《惇叙堂旧家规十条·严谨训诲》,清光绪刊本。
③ (明)傅岩撰:《歙纪》卷五《纪政迹·修备刍言》,合肥:黄山书社,2007年,第50页。
④ 张海鹏、王廷元主编:《徽商研究》,合肥:安徽人民出版社,1995年,第381页。
⑤ 所谓"士绅",主要是指在野的并享有一定政治和经济特权的知识群体,它包括科举功名之士和退居乡里的官员。参见徐茂明:《江南士绅与江南社会(1368—1911年)》,北京:商务印书馆,2004年,第23页。

许承尧曾有一段精彩的表述,他说:"商居四民之末,徽殊不然。歙之业鹾于淮南北者,多缙绅巨族。其以急公议叙入仕者固多,而读书登第,入词垣跻胝仕者,更未易仆数,且名贤才士往往出于其间,则固商而兼士矣。浙鹾更有商籍,岁科两试,每试徽商额取生员五十名,拨杭州府学二十名,仁钱两学各十五名。淮商近亦请立商籍。斯其人文之盛,非若列肆居奇肩担背负者能同日语也。"①所谓"商而兼士",表明徽商具有"商人"和"士绅"的双重身份,即"亦绅亦商",这是一种不同于通过科举途径获得功名的新士绅阶层。这种新士绅阶层主要是"由商向绅的单向流动",他们身份的获得途径为:先是经商牟利,获取"商"的身份,再以所获利益进行捐纳或捐输,获取"绅"的身份,从而实现由"商"向"绅商"身份的转化。②

据学者研究,通过"急公议叙"获得"绅"身份的徽商,从明初开始已遍布各个行业,且人数不断增多,并呈现家族化的特点。如明万历年间,"师征关酋",歙县商人吴养春上疏愿输纳饷银 30 万两,"诏赐其家中书舍人凡六人"。③清乾隆三十六年(1771)至道光元年(1821)的 50 年间,歙县江村江氏一族通过捐输获取"绅"身份的商人达数十位之多。④

由贾儒结合方式产生的这种新士绅阶层,不同于传统士农工商阶层结构中的"士"和"商",而是二者有机结合的产物。对于士绅阶层来说,"绅权"的获得与地方民众的认可关系甚大。对这种新士绅阶层来说,通过捐纳或捐输,他们只是获得了"绅"的名头,他们必须通过积极参与地方公益,方能树立自己的权威。⑤此处选取清代婺源县境内这种新的士绅为例,来说明他们是

---

① 许承尧:《歙事闲谭》,合肥:黄山书社,2001 年,第 603 页。
② 梁仁志:《明清徽州的绅商——兼谈明清绅商和近代绅商之不同》,载《安徽师范大学学报》,2011 年第 3 期,第 272 页。
③ 民国《歙县志》卷五《选举志·殊恩》。
④ 梁仁志:《明清徽州的绅商——兼谈明清绅商和近代绅商之不同》,载《安徽师范大学学报》,2011 年第 3 期,第 272 页。
⑤ 梁仁志:《明清徽州的绅商——兼谈明清绅商和近代绅商之不同》,载《安徽师范大学学报》,2011 年第 3 期,第 273 页。

如何积极投身地方社会公益,并树立自己权威的。如,在婺源沱川,余席珍,商人兼邑庠生,"承先人遗业服贾景镇……居乡禁赌博,养杉苗,立茶亭,修桥路,息争讼,济人之事靡不勉力为之"①。余宗燮,商人兼国学生,"尝客金陵……输赀入祠,为长久祭扫之计,族党称之"②。余觐光,商人兼国学生,"中年服贾汉阳,携往治生,且利周三族焉。既归,倡捐购地,重建敦复堂,并置祀产以妥其先;费不足,鬻己田继之。至于捐金平粜,修治道路,助贫完婚,族党至今道之"③。余增孝,商人兼儒士,"壮游岭南,不遇而归。授徒数十年,勤功课,族中列庠序、登贤书者多沐其蒙养。祖规禁赌博,孝总司其事,不辞劳怨,顽梗多折服焉"④。汜川人余德基,商人兼职监,"家稍裕,即为村栽树植竹以开财源,禁赌养生以培元气,豪强犯禁,诣县请示,不避怨劳"⑤。秋溪人詹添麟,商人兼国学生,"比壮,贾于粤,家道饶裕,疏戚告贷,悉为周恤。里中沿河要道,麟先输五百金劝同志量捐襄茸……年逾四旬,病革,悉检积券焚之。其善行洵孚舆论焉"⑥。诗春人施明礼,商人兼贡生,"少孤贫,后商于景镇,赀裕归里……闻村妇有溺女者,给赀养育"⑦。清华人戴大启,商人兼监生,"随父贾乐邑……同祖窀穸,力为营葬。有欲赁宗祠业茶者,启谓祖灵不安,愿如其值以敷祠用。其勇于为善,允协乡评"⑧。城内郑氏宗族族人郑钢,商人兼国学生,"少读书,以家计艰遂就商,赀裕……郑氏宗祠初建西关外,叠遭洪水泛入,族以祖灵不安,欲移置之。钢慨然输居屋为祠址,鸠工落成,族人称其义"⑨。江湾人江衢,商人兼庠生,"赡养孀嫂,俾终完节。重造

---

① 光绪《婺源县志》卷三五《人物志·义行》。
② 乾隆《婺源县志》卷二六《人物志·质行》。
③ 光绪《婺源县志》卷二九《人物志·孝友》。
④ 光绪《婺源县志》卷四〇《人物志·质行》。
⑤ 光绪《婺源县志》卷三五《人物志·义行》。
⑥ 光绪《婺源县志》卷三五《人物志·义行》。
⑦ 光绪《婺源县志》卷三五《人物志·义行》。
⑧ 光绪《婺源县志》卷三九《人物志·质行》。
⑨ 光绪《婺源县志》卷三四《人物志·义行》。

家庙,增置祀田,族党均以廉能称之"①。清源人王用彬,商人兼按经历,"贾无私蓄……置田租输为祀产,宗族称道弗衰"②。新源人俞炳,商人兼监生,经商吴楚,"晚年家居多义举,防闲后进,禁止呼卢,力挽末俗颓风,犹有老成矩矱"③。清华人胡廷俊,商人兼候选主簿,"少孤,弃举业,佐兄经营……族有孪生女孩,为贫将溺者,助赀抚养"④。读屋泉人孙有燨,商人,捐四品衔,"幼读书,以父抱疾弃儒就贾,赀渐饶……族之贫乏者周之,溺女者拯之"⑤。

由上述文献记载可见,这种由贾儒结合方式产生的新士绅阶层往往利用自身经商积攒的财富和影响力,在徽州地方社会积极从事禁止赌博,严禁溺女,培育山林,设立茶亭,修桥铺路,平息争讼,捐金平粜,助贫完婚,教授生徒,赡养节妇,修造祠堂,增置祀产等宗族内部建设和乡里社会公益活动。由于有财富支撑,有时"士""农""工"等社会阶层人士办不到的事,他们却能得心应手,应付裕如。所谓"允协乡评""洵孚舆论""宗族称道弗衰""族党称之""族党至今道之""族人称其义""族党均以廉能称之",表明他们的所作所为获得了地方社会舆论的好评,也表明他们对徽州本土社会的建设作出了重要贡献。

三、经营本土农业与集商人、地主于一身的新阶层出现

明清时期,徽州商人致力于多种行业的经营,将商业利润的一部分用于购置土地、经营农业便是一种重要选择。大量史料记载表明,除了在徽州境外购置土地,许多徽商回归故里后(特别是在晚年)在徽州本土积极购置土地,直接或间接经营本土农业,这样就在徽州本土社会中出现了集商人、地主身份于一身的新群体。严格意义上说,他们既不是纯粹的地主,也不是纯粹的商人,而是明清徽州出现的一种新的社会群体或阶层。徽州各县均有此方

---

① 光绪《婺源县志》卷三五《人物志·义行》。
② 光绪《婺源县志》卷四〇《人物志·质行》。
③ 光绪《婺源县志》卷三〇《人物志·孝友》。
④ 光绪《婺源县志》卷三三《人物志·义行》。
⑤ 光绪《婺源县志》卷三五《人物志·义行》。

面的事例。

在歙县。生于景泰元年(1450)、卒于正德十三年(1518)的许竹逸,"挟资经商吴越金陵间十余年,资益大起,广营宅,置田园,以贻后裔"①。生于成化十一年(1475)、卒于嘉靖四年(1525)的溪南人江终慕,"年十二三,即从兄屠酤里中。稍长,从如钱塘。其在钱塘日坐阛阓,售米盐杂物,兄弟服勤如初。而母甘旨常苦不克,翁乃叹曰:'丈夫当观时变、察低昂、立致富厚耳,安能久为此琐琐乎。'遂辞其兄,北游青齐梁宋间,逐什一之利。久之,复还钱塘,时已挟重赀为大贾。已而财益裕,时时归歙,渐治第宅田园为终老之计"②。生于正德三年(1508)、卒于隆庆四年(1570)的方汝梓,"比壮,逡巡俯仰,弗克肆力于学。方君乃叹曰,人生进不得逢时取尺寸之勋,退而窜状草野贫窭没齿,安可比丈夫哉! 语曰:'黍稷无成,不可为荣。'吾何以举业为也。遂与仲氏挟赀遨游青齐梁宋之间,转徙积贮,稍仿计然之画,贾乃大起,费用益饶。归而大治宫室、市良田,为终老计"③。生于弘治元年(1488)、卒于嘉靖三十七年(1558)的李季公,"县大夫目伟季公,辟永新掾。居七日,弃而违永新,幡然曰:'无宁为是沾沾,将浼先世清白。'归无一耜,或劝之力田,季公谢不能耕。请握算以当什一,遂用居息起富,驯致阡陌相连"④。明代的江祥,"家故贫乏,不惮劳苦,早夜经营,年五十,家业始起,累资二十余万金,田连阡陌,富甲一方"⑤。明代的汪忠浩,"甫七岁,遭父陷冤狱,号泣莫禁,皇皇然若有求而弗及者。未数年,父病卒,家业遂衰,即慨然有恢复之志。乃聚余赀,与伯氏为贸易计,远游淮泗间。无烦奇胜,举辄中志,由是赀日富裕,田园山薮甲于乡间,宫室器具焕然一新,盖不惟克复旧物,而且称雄于一时矣"⑥。明末清

---

① 《新安歙北许氏东支世谱》卷八《竹逸许公行状》,明嘉靖刊本。
② 《歙县溪南江氏族谱·处士终慕江翁行状》,明隆庆刊本。
③ 《歙淳方氏柳山真应庙会宗统谱》卷一九《环墅方君行状》,清乾隆十八年(1753)刻本。
④ (明)汪道昆:《太函集》卷六一《明故处士篠塘李季公墓表》,合肥:黄山书社,2004年,第1273页。
⑤ 歙县《济阳江氏族谱》卷九《明处士祥公传》,清道光十八年(1838)刊本。
⑥ 休宁《汪氏统宗谱》卷三一《行状》。

初瀹坑人方时翔,"长乃从事儒林,磊落倜傥有远志,久乃喟然叹曰:'儒固美名,成可必乎?亡父之堂构,寡母之甘旨,奈何!'于是投笔去。先是,(父)双塘公以资属从弟息于丰,而貌孤异日地,至是请焉,仅为三百金。君念其父行,默然受之。贾于丰,又数年而从叔逝,族党公论会算当三千三百金,竟以二百金毁券。于是挈以往来大江南北间,转移贸易,以时伸缩之。无何,而橐中装骎骎起。归则益增置新产,非复旧田庐足供衣食而已"①。清代沙园人吴积寿,"尝经营生理,时或往武林贸易……晚年颇殷裕,置田园,恢室庐,拓土开基,创兴家业"②。

在休宁。生于元至顺三年(1332)、卒于明永乐十一年(1413)的程维宗,"遭时革运,无复荣念,从事商贾,货利之获多出望外,以一获十者常有之,若有神助,不知所以然者,由是家业大兴……增置休歙田产四千余亩,佃仆三百七十余家,有庄五所:其曰宅积庄,则供伏腊;曰高远庄,则输二税。其洋湖名曰知报庄,以备军役之用,至今犹遵守焉。其藏干名曰嘉礼庄,以备婚嫁。其杭坑名曰尚义庄,以备凶年。其各庄什器仓廪、石坦垣墉,无不制度适宜"③。他在休宁、歙县等地广置田产 4000 余亩,雇人从事商业经营,集商人与地主双重身份于一身。生于永乐十七年(1419)、卒于成化二十年(1484)的汪明德,"事商贾每倍得利,归父兄娱其心……晚年于所居之旁,围一圃,辟一轩,凿一塘,以为燕息之所。决渠灌花,临水观鱼,或觞或咏,或游或奕,盖由田连阡陌、囊有赢余,而又有子能继其志而后乐斯乐也"④。所谓"田连阡陌",表明其晚年回归故里后置办了大量土地,热心于农业经营。生于宣德六年(1431),卒于弘治十八年(1505)的黄义刚,"少商木筏于杭、浙、姑苏,壮经营于正阳、固始,得生财之大道……晚而筑室买田,立纲振纪,家声文物,焕然一新"⑤。明代孚潭人许贶,"商于淮泗间,能观时变,以上下其殖,居积致富,

---

① 《歙淳方氏柳山真应庙会宗统谱》卷一九《方元之先生传》,清乾隆十八年(1753)刻本。
② 《歙县沙园吴氏宗谱·南冈公行略》,清嘉庆刊本。
③ 《休宁率东程氏家谱》卷三,明刻本,上海图书馆藏。
④ 休宁《汪氏统宗谱》卷四二《七十六代世昭墓志铭》。
⑤ 《休宁黄氏世谱》卷二《黄义刚传》,明嘉靖刊本。

故财虽丰而人不怨……命弟任旅务,己任家务,一毫不私。见人有患难,力所能济者,必为之济,因而籍以终生者甚多。广田园盛甲一乡"①。生于成化十四年(1478)、卒于嘉靖二十五年(1546)的汪忠富,"挈货北游淮泗间,能明物情,识时势,获自然之利。而以深刻取赢羡、机巧趋便利者,翁弗有也。然以是日丰裕,造华堂广厦,拓置田数,饬聚器具"②。

在徽州其他县。明代绩溪人章献邦,"家世业儒,少承家学,两试不偶,遂隐于贾。偕弟献郯营运商盐牟利以养亲。居积充裕,广置田庐"③。清嘉庆年间绩溪西关人章江,"自幼单身外贸,积蓄成家,广置田庐,以贻后嗣"④。西关人章升,"度量宽宏,刚柔相济,甫居市肆,即能持筹握算。自持勤俭,创置田产,以起其家"⑤。清咸丰年间,黟县人汪源,"年十五,废读而贾。赭寇扰黟,君在江西之玉山……肆务殷繁,烽烟一月数徙,备历险艰,或竟日不食,或终夜不寝,生平精力瘁于是时,而业亦以是渐裕矣。迨大局底定,奉亲归里,买田筑室,以垂久远之规,至今家门隆盛"⑥。他回归故里,"买田筑室",致力于长久打算。清末黟县环山人余荷浦,"远赴鸠江,爰集同人料量金融事业,日积月累,扩充至浔。由是二十余年,囊橐日实,良田美宅如愿以偿"⑦。清代婺源庐源人詹泰圭,"贾余杭,时寄余资置田宅,父得以好行其义"⑧。

上述文献记载表明,这些商人经商致富后,都积极在徽州本土购置土地,从事农业生产和经营。诚如有学者所说,徽商资本与徽州本土地权的紧密结合,促使徽州境内商人地主阶层逐渐形成。而徽州商人地主阶层的形成,进一步促进了徽州本土的土地兼并,强化了封建经济结构,加固了徽州的佃仆

---

① 《许氏统宗世谱·孟贻公行状》,明嘉靖刊本。
② 休宁《汪氏统宗谱》卷三一《行状》。
③ 《绩溪西关章氏族谱》卷二四《家传》。
④ 《绩溪西关章氏族谱》卷二四《家传》。
⑤ 《绩溪西关章氏族谱》卷二四《家传》。
⑥ 民国《黟县四志》卷一四《汪赠君卓峰家传》。
⑦ 《黟县环山余氏宗谱》卷二一《余荷浦先生传》。
⑧ 《婺源县采辑》,见张海鹏、王廷元主编:《明清徽商资料选编》,合肥:黄山书社,1985年,第302页。

制度和宗法制度等。①

四、佃仆随主经商使自身社会地位有所提升

作为一种具有严格隶属关系的租佃制度的佃仆制,在明清徽州境内尤为盛行。佃仆是一种特殊身份,它不是奴隶,但却有一般农奴所没有的特殊从属性。佃仆与地主之间存在着主仆名分,没有迁徙的自由,婚配受到干涉,没有科举入仕的资格,甚至言谈、服饰等日常生活小节也受到束缚与干涉。佃仆是由于种主田、住主房、葬主山而以契约或宗规家法形式确定与主人的关系,其来源有多种形式,或由家内奴仆释放而来,或因佃种地主或祠堂的土地而来,或因无处栖身而被迫居住地主庄屋以致沦为佃仆,或因先人葬于地主山场而沦为佃仆,或因入赘、婚配佃仆的妻女而沦为佃仆,或因生活所迫卖身为佃仆。佃仆除了种田纳租外,还须为主人承担固定的劳役义务,如承担守卫主家历代坟墓,管理坟墓和山场,并对主人方面的冠婚葬祭,以及主人赴京科举应试等服劳役的义务。总之,徽州佃仆的社会地位是相当低下的。②

为了获得平等的社会地位,明清徽州境内的佃仆不断进行抗争。佃仆抗争采取的主要方式有抗交田租、拒绝服役、盗砍树木变卖、背主逃走和发动暴动等。通过上述种种抗争,明清徽州境内佃仆的社会地位得到一些改变,有的佃仆甚至还得到恢复自由的机会,社会地位有了根本改变。通过抗争的方式获得社会地位的改变是一种途径,另一种途径则是佃仆在维持原有主仆名分的情况下随主外出经商,因而使自身眼界大开、见识增广、财富增加,社会地位渐渐得到改变。

明清徽州佃仆提升自身的社会地位是一个缓慢的过程,其中强调维持原有主仆名分是徽州主流社会能够接受的底线。明嘉靖《徽州府志》"风俗"篇云:"其主仆名分尤极严肃而分别之,臧获辈即盛赀厚富,终不得齿于宗族乡里。"徐珂说:"徽州之汪氏、吴氏,桐城之姚氏、张氏、左氏、马氏,皆大姓也。

---

① 张海鹏、王廷元主编:《徽商研究》,合肥:安徽人民出版社,1995年,第483~487页。
② 《佃仆制》,载《黄山学院学报》,2008年第2期,第132页。

恒买仆或使营运,或使耕凿。久之,积有资,即不与家僮共执贱役。其子弟读书进取,或纳资入官,主不之禁。惟既已卖身,例从主姓。及显达,即不称主仆,而呼主为叔矣。盖以同姓不婚,杜后日连姻之弊也。"①由此可见,徽州汪氏、吴氏等大姓所属佃仆因从事"营运"或"耕凿"等行业而致富,在致富后,他们自身的经济社会地位有所提升,"不与家僮共执贱役",即抛弃了原先所从事的"贱役"。与之同时,他们的子弟的社会地位也相应得到了较大提升,可以读书仕进、捐纳为官,"其子弟读书进取,或纳资入官,主不之禁"。

明清徽州佃仆自身社会地位的提升,与他们自身所具备的能力有很大关系。一些随主外出经商的徽州佃仆,由于自身的商业经营管理才能得到了主人的赏识,而使得自身的地位得到改善。如明末歙县人程致和,"幼读异书,不欲沾沾习博士艺,卜居春谷,行白圭治生之学,以美恶占岁,以弃取伺人。能薄饮食,忍嗜欲,节衣服,与用事僮仆同苦乐。趋时观变若猛兽鸷鸟之发,以生以息,凡廿年而业振"②。所谓"用事僮仆"能得到主人的"同苦乐",表明其经商理财的能力得到了主家的肯定。当然,也有一些反面的例子能说明徽州佃仆社会地位的提升。如,明嘉靖间歙县潭渡人黄彦修的父亲武毅将军,"年十七入成均,夫生世家,蒙故业,仍厚利,袭名高……武毅遣仆鲍秋,掌计金陵,秋不法,法当弃市。且干没巨万,自焚邸舍以绝踪。彦修力言之武毅而置之,无用批根为也"③。作为佃仆的鲍秋,"掌计金陵",且能"干没巨万",从一个侧面说明其自身在犯事前受到了主人何等的器重,其社会地位得到改变或提升更是自不待言。

---

① (清)徐珂:《清稗类钞》第三十九册《奴婢类》,北京:中华书局,2010年。
② 歙县《褒嘉里程氏世谱·寿文·奉贺致和程老先生六十荣寿序》,见张海鹏、王廷元主编:《明清徽商资料选编》,合肥:黄山书社,1985年,第103页。
③ 《歙县潭渡孝里黄氏族谱》卷九《故国子生黄彦修墓志铭》,清雍正九年(1731)校补刊本。

第二节　人口流动与明清徽州社会的发展走向

一、人口流动与家族生存问题的解决

人口流动所形成的家庭—宗族结构、分支与本支网络、小徽州与大徽州格局对宗族人口的生计是非常有利的。徽州本土在宗族内部,"有无得以相通""吉凶有以相及",具有道义经济的功能。家庭和宗族人口的迁徙、出赘和出继,很多情况下也是出于生计方面的原因,早期的迁徙是人口与耕地的压力,后期的迁徙更多的是经商的原因。《绩溪遵义胡氏宗谱》和《新安第一家谱》中的情况就说明了这点。从他们早期能够通过迁徙、出赘和出继建立自己的支派来看,他们在迁徙后的生存状况明显得到了改善,人口有了相当的繁衍与增长。徽州许氏散居四方,明代开始议修统宗谱,大学士许国著有一篇名为《新安统修许氏谱序》的文章。他希望许氏之族可以达到"贫贱收之,远迩禽之,死丧赙之,患难矜之,愚懵启之,强梗抑之,燥妄规之,良善嘉之,暴恶惩之,凡相劝相恤所当尽者,竭尽吾情"[①]的理想程度。

迁徙不仅分流了宗族当时的压力,而且还对日后的发展带来了明显的好处。如《新安第一家谱》中光进公的父亲从山东迁回,没有回本支,而是住到了槐台支派,为了家庭日后的发展,进行由商向儒的转向。正如遵义胡氏族人一代一代大量到郎溪经商,他们在开始的时候可能给人佣工谋生,但后来许多人有了自己的店业。作为佣工是许多商人最初所经历的一个过程,可能也是许多徽人终其一生的职业。前文所说的柳山方氏的同族结合是这种分支与本支网络维护宗族利益的典型例子。大小徽州的格局也同样对徽州人寻找生计提供了非常多的机会。婺源程栋在汉口营商得厚利,置有产业,"凡

[①]　《南关敦叙堂宗谱》卷一。

亲友及同乡者，借住数月，不取伙食，仍代觅荐生业"①。这与他们本土的道义经济是一致的，宗族伦理在经济行为上的表现非常明显。

士、商合流并形成的士—商结构以及大徽州格局在解决徽州贫困化问题时发挥了十分重要的作用。人口贫困化的一个主要原因就是宗族和人文礼教的扩张，这属于礼教体制下的贫困。由于家庭和宗族人口的增长，原来很充裕的家产经过不断的分析，小家庭所拥有的土地呈下降的趋势，而他们所承担的祭祀和其他方面的开支呈上升的趋势，在双向挤压下，小家庭走向弱化。有些个人或家族，仍然抱着传统的四民之分的职业观，追求着耗费越来越多，而希望又越来越渺茫的儒业；在缺乏土地的情况下，他们不愿选择其他的职业。而另外一部分改变职业选择经商的人在成功后，通过种种儒行将商业利润回流徽州，这也造成了徽州本土的通货膨胀和攀比之风。所谓富者愈富、贫者愈贫，"富者百人而一，贫者十人而九"应该带有明显的通货膨胀的因素在里面。康熙《徽州府志》记载："向徽称富足，民尚俭朴，所服不过布素，今则愈贫愈逐奢侈，家无宿舂而轻裘耀目，此亦俗之最弊者也。"②风俗的变化与经济上的通货膨胀不无关系。在种种情况下，大量的士人群体不可避免地贫困化了。他们的贫困是缺乏就业的贫困，是人文消费下的贫困。总之，徽州的生态和人文环境使宗族人口普遍出现了生计艰难的困境。

解决儒业贫困的主要手段是改变职业观。正如袁采对儒业的理解，儒业的范围已经非常宽泛，上至科举出仕，下至与文字有关的一些生计，如教书、入幕乃至为人代写书信都属于儒业的范围。在儒业从业扩大的同时，儒业的理想化色彩也在减退，缺乏经世能力的腐儒已经为新儒家所抛弃，治生的本领越来越为儒士所重视。同时，对重农抑商的重新诠释，工商皆本思想的提倡，而商人对儒行的热衷，都提高了商人的地位。这为大批儒士转向商业作了理论和实践上的准备。一部分儒士经商自然是消除了他们本人的贫困，还

---

① 《婺源县采辑》之"孝友"，转引自叶显恩：《徽州和珠江三角洲宗法制比较研究》，载《中国经济史研究》，1996年第4期，第3~11页。
② 康熙《徽州府志》卷二《风俗》。

能实践种种儒行,甚至实现向上层儒业的回归,以科第致富贵,维持着徽州的身份制社会。儒士在经商致富的同时,也使一部分身份低下的贱民和半贱民群体也分享到了经商带来的利益,少数甚至还过上了比较富裕的生活。针对风俗中的奢侈化倾向和通货膨胀,对俭朴生活的强调,也是儒士抑制贫困化的一个手段。

如果说儒士经商还得益于他们的优游之风,那么,农民则属于安土重迁的群体。如果有足够的土地和粮食,人们一般都是不愿意迁徙的。但人口的增长给徽州人带来了巨大的生存压力,商业人口的增长有效地解决了徽州社会的困境。如黟县,"往者户口少,地足食,读书力田,无出商贾者(本正德陈志)。《徽郡六邑评》所谓'黟县男耕女绩麻',盖纪实也。国朝生齿日盛,始学远游,权低昂,时取予(本窦志),为商为贾,所在有之,习业久,往来陈椽,资以衣食"①。

士人和农民大量经商和士商的进一步合流,使得依靠商业谋生的人越来越多,商业成为徽州人的本业。许承尧根据其族谱记载,他的祖上在正统时已出居庸关运茶行贾,他由此断定,到正统时歙人出贾风习已久。② 根据《歙志风土论》的记载,"寻至正德末、嘉靖初,则稍异矣。出贾既多,土田不重,操资交捷,起落不常";而到了嘉靖末隆庆年间,又有所变化,"末富居多,本富居少,富者愈富,贫者愈贫,起者独雄,落者辟易,资爰有属,产自无恒,贸易纷纭,诛求刻核,奸豪变乱,巨猾侵牟"③。休宁县的情况也差不多。与人口的增长趋势相一致,商人的规模也是逐步扩大的。

张海鹏、王廷元认为:"徽商中出身于阀阅之家者固不乏人,但为数更多的则是为生计所迫外出谋生的小商小贩。这些小商小贩虽然资本无多,但却富于商业经验和艰苦创业的精神,而当时商品经济的发展又为他们牟利生财

---

① 道光《黟县志》卷七《地理志·风俗》。
② 许承尧:《歙事闲谭》,合肥:黄山书社,2001年,第14页。
③ (清)顾炎武:《天下郡国利病书》第九册《凤宁徽备录·徽州府》,上海:上海古籍出版社,2012年。

提供了极好的机会。所以他们之中'挟一缗而起巨万'者比比皆是,这就使整个徽州商帮的实力得以迅速增强。"①从整体上看,徽州六县中除黟县、绩溪从商风习形成较晚以外,其他几县在明中期就已经形成了出贾之风,从成化到万历中期是徽商的发展阶段,从万历后期到康熙初期是徽商发展遭受挫折的阶段,从康熙中期到道光时期是徽商的兴盛阶段;该书把徽商的挫折主要归因于赋役和战乱。② 唐力行在《明清以来徽州区域社会经济研究》中指出了宗族在徽商兴起和发展中起到了非常重要的作用。

大量的古籍文献也印证了徽州人经商的主要原因是为生计所迫,徽商中的大多数是小商小贩,这也印证了徽州贫困化的普遍程度。宗族的族谱中有着大量的商人传记资料,这说明了徽商中大多数的小商小贩出自宗族,是趋于或已经贫困化了的族人。明代中后期以来,人口的大量增长和贫困、佃仆的广泛使用、宗族建设的普遍开展和商人的大规模兴起,已经从宏观上印证了这几个现象之间的内在联系。立足于明清时期徽州脆弱的生态环境和扩张的人文礼教环境,笔者认为徽州的赋役征派的确对徽州脆弱的农业经济和生态环境构成了严重的威胁。赋役是宗族内人口贫困化的一个主要原因,在赋役的种种弊端和不断加派下,大户衰败或花分,中户破产,小户丧失身份和自主性。赋役在徽商形成的过程中所扮演的角色很复杂,它不仅在后来催生了徽商群体,而且在早期提升了徽州本土物产的商品化程度,培养了徽州人的商业意识,扩大了徽州的商业网络。徽州的贡赋性商品经济为徽商的大规模兴起奠定了基础。而徽州的宗族和缙绅又与人文繁盛和商品经济发达的江浙地区有着千丝万缕的地缘和血缘上的联系。江浙地区的衣冠缙绅在早期向徽州的迁徙,与后期徽州人向江浙地区的迁徙,实际上都是为了安全、生存和发展。徽州众多中小商人的商业经验和艰苦创业的精神的确与贡赋性商品经济有着密切的关系。

《徽商研究》一书中关于徽商发展的三个阶段和遭受挫折的原因,与历史

---

① 张海鹏、王廷元主编:《徽商研究》,合肥:安徽人民出版社,1995年,第10页。
② 张海鹏、王廷元主编:《徽商研究》,合肥:安徽人民出版社,1995年,第9~16页。

文献记载并没有多大的冲突。但赋役和战乱对商业的影响非常复杂,不可一概而论。从《绩溪遵义胡氏宗谱》可以看到,明末清初和太平天国两次战乱之后,遵义胡氏都兴起了规模比较大的经商潮,尤其是太平天国运动之后的潮流更大。战乱之后,人口的压力大大减轻,如仙源杜氏家族,号称"人烟数十村,丁男盈数万"①。但在接连遭受"咸同间粤寇之变加之以兵燹,继之以凶年,又继之以大疫,其间阵亡者、殉难者、避害而徙者、被掳而戕者、合家绝粮而僵者、比户染疠而毙者……得以重见天日者尚存十之二三焉"②。但生存的压力并没有减轻多少,土地荒芜、生计萧条的状况迫使大量的胡氏族人弃学业贾。明代中后期的赋役改革和不断加派,实际上也是造成徽商大规模兴起的一个原因。因为加派的主要对象还是土地,商人稍有资产,还可以勉力支撑,农民的负担不断加重,农业实际上在年轻的徽州人眼中已经成为末业。对他们来说,土地并不是恒产,而是更具有商业资本的意义。中产以下皆无田的现象,赋役负担仅仅是其中一个原因,另一个原因就是重商的观念已经深入人心。

二、人口流动限制了本土人口规模

徽州人口流动抑制了徽州本土的人口规模。商业人口的增长和人口向外的迁徙,本身就使徽州本土的人口规模缩小。徽商从三个方面抑制了徽州本土的人口增长:一是生育率上,二是迁居他乡,三是客死他乡。

徽人长期在外或迟迟不归,影响了他们的生育率。一旦走出徽州,经商在外,回来的次数就不能确定了。在明清徽州,"以货殖为恒产,春月持余赀出贸十二之利,为一岁计,冬月怀归,有数岁一归者"③。由于路途的艰辛,一般是几年时间才能回来一次。通常情况下,三年一回的商人还算是比较好的了,徽州商人也与其他地方的行贾无异,背上了"重利轻别离"的不好的名声。

---

① 光绪《仙源杜氏宗谱》卷末《仙源杜氏重修宗谱跋》。
② 光绪《仙源杜氏宗谱》卷首《五修宗谱序》。
③ 嘉靖《徽州府志》卷二《风俗》。

徽州当地有"一世夫妻三年半"的谚语。程且硕《春帆纪程》记徽俗称:"女子自结缡未久,良人远出,或终其身不归,而谨事姑嫜,守志无怨。此余歙俗之异于他俗者也。"①清代学者魏禧在《江氏四世节妇传》中说:"土著或初娶妇,出至十年、二十、三十年不归,归则孙娶妇而子或不识其父。"《新安竹枝词》也歌咏:"健妇持家身作客,黑头直到白头回。儿孙长大不相识,反问老翁何处来。"②还有很多妻子自新婚一别后,就再也无见面之期,或者是因为丈夫客死他乡;或者是长期不归,妻子先死。

这种迟归必然对徽商的生育率有影响,从而延缓了徽州人口的增长速度。如朱介夫的父亲在外面经商,纳妾,但妾不生子;等到他回来为家丈人祝寿的时候,他的妻子程氏才有了身孕。③ 如果两地分居,商人妻子受孕的机会是很小的。休宁汪正科 15 岁时以六礼娶塘口许氏,而汪正科自己自弱冠时就拮据经营十几年;而同时他的妻子善事翁姑,恪守妇道。27 岁时汪正科又以乏嗣为由娶侧室陈氏。虽然在 15 岁就结婚,但十几年的时间妻子都没有生育,很明显,这与汪正科结婚之后就外出经商,夫妻长期分居有关。这十几年的时间,他们夫妻恐怕也没有多少时间相聚。徽州有少年娶长妇的习俗,主要目的就是丈夫外出时,妻子在家善事翁姑。徽州有那么多的家庭立继,有那么多的无传和无考家庭,有那么多的烈妇,这些都是徽商的迟归和不归对家庭的影响。但是笔者并不认为,明清时期的徽州社会内部有对生育行为的理性抑制。

在外经商的人数难以作整体而有效的统计,一般都是根据自己所见所闻作出大致的判断。王世贞认为:"大抵徽俗,人十三在邑,十七在天下。其所蓄聚则十一在内,十九在外。"④祁门县,"人性椎鲁,农者十之三"⑤。"徽歙俗

---

① 许承尧:《歙事闲谭》,合肥:黄山书社,2001 年,第 258 页。
② 许承尧:《歙事闲谭》,合肥:黄山书社,2001 年,第 208 页。
③ (明)汪道昆:《太函集》卷二八《朱介夫传》,合肥:黄山书社,2004 年,第 612~614 页。
④ (明)王世贞:《弇州山人四部稿》卷六一《赠程君五十叙》,台北:伟文出版公司,1976 年,影印本。
⑤ 道光《祁门县志》卷五《风俗》。

多业商,在休宁者居半"①。《绩溪遵义胡氏宗谱》中的无考、有考和传记资料中都有大量的商人。他们族人大量地流向郎溪经商,一些人甚至死于当地。徽商在各地安家的也很多。规模大、分布广是徽商流动的特点。客死他乡的徽州人也非常多。徽州人在各地建立了众多的义冢,尤其是在经商人数最多的江南地区。②大量义冢的存在,说明徽州人死于他乡的数量非常多。儒宦在外定居的也非常多。从《绩溪遵义胡氏宗谱》中可以看到一些儒宦在外地结婚,所生子女就与徽州本地失去了联系。徽州人口流动状况在本土文献中的描述大体上相似。

生存保障还表现在一些政府、社区和宗族行为上。这主要就是储蓄和赈济。由于粮食的严重缺乏,平时进行蓄积非常重要。但仓储的变化非常快,其兴废关键在于官员和管理者的个人因素。根据嘉靖《徽州府志》卷九《恤政志》,元代时的永丰仓,明朝改为杂造局,弘治年间通判陈理建官厅三间,而义仓仅仅休宁县有一所。

嘉靖年间主要是预备仓和廉惠仓。预备仓共 45 所,其中歙县 7 仓,休宁 8 仓,婺源 6 仓,祁门 6 仓,黟县 5 仓,绩溪 4 仓,新安卫有 9 仓,基本上比较均匀地分布于徽州全境。但是预备仓虽然很多,却也是"盈缩不恒,张颐之民每每失望"。基于此,正德十五年(1520)徽州知府张芹建廉惠仓。据杨廉《徽州府廉惠仓记略》记载,张芹守徽 3 年,节省公费钱 5000 缗,买田近 3000 亩,郡城的廉惠仓有堂五楹,厫凡 20 楹,主要救济歙县、休宁两县,婺源、祁门、绩溪三县也有廉惠仓,只有黟县没有来得及建设。但是廉惠仓在张芹走后,也渐渐在萎缩,嘉靖四十一年(1562),徽州知府胡孝将郡城的廉惠仓改为察院,将廉惠仓移至已经废弃的永丰仓西侧。但无论如何,张芹还是获得了高度的称赞:"环天下郡邑,以堂食之钱为囊中物者固不足道,使一毫不取而无以利于

---

① 《许氏统宗世谱·许存斋墓表》,见张海鹏、王廷元主编:《明清徽商资料选编》,合肥:黄山书社,1985 年,第 52 页。
② 范金民对江南地区徽州商帮的慈善设施进行了探讨,指出徽州商帮在江南的慈善设施最基本的是殡舍和义冢,参见其论文《清代徽州商帮的慈善设施——以江南为中心》,载《中国史研究》,1999 年第 4 期,第 144~154 页。

民,虽如昔人之悬鱼留犊,谓其洁一己之名则可,求其为民久远之利,则未也。若侯是举,吾知田存则仓存,仓存则侯之廉惠亦存。田与仓岂有不存者哉?廉与惠岂有不存者哉?"①

仓储在管理和利用上的弊端可能更多,对于官府的赈济,当时有民谣:"嗟嗟父母,放粢生我,彼仓攘我,生不识官家,左右相摩。百里来乞粱,两日不得一颗,嗟嗟父母知那。"又有:"小麦青青,大麦未黄,父母恤我放黄粱,谁去籴者姑与嬃,丈夫何在戍远方,少妇支门户,两足不能行,若之何?官如市,吏如侩。嗟嗟彼怔赢其何能耐?"灾荒年份百姓的悲惨状况可见一斑。② 实际上,由于官办仓储弊端太多,已逐渐走向衰落,明中后期以社仓为代表的民办仓储制度已经建立并发展起来了,但是政府的干预和管理的不健全,其作用不可高估。③ 从嘉靖《徽州府志》卷九《恤政志》看,当时只有休宁县有一所义仓,但这个可能还是官仓。从总体上看,官办或官督民办的仓储都是兴废无常,难以长久。

中国的社会保障体系主要还是依赖于血缘组织,所谓养而后教。有研究者指出,"宗族以互助团体帮助成员解决物质生活问题"。"明清时期的宗族组织为了更好地收族,越来越认识到保证族人生活及对族人普及教育的重要性"。④ 对于宗族制非常发达的徽州来说,宗族的作用特别明显。尤其是明中后期以来,族田越来越被要求强化"急公""惠下"的功能,因此不断有扩大祀产的呼声。

徽州人口流动主要是以生存为出发点,这一点毫无疑问。宗族即使有很强的赈济赡养能力,但也主要针对鳏寡老弱群体和读书应试的优秀子弟,并不针对那些年轻力壮的人群。所以这些人在年轻时大多是没有多少家产的,而且很多人在幼年时就失去了父亲或父母双亡,他们的生存状况非常不好。

---

① 嘉靖《徽州府志》卷九《恤政志》。
② 嘉靖《徽州府志》卷九《恤政志》。
③ 段自成:《明中后期社仓探析》,载《中国史研究》,1998年第2期,第121～129页。
④ 冯尔康、常建华等:《中国宗族社会》,杭州:浙江人民出版社,1994年,第21页,第231页。

在大量的分家文书中,我们看到的是一幕幕艰辛的发家史,其间贯穿着与命运抗争和死亡的主题。所以在为了生存而引起的人口流动中,有着强烈的生存伦理。

三、明清徽州的人口素质和人才流失

由于徽州的生态与人文环境,徽州人口流动具有强烈的生存意识和伦理精神,由此形成的多层次的结构网络和多元化的文化特征,为他们寻找生计提供了更多的选择和保障。生存困境的解决自然有利于徽州社会的稳定。人口流动虽然抑制了徽州本土的人口规模,提高了人口的质量,具有协调与稳定的积极一面,但也有消极的一面,即徽州本土的人才大量流失和老年人口的回归。从这两方面,可以推断出人口流动的另一个结果,那就是徽州社会在稳定中趋于保守和内向。

人口流动尤其儒贾并重下的职业分流虽然提高了徽州的人口素质,但是高素质的人才面临着严重流失的问题。徽州人口素质的提高,与徽州在理学中的地位和徽州对教育的特别重视有关,这在前面已有论述。据《紫阳书院志》的统计,从明洪武四年(1371)至清光绪三十年(1904)共534年的时间内,歙县籍士人乡试中举者计1552人,会试中进士者计525人。由于很多商人都是出自集儒贾于一身的强宗大族,很多人是习儒不成转而业贾,或因家计不堪转而弃儒业贾。徽商的这种出身,使得他们本身带有很强烈的儒士气息,并十分注重子弟的培养和桑梓的教育事业;这又使得徽州的人口素质得以保持,使得商人和儒士的事业都有了源源不断的继承者。

由于儒贾并重的生命历程,很多人具有多重身份,徽州人的综合素质是首屈一指的。宗族内的儒贾并重的职业分流造就了徽州首屈一指的世家大族。世家大族更能利用集体的力量培养宗族子弟。成功的商人也能够博取时人对其才能的赞誉。乾隆时婺源人洪胜,少时耕地为生,生活贫苦;长大后,慨然说:"大丈夫即不扬镳皇路,一展生平之志,胡郁郁久居田舍为?"于是

挟资经商于广丰，没有几年就富裕了。宗谱传记赞誉他才干非同一般。① 徽州族谱的行状、传记等资料中充满了这类成功的商人。

士人和成功的商人都是徽州的精英人口，他们的素质是不容置疑的。徽州在几百年的时间里，产生了"新安理学""徽派朴学""新安医派"和"新安画派"等，这些有助于徽州人口素质在整体上的提高。据道光《徽州府志·艺文志》的记载，徽州人经史子集的著述非常丰富，明朝经162部，史185部，子337部，集514部；清朝经310部，史121部，子278部，集579部。明清两朝总计达到2486部。②

随着人口外流，徽州高素质的人口流失情况是非常严重的。当然，成功的商人可以归入高素质之列，还有一部分知识精英或任官或游学，也离开了徽州。道光《徽州府志》中所记载的出身功名者，约1/3居住地和户籍地是分开的，歙县、休宁两县高素质人口流失最为严重，尤其是16世纪末以后。清代寄籍现象更为普遍。据《歙事闲谭》记载，歙县296个进士中167个是寄籍者，超过了总数的一半。③ 这些寄籍者当然基本上属于流失者之列，一些经济、文化发达地区如江南吸引了徽州大量的高素质人口。

庞大的徽商群体，也有很多在外地定居下来。《绩溪遵义胡氏宗谱》中有约1/4的无考、待考者。《新安第一家谱》中49世祖程至正少时就客贾山东张湫，他的儿子、孙子、曾孙都一直在此经商和生活，并和当地人的关系非常良好；如果不是族中的进士劝说，他们也许就不会回来了。该谱中早期有因迁徙、出赘而成立支派的情况，晚期还存在着大规模的整房集体迁徙到镇江、常州和繁昌的情况。绩溪城南方氏也有大量的迁徙者，"自教谕公迁城南，历南宋、元、明以迄国朝，枝散叶分，繁衍支派固多，寡弱之支亦复不少。远迁而可考者十之三四，山居而难稽者亦十之二三。世远年遥，几难考订矣"④。远

---

① 《婺源燉煌郡洪氏通宗谱》卷五九《福溪雅轩先生传》。
② 张海鹏、王廷元主编：《徽商研究》，合肥：安徽人民出版社，1995年，第389页。
③ 许承尧：《歙事闲谭》，合肥：黄山书社，2001年，第348~355页。笔者据此统计。
④ 方建寅：《宗谱跋后》，《城南方氏宗谱》卷二三《杂著下》。

迁而可考的仅十之三四，可见无考者中的迁徙者和难以稽查者也非常多。如果按派计算，那么因迁居而建立的支派远远多于他们在当地的支派。

儒宦和商人为什么会大量迁出徽州呢？徽州本土的环境和周边地区的吸引力是造成徽州人口外流的主要原因。徽州本土局促的生存环境是人口流失的最为根本的内在因素。虽然商人的兴起对徽州社会贫困化的解决有着非比寻常的意义，但是脆弱的生态环境限制了徽州本土的商品经济的发展。商品经济在中国发展的程度到底如何，长期以来争论不休，并引起了旷日持久的关于资本主义萌芽的大讨论。到了明代中期，在农业经济发展的基础之上，商品经济确实得到了空前的发展，清代中叶继续了这种发展势头。但从另一个方面看，中国是如此之大的一个国家，地方差异非常明显。从目前所研究的结果看，商品经济最为发达的无疑是明清时期的江南地区，以及处于水陆交通要道上的重要城市。对于中国大多数的地区来说，只能说它们受到了这种商品经济所带来的影响，而它们本身的商品经济的发展程度并不高。那么，徽州地区是怎样的一种状况呢？

徽州本土的商品经济根基并不牢固，甚至可以说只是一种生存性的贸易经济。徽州本土的产品商品化程度最高的就是茶叶和木材。长期以来，由于茶叶、木材既作为谋生的物品，又作为贡赋品，在唐、宋时期就已经大量地输出和缴纳，所以商品化程度很高。但在早期这是一种贡赋性的商品经济。这两种物产对徽州本土的经济确实很重要，参与生产和贸易的人数也非常多。女性也可以参与茶叶的生产，采茶成为徽州女性的普遍劳动形式，出嫁的女子在采茶时节也要回娘家帮忙。范成大记载的南宋，"休宁山中宜杉，土人稀作田，多以种杉为业"[1]。多山的徽州对经营山场非常重视，"女子始生则为植杉，比嫁斫卖，以供百用"[2]。宋代时在徽州就对贩运出去的木材收取木材税。

---

[1] （宋）范大成：《骖鸾录》，见张海鹏、王廷元主编：《明清徽商资料选编》，合肥：黄山书社，1985年，第180页。

[2] 淳熙《新安志》卷一《州郡·风俗》。

但这有限的物产改变不了徽州本土不利生存的环境。徽州不是一个自给自足的农业社会,作为生活必需品的盐、米、布严重缺乏,都要从外地购买,这从根本上限制了以农业经济为基础的商品经济的发展。尤其是粮食的严重缺乏,生存性的粮食贸易更是必需的和随时的。虽然茶叶和木材的商品化开始得很早,程度也较高,但也有着强烈的生存性贸易特征,一是缴纳赋役,一是购买必需品。很多徽州人都要进入市场出卖自己的产品或本地特产以换取米、盐等必需品。如胡位宜小时候父亲外出,母亲在家种菜拾柴,让他上街换盐、米。后来他和他的二弟弃学外出经商,都获得了成功。不仅在本土,在境外也有这种交换。如婺源县,"每一岁概田所入,不足供通邑十分之四,乃并力作于山,受麻、蓝、粟、麦,佐所不给;而以其杉、桐之入易鱼、穞于饶,易诸货于休"①。缺食的佃农也参与了这种生存性的贸易,"戴星负薪走市觅米,妇、子忍饥以待,不幸为负租家所夺,则数腹皆枵"②。由于生活必需品的短缺,徽州有着节俭的风尚,维持着低水平的消费。甚至连徽州人所垄断的食盐,徽州有的县也难以流入,如婺源县,"以贫无盐商,凡婺之窝引皆休商行掣告销,虽休兼婺利,而盐止于休。婺民则挑负诸土物踰岭零星贸易,价溢而劳瘁倍之。故穷僻村氓多食淡者"③。地理位置上的闭塞和生活必需品的缺乏,显然都不利于当地商业的发展,无法吸引外地的资金和商品的流入,造成了谋生的艰难。很多生计艰难的徽州人在走出徽州之前,就进行过以所有易所无的交易,积累了经商的一些基本经验。徽州本土丰富的物产如茶叶、竹木等,以及徽州本土所没有和紧缺的生活必需品布、盐、粮食等,都是徽州商人所选择的目标。所以在人口大量增长之后,走出徽州的商人绝大多数仍以经营这几类商品为主。农业的困境和生存性的贸易经济难以推动经济全面地发展,明末清初和太平天国的战乱,更是给徽州本土的经济造成严重破坏。

---

① 道光《婺源县志》卷五《风俗》。
② 道光《婺源县志》卷五《风俗》。
③ 道光《婺源县志》卷五《风俗》。

闭塞的环境、生活必需品的缺乏和节俭的风尚，不但吸引不了外地的商人，连本土的商人也大量地迁出。康熙《徽州府志》指出，在风俗比较兴盛的歙县西乡和休宁东乡，"今则徽之富民尽家于仪、扬、苏、松、淮安、芜湖、杭、湖诸郡，以及江西之南昌，湖广之汉口，远如北京，亦复挈其家属而去。甚且与其祖、父骸骨葬于他乡，不稍顾惜……而徽之本土仅贫窭而不能出者耳"①。客观上说，徽州并不是适合商人居住的地方，要想置产，徽州山多地少，且土地瘠薄，既没有必要，也没有可能大量置产。在地方志中，往往把赋役和官员的执政能力作为人口增减的最主要因素，所以赋役对人口流动确实有非常重要的影响。由于赋役向土地的转移，徽州的一部分富民实际上已经丧失了对农业的兴趣。只有那些非常贫穷的无助的人才留在徽州本土。已经习惯于在外生活的徽商，尤其是其中的富商，为了自身的事业和子女的前途，在外地定居是很自然的事。有的宗族也对这种族人大量迁居外地的现象表示了理解："吾邑习俗每喜远商异地，岂果轻弃其乡哉！亦以山多田寡，耕种为难，而苦志读书者又不可多得。是以挟谋生之策，成远游之风，南北东西，本难悉数。而始而经商，继而遂家者，则有迁清江浦、湖南、广西、成都、金陵、繁昌、桐城、蔡田等处。"②

从徽州人口的流向可以看出，经济和人文中心的江浙地区吸引了徽州的高素质的人口。江南地区的繁华，为善于经商的徽州人提供了最好的生计。风俗与生计之间是一种辩证的关系，明代许多人对此有相当的认识，陆楫在《蒹葭堂杂著摘抄》中说："大抵其地奢，则其民必易为生；其地俭，则其民必不易为生。"顾公燮在《消夏闲记摘抄》中说："有千万人之奢华，即有千万人之生理；若欲变千万人之奢华而返于淳，必将使千万人之生理亦几乎绝。"地主消费的有效需求可以通过市场推动生产发展，特别有利于发展第三产业，解决

---

① 康熙《徽州府志》卷二《风俗》。
② 《婺源燉煌郡洪氏通宗谱》卷五六《李溪记》。

社会就业问题。① 一部分人生活的奢华是另一部分就业的保证；同样，一部分地区的经济繁荣，也成为生存比较恶劣的另一部分地区经济和社会发展的依靠，经济秩序中的不平等和不均衡自古以来就是如此。没有奢华的徽州，却有非常奢华的周边地区。江南地区人文和经济的发展对商业人口有着巨大的需求，徽商群体的庞大就是这种需求的产物。明中后期以来经济，尤其是商品经济的发展是商人赖以生存的土壤。江南是明清时期徽商最为活跃的地区，江南作为明清时期全国的经济和人文中心，它吸引了全国的资金和人才；它所拥有的人口和所达到的富裕程度，也使得它成为全国最大的商品消耗地和流通中心。② 因此江南是最为理想的经商地，容易获取较高的商业利润。如果从商业的角度看，定居风尚繁华、交通发达的地方当然是最好的选择。

应该说，能够走出徽州并获得成功的大多是能干之人。商人的才能表现在徽州商人的地位上，更表现在士商的紧密结合上。"商居四民之末，徽殊不然。歙之业鹾于淮南北者，多缙绅巨族。其以急公议叙入仕者固多，而读书登第入词垣跻仕者，更未易仆数，且名贤才士往往出于其间，则固商而兼士矣。浙鹾更有商籍，岁科两试，每试徽商额取生员五十名，拔杭州府学二十名，仁、钱两学各十五名。淮商近亦请立商籍。斯其人文之盛，非若列肆居奇肩担背负者能同日语也。自国初以来，徽商之名闻天下，非盗虚声，亦以其人具才干，饶利济，实多所建树耳。故每逢翠华巡幸，晋秩邀荣，夫岂幸致哉。则凡为商者，当益知所劝矣"③。从录取的生员和府学的名额上，可以看出徽州人才外流的规模。徽州人文之盛表现在徽州之外，这同徽商名声在外的经济地位是相适应的。

那些迁出徽州的人和居住在外地的人更容易具有反理学的倾向，如占籍

---

① 方行：《略论中国地主制经济》，载《中国史研究》，1998年第3期，第136～148页；陆楫和顾公燮引文也转引自该文该页。

② 关于江南农民的富裕，李伯重和范金民等人都有论述，参见范金民：《明清江南商业的发展》第五章第三节，南京：南京大学出版社，1998年。

③ 许承尧：《歙事闲谭》，合肥：黄山书社，2001年，第603页。

江都的汪中,幼年丧父,家贫,但他善于治生,所以家境富裕起来。"君最恶宋之儒者,闻人举其名,则骂不休。又好骂世所祠诸神如文昌、灵官之属,聆之者辄掩耳疾走,而君益自喜"①。这样的人在扬州可以,很难想象他能生活在徽州的宗族和礼教社会中。在迁徙与归老的大潮中,真正贫穷的人是无法走出的,"徽之本土仅贫窭而不能出者耳",他们只能把自己雇佣给别人,寄人篱下。而没有忧患意识的、生活优裕的世家子弟也是没有出走的动力,"世家门第擅清华,多住山陬与水涯。到老不知城市路,近村随地有烟霞"②。留在徽州的或是贫穷的人,他们是乞食者;或是富家子弟,他们是守成者;或是从事文章心性之学的人,他们更是礼教的维护者。那些具有忧患意识、反叛精神的年轻人则纷纷走出徽州,尤以商人为著。

四、徽商归老故里与徽州社会变迁

明清徽州的人口流动有利于徽州社会的稳定。从年龄上看,年轻人是难以稳定的,而老年人则渴望稳定;从职业上看,商业人口是难以稳定的,而儒宦和农业人口则是比较稳定的群体;从社会组织上看,小家庭和个人是难以稳定的,而宗族则更趋于稳定;从身份上看,低身份的人不愿稳定,而高身份的人则极力维持稳定。

徽州的人口流动恰恰是在排除不稳定的因素,而吸纳稳定的因素。脆弱的生态环境,对稳定的影响最大;而扩张的人文环境,则具有内在的稳定性。生存环境影响了伦理,伦理反过来也规范了生存环境。在人口流动后,形成了稳定的生存伦理和多层次的人口结构,提供了多方面的生存手段,这是稳定的根本原因。那些影响徽州社会稳定的因素受到抑制,下层群体被规范在宗族和人文礼教为代表的身份制社会中;生计艰难的年轻人走出徽州,向更广阔的社会寻求生计;优秀的商人和儒宦大量地流出徽州,回流徽州的儒贾和老人也自觉地回归土地和宗族,以宗族作为自己最后的依归。商业利润所

---

① (清)凌廷堪:《校礼堂文集》卷三五《汪容甫墓志铭》,北京:中华书局,1998年,第319页。
② 许承尧:《歙事闲谭》,合肥:黄山书社,2001年,第603页。

造成的贫富差距曾经深刻地影响到了徽州社会的稳定,但是商人又通过种种儒行将不稳定的利润转化成具有相当的稳定性的个人身份和家族声望。士人结构及其成员的吐故纳新是社会秩序稳定的重要支柱之一,①在徽州,儒、贾的分流与结合更是社会稳定的保证。

商业具有高度风险性和不稳定性,但是回流的资金造就了商人的儒行,稳定了徽州社会。很多官僚、商人和地主,他们在投资当地的公益事业时,所选择的时机和事例非常注重能够稳定当地的人口并有利于当地人口的合理分流。因此,灾荒年份是最合适的时机,这样就能够用以工代赈的方式,既让当地的灾民挣得了一份口粮,又能够较有效地兴建当地的公共事业。另外,徽州河流众多,山地难行,因此,铺路修桥在义行中占有相当大的比例,而且方志和谱牒对这类公益行为也是大为赞赏。绩溪城南方氏对于修建南关桥和疏通水道非常热心,"方氏祖若孙一再修造之,合邑士商利赖之,后之人安可不举而阐之哉。况渠之作,可以资灌溉、文笔之制,可以振文运。田赋于是乎出,人才于是乎生。则不特方氏子孙宜识之,即邑之讲地利、兴教化者,皆当留心而博访之矣"②。铺路修桥等公益事业既能为贫苦人民提供生存的口粮,也方便了士人和商人走出徽州,到更加宽广的世界去参加科举和经商。明清以来各种公益事业的频繁举办,以及越来越多的商人成为这类公益事业的举办者,并为此赢得了个人和家族的声望。

商人的儒行和资金的回流显然有助于徽州本土的开发。商业利润的回流,"造成经济的繁荣,促使了人口的增殖,原有的生存空间显得狭小了,于是大家族中的一些分支就相继迁徙,寻找新的生存空间。商业利润成为始迁祖建立新的村落的物质基础"。村庄的大幅度增加,人口密度和宗族密度的相一致,显示了中国封建社会的稳定性。本土的开发自然了缓解人口和生计压力,有助于社会稳定。

从商人的生命历程看,宗族是大多归老徽州的商人的最后依归。胡位宜

---

① 冯尔康主编:《中国社会结构的演变》,郑州:河南人民出版社,1994年,第779页。
② 《绩溪城南方氏宗谱》卷二二《杂著上·南关桥记》。

和胡位寅兄弟二人的人生历程可以概括为：幼年的时候（分别是 13 岁和 12 岁）遭受离乱之苦，远离亲人和家乡，到一个遥远的陌生的环境中寄人篱下，给人当伙计，从小就开始自己养活自己，他们还将节省下的钱寄回家，生活的艰辛自然是可以想象的。等到长大时，渐渐开始了勤俭创业的过程和负担起了养家糊口的重担，经商获得的利润，支撑了家庭内人口的生计和不断增加的各种支出，周恤贫穷的乡族，帮助他们到外地谋生，树立自己个人和家庭在地方社会上的声望。等到老年时，事业得到了扩大并由儿子们接手，子女也都成家立业并生齿日繁，自己就退养林泉，用剩下的时间和精力开始注重家庭内人际关系的协调和家庭、家族内部事务的处理。这时他们非常看重宗族，因为宗族是他们发挥老人影响力的最佳场所，他们能够利用宗族来控制和影响族人，并强调宗族建设以强化这种影响力；而且由于他们早年的背井离乡和在经商中对族人的利用，他们对血缘意识的渴求可能比别人更强烈。如黄义刚，明宣德、弘治间人，年轻时在浙江杭州等地贩木，中年时经营于正阳，发了大财，"晚而筑室买田、立纲振纪，家声文物，焕然一新"①。成功的商人多遵循着这样一条人生之路。有些徽人走出徽州后，他们也孜孜不倦地在异地他乡重建宗族组织，因为他们的经历、他们的心灵永远是和宗族结合在一起的。

朝廷对孝治政策的推行，强化了老人的权威。从数不尽的割股疗亲事例看，孝在徽州社会走到了某种极端。实际上，从年龄结构上看，徽州可以说是接近于老年社会。明清以来，江南各地素有"生在扬州，玩在苏州，死在徽州"的俗谚，孝治和宗族的结合使得徽州成为一个非常适合养老的社会。老年社会的最大特点就是稳定和保守。归老之人总是充满了对土地和宗族的热情，老人的权威、宗族的规约是徽州稳定的最大保证。

土地买卖的频繁为归老的儒宦和商人购买土地提供了方便。土地在徽州所具有的角色越来越复杂，既可以作为商业资本或卖或典，也可以作为商

---

① 休宁《黄氏世谱》卷二《黄义刚传》，见张海鹏、王廷元主编：《明清徽商资料选编》，合肥：黄山书社，1985 年，第 292 页。

业成功人士的投资对象和宗族建设的物质基础。徽商和宗族资金对土地的投资，客观上会抬高土地的价格。周绍泉在《试论明代徽州土地买卖的发展趋势——兼论徽商与徽州土地买卖的关系》一文中作了一个《明代十三朝徽州田价比较》表，其中正统、景泰和天顺三朝亩价银都在2两多，而成化以后，价格上涨了很多。成化年间有契纸4件，亩价银约15.3两；弘治年间契纸7件，亩价银约14.5两；正德年间契纸9件，亩价银约10.6两；嘉靖年间契纸28件，亩价银约7.8两；隆庆年间契纸12件，亩价银约7.5两；万历年间契纸81件，亩价银约8.4两；天启年间契纸20件，亩价银约9.4两；崇祯年间契纸82件，亩价银约10两。成化和弘治年间的亩价银虽相对高点，但契纸数量不多，难以有说服力；但这个时期徽商已经很普遍了，说明这个时期商业已经对土地买卖有很大的影响，构成了冲击。周绍泉注意到了土地买卖增加和土地价格升降中的赋役因素和商人因素，指出嘉靖、隆庆以后徽商对土地追求的热情有增无已。不同时期的价格差距很大，也说明了徽商对徽州农民的生存造成了冲击，一部分贫苦的自耕农仅仅依靠农业已经越来越难以支撑生活。农业已经成为徽州人治生的末业。江太新通过对记载于乾隆七年(1742)至乾隆二十八年(1763)徽州某县某都二图四甲《王鼎盛户实征底册》中的土地买卖情况分析表明，清代的土地在进行着极为频繁的买卖。在21年的时间里，该甲购买土地862.2亩，卖出土地648.74亩。[①] 在土地买卖中自然有人口的因素和人们对土地的观念。成弘时，徽州的人口与土地的关系已经很尖锐，而人们重末轻本的观念还没有发展到后来那样的程度，以末致富、以本守之的传统理财观念仍然是主流观念，所以人们对土地的需求很大，导致了土地价格的提高。因此，此时土地价格的高昂反映了商业和人口两个因素影响了土地的供需关系。后来，随着人们财富观念的改变，土地的影响力在不断下降，所以土地的价格也在不断下降，到隆庆时降到了约7.5两。随后又开始了上升，一直到崇祯时约10两。笔者认为，此后的上升趋势

---

① 江太新：《论清代前期土地买卖的周期》，载《中国经济史研究》，2000年第4期，第25～33页。

必然与宗族建设的普及有关。面对着人口的贫困和大量流失,宗族建设的主要目的就是收族,而收族需要坚实的物质基础,尤其是土地。

宗族对土地的控制在加强,尤其是在和外来棚民的斗争中,宗族和地方精英取得了胜利。在多山的徽州,山地经营是地方经济非常重要的一部分。徽州山主多召佃置仆经营山地,但是到明末以后尤其是在清代中后期,在徽州大规模地出现了棚民营山的情况。据《道宪杨懋恬查禁棚民案稿》记载,嘉庆年间,徽州六县共有棚1563座,棚民人数已经达到8681丁口。① 还有不少短期雇佣的帮伙工人不在统计之内,实际上经营山地的棚民人数更多。当时办理抚剿徽州棚民事宜的高廷瑶所称:"余思徽郡属境,俱有棚民不下数十万人。"②棚民营山已经发展成为山区经营的主要模式。③ 但是,棚民对当地生态环境、社会经济秩序乃至人们精神生活的破坏又是显而易见的。与当地居民的矛盾出现激化,经过嘉庆朝驱逐棚民之后,棚民人口大量减少。据陶澍的奏折,徽州府(除婺源外)棚民仅剩841户。④ 在"驱棚"中,宗族和地方精英发挥了重要的作用,他们认为:"棚匪之害地方也,甚于兵燹。"⑤而棚民营山的商品化倾向中断与夭折,又使祁门山区经济的发展出现倒退。祁门县农林经济出现倒退,实际上是徽州山区经济变迁的一个缩影。⑥ 祁门的事例可以说明,徽州当地宗族对土地控制的强化是与商品化背道而驰的,山区经济的保守性同样反映出以宗族控制为主导的社会发展方向的保守性。

土地与宗族是密不可分的,土地买卖中所具有的宗法性,使我们有理由相信,大多数的土地仍然是在宗族之间流动,或是由穷人流向富人,或是由个人、小家庭流向宗族。在贫困人口增多和贫富差距拉大的非常时期,宗族意识就会抬头,增置族产的愿望更趋强烈,宗族的收族功能被强化。道光二十

---

① 道光《徽州府志》卷四《营建志·水利》。
② (清)高廷瑶:《宦游纪略》卷上,北京:中国书店,1990年,第66页。
③ 卞利:《明清徽州社会研究》,合肥:安徽大学出版社,2004年,第321~330页。
④ (清)陶澍:《陶文毅公全集》卷二六《奏疏·编查皖省棚民保甲折子》。
⑤ 光绪《祁门善和程氏仁山门支修宗谱》第三本卷一《村居景致》之《驱棚除害记》。
⑥ 杨国桢:《明清土地契约文书研究》,北京:中国人民大学出版社,2009年,第123页。

一年(1841)绩溪县的章策在临死时对他的儿子说:"吾有遗恨二:吾族贫且众,欲仿古立义田、置义塾为经久计;吾乡多溺女,欲广为倡捐,俾生女者得给费以变其俗。汝勿忘父志。"① 绩溪城南方建寅指出,自世俗浇漓,人心不古,厚于其身而薄于其祖,忍于忘远而安于弃亲。人们治居室不惜花费钱财,却不顾祖庙的颓破;家产丰厚,祀产却不足;宗人之间互不相通。因此,他强调要尊祖敬宗,主要就是整祖庙、增祀产、续谱牒,三者缺一不可,"我祠肇于前明中叶,而再建于国朝嘉庆初,然修葺不时,恐风雨剥蚀,易于朽坏,是宜整;旧遗祀产,粗足以供粢盛,然祀先有余而惠下不足,且无以急公需,是宜增;续谱幸成,合族之道著矣,然自今以往,世渐远则人渐疏,族愈繁则情愈涣,非屡修无以亲之萃之,是宜续"②。以土地为核心的族产的存在,是宗族存在和维持地方声望的物质基础,是立足于地方社会之根;失去了土地,也就如同鱼儿离开了水,对于宗族来说,这是绝对要避免的。从这个角度看土地买卖中的宗法性,仍然有其合理的一面。虽然徽州宗族土地的重要性有所减低,不如其他地方。但是在地域社会中,土地和宗族仍然有着紧密的结合,宗族许多功能的实现和社会秩序的稳定仍然离不开土地及其管理。

徽州的文化以宗族伦理为归向的特点是非常显著的。徽州人在日常食用方面非常节俭,但在宗族和人文礼教方面则是不惜金钱。这看起来是矛盾的,但是宗族对徽州人来说有着特殊的意义。宗族伦理是生存伦理的一个方面,它是在长期的生存危机和宗族建设中形成的。宗族伦理深刻地影响了主仆关系。严格管理奴婢佃仆是宗规家法中的一项重要内容。③ 宗族内的佃仆和世仆等下层人口也在宗族内建构自己的宗族组织,在很多描写徽州聚族而居的传统时都强调其中的主仆名分。他们通过一些仪式,既要遵守主仆之间的名分,又要与宗族内的主人之间形成了一种虚拟的血亲关系。宗族伦理和身份制社会将下层社会的不稳定性因素牢牢控制住。明末清初曾经在外

---

① 张海鹏、王廷元主编:《明清徽商资料选编》,合肥:黄山书社,1985年,第454页。
② 《再书谱尾示后》,见《城南方氏宗谱》卷二三《杂著下》。
③ 叶显恩:《明清徽州农村社会与佃仆制》,合肥:安徽人民出版社,1983年,第176页。

部影响下发生过佃仆暴动,但从契约文书中可以看到一些仆人重新回到宗族伦理和身份制社会中的现象。

在生存伦理下,徽州人口流动构成了多层次的结构。详细分析这些不同的结构,可以发现它们之间不仅有着紧密的内在联系,而且也是以宗族为核心的。徽州有如此多的文人士大夫,又有如此多的比较成功的商人,而他们在地方上所能做的不是博取美名的善事、义行、孝友,就是倡导宗族建设,强化宗法制度。其中的很多人是集儒、贾、农三者中的两者或三者于一身。但是对于商人和士人来说,年老或致仕后回到徽州颐养天年也是一种很好的选择。他们购置田地,积极参加宗族建设。尤其是商人,在他们年轻时或贫穷,或不举于试,或不屑力田,甚而典卖田屋,闯荡于外,以末致富;年老时再回归乡里,又重新购置田地和房屋,开始了以本养老的道路。田地作为恒产的概念在徽州是比较淡薄的。① 必要的时候可以典卖出去,富有了可以再赎买回来。而且经过一代一代的分家,田地是越来越少。所以,真正作为恒产的是先人的坟地,是宗族的祀产。但是祀产如果不能进行有效的管理,也可能被外族侵占或被族人盗卖。徽州的商人很明白这个现实,所以他们在年老的时候又投身于购置田屋和宗族建设当中。即使他们本人没有身兼双重或多重角色,但他们的家人、族人也是有着不同的职业分工的。他们既是多重身份的拥有者,也是从小家庭发展到大家族的主力军,年老的时候更是大宗族的积极拥护者和建设者;而且他们本人和他们所在的宗族由于有大量的土地和祀产,所以也是贱民或半贱民的集中之地。士一商、家庭一宗族、主一仆这样不同的结构可以集中在同一个人的身上,尤其是集中在宗族之内。

徽州的儒宦和商人在外地有行会、会馆、同乡会等,但他们回去后就丧失了这些活动场所,宗族成为他们主要的可以依赖和发挥作用的中层组织。徽州的人口结构虽然表现出多元的一面,但是在宗族的挤压下,徽州社会的中

---

① 周绍泉指出:"明代徽州(不只是明代,也不仅限于徽州)土地作为财产一直处于动态之中。"(周绍泉:《试论明代徽州土地买卖的发展趋势——兼论徽商与徽州土地买卖的关系》,载《中国经济史研究》,1990年第4期,第97~106页。)

层组织如文会、乡约等也主要是在宗族组织的框架内展开,缺乏独立性和多元性。在休宁县,"明季乡绅举行于本都,里人相联为约,朔望轮一族主读《六谕》暨罗近溪先生《六解》,余族聚其厅事而共听之"。可见宗族已经是乡约内的一个基本单位。康熙年间休宁各都都有,共有约 275 所乡约所。① 在有些地方,一个宗族自己就构成了一个乡约,如祁门县二十都文堂陈氏就是如此。《陈氏文堂乡约家法》中规定:"各户或有争竞事故,先须投明本户约正付理论。如不听,然后具投众约正副秉公和释。不得辄讼公庭,伤和破家。若有恃其才力,强梗不遵理处者,本户长转呈究治。"②从文堂陈氏乡约看,徽州宗族与其他组织相结合,渗透到乡村生活的方方面面。乾隆五十四年(1789)祁门县侯潭十二家成立乡约会已经有了变化,主要是应付差徭和发展乡约集体经济。③ 明代的文堂乡约家法,显然被安置在宗族的框架内;清代中后期乡约的变种,多家共同成立的乡约,除了祭祀外,其他的功能也同宗族的功能近似,都具有保护地方社会的性质。文堂陈氏显然不是一个特例。随着明朝官府推行乡约,宗族也开始了乡约化的过程。嘉靖以降,明代族规大量出现和族规中"约"的较多出现,是宗族乡约化的证明;宗族利用乡约进行着组织化建设;这也是宋儒修身、齐家、治国、平天下思想和主张重建宗族制度的继续实践。④

徽州众多的会社也具有显著的宗族性质。⑤ 会社所具有的娱乐、祭祀、

---

① 康熙《休宁县志》卷二《建置·约保》。
② 陈柯云:《明清徽州宗族对乡村统治的加强》,载《中国史研究》,1995 年第 3 期,第 53 页。
③ 陈柯云:《略论明清徽州的乡约》,载《中国史研究》,1990 年第 4 期,第 47~55 页。
④ 常建华:《试论明代族规的兴起》,见《明清人口婚姻家族史论》,天津:天津古籍出版社,2002 年,第 112 页。关于宗族乡约化的观点主要出自其《明代宗族的乡约化》,转引自前文。
⑤ 关于族会的研究,可以参见胡中生:《徽州的族会与宗族建设》,见《徽学》第五卷,合肥:安徽大学出版社,2008 年,第 122~143 页;胡中生:《清代徽州民间钱会研究》,见《民间文献与地域中国研究》,合肥:黄山书社,2010 年,第 659~700 页。刘淼:《清代祁门善和里程氏宗族的"会"组织》,见《文物研究》第八辑,合肥:黄山书社,1993 年,第 256~267 页;刘淼:《清代徽州的"会"与"会祭"——以祁门善和里程氏为中心》,载《江淮论坛》,1995 年第 4 期,第 76~81 页。

教化和经济等功能,最终还是围绕着维持社会既有秩序、维护社会稳定这一总目的服务的。代表身份制社会的文会也是徽州比较重要的中层组织。徽州人文昌盛,所以文会也众多,或大或小,大的有可能超越宗族的范围。"士尚气节,矜取与。其高者杜门却轨,自偶古人,乡居非就试罕至城府。各村自为文会,以名教相砥砺。乡有争竞,始则鸣族,不能决,则诉诸文会,听约束焉。再不决,然后讼于官,比经文会公论者,而官藉以得其款要过半矣,故其讼易解。若里约坊保,绝无权焉,不若他处把持唆使之纷纷也"①。从"各村自为文会"看,文会与血缘和地缘有着紧密的结合。《新安第一家谱》中的《槐塘程氏本支迁派谱略》就是由24世裔孙程兼"拜识于家文会之显承堂"②。"家文会"显然是血缘性的。这种血缘和小范围的地域性既表明了徽州人文繁盛,又说明徽州在礼教统治下的稳定性。《新安竹枝词》也说:"雀角何须强斗争,是非曲直有乡评。不投保长投文会,省却官差免下城。"③

正因为生存伦理、老人和宗族的结合,徽州的聚族而居才能够长期存在下去。"聚族而居"几乎成为徽州稳定的另一个代名词,也一直为徽州的士大夫们所津津乐道。比较客观地看,徽州社会能够保持如此长期的稳定,与程朱理学在徽州的影响有着密不可分的关系,虽然这种稳定是以严格的等级制和宗法制为基础的。明代官僚、歙人方弘静就认为:"郡之久安也,非徒以险阻足恃也。由内之纪纲不驰足以维之耳。纪纲之系于治乱,非世所习言乎?"④有的还认为书吏操纵之弊在徽州也少,因为充当这个差役的多是巨姓旧家,所以大奸大猾之辈,从来没有,偶尔有舞弊者,"乡党共耳目之,奸诡不行焉。则非其人尽善良也,良由聚族而居,公论有所不容耳"⑤。不论赋役弊端有多少,但聚族而居的确对这种弊端有所牵制。

宗族、乡约、文会等种种社会组织的运作,保持了徽州地方社会的独立性

---

① 许承尧:《歙事闲谭》,合肥:黄山书社,2001年,第602页。
② 《新安第一家谱》之《槐塘程氏本支迁派谱略》,清嘉庆元年(1796)写本。
③ 许承尧:《歙事闲谭》,合肥:黄山书社,2001年,第207页。
④ (明)方弘静:《素园存稿》卷一七《郡语》下,济南:齐鲁书社,1997年影印本。
⑤ 许承尧:《歙事闲谭》,合肥:黄山书社,2001年,第602页。

和自主性,官府的触角很难深入基层。这些中层组织具有保护人的功能,尤其是对官府赋役的防范,维护了基层社会的稳定。佃仆、小户等也由于受制于宗族,缺少政权的保护,难以向独立的方向发展。从徽州社会的内部看,的确很少发生下层民众的暴动现象。清初时由于战乱,社会秩序被严重破坏,所以在顺治二年(1645)、顺治三年(1646)连续发生仆人宋乞、朱太为首的暴动,以及其他一些所谓的"土贼"①。相对于其他外来的兵事来说,这种内部的动乱确实非常少。

五、明清徽州社会从稳定走向内向

虽然老人、土地和宗族社会给徽州带来了稳定,但是,长期的稳定就意味着与发展的社会之间拉开了距离,从而趋于保守和内向。由于脆弱的生态环境和扩张的人文礼教环境,徽商并没有在徽州发展出商品经济。宗族组织和生存伦理控制了徽州本土的人群及他们的思想和行为,徽州社会在稳定中趋于内向。

人文和礼教的扩张,既刺激又迫使徽商在外地和本土进行着各种各样的儒行。在外地的徽商要融入当地,必须要进行各种各样的善事和义行,以树立自己在当地的声望,这既有助于他们的商业经营,又有助于他们在当地的入籍和子弟的培养,如仪征的徽州盐商就是显著的例子。② 一方面儒行能为他们带来实际上的利益,包括财富、身份和声望;另一方面,他们的行为和思想观念也受制于伦理规范,为了在宗族社会和身份社会中生存,他们往往自觉和被迫地选择了儒家伦理作为自己的道德标准。儒行能使社会保持稳定,使财富能进行再分配,但儒行本身并没有突破礼教的范围,徽商的贾而好儒、贾服儒行实际上是"保守"的代名词,也意味着他们未来的归向和徽州社会的归向。徽人为了生存而走出徽州,富裕的商人或致仕的官员愿意回到徽州,

---

① 许承尧:《歙事闲谭》,合肥:黄山书社,2001年,第532页。
② 冯尔康:《徽州人移居江苏仪征及融入社会》,见《清人生活漫步》,北京:中国社会出版社,1999年,第241~247页。

是因为他们所具有的财富、身份已经使他们没有生存之忧,而徽州的宗法制度又能够为他们提供很好的服务。而且早期的经历使他们更加关注后代和族人的生存问题,他们所热衷的宗族建设也是出于生存危机的考虑。因为在徽州需要以集体的力量去生存,个人的生存空间是很小的,有时甚至单个支派的力量都难以应付。如柳山方氏在与相邻的大族吴姓和潘姓争夺八十余亩祀田的纠纷中,散居于歙县境内的柳山方氏十个支派如环岩派、灵山派就互相团结起来,共同保护了真应庙祀产。从万历三十六年(1608)的十派合同开始,真应庙就向统宗祠转化,到康熙时同族结合更趋活跃,缔结了十二派合同。① 各个支派在维护本宗族的共同利益方面无疑是一致的。在竞争激烈的生存环境下,支派的能力有限,支派—宗族结构对维护宗族的整体利益是有帮助的。同族结合及其扩大化无疑更强化了宗族在徽州社会的作用,徽州社会的内向化趋势难以扭转。

老人回归宗族,建设宗族,管理宗族,在非常时期尤其必要。绩溪遵义胡氏在万历三年(1575)左右由致仕家居的户部尚书胡松主持修谱,因为这时是族中人口大发展时期,仅胡松一家就百口同居,而且,还出现了不少的无考者。后来经历明末清初、太平天国的战乱,人口流散,亲情淡薄。而两次战乱后,都兴起一个经商的高潮,所以绩溪遵义胡氏的商人在成功后就多次商议建祠修谱活动,最后在民国二十四年(1935),"公推耆儒应莲先生总其成,前清进士泽山大令任宗谱总纂,佐之以族中同志及优秀之诸后进,而谱局遂告成立"。泽山大令就是集儒贾于一身的胡位咸,他的父、祖、曾祖都是商人,他曾出任县令。清朝灭亡后,他于上海经商并定居下来。可见,后一次的族谱主要是在族内商人的赞助和主持下修成的。

明代中后期社会确是一个剧烈变革的社会,清末民初的社会也是一个剧烈变革的社会。不同之处在于,前者是国家政权难以顾及基层的宗族社会,

---

① 参见[韩]朴元熇:《从柳山方氏看明代徽州宗族组织的扩大》,载《历史研究》,1997年第1期,第33~145页;[韩]朴元熇:《明清时代徽州真应庙之统宗祠转化与宗族组织——以歙县柳山方氏为中心》,载《中国史研究》,1998年第3期,第106~115页。

一些中层组织如乡约、文会要么被宗族所控制,要么被缙绅所把持。国家政权基本上对基层社会进行了委托式的管理,这从宗族向官府申请批准族规以及国法与家法的关系可以看出来。而在后期,国家政权已日益向基层扩张,不过这种扩张并没有从根本上触及宗族所赖以生存的经济基础和思想观念。即使在晚清新政时期,地方官员仍有利用宗族推行新政的打算。当时的徽州知府刘汝骥就指出:"减价售药,限期戒烟,官立局以提倡之,此牧民者人人能行之事。独该县联合各绅,并立族祠戒烟社,以辅官力之所不足,意美法良,此则为他县所未有。呜呼!宗法之不讲也久矣。自井田既废以来,其无常业无常居者,举目皆是,或至比邻不相识。独我徽之民聚族而居,家有祠,宗有谱,其乡社名目,多沿袭晋、唐、宋之旧称,此海内所独也。今稍稍陵夷矣。强宗豪族,或时有结党纠讼之事,然不数见也。乾隆中叶,江西巡抚辅德致有毁祠追谱之疏,此可谓因噎而废食。就徽言徽,因势而利导之,此其时也。由一族而推广之各族,公举贵且贤者以为族正,由地方官照会札付,以责成之。户口以告,田谷以告,学童及学龄而不入学者以告,好讼好赌及非理之行为以告,一切争讼械斗之事,固可消弭于无形;即保甲、社仓、团练各善政,皆可由此逐渐施行。地方自治,此其初哉!首基岂独戒烟一事哉。愿贤有司及各绅交勉之也。候录批札行所属各县一律推广,切实举行。该令其即拟公举族正祥章,禀复核夺,以成我徽美满特色之善政。本府有厚望焉。"①宗族和缙绅势力的强大和根深蒂固,迫使政权无法离开宗族而深入基层。政府始终无法有效控制社会,因而各项改革活动最终也无法触动社会的基本格局。晚清时随着外来人口尤其是棚民的增加,在有些宗族控制比较松弛的乡村,动荡有可能加剧。晚清时的社会风尚虽然有稍许的改变,但仍然从根本上受着徽州基本的生态和人文环境的制约,并没有质的改变。②

---

① (清)刘汝骥:《陶甓公牍》卷三《批判·户科》之《黟县胡令汝霖禀批》,见《官箴书集成》第十册,合肥:黄山书社,1997年影印本,第477页。
② 王振忠利用《陶甓公牍》探讨了晚清徽州的民众生活和社会风尚,参见其论文《晚清徽州民众生活及社会变迁——〈陶甓公牍〉之民俗文化解读》,载《徽学》2000年卷,第127～154页。

与外部世界的接触往往使徽州人坚定了宗族建设的决心。在绩溪遵义胡氏修谱时,一个族人就说:"尝有友人游学德国而回,谓彼中物质科学进步几达极端,而举国先识之士所皇皇然深忧大虑,认为方来莫大之危险者,则人与人相接之仁心之日益沦亡,而举世相争夺以权利。是以吾国《孝经》一书,其大旨在经天纬地,实求天下万世之众所赖以相安者,在此人与人相接之仁心,而期于感发其仁心而已。此仁心人人皆有,其感发最真切莫先于亲,由亲而溯及于祖……吾国有此先圣致太平万世之书,可以利国福民,为天下万世法者;顾废弃而不之惜,且并改变其根本之亲属法,其谓之何!其谓之何!或谓今日所重者,社会也,非家族也;家族小而社会大,家族私而社会公。彼所立义未尝不振振有词,故《大学》不云乎:'其所厚者薄,而其所薄者厚,未之有也。'人与人最切最近间相接之仁心既亡,而谓其于最泛最远之社会能彼此相接以仁心,有是理乎?"①这种对亲属法的否定和宗族建设的追求是保守的徽州社会在新形势下的反弹。绩溪遵义胡氏和城南方氏都是在这种反弹下于民国年间修谱。

　　老人对土地和宗族的眷念和热衷,稳定了这种保守和内向的趋势。商人虽然资金回流徽州,但没有用于可以扩大生产和经营的其他行业,而是用于建设宗族和购买土地,他们年轻时所具有的重商轻农观念,到老年时又回归到了重本观念;他们年轻时所具有的创业豪情,到老年时也回归到退隐林泉的享乐思想;他们所创造的成果,或者已经交给他们的下一代,或者进入了用本守之的阶段。徽州社会在老人和宗族的主导下,难以出现本质上的转变,而且面对外部世界的冲击,他们更加保守。晚明时皖南戏曲家也有着劝善风世的文化理念,即使他们在年轻时追逐新潮,但到老年时仍然回归传统与保守。清末民初时掀起的宗族建设也同样是对传统的保守,内向化的趋势难以改变。

　　重利轻别离的徽商出自宗族,最后还是回归了宗族,不仅是资金的回归,

---

① 胡止澄:《城东遵义坊胡惇庸堂续修宗谱序》,见《绩溪遵义胡氏宗谱》。

而且是身心的回归,精神和人文的回归。宗族是他们的心灵家园。曾经在徽州产生的职业观的转变,除了培养和鼓励了大量的徽人走出徽州闯荡四方外,并没有为徽州社会带来商业化的变革。如今的徽商已成过眼之云烟,但徽商真正留下了什么呢? 不是发达的经济和充满革新思想的商人阶层,而是发达的宗族组织和大量的贱民和半贱民阶层。他们带来的不是商人文化,而是生存伦理。在这样的文化下,归老徽州的士人和商人紧密地结合在一起,把徽州变成了老人的乐园,礼教的天堂,宗族的沃土。徽州聚集了士人、商人、贞节烈女和佃仆等不同的群体。而徽人外出经商只是在徽州那样的生态人文环境下必须要经历的一个过程,生命历程中的一个阶段而已。

普遍的宗族建设实际上难以扭转贫困化的趋势。从明到清再到民国,每次修谱几乎都要强调以族内贫困人口为主要对象的收族活动。除了违犯国法或族规被宗族除名外,不能以贵贱贫富作为取舍族人的标准,"考之礼,尊祖故敬宗,敬宗故收族,收族之法,溯渊源、分派别,世系相承,使无紊乱。夫岂以丰约显晦漫为去取哉"!① 否则,"以富贵而骄贫贱,至是族者耻为非族;或以贫贱而诒富贵,至非族者认为是族。斯人也,得罪于天地,得罪于祖先矣"②。这种着眼于贫困人口的收族活动如果是一种普遍现象,那么,宗族建设的普及实际上也就是让大多数的人口在宗族内维持着低水平的生存。

到了晚清时,徽商面临着没落的趋势。③ 晚清时的形势发展确实对徽商很不利。商人的捐税越来越重,在商税的税率不断提高的同时,朝廷还以种种名目要求商人捐输。据嘉庆《两淮盐法志》记载,从康熙十年到嘉庆九年(1671—1804)的一百多年里,徽商在捐输、急公、报效、灾赈等种种名目下,上交给朝廷的银两超过3900万,米2.1万石,谷近3.3万石。④ 清后期的盐法

---

① 《柳山真应庙会宗谱后序》,见《城南方氏宗谱》卷一《旧序》。
② (明)许汉编:《许氏统宗谱》。
③ 王振忠和王磊都对徽州盐商的衰落作了探讨。参见王振忠:《明清徽商与淮扬社会变迁》第三部分第二节。王磊从商人性格的异化、政府的盘剥以及外国和新式商人的冲击等方面探讨了徽商的没落趋势,参见王磊编著:《徽州朝奉》第五部分。
④ 转引自王磊编著:《徽州朝奉》,福州:福建人民出版社,1997年,第157页。

也进行了改革,道光十二年(1832)和道光三十年(1850)淮北和淮南的纲盐分别改成了票盐,原先盐商的特权被取消,两淮的徽州盐商受到沉重打击,"一时富商大贾顿时变成贫人,而倚盐务为衣食者亦皆失业无归"[①]。盐商是徽商的主体,盐商的衰落也导致徽商整体上的衰落。接连不断的战火,不仅使币制混乱,而且与新出现的外国商人和新式商人相比,徽商的经营与管理显得更为落后,已经难以在近代化的中国再现已往的风采。徽商的衰落已经无法再为家乡提供充足的资金,徽州的发展也越来越失去动力,徽州的没落也是不可避免的。

[①] (清)欧阳兆熊、金安清著,谢兴尧点校:《水窗春呓》卷下《改盐法》,北京:中华书局,1984,第32页。

第八章　明清徽州外流人口对所在地社会发展的影响和作用

　　徽州职业性的人口流动不仅对明清徽州社会产生了重大的影响和作用，而且徽州外流人口及其引发的经济和文化实践活动对所在地的社会发展也产生了重要的影响和作用。明清时期，大量徽州人到全国各地经商，大批徽州士人参与到全国性的学术文化交流当中。寓居外地的徽商对当地社会经济发展的影响最引人注目。他们的活动不仅极大促进了所在地城镇商品流通的活跃度和商品经济的发展，而且在很大程度上加速了所在地的城镇化进程。同时，徽商通过裙带关系把徽州学者及其朴实的学风带到了江南与京师等地，并在其地建书院，以博得"商籍"；建会馆以资助同乡学子；修学舍以教育徽商弟子；购书建楼以招徕名士讲论学问。徽商的这些活动不仅使家族和同乡学子得到切实的教育，而且带动了周边的文化风气，使江淮名都的奢靡之音、华丽之辞渐次归于实用。活跃于全国各地的徽籍学者和士人，对于所在地学术文化事业的发展乃至全国性的学术转型也作出了重要贡献。徽州学人敦本实学、坚忍不拔、勤苦笃实和顽强的"徽骆驼"形象，与"综形名，任裁断"、实事求是的治学精神，影响了所在地的世风与学风。

第一节　明清徽商与所在地的经济与社会发展

一、徽商与所在地商品经济的发展

明清时期，徽商足迹遍天下，即便是穷乡僻壤、深山老林、海岛沙漠，只要有从事商业活动的可能，都会有徽商的身影，所谓"钻天洞庭遍地徽"就是对徽商无处不到的形象说明。明清时期的徽州文献，尤其是方志中的记载，充分说明了明清时期徽商对所在地商品经济的发展产生了重要作用。

明万历《歙志》云："今之所谓都会者，则大之而为两京，江、浙、闽、广诸省；次之而苏、松、淮、扬诸府；临清、济宁诸州；仪真、芜湖诸县；瓜州（洲）、景德诸镇……故邑之贾，岂惟如上所称大都会皆有之，即山陬海壖，孤村僻壤，亦不无吾邑之人，但云大贾则必据都会耳。"① 康熙《徽州府志》云："徽之富民尽家于仪、扬、苏、松、淮安、芜湖、杭、湖诸郡，以及江西之南昌，湖广之汉口，远如北京，亦复挈其家属而去。甚且与其祖、父骸骨葬于他乡，不稍顾惜。"② 《海阳纪略》云："休宁巨族大姓，今多挈家藏匿各省，如上元、淮安、维扬、松江、浙江杭州、绍兴、江西饶州、浒湾等处。其祖父丁粮，概行寄托穷亲当役应卯，不免遭其吞蚀，及乎征比，仅余皮骨。法无所施，以至钱粮多不清。"③ 民国《歙县志》云："（徽州）田少民稠，商贾居十之七，虽滇、黔、闽、粤、秦、燕、晋、豫，贸迁无不至焉。淮、浙、楚、汉其迩焉者矣。沿江区域向有'无徽不成镇'之谚。歙为首邑，则歙人之善贾又其明证也。然邑固有单寒之子，无尺寸藉

---

① 万历《歙志·货殖》。
② 康熙《徽州府志》卷二《风俗》。
③ （清）廖腾煃：《海阳纪略》卷下，见谢国桢编：《明代社会经济史料选编（下）》，福州：福建人民出版社，1981年，第57页。

而积渐丰享者,亦有藉父兄余业,未几而贫乏不振,甚至不克自存者。"①由上可见,明清徽商从事商业活动的首选和重点是全国各地的重要都会和城镇,其次是广大的乡村。

明清时期,徽商的商业经营活动有力地促进了所在城乡商品流通的活跃度和商品经济的发展。如万历《休宁县志》云:"(徽商)藉怀轻赍遍游都会,因地有无以通贸易,视时丰歉以计屈伸。"②康熙《休宁县志》云:"邑中土不给食,大都以货殖为恒产,因地有无以通贸易,视时丰歉以计屈伸。居贾则息微,于是走吴、越、楚、蜀、闽、粤、燕、齐之郊,甚则逖而边陲,险而海岛,足迹几遍宇内。"③此处所谓"因地有无以通贸易",则表明徽商在各地的商业经营活动有效地促进了所在地城乡商品的流通。以下试举例予以说明。

在杭嘉湖地区,明清时期徽商对这一地区城乡商品经济的发展和市镇工商业的繁荣作出了重要贡献。明清徽商在杭嘉湖市镇的经营行业十分广泛,几乎达到了无业不营、无货不销的地步,举凡丝织业、米粮业、木材业、盐业、典业、窑业、茶业、漆业、药业、书籍业、纸业、墨业、油业、铁业、南北货业、航运业、麻业等行业都有徽商活跃的身影。徽商以杭嘉湖地区的市镇为据点,在大量收购丝、绸等物品,进行跨地区、远距离贩运和销售的同时,又运入米、盐、木材等物品,分销各地。有些徽商还直接参与手工业和农业的生产过程,开展专业化经营,由此引发了农村经济结构的不断变革,推动了当地专业化、商品化生产的进一步发展④。如在杭州府塘栖镇,据明末人胡元敬《栖溪风土记》记载,"镇(引者注:塘栖镇)去武林关四十五里,长河之水一环汇焉。东至崇德五十四里,俱一水直达。而镇居其中,官舫运艘商旅之舶,日夜联络不绝,矻然巨镇也。财货聚集,徽、杭大贾,视为利之渊薮,开典、顿米、贸丝、开

---

① 民国《歙县志》卷一《风土》。
② 万历《休宁县志》卷一《舆地·风俗》。
③ 康熙《休宁县志》卷一《风俗》。
④ 参见陈剑峰、陈国灿:《明清时期浙北杭嘉湖市镇的徽商》,载《安徽师范大学学报》,2003年第2期,第179~183页。

车者,骈臻辐辏"①。徽商的经营活动,促进了当地市场的繁荣和商品经济的发展。类似塘栖镇的例子,在杭嘉湖地区可谓不胜枚举。

在苏州周庄镇,据族谱记载,清乾隆咸丰年间绩溪商人王泰邦,"少好读书,以家贫,故长乃去之贾。弱冠后,贾于苏之周庄镇,创设商业,经营筹划,亿无不中,获利颇丰。于是推广营业,扶植后进,为久远计"②。"我祖泰邦公,作贾在吴中,设市周庄镇,居然端木风。春季市茶叶,冬季海货通"③。于此可见,商人王泰邦以周庄镇为据点经营茶叶、海货等生意,"春季市茶叶,冬季海货通",促进了各地商品流通的活跃度和商品经济的发展。

在北京,明清时期歙县商人的商业经营为当地商业的发展作出了重要贡献,据文献记载,"隆庆中,歙人聚都下者,已以千万计。乾隆中,则茶行七家,银行业之列名捐册者十七人,茶商各字号共一百六十六家,银楼六家,小茶店数千。其时商业之盛,约略可考"④。

在江西广大城乡,有些徽商专门经营农村手工业产品和其他农产品,刺激了当地农村经济的商品化。在靖安县,明中叶以后,该地"隙地种竹,竹巨而茂,其巨者剖之可为篾,歙人贸以通舟楫所不及,其次者用以为篚"⑤,徽商的介入,使得当地的农村商品经济开始活跃。武宁县原是一个经济较为落后的县,明末休宁人程周,"贾居江西武宁乡镇……遂致殷裕,为建昌当,为南昌盐,创业垂统,和乐一堂"⑥。徽商程周等人的进入,促进了当地与建昌、南昌等外界地区的联系,刺激了当地农村和市镇经济的商品化。⑦ 在景德镇,明中叶以后,当地瓷业生产吸引了大批徽商的参与,徽商的经营活动刺激了瓷

---

① 光绪《塘栖志》卷一八《风俗》。
② 《绩溪盘川王氏家谱》卷三《式南公家传》。
③ 《绩溪盘川王氏家谱》卷四《文苑·颂泰邦公》。
④ 许承尧:《歙事闲谭》,合肥:黄山书社,2001年,第357页。
⑤ 《古今图书集成》卷八五三《职方典·南昌府部》。
⑥ (明)曹嗣轩编撰,胡中生、王夔点校:《休宁名族志》,合肥:黄山书社,2007年,第155页。
⑦ 参见曹国庆:《明清时期江西的徽商》,载《江西师范大学学报》,1988年第1期,第22~27页。

业的进一步发展,从而又推动了其他门类的商业和服务业的兴盛。到了清代,景德镇能成为全国四大工商名镇之一,与徽商的经营活动密切相关①。

二、徽商与所在地城镇的发展与繁荣

明清以来,"沿江区域向有'无徽不成镇'之谚"②。"无徽不成镇"成为当时流传于长江流域特别是江南一带的一句民谚。该民谚说出了明清以降徽商为各地城镇的兴起、发展与繁荣所作出的突出贡献。关于徽商与所在地城镇的发展与繁荣学术界研究颇多,这里参照相关研究成果加以叙述和探讨。③

(一)徽商直接推动市镇的兴起

如胡适所指:"县志应注重邑人移徙经商的分布与历史,县志不可但见小绩溪,而不看见那更重要的'大绩溪',若无那'大绩溪',小绩溪早已不成局面。新志应列'大绩溪'一门,由各都画出路线,可看各都移殖的方向,及其经营的种类。如金华、兰溪为一路,孝丰、湖州为一路,杭州为一路,上海为一路,自绩溪至长江为一路……其间各都虽不各走一路,然亦有偏重,如面馆业虽起于各村,而后来成为十五都一带的专业;如汉口虽由吾族开辟,而后来亦不限于北乡。然通州自是仁里程家所创,他乡无之;'横港'一带亦以岭南人为独多。"④于此可见,汉口的兴起是由绩溪胡适所在宗族的商人所开辟,通州的兴起是由绩溪仁里程氏宗族的商人所开创,浙江海盐县横港市镇的兴起也与绩溪县岭南一带所出的商人的经营有较为直接的关系。明景泰弘治间

---

① 参见曹国庆:《明清时期景德镇的徽州瓷商》,载《江淮论坛》,1987年第2期,第58~63页。
② 民国《歙县志》卷一《风土》。
③ 参见王世华:《明清徽商是长三角兴起的重要力量》,载《学术界》,2009年第5期,第139~145页;卞利:《无徽不成镇——明清时期的徽商与城市发展》,载《社会科学》,2011年第1期,第154~159页;等文。
④ 《绩溪县志馆第一次报告书·胡适之先生致胡编纂函》,安徽省地方志编纂委员会编:《安徽省志》,北京:方志出版社,1998年,第20页。

歙县商人许赠,长期在正阳一带经商,"睦于亲旧,亲旧每因之起家,故正阳之市因公而益盛"①。明代,太仓州新安市的兴起则是由定居于此的徽商钱璞所开创,"因其乡陆公堰旧有小市,遂捐赀修葺,更其市名曰'新安'。有无贸易,货物流通,乡民便焉"②。而清代苏州府周庄镇商业的兴盛则与绩溪商人王泰邦等徽商的"创设"分不开,史载:"公讳泰邦,字式南,国子监生。生而聪敏,少好读书,以家贫,故长乃去之贾。弱冠后,贾于苏之周庄镇,创设商业,经营筹划,亿无不中,获利颇丰。"③据万历《嘉定县志》记载,嘉定县南翔镇和罗店镇的兴起也与大量徽商的率先经营有关:"(南翔镇)往多徽商侨寓。百货填集,甲于诸镇。比为无赖蚕食,稍稍徙避,而镇遂衰落。"④"(罗店镇)今徽商凑集,贸易之盛,几埒南翔矣。"⑤

(二)徽商促进了城镇的发展与繁荣

不少城镇的发展与众多徽商的活动是分不开的。如北京、南京、苏州、扬州、杭州、嘉兴、湖州、松江、常州、无锡、镇江、临清、济宁、仪真、芜湖、瓜洲、景德镇等,都有大批徽商在当地经营。如北京是徽州茶商、典当商聚集的地方;南京是徽州木商、粮商、典当商的聚集地。扬州、杭州则是徽州盐商的大本营。近人陈去病在《五石脂》中说:"徽人在扬州最早,考其年代,当在明中叶,故扬州之盛,实徽商开之,扬盖徽商殖民地也。"无锡则是徽州布商最活跃的地方。苏州是丝织业中心,大批徽商在此从事丝绸贸易;苏州又是棉布交易中心,徽商在苏州阊门外开设了很多加工棉布的布号;苏州枫桥是当时国内最大的粮贸市场,而徽商则是这里粮食贸易商的主体。⑥ 诚如有学者指出,

---

① 《许氏统宗世谱·处士孟洁公行状》,见张海鹏、王廷元主编:《徽商研究》,合肥:安徽人民出版社,1995年,第5～6页。
② 弘治《太仓州志》卷七《义行》。
③ 《绩溪盘川王氏家谱》卷三《式南公家传》。
④ 万历《嘉定县志》卷一《市镇·南翔镇》。
⑤ 万历《嘉定县志》卷一《市镇·罗店镇》。
⑥ 参见王世华:《明清徽商是长三角兴起的重要力量》,载《学术界》,2009年第5期,第139～145页。

由于徽商进入各地城镇进行商业经营,吸引了当地农村人口大批涌入城镇,从而导致这些城镇人口规模迅速扩大。侨寓城镇的徽商所进行的铺户、贩运贸易活动和为之服务的牙行、酒肆、茶馆的活动,又促进了这些城镇经济的发达与繁荣。①

(三)徽商改善了城镇的基础设施建设

除了经济之外,城镇的发展与繁荣还体现在城镇基础设施建设和城镇面貌得以改善方面,活跃于各城镇中的徽商在这方面也作了很大贡献。

一是改善城镇基础设施建设和城镇面貌。明代,歙县蜀源商人鲍蜀瑞经商汉皋,"新安会馆崇祀朱子,乡人士欲辟其前埠,以便行旅,恒苦力不逮,首为之倡,事遂以成"②。清代,经商扬州的歙县商汪应庚,"兴修平山堂蜀冈,栽松十万余株,今皆拱抱。重价买堂旁民田,别浚一池,而第五泉真迹于是始出。冈左为观音阁,冈右为司徒庙,与平山鼎峙,修废举坠,顿改旧观。更建五烈祠、贞节墓,并请旌褒,不惜捐资而修而增广之者"③。清乾嘉时歙县商人鲍肯园,业盐扬州,"扬州至康山以西,至钞关北,抵小东门地窐下,街衢水易积,为之易砖为石"④。鲍志道子鲍漱芳,"方议坝决时,高堰抢险,护坝甚急,秋后全河溜势将改由六塘河从开山归海,漱芳集众输银三百万两以佐工需。又芒稻河为洪泽湖之委,制府铁保亟谋疏浚,漱芳捐银六万两以济工用,又捐银五千两助浚沙河闸"⑤。

光绪《婺源县志》对清代婺源商人此类义行记载十分详尽。清初商人洪德税,"六合城圮,捐千余金浚筑,六合之人德焉"⑥。秋溪詹文锡,"承父命往蜀,至重庆界,涪合处有险道,名'惊梦滩',悬峭壁,挽舟无径,心识之。数载

---

① 陈忠平:《明清徽商在江南市镇的活动》,载《江淮论坛》,1985 年第 5 期,第 58~64 页。
② 民国《歙县志》卷九《人物志·义行》。
③ 《汪氏谱乘·光禄寺少卿汪公事实》,见张海鹏、王廷元主编:《明清徽商资料选编》,合肥:黄山书社,1985 年,第 321 页。
④ 《歙县棠樾鲍氏宣忠堂支谱》卷二一《中宪大夫肯园鲍公行状》,清嘉庆刊本。
⑤ 民国《歙县志》卷九《人物志·义行》。
⑥ 光绪《婺源县志》卷三一《人物志·义行》。

后,积金颇裕,复经此处,殚数千金,凿山开道,舟陆皆便。当事嘉其行谊,勒石表曰'詹商岭'"①。龙腾商人俞铨在金陵经商,"见义冢倾颓七十余所,雇工掩埋。上新河俞家茶亭,亦输赀修整"②。金辑熙,"尝在苏郡独修齐门吊桥,糜费千金,及造德邑坑口渡船,又输五百金为善后计,尤便于行旅"③。张添茂经商景德镇,"悯西向往景镇通衢坞僻路峣,输赀倡葺观音阁庵及浇亭岭,沿途造路千余丈,费二百余金。又助霍口桥,各造义桨百金"④。詹隆梓,"浮梁东西道及本里河岸倾圮,捐赀造成坦途。修葺高奢石堰,首捐巨赀,数劝众输助襄成"⑤。俞焕,"于芜湖立蝶矶庙,修鲁港堤……其客金陵最久,癸未(乾隆二十八年,1763)捐修城工,费皆不赀"⑥。

徽州其他县对徽商此类义行也多有记载。如,明代休宁商人查杰,"客鸠兹,置石会渡,砌石埠于姑孰,甃南陵道百里,缮白岳殿、登封桥"⑦。清代休宁商人吴昂侨居芜湖,大江中西有巨矶,"石骨嶙峋,水涨落不时,行楫误触,其害不测。邑人议造台矶上,用为标识,以费重迄无成议。昂谓众擎易举,道谋恐难成,乃白县官,独力建造。垒石为台,台上立庙建旗,经始于雍正六年十月,至八年三月落成。名其矶曰'永宁'。商舶利赖,尸祝不绝"⑧。清代,休宁商人朱德粲,"贾于皖,尝成潜山县石梁,造救生船于大江以拯溺"⑨。明正德间祁门商人郑璇在瓜渚经商,"见运河为官民要道,遇粮运辄阻商行,璇捐金别浚一河,使官运无碍,商不留难,至今赖之"⑩。清代黟县商人史世椿,"少清贫,商皖起家……石埭之大小约岭,独立重修。贵池之徐庄岭、东坑桥,

---

① 光绪《婺源县志》卷二八《人物志·孝友》。
② 光绪《婺源县志》卷三五《人物志·义行》。
③ 光绪《婺源县志》卷三四《人物志·义行》。
④ 光绪《婺源县志》卷三二《人物志·义行》。
⑤ 光绪《婺源县志》卷三四《人物志·义行》。
⑥ 光绪《婺源县志》卷三二《人物志·义行》。
⑦ 道光《安徽通志》卷一九六《义行》。
⑧ 嘉庆《休宁县志》卷一五《人物志·尚义》。
⑨ 嘉庆《休宁县志》卷一五《人物志·尚义》。
⑩ 同治《祁门县志》卷三〇《人物志·义行·补遗》。

集赀创造。祁、石之大洪岭,为徽皖要道,倡捐经修,垫费千金。皖东狱府县城隍药王大神、山口镇城隍、大观亭地藏诸庙,本邑灵虚观、九莲山、广安寺、淋沥庵、青阳九华山、休宁齐云山,或建殿宇、助石柱,庄严神像及捐月钱,悉施财不少"①。

二是大量兴建各类会馆、公所、义庄等设施。明清时期,为了达到联络乡谊为本帮商人提供帮助、代表本帮商人与官府交涉商务、为本帮商人举办公益事业的目的,全国各地的徽商纷纷在所在城镇建立起了徽商会馆或徽商公所。这有利于徽商联络乡谊、举办公益事业、维护自身权益,客观上也有助于徽商所在城乡的社会矛盾的缓解、社会关系的和谐,乃至社会秩序的稳定。如清代,在吴江县盛泽镇,以徽商为主体发起成立了徽宁会馆:"吴江县治南六十里,曰盛泽镇。凡江、浙两省之以蚕织为业者,俱萃于是。商贾辐辏,虽弹丸地,而繁华过他郡邑。皖省徽州、宁国二郡之人,服贾于外者,所在多有,而盛镇尤汇集之处也。嘉庆十四年(1809),始建会馆于镇之旋葭浜。带水萦抱,宽闲静敞,中为殿以祀关帝,东西供忠烈王、东平王。朔望香火,岁时报赛惟虔。殿东启别院,奉紫阳朱文公。以皖人有迁居隶籍于吴,及侨居而遂家焉者,俾其子弟有所矜式,故谨祀焉。又以侪侣众多,或不幸溘逝,设积功堂,置殡舍,权依旅榇,俟其家携带以归。其年久无所归者,徽郡六邑,宁国旌邑,各置地为义冢,分为两所。每岁季冬埋葬,具有程式。于是徽宁之旅居于镇者,无不敦睦桑梓,声应气求,肫肫然忠厚恻怛之意,出于肺腑,诚善之善者也。""会馆自创始以来,暨堂中一切公需资费较巨,皆赖同乡竭力襄助。而其中迁居入籍诸君犹能敦念本根,仍以乡谊,咸预斯举。扶持勷赞,以底于成。又镇之邻近,如新塍、平望、王江泾、黄家溪、谢天港、坛丘、周家溪,在各镇之同乡者,亦皆乐善捐输,不限界域。苟非众志协和,崇尚古谊,曷克臻此。"②徽宁会馆的主要功能是解决在外经商的徽宁人士的祭祀、社会救济等问题,

---

① 同治《黟县三志》卷七《人物·尚义》。
② 道光十二年程邦宪撰:《徽宁会馆碑记》,见苏州博物馆等合编:《明清苏州工商业碑刻集》,南京:江苏人民出版社,1981年,第356～357页。

设积功堂、置殡舍、置义冢等举措,有助于解决相关弱势人群的关切,有助于所在地社会秩序的和谐。

徽商积极倡建会馆的事例较多,如清代,歙县昌溪商人吴永评,"少服贾燕京,捐金建会馆及置义冢"①。清代居于扬州的歙县盐商郑鉴元,"修京师扬州会馆,独捐数千金"②。乾隆年间婺源商人滕昌檀于景德镇经商,"先是,议建新安会馆,部署难其人,众推檀,檀竭力筹画。阅十二载,竣事,奉朱子入祠"③。光绪《婺源县志》的《人物志·义行》对清代婺源商人在会馆建设上的义举记载也相当多。叶兹堂,"贾饶时,领袖建婺会馆,首输银一千余两。度基狭隘,极力商于店主,买地一半廓之"④。罗向森,"粤建婺源会馆,捐金成就"⑤。曹崧,"鄱阳石门街创建徽州会馆,崧捐费约千余金"⑥。孙有燨在金陵经商,"捐助江南北诸会馆,独造万福庵河桥,时有'孙善人'之号"⑦。王一泗,"商江右,饶邻婺界,商贾云集,素无会馆,泗捐重赀倡建,以便婺商"⑧。詹荫梧贸易平湖,"尝欲立会馆,以敦梓谊,徽商皆有难色。适王廉访竹屿来宰平湖,梧具陈其意,王为集徽商议,嘱梧首捐钱五百缗为倡,又购地二十亩作义冢,同乡咸称美举,乐助焉"⑨。查有堂,"初客星沙,与交皆贤达士,经理会馆、文公祠,倡修整饬"⑩。俞焕,"于饶州、苏州、金陵输建会馆"⑪。朱文煊经商粤地,"同乡建安徽会馆,输银一千二百两,兼董其事"⑫。余席珍服贾景

---

① 民国《歙县志》卷九《人物志·义行》。
② (清)阮元:《研经室二集》卷六《郑君墓志》,北京:中华书局,2006年。
③ 光绪《婺源县志》卷三二《人物志·义行》。
④ 光绪《婺源县志》卷三五《人物志·义行》。
⑤ 《婺源县采辑》,见张海鹏、王廷元主编:《明清徽商资料选编》,合肥:黄山书社,1985年,第256页。
⑥ 光绪《婺源县志》卷三四《人物志·义行》。
⑦ 光绪《婺源县志》卷三五《人物志·义行》。
⑧ 光绪《婺源县志》卷三三《人物志·义行》。
⑨ 光绪《婺源县志》卷三五《人物志·义行》。
⑩ 光绪《婺源县志》卷三四《人物志·义行》。
⑪ 光绪《婺源县志》卷三二《人物志·义行》。
⑫ 光绪《婺源县志》卷三四《人物志·义行》。

德镇,"其市廛为五方杂处,客死者多。徽商会馆向设义渡、义棺、义冢,赀竭难敷,珍集六邑绅士捐置田产,为长久计"①。江可烈,"于杭之南关倡建徽商公所,挥千余金"②。

三是在经商地建设义庄等设施。明清时期,义庄的功能逐步收窄,出现了给客死他乡者暂时存放未安葬棺材场所的义庄。徽商往往在经商地建设这类义庄。如,明清时期在京经商的歙县商人和从政官僚凭借集体的力量创设了歙县义庄:"北京歙县义庄,在永定门外五里许石榴庄,旧名下马社。规制甚宏,厅事高敞,周垣缭之,丛冢殆六七千,累累相次。盖亦经始于明嘉靖四十年(1561),与创设会馆同时。主其事者州倅江龙、卫幕仇自宁及杨忠、许标、江昙诸人。至隆庆中,郑楫、江世充、江同仁议设寒食、中元二祭。万历丙辛间,程文德、张汝簧、俞文美更拓其地,后吴之启、方时用、徐拱辰诸人,募建厅堂。见隆庆三年(1569)江西抚州推官黄愿素、万历四十六年(1618)南户部郎中汪元功二记。许文穆公亦与其事甚力。见云塘程景伊碑记。至清初,则杨监正光先曾重加修整,其后世守之。曹、潘二相俱曾资助。捐款则取于茶商为多……吾徽人笃于乡谊,又重经商,商人足迹所至,会馆义庄,遍各行省。"③

三、徽商与所在地社会公益事业的建设

活跃在全国各地商业舞台上的徽商还积极支持和捐助社会慈善事业回报社会。这种积极的行为不仅体现了徽商乐善好施的良好美德,而且为徽商的进一步发展拓展了空间,形成了徽商与社会的良性互动。徽商在徽州本土积极投身于社会公益事业,本文的前部分已做了叙述,此不赘述。这里主要考察徽商在经商所在地所从事的社会公益事业,主要包括筑桥、修路、灾荒救济、慈善事业等方面的义行。

---

① 光绪《婺源县志》卷三五《人物志·义行》。
② 光绪《婺源县志》卷三二《人物志·义行》。
③ 许承尧:《歙事闲谭》,合肥:黄山书社,2001年,第357页。

(一)兴修水利,筑桥修路

明清时期,徽商以义为利,诚信经营而致富以后却不会忘记回报社会。徽州地处山区,交通不便,兴修水利、筑桥修路是造福于家乡人民的义举。徽商捐修道路的事迹至今还能在某些道路的石刻上看到,这些芳名录是徽商热衷于社会公益事业的不朽印记。徽商不惜斥巨资支持和捐助桥梁、道路的兴建,这种义举不仅反映了徽商乐善好施的良好商业道德,而且更说明了徽商的儒商本质。

徽商不仅斥资修建桑梓故里的水利、道路与桥梁,而且在寄籍或侨寓的经商之地,也竭力支持和捐助那里的道路、桥梁等基础设施的建设。这不仅便利了徽商的商业往来,而且为当地建设贡献力量,造福一方民众。如明歙县商人方如骐"石甃金陵孔道,以达芜湖"[①]。清代在四川经商的婺源商人詹文锡,曾经捐数千金用于凿山开道,劈开惊梦滩,使来往于重庆的商旅行人免遭覆舟之苦,当事者嘉其行,"勒石表曰詹商岭"[②]。清代歙县商人刘正实在扬州经商期间,曾经捐输万金,用于龙门桥的兴修。[③] 休宁姚柱,"贾高邮,议筑堤,因水涝易砖以石,岁久不圮,遂成沃壤,邮人尸祝之"[④]。可见,徽商对侨寓地公益事业的建设深受当地民众的欢迎。

徽商凭借其雄厚的经济实力,还为明清时期各大城市的市政建设增添了不少光彩。扬州徽商利用扬州优越的地理位置,在此从事盐业贸易,获得暴利。但是侨寓扬州的徽商也为扬州的繁荣与发展作出了不懈的努力。扬州新旧两城地势卑湿,由于梅雨时节南方降水较多,容易积涝,街道皆设沟以泄水,但沟渎容易淤积。乾隆二十二年(1757),徽商共同议论修浚事宜,最终决定徽商马曰琯独力修浚从广储门到便宜门的街道,其余十四段由其他徽商共同捐资修浚,同时疏浚的还有新旧两城的官井。徽商鲍志道鉴于南河下从康

---

① 道光《安徽通志》卷一九六《义行》。
② 光绪《婺源县志》卷二八《人物志·孝友》。
③ 康熙重修《扬州府志》卷五二《笃行》。
④ 康熙《休宁县志》卷六《人物·笃行》。

山西到钞关,北抵小东门地势低下,街衢容易积水,他出资将街道的砖路拆除,修成石路代替旧路。①

徽商不仅修筑这些便民工程,而且参与这些公共设施的监督与管理,以保障其正常运作。例如,汉口人口稠密,居民住宅时常有火灾发生,侨寓于此的徽商鲍蜀瑞发现这些建筑存在的问题,倡导市民对其进行修复,从而使城市的安全得以保障。② 徽商在汉口社会公共领域所作的贡献,维护了汉口社会治安的稳定。

(二)慷慨捐资,从事灾荒救济

在生产力水平相对低下的封建社会,人民对自然灾害的抵御能力较差,政府的灾荒救济又比较薄弱,因此民间的灾荒救助就显得十分重要。明清时期,在商业上取得成功的徽商,积极投身于侨寓地的灾荒救济事业,创建义仓、灾荒赈济、建立医院等,给受灾群众极大的帮助。徽商的这种义行为社会作出了贡献,体现了徽商以义为利的美德。

在文献资料中关于徽商在侨寓地的救灾活动是很常见的,如,明天顺嘉靖间歙县商人许芳,"知伯子滋善治生,乃命商游荆襄,营业庐州,居积几致万金,田产日赢……会庐州民大饥馑,即命滋发廪赈贷,人于是感恩刻骨"③。明万历十六年(1588)发生大的灾荒,侨寓浙江的歙县商人毕懋尝,"睹饥馁状,心矜之,有持质丐米者,倍所予,不责其偿,日给数千人。已而赀罄,改廛于沛,值天潦,死亡相枕,为给棺具瘗焉"④。寄籍江都的盐商歙县潜口人汪应庚秉持善行,凡遇饥荒,便竭尽全力救济受灾民众,"雍正九年海啸成灾,作糜以赈伍佑卞仓等场者三月。十年、十一年,江潮叠泛,州民仳离,应庚先出橐金安定之,随运米数千石往给……十二年复运谷数万石,使得哺以待麦稔。是举存活九万余人。又于邻邑之丹徒、兴化,并输粟以济……乾隆三年,岁

---

① 乾隆《两淮盐法志》卷三九《杂志·善举》。
② 民国《歙县志》卷九《人物·义行》。
③ 《歙县许氏世谱》第五册《明故处士许君德实行状》。
④ 民国《歙县志》卷九《人物志·义行》。

饥,首捐万金备赈,及公厂煮赈。期竣,更独立展赈八厂,一月所赈,至九百六十四万一千余口"①。汪应庚不仅救济侨寓地的受灾民众,而且辗转全国各地救济灾民,受到时人的褒奖,其事迹被收入《淮海英灵集传》。难能可贵的是,徽商江承东救济汉口棚民的办法是"密遣子侄"和"暗给银钱",不仅在物质上,而且在精神上关心灾民,史料记载云:"乾隆辛酉岁,棚民苶集汉口,承东密遣子侄,于除夕每棚暗给银钱,同辈有仿而行之者,全活甚重。"②清代,休宁商人吴鹏翔,"侨寓汉阳,指囷解囊,好行其德。汉阳荐饥,鹏翔适运川米数万石至,计之可获利数倍,悉减值平粜,民赖以安,自大吏至郡县咸与嘉奖"③。清代婺源商人詹一滨,"弱冠商亳,稍获赢赀,与胞兄一淳均半经营,无吝色。康熙四十八年(1709),亳大饥,钱米周赈,约五百金。次年,亳疫,施棺二百余具、席数百,掩埋无算"④。清代绩溪商人章声远,"贸海州报浦场,积钱六十万。值岁饥疫,尽贷灶户。给汤药不责偿,捐役瘗尸,必——躬莅,毋令久而致露"⑤。徽商在当地的这些赈济措施和活动,充分体现了徽商救济灾民的义举。

在侨寓地的徽商不仅捐助或者赈济灾荒,而且重视灾后的疫病防治和生产自救工作。徽商在直接捐钱捐粮赈济灾民的同时,对灾后可能出现或已经出现的疫病加强防控,他们还捐资为广大灾民采购药品,全力救治。汪应庚在竭力救济受灾民众的同时,还亲自设置药局,免费为他们看病,使无数灾民受益。许多徽商建立义济堂,帮助安葬去世的民众。徽商还重视灾后的重建工作,对于因灾害物资短缺而引起的物价上涨,充分利用强大的经济实力,着力平抑物价。这些都说明许多徽商没有见利忘义,而是牺牲自身利益,为当地民众造福。

---

① 许承尧:《歙事闲谭》,合肥:黄山书社,2001年,第453~454页。
② 歙县《济阳江氏族谱》卷九《清敕授儒林郎州司马覃恩赠文林郎湖北竹溪县令承东公传》。
③ 嘉庆《休宁县志》卷一五《人物志·乡善》。
④ 乾隆《婺源县志》卷二三《人物志·义行》。
⑤ 嘉庆《绩溪县志》卷一〇《人物志·尚义》。

(三)扶孤恤贫,大兴慈善事业

明清时期,徽商还积极支持和大力捐助社会慈善事业建设,帮助鳏寡孤独等社会弱势群体摆脱困境。实际上,明清以来建立于徽商集中经商之地的各类会馆等组织,本身就是徽商进行慈善事业建设的集中体现。他们一改重利轻义的传统商人形象,在侨寓地周济贫寒、置办义冢、义渡、育婴堂等周济穷人,为侨寓地社会的发展作出贡献。

徽商在侨寓地致富后,饮水思源,不忘回报社会。他们捐助孤苦,赈济贫穷,在直接援助的同时,还免除穷人的贷款,给侨寓地人民巨大的帮助。明万历年间侨居金陵的婺源商人李廷芳,通明大义,周恤贫寒、扶持有求之人不遗余力,有好施之名,"每遇故旧之贫,量材贷之,俾治生,不较子利,故一时藉以起家者不可缕举"①。有因贫困向他贷款而不能偿还者,他虽然没有烧毁证据,但也不再过问,任凭资财流失,此举很有长者风范。清婺源俞承绪长期服贾于吴楚间,少时业儒,工于书法,慷慨好义,"凡遇窘急相投者,无论远近亲疏,靡不勉为周济。辛酉岁'发逆'蹂躏,里间贫乏多不能自存,绪倾囊量给"②。

义冢是指为客死他乡者或者死后无处安置者提供葬身的墓地。明清时期,百姓因贫穷或自然灾害去世者甚多,有些人无力安葬自己亲人,只能抛尸骨于野外。侨居徽商多富裕,不忍睹此惨状,故设立义冢。乐善堂在芜湖县城西北,光绪十九年(1893)歙县商人汪守藩等倡建屋六楹,用来举办施棺、惜字等善事。婺源程双元,"经商金华,其地多同里人,每有囊空羁留,或死无殡者,双元悄然集同里友捐金立心义会,凡有困乏,生给之归,死施棺焉"③。黟县朱光斗经商于景德镇,"乐善赈贫,助丧葬,多义举,至老不息"④。汪奇相世代在安潜经商,家庭颇为富裕,他与朋友交以信,与士大夫交以礼,"济饥馁以粥,掩暴骼以棺,还券以慰逋负,散财以给窭乏"⑤。清代歙县商人鲍廷玙

---

① 婺源《三田李氏统宗谱·仲父光禄寺署丞冲源先生行状》。
② 光绪《婺源县志》卷三五《人物志·义行》。
③ 光绪《婺源县志》卷三八《人物志·质行》。
④ 同治《黟县三志》卷六(下)《人物·质行》。
⑤ 休宁《方塘汪氏宗谱·周德堂记》。

在湖北武穴镇经商,"先是,徽人之客于湖北者,殁不能归丧,日久多暴露。嘉庆十六年(1811),廷玙倡率同人立归榇局,路费葬资皆取给,其死者亲族或无男子,或虽有而幼稚者,则募人归其榇,且以葬资畀其家。无主者买地为义冢瘗之。并广为劝输以垂永久"①。类似事例在文献中有很多记载。

育婴堂是一种萌生于清乾隆年间的收养孤儿的会社组织,属慈善性质,分为堂养、寄养、自养三种形式。在古代由于贫穷丢弃孩子,尤其是女婴的现象很多,徽商在倡建育婴堂方面出力较多。清代歙县商人汪涛,"尝贾于台州,其地滨海,值飓风怪雨,则败冢枯骸多狼藉斥卤中,涛捐椟瘗之高地。俗贫多弃子女弗育,涛醵金建育婴堂,全活甚众"②。他的善行甚多,受到当地人是称赞。清代,婺源商人金城,"就商于景镇。育婴、义渡、会馆、义举均城领袖醵赀,不取薪水。众商感城之力,为立木主,时祭归胙,以酬其劳"③。在金城的义行中,育婴是重要的内容。

还有些徽商在医药救济方面帮助穷人。歙县汪允俶侨居扬州,好善乐施,"谙药性,施紫雪丹再造丸,一粒千金费吝。岁暮周恤孤寡,世称笃行君子"④。他的从子汪廷埏建立瓜洲普济堂,救活了数千人。清代,歙县商人汪应庚经商扬州,其义行就包括"设药局","时疫疠继作,更备药饵,疗活无算"⑤。为了方便行人,有些徽商设立了义渡。义渡是指对乘船渡河者不收或收取少量的运输费用。泾县曾有五位商人共同出资在县内设立"上坊渡"等。

儒家倡导"均无贫"的分配观念,强调恤贫、赈穷和救荒,徽州儒风醇厚,文化环境对徽商影响至深,他们大多坚持以义用财。徽商在侨寓地也兴办各种公益事业,不仅引领了当地民众的为善风气,赢得了当地士绅和官府的好

---

① 民国《歙县志》卷九《人物志·义行》。
② 民国《歙县志》卷九《人物志·义行》。
③ 光绪《婺源县志》卷三九《人物志·质行》。
④ 民国《歙县志》卷九《人物志·义行》。
⑤ 《汪氏谱乘·光禄寺少卿汪公事实》,见张海鹏、王廷元主编:《明清徽商资料选编》,合肥:黄山书社,1985年,第321页。

感,而且提高了徽商在侨寓地的信誉度,徽商的社会、政治地位得到提高。因此,徽商的诸多义行不仅彰显了徽商施德行义的美德,拓展了他们获利的空间,而且有助于形成商人与社会发展的良性互动,推动了当时社会的和谐发展。

第二节 明清徽商与所在地的文教发展与风习变迁

一、徽商与所在地文教事业的发展

明清时期,徽商的侨寓地以其便利的交通、丰富的商品资源、市场活跃的工商业,吸引着大批徽商来此经营,主要从事食盐、布帛、木材、典当等行业的经营。徽商在侨寓地的长期经营与居住,徽商的侨寓化与定居化的趋向越来越明显,这在一定程度上改变了当地的居民结构,带动了区域社会经济的发展。同时,侨寓的徽商还以雄厚的经济实力和独特的文化内涵,对侨寓地文教事业、社会风习等产生了巨大的影响。

由于徽州不少商人曾受传统儒学熏陶,或"先贾后儒",或"先儒后贾",或"亦儒亦商",因此能够积极参与所在地的各项文教事业。他们希望子弟通过读书走上仕途,为他们经商提供政治上的保护,而且可以由此提高家族的声望。徽商活动的地区大多是经济文化比较发达的江浙地区,堪称人文渊薮之地,徽商往往在侨寓地进行联姻、入籍、科考、捐资等活动。徽州乃"程朱阙里",儒风独茂。受祖籍地与侨寓地浓厚学风的双重影响,徽商极其重视子弟的教育事业,参与所在地的文教事业是其中的一个重要方面。

(一)重视教育、兴办学校,捐资创建各类教育机构

明清徽商重视儒学教育,将其视为"亢宗""大族"的重要手段,他们不仅延师课子,重视家乡子弟的家庭教育,而且对侨寓地的文教设施和文化教育活动极为重视。侨寓地的徽商为了使子弟能够进入当地的府学、县学,他们

积极出资助建官学。研究徽商的学者发现,侨寓仪征的徽商以及祖籍徽州的仪征人在清代仪征县学的修葺过程中发挥了极其重要的作用。如顺治十年(1653)两淮盐运司运副朱懋文捐出商人公费,维修学宫明伦堂;许承远家族将维修文庙视为己任,后人论其"诚大造于仪邑也"①。侨寓扬州的歙县盐商汪应庚捐资助修扬州府学和江都、甘泉二县学,并捐学田以为修葺之费,善始善终,收到助学实效,戴震在《汪氏捐立学田碑》称赞其事迹曰:"余既嘉汪氏之为善,祖若孙相绳有终,而因叹夫后此而终之实难也。"②

徽商不仅热衷于在徽州本土倡建书院,对在侨寓地兴建书院也是不遗余力。正如李琳琦所说:"徽商在'贾为厚利,儒为名高'的思想指导下,除致力于徽州本土的文教事业,还纷纷在侨寓之地创办书院,以为相从旅邸的子孙就学成名计。"③这些书院通常以"紫阳"或"新安"命名,以示其为徽人所建,也用来表示他们虽侨寓他乡却未曾忘本。汉口的紫阳书院是徽商所办此类书院的典型。

汉口紫阳书院又叫新安书院,是会馆和书院的联合体,既是徽商议事之所,也是旅汉徽人子弟的文化教育中心,同时为旅汉徽人服务。清初,侨寓汉口的徽商在乡里聚会之余,还共敦孝友睦姻任恤之谊,为了使徽学得以传承,于是倡议创建书院,等建成之后,与父兄子弟朋友日讲习其中,本朱子之德行为仪,述其所以教人者以为乡之后进式。时人董桂敷论曰:"余维书院之建,一举而三善备焉:尊先贤以明道,立讲舍以劝学,会桑梓以联情。"④书院为经师弟子和徽籍士人提供讲肆之所,以讲明性理、发明朱子之学为本旨,可以视为大学教育。由于书院的创建经费庞大,执事徽商奔走呼号,历尽曲折最终募款成功,即主要是由旅汉徽商捐输,间或有徽属仕宦的资助,《汉口紫阳书院志略》详细记载了书院建造过程中的主要捐输者和执事者的名单。与传统

---

① 冯尔康:《生活在清朝的人们:清代社会生活图记》,北京:中华书局,2005年,第191页。
② (清)戴震:《戴震文集》卷一一《汪氏捐立学田碑》,北京:中华书局,1980年,第173页。
③ 李琳琦:《徽商与明清徽州教育》,武汉:湖北教育出版社,2002年,第249页。
④ (清)董桂敷撰:《紫阳书院志略》卷七《汉口重修新安书院碑记》,武汉:湖北教育出版社,2002年,第139页。

书院置学田以维持开支的经营方式不同,紫阳书院则是进行商业化经营,即购置市屋进行出租,将租金作为膏火修葺之费,以盈余作为增置之资。

杭州崇文书院与汉口紫阳书院一样,是徽商在侨寓地所办书院中具有典型性的商人书院,也是徽商在侨寓地创办书院之中历时最为久远的书院之一。它是由浙江盐政和学政共同管理,徽州盐商自筹经费开办的。其创建目的主要是为徽商子弟读书应试服务,还采用独特的"舫课"方式进行会文讲学。所谓"舫课"是指江南地区特有的一种授课方式,教书授题以后学生划船分散到湖中作答,时间到了再用画角召唤学生集中,当面定出甲乙等。①

此外,徽商还在其他侨寓地兴办书院,例如扬州府城的梅花书院、安定书院和仪征的乐仪书院大都由两淮商人出资兴建,其中大多是徽商。据地方志载梅花书院是雍正十二年(1734)由祁门盐商马曰琯出资兴修,他"独任其事,减衣节食,鸠材命工……不期月而落成"②。他还延聘名儒在其中任主讲,以培养子孙业儒。梅花书院兴建后,造就了不少著名的徽籍和外籍儒学名家,如汪中、段玉裁、洪亮吉、王念孙、孙星衍等。清代黟县屏山商人舒遵刚,"在饶州倡修朱文公书院,倡施钱粥药槥,以救水灾疫患,饶人交利之"③。清代婺源商人詹隆梓,"随父营昌江瓷务……尝经理新安书院,量入为出,介然不苟"④。

徽商还在侨寓地兴办义学,为贫寒子弟就学提供资助。因为在扬州的徽商较多,扬州地区徽商兴建的义学相对较多。嘉庆年间徽州商人洪箴远等认为郡城面积大而义学少,不能满足宗族子弟读书业儒的需要,资助十二门各设义学一所,此举得到了盐政衙门的批准。⑤ 在吴江盛泽镇经商的徽商张佩兰,考虑到在此定居的徽州人士较多,有些家庭因贫穷而不能延师教子,于是

---

① (清)沈德潜:《西湖志纂》卷三《孤山胜迹·崇文书院》,台北:文海出版社,1971年,影印本。
② 光绪《增修甘泉县志》卷一六《学校》。
③ 同治《黟县三志》卷七《人物·尚义》。
④ 光绪《婺源县志》卷三四《人物志·义行》。
⑤ 冯尔康:《明清时期扬州的徽商及其后裔述略》,载《徽学》2000年卷,第166~198页。

在盛泽镇之东肠圩创办义学,以使徽人子弟有就课向学之所。①

一些徽商还捐助当地官府学宫的兴建和修缮等。歙县商人汪应庚经商扬州,"乾隆元年,见江甘学宫岁久倾颓,出五万余金亟为重建,辉煌轮奂,焕然维新。又以二千余金,制祭祀乐器,无不周备。又以一万三千金购腴田一千五百亩,悉归诸学,以待岁修及助乡试资斧,且请永著为例"②。清代休宁商人陈志宏,"行贾六合县,捐重赀以修学宫,制府尹公以功升隆黉序奖之"③。

通过查阅资料可以发现,徽商的兴学活动渗透到侨寓地的各类教育机构之中,为当地教育事业的发展作出了积极的贡献。然而,徽商在所在地的捐资助学主要是为了使自家或者徽籍子弟有与当地人同样的接受教育的条件,也就是为子弟营造就读与业儒的机会,使之走上仕途,目的是为家族增光,为徽商的商业经营活动提供服务。

(二)争商籍或入籍当地,为子弟就学和科举入仕提供便利

本书第六章第三节中"徽商对士子科举的资助"部分已经详细阐述了明清时期的徽商围绕科举考试,对家乡士子进行的各方面扶持与资助,主要有三个方面的内容:一是捐资兴办文会,为士子应考前研讨、切磋制艺提供条件;二是慷慨捐输科举资费,为应考士子提供经济保障;三是为了给应考士子提供舒适的考场和寓所,徽商积极捐建考棚、试院、试馆和会馆。侨寓地的徽州士子参加科举考试还涉及籍贯问题,因此侨寓地的徽商不仅在科举费用方面大力资助家乡士子,而且通过各种手段为侨寓地的士子积极争取就地参加科举考试的机会,即为他们办理商籍。

商人子弟被准许附于行商省份,也就是入籍了侨寓之地,是为"商籍"。徽商子弟取得商籍之后就可以直接在侨寓地参加科举考试,而不必回到徽州

---

① 转引自王世华:《徽商与长江文化》,载《安徽师范大学学报》,2003年第1期,第1~7页。
② 《汪氏谱乘·光禄寺少卿汪公事实》,见张海鹏、王廷元主编:《明清徽商资料选编》,合肥:黄山书社,1985年,第321页。
③ 嘉庆《休宁县志》卷一五《人物志·尚义》。

原籍参加考试,因此能否取得商籍或入籍当地是关系侨寓商人子弟科举考试的一个重要问题。徽商凭借强大的经济实力,竭力为家乡侨寓士子争取商籍。道光《重修仪征县志》云:"其客户、外户有田地、坟墓二十年者准其入籍。具为民户,无田地者曰白水人丁。"①根据这样的入籍规定,徽商在所到之处,纷纷求田问舍,以争取尽快土著化。《钦定重修两浙盐法志》则对两浙商籍的设立作了相对概括的记载:"吴宪自新安来钱塘,初试额未有商籍,业鹾之家,艰于原籍应试。宪因与同邑汪文演力请台使设立商籍,上疏报可。至今岁科如民籍例,科第不绝。皆宪之倡也。"②这样,徽商子弟入籍也就变得相对容易。

关于两浙商籍设立之缘起和过程,《歙事闲谭》有比较详细的记载:"明天启中,吴氏有名宪者,始自歙迁于杭,为杭始祖。宪字叔度,一字无愆。明制,设科之法,士自起家应童子试,必有籍,籍有儒、官、民、军、医、匠之属,分别流品,以试于郡,即不得就他郡试。而边镇则设旗籍、校籍;都会则设富户籍、盐籍,或曰商籍;山海则设灶籍。士或从其父兄远役,岁岁归就郡试不便,则令各以家所业闻,著为籍,而就试于是郡。杭为南方一大都会,故未有商籍。宪与同邑汪生文演上书当事,力请。台臣以闻,报可。于是宪遂得试于杭,而为商籍诸生。杭之有商籍乃宪倡之也。"③可见,在侨寓地子弟的商籍问题上,徽商起着极其重要的作用。因此,康熙《徽州府志》对徽人入商籍的记载曰:"徽之富民尽家于仪、扬、苏、松、淮安、芜湖、杭、湖诸郡,以及江西之南昌,湖广之汉口,远如北京,亦复挈其家属而去。"④

张杰征引了三份分别隶属杭州府、钱塘县和仁和县商籍的中试者的朱卷履历,来探讨清代商籍的设立所表现出来的商人的强大的经济力量。这三个家族分别是道光十五年(1835)乙未恩科浙江乡试举人、杭州府学商籍汪藻家

---

① 道光《重修仪征县志》卷二《食货志·户口》。
② 《钦定重修两浙盐法志》卷二五《商籍二》。
③ 许承尧:《歙事闲谭》,合肥:黄山书社,2001年,第1041页。
④ 康熙《徽州府志》卷二《风俗》。

族;光绪十八年(1892)壬辰科进士、杭州府钱塘县商籍汪康年家族;嘉庆九年(1804)甲子科浙江乡试举人、杭州府仁和县商籍金孝枚家族。① 这三个家族的祖籍都在徽州,分别为歙县坦川、黟县宏村、休宁县。这三个商人科举家族的产生,其中一个重要因素就是商籍为徽商子弟打开科举之门,成为商人子弟读书入仕的重要途径。

除常规参加科举之外,还有些徽商利用科举考试户籍限制方面的漏洞,即在家为民、在外为商的户口优势,在祖籍地和侨寓地之间奔波,重复应试,寻求最佳机会。

(三)斥资举行诗文之会,结交文人雅士

徽商利用拥有强大资财且具有儒学修养的独特优势,与文人学士相酬唱,积极地参与和推动侨寓地的学术文化活动。如歙县鲍简锡在杭州经商,热衷于结交四方名流,时常与他们往来。② 歙县潘之恒在苏州经商,爱好诗文,以文会友交天下名流。婺源商人李贤则不仅结交文人,而且与士大夫结交,吴士大夫都愿意与他交往游历。③

有些徽商还在侨寓地兴修园林,举办诗文之会,广结海内名流。侨寓扬州的徽商举行的诗文之会活动较具典型意义。其中,尤以马氏小玲珑山馆、程氏筱园及郑氏休园为盛。

侨寓扬州的祁门盐商马曰琯、马曰璐兄弟被称为"扬州二马",他们既是著名的商人,又是学识渊博的学者,马曰琯著有《沙河逸老集》,马曰璐著有《南斋集》。马曰璐一生喜爱写诗、藏书,雍正年间在扬州筑有"街南书屋",又称"小玲珑山馆"。马氏兄弟喜爱考校典籍,家中专设刻坊,不惜费资刻印书籍。沈德潜曾为其题诗,并流传至今,可见当时的盛况。他们不仅以藏书、献书、刻书著名,而且因接纳文人学士、举行诗文之会有盛名于扬州城内外。与那些富裕徽商交游的都是当世名家,四方之士过之,适馆授餐,终身无倦色。

---

① 张杰:《清代科举家族》,北京:社会科学文献出版社,2003年,第83页。
② 歙县《新馆鲍氏著存堂宗谱》卷二《仲弟无傲行状》。
③ 婺源《三田李氏统宗谱·理田愚谷李公行状》。

著名学者全祖望、厉鹗、郑板桥、金农等都是小玲珑山馆的常客。

清代侨寓扬州的歙县江氏商人江春建立康山草堂园林，成为文人学士吟风弄月、诗酒风雅之地，著名学者蒋士铨、金兆燕等曾在此居住，乾隆皇帝下江南时也曾两次临幸此园。乾隆三十一年(1766)十二月十九日，江春还邀集一批学者在此举行诗会，以纪念苏东坡诞辰七百年，钱陈群、戴震、郑板桥、曹仁虎等都参与其中，"风亭月榭，觞咏无废"，成为一时盛会。①

徽商在扬州所举行的诗文之会促进了扬州及其附近地区学术文化的交流，与清代扬州学派的形成不无关系。仅从扬州一例便可以看出，侨寓地文化的繁荣是和徽商的积极推动密不可分的。徽商从事的此项活动既推动了侨寓地文教事业的进一步发展，又通过这种形式融入当地社会。通过引导子弟业儒并参加科举考试来提高子弟的文化素质，通过与文士交游更是提高自身的文化修养，商业发展与文化发展相互促进，推动当地经济文化整体走向繁荣。

(四)兴建藏书楼、刊刻书籍，为求学士子服务

徽人历来喜欢藏书，许多大家都以家富藏书著称。徽商在侨寓地也搜求珍本秘籍，兴建藏书楼以为储藏之所。清代，寄籍浙江的休宁人汪文桂、汪文森、汪文柏三兄弟即以藏书丰富而著称于世。与汪氏同时流寓浙江的歙人鲍廷博家藏古异书数千种，并精于校勘，建有知不足斋。程氏也是新安大族，程晋芳在两淮经营盐业，家庭殷实，崇尚儒学，在侨寓地淮安斥巨资购买图书，藏书达五六万卷，在当时的藏书者中首屈一指。他还喜好交游，招致许多多闻博学之士，曾邀请吴敬梓到其家观书数月。②

其他著名的藏书楼还有：马氏有丛书楼(马曰琯建)、小玲珑山馆(马曰璐建)，汪氏有飞鸿堂，徐乾学有传是楼，等等。这些藏书家都乐于结交文人，为学术、科举服务，乾隆时期编纂《四库全书》，他们还献出大量善本藏书。侨寓各地的徽人藏书家绝大多数都以能为文人士子提供求知之所为荣，只有少数

---

① (清)阮元：《江君鹤亭橙里二公合传》，见(清)江春：《随月读书楼诗集》附录，清嘉庆九年(1804)康山草堂刻本。

② 杜诚、朱万曙主编：《徽学百题》，合肥：安徽人民出版社，2009年，第28页。

一些藏书家不允许别人查阅自己的藏书,这就必然遭到其他藏书家的指责。如汪启淑就经常受到杭州其他藏书家的指责。当时,郁礼正在从事一项课题研究,鲍廷博把他推荐给汪启淑,希望能查阅汪氏收藏的一些孤本,遭到汪氏的拒绝,鲍廷博为此与他疏远。允许朋友参观自己的藏书楼,或朋友之间互相交流是起码的礼貌,也是学术交流的先决条件。①

当时侨寓江南地区的徽籍藏书家并不只是为藏书而藏书,他们还刊刻典籍,尤其是珍本、善本,为文人士子提供便利。如鲍廷博不仅是著名藏书家,而且是著名的古籍整理学家。他出身富商之家,一生酷爱读书和购藏古籍,不惜花费巨资搜觅宋元善本珍藏。他知识渊博,对各种书籍的内容、版本、校勘等非常熟悉。他与其子鲍士恭刊刻的《知不足斋丛书》不仅校勘精准,而且在辑佚补缺方面极见功力,收集了很多罕见文集,是清代水平高、影响大的一部丛书。他在丛书的序言和凡例中交代了刊刻这套丛书的目的,云:"古书流传,每多必佚……凡大雅君子,得有邺架善本可以补集中诸书与阙者,当冀多方因缘寄示,俾成完书。此则公世之盛心,爱及古人,惠施来学,非廷博一人之私幸也。"②鲍廷博刊刻这套丛书使许多珍本秘籍得以流传,因此他们刻书的一个重要目的就是把珍本秘籍公诸于世,以嘉惠后学。

明清时期徽商积极参与侨寓地的文教事业,培养侨寓在外的宗族子弟,使其能够在科举中脱颖而出,为当地科举发展增添了精彩的一笔,推动了当地文教事业的发展与繁荣。徽商的活动还促进了徽州与侨寓地的文化互动,徽商改变了自己在侨寓地民众心目中的形象,得到当地民众的认同,因而有助于徽商融入新的社会圈。

二、徽商与所在地社会风习的变迁

徽商在侨寓地的文教和生活行为还促进了侨寓地文化发展和社会风习

---

① [美]艾尔曼著,赵刚译:《从理学到朴学——中华帝国晚期思想与社会变化面面观》,南京:江苏人民出版社,1995年,第106页。
② 张健、汪慧兰:《清代徽籍藏书家鲍廷博》,载《安徽师范大学学报》,2001年第2期,第250～253页。

的变迁。徽商在当地进行商业经营时,也将徽州地方特色生活习俗带入侨寓地。两淮盐商是明清时期的商界巨擘,他们集中在扬州、淮安等地,形成了独特的盐商文化。徽商在侨寓地斥重金修建园林宅第,雕梁画栋,穷极奇巧;蓄婢纳妾,锦衣玉食,穷奢极欲;结纳官府,交游文士,一掷千金。徽商这种以奢侈风雅为主要特征的生活,不仅严重影响了徽商资本的积累,而且刺激了明清江南地区奢靡生活风气的发展。徽商对侨寓地文化风习的影响,还反映在学术和思想观念上。由于徽商多聚集在经济发达的江南地区,这里以江南社会为例,侧重从市民生活方式和地方社会消费观念变迁来谈徽商对当地社会风气变迁的影响。

(一)日常生活方式的转变

处于社会风俗表层的日常生活,乡土气息最为浓厚,地方特征最为鲜明。徽商带着徽州传统地方特色的生活风俗进入侨寓地,部分风俗因为地域条件的限制很快被分解融合,而一些精彩而充满乡土气息的风俗原型不仅被很好地保留下来,而且渗透到侨寓地民众的生活中,最终发展成为典型的"都市型风俗"。[①]

徽州生活风俗中最容易被分解的就是徽州民居多为三合院或者四合院,还有聚族而居的居住习俗。徽州民居的特色是"四水归堂"式建筑,不仅适合于徽州山区的地理环境,承载了徽州人民汇聚财气的愿望,而且具有防火、防盗的功能。然而,在地势平坦或者沿河分布的侨寓地,徽商则是根据当地的地理环境,吸收当地的建筑风格,融入徽州的建筑特色,使住宅不仅透露出恬静淡雅的韵味,而且蕴含着丰富的文化意境。

侨寓地积极吸收徽州风俗,以充实和丰富本土的风俗文化,体现最突出的在饮食方面。例如,苏州的香豆腐干和油氽豆干是大众青睐的风味小吃,其实它们是徽州的传统食物,清代时由大阜潘氏家族传入,逐渐演化为苏州人的饮食风俗。潘家还在苏州开了十多家酱园,凭借"官盐酱园"的金字招

---

① 见唐力行等:《苏州与徽州——16—20世纪两地互动与社会变迁的比较研究》,北京:商务印书馆,2007年,第328页。

牌,号称"五味俱全",制作精细,深受当地民众喜爱。徽商在苏州经营的面馆和菜馆较多,创建于道光年间的万源馆、同治年间的丹凤楼、聚成楼等,均在当地负有盛名。苏州其他特色食品,如蟹壳黄、金丝蜜枣、咸肉烧春笋等,均是在吸收徽州饮食的基础上,融合当地生活习俗形成的。

清代徽州茶商一统江南,花茶是其重要的组成部分。由此催生了江南的茶花生产,虎丘附近花农一拥而起,家家种植。每天早上,花农从虎丘用船载着大批的茉莉花和玉兰花运到窨制花茶地,成为当时独有的一道风景线。花茶的大批量窨制,使四周居民进入茶行劳作,从而改变了他们的生活。

在诸多的民俗活动中,徽商的影响不容忽视,例如徽州最为重要的庙会之一"都天会"。这种迎神赛会随着徽商的外出而在江南各地广泛传播,其中,以镇江的都天会最为典型和隆重。"都天"是五显之一,关于一书生夜遇疫鬼投毒舍生就义之事,亦见于江南的其他地方,如福州的"五圣"或"五帝"的传说,就与此类似。①

(二)市民生活的儒雅观

明清时期,徽商虽然积累了巨额资本,但是他们的社会地位并没有真正得到质的提高,他们内心始终有一种强烈的自卑感。随着士商观念的变化,国家对商人活动的限制放松,徽州商人为了满足自身的虚荣心,孜孜追求士人风雅的生活品位,为了提高自身的儒雅性和文化性,他们读书作文、结交文人名士、收藏古籍字画等。徽商作为一支庞大的消费群体,深受儒家思想的影响,他们更加注重自身的消费生活,而且其消费生活体现着儒家思想特有的内在气质,具有一定的儒雅性。徽商消费生活的儒雅性,不仅提高了徽商自身的社会地位,发展了经营,而且对侨寓地社会风习的转变产生深远的影响。

徽商雅而好儒,经常举办各种聚会,宴请侨寓地的文人名士。经济的富足,文化的昌盛,使人们的感官日益敏锐和细腻,他们创造出无数新颖、精致、

---

① 见王振忠:《明清徽商与淮扬社会变迁》,北京:生活·读书·新知三联书店,1996年,第98~99页。

用于赏玩的风俗习尚,风格上又各具特色。在明清时期的扬州,徽商举行诗文之会,以马氏小玲珑山馆、程氏筱园及郑氏休园为最盛,他们延揽四方名士居其家,或与之唱和,或得到资助。而且在文人成诗之后立即刻印,不出数日,就能流传至全城。

徽州乡土充斥着文气和金银气,从这里走出的大批徽州朝奉,儒雅知礼,在经年的业儒生涯中,以谦谦君子之风与人交往,与侨寓地产生了文风、艺风的多角度交融与互动。在艺事方面,他们主要是通过与师生、朋友、同行的交往,文化氏族联姻,专业艺人流寓客地等方式实现。在文化艺术消费领域,则主要体现在书画艺术品消费和戏剧活动两方面。明中后期始,徽商凭借雄厚的经济实力,竞相买卖、收藏书画典籍,掀起了文化商品消费风气,且愈演愈烈,对文人的人生道路及当地画坛风气产生了影响,引领侨寓地社会审美趣味和艺术价值取向。

徽商对书画艺术品消费的嗜好导致了士、商合流和职业书画群体的出现。徽商倾资炒作文人书画,对于士、商来说是双赢的,而且影响到区域书画艺术风格的走向,对于弥漫于侨寓地的风雅之风具有引导作用。例如在苏州,吴门画家为了满足不同层次人们的需要,特别是书画商人的需要,他们开始走出"元四家"枯淡冷寂的境界,抒发对现实生活的热情,于高雅中传达世俗精神,使作品形成具有世情的雅俗之韵。[①] 由于长期浸润于艺术品经营氛围之中,市民无不以风雅为尚,字画文玩、古董器物、私家花园已经不再专属于文人。

明中叶起,戏曲艺术蓬勃发展,苏州、扬州成为江南戏曲艺术中心。特别是昆腔的流行,对徽戏产生影响;而徽州盐商嗜好昆曲,又推动了昆曲的盛行。明清戏曲演出形式和场所的衍变出新,与士、商阶层频繁的雅集或宴请

[①] 李明:《明清苏州、扬州、徽州三地风俗的互动互融——兼谈"苏意""扬气"与"徽派"》,载《史林》,2005年第2期,第22~30页。

活动直接相关。① 如戏船上的商业性演出、家宴中的堂会演出、酒馆戏园的产生等。在侨寓地徽商也积极发展当地的戏剧文化,江春有春台、德音两个戏班,名角如果被聘入私人戏班,就会得到丰厚的报酬。随着戏曲艺术的盛行与衰落,社会风尚和戏曲民俗不断衍变。我们的国粹——京剧就是徽班进京,结合徽、京两地特色发展而成的。

徽商文化与侨寓地文化的冲击与融合,促使独特风格文化的产生。例如扬州文化,徽商文化对扬州本土文化的冲击是在同一文明体系内部代表商、官、儒一体的新型文化层次对另一种以儒为主的旧式文化层次的挑战。

正是在徽商儒雅性消费观念的影响下,为侨寓地尤其是长江流域文化的繁荣创造了有利的条件。新安理学、徽派朴学、新安画派、新安医派等流派相继形成,此外在新安篆刻、新安版画、徽剧等方面也是名家辈出,声播遐迩。皖派学术与侨寓地文化的交流,在促进皖派发展的同时,也促进了扬州学派、浙东学派等学术流派的交流与发展。长江流域精英文化之所以出现群星灿烂、峰峦迭起的局面,是与徽商的资助、培育、奖掖、推崇分不开的。

(三)奢侈消费带动消费文化的畸形发展

徽商良好的商业道德提升了侨寓地的商业文化水平,"贾名儒行"的商业道德对侨寓地商业的发展产生了积极影响。徽商把诚信作为经商的原则,不仅促进商帮内部的团结,而且促使商业活动的开展。徽商薄利竞争,重义轻利,树立"廉商"的形象,在侨寓地取得商业经营的巨大成功。但是,也有不少徽商,尤其是两淮盐商,在致富之后崇尚奢靡,挥金如土。这些商人的奢侈性消费带动了侨寓地消费文化的畸形发展。徽商的奢侈性消费主要表现在日常生活和结纳官府、交友文士等方面。

有些徽商奢侈无度,在饮食方面的消费令人叹为观止。如扬州的大盐商黄钧太,每天早晨起床,先食燕窝,再饮参汤,又食鸡蛋二枚。而这鸡蛋又非普通母鸡所产,乃喂以参术等物,所产之蛋,每枚纹银一两。单是早餐,所耗

---

① 李明:《明清苏州、扬州、徽州三地风俗的互动互融——兼谈"苏意""扬气"与"徽派"》,载《史林》,2005年第2期,第22~30页。

就十分惊人。① 富商的衣着也极力追求颜色鲜艳，款式新颖，用料华贵。主人如此，奴仆的衣装也跟着水涨船高，所谓"齐纨被于僮仆，秦珠饰于姬侍"。这一风气使得侨寓地民众亦崇尚奢侈，这里以盐商聚集的扬州为例加以考察和分析。

明朝初年，扬州民风淳朴，百姓惮讼劝业，婚丧交际，崇尚俭素。等到成化、弘治以后，徽州盐商大量聚集于此，"四方商贾陈肆其间，易与王者埒……妇人无事，居恒修冶容，斗巧妆……其侈丽极矣"②。于是当地民众率起效仿，扬州风气大变。之后，奢侈之风愈演愈烈，令人有"沃饶而近盐"之叹。尤其是到了清代雍正以后，"根窝"世袭，不少盐商坐享厚利，迅速游离出传统的儒商队伍，成为腐朽的寄生阶层。他们以喝酒打牌为事，置正事于不顾，对社会风气产生了消极的影响。雍正帝便感慨地说："朕闻各处盐商，内实空虚，而外事奢侈。衣服屋宇，穷极华靡；饮食器具，备求工巧；俳优妓乐，恒舞酣歌，宴会嬉游，殆无虚日；金钱珠贝，视为泥沙。甚至悍仆豪奴，服食起居，同于仕宦。越礼犯分，罔知自检；骄奢淫逸，相习成风。各处盐商皆然，而维扬尤盛。使愚民尤而效之，其弊可胜言哉！"③为了适应这些闲散人员的消费需求，扬州城内茶肆林立，浴室数以百计。因此，游荡成性，积习成俗，也就成为扬州市民的一大特征。盐商巨贾的奢侈生活固然暴露出社会生活的陋习，但也有利于财富的分散，市民阶层因此获得利润，其中不乏出现小康之家。

由于徽商酷爱修建园林的嗜好，明清时期的扬州交通便利，且风景优美，盐商在城中宅畔，皆设园林。他们各出新意，争奇斗艳，"名园十里斗繁华，咫尺仙源闭在家。转入亭中千曲路，不知篱外几重花"④。筑园建亭成为时尚，时人曾谓扬州园林，甲于江南。腰缠万贯又"贾而好儒"的徽商，是为了吸引

---

① 萧国亮：《清代两淮盐商的奢侈性消费及其经济影响》，载《历史研究》，1982年第4期，第135～144页。
② 嘉庆《扬州府志》卷六〇《风俗志》。
③ 张习孔、田珏主编：《中国历史大事编年》"雍正（1723－1735）"，北京：北京出版社，1997年，第183页。
④ （清）孔尚任：《孔尚任诗文集》，北京：中华书局，1962年，第91页。

四方才俊前来寓居,更多的是为了休闲享乐,以便闲暇时与友人诗酒流连,以成雅性。在徽州盐商中,拥有园林别墅最多者,首推江春。江春居扬州南河下街,建随月读书楼和秋声馆,并在徐宁门外购隙地以修射箭之所,人称"江家箭道",他还增构亭榭池沼、药栏花径,名曰"水南花墅";还在东乡建别墅,谓之"深庄";北郊也建别墅,谓之"江园";家与康山比邻,建有康山草堂;又于重宁寺旁建东园。

为迎接乾隆皇帝南巡,徽州盐商在扬州北郊建有虹桥览胜、长堤春柳、荷蒲熏风、四桥烟雨等二十四景。其中,荷蒲熏风属于江园,是徽商江春家园,乾隆赐名"净香园";四桥烟雨属于黄园,是徽商黄履暹别业,乾隆赐名"趣园";长堤春柳是徽商黄履昂之子黄为辟修筑。小玲珑山馆为马曰琯兄弟所筑,有十二景。当时扬州著名的私家园林还有汪氏南园、洪氏大虹园、江氏江园、黄氏越园、郑氏桃花坞、吴氏别墅、徐氏水竹居等,皆为徽商所建,极大地推动了扬州园林艺术的发展。园林建成后,四方文人骚客慕名而来。徽商常常在园中举行诗文之会,斗诗衡文。这些诗文之会,大大激发了文人雅士的诗兴,构成园林文化中的一大特色。

盐业的垄断性贸易给徽州盐商带来巨额利润,他们多别妻离子,常常几年、十几年甚至几十年不归,为了满足生理上的需要,徽商嫖妓纳妾也是普遍现象。正是在徽州盐商的刺激下,扬州青楼文化发展并繁荣起来,突出表现在"养瘦马"风俗的盛行及"清堂"艺妓文化的特色。[①] 扬州娼家物色到童女,延聘名师教以琴棋书画之艺,精心调教"瘦马",提高"瘦马"的文化品位,以满足附庸风雅的徽商的需要。为此,各地琴师画工、名优硕儒,也纷至沓来。"苏州邹抡元善弄笛,寓合欣园,名妓多访之,抡之遂教其度曲。由是妓家词曲,皆出于邹,妓家呼之为五先生,时人呼之乌师"。扬州娼家还别出心裁地训练雏妓,让她们学习待人接物的礼仪,趋侍嫡长,保证日后闺阃的安宁,故扬州姬妾多能安于卑贱,侍奉主母。在他们的熏陶下,"瘦马"的文化素养得

---

① 王振忠:《明清两淮盐商与扬州青楼文化》,载《复旦学报》,1991年第3期,第106~113页。

到提高,使得扬州"瘦马"甲于天下。清代著名学者李斗称"郡中城内,重城妓馆,每夕燃灯数万,粉黛绮罗甲天下"。

扬州城俨然成为一座销金窟,富商大贾在其中寻欢作乐。"要娶小,扬州讨"的谚语在富商大贾和文人士大夫中广为流传。四方来扬州买妾者"麇至而蝇聚,填塞衢市"①,构成一道奇特的风景线。"清堂"艺妓文化有着悠久的历史,明清时期更是吸收各地的青楼文化精华,并逐渐形成自身的特色,并拥有"小秦淮"的称号。扬州地处南北冲要,四方商人、士人往来其间,如名妓高凤卿就与文化名人来往频繁。扬州青楼文化逐渐给徽商的商业经营带来消极的影响,但是其渐为市民所接受,成为大众文化中的一部分。随着两淮盐商的没落,市民贫困的加剧,青楼文化业随之衰落。

大江南北和运河两岸徽商的奢侈之风甚至通过陕西商人影响到关中地区。明末清初三原人温自如曰:"吾里风俗,近古人,尚耕读;晚近牵车服贾,贸易江淮,靓服艳妆,稍染吴越之习。"②

第三节 徽籍学者和明清学术变迁

一、明清徽籍学者与时代学风

明清社会经济、文化的发展和政治的相对安定,特别是商品经济的发展,平民社会的形成,文化教育的大众化,使得徽州虽地处万山之中,却能与外界始终保持开放和互动。徽州人通过经商、科举、出仕、游学、移居等种种途径与外界建立了广泛的联系。明清时期徽商的赢利和科举的成功,不仅带动了周边地区经济文化的发展,而且使自己成为那个时代经济文化的交汇点与辐射中心。明清徽州在社会经济、学术文化等诸多方面都有杰出的成就,而且

---

① 万历《扬州府志》卷二〇《风物志·俗习》。
② (明)温自如:《海印楼文集》卷三《重修三原土主庙碑记》。

自成体系,显示出丰厚的文化内涵和那个时代的最高水平,引领时代风气之先,故有"文献之邦""东南邹鲁"之称。从朱熹、朱升到戴震,从宋明理学至清代考据学,可以明显看到宋代以后徽州地域文化发展有着一条凸出的主线。这一主线不仅反映了地域学术风气的变化,而且反映了明清中国思想发展演变的主流。可以说,徽州已成为明清中国传统学术文化的重要载体和典范区域之一,徽州和异域徽籍学者在全国各地的学术活动极大地影响了明清中国学术文化的发展,在一定程度上左右了明清学风的走向。

明代学术的发展,虽然有王阳明一路的心学占有重要阵地,但遵循朱熹"道问学"一路的经学家也不乏其人,尤其是以皖南徽州为多。譬如,休宁一县自宋代以来就有"休宁九贤"(程大昌、吴儆、程若庸、陈栎、倪士毅、朱升、赵汸、范准、汪循)一目,他们学问深邃,名重一时。明万历时,邑人曾在县治东门外为他们建造了"九贤坊",以示景仰。明代前期的郑玉、朱升、赵汸等人,在继承乡贤学术的基础上,大力批判理学家墨守门户、死抱师门成说之弊,先后提出了求"本领"、求"真知"、求"实理"的新思想,形成了"旁注诸经",发明朱子之学,或"和会朱陆",弘扬本门宗旨的不同学术风尚。从当时的学术研究成就和特色来看,这是新安学术史上最为丰富灿烂的一个时期。明代中后期,整个学术界因受"心学"的影响,阐释朱子之学不够尽心尽力,出现萎靡不振的衰落迹象。然而,纵观有明一代的徽州学术,虽然与整个中国学术大势趋同,但仍然不乏笃实之士,如朱升、郑玉、姚际恒和黄生等,他们一反王学的空疏而回到经典研究上来,考订经典,驳难传统注疏,旁及子史杂说,实事求是,立论有据,成为皖派朴学的先导。

(一)徽籍学者与明代学风之流变

朱升(1299—1370)字允升,号枫林,休宁人。早年即师从陈栎(学者称定宇先生),元末举乡荐,为池州学正,有政声。后弃官隐居石门,闭户著述不辍,学者称枫林先生。朱元璋为吴王时召为翰林学士,与知国政。洪武元年(1368),就以年高请求归家,既而病卒。朱升在学术上"以列圣传心为主,践履致用为工",属于程朱理学的正统,其意在于上穷道体,幽探化源,谓圣人精义入神之功，或寄于百家众技之末，一事一物，莫不旁搜曲掖，沿流溯源，然后学者往往循途守辙，不复致思其已明者。朱升旁注群经，衣钵紫阳，摈弃浮华，以求通经致用。邑人唐皋也说："惟公之学，以定宇（陈栎）、资中（黄楚望）为之师，以东山（赵）道川（倪士毅）为之友，而紫阳（朱熹）衣钵，世绪犹存。则其以列圣传心为主，践履致用为先，岂无自耶？当其未遇也，在群经有翼儒先之力；及其既遇也，以三言遂结圣主之知。辛勤注释，泽遗后学，赞画帷幄，功被生民，盖炳炳乎不可掩者。"①陈定宇、黄楚望受之于星溪滕万菊，滕万菊之父滕珙（德章）、伯父滕璘（德粹）为朱熹的授业弟子，朱升又是陈、黄的及门弟子，可知朱升正是朱子的嫡传后学。虽然在政事上，朱升以"高筑墙，广积粮，缓称王"的"三言遂结圣主之知"，而使苦战了二十多年的朱元璋能在南京即成皇位，成为明太祖的开国功臣，因而备顾问于内廷，参密命于翰苑。但朱升最终还是选择了离开朝廷，从事自己喜欢的授徒著述生活。朱升不愿从政而肆力为学，六十年间虽出处不常，未尝一日释卷，编录考索，日益月加，动成卷帙。其最大者为六经旁注，此外如《墨庄率意录》《刑统赋解》《孙子旁注》《道德经旁注》《小学名数》《葬书内外杂传》《医家诸书》《朱枫林集》等书，皆博通经术，笃实有用。可以说，朱升不论是在徽州学术史上，还是在中国思想文化史上，都应该占有一席之地。

明代中后期，鉴于王学的泛滥，学者们大多提倡回归经典，复兴古学，如杨慎、焦竑、黄生、方以智、姚际恒等，他们提倡尊经求古，回归先秦古文和汉唐注疏，目的是为了挽救理学家，特别是心学家"束书不观、游谈无根"的学风，欲借助古朴笃实之学来经世致用。于是，注重文字训诂、名物度数的学者大量涌现，逐渐成为明代后期学术研究中的一股中坚力量。他们具有怀疑与批判精神，反对理学末流的空疏和穿凿附会，不迷信前人成说，主张求证归纳，无征不信，并且不满足于一字一词、一典一事的研究，总结出了一系列带有规律性的学术命题和具有指导意义的研究方法，对其后的清代学术产生了

---

① （明）朱升：《朱枫林集》卷一○《附录》，合肥：黄山书社，1992年。

深远的影响。其中,黄生、姚际恒就是明代考据学风的领军人物,也是在这一时期徽州朴学发展的重要人物。

黄生,字扶孟,别号冷翁,又自以为钟灵秀于黄山白岳,故号白山,歙县潭渡人。一生冥然独处于山林溪舍之中,汲汲致力于文字声义的研究,成为清代朴学复兴的先导。黄生早年工诗文,善书画,淹贯群籍,博学多识,著述宏富。据《一木堂诗稿·自序》知其治学曾经历三个阶段,即"少学时文,壮学古文辞及诗,中年而学道"。尤其是在厌倦尘世、归里隐居之后,"破千金之产买经史子集不下数千卷,足不下苔者三十余年"[①]。黄生的创作兴趣除早年的时文之外,还主要集中在两个方面:一是专治朴学,惩明儒之空疏无用。其读书以通大义为先,唯求经世之务,为矫正时代学术之弊,用力于朴学,倡导经世致用。二是他因痛宗社之变,研究古今事迹成败,地理山川厄塞,以为匡复之图,试图从历史的兴衰成败、地理的发展变化中寻绎规律,以有裨于政治、文化的复兴,有遗民之志。

姚际恒(1647-约1715),字立方,号首源,休宁人,寄居浙江仁和,为诸生。早年读书泛览百家,既而弃词章之学,专事经史考证。家有藏书之所"好古堂",为其后来成为著名的古籍辨伪学家创造了良好的条件。曾作《好古堂书目》和《好古堂家藏书画记》。五十岁后,闭户著述,经过十四个春秋的潜心钻研,撰成一部一百七十卷的《九经通论》。其中《尚书通论》辨证梅赜所献《古文尚书》为伪作;《礼经通论》辨明《周礼》《礼记》中的作伪部分;《诗经通论》辨《毛序》为伪,力主废序,极受朱彝尊、阎若璩、杭世骏等称道。其《庸言录》若干卷,杂论经史、理学、诸子之书,所附《古今伪书考》一卷记录古书或全伪、或部分作伪,从《易传》到《庄子》《列子》等包括经、史、子、集各个领域,持论精严,多成定谳。后人称之为清代经学家中的怀疑派,开清代辨伪疑古风气,对近代"疑古派史学"的产生有重大影响。

由上述人物及其著述来看,我们会发现理学与朴学,特别是新安理学与

---

① 转见范伟军:《黄生著述考略》,见卞利主编:《徽学》第五卷,合肥:安徽大学出版社,2008年,第307~308页。

皖派朴学之间有着深层的内在联系。这是因为理学家和朴学家所面对的是同样的经典,都有追求经典真实意蕴的目的。新安理学直接滋养了皖派朴学,清代的有些新安理学家同时就是朴学家,有些朴学家又有着浓厚的理学情结。如果追溯其源,我们可以看到:朱熹反对"学者但守注疏",但也反对空谈义理;他承认汉魏诸儒正音读、通训诂、考制度、辨名物之功,甚至主张进行训诂时,不放过一个字的音义,要求人们从注疏入手,先明经义,而后发明圣人之意。朱熹对名物训诂的重视,为其后的新安理学家发扬光大。如,朱升欲"旁注"六经四书,于"本文之旁,着字以明其义",从而"考六经之源,究制作之始,以得名言之义",①这些都与朴学家运用考据手法考核文本原意、典章制度的解经方法和主张非常相似,这是一条由训诂达到经义的思维路径。徽州学人认为理义不是悬空之言,乃存于典章制度之中,唯有以训诂为基础方可真正探明义理;训诂本身不是解经的全部目的,但它是达到理义的途径和手段。像这样通过字词的训释和经意的阐发来求索经文本意趣的徽州学者还有很多。

　　明代的徽州朴学家仍属于经学家,他们虽然受到朱熹"道问学"的影响,但在经学研究的深度上还不同于徽州的清代考据学家,这与时代学风是有紧密联系的。因为明代的学术思想界仍为宋明理学所主宰,不仅有朱熹义理与考据并重的影响存在,而且也有王守仁向壁虚造、师心穿凿的影响,所以此一时期的考据学只是承袭宋代而有继续发展的趋势,出现了与空疏之学逐渐形成对立的学术风气,如梅鷟、胡应麟等的辨伪成果,杨慎、焦竑、陈第、方以智的考据成果,都是比较扎实的,对其后清代的考据学产生了直接的影响。明代徽州朴学的发端,与当时中国整个学界的发展状况相适应,但在地域学术特色上,新安理学孕育了徽州文化中深厚的理性主义传统,显得较为笃实。进而有一批学者循着"道问学"一路者,主张学问要有史实依据,解经由文字入手,以训诂通义理,形成了义理、词章、考据相统一的学术方向,在社会科学

---

① (明)朱升:《朱枫林集》卷九《学士朱升传》,合肥:黄山书社,1992年,第137页。

和自然科学上都超越前人,为清代徽州朴学的大兴奠定了坚实的基础。

(二)"皖派"与清代朴学的兴盛

就学术史角度而言,朴学在清代前期仍为超越功利的民间学问,与时文制艺迥然两途。其时虽有一些人对朴学有所涉及或渐成大家者,也大多是在进入官场仕途以后,再转而进入朴学之门的,如纪昀、钱大昕等。① 乾嘉时期,朝廷倡导实学,也极力欲将在野的朴学纳入学术主流,为其政治服务,于是一批学人对经学考据趋之若鹜。但事实上,真正的朴学家需耐得住寂寞,在世俗功利面前有所不为,才能在学业人格上有所作为,即能"博学于文",又知"行己有耻",才是"为学术而学术"的态度。翻检清代学者履历,可以看到乾嘉时期学问精深的所谓"吴派"和"皖派"学者大多蛰居书屋,少与世交,钟情学术而深造自得。他们的治学范围也多在小学、历算和典章制度方面,与制艺八股南辕北辙,与天道玄理相隔遥远,与那些"掇拾巍科高第"者相比,他们突出的特点就是做人的坚实与顽强,治学的艰辛与朴实。以下就"皖派"学者勤苦笃实、孜孜以求的人生追求,略作胪列与阐释,以窥其自食其力,甘于贫困,性耽经书而"博学于文"的别样风采。

"皖派"学者家境的贫困和科举的挫折,往往使他们对身世经历和人际情感保持着一定程度的矜持、沉默甚或忌讳。这种太过理性的内向、沉潜和坚毅,也使得外人难以理解其内心真实的感受,而仅从外表上探得些许朴实、刚毅、不善交际的信息,如江永、戴震、金榜、程瑶田、汪肇龙等,无不如此,其中仅有个别例外人物——凌廷堪。

凌廷堪(1755—1809),歙县人,流寓海州,终老徽州。他既是一位"骆驼式"的学者,也是一个善于表达情感和内心世界的诗人,他能够将徽州学子无家可归、屡困场屋的悲惨境遇畅快地表达出来。李慈铭评析凌氏诗文集云:"其格调清俊,时有佳句。乾隆中经儒之称诗者,沃田最胜,兰泉次之,先生诗可以上肩西庄,下揖芸台。其中往往自出名论,又时证发经义,则诸家所未

---

① 参见徐道彬:《戴震考据学研究》的有关章节,合肥:安徽大学出版社,2007年。

及。"①我们从凌氏诗文中可以约略获得更多徽州学者历尽艰辛、勤苦笃实以立德立言的形象与心迹。凌廷堪的父亲灿然公自歙迁入海州板浦场,为灶户。凌廷堪六岁而孤,稍长,客扬州,为华氏赘婿。后成进士,以教授终身晚年归歙,"朝披夕抹,日事著述",无疾而终。无后,由戚属和弟子料理后事,葬于"歙西梅山十亩园,与父灿然公合墓"。② 其弟子中以阮常生、胡培翚、张其锦等最为杰出。关于他的生平与学行,阮元有传云:"凌君讳廷堪,字次仲,安徽歙县人。远祖安,唐显庆中任歙州州判,遂家于歙。父文焴业贾于海州。君生海州,六岁而孤,困苦穷巷中,母王氏鬻簪珥就塾师,粗记姓名而已。去,学贾,不成。年二十余,始复读书向学,能属文。惧时过难成也,著《辨志赋》以见志。乾隆四十六年游扬州,慕其乡江慎修、戴东原两先生之学。"③由此,他广交师友,学问大进。凌廷堪在"寄食于人"的情况下,"以手钞代读"而成学业,其艰难境遇可想而知。笔者之所以详引其文,意在通过凌氏自述其读书、谋生、科举的生活经历,借以考察游食的徽州学者"饥寒奔走读书之不易",这也是所有"皖派"学者或多或少都曾经历过的,只是凌氏较之善言而已。在关于"难易华朴"的治学旨趣上,凌氏也天然地具备徽州学者所具有的朴实敦厚的学风。对于朴学"甚难,不若诗文之易见长"和"甚朴,不若诗文之华而悦俗"的劝阻,凌氏不以为然,而倾心于六书九数与典章制度之学。常自叙治学思想云:"少困饥寒,学贾不成,年二十余,去而佣书,不知时文为何等也。暇日窃借经史读之,人咸以为笑,谓不从时文入,终无是处也。嗣是见作时文者,辄怖之。然与之谈论,又往往不满人意。疑时文别有秘传,乃宛转叩作时文之法于人,则又笑曰:是甚难,有理、有法,非童而习之不可。如子之年,尚奚及哉?于是退而自悲。因忆《戴记》所云时过而后学,则勤苦而难成。斯言不诬也。至是遂绝意于时文。"④凌廷堪原本并无读书机遇,为了生存,

---

① (清)李慈铭:《越缦堂读书记》,上海:上海书店出版社,2000年,第1078页。
② 张其锦:《凌次仲先生年谱》,见(清)凌廷堪撰,纪健生校点:《凌廷堪全集》第四册,合肥:黄山书社,2009年,第369页。
③ (清)阮元:《研经室集二集》卷四《次仲凌君别传》,北京:中华书局,1993年,第145页。
④ (清)凌廷堪:《校礼堂文集》卷二八《学勤斋时文自序》,北京:中华书局,1998年,第261页。

服贾入市,"学书仅足记名姓"而已。但凌氏却能够在"寄食于人",无以获书的情况下,"有暇即默诵",凭着手抄的笨工夫,以坚毅稳健的心态完成了从"佣书"学徒到著名学者的人生蜕变。可以说,凌廷堪"少困饥寒,学贾不成"和"窃借经史读之"的遭遇与经历,代表了一般徽州学者的成学历程,也是学者"徽骆驼"形象的最切实、最有代表性的体现。

汪肇龙(1722—1780),一作肇潆,字稚川,号松麓,歙县人,不疏园中的重要成员,也是居园时间最久者,长戴震二岁。在汪灼《四先生合传》和程瑶田《五友记》中,都以戴震和汪肇龙为"同时"密友。《五友记》对汪肇龙的出生背景、艰苦治学,以及超然物外的性格特征都作了详尽的描述和评价。程瑶田云:"稚川十余岁时,既孤,遂废学。及冠,发愤刻苦,力学读书,至丙夜不休,往往达旦;夏之夜,蚊蚋啮其足,不知也,但以手扑之,血染素袜,半皆赤色。事节母依依然孺子慕也。母没,水浆不入口者三日,泣血不露齿,食不御甘旨者三年。读丧祭之礼,久之,旁穿交通,遂精《三礼》学,辄多心解,能补先儒所不及。顾年仅五十九岁而卒,未尝著书,可惜也。卒后,其弟慎川哀其所常披读之书付余,其书上下方丹墨所记者,余将为录出。若不能成一书,则条举件系,扬榷存之,庶几碎金片羽,愈足宝贵矣。"①曾游历徽州多年,并邀请汪氏主馆于家的郑虎文,也有记云:"君少孤,又善病,兄夭,嫂寡,而弟弱,家徒四壁立。年十三,甫受书于童子师,寻废罢,力食以供铋粥。长习贾,则喟然曰:是非甚巧伪,不得称善贾。立弃而归。习篆刻,资铁笔以活者久之,稍稍通六书。君族今侍御名存宽者器之,劝之学,则大喜,从受章句,年二十有二矣。自是委己于学,至忘寝食。通《四子书》《五经》《左》《国》大义。已而学制科文于方氏朴山及其子心醇之门,成一家言,论者谓如桃源中人,不知有汉,何论魏晋也。后游江门,专力治经,则梯阶于宋王氏伯厚、本朝阎氏百诗,而以汉康成为宗主,于是《尔雅》《说文》诸小学书,以及水经、地理、步算、钟律、音韵、器数、名物之学,无不博综群籍,考据精审,而于《三礼》尤功深。师友间咸服

---

① 许承尧:《歙事闲谭》,合肥:黄山书社,2001年,第807页。

其精心果力,隐然以不朽之业相期待矣。"汪肇龙家贫少孤,以卖苦力为生,稍长从商,因过于诚实而所获甚少。此后,"习篆刻,资铁笔以活",赡养其母,食嫂育弟。又"通六书",于器数名物之学也无所不通,同时人莫能过之。汪氏也曾参加科举考试,"应京兆试,下第归。归犹一赴省试,遂绝意进取。日读所未见书,悉资以考据,而学益深。庚寅易田登贤书,壬辰礨中举殿试第一,东原寻以经学征为四库馆纂修,授编修。而君故落落无所遇,箪瓢陋巷,晏如也"。① 汪肇龙亦贾亦儒,因兴趣所在而钟情于汉学,尤"于尊彝钟鼎诸古篆,云鸟蝌蚪之文,遇目辄辨,暗中可手扪而识之,盖古今绝学也"。也正因为他木讷坚毅,深于"绝学",不精心于科举时文,所以"落落无所遇"。在清代徽州学术史上,汪肇龙与汪龙都有应有一定的地位,但无论在治学领域或是学术成就方面,汪肇龙都应在汪龙(1742—1823)之上。即如钱穆所言:"稚川之学,岁无成书,其不失为江氏规模,亦可见也。"②

徽州学者的勤苦笃实,即使对于功名最著、仕途最顺的金榜而言,也是名副其实的。金榜(1735—1801),字礨中,又字辅之,歙县岩镇人,出身官宦之家,有林泉之乐而无衣食之忧。桐城吴定曾主其家塾,训其少子童孙,并相与讲学论文至深夜,对于他的经历、学行与志趣也最为理解,称:"先生少负伟志,思博学深,造为通儒,而不屑溺没聪明于科举之学。受经学于江永慎修暨戴东原,学诗古文辞于吾师刘大櫆耕南,学科举之文于方楘如朴山。数君子者,各以所长擅天下,先生或师之,或友之,而皆得其宗,故其学伟然为江南魁俊。尝语余曰:'予之获师友此数公者,生平之幸也。吾闻猿得木而捷,鱼得水而骛,士之有明师贤友也,犹百鸟依鸾皇而毛羽因之改色也。君子其急求天下士广交之乎!'年三十一,高宗南巡,以诗赋蒙恩擢授中书舍人。越七年,成进士,殿试一甲第一人,官翰林院修撰。尝一出为山西副考官,以父丧归,遂不出。邃于经,尤深于三《礼》。自江慎修开经学之宗,先生及暨东原皆其弟子,由是新安经学遂冠于时。桐城姚姬传尝曰:'国家经学之盛在新安,古

---

① (清)钱仪吉:《碑传集》卷一三三《汪明经肇龙家传》,北京:中华书局,1993年。
② 钱穆:《中国近三百年学术史》,北京:商务印书馆,1997年,第343页。

文之盛在桐城。'识者以为知言。所著有《礼笺》一书,详稽制度,卓然可补江、戴之缺而尾随之,必传于后无疑也。始先生登第时,齿盛名高,扶掖者众。乃独浩然勇退,杜门深山,沉浸于著述。"①

金榜幼具异禀,长而卓越,又能集众家之长,于经学、古文、时文皆能融会贯通,出类拔萃。但他为何在功成名就之后,舍弃了怡情养性的文艺,而从事于枯燥艰深的学术呢?至于其中的原因,其好友凌廷堪有诗解说,云:"国朝多通儒,吾郡尤粹深。江、戴既云逝,存者程与金。修撰究郑、贾,他学旁不侵。广文证名物,制度勤披寻。"②由金榜治学的"究郑、贾"和"旁不侵",也再次证明了"广文证名物,制度勤披寻"的徽州地域学风对学者治学旨趣的影响。金氏自言:"榜幼承义方,治《礼》宗郑氏学,长而受学于先师江慎修先生,遂窥礼堂论赞之绪。其间采获旧闻,或摭秘逸要,于郑氏治经家法不敢诬也。昔郑氏笺《诗》云:'注《诗》宗毛为主。毛义若隐略,则更表明。如有不同,即下己意,使可辨识也。'《礼》之名,盖首其义"③。设若金榜早年即着力于此,则其殿撰徽名,定不在矣。在摘取功名之后,因无忧于衣食而退出官场,杜门著述于典章制度、名物器数。古文大家姚鼐对新安经学与徽州学者的治学倾向多有评论,云:"歙金蘂中修撰,自少笃学不倦,老始成书。其于《礼经》,博稽而精思,慎求而能断。修撰所最奉者康成,然于郑义所未衷,纠举之至数四。夫其所服膺者,真见其善而后信也;其所疑者,必核之以尽其真也。岂非通人之用心,烈士之明志也哉!鼐取其书读之,有窃幸于愚陋夙所持论差相合者,有生平所未闻得此而俯首悦怿,以为不可易者,亦有尚不敢附者。要之,修撰为今儒之魁俊,治经之善轨,前可以继古人,俯可以待后世,则于是书足以信之矣。"④姚鼐的"经学之盛在新安"与凌廷堪的"吾郡通儒尤粹深"之

---

① (清)钱仪吉:《碑传集》卷五〇《翰林院修撰金先生榜墓志铭》,北京:中华书局,1993年。
② 《校礼堂诗集》卷九《题程易田先生让堂话别图》,见(清)凌廷堪撰,纪健生校点:《凌廷堪全集》第四册,合肥:黄山书社,2009年,第132页。
③ 《礼笺》卷首《自序》,《清经解》本。
④ 《惜抱轩文集》卷四《礼笺序》,见(清)姚鼐著,刘季高标校:《惜抱轩诗文集》,上海:上海古籍出版社,1992年,第60~61页。

语,常被近代以来清代学术史研究者所化用,于是"皖派经学"或"徽州朴学"之名,也因此博得后人普遍的认同。

通过以上诸位徽州学者的生平经历和学行记载,可知徽州的艰苦环境与朴实民风反映在学人身上,必定会有相应的敦本实学、坚忍不拔的治学风尚。艰难困苦,玉汝于成。徽州学人这种勤苦笃实和顽强的"徽骆驼"形象,与后人所称"综形名,任裁断",空所依傍,实事求是的精神,也极为契合。

二、徽籍士人流动与明清学术变迁

明清时期,徽商以经营盐、典当、茶叶、木材四业者为最。婺源以木商、休宁以典当为主,而歙县人多经营盐业。自明末以来,歙县盐商已形成实力极为雄厚的乡邦集团,控制了淮盐产、供、销的特权。据清光绪《两淮盐法志》记,从明嘉靖到清乾隆年间,在扬州业盐者大多为歙县人。李斗《扬州画舫录》所载之人,皆一时名流,其中所记徽商家资百万以上者六十余人。他们几乎都是"弃儒业贾"者,具有较高的文化素养。他们在进入扬州,寻到立足之地后,勤苦经营,致资累万,再广交联谊,或联姻攀附,逐步融合于土著,形成了徽州人自己的关系网络。同时,他们徘徊在进仕与商贾之间。余英时认为:"明清时期弃儒就贾的普遍趋势,造就了大批士人沉滞在商人阶层的现象。而且,更重要的是商业本身必须要求一定程度的知识水平。商业经济的规模愈大,则知识水平的要求也愈高。"①那么,这些"亦贾亦儒""以儒术饰贾事"的徽商成为扬州社会的中坚力量后,缘于自己未了的儒家情怀,在学术文化上大展其才华与抱负。

(一)徽商的"士大夫化"

清代中叶,有几个崛起于扬州的徽商巨擘,他们凭借着才华与实力,不仅摆脱了物质生活之困与精神寄托之穷,而且实现了自己人生价值的自足世界,甚至在一定程度上超越了科举仕途所能获取的理想境界。这在清代社会

---

① 余英时:《士商互动与儒学转向》,见《士与中国文化》,上海:上海人民出版社,2003年,第471页。

经济史研究中是个颇为引人瞩目的现象。余英时解释说:"十六世纪以后,商人确已逐步发展了一个相对'自足'的世界。这个世界立足于市场经济,但不断向其他领域扩张,包括社会、政治与文化;而且在扩张的过程中,也或多或少地改变了其他领域的面貌。改变得最少的是政治,最多的是社会与文化。"①商人有了充裕的自足世界,也要实现自我"士大夫化",就不可能在精神上愿意完全做士大夫的"附庸",士商合流是商人能够在文化界开辟疆土的重要因素。即使不排除他们"附庸风雅"的嫌疑,但"贾而士行"的结果已经让他们进入了文人与学者的领域,并为他们提供了足够的物质需求和精神支柱,诸多的书院、会馆和藏书楼等文化设施,已经足以说明这一切。

江春(1721—1789),字颖长,号鹤亭,歙县江村人,家世盐业,寓居扬州。早年乡试江宁而不中,弃儒而经商。因精明儒雅,才略过人,故而迅速致富,于是招集名流,风雅一时,曾为两淮总商达四十余年,人称"江广达"。其事迹见于扬州逸闻史志者甚多,《橙阳散志》称:"江春性警敏,少攻制举,为王己山太史弟子。辛酉乡闱,以兼经荐,额溢弗售。弃帖括,治禺筴业。练达多能,熟悉盐法,司盐政者咸引重之。俾综商务,勤慎急公。上六巡江南,两幸山左,祗候供张,胥由擘画。尝于金山奏对称旨,解御佩荷囊,面赐佩带,晋秩内卿。于净香园赐金玉器玩,并御书'怡性堂'额,康山则两蒙物幸焉。乙巳庆元,恭赴千叟会,与族兄进同与宴。锡杖,借帑舒运,恩数异常等,人以为荣,盖由实心报称。逢大典礼,暨工赈输将重务,殚心筹策,靡不指顾集事,故独契宸衷也。当提引事发,人情危惧,公毅然赴质。比廷谳,惟自任咎,绝无牵引。上识公诚,置商不问,保全甚众。内监张凤,盗销金册,畏罪南逃,公踪迹得之。上谓尽心国事,特宣温旨,加授布政使衔,荐至一品。此其大端也。他如建宗祠、整书院、养老周贫,及一才一技之士望风至者,务使各副其愿。其敦本尚义又如此。"②另据《徽州府志》《歙县志》和《江氏族谱》所记归纳可知:

---

① 余英时:《士商互动与儒学转向》,见《士与中国文化》,上海:上海人民出版社,2003年,第472页。
② 《橙阳散志》一二卷,乾隆乙未(1775)刻本。

江氏一族由歙入扬,多出巨商名士,如江国茂、江兰、江承瑈等尤为著名。江春祖父江演业儒不成,在江氏族人帮助下,于康熙年间"由歙迁扬",从事盐务。二子中一官一商,江承瑈由仕而官两浙盐驿道,有子江昉;江承瑜功名不成而承父业,有子江春。江昉"三岁失恃,父观察公命副室刘淑人子之。公事如所生,及没,以慈母持三年丧。陈请貤封,人称其孝。性好学,气度渊雅。所居紫玲珑阁,名流萃聚,诗酒盘桓。词学跻宋人阃域,与鹤亭方伯同为物望所归。一时广陵风雅之盛,自马氏后以二家为坛坫主。而居心仁厚,能周贫友,于乡间祠墓,尤多捐助。尝综汉皋盐策,人以为利薮。公清洁自持,囊无赢蓄,至弃庐以偿宿逋。其素性介如此"①。此外,其子侄辈如江振鸿,"孝友勤慎,凡敬宗收族,嘘植贫寒,悉如其父"②。江振鹭工楷法,克承家学。江春一族五代从商,且有步入仕途者为之扶持,是徽商亦儒亦商、官商互助的典型范例。由江春及其家族的兴起可见,徽州人向外图谋生计或个人事业的发展,打破了封闭的本土畛域,加强了与外界的碰撞与交流。徽州人在扬州经商和科举,一方面使自己找到生存的路径,另一方面也给当地经济带来繁荣,为他们寄居地的文化带来新鲜血液,共同促成了江南地区社会经济文化的整体繁荣。

徽商在"富成名就"以后,大多要向朝廷捐官,以慰藉和弥补自己的人生理想。祁门马曰琯(1688—1755)和马曰璐(1695—1775)兄弟就是其中杰出的代表,也是徽商中列名青史的佼佼者。《清史列传》称:"马曰琯,字秋玉,安徽祁门人,江苏江都籍,诸生,候选知州。性孝友,笃于学,与弟曰璐互相师友,俱以诗名,时称'扬州二马',比之皇甫子浚伯仲。家有藏书楼,见秘本必重价购之,或世人所愿见者,不惜千百金付梓,藏书甲大江南北。四库馆开,进书七百七十六种,优诏褒嘉,赐《古今图书集成》一部,并《平定伊犁金川诗得胜图》。好结客,有园亭,曰小玲珑山馆,四方名士过者,辄款留觞咏无虚日。全祖望、符曾、陈撰、厉鹗、金农、陈章、姚世钰皆馆其家,结'邗江吟社',

---

① 许承尧:《歙事闲谭》,合肥:黄山书社,2001年,第619页。
② 许承尧:《歙事闲谭》,合肥:黄山书社,2001年,第618~619页。

时拟之'汉上题襟''玉山雅集'。高宗南巡,幸其园,赐御书及诗,海内荣之。性耽山水,京口三山、中吴洞庭林屋之胜,足迹几遍。诗缠绵清婉,沈德潜以为峭刻得山之峻,明净得水之澄。"①二马皆以贡生资格弃学经商,在扬州继承父业,营运盐策,终成巨富。其同父异母之兄马曰琯,自幼过继于伯父,娶妻汪氏,为福建布政使汪楫的孙女,汪楫也是休宁人,居家于扬州,曾参修《明史》,撰《使琉球杂录》,为高官巨富,与卢见曾等也颇为友善。

马氏昆仲在扬州故旧姻亲盘根错节,根底深广,也善交天下名流。不仅建有款待名士的小玲珑山馆,而且建有专门的丛书楼,其中的书画、碑版不计其数,甲于东南,学者来此皆被视为座上宾,并且可以利用此间丰富的藏书,完成自己的学术著作。如金农、郑板桥等名士皆为馆中常客。阮元称赞二马,云:"征君昆弟业鹾,资产逊于他氏,而卒能名闻九重,交满天下,则稽古能文之效也。当时拥资过于征君者,奚翅什佰,至今无人能举其姓氏矣。"②马氏不仅在经济上雄居当地,而且在文化上也知名当世,如袁枚有诗颂扬二马及其"小玲珑山馆"的文化贡献,云:"山馆玲珑水石清,邗江此处最知名。横陈图史常千架,供养文人过一生(自注:吾乡厉太鸿、陈授衣诸君皆主其家)。客散兰亭碑尚在,草荒金谷鸟空鸣。我来难忍风前泪,曾识当年顾阿瑛。"③厉鹗、全祖望的成名与成就,既与扬州有关,更与徽商有缘,其诗文中多有记载。如《九日行庵文燕图记》一文,就详细记录了马氏行庵中的文士活动图景,其中徽州人就占有大半。文云:"图中共坐短榻者二人:右箕踞者,为武陵胡复斋先生期恒;左抱膝者,为天门唐南轩先生建中也。坐交床者二人:中手笺者,歙方环山士庶;左仰首如欲语者,江都闵玉井华也。一人坐藤墩捻髭者,鄞全谢山祖望也。一人倚石坐若凝思者,临潼张渔川四科也。树下二人:离立把菊者,钱唐厉樊榭鹗;袖手者,钱唐陈竹盯章也。一人凭石床坐抚琴者,江都程香溪先生梦星也。听者三人:一人垂袖立者,祁门马半槎曰璐;二

---

① 中华书局编:《清史列传》卷七一《马曰琯传》,北京:中华书局:1988年。
② (清)阮元辑:《淮海英灵集》乙集卷三《马曰琯》,《丛书集成初编》本。
③ (清)袁枚:《袁枚全集》第一册,南京:江苏古籍出版社,1993年,第594页。

人坐瓷墩,左倚树,右跂脚者,歙方西畴士倢、汪恬斋玉枢也。二人对坐展卷者,左祁门马嶰谷曰琯,右吴江王梅沜藻也。一人观者,负手立于右,江都陆南圻钟辉也。从后相倚观者一人,歙洪曲溪振珂也。"①以马氏"小玲珑山馆"为中心的"邗江诗社",聚集了当时许多一流的文人和学者,他们或性耽山水,驰骋才艺;或淡泊仕进,酷嗜典籍,集中促成了扬州在乾隆时代学术文化的核心地位与影响。

《扬州画舫录》所载人物汪棣,也是汪姓人物中"贾而好儒"的典型代表。他是寄籍仪征的徽州盐商,廪贡生,后官至刑部员外郎,"多蓄异书,性好宾客,樽酒不空,一时名下士如戴东原、惠定宇、沈学子、王兰泉、钱辛楣、王西庄、吴竹屿、赵损之、钱箨石、谢金圃诸公,往来邗上,为文酒之会"②。汪棣学问未有成就,但善于经营,也雅好文章,对当时学者甚为关怀。《清稗类钞》记其事云:"惠定宇尝病于扬州,医言欲饵参。定宇贫窭,不可得。时歙人汪对琴比部棣亦侨居邗上,雅重定宇品学,慨然购上品紫团参持赠,值千金。定宇病起,举所撰《后汉书训纂》初稿及善本尽以贻之。比部不欲攘美,什袭珍护,屡思梓行,而绌于力。以同里陈氏喜藏书,因付以善本,而自留原稿。后桐乡冯氏所刻《后汉书补注》,即此本也。"③可见汪氏施善不求报,重学不掠美,其学行可与"扬州二马"相媲美。金天翮由此对徽商的儒行颇为感慨,云:"清代学术中兴,吴则惠栋,浙则全祖望,歙则江永、戴震其尤也。惠栋客维扬而病,病且笃。汪对琴棣好古嗜学,以爱栋故,为任医药资逾千金。栋感之,以其所撰《后汉书补注》贻棣,不自有其名,惟棣亦不敢攘也。而曰琯亦愈全祖望之疾,悬重奖以励其医。二子者之风义流传至今,不减梧凤之于江、戴矣。曰琯、廷博文学不足传于后,而有力好事,能精雕秘籍以饷当世,书为当世重,其名不朽。自是而士礼居、守山阁、粤雅堂等继踵而起,遗风且至于今未沫。以

---

① (清)厉鹗:《樊榭山房集》卷六《九日行庵文燕图记》,《四部丛刊》本。
② (清)李斗撰:《扬州画舫录·虹桥录上第十》,北京:中华书局,1960年,第231页。
③ (清)徐珂:《清稗类钞》第二十八册《著述类》,北京:中华书局,2010年,第3746页。

视稽古之荣,亦何多让哉!"①徽商虽以盈利为目的,但在精神层面上却有更高层次的追求。他们不仅能将财富集结到家乡以光宗耀祖,而且也重视和资助其寄籍地的学术文化事业。

(二)"商成帮"与"学成派"

《扬州画舫录》云:"扬州诗文之会,以马氏小玲珑山馆、程氏筱园及郑氏休园为最盛。"②筱园为康熙时翰林程梦星购地修筑,其后程姓多在此聚会游赏,推为一时风雅之所,程名世、程晋芳、余元甲等即常馆于此,而胡复斋、马曰琯、方西畴等也常来雅集。而郑氏自郑景濂从歙县长龄村迁入扬州后,以业盐为生,经郑之彦、郑侠如已积资千万。李斗记述郑氏家世称:"郑之彦,字仲俊,号东里,即洁清翁(郑景濂)辞家时五岁儿也。七岁随祖母徙跋数百里,索母于池阳。年十九,补扬州郡秀才,入成均。精于青乌家言,明利国通商之事,比之盐策祭酒、儒林丈人。子四:元嗣、元勋、元化、侠如。郑氏数世同居,至是方析箸。兄元嗣,字长吉,构有五亩之宅,二亩之间及王氏园。超宗有影园,赞可有嘉树园,士介有休园。于是,兄弟以园林相竞矣。"③郑氏与江春一族齐名,其筑室于大虹桥,兄弟、子孙中又有数人中进士,焦循、李道南等常出入其间。与郑氏同驻虹桥且关系亲密者,还有同宗郑鉴元(1714—1804,字允明,号余圃)和郑钟山兄弟,阮元记郑鉴元事云:"先世以盐策自歙迁仪征,迁江宁,迁扬州,皆占籍焉。祖廙,父为翰,皆赠中议大夫。""君好书史,读《孝经注疏》,恒不释卷。性节俭,虽处丰厚,泊如也。居恒以诚训其子弟,于孝义之事,恒乐为之。修京师扬州会馆,独捐数千金。又修歙县洪桥郑氏宗祠,上律寺远祖海公宗祠,置香火田。建祖父江宁宗祠,三置祭田,由县立案于府。又尝修族谱,举亲族中婚葬之不克举者,建亲乐堂于扬州宅后,子姓以时奉祭祀。先生总司醝事十余年,诰授通议大夫候选道。乾隆五十五年,入京祝万

---

① (清)金天翮:《汪梧凤马曰琯马曰璐鲍廷博传》,见钱仲联主编:《广清碑传集》卷九,苏州:苏州大学出版社,1999年。
② (清)李斗撰:《扬州画舫录·城西录第八》,北京:中华书局,1960年,第180页。
③ (清)李斗撰:《扬州画舫录·城西录第八》,北京:中华书局,1960年,第179页。

寿,加一级,召预千叟宴,赐御制诗及粟帛。又以输军饷一万两以上,议叙加五级。覃恩诰封中宪大夫、刑部山东司员外郎。"①

徽州望族程姓既是两淮盐商的重要成员,又以科举文章显名于时。袁枚称:"淮南程氏虽业禺策甚富,而前后有四诗人:一风衣,名嗣立;一夔州,名釜;一午桥,名梦星;一鱼门,名晋芳。"②程釜为康熙癸巳(1713)进士,官刑部郎中,著有《二峰诗集》。李斗记述程梦星父子事迹云:"父名文正,字笏山,江都人。工诗古文词,善书法,康熙辛未进士,仕至工部都水司主事,著有诗文稿。公名梦星,字伍乔,一字午桥,号汫江,又号香溪。康熙壬辰进士第,官编修,著《今有堂集》。诗格在韦、柳之间,于艺事无所不能,尤工书画弹琴,肆情吟咏。"③许承尧记程晋芳事云:"鱼门祖居新安,治盐于淮。乾隆初两淮殷富,程氏尤豪侈,君独惜惜好儒,罄其资购书五万卷。君耽于学,百事不理。又好周戚友,付会计于家奴,了不勘诘。以故虽有俸给,如沃雪填海,负券山积。赴陕谋于中丞毕公,索逋者呼噪随之,君已衰老,遂殁于陕。"④程晋芳家资殷富,以商养儒,"问经义于从叔廷祚,学古文于刘大櫆,与商盘、袁枚唱和诗文,并擅其胜。江淮老宿咸与上下其议论"⑤。后应召试以内阁中书用,至四库全书馆编修。善属文,于《诗》《书》《礼》《易》皆有撰述。作为家资巨富的盐商,程氏性喜泛施,有求必应,加之高谈学问,不事生产。于是财尽家散,债台高筑,避难于西安。最后由毕沅"经纪其丧,赡其遗孤"。其子程致,字圣泽,"盐策多经济,亦家淮安"。⑥ 程晋芳经商疏懒有失,但为学术研究换取了时间和精力,他的《礼记集释》《诸经答问》《尚书今文释义》《春秋左传翼疏》等著作在清代学术史上为不朽之作。程晋芳是徽商中由贾入儒的一个典型例

---

① (清)阮元:《研经室集二集》卷六《诰封刑部山东司员外郎郑君墓志铭》,北京:中华书局,1993年,第518~519页。
② (清)袁枚:《随园诗话》卷一二,杭州:浙江古籍出版社,2000年。
③ (清)李斗撰:《扬州画舫录·冈西录第十五》,北京:中华书局,1960年,第345页。
④ 许承尧:《歙事闲谭》,合肥:黄山书社,2001年,第70~71页。
⑤ 中华书局编:《清史列传》卷七二《程晋芳》,北京:中华书局,1988年。
⑥ (清)李斗撰:《扬州画舫录·冈西录第十五》,北京:中华书局,1960年,第346页。

证,一方面以经商维持生计,另一方面也时刻不忘建立名德与功业,但他们都是在恪守儒家道义,提升自我修养的愿望下自然进行的。他以诚信待人,却尽输于奸佞小人。然而,也因此招徕学人居家切磋,如吴敬梓、杭世骏、严长明、袁枚等江南名士,皆往来唱和;出则能与第一流学者如程廷祚、刘大櫆、朱筠、戴震等相与论学。程晋芳的经学研究及其在四库馆中的成就,也表明了徽商本身的学识和在学术文化上的贡献。乾嘉学术全盛之时,阀族巨贾关注文化的风气与欧洲文艺复兴时期南欧巨室对文化的提倡一样,其贡献和影响不容忽视。

从扬州二马到筱园程氏可见,他们既是商人,又都有著作,通过财富的媒介从商人转入文人和学者的阵营。出身于商家,并不妨碍好学者的研究和著述活动;而学者兼商人,其财富又可以促使学术研究顺利进行。学而兼商成为一种可以维持生计而又增加学养、获得声望而又能养生养神的最佳生活范式。余英时称之为商人的"士大夫化"和学者的"商人化",他们是"异业而同道"的。但是,无论是为讨生计的学者,还是心系于学的徽商,首先要解决的都是生计问题。从上述徽州富商与其周围学者之间的交游来看,学者解决生计问题,要么亲自经商,要么通过设馆、入幕、校书等手段来得到衣食果腹。所以,徽商在开拓商机,建功立业之时,他们究竟是学者还是商人,是来经商还是去科举,其身份与作为都不能很清楚地分辨开来。他们中的许多人是兼职身份,应试不中转而经商,经商致富又欲猎取功名,贾者好儒,儒者亦贾,面对现实相时而动,这是大多数徽商的基本面貌,上述二马、诸程之辈的事迹已给我们启示。

又如,"扬州八怪"中的汪士慎和罗聘,都是流寓扬州的"士大夫商人化"的徽州人。汪士慎(1686—1759),字近人,号巢林,休宁富溪人,工诗善画,尤精篆刻,"扬州八怪"之一,人称:"工八分书,善画梅。"[①]有《巢林集》。37岁到扬州后,不愿再回徽州,漂泊于"扬州二马"等人的行邸中,后以卖画为生,直

---

① 许承尧:《歙事闲谭》,合肥:黄山书社,2001年,第443页。

至 74 岁离世。汪氏坎坷的身世与戴震相似,身在故土却无家;漂泊异乡,也无生存之道,凭借技艺以自给。有诗云:"年来谋计拙,白头更移家。乞米难盈瓮,担书竟满车。""故乡庐舍归风雨,闻道村村有翠岗。头白但知茶味美,百年憔悴住淮南。"①其艰辛之叹与怀乡之情跃然纸上,令人潸然。罗聘(1733—1799),字遁夫,号两峰,又号花之寺僧,歙县呈坎人。罗氏为歙县望族,祖父罗乾宗科举屡败,而始业盐于扬州。罗聘自幼聪颖,博闻强识,弱冠时参与扬州士林诗酒之会,得以结识郑板桥、金兆梓、卢见曾、程梦星、马曰琯和马曰璐等。其后游历京师等地,与名公卿学士畅游多年,名声震天下。"其以两峰自号,即指天都、莲花两峰也。师杭州金农,画人物仙释有别趣。所作《鬼趣图》最著名,乾隆间名人,题咏殆遍。有《香叶草堂诗存》。妻方婉仪,号白莲居士,亦歙人。能诗,善画梅兰竹石,两峰称其有出尘想"②。

汪士慎和罗聘都是当时著名的书画家,虽为徽州人,但入列"扬州八怪"之后,几乎在扬州生活。他们以技艺为生,而活动于士大夫之间,既是学人,又为商人。无论他们的身份如何,从整体上而言,他们对于扬州地域学术文化的发展是有很大贡献与影响的。余英时在《士商互动与儒学转向》一文中对这种士与商的身份转换现象有所论述,说:"如果我们继续保留商人'士大夫的'的概念,那么我们也必须增加另一个概念——即士大夫的'商人化'。这在明清语言中本是同时出现的,即'贾而士行'和'士而贾行'。但是应该指出,明清时代流行的这一对概念还不免带有道德判断的意味。'贾而士行'是褒词,'士而贾行'则是贬义了。今天我们无论说商人'士大夫化',或士大夫'商人化',都只限于客观描述,在道德上是完全中立的。上面讨论文人'润笔'所涉及的辞受标准的修改,便是'商人化'的一个具体例证。士大夫'商人化'在当时也是一个无所不在的社会现象,不但小说、戏曲的流行与之有关,儒家社会思想的新发展也在很大的程度上受到'商人化'的刺激。"③学者在

---

① (清)汪士慎:《巢林集》七卷,《续修四库全书》本。
② 许承尧:《歙事闲谭》,合肥:黄山书社,2001 年,第 443 页。
③ 余英时:《士与中国文化》,上海:上海人民出版社,2003 年,第 364 页。

日常生活中接触到商业化潮流所带来的社会变动,那么在"士世界"和"贾世界"相互交错的情形下,他们不可避免地要对社会的种种问题加以思考,因而也加速了儒学的转向。美国学者艾尔曼在考察了明清扬州府的学术发展与控制当地文化生活中心的盐商之间的密切关系以后,也指出:清代士人的职业标准已发生重要变化,学术研究成为一种谋生手段,知识阶层向职业化学者转变。魏斐德也曾发现,清代科举录取名额有显著增加,这种趋势意味着即使获取科举功名,也难以保证一定能进入仕途,而学术研究常常可以弥补因这种趋势扩大而带来的危及生计的职业匮乏。[①] 而在 18 世纪以教授生徒为职和以艺术谋生,不仅是一种重要的收入来源,而且能获得较高学术声望的来源和著述研究的依托。并且在教与学的交流中,还可以向学生介绍自己的研究观点,传播学术,扩大影响,借以提高声望,这也是竞争和谋取教职的关键因素。

相比于文人和艺术家而言,从事文史经义研究的学者们的生活则要枯寂而沉静得多,大都为人刊刻经籍,设馆授徒,甚或入幕宾客。在扬州的许多徽州学者如戴震、程瑶田、凌廷堪、洪亮吉、黄承吉等,为扬州的学术文化在清代能够趋于鼎盛而作出了积极的贡献。譬如,戴震 33 岁为避仇离开家乡以后,几乎就不曾回过故乡,一直在扬州与京师之间往返奔波以谋生计。终生为人做嫁衣,其文集中注明代某所作者无数,《直隶河渠书》《屈赋音义》就曾署他人之名。因为扬州经济发达,且故乡人多,故而在扬州停留的时间虽然零碎,但相对较长。据段玉裁所作《戴先生年谱》和相关史料推断可知,戴震于扬州的活动主要有二:一是设馆课徒以维持生计,与他交往频繁的仍然以汪姓徽商为多。二是在卢雅雨幕府中校刊经籍,期间与沈大成、卢文弨、惠栋等交流密切,在乾嘉学术史上留下了浓墨重彩的一笔。其他,如凌廷堪"十三岁即以家贫,弃书学贾",应鹾使伊公之聘客扬州,修改古今杂剧、传奇等,几乎被当作扬州土著人;方士僙,歙县环山人,画家方士庶之弟,业盐扬州,作有《新安

[①] 参见[美]艾尔曼著,赵刚译:《从理学到朴学——中华帝国晚期思想与社会变化面面观》,南京:江苏人民出版社,1995 年,第 66~67 页。

竹枝词》；程庭，岑山渡人，侨居扬州，作《春帆纪程》。如凌氏这般出生与经历者还大有人在，故钱穆云："三吴学人多出世家，而徽歙之间则颇业行贾，吴徽仲、汪默庵、汪双池皆是也。故其学翔实，旁勇于艺，而近礼家。次仲拔起市贩之间，《礼》学专门，亦精乐律，不失其乡先辈之遗风。"①

徽商通过裙带关系把徽州学者及其朴实的学风带到了江南与京师等地，并在其地建书院，以博得"商籍"；建会馆，以资助同乡学子；修学舍，以教育徽商弟子；构书建楼，以招徕名士讲论学问。这样不仅能使自己的家族和同乡学子得到切实的教育，而且带动了周边的文化风气，使江淮名都的奢靡之音、华丽之辞渐次归于实用。上述所言江春、二马及程氏等"亦儒亦贾"者的行为都已表明。

戴震、程瑶田、吴山夫之类的穷书生，依靠经商或类似经商的职业（设馆教徒、替人作文、为人佣工等）作为谋生手段的学者，也同样可以利用自己的学识对当地的文化学术事业做出贡献。如，程廷祚（1691—1767），字启生，号绵庄，晚号青溪居士，歙县槐塘人，寄籍江宁。其族侄程晋芳为作墓志云："祖某，自新安之槐塘迁金陵。父京萼，字韦华，能诗工书，遁迹不仕，年近六十始娶某氏安人，举二子，先生其冢嗣也。初名默，后更名廷祚，字启生，别号绵庄。生有异质，读书过目辄背诵，髫龀时不妄语言，好正襟危坐，论古今忠孝大节。韦华公家极贫，恒书屏幅易薪米，日闭户课两儿，俾习洒扫应对之节。客来，进鸡黍，侍立左右，如古弟子职。凡《十三经》《二十二史》《骚》《选》、诸子百家之书无不读。""恒自谓文所以辅道，自汉唐以来，儒生泥典故，为训诂学，而不能变化以随时，其高谈性命者，又或蹈袭空疏，罕裨实用。于是以博文约礼为进德修业之功，以克己治人为格物致知之要。天文、舆地，食货、河渠、兵农、礼乐之事，靡不穷委探源，旁及六通四辟之书，得其所与吾儒异者而详辨之。盖自国初黄黎洲、顾亭林两先生殁后百有余年，大儒统绪几绝，继之

---

① 钱穆：《清儒学案序》，见《中国学术思想史论丛》第八辑，合肥：安徽教育出版社，2004年，第374页。

者惟先生。"①程廷祚出身徽商,家有余裕,而能绝意仕进,杜门治学。其《晚书订疑》与阎若璩《尚书古文疏证》一起,给伪书以定论,在清代学术史上占有重要的地位。

以下三位著名学者皆为徽商后裔。吴玉搢(1699—1774),字籍五,号山夫,歙县丰南人,寄籍淮安。曾助秦蕙田校《五礼通考》,又馆于卢见曾府中,校勘经籍。他究心于六书,"合异同之迹,析传流之变,形声既明,训诂斯定。因以考辨经义,纠缪正讹,遂大得其指归。当是时,淮安诸老辈相继凋谢,先生岿然独重于时。平生著述不下十余种,而《说文引经考》《金石存》《别雅》《六书述部叙考证》为功尤伟"②。汪棣之子汪光羲(1765—1807),字晋藩,号芝泉,歙县人,寄籍仪征。家境丰厚,俭而好礼,与弟汪常廷同为诸生,以文学知名当时。与汪中、焦循、顾起尊等友善,往来谈艺,契若金石。黄承吉(1771—1842),字谦牧,号春谷,歙县潭渡人。为黄生族孙,寄籍江都,"嘉庆戊午科解元,乙丑进士,以知县用,分发广西,补兴安县知县。江子屏称其天资过人,为汉儒之学,笃志研讨,得其精微。通历算,能辨中西异同。又工诗古文。自出机杼,空无依傍,寓神明于规矩之中,不屑为世俗之诗文。曾注白山《字诂》《义府》,多所发明。著《梦陔堂诗》三十五卷,《梦陔堂文说》十三篇。谭仲修献《复堂日记》云:阅《梦陔堂集》,气体博大,余雅重之,以为无一字无来历,春谷先生足以当之"③。

以上三位著名学者皆为徽商后裔,且自称为徽州人。但也有因境遇之贫、仕途之穷或其他原因,而较少自报家门者。许承尧曰:"汪中、洪亮吉,原皆歙人。汪家古唐。余家藏容甫手书自号'古唐倦翁',距余村只二里许。洪家洪源。余尝游洪氏祠,见洪亮吉一甲二名及第扁尚在。江父名一元,字兆初,增广生,见《徽州府志·方技传》,又见《扬州府志·艺术传》。云:星历、卜

---

① (清)钱仪吉:《碑传集》卷一三三《程先生廷祚墓志铭》,北京:中华书局,1993年。
② (清)韩梦周:《吴山夫先生传》,见闵尔昌:《碑传集补》卷四五,台北:文海出版社,1980年。
③ 许承尧:《歙事闲谭》,合肥:黄山书社,2001年,第316页。

筮、声乐,皆究其微。步日月食,五星留逆,皆与台官密合。逆推岁实节气,讫于乾隆十四年四月,而一元适以是月卒。人遂谓其前知,卒年四十二。洪父名翘,字楚珩,太学生。见《歙县志·义行传》,云:其父公寀,赘武进赵氏,因籍阳湖。公寀以尚义破其家,翘行谊与父同。"①又如,鲍廷博(1728—1814),歙县长塘村人,先世流寓浙中,以业盐和冶坊为生,亦工亦商,家境逐渐富饶。鲍廷博少习会计,刻书致富,以"知不足斋"藏书而知名。阮元曾叙其家世并献书之功劳,云:"君字以文,号渌饮,世为歙人。父思诩,居于浙,娶于胡。胡卒,又娶于仁和顾,生君。君幼而聪敏,事大父能孝。念父游四方,恒以孙代子职,得大父欢。大父卒,既葬。君父携家居杭州。居事父又以孝闻。以父性嗜读书,乃力购前人书以为欢。既久,而所得书益多且精,遂蔚然为大藏书家。自乾隆进书后,蒙御赐《古今图书集成》《伊犁得胜图》《金川图》;四十五年南巡狩,迎銮献颂,蒙赐大缎二匹,叠膺两朝异数,褒奖弥隆。君以进书受知,名闻当世,谓诸生无可报称,乃多刻所藏古书善本,公诸海内。至嘉庆十八年,年八十有六,所刻书至二十七集。未竣,而君以十九年秋卒。遗命子士恭继志续刊,无负天语之褒。君勤学耽吟,不求仕进,天趣清远,尝作《夕阳诗》甚工,世盛传之,呼之为鲍夕阳。元在浙常常见君,从君访问古籍。凡某书美恶所在,意旨所在,见于某代某家目录,经几家收藏,几次钞刊,真伪若何,校误若何,无不矢口而出,问难不竭。古人云读书破万卷,君所读破者,奚啻数万卷哉!"又云:"乾隆三十八年,高宗纯皇帝诏开四库馆,采访天下遗书。歙县学生鲍君廷博,集其家所藏书六百余种,命其子仁和县监生士恭由浙江进呈。既著录矣,复奉诏还其原书。其书内《唐阙史》及《武经总要》皆圣制诗题之。皇上御制内府《知不足斋诗》云:'斋名沿鲍氏,《阙史》御题诗。集书若不足,《千文》以序推。'注云:'斋额沿杭城鲍氏藏书室名。乾隆辛卯、壬辰诏采天下遗书,鲍士恭所献最为精粹。内《唐阙史》一书,曾经奎藻题咏,嗣后其家刊刻《知不足斋丛书》以《唐阙史》冠册。用周兴嗣《千文》以次排编。每集

---

① 许承尧:《歙事闲谭》,合肥:黄山书社,2001年,第18页。

八册,今已十八九集,可为好事之家矣。'"① 鲍廷博刻书的成就和影响,也足以代表了徽商在两浙一带的活动和贡献。

在徽商担负着经济发展重任的同时,徽州学者也随着徽商的经济活动而承担起学术文化传播的责任。除了扬州以外,在苏杭地区,无论是徽州商人或是学者,也一如在扬州的徽商或学者在经历数十年的经营发展后,便逐渐融入土著,并以自己勤苦坚毅的性格与深厚的文化底蕴,获得提升与超越。如苏州"大阜潘氏",原为歙南大姓,清初移民杭州和苏州后浸浸日盛,以经营盐业和酱园业为主,素有"吴茶周漆潘酱园"之说,且以商籍渐于科第上煊赫。至潘奕隽中进士后才正式入吴县籍。其后,潘世恩、潘祖荫因仕途而位极人臣,又与当地吴氏、顾氏、翁氏世代联姻,终成望族。顾颉刚曾考证潘奕隽的《三松自订年谱》,得见潘氏自明末由徽至杭,经商业儒,后世得贵。云:"由歙东出即为杭,故商于杭;商而有赢羡则子弟得读书,故其高、曾祖均为杭州博士弟子。然商业扩展,则必至苏州,故于苏州胥门外开设潘万成酱园而家迁于吴。家虽迁吴而籍在杭州,故奕隽与其弟俱至杭就试。然亦有不试于杭而试于苏者,故一家占两省之籍。吾吴潘姓甚多,有居吴甚早者称曰'苏潘',其自歙至杭而后迁吴者称曰'徽潘',奕隽一族即徽潘中最显赫者也(探花潘世璜是其子,状元潘世恩是其侄)。其高祖虽迁于吴而仍归葬于歙,大有《檀弓》所云'太公封于营丘,比及五世,皆反葬于周'之意。《西河诗话》四:'亡兄大千为仁和广文,尝曰:仁和只一学者,是新安人。谓姚际恒也。'徽人居浙,大抵经商,不知姚家作何生意。观《好古堂藏书目》及《藏书画目》,所蓄如此之多,必是一大商人,故际恒能一意穷经也。刻《知不足斋丛书》之鲍廷博,亦居浙之徽人。"② 由潘氏家族的生存经历与科举实绩,可以证明旅外徽商和学者对他乡的经济贡献和人文影响。故何炳棣在考察清代社会流动与文化交流关系时,指出:"从1644年到1826年,徽州府以519名进士而自豪,不过其中仅有142人是在本府注籍的。倘若将所有本地中式子弟包括在内,那么,它

---

① (清)阮元:《研经室集二集》卷五《知不足斋鲍君传》,北京:中华书局,1993年,第494页。
② 顾颉刚:《顾颉刚读书笔记》,北京:中华书局,2011年,第260~261页。

无疑将名列前五或六名。然而,一旦寄籍他乡者不计在内,它便远远落后于全国的领先者。"①

近代以来,迁入江浙的潘氏都已土著化,由此也可考察家族流动发展与社会文化互动融汇之间的密切关系。时至今日,版本目录学家潘承弼(潘祖荫侄孙)还曾自叙家史云:"吾生也晚,童龄孤露,值辛亥革命以后,家世旧闻,茫昧几废。弱冠以还,从事掇拾先泽所遗,积以盈笈。高曾遗泽所宝惟充,由是什袭装池,凡卷轴册帧,无虑百数焉。溯吾家自明季九世祖其蔚府君,由歙迁吴,支裔渐繁。三百年来,可以觇其盛衰矣。"②又云:"吾吴自清以来,迁吴汪氏,乾隆嘉庆间分支频繁,以富商大贾著称一时。吾先高祖妣即出于汪。洎后两家朱陈,累世不绝。新安遗泽,盖可征矣。"③作为文献学家,潘承弼不仅与顾颉刚、顾廷龙(其妻潘承圭是潘承弼之姊)等经常切磋,而且与徽州学者江谦、汪宗沂、黄宾虹、许承尧等时有往来,并对"新安遗泽"关心备至。顾颉刚也曾说过:"苏州人家由徽州迁来的甚多。其初率以经商,后乃渐以科第成巨族。如潘介泉家、吴湖帆家、汪仲周永,及吾嗣祖母张家皆是也。"④其他如程可山,歙县槐塘人,父寓扬业盐,十七岁时以商籍应仪征童子试,十八岁入赘外舅杨公,侨居吴门,后携妇回扬州,馆于同族程健亭家,课其子达六年之久,且受业者甚众。如此者多,不烦详述。

上述种种现象的出现,既依赖相应的社会经济环境,又依赖有权有势、有财又有品位的官商的品鉴和需要。简而言之,徽州商人和学者经历外界环境的激荡,使他们在物质财富与精神追求方面得以更全面深入的发展,从而影响一时之风气和一地之风尚。

---

① [美]何炳棣著,王振忠译:《科举和社会流动的地域差异》,见《历史地理》第十一辑,上海:上海人民出版社,1993年,第299~316页。
② 潘景郑:《寄沤剩稿》,济南:齐鲁书社,1985年,第85页。
③ 潘景郑:《寄沤剩稿》,济南:齐鲁书社,1985年,第123页。
④ 顾颉刚:《顾颉刚读书笔记》,北京:中华书局,2011年,第89页。

三、"皖派"学风引发的全国学术转型

若论有清一代学术,婺源江永(1681—1762)应该称得上是第一流的学者。其近二十种著作,几乎被《四库全书》搜罗殆尽就是明证,此种荣誉在清儒中也是很少见的。他精通宋明理学,但反对空谈;用力于汉学研究,而又涉猎广博。他是清代学术由宋明理学转向考据学的关键性人物,开创了"皖派"朴学的一代新风。但这样的杰出人物,却一生蜷伏穷山,闭门潜修,终老明经,未及闻达。钱大昕记其事云:"江先生永,字慎修,婺源人。少就外傅,与里中儿治世俗学。一日,见邱浚《大学衍义补》,书中多征引《周礼》,奇之,求诸积书家,得写《周礼》正文,晨夕讽诵。为诸生数十年,楗户授徒,束修所入,尽以购书,遂博通古今,尤专心于《十三经注疏》,自壮至老,丹黄不去手。尝一游京师,同郡程编修恂延主其邸,桐城方侍郎苞素以《三礼》自负,闻先生名,愿一见。见则以所疑《士冠礼》《士昏礼》中数事为问,先生从容置答,乃大折服。荆溪吴编修绂,于《仪礼》功深,及交先生,质以《三礼》中疑义,往复辩难,叹曰:'先生非常人也!'"①

据江锦波《江慎修先生年谱》和许多民间笔记所载可知:江永曾祖父江国鼎经商于江淮之间,未能巨富而有善行,人称江善人;祖父江人英介于读书与经商之间,为典型的"亦商亦贾"者;其父江期因此得以寄籍江宁,专心从事于科举,极少回乡探视,但至死也未能中举。江永21岁时就中秀才,却从未参加过乡试。曾在乡试之地江宁陪侍父亲应试,住在同族江义文家,却以设馆授徒聊为生计。稍后,"侍父归里,旋丁父忧"②。清末民初的陈去病曾任徽州中学教员有年,于徽歙乡间轶事多有记述,云:"江慎修微时,家亦甚贫。尝上郡应试,而窘于资,不得已,乃为人担荷行李而前,因得相随入试。然江家

---

① (清)钱大昕:《潜研堂文集》卷三九《江先生永传》,见《嘉定钱大昕全集》,南京:江苏古籍出版社,1997年,第668页。
② (清)江锦波、汪世重撰:《江慎修先生年谱》,见(清)段玉裁、鲍桂星等撰,薛贞芳主编:《清代徽人年谱合刊》,合肥:黄山书社,2006年,第59页。

婺源，去郡且三百里，而先生独不惮劳勚，从事于此，则其志行之卓立可见矣。昔晦庵临终，以'坚苦'二字励门人。若慎修者，可谓能实践其诫矣。《诗》有之曰：虽无老成人，尚有典刑。余于先生亦云。"①一介书生竟然依靠为别人做"脚夫"挣得去府学应试的斧资，"得相随入试"，其家境贫困至极已可想而知。那么，再欲参加乡试，已绝无可能；若另走经商之路，自然也是空口白话。唯一的路径，便是到别人的家塾去做塾师，以维持自身和家庭的生存之计。

考察徽州地图可知，江永六十余年塾师生涯的行动路线，无非是在岁试之路上奔波，从婺源江湾、婺城（县城）、大畈（外舅家），到休宁五城山斗（程恂家），再到歙县（府治所在地）的西溪（不疏园）、灵山（方矩家）。江永从 21 岁为县学生，到 24 岁补廪膳生，再到 62 岁为岁贡生。为了生计，更为了读书，不惜"束修所人，尽以购书"。江氏一生中除了一游京师与江西之外，终身不出徽州，淡泊自如，与世无争，享年 82 岁。至于江永与科举士子之间的关系，钱大昕有记云："（乾隆）丙午，江南乡试，以《乡党篇》命题，士子主先生说者皆得中式，由是海内益重其学。"②江氏之书使他人得以中式，自己却以贡生终老于家。江藩也称其"所著《乡党图考》《四书典林》，帖括之士窃其唾余，取高第，掇巍科者数百人，而永以明经终老于家，岂传所谓'志与天地拟者，其人不祥'欤"③，言辞间颇有替江永鸣不平之气。江永在《答汪绂书》中尝自述所学所为与时尚时文之异，说，"科举陋习，少即厌之，不得已而遂行逐队，身厕科举之林，心游科举之外。"是"厌之"，抑或"遂行"，此言或许是夫子自道的无可奈何，也未可知。他又说："盖食贫不免授徒，授徒须讲时艺。""虽遂行逐队，不免从事举业，亦谓不过头巾茶饭。若圣贤茶饭所以果腹而润身者，毕竟不在此。私心以为，天下无不当读之书，无不当讲之事，无不当穷之理。但随吾

---

① 陈去病：《五石脂》，南京：江苏古籍出版社，1999 年，第 329 页。
② （清）钱大昕：《潜研堂文集》卷三九《江先生永传》，见《嘉定钱大昕全集》，南京：江苏古籍出版社，1997 年，第 668 页。
③ （清）江藩：《国朝汉学师承记》，北京：中华书局，1983 年。

力所能至,与吾性所最近者,孜孜矻矻而为之。"①"头巾茶饭"一语虽然是塾师身份的自嘲,但对于江永而言也最为重要。江永终生以教授生徒为业,围绕着应付的时文与钟情的学术,既不失生计,也就性之所近和力所能至,"孜孜矻矻"于圣贤事理。又言:"为己之学最寂寞,其中甘苦独喻之。"可谓其心灵真实的写照。

江永之学博大精深,虽至今日仍未能得识其精微。若追溯江氏学行,也正是因为能够"力学于深岩绝壑之间,朝士大夫无过而问者",才得以深造自得,终成大儒。即如梁启超所言:"俗既俭朴,事畜易周,而寒士素惯淡泊,故得与世无竞,而终其身于学。"②虽然江永弟子名满天下,但自己"素惯淡泊""志行卓立"。他以"坚苦"二字体现了徽州学人即使是在奔命于头巾茶饭之时,也能够"志与天地拟"的精神风貌。由江永的勤苦笃实及其为此所付出的心血代价,我们能够看到徽州学人在芸芸清儒中确乎可称"虽无老成人,尚有典刑"。

戴震(1724—1777),字东原,休宁人。其卓越成就除了天赋异禀之外,在很大程度上得益于艰难的境遇、怀疑的精神与坚韧的品格。其后裔戴琴泉回忆云:"明末流寇之乱,徽地以僻处山中,独获完善,休养生息。至乾隆朝,故徽属最称殷富。维时族之人多务商业,以豪侈相尚,虽未知为学之道,而故家大户藏书颇富。公(按:戴震)父为族人经布业于江西之南丰。家寒素,无力购置之本,多向族人假借。公记忆力极强,钩稽参考,夜以继日。"③戴震祖上皆平民,以农耕和商贩为业。他少时过目成诵,却"家寒素,无力购书",也"不获亲师"。10岁入村塾读书,学习朱子的《大学章句》时便问塾师:朱子何以能上溯千年而知孔孟之意? 20左右跟随父亲在江西南丰和福建邵武经商和课徒。30岁时,"其年家中乏食,与面铺相约,日取面为饔飧,闭户成《屈原赋

---

① (清)余龙光撰:《双池先生年谱》,见(清)段玉裁、鲍桂星等撰,薛贞芳主编:《清代徽人年谱合刊》,合肥:黄山书社,2006年,第177页。
② 梁启超:《清代学术概论》,上海:上海古籍出版社,1998年,第65页。
③ (清)戴震:《戴震全集》第五册,北京:清华大学出版社,1997年,第3467页。

注》",却"处困而亨如此"。① 33岁时,乡里豪强侵占其祖坟,并贿交县令。戴震只身徒步进京,欲问"天理"何在,"行李衣服无有也,寄旅于歙县会馆,饘粥或不继,而歌声出金石"。② 此后的数十年,戴震几乎无家可归,浪迹江湖,以幕客为生。

在歙县西溪汪氏不疏园中的学习和课徒生活,是戴震成学的关键时期。其弟子汪灼回忆云:"先生名成于征聘,而学之成原于两馆余家。当是时,室人无北门之叹,又得通博艺林,先严力助之也。先生目直视,光炯炯射四座。学宗汉郑君康成,六经、秦汉之书无不读。随读研究,析疑义,明制度,岂非考之约而览之博与? 尝忆儿时入塾,先生授《说文解字》,俾逐字寻六书之义,因训曰:'读书始于识字,积字成句,累句成文,庶免扞格难通之弊。日为余功认十字,计三载可竟功。当读之书,不外圣贤经传;文可法者,马迁《史记》、班固《汉书》而已。近世工剽窃,尚腔调文,与俗近者去古远,汝曹慎之,勿学也。'与先严同学不疏园,南东异室处,偶读书有得,未尝不来先严处,分榻坐,抵掌谈道,欢声达墙外。有村人暨他族以事白,或持文就正先严者,先生即拂衣起,归室据一席,高歌无所顾,如冰炭然。而稚川先生来,则又如冰之投水,炭之在炉,冷熟各相得。京师多达官长者,闻先生处之亦若是,以故多不理人口,然未至世皆欲杀者,以素未肯与俗争是非也。先生与东方日俱起,所读之书五色灿然,终朝握管,考核礼经,为古文辞,不作一行草字。夜则起视星斗,占人事得失。所著《勾股割圜记》,集《天官书》、梅氏、利玛窦之大成,尤精《水经》、律吕、音韵。"③由汪氏所言可知戴震卑微的出身、艰难的经历、不能容俗的性格,以及"论古姑舒秦以下,游心独在物之初"的学术旨趣。由此既印证了徽州民风的"惇朴而廉劲",又预示了一代儒宗的由此诞生。

据载,戴震原本的生活轨迹也应如其父,最初只是为务农经商的需要而学习文字,计算账目,遇有机会也设馆课徒,借以治生而已,于帖括之学也不

---

① (清)戴震:《戴震全书》六,合肥:黄山书社,1995年,第662页。
② (清)戴震:《戴震全书》六,合肥:黄山书社,1995年,第666页。
③ (清)汪灼:《四先生合传》,见(清)戴震:《戴震全书》七,合肥:黄山书社,1995年,第42页。

甚讲求与奢望。但因为"家极贫,无以为业,至是始为科举文"①。这是戴震的学弟洪榜所述,至为可信。其后,"学日进而遇日益穷,年近三十乃补县学生",40岁中举,53岁得进士。其中,第六次会试不第,还是皇帝的例外恩遇,才使其在晚年不仅心愿得酬,而且暴得大名。那么,作为百科全书式的人物,戴震为何学问精博却难以进学,胡虔曾叙其事云:"戴东原震数应礼部试,分校者争欲致之门下。每于三场五策中物色之不可得。既乃知其对策甚空,诸公以戴淹雅精卓,殆无伦比,而策则如无学者,大是异事。钱辛楣詹事曰:'此东原之所以为东原也。'戴中壬午江南乡试,年四十矣。出青田韩锡柞房,其文诘屈,几不可句读。后以征修四库书,得庶吉士。"②清儒中擅长考据者多不擅时文,惠栋、江永、戴震犹过于此。他们专心求古、离异大众而曲高和寡,只落得些无奈与悲哀。李慈铭曾对清儒的才情与功力、得失与荣辱的情况有所总结,云:"盖汉儒之经学,为利禄之路,其从师传业者,无异今之举业。而国朝诸儒之学,则实与时背驰,宜其愈上而愈困也。"③刘师培亦云:"盖处清廷之下,其学愈实,其遇愈乖。"④自古以来,避难趋易乃人之常情。所幸苍天不负,戴氏"以征修四库书,得庶吉士"。为了报答皇恩,戴震夜以继日地校书,废寝忘食。也因长年辛劳而高度近视。戴震曾告诉段玉裁云:"余乖于时,而寿似可必。后以此言告钱学士晓征,晓征曰:天下固无可必之事也。金殿撰榜曰:先生之坚强,穷困时能日行二百里,发愿成《七经小记》。余语之曰:岁不我与,一人有几多精神?先生答曰:当世岂无助我者乎?竟以积劳痿足,杜门一年。中屡换眼镜,最后鬻眼镜者曰:'此老光之最者,过此无可换矣。'是非不厌不倦,神太劳则弊故欤?"⑤《七经小记》代表了戴震著述的最终集成,纂修《四库全书》是戴震学术事业的最高荣誉,但天不假年,于二者皆未

---

① (清)戴震:《戴震全书》七,合肥:黄山书社,1995年,第6页。
② (清)胡虔:《柿叶轩笔记》,《续修四库全书》本。
③ (清)李慈铭:《越缦堂读书记》,上海:上海书店出版社,2000年,第466页。
④ 刘师培:《清儒得失论》,见《刘申叔先生遗书》之《左盦外集》卷九,南京:江苏古籍出版社,1997年。
⑤ (清)戴震:《戴震全书》六,合肥:黄山书社,1995年,第705页。

能卒业。然而,戴震壮志凌云之语、屡换眼镜之事,已足以展现出一位潜心学术、艰苦卓绝、"鞠躬尽瘁,死于官事可也"的学人形象。

戴震是乾嘉考据学的领袖,他是继顾炎武之后在实学和理学上能够全面发展,并且取得最大成就的人物,没有他的大力倡导和启发,强调由文字训诂而通圣贤义理的学术理念,就不会有段玉裁、王念孙之辈辉煌的学术成果;戴震在治学方法和理论阐述方面开创一代学风,没有戴震这面旗帜,则无皖派之名;但是,若无段玉裁、王念孙等戴门后学的继承与弘扬和在具体实践中的丰硕成果作为支撑,也就没有皖派之实,更无清代考据学的鼎盛之名。随着中外学者对乾嘉学派研究的深入,使得学术的区域性研究也越来越受到人们的关注,而学术界公认的结论是:以戴震为代表的"皖派"朴学群体引发了全国的学术转型。

综上所述可知,徽州人通过经商、科举、出仕、游学等途径,与外界建立了广泛的联系。徽商的赢利不仅带动了周边地区经济文化的发展,而且他们还积极参与社会文化生活,而那些与徽商一样不断流动的徽州学人,不仅能够把质朴实用的徽州学术传扬四方,而且不以仕途为唯一途径,通过授学徒或入幕府等方式保持着自己生活的自立与学术兴趣的独立。江永、戴震等徽州学者"亦儒亦商",但重在学术,他们在治学方法上注重从文字训诂和经史考证入手,"以词通道",渐次进入思想义理的探讨,并且善于归纳推理,审名实,重佐证,淹博识断,守正出新,形成了独具特色的"皖派"风格,并在江南和京师地区得到认可与传播,进而带动了整个乾嘉时代的学术风气。乾隆中叶以后,国家多故,内外交困,随着清朝统治的由盛转衰,各种社会矛盾和社会危机逐渐由隐而显。随着清末陶澍改革盐法,徽州盐商自是一败涂地。此后左宗棠又增质铺岁月利率,而典当商亦败毁。因连带关系,徽商的其他行业亦趋衰落。徐珂《清稗类钞》云:"自陶文毅公澍,改两淮盐法,而盐商顿变贫户。凡倚鹾务以衣食者,无不失业,一时谤议蜂起。"[①]徽商在扬州的衰败,使得徽

---

① (清)徐珂:《清稗类钞》,北京:中华书局,2010年,第526页。

州学人也无从寄寓。同时,盛极一时的汉学也弊病丛生,于是今文经学继之而起。"皖派"朴学发展到后期,研究内容也日益脱离社会生活,学者多"以壁绩补苴,谓足尽天地之能事",而忽视了义理的探索,不能回答和解决社会的现实问题,终于不可避免地走向了衰落之路。然而,"皖派"朴学作为清代乾嘉之学的组成部分,历经数百年风雨,为学术界建立了正确的观念、方法,对现代学术的启蒙作用则是不争的事实,至今在学术界仍具有很大的影响力。

结　语

　　明清徽州四民观和传统职业价值观的变迁是自然环境与社会环境的产物和反映,在此基础上,明清徽州社会适应时代和社会发展需要,以朱子学和阳明心学等宋明理学世俗伦理观为思想资源和理论依据,建构起一套新的四民观及其职业价值观。在这种新的四民观和职业价值观的指导下,明清徽州社会的士、农、工、商四民之间发生了结构性的阶级流动。徽州人口流动产生了新的特点,商人的社会地位提升,职业价值得到充分认可,大量士人、农民及其他阶层转化为商人,形成了明清徽州大规模的人口流动。同时,由于这种职业变迁,促成了徽州人特有的经商、科举、出仕和游学等现象,徽州商人、仕宦和学者等遍及天下。徽州人因职业性变化所带来的人口流动和迁徙,形成了小徽州与大徽州互动的格局。明清徽州的人口流动对明清社会历史发展产生了重大影响,一方面,对徽州本土的社会经济和文化教育发展产生了重大影响,左右了明清徽州社会发展的方向,制约了徽州社会的近代转型;另一方面,明清徽州人口向外的流动和迁徙也极大影响了其侨寓地的社会经济、文化教育及风习等,不同程度地影响和制约了明清中国经济发展与学术文化的发展和转型。

　　明清徽州传统职业观的变迁是与明清徽州所处的自然环境、人文环境和社会因素紧密相关的。自然地理环境是影响社会变迁和历史发展的基本因素之一，在传统的农耕社会，这种因素的影响和作用更大。徽州山地众多，大部分地区土瘠田硗，易旱易涝，不利水土的保持，这种自然环境不利于农耕技术水平比较低下的古代农业生产。进入明中叶以后，随着徽州人口的不断增加，人口密度不断加大，人均耕地在不断减少，明清徽州人口压力不断加重。人地关系的紧张迫使徽州人必须通过农业以外的途径来解决生存问题。同时，明清徽州赋役压力不断加大，特别是额外坐派的各项杂役重复征派和赋役征收中存在的诸多弊端，使得以农治生变得愈益艰难。上述诸多因素成为明清徽州人必须从事农业以外的职业以谋生的内在动因。商业成为人们首选和大量从事的职业。

不过，上述诸多因素只是内在动因，如果缺乏有利于经商的外在环境和社会因素，也不足以使大量的徽州人走向经商之路。因为，在明清时期存在不少与徽州自然环境和人地关系紧张类似的地区。明清徽州人大量外出经商还有更多的动因。学术界的研究表明，首先，明清时期中国商品经济的快速发展，全国性商品市场的形成，这无疑为徽州人从事商业提供了良好的经济环境。同时，明清时期赋役制度的不断改革，特别是明代中后期推行的"一条鞭法"改革和清代中前期实行的"摊丁入亩"及其赋税普遍征银等，解除了农民的人身束缚，有利于商品经济的发展。其次，徽州地接全国商品经济最发达的几个地区，东邻全国最重要的江南市场，南邻江西市场，又与以湖广为主体的长江中游市场接近，这为徽州人大量从事商业提供了十分有利的地理区位优势。再次，徽州的自然环境虽然不利于粮食生产，但是其丰富的林业和茶叶资源等却为徽州人进行木材、茶叶等贩运和贸易提供了基础。明清时期丰富的山林资源成为徽州人从事商业的推手，使木材、茶叶成为明清徽商经营的两大领域。在明清徽商群体中，士人成为重要的力量，这是明清科举制发展的产物。明清时期士人的弃儒经商与科举取士制度、士人阶层的不断扩大有直接关系，士人大量弃儒从商成为普遍的社会现象。不过，明清徽州独特的人文环境和历史传统，则使士人经商问题更为突出，且具有独特性。徽州重文教，读书人在民众中所占比重高。这一方面使明清徽州取得了令人瞩目的科举成就,另一方面却使大量士人难以靠力农来谋求生计,故经商成为他们最佳的谋生手段和职业选择。

由此可见,明清徽州人大量以贾为业,既有自然环境的原因,又有人文环境的原因,还有明清商品经济发展、经济制度和科举制变迁等制度层面的原因,明清徽州人大量经商是这些因素综合作用和相互影响的产物。通观全国,明清时期具备其中一二种因素的地区不在少数,而且明清时期经商是一种全国性现象,但是,无论在程度和规模上,还是在影响和成就上,徽州人经商的规模和取得的成就都是其他同类地区难以相比的。质言之,明清职业变迁与人口流动虽然是全国性的普遍问题,然而,徽州在这方面却表现得更为突出。明清徽州四民阶层和职业之间的这种流动,最终导致明清徽州社会对士商(儒贾)关系、农商(本末)关系,特别是前者作出新的解释,士商(儒贾)并重,儒贾事道相通,乃至左儒右贾的观念被社会所接受,贾服儒行,儒贾迭相为用成为明清徽州普遍的行为。

明清徽州地理环境与社会发展是徽州四民观和职业观变迁的物质依据。然而思想观念往往有其内在的发展理路。宋明理学作为明清社会主流意识形态和官方意识形态,对明清社会四民观和职业价值观的转换和建构发挥了重要的指导作用。宋明理学亦称宋明新儒学,是适应宋代以后君主集权加强、商品经济发展、宗族社会化和社会平民化的思想产物,其伦理观具有鲜明的世俗化特征,旨在为社会各阶层提供安身立命的伦理准则,为社会生活提供伦理的解释。为了适应宋代以四民的社会地位及其职业的变迁,宋明理学对此作了大量直接和间接的伦理论证和价值观诠释。明清徽州四民观及职业观的变迁更是受到了宋明理学的直接和深远的影响。一方面,明清徽州号称"程朱阙里",朱子学对徽州社会的影响持久而广泛。另一方面,徽州社会又有开放性和包容性,清代徽州出现反程朱理学的大哲学家戴震,就是明证。明代中后期,面对同室操戈的反朱子学的心学思潮,徽州本土内外的商人和仕宦对此表现出极大的热情,他们积极吸收阳明心学等思想家重视个人主体性、治生伦理及"新四民观"等思想,提出了一系列反映新四民观和职业价值观的观点。汪道昆《太函集》中大量的商人传记对儒贾关系、士商关系、农商关系及其职业伦理的新阐释，可谓明代中后期中国社会新四民观和职业价值观最集中和最进步的反映。然而，明清徽州从根本上说还是被朱子家礼为核心的伦理观所主导。明清徽州的宗族制得以强化，其内在要求就是强调宗族的集体利益，宗族成员的个人价值只有在宗族利益得到维护时，才能得到肯定和认同。阳明后学过于强调功利主义、个人自由和价值的伦理观及其职业价值观并不符合宗族的集体本位主义需要。因此，以宗族为本位的明清徽州必须依托朱子的伦理观来支撑和发展。特别是随着背离儒学大传统的心学末流在明末的衰败，朱子学重新主导徽州社会意识形态，徽州社会最终建立起一种以朱子学的世俗伦理观和职业观为本位和旨归的新四民观和职业价值观。

宋明理学的世俗伦理观及其四民观与职业价值观对明清徽州新四民观和职业观的转换和建构主要表现在以下方面：第一，宋明理学的理学和心学分别对宋明理学的核心思想"理欲之辨"作了适应时代和社会发展的新解释，为明清四民的"治生"伦理提供了新的证明，尤其是阳明心学"体用一源"和"百姓日用即道"的思想更是为百姓以经商等职业"治生"提供有力的理论回答。明清徽州人正是以此为理论依据诠释了从事农民和儒士之外职业的正当性和合理性。第二，宋明理学对职业伦理的新阐释直接为明清新四民观的建构做了理论说明。朱子对"天理"的新解释所包含的人性论为四民谋求平等地位提供了依据，王阳明及其后学对"良知"的阐释所包含的人性平等思想则证明了四民天然是平等的。王阳明极具思想解放性的"四民异业而同道"的新四民观，阳明后学及其追随者对传统四民观的挑战，则成为明清社会"贾服儒行"的新四民观最直接的思想资源。可以说，正是阳明心学的世俗伦理观为明代中叶以来徽州社会职业变迁及观念的转换与建构提供了直接的思想资源。第三，明清徽州新商人和商业伦理观的建立，是明清徽州儒贾观和士商观的转换和构建的核心问题。朱子的世俗伦理观对明清徽州职业伦理建构的根本性作用体现在为徽州商人伦理的最终确立提供了理论指导。朱子的理欲之辨奠定了徽州商业治生伦理的基础;朱子的公私之辨成为徽商各层次公私观的伦理依据;朱子的义利观明确了徽商的伦理价值追求;朱子的诚信观为徽商确立了经商之道。朱子伦理观相对保守和持中,在为新四民观的转换作新解释时,又强调"天理"的绝对性和家族本位主义,对心学极具解放性的思想加以调适,使明清徽州职业观最终得以建构。

明清徽州社会提出的新士商观、本末观包含诸多概念和命题,如"儒贾事道相通""贾服儒行""儒名贾利""士商异术而同志""贾不负儒""良贾何负闳儒"和"贾何负于耕"等。这些基本概念和命题往往有丰富的或特定的内涵,反映了人们对当时四民关系,特别是士商观和儒贾观转换的多重认识。其中,"儒贾事道相通"和"贾服儒行"是徽州新四民观的重要思想,可谓明清徽州新儒贾观和士商观转换和重构的根本依据之一。既然贾服儒行,便可儒贾相通,贾不负儒,甚至是良贾不负闳儒。对于商贾来说,"儒行"的本质就是要求为商为贾必须正确处理义利关系。以义制利、以义取利、以利践义和以义化利在明清徽州已经成为一种社会风尚。明清徽州能够实现传统儒贾观的转换和新建构,还在于重新解释了传统的儒名和贾利的价值观,认为儒贾各有其用,儒为名高,贾为厚利,两者不仅能够实现儒家事亲伦理,而且对宗族的生存和发展更为有利,两者都能够实现"大振家声"的目的。因此,明清徽州社会普遍出现了儒贾"迭相为用"和"相代若践更"的现象。许多家族亦儒亦贾,儒商一体,商贾与儒业成为家族生存发展的两大支柱,两者相辅相成,缺一不可。这种社会现象和风尚的形成表明以新儒贾观和士商观为核心的职业观已经深入徽州民间社会。

但是,这并不意味着明清徽州社会已经建立起完全平等的儒贾观,已经将儒贾的社会地位与职业价值平等看待了。明清徽州儒贾观的核心价值取向仍是以儒为本,以士为先,崇儒贵士,科举功名仍是徽州宗族首先追求的目标。许多徽商在内心深处还是认为儒的社会地位要高于商,儒的职业价值要重于商。虽然,明清徽州也存在着激进的、反传统的"左儒右贾"观,甚至有人将商贾等于勋阀,可比素封,能与国君分庭抗礼,足以创业垂统,但是,这毕竟没有成为明清徽州儒贾观和士商观的主流。而且,明确提出"右贾左儒"的思想和口号集中在明代中后期阳明心学流行之时。通观整个明清时期,徽州社会流行的仍是"儒贾事道相通""贾服儒行""儒名贾利""士商异术而同志""贾不负儒""良贾何负闳儒"和"儒贾迭相为用"等新儒贾观和士商观。这些儒贾观和士商观确实提升了商贾的社会地位,充分肯定了商贾的职业价值,但并未从根本上否定以儒为本、儒贵士尊的观念。笔者认为,形成这种社会现象的根本原因是明清社会和徽州社会发展仍未突破儒家传统伦理的统治,中国经济主体仍是农本经济,中国社会依然是宗族性社会,因此明清徽州社会所提出的新儒贾观和士商观不可能从根本上突破儒家伦理的大传统。换言之,徽商和徽州社会对传统儒贾观的转换和重建是在儒家伦理框架中完成的,明清徽州社会所构建的新儒贾观和士商观既丰富和发展了传统,又保持和维护了传统。所以,在农商关系上,明清徽州虽然对农本商末观作了转化,提出了农贾"交相重"的思想,弃农经商者愈来愈多,弃本争末之利成为社会的趋势,但是,人们对农贾关系的认识又是多元的,主张以农为本和反对以末趋富者也不乏其人。

明清徽州是一个宗族社会,族规家训是规范宗族生活和族人言行,表达宗族价值取向的家族法规。明清徽州宗族的职业观主要包括三个方面:以四民为正业,禁止从事贱业;读书和为士为四民之首业;既强调经商事贾的重要性和必要性,又主张族人力农耕作。徽州宗族为了使族人正确择业和敬业,维系宗族的生存繁衍,十分重视对族人进行职业教育。与明清全国其他地区族规家训中的同类思想相比,两者在总体上有相同点或共通性,即大体都主张以四民为正业,视读书和为士为先,耕读传家的观念仍有相当影响;禁止从事贱业,违者均要加以严惩。一方面,徽州族规家训职业观呈现出一定的多元性,特别许多宗族对农本商末的观念加以改造,视商业为仅次于儒业的正业,甚至鼓励和支持族人经商事贾。明清徽州族规家训所见职业观的这些特征是明清徽州社会发展的反映。经商在徽州成为普遍的宗族行为,徽州家谱的族规家训对经商事贾的肯定便是这种行为和社会风气的反映。另一方面,明清徽州宗族制发达,族规家训将族人的行为纳入整个宗族利益中来加以规范,因此,严格规定族人只能从事符合儒家伦理的四民之业。

明清徽州职业观的变迁既是明清徽州变迁的反映,反过来又促进了明清徽州的职业变迁。士农工商是中国传统社会的主体阶层,在数量上占传统社会人口的绝大多数。因此,明清徽州四民在职业之间的流动与迁移必然引发职业性的人口流动,这对整个明清社会和徽州社会的发展带来了重要影响。明代以来,随着人口的增长和自然环境的制约,徽州地区生态环境趋于脆弱,承受着缺乏生活必需品和赋役负担沉重的双重压力。而徽州的人文和社会环境也具有扩张性,存在着势力庞大的名族,徽州社会在人口、资源、环境等方面承受着巨大的生存压力。

徽州以名族为主体的宗族和以程朱理学为核心的礼教在宋代经历了快速发展的时期。他们利用自身所拥有的文化和政治资源,极力扩张自己的地盘,人口不断地向周围扩散,建立起自己在地方上的声望;同时,极力宣扬理学和礼教,在家庭和宗族之内建立起一套严格的规范礼仪,并以族田等物质基础作为后盾,用种种繁文缛节制约着人们的社会、文化和经济活动。这种宗族和人文礼教的扩张也给族人带来了贫困的威胁。土地在向宗族集中的同时,还通过诸子均分继承制度不断地分散,小家庭由于土地的丧失,贫困化也在所难免。而需要物质基础的习儒科举等活动则使他们的生计日趋艰难,很多贫穷的士人甚至连应试的盘缠都无法准备。宗族本来是人文荟萃之地,但是随着宗族和人文礼教的扩张,宗族人口出现了礼教体制内的贫困。徽州人口的增长与集中、资源的有限以及环境的恶化,是徽州诸多社会现象产生的根源。与人口的贫困化相一致,为了生存,徽州人的职业选择有了很大的转变,纯粹的农民受到轻视。农民的地位越来越低,经济实力也越来越弱。贫穷的读书人同样如此。很多原先力田和习儒的徽州人被迫放弃农业和儒业,走上了经商求富之路,商人随之大量出现,而庞大的商人群体最终带动了徽州人口的大规模流动。

职业的改变推动了徽州人口更广泛的流动,并最终形成了适合徽州社会的分工模式。农业被彻底边缘化,纯粹的农民不仅少,而且地位低下。儒业和商业对徽州社会发挥着巨大的影响力,儒业的从事者理所当然地成为徽州精英。同时,商业也成为大多数徽州男性必然的职业选择。贫穷是所有从业者都希望避免的命运,不管是儒士还是商人,他们既需要财富,又渴望通过某种途径获得一定的身份地位。因此,儒士和商人既有分工,又有合作,其中许多人还有另外一种身份,即拥有土地的地主。在徽州不同从业者的生命历程中,往往会集多种身份于一身。多位一体的身份有利于淡化和模糊职业差别,促进儒士和商人的合流。当然,这种合流也是徽州宗族建设所需要的。

明清徽州的职业变迁除了造成人口在四民间的流动外,还带来到人口在区域间的流动。这种流动通常涉及人口因职业变动而形成的由迁出地到迁入地的永久性或长期性的改变。徽州地处皖南山区,"万山回环,郡称四塞"的地理环境使古徽州成为少兵燹战乱的避灾地。地域的封闭性决定了徽州自古人烟稀少,且多以宗族聚居,区域间往来相对较少。但是,由于土地资源的有限,人口的增长必然导致生存资源的匮乏,在生存压力下徽州人为谋生需要,不断进行或近或远的迁徙。从明代中叶到清代中叶,由于徽州人口的增长大大超越了可以承受的极限,徽州人为谋业求生,或到偏僻的山区以农求生,或往繁华的都市经商谋生,使明清徽州人口在不同区域间频繁流动。明清徽州人口在区域间的流动主要包括在徽州区域内的流动和在徽州区域以外的流动。

首先,在徽州区域内部的人口流动。明清时期,徽州区域内各县之间、城乡之间的人口数量、增长率和人口压力是不平均的,各县的经济发展程度、地理面貌和交通通达度等也不相同,由此导致人们因职业需求而在徽州各子区域之间的流动和迁移。这种人口流动多受地理环境的影响,"低平绵亘"之地往往成为家族选址的最佳选择。徽州秀美的自然环境和封闭的地形条件使其地成为文人雅士、失意官僚避世隐居的好去处。城乡人口流动是徽州区域内人口流动的主要形式,宗族人口的增长和扩张是主要动因。由城及乡的人口流动的诱导因素包括自然环境、宗族裂变、躲避战乱和政治失意等。身份地位的提升往往导致人口由乡入城。其次,徽州人口向区域外的流动。这种人口流动是长期持续的,数量极其庞大,虽然无法知道确切数量,但是,"徽俗十三在邑,十七在天下"足以说明徽州外流人口的大体规模。明代中叶以来,徽商足迹"几半禹内",徽州成为一个高移民输出地。明清时期,以苏州、杭州和松江为中心的江南地区,以扬州和南京为中心的淮扬地区,以两湖为中心的长江中游地区,以北京到山东的北运河地区大多是经济发达和文化繁荣之地,对徽州人经商都有着巨大的吸引力。一批批徽州人走出封闭的徽州山村到这些地区创业谋生,形成了明清徽州人口外迁的大潮,成为明清时期徽州人口区域间流动的主力军,并对这些地区社会经济和文化发展产生了重要影响。

明清徽州因职业变迁导致的各种人口流动对徽州本土和徽州以外的社会发展产生了多方面的重要影响和作用。

明清时期徽州人大批外出经商,许多人经商成功后将大量的资本回流到徽州本土。这些资本被用于当地的经济发展、公益事业、宗族建设和教育投资,推动了当地社会多方面的发展。在经济上,他们或是投资本土的商业经营,这在一定程度促进了徽州商业的发展,为当地民众的生活提供了诸多便利。或是将商业利润用于本土的农业生产和经营,这在一定程度上刺激了当地的农业生产的发展。徽商还促进了当地副业的发展,如徽州茶商的兴起促进了山区茶叶种植业的发展。许多徽商还将大量资本用于家族、乡里乃至地方的公益活动和慈善事业,有助于徽州社会的和谐发展。明清徽州是宗族发达的社会,这与徽商将大量资本投入宗族建设是直接相关的。明清徽州是族谱编纂最发达的地区之一。除了由于世家大族的昌盛、宗族组织与宗族制度的高度发达、仕宦等宗族精英分子的积极参与外,徽商以丰厚的商业利润积极参与其间也是重要因素。祠堂建设是宗族建设的又一重要内容,受到明清徽州宗族及其成员徽商的高度重视。购置族田则是帮助解决族内祭祀、救济、教育等事业的重要经济保障。徽商对此也极其热心,往往是不惜钱财的。徽商的财富大量流向修祠堂、修族谱、购置族田等宗族建设,对于维持和强化徽州宗族制度发挥了直接和强有力的作用,影响了徽州社会向近代的转型。"贾而好儒"是徽商的显著人文特征。明清徽州以"商贾之乡"而"富甲天下",徽商的巨额财富对家乡的教育事业发展起到了推动作用,他们热衷于教育事业,积极投资办学,资助和选拔优秀的子弟参加科举考试,培养家族官僚。可以说,没有徽商便没有发达的徽州教育。同时,面对家乡"夫养者非贾不饶,学者非饶不给"的现状,徽商在鼎力捐资创办书院、义学等教育基础设施时,为了使家乡士子的入仕理想变成现实,又对士子进行多方面的扶持与资助。徽州以商养学、以商助学的助学方式贯穿一家、一族,直至府县,形成了地域化和系统化的特点,使得徽州科举走向繁盛。可见,徽州人口外流经商及徽商资本回流本土,既促进了当地经济、教育和社会公益事业的发展,又维持和强化了当地既有的宗族制度。这些都极大地影响了明清徽州社会变迁的历史进程。

徽人外出经商引发的人口流动导致明清徽州社会阶级和阶层结构发生了新的变化。在明清徽州,由于商业成为衣食之源,大量人口转向经商,提升了徽商的社会地位。由此,明清徽州出现了一种普遍现象,即商人与"儒"结下不解之缘,徽商或是"先儒后贾",或是"先贾后儒",或是"亦贾亦儒",乃至"儒贾迭相为用"。由贾儒结合方式产生的新士绅阶级,不同于传统四民的"士"和"商",而是二者有机结合的产物。对于士绅阶级来说,"绅权"的获得与地方民众的认可关系甚大。这种由贾儒结合产生的新士绅阶级往往利用经商积攒的财富和影响力,在徽州积极从事各种宗族内部建设和乡里社会公益活动。由于有财富撑腰,其他阶级和阶层办不到的事,他们却能得心应手,获得了地方社会的好评。徽商致富后与官僚士大夫合流以及在徽州购置田地,则促使徽州本土出现新的绅商和商人地主等。明清时期,徽州商人致力多种行业的经营,将商业利润的一部分用于购置土地和经营农业是重要的选择。许多徽商在徽州大量购置土地,直接或间接经营本土农业,使他们集商人、地主的身份于一身。他们既不是纯粹的地主,也不是纯粹的商人,而是一种新的社会阶级。徽商资本与徽州本土地权的紧密结合,一方面促使徽州境内商人地主逐渐形成,导致了徽州土地兼并的加剧,强化了封建经济结构,加固了徽州的佃仆制度和宗法制度。另一方面,大批佃仆随主经商,特别是到外地大的商业都市经商,有助于佃仆改变自身卑贱的社会地位。因为,佃仆随主外出经商后,眼界大开、见识增广、财富增加,不少佃仆社会地位渐渐得到改变。

徽州多种形式的人口流动形成了徽州社会多层次的结构特征。徽州人可以在更广阔的空间寻求比较安全而稳定的生计,贫穷的儒士可以弃儒经商,小家庭和族人也可以迁徙到周边或外地,这些人口分流为徽州人提供了多种多样的职业和生计选择,给他们谋生提供了大量的机会。人口流动抑制了徽州本土的人口规模,减缓了徽州人口增长的速度,缓解了徽州社会内部的生存压力。年轻的徽州人大量外出经商,锻炼出各式各样的生活技能。年老归养的商人和儒宦则积极投身宗族建设,巩固着徽商的大后方和徽州人的精神家园。以儒家伦理为核心的宗族伦理显示出强大的向心力。宗族在徽州社会各个方面有着强大的势力,维护了徽州社会的稳定。不过,徽州虽然多商人,但徽州本土的商品经济与其说是商品经济,还不如说是生存贸易,即只是为了换取生活的必需品而进行的贸易。一部分成功的商人和儒宦迁居外地,使徽州的人才严重外流。晚清徽商的衰落,造成了徽州本土发展的停滞不前,而大批儒贾回归土地并热衷于宗族建设则强化了这种内向化的趋势。可见,徽州的人口流动是徽州社会保持稳定并转向保守与内向的重要原因之一。中国文化内向化的趋势自宋代的新儒学运动就开始了,这种思想观念注重修身和省悟。到清代虽然有肯定人欲和反理学的呼声,但并没有改变这种内向化的趋势,而且,以礼代理的提倡更将儒家伦理深入基层生活。内向化的儒家伦理文化与徽州保守性的宗族社会和身份社会紧密结合,使徽州社会的发展日趋保守和内向。

明清徽州职业性人口流动不仅对徽州本土社会发展产生了重要的作用,而且对整个明清社会的发展产生了重要影响。明清社会经济、文化的发展和政治的相对安定,特别是商品经济的发展,平民社会的形成,文化教育的大众化,使得徽州虽地处万山之中,却能与外界始终保持开放和互动。徽州人通过经商、科举、出仕、游学、移居等途径与外界建立了广泛的联系。这些徽州人所从事的活动对所在地和所在领域的作用和影响是多方面的。

  首先,寓居外地的徽商对当地社会经济和全国社会经济的影响最引人注目。明清徽商不仅是全国各地重要的都会和城镇商业舞台的主角,还活跃于江南、淮扬等许多地区的广大的乡村。他们的活动极大活跃了所在地城镇的商品流通,促进了当地和其他地区商品经济的发展,推动了全国商品市场的形成和发展。徽商为各地城镇的兴起、发展与繁荣作出了突出贡献,不少地方市镇的兴起是由徽商直接推动起来的。城镇的发展与繁荣还体现在城镇基础设施建设和城镇面貌的改善上,活跃于各城镇的徽商对此也贡献颇著,如,徽商兴建的各类会馆、公所和义庄等,不仅有利于徽商联络乡谊、举办公益事业和维护自身权益,客观上也有助于当地城乡社会矛盾的缓解、社会的和谐与稳定。徽商在侨寓地热心筑桥和修路等社会公益事业,热心赈灾和救济等慈善事业。这些活动为徽州人在外地经商拓展了空间,形成了徽商与社会的良性互动。其次,侨寓的徽商以雄厚的经济实力和独特的文化魅力对侨寓地文教和风习产生了巨大影响。徽商活动的地区大多经济文化比较发达,徽商往往通过多种途径参与当地的文教建设,如兴办学校,捐资创建各类教育机构;争商籍或入籍当地,为子弟就学和科举入仕提供便利;斥资举行诗文之会,结交文人雅士;兴建藏书楼和刊刻书籍,为求学士子服务等。侨寓外地的徽商将徽州的生活习俗带入侨寓地,极大影响了当地的社会风习。两淮盐商是明清商界的巨擘,他们所聚居的扬州和淮安等地,形成了独特的盐商文化。一方面,他们的奢侈风雅生活,严重制约了徽商资本的积累,极大助长了江南地区的奢靡风气。另一方面,许多徽商大贾徘徊于进仕与商贾之间。这些"亦贾亦儒""以儒术饰贾事"的徽商缘于儒家情怀,在学术文化上大展才华与抱负,繁荣了侨寓地的学术文化。再次,云游于全国各地的徽籍学者和士人,在很大程度上左右和影响了明清地域学术变迁和全国学术文化的发展。徽州士人和学者在徽商捐资兴建的书院、会馆、藏书楼及名园等讲论学问,泽被士林,使江淮名都的奢靡之音、华丽之辞渐次归于实用。明清徽州的学术文化自成体系,具有丰厚的文化内涵,从朱熹、朱升到戴震,从宋明理学至清代考据学,凸显了宋代以后徽州地域文化学术发展的主线。这一主线不仅反映了地域学术风气的变化,而且反映了明清学术文化演变的主流,徽州已成为明清学术文化的重镇。特别是以江永为首,由戴震集大成的清代"皖派"朴学群体,秉承敦本实学、坚忍不拔和勤苦笃实的"徽骆驼"学风,倡扬"综形名,任裁断"的实事求是治学精神,形成了独具特色的"皖派"朴学,在江南和京师地区得到认可与传播,引发了乾嘉时代学术风气和全国的学术转型。

主要参考文献

一、方志和家谱文献

(一)方志

[1] 淳熙《新安志》。

[2] 道光《安徽通志》。

[3] 光绪《安徽通志》。

[4] 弘治《徽州府志》。

[5] 嘉靖《徽州府志》。

[6] 康熙《徽州府志》。

[7] 道光《徽州府志》。

[8] 万历《歙志》。

[9] 民国《歙县志》。

[10] 万历《休宁县志》。

[11] 弘治《休宁县志》。

[12] 嘉庆《休宁县志》。

[13] 康熙《休宁县志》。

[14] 万历《祁门县志》。

［15］康熙《祁门县志》。

［16］同治《祁门县志》。

［17］道光《祁门县志》。

［18］康熙《婺源县志》。

［19］乾隆《婺源县志》。

［20］道光《婺源县志》

［21］光绪《婺源县志》。

［22］民国《重修婺源县志》。

［23］乾隆《绩溪县志》。

［24］嘉庆《绩溪县志》。

［25］嘉庆《黟县志》。

［26］道光《黟县志》。

［27］道光《黟县续志》。

［28］同治《黟县三志》。

［29］民国《黟县四志》。

［30］民国《黟县乡土地理》。

［31］《橙阳散志》,清嘉庆刊本。

［32］《沙溪集略》,清抄本。

［33］《岩镇志草》,江苏古籍出版社1992年影印本。

［34］《芜湖县志》,民国八年(1919)石印本。

［35］《芜湖县志》,民国三年(1914)重印本。

［36］《丰南志》,江苏古籍出版社1992年影印本。

［37］万历《扬州府志》。

［38］嘉庆《扬州府志》。

［39］康熙重修《扬州府志》。

［40］王光伯纂,程景韩增订:《淮安河下志》,江苏古籍出版社1992年版。

［41］安徽省地方志编纂委员会编:《安徽省志》,方志出版社1998年版。

(二)家谱

[1]《新安毕氏会通族谱》,明正德本。

[2]《新安汪氏家乘》,清同治本。

[3]《(徽州)徽州彭成钱氏宗谱》,清光绪十年(1884)本。

[4]《重修新安程氏世谱》,清光绪本。

[5]《歙西岩镇百忍程氏本宗信谱》,明万历十八年(1590)本。

[6]《新安歙北许氏东支世谱》,明嘉靖本。

[7]《歙县许氏统宗世谱》,明嘉靖本。

[8]《歙县溪南江氏族谱》,明隆庆本。

[9]《歙县槐塘程氏重修宗谱》,清康熙本。

[10]《歙县潭渡孝里黄氏族谱》,清雍正九年(1731)本。

[11]《歙淳方氏柳山真应庙会宗统谱》,清乾隆十八年(1753)本。

[12]《重修古歙东门许氏宗谱》,清乾隆十年(1745)本。

[13]《歙县槐塘程氏本支迁派谱略》,清嘉庆元年(1796)本。

[14]《歙县棠樾鲍氏宣忠堂支谱》,清嘉庆本。

[15]《歙县沙园吴氏宗谱》,清嘉庆本。

[16]《古歙岩镇镇东磡头吴氏族谱》,清嘉庆十一年(1806)本。

[17]《新安歙西沙溪汪氏族谱》,清道光刊本。

[18]《(歙县)新馆鲍氏著存堂宗谱》,清光绪元年(1875)本。

[19]《歙县济阳江氏族谱》,清道光十八年(1838)本。

[20]《古歙义成朱氏宗谱》,清宣统三年(1911)本。

[21]《(歙县)蔚川胡氏家谱》,民国本。

[22]《歙县汪氏义门支谱》,民国七年(1918)本。

[23]《歙县府前方氏族谱》,民国二十年(1931)本。

[24]《歙县桂林洪氏宗谱》,民国十二年(1923)本。

[25]《休宁率东程氏家谱》,明刻本。

[26]《休宁汪氏统宗谱》,明刻本。

[27]《休宁黄氏世谱》,明嘉靖本。

[28]《休宁率口程氏续编本宗谱》,明隆庆四年(1570)本。

[29]《休宁重修周氏族谱》,明万历本。

[30]《休宁范氏族谱》,明万历二十八年(1600)本。

[31]《休宁西门汪氏宗谱》,清刊本。

[32]《休宁方塘汪氏宗谱》,清康熙本。

[33]《休宁古林黄氏重修族谱》,清乾隆二十二年(1757)本。

[34]《(休宁)新安月潭朱氏族谱》,民国本。

[35]《(婺源)余氏统谱》,明隆庆刊本。

[36]《婺源燉煌郡洪氏通宗谱》,清嘉庆二十三年(1818)本。

[37]《婺源长溪余氏重修正谱》,清道光二十八年(1848)本。

[38]《婺源三田李氏统宗谱》,清光绪十一年(1885)刊本。

[39]《婺源萧江家乘》,清道光三十年(1850)本。

[40]《婺源竹马馆东李宗谱》,民国九年(1920)本。

[41]《黟县南屏叶氏族谱》,清嘉庆十七年(1812)本。

[42]《黟县湾里裴氏族谱》,清咸丰五年(1855)本。

[43]《黟县鹤山李氏宗谱》,民国本。

[44]《黟县环山余氏宗谱》,民国六年(1917)本。

[45]《绩溪积庆坊葛氏族谱》,明嘉靖四十四年(1565)本。

[46]《绩溪梁安高氏宗谱》,清光绪三年(1877)本。

[47]《绩溪县南关许余氏惇叙堂宗谱》,清光绪十五年(1889)本。

[48]《绩溪东关冯氏家谱》,清光绪二十三年(1897)本。

[49]《绩溪西关章氏族谱》,清宣统本。

[50]《(绩溪)仙石周氏宗谱》,清宣统本。

[51]《绩溪上川明经胡氏宗谱》,清宣统三年(1911)本。

[52]《绩溪盘川王氏家谱》,民国本。

[53]《绩溪新安柯氏宗谱》,民国十四年(1925)刊本。

[54]《绩溪坦川洪氏宗谱》,民国十六年(1927)刊本。

[55]《绩溪遵义胡氏宗谱》,民国本。

[56]《绩溪鱼川耿氏宗谱》,民国八年(1919)本。

[57]《(祁门)陈氏文堂乡约家法》,明隆庆六年(1572)本。

[58]《(祁门)张氏统宗世谱》,明嘉靖十四年(1535)本。

[59]《(祁门)陈氏宗谱(义字号)》,清同治十二年(1873)本。

[60]《(祁门)环溪五履和堂养山会簿》,清嘉庆十九年(1814)本。

[61]《祁门善和程氏仁山门支修宗谱》,清光绪本。

[62]《祁门倪氏族谱》,民国十四年(1925)本。

[63]《祁门金氏统宗谱》,清光绪三年(1877)本。

二、历史文献和文献史料汇编

[1] (西汉)司马迁:《史记》,中华书局1982年版。

[2] (唐)陆羽著:《茶经》,中华书局2010年版。

[3] (宋)朱熹:《朱子全书》,上海古籍出版社、安徽教育出版社2002年版。

[4] (宋)黎靖德编:《朱子语类》,岳麓书社1997年版。

[5] (宋)朱熹:《晦庵先生朱文公文集》,《四部丛刊》景明嘉靖本。

[6] (宋)朱熹:《晦庵续集》,《四部丛刊》景明嘉靖本。

[7] (宋)朱熹:《四书或问》,清文渊阁《四库全书》本。

[8] (宋)朱熹:《孟子集注》,清文渊阁《四库全书》本。

[9] (宋)陆九渊:《陆九渊集》,中华书局1980年版。

[10] (宋)袁采:《袁氏世范》,天津古籍出版社1995年版。

[11] (元)脱脱等撰:《宋史》,中华书局1985年版。

[12] (明)王守仁撰:《王阳明全集》,上海古籍出版社1992年版。

[13] (明)王畿:《王畿集》,凤凰出版社2007年版。

[14] (明)王艮撰:《王心斋全集》,江苏教育出版社2001年版。

［15］（明）邹守益:《邹守益集》,凤凰出版社2007年版。

［16］（明）张居正撰:《张太岳集》,上海古籍出版社1984年版。

［17］（明）汪道昆:《太函集》,黄山书社2004年版。

［18］（明）戴廷明、程尚宽等撰:《新安名族志》,黄山书社2007年版。

［19］（明）曹嗣轩编撰:《休宁名族志》,黄山书社2007年版。

［20］（明）程敏政:《新安文献志》,黄山书社2004年版。

［21］（明）傅岩:《歙纪》,黄山书社2007年版。

［22］（明）丘濬:《大学衍义补》,京华出版社1999年版。

［23］（明）王世贞:《弇州山人四部稿》,(台湾)伟文出版公司1976年影印本。

［24］（明）谢肇淛:《五杂俎》,上海书店出版社2001年版。

［25］（明）归有光:《震川先生集》,上海古籍出版社2007年版。

［26］（明）凌濛初:《二刻拍案惊奇》,华夏出版社2008年版。

［27］（明）张岱:《陶庵梦忆》,上海远东出版社1996年版。

［28］（明）唐顺之:《重刊荆川先生文集》,上海书店出版社1989年版。

［29］（明）田艺蘅:《留青日札》,上海古籍出版社1985年版。

［30］（明）李绍文:《云间杂识》,上海瑞华印务局1935年印行。

［31］（明）宋应星:《天工开物》,广东人民出版社1976年版。

［32］（明）李维桢:《大泌山房集》,齐鲁书社1997年影印本。

［33］（明）雷梦麟:《读律琐言》,法律出版社2000年版。

［34］（明）何良俊撰:《四友斋丛说》,中华书局1959年版。

［35］（明）张瀚:《松窗梦语》,中华书局1985年版。

［36］（明）程春宇:《士商类要》,见杨正泰:《明代驿站考》,上海古籍出版社1994年版。

［37］（明）方弘静:《素园存稿》,齐鲁书社1997年影印本。

［38］（明）朱升:《朱枫林集》,黄山书社1992年版。

［39］（明）金声:《金太史集》,海南出版社2000年版。

［40］（明）李贽:《焚书·续焚书》,岳麓书社 1990 年版。

［41］（明）李贽:《李贽文集》,社会科学文献出版社 2000 年版。

［42］（清）黄宗羲:《明儒学案》,中华书局 1985 年版。

［43］（清）黄宗羲:《明夷待访录》,中华书局 2011 年版。

［44］（清）顾炎武:《天下郡国利病书》,上海古籍出版社 2012 年版。

［45］（清）顾炎武:《肇域志》,上海古籍出版社 2004 年版。

［46］（清）王夫之:《读通鉴论》,中华书局 1975 年版。

［47］（清）唐甄:《潜书》,中华书局 1955 年版。

［48］（清）张廷玉:《明史》,中华书局 2000 年版。

［49］（清）谢开宠撰,吴相湘主编:《两淮盐法志》,台湾学生书局 1966 年影印本。

［50］（清）陈梦雷著,杨家骆主编:《古今图书集成·职方典》,鼎文书局 1977 年影印本。

［51］（清）赵吉士辑撰:《寄园寄所寄》,黄山书社 2008 年版。

［52］（清）吴翟辑撰:《茗洲吴氏家典》,黄山书社 2006 年版。

［53］（清）胡培翚撰,徐会烜辑:《绩溪捐助宾兴盘费规条》,清刊本,安徽省图书馆古籍部藏。

［54］（清）董桂敷:《紫阳书院志略》,湖北教育出版社 2002 年版。

［55］（清）李斗撰:《扬州画舫录》,中华书局 1960 年版。

［56］（清）陈确:《陈确集上》,中华书局 1979 年版。

［57］（清）戴震:《戴震全集》,清华大学出版社 1997 年版。

［58］（清）戴震:《戴震全书》,黄山书社 1995 年版。

［59］（清）凌廷堪:《凌廷堪全集》,黄山书社 2009 年版。

［60］（清）凌廷堪:《校礼堂文集》,中华书局 1998 年版。

［61］（清）钱大昕:《嘉定钱大昕全集》,江苏古籍出版社 1997 年版。

［62］（清）程瑶田:《程瑶田全集》,黄山书社 2010 年版。

［63］（清）段玉裁、鲍桂星等撰，薛贞芳主编：《清代徽人年谱合刊》，黄山书社 2006 年版。

［64］（清）江藩：《国朝汉学师承记》，中华书局 1983 年版。

［65］（清）姚鼐：《惜抱轩诗文集》，上海古籍出版社 1992 年版。

［66］（清）孔尚任：《孔尚任诗文集》，中华书局 1962 年版。

［67］（清）阮元：《研经室集》，中华书局 1993 年版。

［68］（清）阮元：《研经室二集》，中华书局 2006 年版。

［69］（清）阮元：《定香亭笔谈》，中华书局 1985 年版。

［70］（清）阮元辑：《淮海英灵集（乙集）》，丛书集成初编本。

［71］（清）魏源：《魏源全集》，岳麓书社 2004 年版。

［72］（清）袁枚：《袁枚全集》，江苏古籍出版社 1993 年版。

［73］（清）袁枚：《随园诗话》，浙江古籍出版社 2000 年版。

［74］（清）钱泳撰：《履园丛话（上册）》，上海古籍出版社 2012 年版。

［75］（清）吴伟业撰：《梅村家藏稿》，台湾学生书局 1975 年版。

［76］（清）沈尧：《落帆楼文集》，文物出版社 1987 年版。

［77］（清）屈大均：《广东新语》，中华书局 1985 年版。

［78］（清）李慈铭：《越缦堂读书记》，上海书店 2000 年版。

［79］（清）欧阳兆熊、金安清著，谢兴尧点校：《水窗春呓》，中华书局 1984 年版。

［80］（清）厉鹗：《樊榭山房集》，《四部丛刊》本。

［81］（清）薛福成：《庸盦笔记》，江苏古籍出版社 2000 年版。

［82］（清）汪士铎：《汪悔翁乙丙日记》，文海出版社 1967 年影印本。

［83］（清）汪士慎：《巢林集》，《续修四库全书》本。

［84］（清）高廷瑶：《宦游纪略》，中国书店 1990 年版。

［85］（清）郑廉：《豫变纪略》，浙江古籍出版社 1984 年版。

［86］（清）徐珂：《清稗类钞》，中华书局 2010 年版。

［87］（清）胡虔：《柿叶轩笔记》，《续修四库全书》本。

[88](清)沈德潜:《西湖志纂》,文海出版社1971年影印本。

[89](清)焦袁熹:《此木轩杂著》,《续修四库全书》第1136册。

[90](清)林云铭:《挹奎楼选稿》,《四库全书存目丛书》集部第230册。

[91](清)石成金编:《传家宝集》,北京师范大学出版社1992年版。

[92]钱仲联主编:《广清碑传集》,苏州大学出版社1999年版。

[93]闵尔昌:《碑传集补》,文海出版社1980年版。

[94]许承尧:《歙事闲谭》,黄山书社2001年版。

[95]赵尔巽等撰:《清史稿》,中华书局1977年版。

[96]陈去病:《五石脂》,江苏古籍出版社1985版。

[97]周绍良主编:《全唐文新编》,吉林文史出版社2000年版。

[98]李修生主编:《全元文》,凤凰出版社2004年版。

[99]赵所生、薛正兴主编:《中国历代书院志》,江苏教育出版社1995年影印。

[100]周绍泉、王钰欣主编:《徽州千年契约文书》,花山文艺出版社1991年版。

[101]刘伯山主编:《徽州文书》第一辑,广西师范大学出版社2005年版。

[102]刘伯山主编:《徽州文书》第二辑,广西师范大学出版社2006年版。

[103]刘伯山主编:《徽州文书》第三辑,广西师范大学出版社2010年版。

[104]宋寿昌主编:《中国财政历史资料选编》第九辑,中国财政经济出版社1990年版。

[105]王文治、王锐等编著:《中国历代商业文选》,中国商业出版社1992年版。

[106]张海鹏、王廷元主编:《明清徽商资料选编》,黄山书社1985年版。

[107]苏州博物馆等合编:《明清苏州工商业碑刻集》,江苏人民出版社1981年版。

[108]安徽省博物馆编:《明清徽州社会经济资料丛编》第一集,中国社会科学出版社1988年版。

[109] 张正明、薛慧林:《明清晋商资料选编》,山西人民出版社 1989 年版。

[110] 郭成伟、田涛点校整理:《明清公牍秘本五种》,中国政法大学出版社 1999 年版。

[111] 官箴书集成编纂委员会编:《官箴书集成》,黄山书社 1997 年影印本。

[112] 周绍泉、赵亚光:《窦山公家议校注》,黄山书社 1993 年版。

[113] 谢国桢编:《明代社会经济史料选编(上)》,福建人民出版社 1980 年版。

[114] 谢国桢编:《明代社会经济史料选编(中)》,福建人民出版社 1980 年版。

[115] 谢国桢编:《明代社会经济史料选编(下)》,福建人民出版社 1981 年版。

[116] 李国祥、杨昶主编:《明实录类纂(经济史料卷)》,武汉出版社 1993 年版。

[117] 陈振汉、熊正文等编:《清实录经济史资料(顺治—嘉庆朝)》,北京大学出版社 1989 年版。

[118] 彭泽益选编:《清代工商行业碑文集粹》,中州古籍出版社 1997 年版。

[119] 中国社会科学院历史研究所清史研究室编:《清史资料》第四辑,中华书局 1983 年版。

[120] 中华书局编:《清史列传》,中华书局 1988 年版。

[121] 杨正泰校注:《天下水陆路程 天下路程图引 客商一览醒迷》,山西人民出版社 1992 年版。

[122] 赵靖、易梦虹编:《中国近代经济思想资料选辑》,中华书局 1982 年版。

[123] 彭泽益编:《中国近代手工业史资料》第一卷,中华书局 1962 年版。

[124]彭泽益编:《中国近代手工业史资料》第二卷,生活·读书·新知三联书店1957年版。

[125]杨学为、朱仇美、张海鹏主编:《中国考试制度史资料选编》,黄山书社1992年版。

[126]陆益龙编著:《中国历代家礼》,北京图书馆出版社1998年版。

[127]张习孔、田珏主编:《中国历史大事编年》,北京出版社1997年版。

三、研究著述

[1][美]刘子健著,赵冬梅译:《中国转向内在——两宋之际的文化转向》,江苏人民出版社2002年版。

[2][美]何炳棣著,葛剑雄译:《明初以降人口及其相关问题:1368—1953》,生活·读书·新知三联书店2000年版。

[3][日]寺田隆信著,张正明、道丰等译:《山西商人研究》,山西人民出版社1986年版。

[4]余英时:《中国近世宗教伦理与商人精神》,安徽教育出版社2001年版。

[5]余英时:《士与中国文化》,上海人民出版社2003年版。

[6]吴松弟:《中国人口史》第三卷,复旦大学出版社2000年版。

[7]曹树基:《中国人口史》第四卷,复旦大学出版社2005年版。

[8]曹树基:《中国人口史》第五卷,复旦大学出版社2005年版。

[9]梁方仲编著:《中国历代户口、田地、田赋统计》,上海人民出版社1980年版。

[10]吴承明:《中国资本主义与国内市场》,中国社会科学出版社1985年版。

[11]许涤新、吴承明主编:《中国资本主义发展史》第一卷《中国资本主义的萌芽》,社会科学文献出版社2007年版。

[12]傅衣凌:《明清社会经济史论文集》,商务印书馆2010年版。

[13]傅衣凌:《明清时代商人及商业资本》,人民出版社1956年版。

［14］杨国桢:《明清土地契约文书研究》,中国人民大学出版社2009年版。

［15］李伯重:《江南的早期工业化(1550－1850)》,社会科学文献出版社2000年版。

［16］范金民:《明清江南商业的发展》,南京大学出版社1998年版。

［17］范金民:《国计民生——明清社会经济研究》,福建人民出版社2008年版。

［18］范金民:《江南社会经济史研究入门》,复旦大学出版社2012年版。

［19］叶显恩:《明清徽州农村社会与佃仆制》,安徽人民出版社1983年版。

［20］叶显恩:《徽州与粤海论稿》,安徽大学出版社2004年版。

［21］唐文基:《明代赋役制度史》,中国社会科学出版社1991年版。

［22］张海英:《明清江南商品流通与市场体系》,华东师范大学出版社2002年版。

［23］董书城:《中国商品经济史》,安徽教育出版社1990年版。

［24］王燕玲:《商品经济与明清时期思想观念的变迁》,云南大学出版社2007年版。

［25］郑学檬:《中国赋役制度史》,上海人民出版社2000年版。

［26］张海鹏、王廷元主编:《徽商研究》,安徽人民出版社1995年版。

［27］张海鹏、张海瀛主编:《中国十大商帮》,黄山书社1993年版。

［28］王廷元、王世华:《徽商》,安徽人民出版社2005年版。

［29］王世华:《富甲一方的徽商》,浙江人民出版社1997年版。

［30］周晓光、李琳琦:《徽商与经营文化》,上海世界图书出版公司1998年版。

［31］王裕明:《明清徽州典商研究》,人民出版社2012年版。

［32］王磊编著:《徽州朝奉》,福建人民出版社1997年版。

［33］赵华富:《徽州宗族研究》,安徽大学出版社2004年版。

[34]赵华富:《两驿集》,黄山书社 1999 年版。

[35]栾成显:《明代黄册制度研究》,中国社会科学出版社 1998 年版。

[36]章有义编著:《明清及近代农业史论集》,中国农业出版社 1997 年版。

[37]唐力行:《徽州宗族社会》,安徽人民出版社,2005 年版。

[38]唐力行:《商人与中国近世社会》,商务印书馆 2006 年版。

[39]唐力行:《商人与文化的双重变奏——徽商与宗族社会的历史考察》,华中理工大学出版社 1997 年版。

[40]唐力行:《明清以来徽州区域社会经济研究》,安徽大学出版社 1999 年版。

[41]唐力行:《苏州与徽州——16-20 世纪两地互动与社会变迁的比较研究》,商务印书馆 2007 年版。

[42]冯尔康、常建华等:《中国宗族社会》,浙江人民出版社 1994 年版。

[43]冯尔康:《生活在清朝的人们:清代社会生活图记》,中华书局 2005 年版。

[44]冯尔康:《清人生活漫步》,中国社会出版社 1999 年版。

[45]冯尔康主编:《中国社会结构的演变》,河南人民出版社 1994 年版。

[46]本书编写组编:《明清人口婚姻家族史论》,天津古籍出版社 2002 年版。

[47]王振忠:《明清徽商与淮扬社会变迁》,生活·读书·新知三联书店 1996 年版。

[48]王振忠:《明清以来徽州村落社会史研究——以新发现的民间珍稀文献为中心》,上海人民出版社 2011 年版。

[49]王振忠:《千山夕阳:王振忠论明清社会与文化》,广西师范大学出版社 2009 年版。

[50]王振忠:《从徽州到江南:明清徽商与区域社会研究》,上海人民出版社 2019 年版。

[51] 王振忠:《徽州社会文化史探微:新发现的16—20世纪民间档案文书研究》,上海社会科学院出版社2002年版。

[52] 卞利:《明清徽州社会研究》,安徽大学出版社2004年版。

[53] 卞利:《明清以来徽州社会经济与文化研究》,安徽大学出版社2017年版。

[54] 徐国利:《徽州社会文化史研究》,安徽大学出版社2017年版。

[55] 胡中生:《明清徽州人口与社会研究》,安徽大学出版社2016年版。

[56] 卞利:《国家与社会的冲突和整合——论明清民事法律规范的调整与农村基层社会的稳定》,中国政法大学出版社2008年版。

[57] 陈瑞:《明清徽州宗族与乡村社会控制》,安徽大学出版社2013年版。

[58] 吴媛媛:《明清徽州灾害与社会应对》,安徽大学出版社2014年版。

[59] 张小坡:《旅外徽州人与近代徽州社会变迁研究》,中华书局2018年版。

[60] 徐茂明:《江南士绅与江南社会(1368—1911年)》,商务印书馆2004年版。

[61] 唐力行:《延续与断裂:徽州乡村的超稳定结构与社会变迁》,商务印书馆2015年版。

[62] 刘淼辑译,古籍整理办公室编:《徽州社会经济史研究译文集》,黄山书社1987年版。

[63]《江淮论坛》编辑部编:《徽商研究论文集》,安徽人民出版社1985年版。

[64] 邹怡:《明清以来的徽州茶业与地方社会》,复旦大学出版社2012年版。

[65] 萧建新、杨国宜校著:《〈新安志〉整理与研究》,黄山书社2008年版。

[66] 卞利、胡中生主编:《民间文献与地域中国研究》,黄山书社2010年版。

[67] 黄山市政协文史资料委员会编:《徽州大姓》,安徽大学出版社 2005 年版。

[68] 程景梁主编:《新安程氏名人与徽州社会》,黄山书社 2019 年版。

[69] 杨正泰:《明代驿站考》,上海古籍出版社 1994 年版。

[70] 鞠春彦:《教化与惩戒:从清代家训和家法族规看传统乡土社会控制》,黑龙江教育出版社 2008 年版。

[71] 徐扬杰:《中国家族制度史》,人民出版社 1992 年版。

[72] 费成康主编:《中国的家法族规》,上海社会科学院出版社 1998 年版。

[73] 夏家善编著:《家训粹语》,南开大学出版社 2001 年版。

[74] 李琳琦:《徽州教育》,安徽人民出版社 2005 年版。

[75] 李琳琦:《徽商与明清徽州教育》,湖北教育出版社 2003 年版。

[76] 陈瑞、方英:《徽州古书院》,辽宁人民出版社 2002 年版。

[77] 卞利:《徽州民俗》,安徽人民出版社 2005 年版。

[78] 章毅:《理学、士绅和宗族:宋明时期徽州的文化与社会》,浙江大学出版社 2017 年版。

[79] (清)胡雪岩原典,东野君译著:《胡雪岩灵活变通官商之道》,黑龙江人民出版社 2002 年版。

[80] 商衍鎏:《清代科举考试述录及有关著作》,百花文艺出版社 2004 年版。

[81] 朱保炯、谢沛霖编:《明清进士题名碑录索引》,上海古籍出版社 1980 年版。

[82] 何怀宏:《选举社会及其终结:秦汉至晚清历史的一种社会学阐释》,生活·读书·新知三联书店 1998 年版。

[83] 刘海峰主编:《科举学的形成与发展》,华中师范大学出版社 2009 年版。

[84] 张杰:《清代科举家族》,社会科学文献出版社 2003 年版。

[85] 梁启超:《清代学术概论》,上海古籍出版社1998年版。

[86] 钱穆:《中国近三百年学术史》,商务印书馆1997年版。

[87] 钱穆:《中国学术思想史论丛》第八辑,安徽教育出版社2004年版。

[88] 顾颉刚:《顾颉刚全集》,中华书局2011年版。

[89] [美]艾尔曼著,赵刚译:《从理学到朴学——中华帝国晚期思想与社会变化面面观》,江苏人民出版社1995年版。

[90] 周晓光:《新安理学》,安徽人民出版社2005年版。

[91] 周晓光:《徽州传统学术文化地理研究》,安徽人民出版社2006年版。

[92] 徐道彬:《皖派学术与传承》,黄山书社2012年版。

[93] 徐道彬:《戴震考据学研究》,安徽大学出版社2007年版。

[94] 潘景郑:《寄沤剩稿》,齐鲁书社1985年版。

[95] 蒙培元:《理学范畴系统》,人民出版社1989年版。

[96] 葛荣晋:《中国哲学范畴通论》,首都师范大学出版社2001年版。

[97] 沈善洪、王凤贤:《中国伦理思想史(中)》,人民出版社2005年版。

[98] [美]亚伯拉罕·马斯洛著,许金声等译:《动机与人格》,中国人民大学出版社2007年版。

[99] 曾霄容:《哲学体系重建论(下)》,青文出版社1981年版。

[100]《安徽经济年鉴》编辑委员会编:《安徽经济年鉴1984》,安徽人民出版社1984年版。

[101] 安徽省地方志编纂委员会编:《安徽省志农业志》,方志出版社1998年版。

[102] 王鹤鸣、施立业:《安徽近代经济轨迹》,安徽人民出版社1991年版。

[103] 王振忠:《徽学研究入门》,复旦大学出版社2011年版。

[104] 杜诚、朱万曙主编:《徽学百题》,安徽人民出版社2009年版。

[105] 徐国利、林家虎编著:《徽学》,安徽文艺出版社2012年版。

[106] 高寿仙:《徽州文化》,辽宁教育出版社 1998 年版。

[107]《璜蔚志》编纂组编:《徽州古村落——璜蔚志》,黄山市委机关印刷厂 2007 年版。

[108] 陈彬藩主编:《中国茶文化经典》,光明日报出版社 1999 年版。

[109] 胡适口述,唐德刚译注:《胡适口述自传》,广西师范大学出版社 2005 年版。

[110] 臧励龢等编:《中国古今地名大辞典》,商务印书馆香港分馆 1931 年版。

[111] 耿传友:《汪道昆商人传记研究》(安徽大学,2002 年),见"中国知网·中国优秀硕士学位论文全文数据库"。

[112] 赵懿梅:《试论徽商对儒家传统价值观的整合》(安徽大学,2006 年),见"中国知网·中国优秀硕士学位论文全文数据库"。

[113] 明旭:《明代徽商"贾而好儒"现象研究》(浙江大学,2012 年),见"中国知网·中国优秀博士学位论文全文数据库"。

[114] 梁德阔:《儒家伦理与徽商精神——"韦伯式问题"的经验研究》(上海大学,2010 年),见"中国知网·中国优秀博士学位论文全文数据库"。

四、研究论文

[1] 曹觉生:《解放前武汉的徽商与徽帮》,载《史学工作通讯》,1957 年第 3 期。

[2] 萧亮国:《清代两淮盐商的奢侈性消费及其经济影响》,载《历史研究》,1982 年第 4 期。

[3] 刘文智:《清代前期的扬州徽商》,载《江淮论坛》,1982 年第 5 期。

[4] 张海鹏、唐力行:《论徽商"贾而好儒"的特色》,载《中国史研究》,1984 年第 4 期。

[5] 王廷元:《论明清时期的徽商与芜湖》,载《安徽史学》,1984 年第 4 期。

[6]陈忠平:《明清徽商在江南市镇的活动》,载《江淮论坛》,1985年第5期。

[7]傅衣凌:《明代徽州商人》,见《江淮论坛》编辑部编:《徽商研究论文集》,安徽人民出版社1985年版。

[8][日]藤井宏:《新安商人的研究》,见《江淮论坛》编辑部编:《徽商研究论文集》,安徽人民出版社1985年版。

[9]李伯重:《明清时期江南地区的木材问题》,载《中国社会经济史研究》,1986年第1期。

[10]唐力行:《论徽商与封建宗族势力》,载《历史研究》,1986年第2期。

[11]张雪慧:《徽州历史上的林木经营初探》,载《中国史研究》,1987年第1期。

[12]曹国庆:《明清时期景德镇的徽州瓷商》,载《江淮论坛》,1987年第2期。

[13]刘淼:《清代前期徽州盐商和扬州城市经济的发展》,载《安徽史学》,1987年第3期。

[14][美]贺杰:《明清徽州的宗族与社会流动性》,见刘淼辑译,古籍整理办公室编:《徽州社会经济史研究译文集》,黄山书社1987年版。

[15]曹国庆:《明清时期江西的徽商》,载《江西师范大学学报(哲学社会科学版)》,1988年第1期。

[16]曹国庆:《明清时期徽商在江西的活动》,载《徽学通讯》,1988年第1期。

[17]傅衣凌:《中国传统社会:多元的结构》,载《中国社会经济史研究》,1988年第3期。

[18]李琳琦:《论徽商资本流向土地的特点及其规律》,载《安徽师大学报》,1988年第4期。

[19]周志斌:《明清时期南京的徽商》,载《江淮论坛》,1988年第4期。

[20] 唐力行、[美]凯瑟·海泽顿:《明清徽州地理、人口探微》,载《中国社会经济史研究》,1989 年第 1 期。

[21] 范金民:《明清时期活跃于苏州的外地商人》,载《中国社会经济史研究》,1989 年第 4 期。

[22] 陈学文:《明清徽商在杭州的活动》,载《江淮论坛》,1990 年第 1 期。

[23] 唐力行:《论明代徽州海商与中国资本主义萌芽》,载《中国经济史研究》,1990 年第 3 期。

[24] 周绍泉:《试论明代徽州土地买卖的发展趋势——兼论徽商与徽州土地买卖的关系》,载《中国经济史研究》,1990 年第 4 期。

[25] 陈柯云:《略论明清徽州的乡约》,载《中国史研究》,1990 年第 4 期。

[26] 王珍:《徽商与茶叶经营》,载《徽州社会科学》,1990 年第 4 期。

[27] 唐力行:《明清徽州的家庭与宗族结构》,载《历史研究》,1991 年第 1 期。

[28] 李伯重:《简论"江南地区"的界定》,载《中国社会经济史研究》,1991 年第 1 期。

[29] [日]寺田隆信《关于北京歙县会馆》,载《中国社会经济史研究》,1991 年第 1 期。

[30] 朱宗宙:《徽商与扬州》,载《扬州师院学报》,1991 年第 2 期。

[31] 唐力行:《论徽商的形成及其价值观的变革》,载《江淮论坛》,1991 年第 2 期。

[32] 唐力行:《论徽州商人文化的内涵、特征及其历史地位》,载《安徽史学》,1992 年第 3 期。

[33] 王振忠:《明清两淮盐商与扬州青楼文化》,载《复旦学报(社会科学版)》,1991 年第 3 期。

[34] 吴仁安:《论明清时期上海地区的徽州商人》,载《上海研究论丛》,1992 年第 1 期。

[35] 陈其南:《明清徽州商人的职业观与家族主义》,载《江淮论坛》,1992 年第 2 期。

[36] 王廷元:《徽商与上海》,载《安徽史学》,1993 年第 1 期。

[37] 张雪慧:《论明清徽商与西南民族地区社会经济关系》,载《徽州社会科学》,1991 年第 3 期。

[38] 翟屯建:《徽商与明清时期江南经济的发展》,载《东南文化》,1993 年第 3 期。

[39] 刘淼:《清代祁门善和里程氏宗族的"会"组织》,见《文物研究》,1993 年第 8 辑。

[40] [美]何炳棣著,王振忠译:《科举和社会流动的地域差异》,见《历史地理》第十一辑,上海人民出版社 1993 年版。

[41] 王振忠:《明清淮安河下徽州盐商研究》,载《江淮论坛》,1994 年第 5 期。

[42] 唐力行:《徽州方氏与社会变迁——兼论地域社会与传统中国》,载《历史研究》,1995 年第 1 期。

[43] 蒋文玲:《明清士商渗透现象探析》,载《江海学刊》,1995 年第 1 期。

[44] 卞利:《明清南方田土面积民间计量方法及实质》,载《中国农史》,1995 年第 2 期。

[45] 马学强:《论人口流动与区域社会经济发展——1368～1911 年江南地区分析》,载《史林》,1995 年第 1 期。

[46] 陈柯云:《明清徽州宗族对乡村统治的加强》,载《中国史研究》,1995 年第 3 期。

[47] 刘淼:《清代徽州的"会"与"会祭"——以祁门善和里程氏为中心》,载《江淮论坛》,1995 年第 4 期。

[48] 徐秀丽:《中国古代家训通论》,载《学术月刊》,1995 年第 7 期。

[49] 栾成显:《明清庶民地主经济形态剖析》,载《中国社会科学》,1996 年第 4 期。

[50] 叶显恩:《徽州和珠江三角洲宗法制比较研究》,载《中国经济史研究》,1996年第4期。

[51] 朴元熇:《从柳山方氏看明代徽州宗族组织的扩大》,载《历史研究》,1997年第1期。

[52] 范金民:《明清江南进士数量、地域分布及其特色分析》,载《南京大学学报(哲学·人文·社会科学版)》,1997年第2期。

[53] 唐力行:《论徽州宗族社会的变迁与徽商的勃兴》,载《中国社会经济史研究》,1997年第2期。

[54] 周致元:《徽商"好儒"新解》,载《历史档案》,1997年第2期。

[55] 栾成显:《论封建国家、地主、农民三者之间的关系》,载《史学理论研究》,1997年第4期。

[56] 卞利:《傅岩〈歙纪〉及其文献价值》,载《文献》,1997年第4期。

[57] 叶显恩:《徽州和珠江三角洲宗法制比较研究》,见周绍泉、赵华富主编:《'95国际徽学学术讨论会论文集》,安徽大学出版社1997年版。

[58] 段自成:《明中后期社仓探析》,载《中国史研究》,1998年第2期。

[59] 方行:《略论中国地主制经济》,载《中国史研究》,1998年第3期。

[60] 朴元熇:《明清时代徽州真应庙之统宗祠转化与宗族组织——以歙县柳山方氏为中心》,载《中国史研究》,1998年第3期。

[61] 叶显恩:《儒家传统文化与徽州商人》,载《安徽师大学报(哲学社会科学版)》,1998年第4期。

[62] 朱万曙:《晚明皖南戏曲家群体综论》,载《江淮论坛》,1998年第4期。

[63] 卞利:《明清时期徽商对灾荒地捐助与赈济》,载《光明日报》,1998年10月23日。

[64] 常建华:《清朝孝治政策述略》,见南开大学历史系编:《南开大学历史系建系七十五周年纪念文集》,南开大学出版社1998年版。

[65] 李琳琦:《清代徽州书院的教学和经营管理特色》,载《清史研究》,1999年第3期。

[66] 张明富:《论明清商人商业观的二重性》,载《史学集刊》,1999年第3期。

[67] 范金民《清代徽州商帮的慈善设施——以江南为中心》,载《中国史研究》,1999年第4期。

[68] 卞利:《论明清时期徽商的法制观念》,载《安徽大学学报(哲学社会科学版)》,1999年第4期。

[69] 周致元:《儒家伦理与明代徽州籍进士》,载《安徽大学学报(哲学社会科学版)》,1999年第4期。

[70] 吴仁安:《论明清徽商在上海地区的经营活动与历史作用》,载《大连大学学报》,1999年第5期。

[71] 高建立:《明清之际士商观念的转变与商人伦理道德精神的塑造》,载《中州学刊》,1999年第5期。

[72] 李琳琦:《传统文化与徽商心理变迁》,载《学术月刊》,1999年第10期。

[73] 卞利:《16至17世纪徽州社会变迁中的大众心态研究》,见唐力行主编:《家庭·社区·大众心态变迁国际学术研讨会论文集》,黄山书社1999年版。

[74] 栾成显:《宗族制度与中国古代社会经济》,载《广东社会科学》,2000年第1期。

[75] 栾成显:《明代户丁考释》,载《中国史研究》,2000年第2期。

[76] 祝碧衡:《论明清徽商在浙江衢、严二府的活动》,载《中国社会经济史研究》,2000年第3期。

[77] 江太新:《论清代前期土地买卖的周期》,载《中国经济史研究》,2000年第4期。

[78] 吴仁安:《论明清徽商在上海地区的经营活动与历史作用(续)》,载《大连大学学报》,2000年第5期。

[79] 冯尔康:《明清时期扬州的徽商及其后裔述略》,载《徽学》2000年卷。

[80] 王振忠:《晚清徽州民众生活及社会变迁——〈陶甓公牍〉之民俗文化解读》,载《徽学》2000年卷。

[81] 周致元:《明代政治舞台上的徽州籍进士》,见周绍泉主编:《'98国际徽学学术研讨会论文集》,安徽大学出版社2000年版。

[82] 李琳琦:《明清徽州进士数量、分布特点及其原因分析》,载《安徽师范大学学报(人文社会科学版)》,2001年第1期。

[83] 卞利:《社会史研究的典型区域——明清徽州社会社区解剖》,载《天津社会科学》,2001年第1期。

[84] 张健、汪慧兰:《清代徽籍藏书家鲍廷博》,载《安徽师范大学学报(人文社会科学版)》,2001年第2期。

[85] 陈瑞:《论明清徽州望族的衡量标准及其类型》,载《安徽史学》,2001年第3期。

[86] 蒲霞:《试论明清时期徽商经营思想的形成和影响》,载《安徽教育学院学报》,2001年第5期。

[87] 卞利:《明清时期徽州的会社初探》,载《安徽大学学报(哲学社会科学版)》,2001年第6期。

[88] 范金民:《明清地域商人与江南文化》,载《江海学刊》,2002年第1期。

[89] 唐力行:《徽商在上海市镇的迁徙与定居活动》,载《史林》,2002年第1期。

[90] 王瑞成:《明清商业聚落与城镇社区——以徽商为主的分析》,载《中州学刊》,2002年第1期。

[91] 甘满堂:《明清时期的徽商与福建》,载《福州大学学报(哲学社会科学版)》,2002年第2期。

[92] 王振忠:《徽州人编纂的一部商业启蒙书——〈日平常〉抄本》,载《史学月刊》,2002 年第 2 期。

[93] 栾成显:《明初人口数值研究中的两个问题》,载《中国社会经济史研究》,2001 年第 4 期。

[94] 王振忠、赵力:《明清时代南京的徽商及其经营文化》,载《浙江社会科学》,2002 年第 4 期。

[95] 张明富:《"贾而好儒"并非徽商特色——以明清江浙、山西、广东商人为中心的考察》,载《中国社会经济史研究》,2002 年第 4 期。

[96] 卞利:《20 世纪徽学研究回顾》,载《徽学》2002 年卷。

[97] 王鹤鸣:《上海图书馆馆藏徽州家谱简介》,载《安徽史学》,2003 年第 1 期。

[98] 王世华:《徽商与长江文化》,载《安徽师范大学学报(人文社会科学版)》,2003 年第 1 期。

[99] 卞利:《论明中叶至清前期乡里基层组织的变迁——兼评所谓的"第三领域"问题》,载《天津师范大学学报(社会科学版)》,2003 年第 1 期。

[100] 唐力行:《徽州宗族研究概述》,载《安徽史学》,2003 年第 2 期。

[101] 胡中生:《明清徽州的人口买卖与婚配》,载《安徽史学》,2003 年第 2 期。

[102] 陈剑峰、陈国灿:《明清时期浙北杭嘉湖市镇的徽商》,载《安徽师范大学学报(人文社会科学版)》,2003 年第 2 期。

[103] 方利山:《仁心济世,德厚风高——在灾害面前的徽商》,载《黄山学院学报》,2003 年第 3 期。

[104] 范金民:《明清地域商人与江南市镇经济》,载《中国社会经济史研究》,2003 年第 4 期。

[105] 唐力行:《徽州商人的绅士风度》,载《史学月刊》,2003 年第 11 期。

[106] 王世华:《也谈"贾而好儒"是徽商的特色——与张明富先生商榷》,载《安徽史学》,2004 年第 1 期。

[107] 唐力行、申浩:《差异与互动:明清时期苏州与徽州的市镇》,载《社会科学》,2004 年第 1 期。

[108] 唐力行:《明清以来苏州、徽州的区域互动与江南社会的变迁》,载《史林》,2004 年第 2 期。

[109] 王云:《明清时期山东运河区域的徽商》,载《安徽史学》,2004 年第 3 期。

[110] 胡中生:《明清徽州生存伦理下的多元文化》,载《中国文化研究》,2004 年第 3 期。

[111] 胡中生:《理想与现实的调和:传统职业观的前近代嬗变——以明清徽州为例》,载《天津社会科学》,2004 年第 4 期。

[112] 胡中生:《明清徽州的人口结构与经济伦理》,载《徽学》2004 年卷。

[113] 卞利:《徽商与明清时期的社会公益事业》,载《中州学刊》,2004 年第 4 期。

[114] 唐力行《从杭州的徽商看商人组织向血缘化的回归——以抗战前夕杭州汪王庙为例论国家、民间社团、商人的互动与社会变迁》,载《学术月刊》,2004 年第 5 期。

[115] 吴媛媛:《从粮食事件看晚清徽州绅商的社会作用——以〈歙地少请通浙米案呈稿〉和〈祁米案牍〉为例》,载《安徽史学》,2004 年第 6 期。

[116] 胡中生:《徽州人口社会史研究的理论视野和概念创新》,载《探索与争鸣》,2004 年第 8 期。

[117] [日]岸本美绪、栾成显:《20 世纪 80 年代以来中国古代史研究——以宋至清中期为中心》,载《中国史研究动态》,2005 年第 1 期。

[118] 李明:《明清苏州、扬州、徽州三地风俗的互动互融——兼谈"苏意""扬气"与"徽派"》,载《史林》,2005 年第 2 期。

[119] 徐国利:《当代中国的徽州文书研究》,载《史学月刊》,2005 年第 2 期。

[120] 徐国利:《徽州文书的理论研究与整理方法》,载《中国社会科学院研究生院学报》,2005 年第 4 期。

[121] 栾成显:《经济与文化互动——徽商兴衰的一个重要启示》,载《安徽师范大学学报(人文社会科学版)》,2005 年第 4 期。

[122] 张海英:《明中叶以后"士商渗透"的制度环境——以政府的政策变化为视角》,载《中国经济史研究》,2005 年第 4 期。

[123] 胡中生:《宋以来徽州宗族的扩张及其影响——兼与韩国安东宗族比较》,载《安东研究》(韩国)第四卷(2005 年 6 月)。

[124] 陈瑞:《制度设计与多维互动:清道光年间徽州振兴科考的一次尝试——以〈绩溪捐助宾兴盘费规条〉为中心的考察》,载《安徽史学》,2005 年第 5 期。

[125] 周茶仙:《简论朱熹的商业思想》,载《朱子学刊》2004 年卷。

[126] 王宜昌:《明清徽州的职业教育》,载《安徽大学学报(哲学社会科学版)》,2006 年第 1 期。

[127] 马勇虎:《徽州商人的社会流动探析》,载《安徽工业大学学报(社会科学版)》,2006 年第 1 期。

[128] 王传峰:《论徽商的商业信用观》,载《东南大学学报(哲学社会科学版)》,2006 年 6 月第 8 卷增刊。

[129] 胡中生:《明清徽州商业观的兴起及其局限》,载《中国社会历史评论》,2005 年卷。

[130] 刘倩:《从明清通俗小说看皇权专制制度下中国商人及商业资本的命运》,载《明清小说研究》,2006 年第 2 期。

[131] 徐道彬:《论戴震对徽州族谱的看法》,载《黄山学院学报》,2006 年第 2 期。

[132] 唐林轩:《明清小说中的弃儒从商现象》,载《湖南工程学院学报(社会科学版)》,2006 年第 3 期。

［133］范金民:《明代地域商帮的兴起》,载《中国经济史研究》,2006 年第 3 期。

［134］范金民:《明代地域商帮兴起的社会背景》,载《清华大学学报(哲学社会科学版)》,2006 年第 5 期。

［135］卞利:《明清徽州的宗族管理、经济基础及其祭祀仪式》,载《社会科学杂志》,2006 年第 6 期。

［136］孙华莹:《徽商与明清徽州荒政》,载《安徽师范大学学报(人文社会科学版)》,2006 年第 6 期。

［137］徐道彬:《戴震与乾嘉学者交流关系述评》,载《徽学》2006 年卷。

［138］黄彩霞、王世华:《徽商对商品流通基础设施的投入及其社会影响》,载《甘肃社会科学》,2007 年第 1 期。

［139］陈瑞:《明清时期徽州宗族祠堂的控制功能》,载《中国社会经济史研究》,2007 年第 1 期。

［140］陈瑞:《明清时期徽州宗族的内部救济》,载《中国农史》,2007 年第 1 期。

［141］徐国利:《关于区域史研究中的理论问题——区域史的定义及其区域的界定和选择》,载《学术月刊》,2007 年第 3 期。

［142］陈瑞:《朱熹〈家礼〉与明清时期徽州宗族以礼治族的实践》,载《史学月刊》,2007 年第 3 期。

［143］戴继芹:《明清时期的"考后分流"》,载《中国教育报》,2007 年 6 月 29 日。

［144］王裕明:《明代前期的徽州商人》,载《安徽史学》,2007 年第 4 期。

［145］栾成显:《明代人口统计与黄册制度的几个问题》,载《明史研究论丛》,2007 年。

［146］唐力行:《从区域史研究走向区域比较研究》,载《上海师范大学学报(哲学社会科学版)》,2008 年第 1 期。

［147］王世华:《论徽商对"三农"的贡献》,载《学术界》,2008 年第 1 期。

[148] 栾成显:《中国古代农村土地制度研究刍议》,载《河北大学学报》,2008 年第 2 期。

[149] 谢永平:《明清徽商的兴起与东南城镇经济的发展》,载《南通大学学报(社会科学版)》,2008 年第 2 期。

[150] 徐道彬:《徽州朴学成因的地域性解读——以戴震为中心的考察》,载《安徽大学学报(哲学社会科学版)》,2008 年第 3 期。

[151] 陈瑞:《明清时期徽州宗族对族人的职业控制》,载《安徽大学学报(哲学社会科学版)》,2008 年第 4 期。

[152] 陈学文:《明清时期徽商在浙江衢州》,载《史林》,2008 年第 4 期。

[153] 熊亚丹、陈雨前等:《徽州对景德镇瓷业经济发展的贡献》,载《中国陶瓷》,2008 年第 9 期。

[154] 赵凤霞:《徽商外出经商原因的社会学思考》,载《法制与社会》,2008 年第 11 期。

[155] 陈瑞:《清代淮河流域商业重镇亳州境内的徽商——以乾隆、光绪〈婺源县志〉为中心的考察》,载《中国地方志》,2008 年第 12 期。

[156] 范伟军:《黄生著述考略》,载《徽学》2008 年卷。

[157] 胡中生:《徽州的族会与宗族建设》,载《徽学》2008 年卷。

[158] 徐道彬:《论戴震的校勘学成就及其影响》,载《徽学》2008 年卷。

[159] 徐道彬:《论钱绎〈方言笺疏〉对戴震学术的继承与发展》,载《湖北大学学报》,2009 年第 2 期。

[160] 栾成显:《改革开放以来徽学研究的回顾与展望》,载《史学月刊》,2009 年第 6 期。

[161] 徐道彬:《朱熹在徽州本土遭遇的尴尬》,载《安徽师范大学学报(人文社会科学版)》,2009 年第 6 期。

[162] 徐国利:《阳明心学的世俗化伦理观与明清徽商伦理思想的转换和建构》,载《安徽史学》,2009 年第 4 期。

［163］王世华:《明清徽商是长三角兴起的重要力量》,载《学术界》,2009年第5期。

［164］张小坡:《论晚清徽商对徽州社会救济事业的扶持——以光绪三十四年水灾赈捐为例》,载《安徽大学学报(哲学社会科学版)》,2009年第5期。

［165］汪银辉:《朱子〈家礼〉在徽州的普及与影响》,见安徽省徽学会主编:《徽学丛刊》,2009年第7辑。

［166］徐道彬:《论戴震与西学》,载《自然科学史研究》,2010年第2期。

［167］徐道彬:《戴震学术地位的确立与"西学中源"论》,载《清史研究》,2010年第3期。

［168］汪庆元:《从鱼鳞图册看徽商故里的土地占有——以歙县〈顺治十年丈量鱼鳞清册〉为中心》,载《江淮论坛》,2010年第3期。

［169］栾成显:《明清徽州土地佥业考释》,载《中国史研究》,2010年第4期。

［170］陈瑞:《明清时期徽州宗族中的房长及其权力》,载《安徽大学学报(哲学社会科学版)》,2010年第6期。

［171］卞利:《无徽不成镇——明清时期的徽商与城市发展》,载《社会科学》,2011年第1期。

［172］徐彬:《明清时期徽商参与家谱编修的动因》,载《安徽师范大学学报(人文社会科学版)》,2011年第1期。

［173］陈瑞:《元代安徽地区的官学教育》,载《安徽师范大学学报(人文社会科学版)》,2011年第2期。

［174］胡欣:《明清时期开封的徽商》,载《河南科技大学学报(社会科学版)》,2011年第2期。

［175］王晋丽:《明清时期晋商与徽商伦理文化之我见》,载《中北大学学报(社会科学版)》,2011年第2期。

[176] 陈学文:《明中叶以来"士农工商"四民观的演化——明清恤商厚商思潮探析》,载《天中学刊》,2011年第3期。

[177] 梁仁志:《明清徽州的绅商——兼谈明清绅商和近代绅商之不同》,载《安徽师范大学学报(人文社会科学版)》,2011年第3期。

[178] 徐国利:《朱子伦理思想与明清徽州商业伦理观的转换和建构》,载《安徽史学》,2011年第5期。

[179] 赵华富:《明清时期徽州的儒贾观》,载《安徽大学学报(哲学社会科学版)》,2011年第6期。

[180] 徐国利:《从明清徽州家谱看明清徽州宗族的职业观》,载《河北学刊》,2011年第6期。

[181] 徐国利:《民国时期基层社会传统职业观的革新与保守——以民国徽州家谱的族规家训所见职业观为例》,载《民国档案》,2012年第1期。

[182] 陈杰:《人口压力、地域开发与徽商兴起——一个长时段的考察(770—1600)》,载《沧桑》,2012年第1期。

[183] 蔡予新:《折现徽州人口外迁史的清代"护票"》,载《徽州社会科学》,2012年第2期。

[184] 林承园:《清至民国时期徽商与汉口市镇的发展》,载《江汉大学学报(社会科学版)》,2012年第4期。

[185] 胡中生:《清代徽州家政与乡族社会的善治》,载《安徽大学学报》,2013年第2期。

[186] 阿风:《明隆庆刊〈珰溪金氏族谱〉所见徽州人的四民观》,载《安徽师范大学学报(人文社会科学版)》,2014年第4期。

[187] 丁修真:《明清科举地理现象的再认识:以徽州府科举群体为例》,载《安徽师范大学学报(人文社会科学版)》,2014年第6期。

[188] 唐力行:《论徽州士绅的文化权力与乡村自治》,载《安徽师范大学学报(人文社会科学版)》,2014年第2期。

[189] 王裕明:《宋元时期的徽州商人》,载《安徽史学》,2015年第3期。

[190] 常建华:《徽州文书的日常生活史价值》,载《安徽史学》,2015 年第 6 期。

[191] 康健:《明代徽州木商经营实态——〈万历郑氏合同分单账簿〉研究》,载《安徽史学》,2015 年第 5 期。

[192] 赵华富:《徽州宗族对朱熹〈家礼〉的继承与变革》,载《安徽大学学报(哲学社会科学版)》,2016 年第 1 期。

[193] 张小坡:《明清徽州科举会馆的运作及其近代转型》,载《安徽大学学报(哲学社会科学版)》,2016 年第 4 期。

[194] 张秋婵:《徽州私塾读本考》,载《学术界》,2016 年第 3 期。

[195] 金玲:《清代徽州经学家互动的微观图景——以程瑶田礼学交游为中心》,载《学术界》,2016 年第 8 期。

[196] 俞江:《清中期至民国的徽州钱会》,载《安徽大学学报》,2017 年第 4 期。

[197] 刘道胜:《民间习俗与传统契约信用的维系——以明清徽州为中心》,载《安徽师范大学学报(人文社会科学版)》,2017 年第 2 期。

[198] 王裕明:《明清商业经营中的回利制——基于徽州文书的分析》,载《安徽史学》,2018 年第 5 期。

[199] 马勇虎、李琳琦:《晚清乡村秀才的多重角色与多样收入——清光绪年间徽州乡村秀才胡廷卿收支账簿研究》,载《安徽史学》,2018 年第 3 期。

[200] 卞利:《宋明以来徽州血缘身份认同的建构与强化》,载《安徽大学学报(哲学社会科学版)》,2019 年第 2 期。

[201] 刘道胜:《明清徽州赋役户籍和基层职役的"朋名"》,载《安徽大学学报(哲学社会科学版)》,2019 年第 2 期。

[202] 张佩国:《徽州茶商与地方善举——清末民初屯溪公济局个案研究》,载《学术界》,2019 年第 8 期。

后 记

时光荏苒,从项目立项到完成结项,再到修订书稿付梓出版,已近13年。本书为2007年教育部人文社会科学重点研究基地重大项目"传统职业变迁与明清徽州人口流动研究"的结项书稿,招标基地为"安徽大学徽学研究中心"。2013年7月,项目团队提交了"项目终结报告书";2015年8月,教育部颁发了结项证书。2017年12月,书稿入选安徽大学出版社重点出版工程《徽学文库(第二辑)》;2019年3月,《徽学文库(第二辑)》入选2019年国家出版基金资助项目。

"传统职业变迁与明清徽州人口流动研究"项目主持人徐国利原为安徽大学历史系教授,2015年调入上海财经大学,现为人文学院历史系教授。项目的主要参与者和撰稿人有三位,他们分别是:安徽大学徽州研究中心胡中生教授、安徽省社会科学院陈瑞研究员,安徽大学徽学研究中心徐道彬教授。具体分工情况如下:"导论"的一、三部分由徐国利撰写,"二、研究现状"由四位作者根据各自承担的研究内容撰写了相关研究综述,然后由徐国利修改统编而成。"第一编 明清徽州传统职业观的变迁"的三章由徐国利撰写。"第二编 明清徽州职业变迁引发的徽州人口流动"的两章由胡中生撰写。"第三编 明清徽州人口流动的社会影响和作用"的三章由陈瑞、胡中生、徐道彬共同撰写。详情如下:"第六章 商业人口流动与明清徽州经济、宗族和教育的发展"的第一节、第二节由陈瑞撰写,第三节由徐道彬撰写;"第七章 人口流动与明清徽州阶层结构和社会发展走向"的第一节由陈瑞撰写,第二节由胡中生撰写;"第八章 明清徽州外流人口对所在地社会发展的影响和作用"第一节的第一、二目由陈瑞撰写,第三目由徐道彬撰写,第二、三节由徐道彬撰写;结语和主要参考文献由徐国利撰写。全书的统稿工作由徐国利负责完成。该项目能够完成,并形成目前的书稿,得益于三位参与者的鼎力支持与合作,在此表示衷心感谢!

该项目的立项和书稿被列入国家出版资金资助项目《徽学文库(第二辑)》出版,还得到了诸多专家和编辑的支持和帮助。此项目从立项到书稿出版,先后得到安徽大学徽学研究中心三位主任,即朱万曙教授、卞利教授和周晓光教授的支持。安徽大学历史系周致元教授对项目的申报亦予以有力支持。安徽大学出版社学术图书分社副社长李君为此书申报国家出版基金资助项目付出大量心血,编辑汪君对此书作了认真细致的编校。在此,谨对上述各位专家和编辑表示衷心感谢!

由于笔者的学识和水平有限,加上这是一项集众研究,各位作者的认识角度和撰写风格各异,书稿定然存在诸多不足,尚祈学界同仁谅宥和不吝指正!

徐国利

2019 年 12 月 5 日

于上海财经大学同新楼